长三角·娄东文化研究文库

# 王世贞与明清文化国际学术交流会论文集

姚大勇　张玉梅　编

上海三联书店

上海交通大学太仓娄东文化研究院基金项目

# 长三角·娄东文化研究文库

## 前 言

中国文化是世界文化的重要组成部分，并对人类文明的发展做出和正在做出伟大贡献。但无论是就国内对中国文化精髓的研究还是世界对于中国文化的认知都还有较大空间，至于中国文化传承体系，至今尚未完全建构起来。而中国文化的传承体系通常说来包括三个层面，一是由文化的创造者（先圣先哲）们所遗传下来的文字所表达的形而上的文化观念层面；二是由广大国民所创造和传承下来的民间信仰、生活习俗和生活形态的民间文化层面；三是处于二者之间的由士大夫阶层所创造和传承下来的士文化层面。

士文化是中国文化的主体。以往对于士文化的研究存在两大倾向，即注重于作家作品的个性与时代性特征而更重要的存在形态——地域性——关注相对不足；与之相联系由上及下的演绎多于由下而上的归纳。而近些年来，由于国家对文化研究、特别以文化研究为基础的文化产业的重视，倡导文化强国，使得各地方政府努力发掘地域性的文化资源，以求文化富邦强市，从而促进了地域文化研究。且这种地域文化的兴起往往由文化资源发掘（文献整理）始，而扩及文人个性、家族个性、地域个性和民族个性，形成由下及上的归纳走向，从而逐渐丰富和深化着中国文化的研究，使中国文化研究走向空前的兴盛。

然而，这种地域文化研究的兴起，在很长时间处于地方政府和高校等研究机构各自为政的现象。地方政府拥有丰富文化资源却研究力量和水平不足；高校拥有强大学术力量却缺乏充分的地域性资源，在一定程度上影响了研究的深入。于是高校与地方政府的合作，便成为取长补短、有效地推进地域文化发掘、研究的必然趋势。太仓市政府与上海交通大学合力共建上海交通大学太仓娄东文化研究院，正是基于时代的这一需求和未来发展趋势而创建的。

长三角文化是长江三角洲平原上所形成的文化，长三角平原即古代的吴越之地，今之沪、江、浙二省一市。它是中国最大的城市群，也是世界五大城市群之一，是中国经济社会最发达的地区，创造了世界经济发展史上的一大奇迹，故而日益受到全世界瞩目。这一迅速崛起的城市群有其发展的历史必然性，至少自南朝以降，它就是古代中国的粮食重镇、经济重镇、文化重镇、人才聚集地，近世以来中西文化交流的前沿。长三角文化很值得人们加以系统深入地研究，发掘其文化的深层内涵与本质特征，这对于长三角社会今后发展至关重要。

娄东有广义狭义之分，广义指苏州市娄门以东，包括苏州市区、昆山、松江、太仓、嘉定、宝山区域，狭义指娄江之东南。娄江出太湖，穿苏州娄门而东，经吴县、苏州、昆山、太仓，由浏河入海，是太湖入海的主水道。古代昆山称娄县，其东面太仓历来称娄东。本丛书所言娄东，指以太仓为中心的包括昆山、嘉定、宝山在内的城市群与文化集群，在长三角文化发展中有着举足轻重的地位。仅明末清初，就有文坛领袖王世贞，政坛首辅王锡爵，复社领袖张溥、张采，玉雕大师陆子冈，大画家仇十洲，娄东琴派创始人徐上瀛，娄东篆刻派创始人汪关，清初娄东诗派创始人吴伟业，娄东画派领袖王时敏、王原祁、王鉴，经学大家毕沅，昆曲创始人魏良辅（居住于太仓）等，成为娄东文化的生长点、江南文化的发散地，从而使这座小城竟然在明末清初约半个世纪里成为了中国文化界关注的中心，对中国的文学、史学、政治、艺术曾产生重要影响。且这里又是郑和下西洋的始发地，在海上丝绸之路中有着不可取代的地位。显然，娄东文化研究成为长三角文化研究的重要组成部分。

鉴于此，上海交通大学太仓娄东文化研究院，以上海交通大学古代典籍与中国文化研究中心师资力量为基础，组织全国相关学术力量，系统地开展以太仓为中心的娄东文化研究，为长三角文化的发掘和研究奠定基石。该项研究初步预设为以下六项内容：

1.《太仓文化与一路一带》（发掘太仓文化在一路一带文化传播、形成和发展过程中的历史作用和功绩、彰显太仓文化的特殊地位）。

2.《娄东文化研究文库》（由研究娄东文化的论著构成，如《王世贞研究文库》《复社研究文库》《娄东名人传纪文库》等）。

3.《太仓全书》（由太仓名人著述构成，如《王世贞全集》、《张溥全集》、《王锡爵全集》等）。

4.《娄东名人别集及稀见善本书文库》（编辑娄东名人较有影响和接受度的别集和世界稀见善本、孤本书，如《艺苑卮言》《首辅传》《七录斋近集》等）。

5.《太仓文化数据库》（囊括太仓古今文化的文献资源与研究太仓文化的学术成果）。

6.《太仓文化创意体系》（意在提高太仓文化产业产值在全市 GDP 中的比例、对太仓文化个性做顶层设计的文化创意体系和文化产业设计项目集成）。

通过以上六项内容的研究，意在将太仓发展融入上海发展圈，**奠定太仓“一点三区”的独特地位（海上丝绸之路起始点；娄东文化生长、发散区；德资企业聚集区；上海世界大都市与江苏经济大省交汇区）**。为太仓文化强市战略，提供学术支撑。探索通过地域文化研究丰富和深化中国文化传承体系研究，以及通过高校科研力量与地方政府合作，寻找实现文化强市和文化强国战略的学术途径和研究模式。

许建平

2016 年 4 月 15 日

# 前 言

明代嘉靖中后期至万历初期的近半个世纪的文坛上，出现了一位德高望重、强闻博识、著述丰赡、衣被士子的文坛领袖、文史大家王世贞。王世贞与后七子的另一位领袖李攀龙当时皆以复古相号召，故学界多将其视为"后七子"领袖，以复古、模拟相标榜。然而，事实上读世贞书，复古不过是其欲改变文坛某种状况的一种名头，而承继文法，溶入学识，抒发真性情方为其本心原意，故"后七子"并不能牢笼世贞，复古也不能遮盖其求新立异、别具一家的精神灵魂。非但如此，世贞身上那种不屈权贵、刚正不阿的独立人格与浩然正气，那种才盛而求实求真的学风，那种自然而率真的品格，既有明后期的恣性、浪漫之风，又潜伏着清初求实学风的因子，故而对于明代后期的士林（如复社）以及明末清初的文坛（如桐城派和清初经世致用学风）有着潜在而深远的影响。由此观之，我们对世贞的认识还有不足、欠缺，对其研究还有较大空间。特别是当我们承担了国家社科基金重大招标项目"《王世贞全集》整理与研究"之后，当我们从世界范围收集世贞书的过程中，这种研究的空间感便日益强烈。单就其著作的种类而言，世贞从事小说创作便由原来的疑问而变成实在的结论，如《剑侠传》、《艳异编》、《世说新语补》等。他是否写过《鸣凤记》《金瓶梅》也将会随着整理与研究的深入，渐渐由模糊而清楚。关于他的交游和对于文坛的影响的诸多问题，如与复社领袖太仓"二张"的关系，以及与复社顾炎武、黄宗羲的关系，王世贞与娄东画派"四王"的渊源等，也将会找到客观的答案，王世贞在明末清初文坛的地位也将随之日趋明朗。

王世贞的博闻强记、学识渊博不仅在明代是有了名的，即使在宋代以降的文人中也不多见。他所编写的上千卷著作，涉及文字学、音韵学、训诂学、医药学、民俗学、园林学、诸子学、道教、佛教、军事学、法学、史学、书法绘画品鉴等艺术学。至于文学更是批评千古，指点群英，所作诗、词、文、赋、小说、戏曲诸体皆备。以上所列至今尚有不少领域无人涉足。随着对这位巨匠的认识日益全面，愈来愈多的学者惊呼：应构建王世贞学。此话是否过誉，我未认真思考过，但王世贞可研究的领域，随着其著作的收集而日感弘博，如果将王世贞与王门后学（包括"后五子"、"广五子"、"续五子"等）放在一起加以研究，称之为"王学"，当是一个实在而不小的学术领域。

鉴于此，又鉴于重大项目课题组同仁近年来已撰有三十余篇研究成果（已发表与待发表的）的学术基础，为了扩大深化王世贞这位大家的研究，召开王世贞的国际学术会议显然是十分必要和重要的。

王世贞的家乡是江苏太仓，这为以现代工业著称的经济发达城市太仓增加了深厚的文化底蕴。事实上，太仓是一个了不起的文化聚集地。单是明末清初，便名家荟萃：文坛领袖王世贞；政坛首辅王锡爵；复社领袖张溥、张采；清初娄东诗派创始人吴伟业；娄东画派领袖王时敏、王原祁、王鉴；昆曲的创始人魏良辅（居住于太仓）等，他们都是太仓人。太仓这个小城竟然在明末清初约半个世纪里成为了中国文化界关注的中心，对中国的文学、史学、政治、艺术曾产生重要影响。且这里又是郑和下西洋的始发地，在海上丝绸之路中有着不可取代的地位。于是我们意识到太仓文化颇值得深入发掘与系统研究，就像发掘与研究王世贞一样。我们的这种想法与太仓市有关领导（市委常委陈雪嵘部长、文广新局潘井亚局长）一谈即合。两位领导敏锐而前瞻性地提出与上海交通大学共建娄东文化研究院。此倡议得到上海交通大学有关领导（上海交通大学常务副书记郭新立教授、人文学院院长杨庆存教授）的积极响应和支持，双方共同签属了《上海交通大学与太仓市政府共建上海交通大学太仓娄东文化研究院框架协议》。于是，王世贞与明清文化国际学术交流会在太仓召开具有了更深远的意义。

此次会议由上海交通大学与太仓市政府合办，太仓文广新局与上海交通大学人文学院承办，交通大学负责会议的组织，太仓政府负责会议场地、食宿安排及其他会议事项。此次会议原计划参会代表规模控制在六十人以内，而最后来自加拿大、日本、韩国以及中国大陆和台湾地区的代表竟达七十余人，递交会议论文59篇。内容涉及王世贞与太仓文化、王世贞与明代文化、王世贞著作成书与版本、生平与交游、诗词文研究、小说戏曲研究、王世贞与《金瓶梅》关系研究、评点与书画艺术研究以及中国文化研究等九个方面。不仅涉及范围有所扩大，而有些研究具有原创性和相当深度，呈现出王世贞研究的国际性与前沿性特征。

论文集的出版由于诸多原因，推迟了约半年，以致于有些会议论文已经公开发表，有些投入其他杂志待发表。为了纪念这次难得的学术盛会，并为学界提供有益的学术信息，我们将会上所获论文，除个别篇章外，将其一并收入《王世贞与明清文化国际学术交流会论文集》，并由上海三联书店出版。

《王世贞与明清文化国际学术交流会论文集》提交会议前，由朱丽霞教授、张玉梅副教授和研究生周颖、张呈瑞、张亚欣等编辑审核，周颖博士付出的最多。此次出版，又由姚大勇副教授和胡沈含研究生在此前基础上再予编辑审核，特予说明。

许建平

2016年4月21日于夏朵园

# 目 录

## 王世贞诗词文研究



## 王世贞小说戏曲研究



## 王世贞与《金瓶梅》研究

**王世贞评点与艺术观研究**



**中国文化研究**

# 浅谈元代太仓的海派文化与文学
## ——从元人殷奎宅楼"春水船"说起

孙小力
(上海大学文学院,上海,201199)

[**内容摘要**]本文考察元末太仓殷氏宅楼"春水船"的地理位置、构建意图、用途的变化、主人的职业,以及杨维祯《春水船记》描写的真假虚实,引申至元季太仓的移民社会、文学活动及其特色,以及当时文人与商人的交流和影响等等,并据以证明太仓是海派文化的重要发源地之一。

[**关 键 词**]春水船;殷奎;元代;太仓;移民;海派文化

## 一、太仓殷奎宅楼"春水船"考述

元末明初的太仓文人殷奎家中有座楼,取名颇有诗意,称作"春水船"。元至正十年(1350)三月三日,著名文人杨维祯应殷奎祖父"沧水主人"之邀,做客"春水船",并为撰写记文。记文对此宅楼有颇为生动形象的描述,此处转引其开头一段:

> 沧水主人壮年桴于海,晚家居,结楼沧水之上,蓬然若舟。海水时抵阶下,放目楼上,一白万顷。人眠其蓬然者,一苇耳。因命曰"春水船"。主人垂钓于枕,濯足于床,波与天上下,渚凫汀雁之相因依,不知船在水耶陆也。酒酣,仰卧其上。家童数十,善为越人拥楫之歌,主人又自歌《小海》,为举足扣舷以节之。水光天影,飞动几席,籁声与潮汐间作,殷殷在足底,不知船在水邪陆邪。(文载《东维子文集》卷十六)

上引文中所谓"沧水主人",指殷子諲,乃元末明初太仓文人殷奎(1331——1376)的祖父。或称之为"柏堂翁",见卢熊为殷奎所撰行状。根据《强斋集》卷四《殷母圹铭》、卷五《祭邵云窝文》、卷十卢熊所撰《故文懿殷公行状》以及铁崖撰《邗殷处士碣铭》等资料,我们得以知晓其大致生平:

殷子譓(？——1355)，字德甫(“甫”一作“父”)，号柏堂，祖籍汝南(今属河南)。子譓之父殷澄，及其以上数代，皆居华亭(即松江)。子譓乃殷澄第四子，又从华亭迁徙至昆山东沧，遂为太仓人。也就是说，“柏堂翁”殷子譓是太仓殷氏的始迁祖。

殷子譓何时从松江迁移至太仓的呢？迄今未见有明确的史料记载。不过不难推测，因为按照常理推断，合家迁徙必定在殷子譓成年之后，而子譓卒于元顺帝至正十五年乙未(1355)秋，其时距离南宋灭亡，已经有80个年头。所以殷子譓的迁徙，只能是在元代，而且很可能是在延祐元年(1314)昆山州治迁至太仓前后。

至于殷子譓的职业，上引《春水船记》只有三个字——“桴于海”。“桴于海”，就是在海上行船。至于航海干什么？究竟是从事海外贸易，还是经营海上运输，杨维祯没有说，应该是有意隐晦。何以要如此呢？因为不论是泛海经商，还是从事海运，在当时的年代都算不上是光彩的职业。不过，要弄清真相其实也不难，因为卢熊为殷奎所撰行状为我们透露了重要信息:“其家设邸肆在太仓阛市中。”也就是说，殷家的住宅位于太仓城中闹市，且兼作商铺。那么，既“桴于海”，又“设邸肆”，可见殷子譓既是“行商”，又是“坐贾”，看来是泛海经商之人。

经商虽然不够体面，不过殷子譓肯定是赚钱了，钱赚得还不少，以至于发家，以至于“家童数十”。按照《春水船记》的说法，致富以后，“沧水主人”殷子譓有心结束水上飘荡的生活，定居陆上，于是构建了滨水之楼“春水船”。至于“春水船”之楼名何人何时所取，文中并未明说，但据笔者推测，应该就是杨维祯所为。因为杨维祯后来撰写过另外一篇《春水船记》，文载《杨铁崖先生文集全录》卷四，是描写山阴(今属浙江)人士朱武的住宅“春水船”。那篇记文中提及“春水船”出处，原来是摘自老杜诗《小寒食舟中作》。杜诗曰:“春水船如天上坐，老年花似雾中看。”老杜这两句所述境况和心态，恰恰与晚年的殷子譓比较吻合，因此杨维祯信手拈来，用作了殷氏宅楼之名。

另外还有一点需要稍作辨析，因为殷子譓最初构建“春水船”的意图，或者说“春水船”的用途，存有异说。万历重修《昆山县志》卷二《第宅》曰:“殷强斋奎宅，在太仓武陵桥下。扁其楼居曰‘春水船’，即其读书处也。”换言之，“春水船”是殷奎的读书楼。这一说法与上引杨维祯记文所述迥然不同，那么，地方志中的这一说法是否是空穴来风呢？如果不是，又是从何而来的呢？根据笔者所见资料推测，有关“春水船”即殷奎读书楼的说法，似乎源自于明初卢熊为殷奎所撰《故文懿殷公行状》：

> 先生讳奎，字孝章，一字孝伯，望出汝南，世居吴郡华亭。其祖徙昆山，今为苏州昆山人。……其家设邸肆在太仓阛市中，旦夕挟册归舍定省外，亦不遑及他事，惟务读诵，邻巷罕觌其面。既而受《易》于盛公德瑞，其祖父柏堂翁乃作楼居，储书其上，延良师友与之游处。时会稽杨公廉夫自吴城抵昆山，一见奇之，即席上设弟子礼。由是从杨公往来钱唐、华亭者累年，闻见亦广。（文载《强斋集》卷十）

如上所述，大约与殷奎从学于杨维祯同时，其祖父殷子諲为孙子读书而专门构建了读书楼。万历重修《昆山县志》说“春水船”是殷奎的读书楼，与卢熊的说法吻合；但是，卢熊所说与杨维祯记文所述，则相去甚远，根据杨维祯的记文，“春水船”是殷子諲结束壮年阶段的海上漂浮生活以后，为晚年定居陆上自建的宅楼。到底谁说的正确呢？

对此要作判断，其实也不困难。因为杨维祯记文撰于元顺帝至正十年（1350）三月，其时殷奎祖父殷子諲尚在人世；卢熊所撰行状则作于明初洪武九年（1376）殷奎死后。二文撰写时间相隔将近三十年，我们当然应该以时代较早的记述，即杨维祯记文所述为准。也就是说，“春水船”最初应该就是殷子諲用作宅楼而修建的。

那么，“春水船”何以又有“殷奎读书楼”一说呢？笔者以为，这是由于“春水船”的主要用途，随着时间的推移逐渐发生了变化。因为殷奎行状作者卢熊，乃是殷奎交好数十年的朋友，二人幼年即是同学，我们没有理由怀疑卢熊有关殷奎，有关殷奎家事的记述的真实性。卢熊所说之所以与杨维祯所述不合，应该是殷奎成年之后，家庭的重心围绕殷奎有所转移，“春水船”的作用就不再是用作住宅那样单一，因为根据殷奎的自述，“春水船”其实经常用作宴会的场所（参见后文）。

如此说来，“春水船”既是殷子諲为自己构建的宅楼，又是殷奎的读书楼，或者还是殷氏招待宾客的酒楼。那么，择取以上任何一种说法似乎都是可行的。在此花费心力笔墨非要弄清楚所谓“最初意图”，所谓“先后顺序”，是否有此必要，是否小题大做呢？

笔者以为，弄清楚这个问题，至少有两大益处：

其一，从大的方面说，有助于我们审慎地对待史料的记载。就以后世有关殷奎的各种记述来说，大多彰显殷奎家中的读书楼"春水船"。然而事实上，殷奎自身有关"春水船"的追忆，其实并非读书(参见后文)。后人弃此取彼，其用心很容易理解，因为"读书楼"有助于凸显先贤的风雅美好。至于"春水船"用作宅居、用作酒楼的记述，太过一般，因此往往不被采纳。但是这样一来，某些真相就被遮蔽了。所以说，任何时代的任何人对于史料的选择，或者带有主观的好恶，或者掺杂时代的情绪，极少有纯客观的，对此我们应该有清醒的认识。

其二，"春水船"的构建目的及其用途的变化和转移，直接关系到殷子譚及其家人的日常生活内容，就封建时代商人实际生活的考察而言，"春水船"用作宅楼、酒楼、读书楼的依次变化，其实反映了那样一个时代的市镇商人家庭的生活方式、生活重心的逐渐转移，有助于我们认识封建时代商人家庭的生活轨迹。

综上所述，殷子譚最初构建"春水船"的意图，只是希望用作自己晚年的居所，后来常在此楼宴客，后来又主要用作了孙子殷奎藏书读书的场所。这样的结论，应该是可以成立的。但是问题到此并未结束，事实上，我怀疑"春水船"最初的功能也应该是多样性的，并非用作宅居那样单纯，因为"春水船"的选址大有讲究。

如上所述，殷子譚从事海外贸易，从松江移民娄东，发财之后，将宅楼"春水船"建于"太仓武陵桥下"。至于选址"武陵桥下"的缘由，则未见有人说明。笔者进一步加以考索，方才知晓，元代太仓的"武陵桥下"，其实并非骚客逸士热衷的悠闲乐土，而是当时当地最为喧闹繁华的水滨集市和商业中心。既然如此，那么杨维祯《春水船记》留给读者有关"沧水主人"的印象，就只能说是"错觉"，殷子譚选择在此地构建宅楼，绝不可能只是为了观赏海景。

武陵桥位于太仓永宁桥西，由僧人文惠始创于北宋仁宗至和年间(1054—1056)，原名惠安桥。此桥原来并不知名，在元代得益于改漕运为海运的国策，成为交通要道，热闹非凡，以至于脍炙人口。据《嘉庆直隶太仓州志》卷五《营建》和卷二十九《顾瓛传》所述，元代施行海运之后，"自刘家河至南熏关，筑长堤三十余里，名楼列布，番贾如归，武陵桥由此得名"。据此推测，殷子譚选择在武陵桥下建楼，应该和其商业活动有关，"春水船"只是武陵桥下众多"名楼"中的一栋。说得更明白一点，殷子譚的宅楼"春水船"应该是一面临街，便于经商；一面傍河，方便运输。类似的枕水人家，今天我们在江苏、浙江的许多古镇中仍然不难见到。

如果以上推测属实，那么又有一个不容回避的问题："结楼沧水之上，蓬然若舟"的"春水船"，与繁华的"武陵桥下"集市似乎毫无瓜葛，杨维祯的《春水船记》何以如此隐瞒真相？或者说，杨维祯为何如此虚构呢？

原因之一，中国传统社会历来鄙视商人商业，尽管元代的不少文人尤其像杨维祯这样的"先锋文人"，已经多少具有离经叛道的意识，但是积习难改，其诗文中对于商人商业的正面描写，并不多见。杨维祯的《春水船记》，连殷子諲的海商身份都要以含糊的"桴于海"三个字加以掩饰，其他有损于"春水船"主人形象的描述，哪怕是绝对真实的，自然也必须省略。原因之二，作为当时享誉东南市镇社会的文豪，杨维祯"文债"很多，应接不暇，于是他会采用投机取巧的手段，有时是改头换尾，用一篇文章分赠不同的对象，即今人所谓的"一鸡多吃"；有时干脆采取"拿来主义"，借用他人的诗文移花接木，改头换尾，《春水船记》就属于后者。

也就是说，杨维祯的《春水船记》涉嫌抄袭，文章中将近一半的文字，尤其是中间部分，其实抄自宋末元初人士陈杰所撰《闲舣记》。陈杰是杨维祯友人陈樵之父（参见《四库全书总目提要·自堂存稿》），其《闲舣记》撰于延祐二年(1315)。"闲舣"乃陈杰室名，文章所抒发的，是其浪迹江湖的隐士情怀，上引文中诸如"垂钓于枕，濯足于床"等等，原先正是陈杰本人的自况，杨维祯却将它"偷"来，安在了殷子諲身上。当然，古人并没有今人的版权意识，借用或者挪用，相当普遍，对此我们不必苛责。问题在于，商人殷子諲与隐士陈杰并非同类，杨维祯借用陈杰的《闲舣记》来描摹殷子諲的"春水船"，自然与"春水船"的真实状况距离更远。（按：陈杰的《自堂存稿》四卷，四库馆臣辑自《永乐大典》，收录于《文渊阁四库全书》。《闲舣记》载《自堂存稿》卷四《春水船记》与《闲舣记》的相似雷同之处，一查便知，此处不作赘述）。

"春水船"从商住楼到雅集场所、读书楼的变化，以及杨维祯将商人殷子諲描摹成隐士的虚构，反映出当时社会传统文化所占的优势，及其对于商业文化的抑制。不过，影响必然是双向的，杨维祯后来众多"离经叛道"的诗文，正是接受市镇商业社会文化影响而产生的。

## 二、文豪杨维祯与太仓人士的交游

杨维祯《春水船记》的撰写方式和表现手法，其实已经带有明显的近、现代"海派文学"的某些特点。沈从文先生曾经着意批评海派文人"投机取巧"、"见风转舵"的习气，而且将海派文艺最为明显的特点总结为"名士才情"与"商业竞卖"的结合（参见《沈从文全集》第十二卷《论海派》）。尽管这一定义含有贬义，但是至少从表象上将海派文人、海派文艺的特征概括了出来。今天我们借用这一评判标准来审视《春水船记》以及与之相关的人物，那么也就不难理解，作为名士的杨维祯，为何能够与商人殷子諲成为朋友，又何以会将商人塑造成为隐士。与此同时也就能够明白，正因为撰写《春水船记》这样的文章类似于商业买卖，所以杨维祯并没有认真对待，"投机取巧"、"移花接木"的手段在这里表现得淋漓尽致。

文士与商人结交，当然不只是文人得利，商人同样获益。商贾结交文人的目的很多，但是在当时来说，追求科举功名往往是第一位的。致富以后的殷子諲并不希望子孙后代继续从事他的职业，因为中国人历来信奉"万般皆下品，惟有读书高"，富人往往指望儿孙通过读书来改换门庭。殷子諲将此希望寄托在孙子殷奎身上，因此购买不少书籍，置于其宅楼"春水船"中，希望殷奎好好读书，出人头地。元至正八年(1348)，也就是殷奎18岁那年，杨维祯应邀到娄东游玩，远道而来的名士自然成为"富而好礼"的殷子諲的座上客，于是杨维祯与殷奎结为师徒。《强斋集》卷十附录卢熊为殷奎所撰《故文懿殷公行状》曰："其祖父柏堂翁乃作楼居，储书其上，延良师友与之游处。时会稽杨公廉夫自吴城抵昆山，一见奇之，即席上设弟子礼。"说的就是此事。两年后，也就是至正十年(1350)的三月三日，杨维祯为殷子諲撰写了这篇《春水船记》。

但是商贾与文人交流，又并非仅仅为了子孙的科举事业。《嘉庆直隶太仓州志》卷十六《风土上・风俗》说："太仓地属吴郡，风俗当亦不殊。但时势变迁，自元海运以来，税家漕户，各以豪侈相尚，习染成俗。朱长文所谓营栋宇，丰庖厨，嫁娶丧葬，奢厚逾度，捐财无益之地，蹙产不急之务者，是诚有之。"简而言之，元代富裕之后的太仓居民，生活豪奢，附庸风雅，招揽各地名士与之交游，成为时髦。也正因此，杨维祯之流在这里就有了用武之地。按照郭翼的说法，昆山州之兴盛，自古未有，"以至斋馆之铭，冢墓之碣，一言一咏，皆名流朝士聚精会神，极其盛者"(《林外野言・与顾仲瑛书》)。也就是说，本地的楼观匾额、碑碣墓志，皆当时的名士书写。可见元代中后期的名流硕彦与昆山、太仓文人有所交往的，不在少数。

需要说明的是，元代的太仓乃滨海之地，其所辖范围并不直接等同于明代中叶以后的太仓州。明代弘治十年(1497)，割昆山三乡、常熟一乡、嘉定二乡，组建为太仓州。也就是说，明代太仓州所辖之地，原先分属昆山、常熟、嘉定三县。而太仓在元代以前隶属于昆山县，元初昆山升格为州，太仓仍然是其属地。当时人们习惯称太仓为“娄东”或“东沧”，以此与西部的昆山州治区分。然而事实上，元代“东沧”的声望，已经与昆山州治不相上下，所以一度成为元代昆山州的经济和政治中心。延祐元年(1314)，江浙行省参政高昉上疏申请将州治从昆山迁移至太仓，就是因为这里滨海通漕，商贾云集，居民富庶(参见民国八年刊本《太仓州志》卷一《封域》上)。从延祐初年到至正十六年(1356)张士诚军队入驻之后“州治复移昆山”，“东沧”作为昆山州治所在地，持续“四十有三年”。这是元代相对稳定发展的时期，也是元代太仓的社会经济文化获得持续发展和繁荣的时间段。

今天说到元代昆山州的文化名人，经常提及的人物是顾瑛。事实上，当时太仓的文化名流与昆山顾瑛相比并不逊色，而且人数众多，当时杨维祯的昆山州友人，诸如张希贤，余诠，卢昭，殷奎，余日强，卢熊，马麐，瞿智、瞿信兄弟，团溪乐隐主人瞿孝祯，郭翼，吕诚，陆仁，袁华，文质，盛彧，秦约，姚文奂，熊梦祥，以及篆刻家朱珪等等，其实居住地都在“东沧”。

张希贤好古博雅，慷慨好客，乐于助人，为人类似顾瑛，只是因为没有专门的诗文集传世，所以后世名声远逊于顾瑛。《嘉靖太仓州志》卷七载其小传，曰：“张希贤字希颜，世业儒。好古博雅，善谈论，爱作乐府。凡文士至太仓，师贤无不识之。娄东好事以诗文会者，非师贤与，则若八音之缺金石。所居室扁曰‘芝兰’。”杨维祯曾为其作小传，谓其“好古物图画，罗列左右。人间欲得之者，即便持去，毋所顾惜。趣尚可知”(参见《西湖竹枝词》)。

元至正初年，杨维祯浪迹杭州、湖州、苏州、昆山、太仓等地，主倡《西湖竹枝词》。当时“铁崖”的声望其实还不十分著名，然而参与唱和的太仓文人(包括移居太仓的)，就有熊梦祥、郭翼、陆仁、秦约、张希贤、吕诚、袁华，达七人之多。至正八年(1348)二、三月间，昆山顾瑛邀集杨维祯等十余位文人到其玉山草堂游赏，并有绘画、诗文作专门的描述，因此“玉山草堂雅集”风靡一时，影响久远。其实就在玉山草堂雅集之后不久，杨维祯伴随迟到的名士张雨、李孝光，由太仓文人袁华、郭翼陪同，同赴吕诚太仓寓所，袁华有《李五峰、伯雨、廉夫、希仲夜集来鹤亭》诗，流传至今。此年的五、六月间，杨维祯又一次应邀到太仓，与当地众多文人交流，也留下了不少唱和的诗歌。当时杨维祯在太仓滞留多日，顾瑛再邀而不得相见，曾以诗写惆怅（参见顾瑛《六月一日，避暑唯亭。时铁崖在娄江，以诗招之》，载《玉山逸稿》）。客居太仓期间，杨维祯不仅与姚文奂、马麐、陆仁、袁华、郭翼等游赏娄东园，分韵赋诗，应邀至姚文奂野航亭，共赴晚宴；还做客陆仁听海阁，观赏书画。也正是在此时，殷子諲得以结识杨维祯，并恳请杨维祯收其孙子殷奎为徒。此后的数年间，殷奎跟从杨维祯求学，辗转追随至松江、杭州等地。当时杨维祯盛赞太仓文人，称："中吴盛士族，娄东盍朋簪。"（《娄东园雅集分韵得深字韵》）姚文奂为之欣喜不已，回应说："故人海上来，朋游若云萃。"（《草堂雅集》卷九《娄东园分韵得四字》）于此可见杨维祯在当地的知名度，以及当时太仓文人的热诚和好客。

上述十余位元代的太仓文人，大多有诗文传世，其中卢熊撰有《苏州府志》，郭翼、吕诚、袁华、殷奎均有诗文别集流传至今，朱珪更是以其多样化的石刻和刻印风格享誉元代东南城镇，成为中国篆刻艺术史上不能忽略的一位艺术家。

## 三、元代太仓的移民社会、文化及其兴衰

尽管因为隐晦，因为抄袭，以至于杨维祯的记文对于殷奎宅楼"春水船"的描写，失实的成分很多。但是，文章开头"结楼沧水之上"、"海水时抵阶下，放目楼上，一白万顷"等等，并不见载于陈杰的《闲舣记》，应当属于根据真实场景写实的部分。强调这一点，是因为以下就要围绕这个"海"字来做文章了。

也就是说，结合参考其他资料，《春水船记》还是为我们提供了相当有用的信息。如上所述，"沧水主人"殷子諲是靠海致富，并且在元代移民太仓，在水边盖楼经商。这样的"当代移民"，在当时的娄东绝非个别，相反，十分普遍。例如，《弘治太仓州志》卷六《仕宦》总共为八人立传，其中六人是在元代"由崇明徙居太仓"的。又如杨维祯的昆山友人，诸如郭翼、吕诚、袁华、盛彧、卢昭、秦约、姚文奂、瞿孝祯、余日强、朱珪等等，其实皆居"东沧"，且多属移民。殷奎祖籍河南，原居华亭；卢昭原居闽地；秦约原籍淮安，南宋时避乱徙居崇明，后再徙东沧；余日强之父，从福建古田迁居太仓（详见《弘治太仓州志》）。

太仓之所以在元代成为移民热土，与当时国家的政策，与海外贸易，与元代实施海运的措施有关。简而言之，开放的经济贸易政策，便捷的江海水运码头，直接刺激了太仓的发展。据《弘治太仓志》卷一《沿革》："元至元十九年，宣慰朱清、张瑄自崇明徙居太仓，创开海道漕运，而海外诸番因得于此交通市易，是以四

关居民闾阎相接，粮艘海舶，蛮商夷贾，辐辏而云集，当时谓之‘六国马头’。”

经济繁盛导致移民大量流入这一六国码头，促使当地人口较快增长。据《嘉靖昆山县志》所载，昆山人口在南宋淳祐年间(1241——1252)是十三万余，而到明洪武元年(1368)统计，已有三十九万多。百余年间增长两倍，其中显然还不包括元末死于战乱和迁往临濠等地的人口。户口人数的变化，足以显示当地在元代的发展速度。尽管上述人口统计并非仅限于太仓一地，但是太仓在元代曾是长期的州治所在地，因此太仓的移民，想必是元代昆山州人口激增的主要因素之一。

元代太仓的发展变化可谓迅猛，其速度惊人。据元人杨譓所述，太仓作为元代新设的州治，原先的市镇基础其实很差，“旧本墟落，居民鲜少”。但是，自从施行海运和泛海贸易以后，“招徕蕃舶，屯聚粮艘。不数年间，凑集成市，番汉间处，闽广混居”，热闹非凡(参见《昆山郡志》卷一《风俗》)。“不数年间”，太仓就从“墟落”发展成为闹市，元代海洋经济、商业市镇的魅力由此可见一斑。

太仓郭翼曾经用诗歌盛赞家乡的繁华胜景，其《昆山谣送友人》诗曰：“吴东之州娄东江，民庐矗矗如蜂房。官车客马交驰横，红尘轧投康与庄。鸡鸣闹市森开张，珠犀翠象在道傍。吴艎越舰万首骧，大帆云落如山崩。舟工花股百夫雄，蛮音獠语如吃羌。……吾州富庶文物昌，厥田下下赋下上。岁贡天府民职恭，君子誾誾讲虞唐，小人业业为工商。……”(载《林外野言》卷下)

郭翼还曾专门给顾瑛去信，讨论“续志”的撰写。所谓“续志”，应该就是指新的地方志的编撰，郭翼希望能够在方志中浓墨重彩地彰显昆山本地的当代人物的风采。书信中列举众多同时代的当地名人的姓名及其特点，从“耆儒硕学”、“文章之流”，到“好古博雅”、“倜傥好客”、“能书能画”、“恬退守业”、“贞节尽礼”，以及音乐高手、方外诗僧等等，多达数十人。书信中开宗明义地说：“窃见昆山人物之盛，非他州可及！”书信最后还不忘强调“诚非他郡所可仿佛”，意思是元代的昆山州尽领风骚，独占鳌头，其馀州县均难以望其项背(详见《林外野言·与顾仲瑛书》)。这样的宣传方式和表现手法，在以古为尚的、习惯于谦让的传统社会之中，实在是比较少见的。究其原因，或许因为这里是一个新兴的市镇，这里的人们急于要证明自己的实力，抬高自身(当然是整体)的地位。这样的宣传手段和表现方式，又有些类似于沈从文先生所谓的“商业竞卖”了。

正是在这样的文化背景之下，殷子諲、殷奎祖孙的“春水船”，也就经常成为招待名流和文人雅集的聚会场所。也就是说,"春水船"除了作为殷子譚的宅楼、经营场所,作为殷奎的读书楼以外,还有另外一个重要的功能,就是用作宴会的场所。殷奎晚年作有《忆江南》三首,其中第一首,就是对太平年景"春水船"盛况的追忆,所忆不是其祖父在此经商,也不是自己在此读书,而是宾客纷至沓来的"春水船"酒宴:"江南忆,何处忆当先。先忆吾家春水船,有酒有花重庆日,无风无雨太平年。朝夕侍宾筵。"(按:词载《强斋集》卷七,且附有编者小字注曰:"'春水船'乃先生家楼居名,在娄东武陵桥下。")

处于新兴的移民社会之中的元代太仓的市民和文人,其胸怀是开放的,他们热衷和外界交流,乐于引入外来的各种新鲜事物;其心态是包容的,他们主动接纳外来的"强龙",奉为上宾,虚心学习;其精神是昂扬的,对于家乡的盛况,对于市镇的繁华,他们不惮于自我夸赞,不吝赞美之词。凡此种种,与习惯于蜗居乡村的传统文人相比,可谓迥然不同。

可惜好景不长,因为元末的战争,导致太仓海道淤塞,海外贸易式微。《弘治太仓州志》卷九《杂志》:"元初,太仓刘家港及诸港汊,潮汐汹涌,可容万斛之舟。张士诚据郡城,畏海盗之扰,遂塞至和塘尾以障海潮,开九曲河,仅通太仓东门。于是半泾、陈泾、古塘等港俱塞,涨以为平陆田畴,无潮汐之利市,民无贩海之资矣。"也就是说,太仓的衰败,首先是因为张士诚堵塞港汊而无法通航。其次,当时的战争对于太仓城镇还有毁灭性的摧毁。元顺帝至正十六年(1356),张士诚占据太仓等地不久,方国珍以水军大破之,"太仓千门万户,俱成瓦砾丘墟"。方国珍崛起于浙江沿海,擅长水战,张士诚为了避其锋芒,于是在太仓修筑城门,又将州治迁回昆山。但是这样一来,太仓滨海之利,从此就无从实现了。

按照上述明人(《弘治太仓州志》编者)的说法,太仓的衰败是由于战争,由于张士诚堵塞海道、迁移州治的行为造成的。这一解释并非没有道理,但笔者认为只是涉及到了表象,将太仓的衰落完全归罪于张士诚,并不公允,也不客观。因为战争毕竟是一时的,短暂的,此后明朝的经济文化措施对于太仓的禁锢,才是致命的。昆山州治从太仓迁回昆山以后十年,张士诚覆灭。明朝建立的第二年,即公元 1369 年,昆山州降格为县。朱元璋"重农轻商"、禁止泛海经商的国策,促使太仓成为了内陆城镇,逐渐与海洋绝缘,太仓的市镇经济和文化影响,一落千丈。

以上考证论述了这么多,无非就是想重申笔者的一个观点:今人所谓以上海为中心的海派文化的根，其实是土生土长的。从某种角度甚至可以这样认为：近、现代的上海文学文化的不少要素特点和面貌特征，早在几百年以前已经鲜明呈现。换言之，今天的上海文学文化的面貌形成，并非完全取决于鸦片战争以后的外来影响，我们今天公认的海派文学文化的不少特点，历史上已经有过类似的表现，只不过表现的范围、时间和强度，随着朝代的更迭、政局的变化，和海洋的利用与否，时而明显高涨、时而隐蔽沉寂而已。

在此还需强调的是，如果追溯海派文化的根，不能仅仅局限于今天的上海地区。上海在很长时期里，只是吴文化区域里的一个点，只不过后来这个点逐渐壮大，最终脱离主流区域而自立门户。但是在起初，他和周边如今属于江浙的一些城镇，联系紧密，而且不管是自然地理环境，还是经济、社会文化方面的特点，差别并不大。以元代的太仓与上海的关系来说，首先是位置相邻，其次是自然地理特点相似，最后是相似的经济活动、相同的文化氛围。元代的太仓是一个五方杂处的社会，与海外商人的接触十分频繁，当地文人与松江、上海等地文人的来往也十分密切。所以笔者认为，尽管太仓与上海后来分别属于不同的行政区划，但是从文化研究的角度，从元代的实际情况着眼，我们不妨将江苏的太仓、昆山，甚至浙江的海盐等等，纳入与松江、上海同一类型的海派文化范畴。因为在元季，这些城镇具有共通和共同性，无论是社会文化氛围、文人的交游方式、文学思想，还是诗文题材、审美倾向，在这里都有不少新颖变化，甚或包蕴着明显的近代海派文化、海派文学的现象和特点。

这一变化的发生，主要是因为元代政府开发利用海洋，使得太仓、昆山、松江、上海及其周边沿海城镇有了史无前例的扩张，以致对于全国政治经济开始发生明显影响。我们知道，海派文学和海派文化产生的基础或要素，首先是海洋，其次是移民。太仓、松江、上海等城镇之所以能够在元代崛起，是因为蒙元政府对于海洋的利用，在古代社会可谓空前绝后。尤其当时减少、放弃漕运而改为海运的措施，带动了海运沿线的，尤其东南沿海中小城镇的经济。也正是因为当时这一带经济的迅猛发展，很快引来大量移民。近现代上海移民文化文艺的许多特点，包括我们常说的海派文化最为重要的特点——包容性，在元代的太仓也已经有了相当程度的体现，以上的考述足以证明这一点。

# 从马可到郑和
## ——从文学的视角看太仓港与海上丝绸之路

朱丽霞
（上海交通大学人文学院，上海，200240）

意大利传教士马可·波罗于元代到达中国，在中国游历长达十七年，足迹遍及华北、西北、西南、华东等地区，游览了东北之外几乎所有的省份。回到意大利，狱中由友人代笔撰写回忆录《东方见闻录》(《马可·波罗游记》)，书中将中国描述为一个文明、繁荣、发达的国家，最早在西方构造了一个富庶的东方，尤其是对福建刺桐港（泉州）“宏伟秀丽”的描写成为西方新航路开辟的一个直接诱因。哥仑布就是在寻找刺桐港口时发现了新大陆——改变了世界历史进程的地理大发现。永乐三年到宣德五年郑和率领 27000 余人、二百余艘帆船的庞大舰队，载着丝绸、瓷器和茶叶，驶向太平洋，“鲸舟吼浪泛沧溟”①。前后历时 28 年七次下西洋，这是世界航海史上空前的壮举，它将中华文明远播海外，“天书到处多欢声，蛮魁酋长争相迎。南金异宝远驰贡，怀恩慕义摅忠诚。”②开辟了一条海上丝绸之路。太仓市浏河镇的刘家港是郑和下西洋的起锚地——自元代始在太仓设市舶司，负责与海外各国通商及进贡管理事宜。郑和下西洋事件开启了东西方文化的交流，开启了世界大航海时代的到来，中国由此走向了世界，世界也认识了中国。刘家港成为海上丝绸之路的起点。尽管“海上丝绸之路”的得名很晚，源于 1967 年，日本创文社出版三杉隆敏的《探索海上的丝绸之路》。但，海上丝绸之路的贸易却与陆路丝绸之路同样长久而繁荣，而且日益后来居上，“曾闻博望使绝域，何如当代覃恩光”③。较之于张骞开辟西域通道，郑和对后世的影响深远得多。张骞开辟了西域商路，郑和则开辟了西洋商路。而中国历史、中国文学中也从此得知“西洋”，认识“西洋”。正德间黄省曾《西洋朝贡典录》云：“西洋之

① 马欢：《瀛涯胜览·纪行诗》。
② 马欢：《瀛涯胜览·纪行诗》。
③ 马欢：《瀛涯胜览·纪行诗》。

迹，著自郑和。”①梁廷枏《海国四说序》：“三代后，惟汉、元声威所至，视周、秦、唐、宋为远。然亦止西北关塞而外，未闻越葱岭而讫西壖。即历代市舶骈集广、闽，大率来自东南洲岛。故自元以前，尚不知有西洋诸国。明初，郑和返命，内臣接踵而往。费氏《天心纪行》、吴氏《朝贡》两录出，张氏《东西洋考》继之。而后，海西岛屿略有称名。”

马可·波罗在欧洲对中国的虚幻夸张的描述，建构了一个充满机遇和顷刻间发财致富的富饶的国度，强烈地吸引着西方的商人，促进了西人对东方国度的激情探险。百余年后，郑和远洋航行厚往薄来的朝贡贸易进一步加深了西方对富饶中国的向往。激发着海上贸易的商人致富的梦想。随后，接踵而至的是哥伦布发现新大陆、达伽马绕过非洲好望角到达印度洋，麦哲伦发现美洲，作为西方人想象中的遍地黄金的中国终于出现在西方人的眼前，全球化的时代随即开启。而对中国影响最深的是明中后期的倭患。

明代嘉靖年间长期海疆不宁的倭患是全球化经济的表征，明中期开始的倭患对明朝构成极大威胁。明朝实行海禁，但禁而不止。长期东南抗倭，集中了全国的财力物力，但收效甚微，明朝被迫于隆庆初年开禁，从此，中国的东海、南海海疆帆樯林立，贸易繁荣。这说明，大航海时代到来之后，全球贸易联为一体，没有任何人为的力量可以阻止。

晚明郑成功盘踞海上，被视为抵抗清朝的顽固力量。事实上，郑成功是晚明海上一支强大的海上商人集团，纵横于东海、南海、印度洋之间，是沟通中国与日本、朝鲜、东南亚及欧洲各国的重要的商务巨头。在晚明中国贸易史上起到了沟通中西方贸易的桥梁作用，构成晚明海上丝绸之路的主要支撑。当明清易代之初，为抵抗郑成功的海上势力，清朝实行迁海，沿广西到辽东数千公里海岸线以内的三十公里的居民全部搬迁内地，严格禁海。康熙四年，湖北李中素游幕岭南，著《廉州竹枝词》，其九：“烟墩远设大洋滨，处处频将海禁申。市上能容卖珠客，港头只捉打鱼人。”②亦知，清初的海禁令对普通渔民生活的影响。即使如此，民间的海上走私贸易从未间断，而且愈演愈烈，逐渐形成不可阻挡之势。直到康熙二十四年，面对无法阻遏的海上走私，朝廷不得已开放广州，准许贸易，并

① 《西洋朝贡典录》，谢方校注，中华书局，1982年。
② 李中素：《梅花书屋诗选》卷一。

成立十三行，代理中国内陆与西方诸国的贸易。广州一口通商的局面持续了一个半世纪。伴随西方经济的飞速发展，当广州口岸再也满足不了西方对中国贸易的需求时，鸦片战争随即爆发。这说明，海上丝绸之路的强大魅力强烈地吸引着东西方的资本商人，无论明朝清朝海禁与否，郑和所开辟的海上丝绸之路不仅没有消歇，而且日益畅通无阻。海上丝绸之路的发展波澜壮阔，给中西的经济贸易提供了流通的渠道，为中西方文化的发展提供了交流的平台。

## 一

伴随海上丝绸之路的畅通，明清文学生态发生了巨大变化——从此揭开了中国海洋文学的序幕。

海上冒险的题材出现了。突破了以往相关小说中对海洋的恐惧和回避，消解了此前文学作品中对于海洋的神秘感、恐惧感和敬畏感。中国早期原始神话《山海经》、《淮南子》、《穆天子传》等都涉及海洋，但都充满神异离奇的推测和幻想。其中“精卫填海”中征服大海的幻想正体现了对大海的恐惧。无论《诗经》还是《楚辞》，都无涉于大海。传说中的蓬莱、瀛洲、方丈三座海上仙山则是道家虚构用来祈祷长寿的概念。“忽闻海上有仙山，山在虚无缥缈间”，“海客谈瀛洲，烟涛微茫信难求”，海上仙山是可遇不可求的一种精神境界，是一种单向的诉求，而非征服和战胜。古希腊神话与荷马史诗一出场即上演了一幕幕悲壮的海神故事，对于神秘的大海始终带有征服的欲望。欧洲的文化传统始终与海洋相伴而生。而中国的文化传统亲吻土地，拒绝海洋。在中国文化的古老图腾中，有天神，地神，财神、谷神、战神等，而海神则是缺席的。中国海神妈祖信仰是伴随郑和下西洋而得到广泛传播与产生影响。

郑和下西洋，消解了传统文学中对大海的恐惧感。郑和、王景弘、马欢、费信、巩珍等成为中国历史上第一批海上探险家，郑和“统帅官校旗军数万人，乘巨舶百余艘，……大小凡三十余国。涉沧溟十万余里。观夫海洋，洪涛接天，巨浪如山；视诸夷域，迥隔于烟霞缥缈之间。而我之云帆高张，昼夜星驰，涉彼狂澜，若履通衢”①。作为郑和幕僚随同出使的巩珍《西洋番国志》自序：“前往海外，开

① 长乐天妃宫石碑，《天妃灵应之记》。

诏颁赏，遍询诸番。……往还三年，经济大海。”①

中国历史上第一次征服大海的壮举给文学以巨大自信，中国文学褪去了长期以来有关海洋题材所萌照的神秘色彩，首次出现以海上冒险为主题的海洋文学。绍兴穆斯林马欢由于通晓阿拉伯语被选为翻译随同郑和出使，其《瀛涯胜览·纪行诗》：“书生从役何卑贱，使节叨陪游览遍。高山巨浪罕曾观，异宝奇珍今始见。”表达了随同出行的兴奋和自豪，对大海充满神圣向往。“归到京华觐紫宸，龙墀献纳皆奇珍。”从此，中国文学中出现了一个新的主题——海洋。由于郑和，使得明代成为“中国历史上最伟大的航海探险的时代”②。最明显的标志是郑和下西洋为文学创作提供了大量素材，马欢《瀛涯胜览》，费信《星槎胜览》、《天心纪行录》，巩珍《西洋蕃国志》，佚名《郑和航海图》（全称《自宝船厂开船从龙江关出水直抵外国诸番图》），罗懋登《三宝太监西洋记演义》（《西洋记》）、佚名《三宝征夷集》（已佚），可谓文学中的“三宝系列”。而相关典籍中亦多有郑和的记载，如袁忠彻《古今识鉴》，祝允明《前闻记》等。

郑和下西洋不仅成为后世创作的题材，而且开启了明清海洋文学的先河。郑和之后，海洋成为小说家所热衷的主题。此前有《岛夷志略》，原作《岛夷志》，元代民间航海家汪大渊所著记述海外诸国见闻的著作。一百余篇纪略，涉及东西两洋周边两百多个国家和地区，是研究古代亚非等地区历史地理的重要著作。《四库全书总目》：“诸史外国列传秉笔之人，皆未尝身历其地，即赵汝适《诸蕃志》之类，亦多得于市舶之口传。大渊此书，则皆亲历而手记之，究非空谈无征者比。”《岛夷志略》是他两次航海所见记录整理，其意义和价值非常宝贵。然而，汪大渊只是南昌的一个布衣商人，没有功名，历代《南昌府志》、《南昌县志》均未见载，《岛夷志略》后便无生平记录，其后经历无从考证。尽管汪大渊是第一个了解世界的中国人，但他个人的力量远不及郑和的舰队和国家财力的支持，汪大渊的文化影响不及郑和。因此，郑和是让世界了解中国的第一人。

作为郑和翻译，马欢《瀛涯胜览·自序》云：“随其（郑和）所至，鲸波浩渺，不知其几千万里，历涉番邦。其天时气候地理人物，目击而身覆之……于是采摭各

① 巩珍：《西洋番国志·自序》。

② 张建永：《具体的抽象与纯思的抽象——中西古代美学思维性格之比较》，《文艺研究》1985 年第 2 期。

国人物之丑美，壤俗之异同，与夫土产之别，疆域之制，编次成帙，名曰《瀛涯胜览》。"[①]马欢《瀛涯胜览》一书，出自亲历下西洋的通事(即翻译)之手，资料真实，弥足珍贵。是研究郑和下西洋不可或缺的参考文献。钱塘马敬于正统甲子为马欢《瀛涯胜览》所作《序》云："太监郑和率领豪俊，跨越海外，与诸番货。其人物之丰伟，舟楫之雄壮，才艺之巧妙，盖古所未有。……然奉命而往者，吾不知几千万人，而尽厥事称厥旨者，舍吾山阴宗道马公其谁乎？公以才干优裕，首膺斯选，三入海洋，遍历番国，金帛宝货略不私已，而独编次《瀛涯胜览》一帙以归。其载岛夷地之远近，国之沿革，疆界之所接，城郭之所置，与夫衣服之异，食用之殊，刑禁制度，风俗出产，莫不悉备。"同为郑和出使幕僚的仁和郭崇礼，因"善通番语，遂膺是选，三随并轺，跋涉万里"[②]，回国后协助马欢著《瀛涯胜览》，古朴剧弘《瀛涯胜览后序》："观马君宗道、郭君崇礼所纪经历诸番之事实，始有以见夫异城志之所载，信不诬矣。崇礼乃杭之仁和人，宗道乃越之会稽人，皆西域天方教，实奇迈之士也。…… 极而远造夫阿丹、天方，凡二十余国。每国寄往非一日，於舆图之广者，纪之以别远近；风俗之殊者，纪之以别得失；与夫人物之妍媸，纪之以别美恶；土地之出产，纪之以别轻重，皆录之於笔，毕而成帙。"

在西洋远征中，太仓卫昆山人费信作为郑和的文职幕僚先后四次随同出使，往返二十余年，历览异域风土人物之宜，归来将出使西洋途中所见所闻记录而成《星槎胜览》，"每莅番城，辄伏几濡毫，叙缀篇章，标其山川、夷类、物候、风习诸光怪奇诡事，以备采纳"，"一览之余，则中国之大，华夷之辩，山川之险易，物产之珍奇，殊主末俗之卑鄙，可以不劳远涉而尽在目中矣"。《星槎胜览》记述了西洋四十余国的政治、经济、历史、地理及社会生活、风土人情。与马欢《瀛涯胜览》同为研究郑和及下西洋的基本史料，郑和成为文学作品中一个耳熟能详的符号。

罗懋登《三宝太监西洋记通俗演义》，描述了郑和一行下西洋的过程，穿插了许多神魔故事和奇闻逸事，塑造出栩栩如生的人物形象，如第五十回塑造的王景弘是一个精于航海技术、指挥若定的航海家形象。《西洋记》艺术地再现了郑和下西洋通使三十余国的神奇经历，说明郑和海外探险在社会上所引起的巨大震动和深远影响。小说充满奇异幻想和魔幻色彩，与《西游记》共同构成明代神魔

① 《瀛涯胜览》，冯承钧校注，上海中华书局，1935 年。

② 古朴剧弘：《瀛涯胜览后序》。

小说的奇特景观。

克服了对海洋的恐惧与神秘，文学开始走进海洋，文学《三言》《二拍》多有海外经商的描写。其中《转运汉巧遇洞庭红》(《初刻拍案惊奇》第一卷)写苏州人文若虚在国内经商屡遭失败而穷困破产，一些从事海外贸易的人带他出海散心排忧。文若虚没有本钱购置货物，只花了一两银子买了一篓洞庭红柑橘，以备路上解渴。结果洞庭红在海外吉零国，被当成稀世珍品抢购一空，卖了一千多两白银。回国途中他又偶然拣到一个大乌龟壳，回到福建后被一个波斯商人用五万两白银买去，后知道壳其中有很多珍珠。文若虚以此为资本在沿海重置家业，娶妻生子，从此家道殷富。《镜花缘》则描写海上探险的故事，秀才唐敖考场失意后，随妻兄林之洋出海经商，游历许多国家，见识了各种风土人情。说明大航海时代到来后，人们海上探险、发财致富的欲望。《水浒后传》则描写了梁山英雄海外创业的曲折历程。诗词文赋中，海洋题材也发生明显的变化，曹操《观沧海》站在岸边看海抒情，并未涉及海。而曹植、郭璞、谢灵运、刘孝威、萧纲、郑道昭、祖珽等创作观海诗目的在于追求道家神仙的世界，亦未真正涉及海。中国古典诗中的海，多以岸作为视觉出发点，是站在岸上来写海，以及由海引起的各种思绪。写海上体验的，并不多见。明代大航海之后，海上生活进入诗词，海外文化进入诗词，徐渭作为胡宗宪抗倭的文职幕僚，多次深入敌营侦查军情，创作了大量的海上时事诗，其《与客登招宝山观海》："不分番夷营别岛，愿图方略至金城。"①表达清扫海寇的决心。施闰章《海民篇》，写清初"清海疆"政策，梁佩兰《采珠歌》描述海民生活。体现了大航海时代全球贸易一体化的社会现实。

郑和下西洋之后的明清小说，出海贸易的题材普遍增多，海洋成为人们日常生活中耳熟能详的话题。《喻世明言》卷一《蒋兴哥重会珍珠衫》中广东合浦珠贩宋老儿是出海致富的典范。《郭青螺六省听讼录新民公案》第六类《伸冤篇》第二则《究辨女子之孕》中"潮州府北门瓦子巷"的饶庆家道富足亦因出海贸易。同书第六类《伸冤篇》第四则《前子代父报仇》中的"潮州平远县富户"姜逢时亦然。《江湖奇闻杜骗新书》第九类《谋财骗》之《傲气致讼伤财命》中的富商魏邦材，同书第十六类《婚娶骗》之《异省娶妾惹讼祸》中的富商蔡天寿等，可见当时海民善于经商的品格。晚清，小说中的海洋题材普遍增多，吴趼人《恨海》、《发财秘诀》，

① 《徐文长三集》卷七。

李伯元《文明小史》，黄小配《廿载繁华梦》，碧荷馆主人《黄金世界》，张春帆《宦海》，彭养鸥《黑籍冤魂》等都以海洋为背景。《蜃楼志》的男主人公苏吉士，即广州十三行行商苏万魁之子。小说描写苏吉士的情爱生活，背景却是乾嘉时期广州十三行，苏万魁，“五十往外年纪，捐纳从五品职衔，家中花边番钱整屋堆砌，取用时都以箩装带捆”。苏万魁的发迹即源于在广州的海外贸易。

## 二

郑和下西洋，开辟了太仓、明州、泉州、广州的海上丝绸之路。虽然郑和从太仓港启程南下直抵泉州抛锚。但永乐二年(1404)，郑和奉旨东使日本征倭并重订《勘合文簿》，建立朝贡贸易关系。顾炎武《天下郡国利病书》，永乐二年(1404)，郑和出使日本的使团从江苏太仓刘家港发舟，直抵宁波定海(镇海、舟山)。宁波港从唐宋以来一直是中国通往日本、朝鲜的主要港口，两国商船大都从这里出入。宁波(唐宋时称明州，元代称庆元，明初始改为宁波)港，深水不淤的天然不冻港，是海流与季风形成的自然航路，国外的使者、商旅多选择从海路至明州登陆贸易。元人盛熙明《补陀洛迦山传》云：“海东诸夷，如三韩、日本、扶桑、占城，渤海数百国雄商世舶，皆由此道放洋。”

嘉靖间主持东南六省的抗倭总督胡宗宪《筹海图编》载：“(明州)穿山事件发生后，上命太监郑和谕其国王源道义出师，获其渠魁以献。”曾出使过日本的郑舜功所著《日本一鉴》亦云：“永乐二年，中官郑和使日本。惟时倭寇浙江、直隶地方，故郑和奉敕讨贼。”《嘉靖宁波府志》(上)：“永历二年四月，夷船一十一只寇穿山，百户马飞兴死亡。是年，上命太监郑和，统督楼船水军十万，招谕海外诸番，日本首先纳款。”郑和出色地完成了出使使命，并恢复了中断近500多年的中日外交关系。因此，永乐三年(1405)郑和奉命出使西洋。郑和出使东洋积累了必要的航海经验和外交经验，是七下西洋的政治先声。

郑和下西洋的宏伟壮举，引发了全球大航海的热潮。不久，明州的海上贸易与泉州、广州同时风起云涌。明代舟山已经“千秋香火真如地，万国梯航大士家”①。景泰间，东洋派高僧允澎多次率团赴明朝勘合贸易，最多一次人数达1000余人，停泊舟山。景泰四年(1453)，日本商贸货船100余艘抵达明州，驻扎

① (明)屠玉衡：《题补陀》。

定海，进行贸易。清朝，开放海禁后，舟山“梯山航海而至，达于九万里之表”（施世骠《礼补陀洛迦山记》）。施世骠《游洛迦山诗》：“万国风行鲸浪息，千岩云敛宝幢开。”所言即海上贸易繁荣的盛况。由此，康熙二十三年（1684）清朝特开闽（厦门）、粤（广州）、江（上海）、浙（宁波）四海关。正式在宁波设立浙海关，在东西方文化交流中，成为中国最早向欧洲国家开放的窗口之一。自广东澳门、福建漳州建榷关与外国通商后，英国商船常往来于澳门、厦门间，亦有乘风至明州定海。清廷移定海镇总兵驻舟山。同时，舟山群岛的数百个岛屿成为海上倭人盘踞的避风港。在定海、镇海、双屿港、岑港，成为倭人与中国大陆商人长期的贸易据点。

康熙四十四年（1705），奉总督福浙部院金批：“东西洋船愿往宁波者，听其驾赴宁波；愿往定海者，听其停泊定海。两处勒石永禁。”定海在海上丝绸之路上成为重要一站。

康熙《定海县志》：康熙后期，从中国东南沿海经舟山航道开往日本长崎的舟山商船计 97 艘，宁波商船 423 艘，温州商船 25 艘，仅浙省即 545 艘，另，闽省 571 艘，粤省 169 艘，共计 1285 艘，可知中国与东洋海上贸易的频繁。其中，舟山岑港的货运量可比广东澳门。天然的深水避风港——岑港自元代即与高丽、日本等建立贸易联系，清代朱绪曾《昌国典咏　岑港岙》：“岑港碇齿凿巉巉，六国舟航尾并衔。”“六国舟航”即指岑港。清代定海进士陈庆槐《舟山竹枝词》（一）：

闽商蛮语杂钓舟，岁岁渔期入市游。
昨夜西洋估客集，海风送到大红头。

其中，“大红头”为西洋船。自康熙定海设英国东印度公司事务所后，定海成为英商在浙江的贸易据点。浙江明州设海关的同时，在定海设榷关公署，作为浙海关的分理处。又“另设红毛馆，安置红毛夹板大船”。“红毛馆”专门接待西洋商船和商人，进行贸易和征税。其后，伴随鸦片流入中国，定海成为英、美两国在浙江沿海储运集散鸦片的最大据点，宁波港正式开埠。开埠之初，至甬贸易有英、法、美、德、俄、葡萄牙、瑞典、挪威、荷兰等。从广州到天津，中国进入鸦片时代。

浙江舟山海运繁忙的同时，福建泉州也从未萧条过。泉州，是郑和出洋的真正起锚地。每次下西洋，从太仓港启程，至泉州抛锚整顿，至少数月，长则半年，等待季风启程远洋。郑和舰队从太仓港启程直抵泉州，在于泉州于元代所积累的丰富的航运资源。元代，泉州是与埃及亚历山大港同样闻名的世界第二大港口。元人王恽《王道神道碑》："万货山积来诸蕃，晋江控扼实要关。"①泉州人庄弥邵《罗城外壕记》曰："泉本海隅偏藩，世祖皇帝混一区宇，梯航万国，此其都会……四海舶商，诸蕃琛贡，皆于是乎集。"②泉州港，"异宝奇珍之所渊薮，殊方绝域富商巨贾之所窟宅，号为天下之最"③马可・波罗《马可波罗游记》："抵达宏伟秀丽的刺桐城，在它的沿岸有一个港口，以船舶往来如梭而出名。船舶装载商品后，远到蛮子各地销售。运到那里的胡椒，数量非常可观，但运往亚历山大供应西方各地的胡椒，就相形见绌，恐怕不到它的百分之一吧。刺桐是世界上最大的港口之一。大批商人云集这里，货物堆积如山，的确难以想像。"正是马可的精彩描述，引起了西方世界探索刺桐的激情。

元释宗泐《清源洞图为洁上人而作》云：

泉南佛国天下少，满城香气楠檀绕。
缠头赤脚半蕃商，大舶高樯多海宝。④

福建嘉靖进士林恕《平远台》：

万国舟航通禹贡，九仙楼阁倚空同。
凭栏纵目孤鸿外，遥见扶桑海日红。

反映出福州港口万国通航的繁荣景象。

清代福州举人何振岱《夜过万寿桥》：

百廛夹道矗蜂房，奔毂声中万影忙。
彩鹢初横新贾舶，卧云已换旧舆梁。

---

① 王恽：《秋涧集》卷55。

② 乾隆：《泉州府志》卷11。

③ 吴澄：《草庐吴文正公集》卷16《送姜曼卿赴泉州路录事序》，《四部丛刊》本。

④ 元释宗泐：《金室外集》卷4。

作者通过万寿桥之所见台江木屋拥挤(蠹蜂房)、车马行人的忙碌场景。郑和率舰队下西洋时,许多中国海商随其前往南洋从事商业贸易,或者循其海路远航通商。何乔新咏福建诗:"危樯巨舶昼纵横,海上时闻鼓角鸣。"展示出一幅沿海对外贸易繁荣兴盛的画卷。泉州海上贸易继承元朝"缠头赤脚半番商,大舶高樯多海宝"①的规模和基础,海外贸易蓬勃发展。

但是,尽管泉州港在元代"梯航万国"、舶商云集,至明朝中期,由于葡萄牙占领澳门,海上贸易中心很快转移到广州。"原是蓬莱顶上峰,六鳌移向粤城东。天连螺渚风涛壮,月照龙江岛屿空。"②广州取代泉州、上海取代太仓,泉州港和太仓港共同经历了曾经的繁荣之后风光不再。

## 三

清初,政府在原明广东牙行三十六行的基础上成立广州十三行,管理中西贸易。《华事夷言》:"十三行夷馆,计有七百忽地,内住英吉利、弥利坚、佛兰西、领脉(丹麦)、绥林(瑞士)、荷兰、巴西、欧色特厘阿、俄罗斯、普鲁社、大吕宋、布路牙等国之人。"与明中期葡萄牙占领澳门,西班牙、荷兰跟踪而至的境况全然不同。清初,西方各国包括美洲的巴西已经全部进驻中国领土,据此,清后期的五口通商与八国联军的入侵即非偶然了。番禺"禺山老人"小说《蜃楼志》开篇即曰:"广东洋行生理,在太平门外,一切货物都是鬼子船载来,听凭行家报税,发卖三江两湖及各省客商"。据此可知十三行行商负责为外国夷商报纳关税,并承接进口的洋货再发卖到全国各地。清初中西贸易的繁荣不仅为小说提供了丰富的素材,而且也成为诗歌所关注的中心,尤其是广州竹枝词大量问世。屈大均《广州竹枝词》:

洋船争出是官商,十字门开向二洋。
五丝八丝广缎好,银钱堆满十三行。

其中,"官商"即指"十三行",而"十字门"则指澳门,帆船经广州十三行收税验货,从澳门出发,驶向东、西二洋。所载乃"五丝八丝广缎",据此,晚明清初广

① 宗泐:《清源洞图》,《全室外集》卷4。
② 林恕:《平远台》。

州海外贸易以丝绸为主。清初广州一口通商后，十三行臻于全盛。朱树轩《羊城竹枝词》：

> 番舶来时集贾胡，紫髯碧眼语喑呜。
> 十三行畔搬洋货，如看波斯进宝图。

江仲瑜《羊城竹枝词》曰：

> 夷商交易用洋钱，万里来瞻上国天。
> 货物到关齐纳税，海珠湾泊火轮船。

再现了清中后期洋商尤其是英吉利商人，不远万里舶着奇货，络绎不绝地来到广州十三行，纳税之后，用洋钱与中国人交易的热闹繁忙的贸易场景。

十三行建筑与中国传统的古典园林迥异的风格引人注目，对于十三行景观的描述也成为清代文人笔下所表现的题材。终生作幕僚的沈复在《浮生六记》卷四《浪游记快》曰："十三洋行在幽兰门之西，结构与洋画同。"云十三洋行的建筑和西洋画一样，即西式风格。清人乐钧《岭南乐府·十三行》云："楼兰粉白旗杆长，楼窗悬镜望重洋。"写兰色洋楼与白色旗杆相映生辉，洋楼窗前还悬置着望远镜，人们可以凭此远眺重洋。张九钺《番行篇》："广州市十三行，雁翅排城蜂缀房。珠海珠江前浩淼，锦帆铁缆日翱翔。蜃衔珊树移瑶岛，鲛织冰绡画白洋。别起危楼濠镜仿，别营奥室贾胡藏。危楼奥市多殊式，瑰卉奇葩非一色。"罗天尺《冬夜珠江舟中观火烧洋货十三行因成长歌》："广州城郭天下雄，岛夷鳞次居其中。香珠银钱堆满市，火布羽缎哆哪绒。碧眼蕃官占楼住，红毛鬼子经年寓。濠畔街连西角楼，洋货如山纷杂处。"沈慕琴《小匏庵诗话》中《登洋鬼子楼》诗，写到夷馆的内部景观："踏梯登楼豁望眼，网户宏敞涵虚明。复帐高卷红，科苏斗大悬朱缨。华灯四照铜盘贰，虬枝蜷曲膏盛。丈余大镜嵌四壁，举头笑客来相迎。……器物诡异何足数，波斯市上相惊。"诗中所写器物，"诡异"难测，令人叹为奇观。

其后，繁华富丽的十三行夷馆，经历了两次大火。不久，鸦片战争爆发，上海开埠，十三行的风光亦象当年太仓、泉州一样遂成为后人的追忆。乾隆年间。诗人罗天尺月夜泛舟珠江，恰好遇到十三行冲天大火，万丈虹光横亘目前，触目惊心之余，遂赋长诗《冬夜珠江舟中观火烧洋货十三行因成长歌》：

高如炎官出巡火伞张，旱魃余威不可当。
雄如乌林赤壁夜鏖战，万道金光射波面。

这次“扑之不灭”的大火终致“香珠银钱堆满市”的富丽堂皇的十三行顷刻间化为灰烬。

郑和舰队拉开了世界大航海时代的序幕，世界从此认识中国，但中国从此开始退出历史舞台。郑和下西洋成为中国经济史文化史的分水岭，此前，世界的文化贸易中心在中国，中国是世界上最繁荣富庶的国家；此后，西方进入了海洋工业文明，中国则开始回退开始萎缩 开始固步自封，但仍然夜郎自大。英国学者赫德逊(C. F. Hudson)在《欧洲与中国》中断言：“海上的通路让给了欧洲霸权”。事实印证了这一论断。梁启超曰：“哥伦布之后有无数哥伦布，郑和之后则无一郑和”(《伟大的航海家郑和》)，但是，继马可·波罗之后郑和下西洋却引发了西方探索东方的热潮。更重要的是，郑和下西洋改变了此后中国在世界格局中的位置，中国被卷入全球化的浪潮中。从这个意义上来说，尽管郑和之后，边患频仍，但从某种程度上说，恰恰是郑和对于世界格局的贡献，使得中国开始冷静地审视自己而不再盲目自大。其更为深刻的意义是，郑和下西洋，秉承“宣教化于海外诸番国，导以礼义，变其夷习”的和平外交政策，沿途传播中国的传统文化、衣冠礼仪，给予邻邦以巨大帮助。

古罗马哲学家西塞罗云：“谁控制了海洋，谁就控制了世界。”中国历史的颠簸动荡证明了这一断言的正确性。今天，中央提出建设“一带一路”的战略目标任重道远。海上丝绸之路文学将为一带一路目标的实现提供坚实的文化资源。

# 明清之际与《心史》有关的几位太仓人士

陈福康

（上海外国语大学文学研究院，上海，200083）

**[内容摘要]**《心史》是我国史上一部真正的奇书，我中华民族极其珍贵的爱国主义诗文集和重要的历史文献。明清之际的太仓爱国士人为《心史》的刊布和宣传做出过很大的贡献，如最早筹划刊刻《心史》并为《心史》初刻本撰写跋文的陆嘉颖、陆坦父子，为宣传《心史》专门写了十首诗而且还将这些诗镌刻后送人的太仓知州钱肃乐，还有在清初康熙年间选刻《心史》诗歌并写序文高度评价《心史》的王御、郑起泓、杨仓、周裳、郑定远等人，他们的事迹及作品也值得我们今天发掘、研究和彰扬。

**[关 键 词]**明清之际；心史；太仓；爱国人士

明末，在苏州一口古井中偶然发现的宋元之际郑思肖（所南）所著《心史》，是我国历史上一部真正的奇书，也是我中华民族极其珍贵的爱国主义诗文集和重要历史文献。《心史》一经发现和刊布，立即激励了一大批爱国人士，产生了非常重大和深远的影响。太仓离苏州很近，明末清初太仓州隶属苏州府。太仓地区是当时反抗满清贵族统治阶级血腥侵掠屠杀最激烈的地区，涌现了一大批民族志士和坚贞遗民。这应该也与《心史》的影响分不开。而太仓地区爱国士人也为《心史》的刊布和宣传做出了很大的贡献。这些动人的史实值得发掘、研究和彰扬。

## 一

最早筹划刊刻《心史》的发起人，和初刻《心史》所附跋文的撰写人中，就有两位住在苏州西郊的太仓人：陆嘉颖、陆坦父子。

崇祯十一年戊寅冬十一月初八，即公元1638年12月12日那天，苏州承天寺狼山中房僧人因旱浚井，发现了一个铁函，打开，发现了封藏于内的《心史》手稿。最早知道此事的苏州文人是赵均（灵均），赵均最早告诉了陆嘉颖（子垂）。陆氏后来在为《心史》初刻本写的跋中说："是书初闻之赵灵均，而灵均远游，思维

[惟]文彦可先生桥梓与寺僧善，仆仆奔走者三阅月，于季春二十六日始得假归，倩手分抄。凡改擿涂抹，批点装潢，摩仿悉如原稿，存其模范。”陆嘉颖因赵均离苏远游，想来想去只有文从简（彦可）、文柟父子与寺僧相熟（而赵均本是文从简的女婿），便托他们与寺僧商量借阅，交涉了三个多月，好不容易才于翌年己卯三月二十六日（即1639年4月28日）借得原稿。而据苏州诸生张劭的跋文，“书为陆子垂先生极力购求”，可知陆嘉颖为借出原稿还花了一笔钱。于是，陆氏父子与文氏父子便分头摹抄，而后，陆氏等人便有刊刻之意，但因缺少资金而到处奔走。最后，在应天巡抚张国维①的帮助下，才得以刊刻。陈宗之在《承天寺藏书井碑阴记》中说：“乡先辈陆子嘉颖始发明其书，假抄题识，冀广其传。同志中多兴起者。而诸生张劭遂献其书于大中丞金华张公。公览而异之，立捐俸绣梓。”可知，陆嘉颖在《心史》刊刻中起了非常关键的作用。

陆嘉颖（1578～1657），清《苏州府志》中未见其传，可知在当时不是很著名；《复社姓氏传略》中亦未见其名，可知也没有参加著名的复社。朱彝尊《明诗综》卷七二记：“嘉颖字子垂，苏州嘉定②人，天启中官主簿。有《砚隐集》。”据《四库全书总目》卷六二・史部十八・传记类存目四，陆氏又字明吾（按，一作鸣吾），著有《银鹿春秋》。光绪时修《嘉定县志》卷二十载：“嘉颖，字子垂。明诸生，工诗，精医，有高行。”甲申遭变，与其子陆坦偕隐，“政粥不继，嘉颖怡如也。未几，坦以穷饿死，嘉颖曰：‘儿不辱我。’后三年，亦卒”。可见父子入清后都是极有气节的明遗民。

又查汪元量《水云集》，有陆嘉颖两跋，一作于崇祯壬申（1632），署“研隐老人记于吴门之西郊草堂”（按，《心史》初刻本陆嘉颖跋也署“吴门之西郊草堂”）；一作于乙酉（1645），云：“避乱邓尉山印可僧寮……时年六十有八。”由此可推知其生年。而《嘉定县志》说他死于陆坦后三年，则当卒于1657年，享年正好八十。陆嘉颖刊刻《心史》之事也已载入方志，如嘉庆时修《直隶太仓州志》卷五三有曹扶苍《陈安道（确庵）先生遗书序》，即写到“文彦可、陆子垂诸先生之表章《铁函心史》”。

陆坦（1594～1654），《苏州府志》亦无专传，但在郑敷教传后附带提及；《复社姓氏传略》《太仓州志》《小腆纪传》《（乾隆）江南通志》等则均有传。可知陆坦比他父亲要知名于世。吴山嘉《复社姓氏传略》记：“字履常，嘉定人。崇祯庚午

① 陈寅恪《柳如是别传》中称张国维为“其时江南最高长官”。张国维不久在斗争中壮烈牺牲。

② 明末太仓州属苏州府，嘉定县属太仓州。

(按,1630)举人,与同年杨廷枢以名教自任。铨授南丰令,不赴。隐邓尉山。有《庚除诗集》。”王炜《鸿逸堂稿》卷四《陆母杨太孺人七十序》云,明末宗社倾圮之际,“海内无不知有吴门二孝廉”(按,即陆坦和杨廷枢),“同途分辙,履仁蹈义”。而陆坦的妻子就是杨廷枢的妹妹。《嘉定县志》又说陆坦与杨廷枢、郑敷教、许元溥,人称“吴门四孝廉”。黄容《明遗民录》卷四有陆坦传,并附陆嘉颖传。称陆坦“一芥不苟取,性高旷”,“甘贫乐道,以奉其亲”。又称陆嘉颖“心敦厚而口激直,年耆德劭,操节不渝,古之独行君子也”。

郑敷教写的《陆坦传》(收《桐庵文稿》),叙其父子生平最详。记陆坦生于万历甲午(1594),卒于顺治甲午(1654)八月。“甲申冬,谒选南都,应得县令,家贫,捧檄非其本怀。然子垂先生顾不乐,趣余作书沮之。履长念时事日非,重违膝下,遂弃归。未久遭乱,隐邓尉,徙支硎、凤泗间。有倾慕者延致家塾,半载遄反,隐卜秪园庵,后寓利济寺。西郊往来,晨出酉归,风雨寒暄,日无再食。然非垂帘所入,一介必严,屡空晏如,无几微不豫之色。有问以朝夕者,笑曰:‘吾犹鼠也,餂砚枯;吾犹蠹也,食书之尽。’”死前,“仰天太息曰:‘独怜望八老亲,独子无养耳!’”又记陆坦“后自托方外,更名宗埆,别号庚除”。惠栋《九曜斋笔记》卷二《郑桐庵敷教交游籍》亦记陆坦晚年“披剃为头陀”。

陆嘉颖、陆坦父子是值得我们后人崇敬的。

## 二

在明末清初为宣传《心史》作出极大贡献的,还有时任太仓知州的著名爱国志士钱肃乐。

钱肃乐(1607～1648),字希声,又字虞孙,号止亭,浙江鄞县(今宁波)人。复社成员。崇祯丁丑(1637)进士,授太仓。为官清廉,有政绩,后辞归。清兵南下,钱氏起兵英勇抵抗,转战海上,最后“忧愤卒于舟”(《明史》);一说“忧愤呕血,闻连江破,以头触床而死”(《通鉴辑览》)。钱氏在《心史》初刻后,曾专门写了十首诗歌咏之,而且还将这十首诗专门镌刻后送人。但关于此事,一直颇有误传。如钱氏好友、著名爱国志士顾炎武说“太仓守钱君肃乐赋诗二章”(《井中心史歌》序)。后人又大多未窥全豹,如最早 1887 年上海图书集成印刷局及后来商务印书馆多次印行的计六奇《明季北略》,卷十四中仅载钱氏《和心史诗序》及诗中一残联,而该序中还误印为“成诗一律”。1984 年,中华书局据清初旧抄足本重新点校出版《明季北略》，方记钱氏咏《心史》诗共有十首；但可惜该抄本对其中四首未录全。其实，钱氏这十首诗及序早就由全祖望编入《钱忠介公集》中，该书1934年又由张寿镛辑入《四明丛书》第二集。不过，其诗的次序与《明季北略》所录颇有不同，文字上也有一些差异。

据《钱忠介公集》卷二三钱氏的弟弟钱肃图（退山）所作《忠介公前传》记，钱氏这十首诗在当时还曾像传单一样刊刻过。李邺嗣（杲堂）在悼钱氏的诗中也说："奚为独镌诗，哭酹郑思肖？"王御（戒庵）的《所南先生诗序》中也略约提及此事。① 可是，这单行刊刻的咏《心史》诗，除了这样三位明清之际人士外，极罕见还有别的人或后来的研究者提起过。我仅在民国时《续修四库全书总目提要》稿本中，见到明崇祯刻本《庚辰春偶吟》的提要（今知该提要是赵万里所撰），提到钱氏这十首诗，但一般人看到该提要都会以为是一部别集。② 我本来想，当年兵荒马乱，后又历遭劫难，该"诗传单"原件极难存世；没想到我竟在台湾看到了！该镌诗原件今存台北故宫博物院，完整无缺，上钤"国立北平图书馆收藏"印，世间恐无第二本，绝对是珍贵文物！③ 钱氏诗前有"眷社盟弟查继佐伊璜氏敬题"的《诗叙》。钱氏诗的题目是《读宋郑所南先生心史诗（并序）》，前面却印有"《庚辰春偶吟》，甬上钱肃乐著"字样。内容与《钱忠介公集》所载同（个别文字小有差异），今抄录于下：

士君子不可一日遭《心史》之事，而不可一日不存《心史》之心。此心之失，则人而禽矣！中国而夷狄矣！白日而昏夜矣！文字召妖，口舌战血矣！

---

① 但王御云："昔在岁庚、辛之间，甬东钱公莅娄，得《井中心史》。夫《心史》之在井，宜其湮之深，深而且出之，殆天不欲寘义士之心于泯漠，夫岂偶然哉！公令筑人梓之，以赐诸生，于是咸知天地间有所南先生。"好像是说钱氏"令筑人梓之"的是《心史》，而不是他的咏《心史》之诗。

② 如近人冯贞群（孟颛）在《重编钱忠介公遗集后序》之附记云："钱公自著之书，尚有……《庚辰偶吟》，见钱肃图撰传。其《偶吟》一书列入'违碍书目'，乾隆四十三年军机处奏准全毁。……凡此皆钱公著作之可考见者，用并记厓略于此。"今日大陆研究者大多仅见《续修四库全书总目提要》，或台北故宫博物院藏书目录，便都以为那是一本书。

③ 这是1930年代日本发动"九一八"侵略后，北平图书馆移藏上海，然后于1941年秘密运至美国保存，后来1965年美国又转交给台湾的善本中的珍品之一。赵万里说，《庚辰春偶吟》原是天一阁旧藏。2013年，北京国家图书馆出版社根据1943年美国国会图书馆所摄缩微胶卷，影印出版了《原国立北平图书馆甲库善本丛书》，其中就有《庚辰春偶吟》。

金铄而石穿矣！此心之存，则人而天矣！仙矣，佛矣！一日而千古矣！诗文而史矣！亦经矣！亦图箓矣！眢井为名山之藏，石匣有甲子之护矣！心之重于人也如是。今圣天子在上，政教翔洽，士大夫皆崇尚节义，岁以戊寅，而郑所南先生《心史》见于承天寺井中。抚公张大人梓以行世，海内见先生之《史》者，无不知先生之心矣！然此心非独先生有也。余以暇日，偶览斯编，成诗十律，岂敢附吟咏之末，亦以性情所钟，不能自绝。世有观者，得位置希声于行道乞人之列，足矣！

臣虏衣冠狗彘徒，多情野草志吞胡。
叫呼日月狂偏甚，痛哭英雄泪欲枯。
四海无王还戴宋，一腔热血肯为奴！
缄题德祐年间事，铁匣泥函永不渝。

崖山舟覆已无徒，四面江河尽属胡。
井火沉刘烟欲断，隰苓思美望终枯。
衰年残梦依吾主，冷眼狂歌骂逆奴。
锷锷霜锋出井底，心光血字岂容渝！

般戈犹未倒前徒，向日鵷行遍拜胡。
金策赐秦天尚醉，铜人迁邺水为枯。
献符尽是称功德，却帝何人笑婢奴？
独有誓词延万劫，石风金火不能渝。

共向新亭忆旧徒，义师何日起平胡？
魂号故国血应碧，泪洒西风鬓欲枯。
有恨《离骚》托湘水，无情锦句觅奚奴。
大雠未报君恩重，片石山灵誓不渝。

时事知非梦亦徒，年来每饭未忘胡。
十三门里秋声冷，百二关中王气枯。
欲迓龙舆归帝子，愿清虎穴走匈奴。

子山饶有《江南赋》，吟罢凄然不忍渝。

我亦行吟泽畔徒，可能三户兆亡胡。
衔泥小燕争归暖，戢翼寒蝉独集枯。
笔续《春秋》书黜楚，匣开风雨势驱奴。
但留一点英灵在，桂月松涛共不渝。

被发伊川非我徒，百年天运竟归胡？
西山采蕨歌犹壮，东鲁悲麟笔几枯。
谶拟河清生圣主，印悬侯爵待人奴。
皇天不鉴孤臣苦，两鬓秋风岁月渝。

燕市长吟岂酒徒，筑声欲借抵强胡。
动人钟鼓书犹在，沸地笙歌骨已枯。
三辅道傍争待汉，陇西门下耻降奴。
烹鱼谁是同心者？旧菀芝兰应未渝。

啸呼山泽与谁徒，短发萧萧愧曼胡。
锦里湖光风雾惨，帝城月色管弦枯。
铜驼荆棘先悲汝，蟋蟀平章不斗奴。
坐使腥风污草木，忍看龙剑匣中渝。

未忍烟波作钓徒，独携一剑宝风胡。
马嵬道上春云暗，凝碧池边秋草枯。
七日申胥能复楚，三年文种乞为奴。
英雄定有阴符策，不信梦梦天意渝。

另外，钱氏在后来写的《病中戏和秋史韵》中有“伤心吴井难沉字”句，用的也是《心史》典故。

## 三

清初康熙年间，太仓还有一批文人选刻《心史》诗歌，并写序文高度评价《心史》。这在当时，也是难能可贵的。

清初太仓有藏书、刻书家"郑氏赐书堂"，曾编选《心史》诗歌一三二首(按，《心史》中诗歌一共约二五〇首)，刻为《郑所南先生诗选》一卷，收入《郑氏六名家集》丛书内(按，该丛书收六种书，共十册。该所南诗选为第四种，第四册)。该诗选前有王御《所南先生诗序》、郑思肖《自叙》(即原载《心史》诗集后的《自序》)、郑定远《重刊所南先生诗引》、《苏州府志忠义传》、郑思肖《一是居士传》等。书前署"宗孙起泓同男定远重订，孙肇熹、发祥校字"。

王御(1613～1705)所作《所南先生诗序》颇有见解，又提供若干史实，而且从未经《心史》研究者言及，因引录于下：

> 昔在岁庚、辛之间，甬东钱公莅娄，得《井中心史》。夫《心史》之在井，宜其湮之深，深而且出之，殆天不欲寘义士之心于泯漠，夫岂偶然哉！公令筑人梓之，以赐诸生，于是咸知天地间有所南先生。
>
> 自甲子再更以来，余幸与纪淳翁交。翁之乃祖于宋称开国名臣，如文正、忠肃、忠愍、文肃，历有其人；而云仍之在宋季，至所南而又一振。先生夙禀先天之正气，承先世之洪谟，生不逢辰，遭九五之厄，行吟于野，首阳一片土，玄阴杳冥，日月无光，凌冬众卉皆没，而青松一枝，挺然独立。惟此孤阳一线之生气，扶干穹以不裂，伊谁之功也！
>
> 信国有《正气歌》《零丁洋》之诗，诗心之悲愤呜咽，后之人读之者三叹息也。先生之吟，篇帙更多，其悲愤呜咽、抑郁不平之意，壹于诗焉，发之一字一泪，泪之如霰者逐溪流，而之于西江遥遥之浒以止。盖开国、平桥诸公，皆有诗，诗之正风也；先生之诗，诗之变风。变而为苦以削，试招信国于九天而读之，当为击石以助之哀。虽称青莲多魔于仙，右丞多溢于华，先生则超超乎尘埃千仞之表矣！
>
> 甄一述遵先人之志，爰授之梓，忠义之文，嘉言孔彰，所以劝也。俾千载而下，顽兴懦立，岂云小补之哉！
>
> 康熙庚辰季冬，西村老人王御拜草，时年八十有八。

康熙庚辰为1700年（"季冬"则可能跨入1701），距《心史》初刻已一甲子了。而王御八八高龄，则当生于1613年。西村老人当为其号；而据书中序末所刻印章，可知又号戒庵。查嘉庆时修《直隶太仓州志》卷二八有："王御，字圣乘。敦正学，愤流寇披猖深，慕王守仁为人，思廓清世难，与陆世仪、王发祥诸人讲求兵法，天文、地舆、阨塞无不精究。以选贡登崇祯九年乡荐，十二年会试副榜。国朝顺治十二年，就选得宿松县学教谕，移六安州学正。所至整葺学宫，诲迪士子。迁房山县令，以简静慈爱为政，革除规例，不名一钱。邑有盗杀人，亲率兵获其魁。告归年已耄矣，好学不衰。世仪谓其超悟似陈白沙。年九十三卒。学者私谥敬一先生，祀乡贤祠。"清初俞天倬《太仓州儒学志》卷二谓王御号戒庵，可确知即斯人也。《复社姓氏传略》卷二有王氏传，知明末亦曾为复社社员。王氏当卒于1705年。

王序中所说"甬东钱公"，即"庚、辛之间"（1640～1641）任太仓知州的钱肃乐。前已提及，钱氏所梓者乃自撰《读宋郑所南先生心史诗（并序）》，而非《心史》其书。王氏年久有所记误，但恰可从某种角度证实钱氏印过自己的咏《心史》诗，并知当时钱氏还曾"以赐诸生"，扩大了《心史》的影响。王氏高度评价了《心史》的思想价值，对郑诗的艺术特点亦有精彩论述，并将郑思肖与李白、王维、文天祥等人的诗作了比较，尤值得注意。

而从王御这篇序文及整部丛书中，我们还可知道至少还有下面四位明清之际太仓人士参与序刻《心史》中诗。

郑起泓（1612？～1693？），嘉庆时修《直隶太仓州志》卷五十："郑起泓，字纪淳，昆山人。族父伯昌得禁方，精于医，户外屦满，辄遣起泓代往。性绝敏，于诸方书稍涉猎即有神解，遂臻胜妙。然非其意也，尝发箧得先人遗稿数十种，皆梓以行。力不足，继以资贷。避家难，来太仓。年六十二（按，疑当作八十二，见下述）卒。"所说"避家难"，不详，待考。所说"先人遗稿数十种，皆梓以行"，后来收入《四库全书》的只有明代的郑文康《平桥稿》和郑若曾《郑开阳杂著》两种，余不详。而云其人倡导"忠义"，是可以肯定的。又据《郑氏六名家集》，知其号忍园。郑氏晚年裒录《心史》五七言诗一百三十余章（即《心史》中诗的一半以上），正拟登梓，疾革未果，后由其子完成其遗愿。

杨仑，《郑氏六名家集》总序作者。嘉庆时修《直隶太仓州志》卷三十："杨仑，字星源，康熙二十七年（按，1688）进士，授洵阳知县。洵多虎患，仑制文祷山神，患遂息。葺学舍，集士子讲论，洵人始知学。善决讼，洞中民隐。兴利划弊，不遗余力。官舍隘陋，土壁藜床，菜羹麦饭，称贷自给。居三年，以卓异升户部主事。四十一年(按，1702)，擢河南道试监察御史。以疾卒，同年醵钱殓之。”又据《郑氏六名家集》，知其字昆涛。杨氏在序中高度肯定“所南高士之忠肝义胆”。

周裳(1620～?)，字云彦，《郑氏六名家集》总序作者。清初俞天倬《太仓州儒学志》卷二记，顺治甲午(1654)“周裳云彦经魁，乙未(按，1655 年)会副榜，宿迁教谕”。清·汪学金《娄东诗派》卷十四选其诗二十二首，并云：“有《元览阁集》。程迓亭云：云彦少有隽才，后为州侯白林九所知，起守高邮时延致署中，多所赞益。白侯弟官粤，复偕往，垂老而归。其诗刻意长吉，神骨逼真。”

郑定远，郑起泓之子。《郑氏六名家集》的刊刻者，也是作序者。字甄一，号达斋。生卒年不详。其在康熙己卯(1699)所撰《重刊所南先生诗引》中云：“先生不同信国之遇，而有信国之节；不同信国之死，而存信国之心。彼此殆一辙也。所著《心史》，沉之智井，越三百余年而始出，实亘古未有之奇。一时名公巨儒，阐扬倍至。今其书已光天壤。先大人雅意表章，每虑忠贤手泽或致湮没。癸酉(按，1693)夏季，身抱微疴，尚手一编不置，裒录五七言诗一百三十余章，正拟登梓，疾革未果。阅今六载，竭蹶质贷，始得与先忠肃公《奏议》、先提学公《侨吴集》、先传胪公《平桥藁》、先参军公《江南经略》诸书，次第剞劂。非特发潜德之幽光，抑以竟先大人未竟之志耳！”①据此，其父郑起泓当逝世于癸酉(1693)或其后不久。上引《直隶太仓州志》传中称他“年六十二卒”，则当生于 1632 年或其后。但那好像是错的，因为王御云“自甲子再更以来，余幸与纪淳翁交”(“甲子再更”当指改朝换代)，称郑起泓为翁，并用了“幸与……翁交”这样的表述，郑就不可能比王小二十来岁。因此，我疑“六”乃“八”之误。

另外，据我所知，明清之际彰扬、歌颂、引用《心史》的太仓人士还有很多，如吴伟业、陆世仪、宋龙、陈瑚、王撰、郭士髦、朱明德、王昊、毛师柱、唐孙华等等。限于篇幅，以后有机会我再写吧。

---

① 这里提到的几本书，即宋·郑兴裔《郑忠肃奏议遗集》、元·郑元佑《侨吴集》、明·郑文康《平桥稿》、明·郑若曾《江南经略》。而《郑氏六名家集》所收六家是唐·郑谷《云台编》、宋·郑兴裔《郑忠肃奏议遗集》、宋·郑准《开国公遗集》、宋·郑思肖《郑所南先生诗选》、元·郑元佑《侨吴遗集》、明·郑文康《平桥稿》。

# 釐正"当世大典"

## ——王世贞与复全孔庙祀典之议

陈熙远

(台湾"中研院"史语所,台湾台北,11529)

[内容摘要]明中叶嘉靖"大礼议"之后,国家祀典从外在的风貌到内在的体质,蘧然为之一变。明代的政治与文化,经此"大礼议"革命性的转化,几可说是脱胎换骨。但经皇权主导并定夺的国家祀典,所遗留以及衍生的疑问,恐怕远多过拍版定案之初所欲提供的解答。入仕庙堂的王世贞无疑有志于重新整饬嘉靖时期的国家祀典,而其关键着手之处,便是重新"复全"孔庙之"盛典"。从其于隆庆年间考课山西学子所提出的策问(《从祀策》),到万历年间秉笔直抒的议论(《为孔庙光复旧典订定从祀疏》、《从祀议上/下》),王世贞对孔庙配从升黜的课题可说是再三致意、心系在兹。嘉靖皇帝重新厘定孔庙从祀制度,表面上似非嘉靖皇帝执意主导"大礼议"的主战场,实则却是其从旁侧夹击中心的试金之石。试验其超越官僚体制运作的专断君权。而王世贞藉由重新检视孔庙配从升黜之制,似乎也正是采取迂曲的进路,质疑专断的君权不必然是睿鉴的保证。他在《从祀策》中直言嘉靖一朝对汉儒之贬黜「凛乎斧钺」;而在《从祀议》的结尾,更厉声疾呼:"使天下万世曰人主自尊而卑大圣人,自嘉靖始!"

王世贞曾明白指出,国家祀典中的太庙与孔庙分别具有重要的象征意义:太庙从祀制度,用意于"衍斯世之治统";孔庙的从祀制度,则旨在"衍斯世之道统"。细绎其关于孔庙从祀与礼制的系统阐述,包括质疑"十哲"中宰我与冉求的正当性;倡议将原本遭到罢黜的卢植与郑玄复入孔庙,而刘向、吴澄则改祀于本乡;并进范仲淹、薛瑄、王守仁、陈献章、王恕、章懋、罗钦顺等人入两庑从祀;同时亦对既定的尊号、佾舞、笾豆等相关规范都一一加以商榷斟酌。王世贞无疑欲藉由对孔庙从祀制度的建言与议论,重新衍述他所期待理想的斯世道统。

[关 键 词]国家祀典;孔庙;太庙;道统;治统

# 前言　王世贞“平生定论”

王世贞(1526—1590;字元美,号凤洲,又号弇州山人,南直隶苏州府太仓州人)于隆庆四年(1570)准备前往山西赴任。董份(1510—1595;字用均,号浔阳山人、泌园,浙江乌程县人)写了一篇赠序为之送行。首先他对王世贞的文采推崇备至:

> 弘治、正德间,学者始知法古。至于嘉靖,士益翕然,而凤洲公与山东李子者上下其议,朝夕赋咏,当是时群彦景从,其尤卓绝者七人,号“七才子”,比于建安,而王,李为之宗。乃凤洲公禀才独殊,往往准古作者,七人相视惊服,莫不以太史(司马迁)复出、孟坚(班固)再生,建安以下弗论也。盖凤洲公之于文雄矣。①

王世贞与李攀龙等嘉靖七子引领文坛风骚,已然标榜于当时。不过董份话锋一转,特别标举出王世贞文学的造诣之外,在论学方面具有浓厚的时代关怀:

> 然凤洲公独好观近事,自当世大典礼、大宪法,靡不穷究、浃洽贯穿,网罗放失旧闻,每与论利害、考废举,有味乎其言之也。

衡诸王世贞的平生等身的论述,董份近身交接的观察确实相当贴切。王世贞的确不宜以一般文人视之。他对当世的“大典礼”与“大宪法”的利弊得失与黜废兴革,往往别具只眼,并每有考论。

就在万历十六年(1588)左右,六十三岁的王世贞前往南京赴任兵部右侍郎一职,并参与文庙春秋丁巳的祭典,他“顾瞻庙貌,徘徊堂庑,私心摇摇怦怦,如有所失”,对当时的孔庙祀典,显然有所不足,于是决定“敬披肝腑”,向朝廷进呈他自认生平最重要的一道奏疏——《为光复孔庙旧典订定从祀诸儒以昭圣化以慰众心疏》。

---

① 明·董份《赠宪使凤洲王公之任山西序》,明·董斯张(1586—1628)等辑,《吴兴艺文补》(明崇祯六年刻本),收入《四库全书存目丛书 集部 总集类 376—378》卷三十五,台南:庄严,1997年,第25—28页。

根据现存王世贞与王锡爵(1534—1614;字符驭,号荆石,南直隶苏州府太仓州人)的往返书信,他一再向同里相交甚深的内阁大学士王锡爵提及这份奏疏:

……至于孔庙之复全盛典,与十哲之斥宰予、冉求,两庑之进范仲淹。弟此念蓄之已久。老死之日,岂敢复留!臆唏间即诸公不遽行,作异时公论张本何如?①

他特别表示对规复孔庙祀典的关注已蓄念多时,自忖他行将就木之年,亟望能尽早落实。在另一封信中,王世贞再次向王锡爵表示:

……孔庙一疏若迂若滞,然自谓生平定论,不知兄能首肯否?②

他殷切期望王锡爵赞成并协助实现这份"生平定论"。随后他接获王锡爵于九月廿七日与十月初七的两封覆函,其中一封可能表达该疏恐有推行不易的难处,因此王世贞在回复中表示:

……孔庙一疏,弟故知庙廊之不易行,但留此议论,以俟异时若出谏官之口,恐宗伯不便束高阁也。③

他甚至表示与此光复孔庙之疏相较之下,其他所条陈之事"皆琐屑不足道"。再者:

迩新宗伯忽有一书,极言孔庙之疏当行,而有沮之者,其辞颇情恳,不知的出真意否?④

① 明·王世贞,《与元驭阁老·其五》,《弇州四部稿·续稿》,《文渊阁四库全书》卷一七八"文部",台北:台湾商务印书馆,1983年,第7—9页。

② 明·王世贞,《与元驭阁老·其六》,《弇州四部稿·续稿》,卷一七八"文部",第9—10页。

③ 明·王世贞,《与元驭阁老·其八》,《弇州四部稿·续稿》,卷一七八"文部",第12—13页。

④ 明·王世贞,《与元驭阁老·其十》,《弇州四部稿·续稿》,卷一七八"文部",第15页。

按信中所指的新宗伯，应指甫上任的礼部尚书朱赓（1535—1608；字少钦，号金庭，浙江山阴县人），万历十六年接任沈鲤（1531—1615；字仲化，号龙江，河南归德人。谥文端）的遗缺。① 推敲内文，王世贞应是收到朱赓的来函，表达对其孔庙一疏的支持，只不过朝廷内仍有不少反对的杂音。因此王世贞特地去函向王锡爵探听这位新任礼部尚书的真正态度。见其对所擘划理想孔庙典制的落实始终抱持高度的期待，可说在往返的书信里表露无疑。

约莫在同一年间，他去函给南京吏部主事魏允贞（1542—1606；字懋忠，号见泉，直隶大名府南乐人），王世贞不免也感叹：

> 孔庙一疏，粗谓于道不诡，乃闻犹在龃龉，而条议之章至不发抄。

可见当时京师主政的朝臣对他的主张颇多保留，以致他的条议之章被压了下来，未及发抄到相关单位。也因此王世贞决定以"忧病纠缠，死期渐迫"为由上疏乞请致仕。表示"辇上君子不知仆，仆亦不知辇上君子，尚可恋恋金陵仓粟哉！"②他对朝廷（"辇上"）诸臣显然心灰意冷之至，而有不如归去的感慨。

另在写给后辈曾凤仪（字舜征，号金简，湖广耒阳县人）的书信中，王世贞曾去函提醒曾凤仪留意孟子称"四十不动心"与"动心忍性"的公案：同此一心，却又何以有"动"有不"动"之差别。他也自忖"大抵吾人未到圣贤地位，不怨不尤则可，不愧不怍则不可"。③ 而王世贞也特别请曾凤仪试读他的光复孔庙祀典一疏，期待他日也许能透过下一代的努力付诸实现：

> 孔庙一疏，自谓独见。诸公中亦有以为信，然而卒见寝。夫焉能用仆也？兄试读之，以为不然，则仆不可用也。今年阎希言去境极佳，肉身至今不坏。闻罗近溪去亦自潇洒。潇洒，仆或可自信；不坏，吾不能也。……④

---

① 据《明神宗实录》載：万历十六年九月乙卯五日，太子少保礼部尚书沈鲤引疾恳乞致仕。《明神宗实录》，卷二〇三，页 3794。又：万历十六年九月戊寅廿八日，升日讲官吏部右侍郎朱赓礼部尚书兼翰林院学士，见《明神宗实录》，卷二〇三，第 3804 页。

② 明·王世贞《魏考功懋忠·其五》，《弇州四部稿·续稿》，卷二〇三"文部"，第 10—11 页。

③ 明·王世贞《曾长洲·其三》，《弇州四部稿·续稿》卷二〇四"文部"，第 6 页。

④ 明·王世贞《曾长洲·其四》，《弇州四部稿·续稿》，卷二〇四"文部"，第 6—7 页。

引文后面所提及两位适于同年辞世的人物，分别是当时道教与儒教的领袖：前者是曾从陕西南下江苏，以茅山乾元观为基地，创立全真龙门「阎祖派」的阎希言(？—1588，山西人)，后者则是结合圣域宣讲与阳明讲学的泰州学派罗汝芳(1515—1588；字惟德，号近溪，江西南城人)。在安顿人生的"去境"上，王世贞不敢奢求道教的肉身不坏，但他至少自信能保持儒家面对死亡的潇洒。此时的王世贞大抵已经感觉生命的尽头不远，尽管他能潇洒地面对生命的去境，但他仍念兹在兹地心系规复其理想的孔庙礼制。他向曾凤仪出示此疏，正欲将他虽不见用于当世的理想，透过论学会文的社群继续传衍下去。

## 一、治统与道统：山西乡试策问与隆庆初期文庙增祀之议

王世贞对孔庙祀典的关注，并非人到晚年一时的动心起念。诚如他的夫子自道，这份他自诩为"独见"的"平生定论"——《为光复孔庙旧典订定从祀诸儒以昭圣化以慰众心疏》，其实蓄念已久，且渊源有自，有迹可寻。早在隆庆皇帝即位之初，应否增祀孔庙先儒之议已然在朝廷臣工间酝酿发动。隆庆四年(1570)，四十五岁却已然白发青衿的王世贞于六月赴任山西按察使，八月就在晋阳贡院监考山西乡试"戟门秋敞集名流，决策争先第一筹"[①]。山西本为尧舜禹等圣人故都，独当文明之会，王世贞对试子有极高的期许，对考题的设计上颇为用心，其中有道策问即涉及太庙与孔庙的从祀问题：

> 问：太庙之时飨也，与文庙之释奠也，盖皆有从祀焉，岂亦出于报功崇道之意欤，其礼始何代而损益何主，大较可得闻否？国家于典礼至明备也，先帝盖惓惓致意焉。
>
> 今太庙从祀之臣，自成祖而后寥寥矣，不闻有议增入者；文庙之两庑，自元季而后寥寥矣，间有议增入，讫于今未定者，抑果难其人耶？或慎重其典，不轻举耶？国家熙明累洽之运，以崇德右文称而使列圣无臣、孔门无贤，甚愧不取也。诸士子熟琬琰之编且事俎豆久矣，其毋曰：邹人之子不知而不以告也。[②]

---

① 明·王世贞《晋阳贡院试士作呈侍御饶公三首·其二》，《弇州四部稿》卷四十一"诗部"，页3。

② 明·陈子龙等选辑《明经世文编》(明崇祯年间云间平露堂刊本)，卷三三五"王弇州文集四·策·从祀策"，北京：中华书局，1962年，第3594—3597页。

“邹人之子”用的是《论语·八佾》篇里“子入太庙每事问”的典故。而王世贞正欲读经知礼的士子，能就其所掌握的本朝名臣言行（“琬琰之编”），以及所熟习的国家祀典（“俎豆”），考虑太庙与孔庙理应否增祀以崇德右文。在此提问中，王世贞特别提醒试子留意太庙与孔庙这两座象征着治统与道统的国家祀典场域。自明成祖之后，太庙从祀之臣鲜少增列；而国朝以降，文庙从祀之儒亦多所未定。此对国家治统与道统的表彰与衍续，影响甚巨。

按照王世贞的定义，策问的主旨是要“陈见而宜于用”，而他为试子所准备的策问，显然应时而发，期许试子论陈其看法以求见用于当世。换言之，他的策问有强烈的现实关怀，有所寄托。当时朝廷正酝酿将本朝硕儒增祀于孔庙，因此他在策问中特别提及：早在嘉靖年间，朝中就有议请薛瑄（1389—1464；字德温，号敬轩，谥文清，山西河津县人）从祀的声浪，当时会议且定，其中有一、二位持反对意见者质疑其著述鲜少，对儒门“无大裨益”。以致最后嘉靖皇帝“伸其说而屈其请”，薛瑄入祀一案遂告夭折。迨明穆宗（朱载垕，1537—1572；隆庆，1567—1572）即位之后，关于薛瑄的从祀之议再起，有人并主张将薛瑄、王守仁（1472—1529；字伯安，号阳明子，谥文成。浙江余姚县人，万历十二年入祀孔庙）与陈献章（1428—1500；字公甫，号实斋。广东新会人，万历十二年入祀孔庙）等同时入祀。经过群臣会议的结果，虽然几乎对薛瑄入祀孔门达成共识（“其许瑄者十而九”）；但对王守仁与陈献章两人则多有所保留（“许守仁、献章者十而二三”），因此迟迟无法定案。[①] 王世贞特别就此为两人抱屈：

> 至于守仁，则因其致知而疑其慧，于献章因其主静而疑其寂耶；其近于慧与寂者，其流之罪也，非其师说也，是三人者纵不得与二程、朱氏等，岂尽出胡瑗、杨时下耶？

他特意为王守仁“致良知”与陈献章“于静中养出端倪”的主张加以澄清，以为其所以流于慧定禅说，乃后学者传衍误导之罪，非师说本论之过。他举几位代表性的宋儒以为比较：陈、王两人对孔门的贡献或许不得与二程与朱子比肩齐

---

① 关于王守仁入祀孔庙的曲折，可参见：朱鸿林《阳明从祀典礼的争议和挫折》，《中国文化研究所学报》5（1996）：167—181，以及后来补正的《王阳明从祀孔庙的史料问题》，《史学集林》，6(2008)：35—44。

步，但与明代入祀孔庙的胡瑗（993—1059；字翼之，泰州海陵人。嘉靖九年〔1530〕从祀孔庙）、杨时（1053—1135；字中立，号龟山，福建将乐县人。弘治九年〔1496〕从祀孔庙）相比，两者的翼圣之功绝对毫不逊色。因此王世贞透过此一策问，呼吁“礼官台臣当再一建白，下公卿大夫博议而精核之”。①

王世贞为此次乡试曾撰写《山西乡试录后序》，充分表露出他积极举材，期许与天下之贤士大夫共同“为天子赞文明之治”。② 不过，隆庆四年对王世贞而言，无疑是生命中重要转折的一年，就在他监考山西乡试不久，与他论交多年的好友李攀龙（1514—1570；字于鳞，号沧溟。山东历城人）八月中旬暴疾而卒。在此前一年的正月十六日，王世贞还曾在山东济南府与甫升任河南按察使的李攀龙相会：“与君痛饮齐河头”，并豪兴大发作诗为纪，诗末甚至推掖相许：“天下模楷李元礼（619—672），江东独步王文度（？—661）”。③ 幸与不幸，这首古体诗成为他们生聚的最后见证，而且可说是一语成谶：曾位居“后七子之首”，而为“天下模楷”的李攀龙过世之后，从此江东的王世贞俨然独步于天下文坛。④ 不过对世贞的打击还不仅止于此，当他十月监考完另一场山西武举之后，他先是收到乡里妾室过世的书信，只能“拭泪偷潸滴，关心忍自支”⑤，随后复获闻母亲病危的音讯。尽管他立即上疏辞官，“上书不待报，解绶归田庐”，却仍在奔驰归里的途中传来母讣的噩耗。而失恃的世贞从此潜居乡里，直到万历元年才重返庙堂。

王世贞以试子策问的形式，可说间接参与了隆庆年间的增祀之议。尽管最后朝廷仅于隆庆五年批准了薛瑄入祀一案，但王世贞对如何重衍斯世的道统，已然有初步的酝酿与规划。

## 二、衍续道统之斯世儒：万历十二年孔庙从祀再议

等到权倾一时的张居正身殁且“名秽家灭”之后，群臣复于万历十二年

① 明·王世贞《从祀策》，《弇州四部稿》（明万历刻本）卷一一五，文部策。另亦收入明·陈子龙等选辑，《明经世文编》（明崇祯年间云间平露堂刊本）卷三三五，“王弇州文集四·策”，北京：中华书局，1962，第3594—3597页。

② 明·王世贞《山西乡试录后序》，《弇州四部稿》卷七十“文部”，第1—3页。

③ 明·王世贞《齐河行与于鳞醉别作》，《弇州四部稿》卷二十“诗部”，第22页。

④ 《明史》称王世贞于李攀龙殁后“独操柄二十年。才最高、地望最显，声华意气笼盖海内”。清·张廷玉等撰，《明史》列传第一百七十五“文苑三”，台北：鼎文书局，1980，第7381页。

⑤ 明·王世贞《晋中得亡妾信志感》，《弇州四部稿》卷二十九“诗部”，第6—7页。

(1584)开始集议孔庙从祀的增祀可能。各方举荐的人选包括新建伯王守仁、翰林检讨陈献章，另有给事御史举布衣胡居仁(字叔心，号敬斋，谥文敬，江西余干人)，同时还旁及礼部尚书章懋(1437—1522；字德懋，谥文懿浙江金华府兰溪县人)、礼部尚书罗钦顺(1465—1547；，字允升，号整庵，谥文庄。江西泰和县人)、处士吴与弼(13911469；字子博，号康斋，江西崇仁县人)与布衣陈真晟(1411—1474；字晦德，后改剩夫，自号漳南布衣，福建漳州镇海卫人)等几位候选。此时病居故里的王世贞尽管远处江湖，仍心系庙堂，就在这增祀提议的风尖浪口上，他特别撰文，将他当年在隆庆时监试山西举子的策问“推广其意而议之”。

必须注意的是：最后的裁量权当然还是南面天下的皇帝。持平而论，尽管明神宗朱翊钧(1563—1620；万历，1572—1620)在万历十六年之后由于种种原因懈志怠政，前后三十年未曾祭郊祀庙、更不复上朝视事。但在其当政初期，朝廷俨然有中兴气象，尽管早期是幼主即位，实由首辅张居正独揽大权，但后来万历皇帝亲政之后，亦有心励精图治，朝政曾为之一新。万历十二年增祀孔庙之议之所以再起，固然是因为深恶讲学之风的张居正已经作古，蠢蠢欲动、酝酿重翻旧案的群臣趁势倡议，但当家做主万历皇帝毕竟才是最后拍板的关键。彼时雄心万丈的万历皇帝，当亦欲藉此举展现其摆脱张居正阴影，施行其主导裁断的政治权威。万历皇帝治隆天下的声望确实也在斯时达于顶巅。

王世贞的论议可分为两个重要的部分：首先是针对廷议的主要课题，亦即将本朝扬诩教化的嗣德先贤增祀孔庭，以彰显“治统与道统俱盛”。王世贞在隆庆四年已经藉由山西试子的策问里，表达对王守仁与陈献章入祀孔庙的支持。迨至万历十二年，王世贞再度为国朝的儒学道统把脉，他首先尝试调停当时群臣会议里对王守仁的两极评价：

> 今天下之为新建(王守仁)学者，大率十而七，往往高视阔步，以不为新建学者为浅。夫而诸不为新建学者，以新建学者为异端；闽中之学为新建之牾之而生恚，岭南之学为新建之掩之而生妬。艳其勋者疑其端，传其迹者窥其衷，此议之所由以参差也。

当时阳明思想透过讲学几乎遍及天下，蔚为风潮，不过誉满天下之际自然谤亦随之。同时闽中为朱子过化存神之地，岭南则自陈献章以降自有其学术发展脉络。两地学者不免有地域主义的心态隐然作祟于其间。针对新建之学抵牾闽中之学的疑虑，王世贞特别加以疏通：

> 第朱子表章之功，与天壤俱敝，而不在于训诂章句之末，其所训诂章句，为不失圣人之统而已，而未必尽得圣人之心。新建非求悟也，为不尽得圣人之心而悟也。今其所摘“致良知”一语，个切痛快，实可接孟子之性善。而它训诂章句小不尽合朱子耳，非不尽合圣人也。

至于与陈献章所代表的岭南之学，王世贞亦给予极高的评价：

> 检讨之学，似不及新建博于六经，羽翼亦浅。然其仪表之光霁、识见之超迈，在孔门当远出曾点上；等之宋代，亦堪雁行周子，盖得圣人之心，于见闻表者也，新建恐所不及也。

值得注意的是：王世贞不仅将陈献章与北宋理学的奠基者周敦颐（1017—1073；原名敦实，字茂叔，号濂溪。道州营道人）比肩齐步，更置之于孔门曾点之上。可见不薄今人的王世贞在推崇同朝的先贤，往往与历代的先贤相埒并比；而他对即使是及门亲炙的孔门弟子，其评价也非毫无保留，而这点同时反映在他质疑孔庙“十哲”位次的安排上。

无论如何，对王世贞而言，王守仁与陈献章两人无疑都符合入祀孔庭以接续道统的标准。至于群臣会议中所提及的其他人选，王世贞认为胡居仁虽为一位笃行君子，不过观其所著之书“于道实未有所悟，于六经实未有所发挥”。他建议若举胡居仁，还不若祀吴与弼。而如果以“实学实行，得大儒识者”为判准，则应考虑入祀章懋与罗钦顺。此外，王世贞还另外提议当认真考虑明代第一贤臣王恕（1416—1508；字宗贯，号介，又号石渠。三原人），认为王恕乃“有体有用，得大儒节者”，并推举其所著的《石渠》于圣经实有重要的发挥，更胜于胡居仁的《居业录》。他同时为王恕抱屈：“今人见议章文懿、罗文庄则尚跃然，于端毅（王恕）则惘然弗之应矣”，主要是因为误认王恕仅专在“事功”而已。王世贞特别强调孔子对事功的重视：

孔子辙环天下，历七十二君而不遇，始退而删述六经。然犹曰：我欲托之空言，不若见之行事之深切着明也。①

从“孔子不薄事功”的标准而论，王世贞不仅标举当代的王恕，更进而上推宋代的范仲淹（989—1052；字希文，谥文正，苏州吴县人。清康熙五十四年〔1715〕从祀孔庙）。他举两位已经入祀孔庙的宋儒——司马光（1019—1086；字君实，号迂叟，谥文正。陕州夏县涑水乡人。元仁宗皇庆二年〔1313〕从祀孔庙）与欧阳修（1007—1072；字永叔，自号醉翁，晚年又号六一居士，庐陵人。嘉靖九年〔1530〕入祀孔庙），以为对照：

文正之材气，其犹在涑水上乎。涑水者，笃行君子也，然犹有疑《孟子》书，而文正导大儒张载以《中庸》，《中庸》之表章，自文正始也。夫欧阳氏者，文士豪也，其本论名为辟佛老耳，又尝疑《易系》，而妄解《春秋》，今徒以“濮议”之合而祀之。而文正者乃上不得拟涑水，下不得列欧阳者，何也?!

王世贞以为范仲淹以《中庸》接引关中理学开创者张载（1020—1077；字子厚。陕西凤翔郿县横渠镇人，宋理宗淳佑元年〔1241〕从祀孔庙），表彰儒门之功实远在司马光与欧阳修之上。在为范仲淹抱屈的同时，他对嘉靖皇帝当年以一己之私，将主张“濮议”的欧阳修增祀孔庙的作法，显然有所保留。

王世贞在为接续孔门道统把脉的过程中，无疑要对过去明朝前贤的文章道德事功，进行全面的评骘与清点。而在现阶段明朝有资格衍续儒门道统。根据他的建议，除王守仁与陈献章应入祀万仞宫墙外，还应进王恕、章懋与罗钦顺于孔庙之庑，另外再补祀前朝北宋的范仲淹。至于胡居仁、吴与弼则宜专祀于乡，另外包括如学正曹端、布衣陈真晟、修撰罗伦、给事中贺钦、郎中庄𣚴、布政使陈选、国子祭酒蔡清、御史陈茂烈、大常卿魏校、赞善罗洪先等十位先儒，则可仿胡居仁、吴与弼之例，皆专祀于其乡。就王世贞的判准而论，他们尚不足位列天下道统之典范，但允为其地方乡里儒学之楷模。

① 明·王世贞《从祀议·下》，《弇州史料·后集》（明万历四十二年刻本），收入《四库禁毁书丛刊·史部·48—50》卷三十，北京：北京出版社，2000年，第4—9页。

表一:明代先儒从祀孔庙表(※明朝入祀者)

| 人物 | 字号谥籍 | 入祀年代 |
|---|---|---|
| 方孝孺(1357—1406) | 字希哲,号正学,〔浙江〕宁海 | 清同治二年(1863) |
| 曹端(1376—1434) | 字正夫,号月川,河南渑池 | 清咸丰十年(1860) |
| ※薛瑄(1389—1464) | 字德温,号敬轩,谥文清,山西河津 | 明隆庆五年(1571) |
| ※陈献章(1428—1500) | 字公甫,号白沙,谥文恭,广东新会 | 明万历十二年(1584) |
| ※胡居仁(1434—1484) | 字叔心,号敬斋,谥文敬,江西余干 | 明万历十二年(1584) |
| 蔡清(1453—1508) | 字介夫,号虚斋,谥文庄,福建晋江 | 清雍正二年(1724) |
| 罗钦顺(1465—1547) | 字允升,号整庵,谥文庄,江西泰和 | 清雍正二年(1724) |
| ※王守仁(1472—1528) | 字伯安,号姚江,谥文成,浙江余姚 | 明万历十二年(1584) |
| 吕柟(1479—1542) | 字仲木,号泾野,谥文简,陕西高陵 | 清同治二年(1863) |
| 吕坤(1536—1618) | 字叔简,号新吾,河南宁陵 | 清道光六年(1826) |
| 刘宗周(1578—1645) | 字起东,号念台,谥忠介,浙江山阴 | 清道光二年(1822) |
| 黄道周(1585—1646) | 字幼平,号石斋,谥忠端,福建漳浦 | 清道光五年(1825) |
| 孙奇逢(1585—1675) | 字启泰,号钟元,直隶容城 | 清道光八年(1828) |
| 张履祥(1611—1674) | 字考夫,号杨园,浙江桐乡 | 清同治十年(1871) |

若将明末清初的孙奇逢与张履祥存而不论,则有明一代共有十二位儒者获登优人圣域的殊荣,但在本朝内经过朝廷议许入祀孔庭者,仅寥寥四位,当中除了薛瑄于隆庆年间入祀,其余三人皆是在万历十二年经由群臣公议与皇帝独断后所拍版定案。换言之,万历十二年可说是明朝最后一次增祀本朝先儒于孔庭。而当时虽乡居在野的王世贞,仍在阁部会议的过程中扮演推波助澜的角色。尽管他所推荐的前贤,并未悉数入选,但是他藉此从祀之议彰显当朝衍续斯世道统的理念,至少有了部分具体的落实。

## 三、《为孔庙光复旧典订定从祀疏》:孔庙典制的全面检讨

从王世贞在万历十六年之间与友人的书信中频繁提及「孔庙一疏」,每每探询此疏进呈朝廷后的反应,即迨奏疏见沮,他仍寄望于后起君子将来成全其心愿,足见这份〈为孔庙光复旧典订定从祀疏〉实为垂暮之年的王世贞心系所在。

王世贞对规复孔庙祭祀礼制与体制的用心,自不仅限于如何将本朝前贤纳入从祀的行列而已。在这篇他视为“平生定论”的奏疏里,王世贞开宗明义地表

示他自从“束髪而从诸生以来便法诵孔子”，至今发已尽白。他是以毕生修习儒学道统的身份发言：

窃覩圣道炳如日月，愈久愈新，即自汉唐宋以迨胡元，而隆崇之典亦愈久愈盛，我高皇帝因仍无改，且式廓之。

王世贞接着肯定宪宗与孝宗二朝采用了王恕与周洪谟（1420—1492；字尧佐，四川长宁县人）等人之建议，先后提升礼仪与祭器的规格：“佾舞则益而八，笾豆则益而十二，盛矣极矣”。但就在嘉靖年间因“大礼议”断然采取诸多兴革的措施，俨然将过去越益崇隆的典礼进行了大幅度的减损。① 当然，王世贞并未完全否认嘉靖的兴革措施，例如其中“易像为主”与“易王称师”两项，就被王世贞肯定为“此万古独信之，真足破迂儒浅陋之见。”但他话锋一转，以为嘉靖皇帝的本意“未尝不欲致其隆崇”，只不过当时的辅臣礼官对皇帝的用心“曲加迎傅”，遂造成了扭曲圣意的结果：

佾舞、笾豆之数皆有所裁损，下仅同诸侯王。而“大成殿”名更为“先师庙”，上不得与释、道并。绅衿之士，入与骏奔，色沮而不敢吐者六十年矣。天下后世不免有所窥见，以圣主隆师重道之盛心，附末世尊君卑臣之微指。

对应于为其父亲朱佑杬（1476—1519；“睿宗兴献帝”）举行庙祭的佾舞提升至八佾，嘉靖皇帝竟将孔庙的佾舞削删为六，具有象征意义的祭器数量亦遭到裁损，此举无疑压抑了孔子所代表的文化道统。此外，嘉靖皇帝复将“大成殿”更名为“先师庙”，与道、释两教每冠以“大雄”、“玄天”等殿名相比，不啻将儒教纡尊降贵。终使士气长年遭到折杀。王世贞特别期许万历皇帝：

今幸遘礼乐将兴之会，当议论无讳之朝，若不以时改正，后复何冀？为此冒昧上请，乞下礼官及馆阁大臣会议，除木主、师号外，其余一切光复，其

① 关于嘉靖大礼议中关于孔庙的改制与其象征意义，参见黄进兴《道统与治统之间：从嘉靖九年孔庙改制论皇权与祭祀礼仪》，《优入圣域：权力、信仰与正当性》，台北：允晨文化，1994 年，第 217—311 页。

于圣化不为无补。①

言下之意，王世贞仅肯定嘉靖对孔庙大肆更张的两项作法——以木主取代塑像，与以先师取代王号。除此之外，他主张佾舞与祭器都应该恢复大祀的规格。（参见表二）此举无疑公然挑战嘉靖皇帝大礼议拍版定案的权威。尽管王世贞在奏疏中巧妙且婉转地将嘉靖皇帝所主导的改制谬误，推诿成嘉靖朝臣“奉行者之过”，而他只是建议“光复”旧典而已。之所以朝中群臣在过去将近六十年来色沮而不敢抗议的原因，便是不敢对嘉靖所重新建构的祖宗家法加以颉颃。早在万历十二年他所直言论列的《从祀议》，王世贞就在结语中表示：

愚又因是而有感于嘉靖之典礼：夫其去像而易木主也，为像之未必类也，复古也；去王而称先师也，为王之尊不及师也，重道也。曰师则无上矣。胡以去笾之十二而十也，去佾之八而六也，使天下万世曰人主自尊而卑大圣人，自嘉靖始！呜呼惜哉！是二者，所宜亟复者也。

对嘉靖改制所造成君尊圣卑、治统压过道统的错误结果，期期以为不可。措辞可谓慷慨激烈。只不过佾舞的删削与祀典的降级，一直延续至晚清，在国家风雨飘摇之际，为笼络士人而乞灵于孔大圣人时，才重新规复过来。从嘉靖朝以降治统对道统的宰制与压抑，已然成为明清帝制的基调。王世贞所论可说是一针见血。

四年之后，在其《为孔庙光复旧典订定从祀疏》里，王世贞以相对收敛的谦抑口吻，表示以一得之愚，贸然越俎为道统请命，期许万历皇帝“采之公议，归之独断”。尽管态度语气有所调整，但他企图扭转嘉靖礼制的坚持依然不变，而更重要的是：他的“光复”，其实已是注新酒入旧瓶：在「光复旧典」的标签下，添入许多创革新制的成分。

① 明·王世贞《为光复孔庙旧典订定从祀诸儒以昭圣化以慰众心疏》，《弇州四部稿·续稿》，卷一四三“文部”，第1—3页。该文又题作“为孔庙光复旧典订定从祀疏”，收入《弇州史料》，后集，卷二十九，第24—26页。

**表二:历代孔庙佾舞与祀级**

| 时间 | 佾舞 | 祀别 | 出处① |
|---|---|---|---|
| 唐 | 六佾 | 中祀 | 《唐令拾遗》(大中小祀 开元七年 开元二十五年) |
| 宋 | 六佾 | 中祀 | 《宋会要辑稿》(释奠礼一六之一)、《頖宫礼乐疏》(清文渊阁四库全书本) |
| 元 | …… | 大祀 | 《大元圣政国朝典章》(卷二) |
| 明 初 | 六佾 | 群祀 | 《大明会典》(九十一 群祀)、《頖宫礼乐疏》(清文渊阁四库全书本)、《国子监志》(清文渊阁四库全书本) |
| 明成化十二年(1476) | 八佾 | 大祀 | |
| 明嘉靖九年(1530) | 六佾 | 中祀 | |
| 清 | 六佾 | 中祀 | 《大清会典事例》(卷三九二、五二八、四三六) |
| 清光绪三十二年(1906) | 八佾 | 大祀 | 端方《大清光绪新法令》(清宣统上海商务印书馆刊本)、《清德宗景皇帝实录》(卷五六六)、《大清会典事例》卷五二七〔光绪朝事例〕 |

王世贞念兹在兹的两项庙祀的关键兴革,一是庙祀中关于"四科十哲"位次的安置,他认为"四科十哲"之说,只是孔子"偶追陈蔡之厄,思不及门之士,而记者追列其人耳"。

值得注意的是:从隆庆到万历年间朝廷关于增祀的提议,当时阁部诸臣在会议时,殆将关注的焦点集中于王守仁与陈献章两人,其次或再稍涉及本朝其他前贤。而王世贞对孔庙祭祀体系的考虑,显然不仅止于考察本朝前贤入祀与否的资格。更扩及到整个从祀体系。在万历十二年的《从祀议》里,他便对孔庙配祀

① 出处分别详见于:仁井田升原著,栗劲等编译,《唐令拾遗》(东京:东京大学出版会,1997),祠令八 大中小祀 开元七年 二十五年,页 60。清·徐松辑,《宋会要辑稿》(台北:新文丰,1976),礼·群祀,页(礼 14—1)。明·李之藻(1565—1630),《頖宫礼乐疏》(清文渊阁四库全书本,北京:线装书局,2010),卷八,页 17—18。元·不着编人,《大元圣政国朝典章》(台北:傅斯年图书馆藏),卷二,〈典章 礼制 服色〉,页 1053—1054。明·申时行,《大明会典》(明万历内府刻本),收入《续修四库全书 史部 政书类 789—792》(上海:上海古籍出版社,1997),卷九十一《群祀先师孔子释菜启圣祠附》,第 1441—1442 页、1446 页。清·梁国治奉勅修,《国子监志》(清文渊阁四库全书本),收入《四库全书珍本 五集 105—110》(台北:台湾商务印书馆,1974),卷二十四,乐五,页 1—5。清·高宗(1711—1799)敕撰,《大清会典则例》(清文渊阁四库全书本),收入《文渊阁四库全书 620—625》(台北:台湾商务印书馆,1983),卷七十五,礼部,第 22—23 页。清·官修,《大清会典则例》(清文渊阁四库全书本),收入《会典类地理文献 23》(上海:上海交通大学出版社,2009),卷三九二,礼部 学校,第 377—379 页;卷五二八,乐部,第 1087 页;卷四三六,礼部 中祀,第 939、960—961 页;卷五二七,乐部,第 1081 页。

中拘泥于"十哲"表达疑虑：

> 夫"四科十哲"者，述鲁论之徒记与陈蔡之难者也，非以十哲尽夫子之门人，而四科裂夫子教也，且夫子有子也、曾子也，述鲁论者之师也，而不之及。故曰：非谓能尽夫子之门人也。夫子之教，有德行而已，而何以政事、言语、文学为？故曰非以四科裂夫子之教也。宰我之昼寝、冉求之聚敛，夫子之责之若铁钺。然而至我也，"短丧"之论畔名教、瀎心术，为万世罪人，何以辱此堂也？

"四科十哲"乃典出《论语·先进》篇中记载孔子周游列国归鲁之后，追忆当初厄于陈、蔡之际，与共患难的几位门下弟子："从我于陈、蔡者，皆不及门也。德行：颜渊、闵子骞、冉伯牛、仲弓。言语：宰我、子贡。政事：冉有、季路。文学：子游、子夏。"因此在孔庙的配祀之中，特别安顿"十哲"的配位彰显其在孔门的特殊贡献。但王世贞对此"十哲"配位的设定无法苟同，他并举曾子并未列名其中以为反证。王世贞最重要的理由是他认为所谓"十哲"里的宰我与冉求两人，德行值得商榷，不应将两人"滥竽其间"：

> 宰我之昼寝，冉求之聚敛，夫子之责之若铁钺。然而至我也，短丧之论，畔名教，瀎心术，为万世罪人，何以辱此堂也？

王世贞所罗列的罪状当然并非无的放矢，宰我昼寝而为孔子痛责为不可雕之朽木（《论语·公冶长》），而他的"短丧"之论，也的确遭到孔子"宰予不仁"的严厉批评（《论语·阳货》）；至于冉求协助季康子聚敛财富，孔子甚至将之逐出师门，呼吁众门徒可鸣鼓而攻之。（《论语·先进》）在他于万历十六年所上的奏疏中，王世贞再次重述一遍：

> 夫宰予相齐，身中田常之难，当时所纪虽不尽核，然而朽木粪土之诮，见鄙圣门；短丧自便之私，得罪名教。冉求为季氏陪臣，聚敛以益其富，鸣鼓之攻，非徒之责，凛乎霜钺。

他甚至藉由揄扬万历皇帝“方以孝治天下”，曾特地“追咎权相〔张居正〕之夺情”，同时又“以廉励百僚”、“屡饬有司之掊克”。相对之下，宰我与冉求既有失臣子之伦，实不宜作为天下万世之楷模。他认为不可使此失德的两人“偃然于大圣一堂之上，与颜、闵比肩”。因此建议将两人「降置两庑」。如仍欲补两人所遗留的“十哲”之缺，则可考虑德行“纯孅”的有若与南宫适二子晋升递补。

“十哲”补缺之法，其实史有前例。在南宋咸淳三年(1267)正月戊申，度宗赵禥(1240—1274；咸淳 1265—1274)亲诣太学谒孔子，行舍菜礼，特以颜渊、曾参、孔伋与孟轲四人配享。其中颜渊本为“十哲”之一，既升“四配”之列，其缺则由颛孙师升补。从此「四配」既成定制，颛孙师也因此晋升“十哲”的行列。①

在万历十二年的《从祀议》里，王世贞还曾经提出几种重新配置「十哲」的方案：一种是仍维持在“十哲”的席次下，黜除宰我、冉有，而改进有若、南容；另一种则将原在两庑的宋儒之二程、朱子升登正殿而位列其末。王世贞还提出一种更为激进的调整：尽绌子路、子贡、子游、子夏于两庑，而以颜渊、闵子骞、二冉、曾子、子思、孟子、二程、朱子等十人配祀于正殿。换言之，黜降原本“十哲”中的七名先贤，而将“四配”(颜、曾、思、孟)纳入其间，同时另补上程、朱三位宋儒。

当时王世贞主张将宰我与冉求降置两庑，确实是惊世骇俗之论。据沈德符(1578—1642；字景倩，又字虎臣，浙江秀水长溪人)《万历野获编》追记王世贞疏请裁定孔庙从祀的结果：

> 〔王世贞〕欲升有若、南宫适，而降宰予、冉求。申〔申时行〕、王〔王锡爵〕二相在位，俱弇州所厚，竟从中格。而说者遂讥弇州考察圣贤。此等大事，非君相主持，万无行理，此议似可已。②

可见当时与王世贞交情深厚的首辅申时行与王锡爵两人，也对此议抱持保留的态度。议者甚至认为王世贞无异在“考察圣贤”，深不以为然。然而王世贞何尝不知此等大事需要“君相主持”，在奏疏里他祈请万历皇帝能采诸公议，而决

① 元·脱脱等撰，杨家骆主编，《宋史》(元至正本配补明成化本)，卷四十六，《本纪·度宗 赵禥》，第 897 页。

② 明·沈德符，《万历野获编》卷十四，礼部二《祀典》，台北：伟文图书出版社，1976 年，第 360 页。

之独断;在私人书信里,他也一再询求王锡爵的支持,只不过事与愿违。他这番对孔庙祀典的"生平定论",犹如空谷跫音。

王世贞不仅甘冒大不讳地提出降黜宰我、冉求的构想,甚至更进一步建议考虑将二程与朱子纳入"十哲",配祀于殿内。此主张在当时可谓极激进而大胆。他解释在正殿配祀程朱的用意:

> 二程、朱子之获配也,伯淳〔程颢〕以德、正叔〔程颐〕、朱子以功也。

王世贞可能自知将二程与朱子从两庑提升到大殿的构想,一时不易为人所接受。因此在万历十六年光复旧典的奏疏里并未提及,仅保留第一个相对可行的提案。一直要等到两个甲子以后,王世贞将朱子配祀于「十哲」之次的构想终得实现。康熙五十一年(1712)朝廷奉旨将朱熹升配至大成殿位"十哲"之次。迨至乾隆三年(1738),有若也因配位对应的考虑升入殿内,成为"十二哲"。尽管他所欲排挤的宰我与冉有,依旧悠然坐稳其间。(参见表三、表四)

**表三:历代"十哲"位主变化表**

| 年代 | 人物 | 附注 |
| --- | --- | --- |
| 唐开元二十七年(739) | **十哲**<br>兖国公颜子〔渊〕、费侯闵子骞、郓侯冉伯牛、薛侯冉仲弓、齐侯宰子我、黎侯端木子贡、徐侯冉子有、卫侯仲子路、吴侯言子游、魏侯卜子夏 | 追赠七十子:郕伯曾参、陈伯颛孙师 |
| 宋咸淳三年(1267) | **十哲**<br>费公闵子骞、郓公冉伯牛、薛公冉仲弓、齐公宰子我、黎公端木子贡、徐公冉子有、卫公仲子路、吴公言子游、魏公卜子夏、陈公颛孙子师 | 按:真宗大中祥符二年(1009)五月乙卯,诏追封"十哲"为公,七十二弟子为侯,先儒为伯或赠官 |
| 明嘉靖九年(1530) | **东哲**<br>先贤闵子骞、先贤冉子雍、先贤端木子赐、先贤仲子由、先贤卜子商<br>**西哲**<br>先贤冉子耕、先贤宰子予、先贤冉子求、先贤言子偃、先贤颛孙子师 | 十哲以下及门弟子,皆称「先贤某子」之位 |

| | | |
|---|---|---|
| 清康熙五十一年<br>(1712) | **东哲**<br>先贤闵子损〔子骞〕、先贤冉子雍、先贤端木子赐、先贤仲子由、先贤卜子商、先贤朱子熹<br>**西哲**<br>先贤冉子耕、先贤宰子予、先贤冉子求、先贤言子偃、先贤颛孙子师 | 康熙五十一年(1712)奉旨：朱子熹升配大成殿位“十哲”之次 。<br><br>※实为“十一哲” |
| 乾隆三年<br>(1738) | **东哲**<br>先贤闵子损、先贤冉子雍、先贤端木子赐、先贤仲子由、先贤卜子商、先贤有子若<br>**西哲**<br>先贤冉子耕、先贤宰子予、先贤冉子求、先贤 言子偃、先贤颛孙子师、先贤朱子熹 | 奉旨：有子若升配大成殿，位卜子之次。<br><br>※共为“十二哲” |

**表四：王世贞“十哲”改祀提案**

| | | 备注 |
|---|---|---|
| 方案一<br>(1584/1588) | **东哲**<br>先贤闵子骞、先贤冉子雍、先贤端木子赐、先贤仲子由、先贤卜子商<br>**西哲**<br>先贤冉子耕、先贤言子偃、先贤颛孙子师、先贤有子若、先贤南宫子适 | 黜先贤宰子予、先贤冉子求于两庑；进先贤有子若、先贤南宫子适 |
| 方案二<br>(1584) | **东哲**<br>先贤闵子骞、先贤冉子雍、先贤端木子赐、先贤仲子由、先贤卜子商<br>**西哲**<br>先贤冉子耕、先贤言子偃、先贤颛孙子师、先贤程子颢、先贤程子颐、先贤朱子熹 | 黜先贤宰子予、先贤冉子求于两庑；进二程、朱子。 |
| 方案三<br>(1584) | **十哲**<br>颜子渊、闵子骞、冉子雍、冉子耕、曾子参、子思子、孟子、程子颢、程子颐、朱子熹 | 尽绌子路、子贡、子游、子夏、宰予、冉求于两庑。 |

当时内阁首辅申时行(1535—1614；字汝默，号瑶泉，晚号休休居士，南直隶长洲县人)在回信中对王世贞解释：

……大疏指陈时务，关切政体，承教谨悉。惟孔庙旧议及配从升黜之议，则今上动称庙见。谓嘉靖中所定，恐未肯遽有变更，礼官必自有说也。①

文中所指"庙见"，指的正是"世庙"——即嘉靖皇帝当年裁断的定论。王世贞或许感到时日无多，处心积虑完善孔庙典制，但毕竟朝廷四年前刚议定奏准陈献章、王守仁与胡居仁等三人增祀孔庙一案。要对嘉靖礼制进行大刀阔斧的更张，涉及的范围远超过增祀几位斯世先儒的议案。

王世贞不仅考察当世儒，更从而考察先世儒，甚至对孔门弟子也有所臧否。也因此遭到朝中大臣对他「考察圣贤」的批评。沈德符在《万历野获编》中就曾追记此事：

……，是后王弇州遂疏请裁定孔庙从祀，欲升有若、南宫适，而降宰予、冉求。申〔时行〕、王〔锡爵〕二相在位，俱弇州所厚，竟从中格，而说者遂讥弇州考察圣贤。此等大事，非君相主持，万无行理。此议似可已。②

其实沈德符提及朝廷诸臣对他「考察圣贤」的讥评，当时的王世贞显然也有所听闻。他在回复给王锡爵的书信中，即曾就此事特别加以响应：

……向者狂谈孔庙事，体逆谂其难行，有老兄一人鉴赏足矣。弟以考察古人见咲则不敢心服，试与兄屈指：自孔孟以及宋氏诸儒，谁不考察古人者？嘉靖中两庑大有进斥，岂其时人独明晓而至弟独迂阔耶？③

他辩解自孔孟以降诸儒，无不对古人道德事业文章进行考察，而最近一次对圣贤的集中考察，正是嘉靖九年间对历代「先世儒」重新进行评价，而遂有大规模的增罢从祀孔庙之举。

① 明·申时行，《答王凤洲兵侍》，《纶扉简牍》（明万历二十四年刻本），收入《四库禁毁书丛刊 集部161》卷七，北京：北京出版社，2000年，第25—26页。

② 明·沈德符《祀典》，《万历野获编》，卷十四，礼部二，台北：伟文图书出版社，1976年，第360页。

③ 明·王世贞《与元驭阁老·又》，《弇州四部稿·续稿》，卷一七八，文部，第13—15页。

## 结论:王世贞与明清两朝世宗的祀典兴革

王世贞关于孔庙的议论,既是应世而出,又不为世所囿。他对孔庙从祀的建言与议在孔庙文化的发展史上,明世宗与清世宗分别进行了大规模的整饬工程,无疑是两个关键转折的分水岭。从明世宗嘉靖九年(1530)的改制定案到清世宗雍正二年(1724)的下诏厘正,期间相隔近两百年之久,而孔庙在建置体制的规划与配祀人选的擢黜上,似乎没有显著的兴革举措。但在日复一日协律奏鸣的暮鼓晨钟声里,其实潜伏着各种较劲的变调与杂音。对配享的从祀谱系如何升黜增减,从未噤声,以及意见的背后所可能蕴藏各种知识社群或地方势力的颉颃,一直隐隐蠢蠢地盘整集结中,伺机发声喧哗。换言之,雍正二年间的厘正,固然有雍正皇帝的藉崇祀以巩固其继位的正当性,但不论是规复部份旧貌,或是添附某项新制,表面上似乎竟在短期之内一次到位,实则恐怕是过去种种蓄势待发的力量积渐积微,等待有心整饬祀典的皇帝下诏众议,遂得趁势浮影成形。

作为一位才不世出的学者,王世贞一系列兴革孔庙祀典的建言,不仅呼应当下的需求,包括力荐王守仁、陈献章等人入祀两庑,同时也超越现时的局限。他不像一般同侪仅针对从祀人选的提案,表达支持或反对的意见。而是站在更长远的历史脉络与发展前景,对孔庙典制中应兴应革处进行全盘的考虑。

王世贞曾明白指出,国家祀典中的太庙与孔庙分别具有重要的象征意义:太庙从祀制度,用意于"衍斯世之治统";孔庙的从祀制度,则旨在"衍斯世之道统"。细绎其关于孔庙从祀与礼制的系统阐述,包括质疑"十哲"中宰我与冉求的正当性;倡议将原本遭到罢黜的卢植与郑玄复入孔庙,而刘向、吴澄则改祀于本乡;并举荐范仲淹、薛瑄、王守仁、陈献章、王恕、章懋、罗钦顺等人入祀两庑;同时亦对既定的尊号、佾舞、笾豆等相关规范都一一加以商榷斟酌。王世贞无疑正是藉由对孔庙从祀制度的建言与议论,重新衍述他所期待理想且完备的斯世之道统。在孔庙文化的发展史上,明世宗与清世宗分别进行了大规模的整饬工程,无疑是两大关键的分水岭。而在这两朝世宗之间,王世贞对孔庙从祀此一当世大典礼的厘正建言,虽在奏疏当时或遭訾议与排挤,但在其身后渐次有所落实,可见其复全孔庙之议,实具有承启开继的特殊意义。

# 读《王世贞传》
## ——16世纪中国文人人格与知识结构的探讨

李　庆
（金泽大学，日本金泽，920—1161）

**[内容摘要]**明代何乔远（1558～1631）《名山藏》中《王世贞传》是和王世贞同时代人为王世贞所写的传记。本文把《名山藏》和清代编纂的《明史》中的《王世贞传》进行了对勘，并据此对王世贞的生平进行了分析，认为王世贞的一生，大致可以分为四个时期，概要地说明了他在各个时期的心理状况和知识结构。列举了历史上有关王世贞的若干评介，认为王世贞确实存在"晚年有悔"的情况。在此基础上，提出了应当从中国的历史发展和世界历史展开的角度，来认识王世贞及16世纪的中国文人，在对产生这些文人的社会环境进行分析的同时，更应该对他们的人格和内在的知识结构，进行分析探讨，以吸取必要的经验教训。

**[关 键 词]**王世贞；《名山藏》；16世纪

《名山藏》是明代史学家何乔远的著作。其中的《王世贞传》，乃是几乎同时代人为王世贞撰写的传记，有其独特性。①

王世贞是16世纪具有典型性的人物。②

鉴于会议的主题是"文化"，而文化等"一切与文明的历史有关的研究，都排

① 何乔远（1558～1631），字穉孝，或称稚孝，号匪莪，晚号镜山，明晋江人。他博览群书，里居二十余年，辑明朝十三代遗事成《名山藏》。清乾隆《泉州府志》：《文苑　何乔远》："壬午（万历十年），赴公车。父炯殁于家，痛泣几绝，赋《攀木篇》；于巾轴中得裹父齿，作《泣齿文》。服阕，矢志奉母，不赴春宫；母以贫故，累趣之。""万历丙戌（十四年），成进士，果出荆石王公锡爵手拔；而母林氏已先于正月即世，闻讣殒地复苏，徒跣奔归。襄事竣，释服谒选。过苏（苏州），贽诗文于王弇州。"（清乾隆二十八年版）

② 王世贞（1526—1590），生于嘉靖五年十一月初五，卒于万历十八年十一月二十七。太仓人。参见郑利华《王世贞年谱》，复旦大学出版社，1993年。

挤掉在严格意义上的文学研究”①，所以这里所谈的就不仅仅是文学，而是想以此传记为中心，探讨分析王世贞作为16世纪中国文人的人格特征与知识结构。说不上是论文，只是一篇读书札记。

## 一

先看王世贞传记的情况。王世贞的传记，据调查，主要有：

明王锡爵《太子少保刑部尚书凤洲王公神道碑》(《王文肃公文集》卷六，《四库禁毁书丛刊》集部7册)

清王瑞国《琅琊凤麟两公年谱》两卷(光绪《东仓书库丛刻》)

万斯同《明史稿·王世贞传》(有钞本传世)

王鸿绪《横云山人明史稿·王世贞传》(明史稿)

张廷玉《明史·王世贞传》(中华书局标点本)

钱大昕《弇山山人年谱》一卷，(《五山人年谱》本，《潜研堂全书》，《粤雅堂丛书》)

民国，黄文如《弇州先生文学年表》(《文学年报》，1938年，见杨殿珣《中国历代年谱总录》，书目文献出版社，1980年)

当代，徐朔方的《王世贞年谱》(收入《晚明曲家年谱》，浙江古籍出版社，1993年)

郑利华《王世贞年谱》(复旦大学出版社，1993年)

在有关研究中，对何乔远的这篇传记，涉及不多。因这是仅比王世贞晚三十年左右之人所写的传记，有不少值得重视的地方。故先将此本和通行的张廷玉《明史》的本传对勘，列之于下：

| | 《名山藏王世贞传》 | 《明史王世贞传》 |
|---|---|---|
| 1 | 王世贞，字元美， | 王世贞，字元美。 |
| 2 | 晋王览之后，世为浙人。宋澧贡进士来家昆山之湖川，遂为太仓人。 | 太仓人。 |
| 3 | 祖倬，父忬。倬，成化戊戌进士(下略，乃是关于王倬的生平)，进兵部右侍郎。<br>忬，嘉靖二十年进士(叙说忬生平部分，从略)。忬坐论死，是为嘉靖三十七年。 | 右都御史忬子也。 |

① [美]韦洛克、[美]沃伦：《文学概论》，刘象愚、邢培明等译，北京：三联书店，1994年，第7页。

| | | |
|---|---|---|
| 4 | 世贞幼称圣童。六、七龄已能读父书至数十万言。十五为《宝剑诗》,有奇句。 | 生有异禀,书过目,终身不忘。 |
| 5 | 十八举于乡。明年成进士,则嘉靖二十六年也。授刑部主事。 | 年十九,举嘉靖二十六年进士。授刑部主事。 |
| 6 | 闭户读书。与李攀龙诸子修词赋之业。过从无日,夜相弹射。复相称诩。动曰'吾党',动曰'我辈',动曰'我二三兄弟',动曰'海内',动曰'中原',其华声意气,睥睨诸公,间至前无古人。 | 世贞好为诗古文,官京师,入王宗沐、李先芳、吴维岳等诗社,又与李攀龙、宗臣、梁有誉、徐中行、吴国伦辈相倡和,绍述何、李,名日益盛。屡迁员外郎、郎中。 |
| 7 | 世贞虽与李攀龙辈修词赋之业,乎(于)其当官视中贵人、锦衣帅、幸用事者蔑如。中贵人、锦衣帅或有不得,请求政府为地,亦不为理。相嵩(严嵩)才而欲致之,意弗善也。时有讥诋在酒杯口角间。语流闻嵩,嵩谓世贞恶少年矣。 | 奸人阎姓者犯法,匿锦衣都督陆炳家,世贞搜得之。炳介严嵩以请,不许。 |
| 8 | 兵部郎继盛论劾嵩下狱,世贞纳奔饘 继盛。妻讼夫冤,世贞为定草。继盛被刑,世贞往哭收殓之。嵩乃大恨。 | 杨继盛下吏,时进汤药。其妻讼夫冤,为代草。既死,复棺殓之。嵩大恨。 |
| 9 | 凡郎官有文誉者,出为提学使者为美选,吏部世贞,嵩格之。得兵备青州。<br>青州多盗,世贞谓盗不在远,在左右,左右橼吏。是颠倒秘迁,其行事不可端倪。购重赏,收募间里轻侠少年用之,青遂无盗。始,世贞至官,山东诸公见谓文少,歌赋奕饮为俊举而已。既见精严练事,发奸隐如神明,以为赵子都之流也。大加叹服,声闻京师。相嵩父子益忌。 | 吏部两拟提学皆不用,用为青州兵备副使。 |
| 10 | 其父忬,滦州少失事,遂酿罪,搆下狱矣。此时世贞弃官走长安市,与其弟仪制郎世懋叩阙请代。辇上贵人语世贞曰:"此无益,适趣乃公毙耳。"世贞、世懋日囚服跪道旁,遮诸柄人车,搏颡请捄。诸柄人侧目嵩,无所敢言。忬竟坐诛。世贞号跣归柩,依庐哀痛。禫除,犹苴履葛为心丧。 | 父忬以滦河失事,嵩构之,论死系狱。世贞解官奔赴,与弟世懋日蒲伏嵩门,涕泣求贷。嵩阴持忬狱,而时为谩语以宽之。两人又日囚服跽道旁,遮诸贵人舆,搏颡乞救。诸贵人畏嵩不敢言,忬竟死西市。兄弟哀号欲绝,持丧归,蔬食三年,不入内寝。既除服,犹却冠带,苴履葛巾,不赴宴会。 |

| | | |
|---|---|---|
| 11 | 久之，庄皇帝（隆庆帝）即位，赴阙讼父，言杀臣父，非先帝意，本相嵩父子。不然，何臣父效首功八百余级不论，论滦州房小人至死。伏惟陛下哀怜。诏复忤官。<br>此时世贞稍通宾客，论文字，宴游山水间矣。<br>世贞为园曰“弇州”，盛有水石花木之致。宾客来见世贞者，世贞皆款之。弇园中不惟世贞之文名也，而弇园亦名于天下。 | 隆庆元年八月，兄弟伏阙讼父冤，言为嵩所害，大学士徐阶左右之，复忤官。 |
| 12 | 南北台省谓世贞父冤雪，可官也。吏部补世贞兵备大名。世贞思痛不出。应诏上八事。寓书当路：此八事也，世贞所以报主矣。若官世贞，世贞死不敢官。当路解而强之。世贞出，而世贞之友尚有尼世贞者。世贞曰：夫如是则仇君，且也敢胜崇伯子。 | 世贞意不欲出，会诏求直言，疏陈法祖宗、正殿名、广恩义、宽禁例、修典章、推德意、昭爵赏、练兵实八事，以应诏。无何，吏部用言官荐，令以副使涖大名。 |
| 13 | 迁浙江右参政，治吴兴三郡。吴越新罹兵火，供亿繁兴，民不堪命。世贞请汰内府内官大小监冗食及锦衣、诸卫寄籍者，事虽不行，竟得改折漕粮十五万。三郡之人以为，此缘王使君。迁山西按察使。闻母病，投牒归，中道得讣矣。服除，以荐补皋，旋辖广西。一月，入为太仆卿。 | 迁浙江右参政，山西按察使。母忧归，服除，补湖广，旋改广西右布政使，入为太仆卿。 |
| 14 | 擢都察院右副都御史，督治郧阳。 | 万历二年九月以右副都御史抚治郧阳，数条奏屯田、戍守、兵食事宜，咸切大计。有奸僧伪称乐平王次子，奉高皇帝御容、金牒，行游天下。世贞曰：“宗藩不得出城，而讠寿张如此，必伪也。”捕讯之，服辜。 |
| 15 | 时相者江陵张居正，世贞同年也。会楚地再震，荆州庐舍多坏，世贞引《京房占》，有“臣道太盛”语。又尝遗京贵人书，言江陵浸淫耳目，好非社稷福。其人泄之。居正积不平，数言于人，人然。客有请世贞文，寿居正父母。与其寿居正，世贞复盛有所称引，至比居正父与众父，比居正母于稷姜嫄。居正于世贞若忤若合，手书不时至，殊亦款款。世人又谓世贞居正之人也。 | 张居正枋国，以世贞同年生，有意引之，世贞不甚亲附。所部荆州地震，引京房占，谓臣道太盛，坤维不宁，用以讽居正。居正妇弟辱江陵令，世贞论奏不少贷。居正积不能堪， |

| | | |
|---|---|---|
| 16 | 稍迁南大理，以人言改应天府尹，归。此时居正正遭父丧，夺情起复。吴中编修吴中行、简讨赵用贤上疏论居正。居正欲杖此两人者。学士王锡爵诣居正所，责之。忤居正，归。世贞故与锡爵同里相善也。亡何，锡爵有女以守节蜕化。其未化时，感冥契立，恬淡教门。世贞悦之，尊之曰昙阳大师。拜为弟子。于是焚笔研，谢宾客，与锡爵结庐合居，戒食梵诵，甚苦。异时所嗜好古图籍，若三代彝鼎，名墨酒鎗，弃为他人有，悉不问。于是言官希居正，论锡爵、世贞两人者，家居（讠寿）张为幻。而一日，用贤及门称弟子，而人又谓世贞非居正直认也。世贞于文字，其宿好久之，终不能焚笔研，谢宾客。又复应人求请，复游于酒人词辈、淄流羽侣间。 | 会迁南京大理卿，为给事中杨节所劾，即取旨罢之。后起应天府尹，复被劾罢。居正殁，起南京刑部右侍郎，辞疾不赴。 |
| 17 | 居正卒，起南京刑部侍郎，改南京兵部侍郎，以三品考，与官荫一子，时已迁南京刑部尚书矣，有言其尝被劾，不当得考者。乞休归而寻卒。赠太子少保，予祭葬。 | 久之，所善王锡爵秉政，起南京兵部右侍郎。先是，世贞为副都御史及大理卿、应天尹与侍郎，品皆正三。世贞通理前俸，得考满阴子。比擢南京刑部尚书，御史黄仁荣言世贞先被劾，不当计俸，据故事力争。世贞乃三疏移疾归。二十一年卒于家。 |
| 18 | 肃皇帝时，海内文学知名士，人人自标，世贞最后起。异才博学，横绝一世。其所鬼（草头）猎子史百氏，皆以意熔炼，翕然为一家，古今著述之富无逾也。其诗使事构体，不嫌小出入，要归之元气。块比大海，渟泓中无餖飣蹇促、镵刻深险之态。其地望之高，游道之广，声力气象，能鼓舞翕张海内之豪俊，以死名于其一家之学。直千古不废也。客既无论，酒人词辈、淄流羽侣，日踵世贞门。四方书问，往往不绝。其所馈人，亦往往缘手散施，咄嗟尽有。时削牍荐人，多者或致千金。后生初学，得世贞一言品题、一面倾吐，则或希声传影，转相引重。 | 世贞始与李攀龙狎主文盟，攀龙殁，独操柄二十年。才最高，地望最显，声华意气笼盖海内。一时士大夫及山人、词客、衲子、羽流，莫不奔走门下。片言褒赏，声价骤起。其持论，文必西汉，诗必盛唐，大历以后书勿读，而藻饰太甚。晚年，攻者渐起，世贞顾渐造平淡。病亟时，刘凤往视，见其手苏子瞻集，讽玩不置也。 |

| | | |
|---|---|---|
| 19 | 盖嘉靖之初，王守仁以讲学开门，能鼓一世而从之。而当世贞之身，士人风尚大类其时。客或故于广众坐中字世贞示亲暱，而(黑吉)者或阴持幕中濒(此字改口字旁)笑私语卖世贞。世贞恩及人而人不知，醉骂人而人反思之。 | 世贞自号凤洲，又号弇州山人。其所与游者，大抵见其集中，各为标目。曰前五子者，攀龙、中行、有誉、国伦、臣也。后五子则南昌余曰德、蒲圻魏裳、歙汪道昆、铜梁张佳胤、新蔡张九一也。广五子则昆山俞允文、浚卢柟、濮州李先芳、孝丰吴维岳、顺德欧大任也。续五子则阳曲王道行、东明石星、从化黎民表、南昌朱多火煃、常熟赵用贤也。末五子则京山李维桢、鄞屠隆、南乐魏允中、兰溪胡应麟，而用贤复与焉。其所去取，颇以好恶为高下。 |
| 20 | 吾自束发即负大圭(下有"心"字)<br>既举进士，有所见闻，即负大愤<br>庚戌以后，虏入都门，即负大虑<br>己未以后，家难作矣，即负大痛<br>隆庆戊辰以后，有所迫而不能守匹夫之节，即负大惭，<br>庚辰以后，入于悟门，悟前之潜(心旁)也，即负大悔。<br>吾他无深嗜，嗜读书文及酒。酒损吾德，而幽滞之际，亦复赖以活。文章稍益吾，身后而实小之。且吾以酒得生，以生得讥。以文章得誉，以誉得谤。以讥谤得挫。挫之与讥谤也，盖天所以怜我而我之所以自解于辟也。 | |

注：以上表中文字，繁体字都改为常用简体字，标点为笔者所加。

## 二

从上述的对照我们可以看出，虽说《明史》的传记中，增多了一些有关重要事件的背景和关键人物的资料，如第6段中，当时交往人员有王宗沐、李先芳、吴维岳、李攀龙、宗臣、梁有誉、徐中行、吴国伦等。第11段，指出王忬的平反，多赖徐阶之力。第12段、第14段，增加了王世贞上疏以及政绩等等，大多属于比较外在的内容。而《名山藏》的传记中，则更多关于王世贞个人的思想、情感的记载，还有当时社会中有关王世贞的一些比较具体的资料。在《名山藏》的传记中，有如下一些内容是《明史》传记中未载的：

1. 介绍了王世贞祖先的情况，尤其祖、父两代的，其父亲王忬被严嵩父子陷害的情况。（表中第 3 段，以下仅列段数）

2. 王世贞嘉靖二十六年成进士为“刑部主事”后，和李攀龙等“过从无日，夜相弹射，复相称诩。动曰‘吾党’，动曰‘我辈’，动曰‘我二三兄弟’，动曰‘海内’，动曰‘中原’，其华声意气，睥睨诸公，间至前无古人。”

也就是年轻时狂妄声情的记载。（第 6 段）

3. 治理青州时，“守募闾里轻侠少年用之”事。（第 9 段）

4. 隆庆时，为父申冤。此后治理吴郡，汰除内府官员之事。（第 13 段）

5. 和张居正的关系，不仅有其他传记中所载的两人不和、王世贞与张居正违逆的一面；也有迎合吹捧的事。反映了两者关系复杂的另一面。（第 15 段）

6. 晚年和王锡爵“结庐合居”诵佛，想要出家。但终不能弃世，又复出之事。（第 16 段）

7. 王世贞晚年，当时社会对他的追崇。所谓“异才博学，横绝一世。其所蒐猎子史百氏，皆以意熔炼，翕然为一家，古今著述之富无逾也。”对他的诗文成就的评价等。（第 18 段）

8. 王世贞晚年的自悔。对儿子所说的话。[①]（第 20 段）

这些资料，不仅对于我们正确地认识王世贞这个人物，非常重要，而且从史料学的角度说，也是值得重视的。

## 三

我们根据这篇传记所载，结合有关的其他资料，对王世贞的生平以及知识结构，做一些探讨。

王世贞生活在一个官宦世家。祖父王倬，官做到兵部右侍郎，父亲王忬，征战南北，战绩辉煌。连续升官，也做到“兵部右侍郎”，还兼“左都御史”。自认受嘉靖皇帝特知，“不复媚事上左右，又不复修礼用事相嵩父子(按：严嵩父子)”。

在这样的家庭出生成长，幼年少年时代，虽不敢说一定是锦衣玉食，但绝对没有经受过吃糠咽菜的艰辛，则可想而知。这和归有光等出身于社会低层的苦

---

① 以上俱见何乔远《名山藏》，台湾成文出版社影印崇祯十三年刊本，1971 年，5371 页以降。此后所引用《王世贞传》的文字，非注明者，概出于此，不另注。

寒之士是不同的。

优裕的生活，良好的知识教育，养就了王世贞遇事一往直前、不惧后果，敢做敢为，颇为任性的性格。

传统的《左传》《史记》《汉书》等典籍，被尊崇的韩柳文章李杜诗，开拓了，也限制了他的文化视野，而正统的以程朱理学为核心的儒家学说，也就在他心里，奠定了知识结构的基础。

王世贞十八岁中举，二十二岁成进士，可谓一帆风顺，少年得志。一种欲济天下的豪情在冲涌。和李攀龙等新科进士相交往，修辞赋之业，日夜相弹射。怀济世之心，"动曰'海内'，动曰'中原'"，俨然是当今世界，舍我其谁的气度。

他睥睨文坛。所谓"文自西京，诗自天宝而下，俱无足观"①的理念，反映出当时文坛的乏力状况，表现出青年一代文人的锐气，也有着故意过激，以求一鸣惊人的算计；与其说这是深入研究后的结论，还不如说更带有"少年不知愁滋味"的自负和狂妄。

他负志傲世，面对混沌的现实世界，见有"不平事"（如杨继盛），便"拔刀相助"，哪怕得罪权贵也在所不辞。

派出到青州"历练"，面临"多盗贼"的局面，认为"盗不在远，在左右"。于是一反常例，"颠倒秘迁"，使左右"不可端倪"，更"购重赏收募闾里轻侠少年用之"，盗贼遂平。

凡此，都反映出王世贞思想中既有着正统的"济世"一面，又有着脱出常套、任侠独行的因素。这都是少年时代养成的任性性格在新环境下的展开。

而他的文学观念，在有着对现实批判因素的同时，也正反映出知识结构的局限和文化视野的狭窄。

## 四

王世贞的父亲，自认受嘉靖皇帝特知，"不复媚事上左右，又不复修礼用事相嵩父子（按：严嵩父子）"。但在明代专制制度下，被变幻无常的宦海波涛吞噬了。嘉靖三十八年，被逮入狱。三十四岁的王世贞，从高高的天国落到了卑微的地上，为了挽救在地狱中的父亲。他和弟弟一起，"弃官走长安"，"叩阙请代"。"囚

① 《明史·李攀龙传》，中华书局标点本，1974年。以下所引《明史》，概出此本。

服跪道”，“ 搏颡请救（磕头请求）”。

他所得到的，一种是冷淡：“别这样了，这样干，只能让你老爸早死。”一种是同情和无奈：虽然心中明白其中有冤，但迫于严嵩等权势者的淫威，不敢直言。在现实的世界里，屈从权贵、明哲保身的势利，往往总胜过正义的良知和道德。

这种冷酷的现实，对一个生在贵族的家庭，颇为自负的年轻人所造成的心理刺激，可想而知。经历过这样的现实和精神“炼狱”，往往会使人产生一种看破社会表面迷雾的冷静和敢于作为的豁达。

王世贞经历了从官宦人家到处死囚徒之子的变迁过程，饱尝了世态炎凉的苦涩。这对他人生是一个沉重的打击，为一大转折。而经此家难的磨炼，他对人生、对社会的认识，开始显得深沉，开始领悟到生命的另一面。

## 五

里居数年，诗文和友情是支撑王世贞生活的主要支柱。

他的性格，他三十多岁的经历，造成了交游甚广的结果。虽说经过了上述的灾难，而官场派系纵横交错，王世贞虽里居故里，但仍处于这样的社会网络之中。

在此时期，王世贞和一些同僚诗文往来，已经没有了年轻时的“华声意气”，锋芒稍损。《病秋》：“年年颇诧逢秋健，今日秋来兴渐孤。不独穷愁畏摇落，即防衰骨费支吾。惊心屡却青菱镜，避客兼嗔白玉壶。犹有苦吟成宿业，此生那用借诗扶。”[①]反映了当时的心境。

经历了家难，有了刻骨铭心的经历，诗歌才渐脱风流才子气，渐具哀怨沧桑味。

然而，他的思想，他的观念，仍植根于以前已经构筑的儒家，尤其是宋代以来的理学土壤之中。如果说，在他前半个世纪的王守仁那里，有着试图挑战朱子学说的明确意愿，有着思考性理等儒学有关人生的根本性问题的话，在王世贞那里，更多的是在理学传统的框架之内，舔着自身创伤的哀吟。

王世贞此后的文字中，虽然也有些批评宋代大儒如周敦颐、二程、朱熹之处

---

① 《弇州山人四部稿》卷三十七，台湾影印《文渊阁四库全书》本，以下所引王世贞著述，概出此本。

(见《读书后》),也受到阳明学的影响,此乃社会风潮所致。就其思想观念的基本面而言,还是宋代理学的正统:他认为,儒学二千余年,到二程氏出"若能独发圣人之心","上接其统,朱氏益加精焉"。[①] 而"理学之逃,阳明造基"。[②] 可见其倾向和态度。有的学者认为王世贞有着批判朱子的倾向,我以为不确。不赞同朱子个别儒学结论和反对作为意识形态正统的朱子学,不能等同。

## 六

由于依然置身于官僚、士绅、文人构成的明代社会网络之中,力图解脱套在自身的冤屈的枷锁,所以,当逆浪退去,时机到来,在师友等各种社会关系的支撑下,王世贞之父恢复了名誉地位。中国历史上的很多时期,君主好恶无常,官宦的生死与夺,往往就存在于最高权势者的一念之间。宦海的潮涨潮落,乃是常态。而这就又把王世贞拖回到宦海的堤岸上。

这一次,王世贞沉稳了。他更多地关注自己现实的生活和享乐。筑园"弇州","盛有水石花木之致",通宾客,论文字,宴游山水之间,辞官不就。

为了表示对君主的感激,上书言"八事":" 陈法祖宗、正殿名、广恩义、宽禁例、修典章、推德意、昭爵赏、练兵实"(见上《明史》本传)——这可以看到他对于当时社会治理的理念。也是他"所以报主",即表示对于皇帝平反父亲冤案的感恩,对于明王朝忠诚的建言。此后被"当路""强之",王世贞再次进入宦海,出来当了官。转了数处,直做到都察院右副都御史,南京刑部尚书。

这时的王世贞,一方面,已经没有了当初想"振臂一呼,天下云集",击水中流的锐气,仅限于在宦海的浅滩岸边涉水跛涉,但是另一方面,也不太畏惧了。凭着对儒家经典的理解,在所辖的份内,敢说敢为。请汰内府官员,为江浙百姓减折漕粮;借地震上书"臣道太盛",隐指当时权臣张居正。

他这样做,一方面因为和张居正为同年关系,时通"手书",张居正有着容纳这位同年的雅量,同时也是王世贞儒家济世理念在现实中的实践。然而,从他的建言和以后实际的政治活动来看,他没有同年张居正那样的政治魄力、谋略和勇气。这是可以再展开研究的课题。

---

① (明)王世贞:《六经稽疑》。

② (明)王世贞:《艺苑卮言》卷五。

## 七

在正德、嘉靖以后的文坛上，“文柄下移”，他俨然为当时文坛首领。名声越来越大，官越做越高，最后做到了“南京兵部尚书”。终其一生，无法脱离支撑着他人生的笔墨文字。

在为官的同时，王世贞尽情地享受着那个时代带给他的物质上的世俗欢乐。吟诗，题画，品茶，赏花，看戏，拥妓作乐，宴饮酬答，游山玩水，编艳情文字，玩古董文物。这时他的诗文作品，大多属于上述的那些范畴。

那是《金瓶梅》产生的时代，后来的研究者，认为这本既反映时代风貌，又充满情欲淫荡的作品，出自于王世贞之手，这从另一个侧面反映出他的生活状态。①

如果说王世贞早期，主要是和李攀龙为一党，那么在后期，是和汪道昆、徐中行、吴国伦等文人互相交往呼应，但就才华学力而言，王世贞显然独占鳌头，又利用实际的行政资源，故“独操柄二十年”，②形成了很大的声势。

就王世贞诗文作品言，前期的《四部稿》“莫非实大宏声之体”，而后期的《续稿》“一变矜气高腔”，“平直切至”。③

过多的酬答文字，虽刻画精到，不乏有真情的流淌，但很少或者说没有可堪传世的力作，没有使人剔骨剜心的痛裂，没有赤裸坦荡的淋漓，缺乏那种发自本能的野性。他披着温文儒雅的衣衫，他属于文雅的士人世界。当然，如果《金瓶梅》确为他所作，那另当别论。但特地隐藏自己的名字，不也反映了他不想撕破自己儒雅衣衫的心理侧面吗？

## 八

晚年的王世贞，在世俗的世界中，已经得到了他所能得到的、想要享受的东西。但是，在他的灵魂深处，未必是充裕的。步入空门，是那个时代许多文人的选择。那带有着看不到现实的出路，躲到往生世界的懦弱和悲哀。

---

① 关于《金瓶梅》的作者，有各种不同说法。明清时期，一般认为是王世贞所撰。后来有各种否定的见解。见吴晗《〈金瓶梅〉的著作时代及其社会背景》，《文学季刊》创刊号，1934 年。

② 《明史·王世贞传》。

③ 钱锺书：《谈艺录》，北京：中华书局，1984 年，第 4 页。

王世贞恬淡教门的契机，是同里的先辈王锡爵之女王焘贞的“守节蜕化”，王世贞尊其为“昙阳大师”“拜为弟子”。戒食梵诵，佛道双修，在佛教和道家的氛围中，思考着人生真谛，寻求着精神慰藉。

王焘贞能让王世贞“出之苦海迷途”（参见王世贞《昙阳大师传》）。但他“不能焚笔砚，谢宾客”，最后，还是“应人求请，复游于酒人词客、淄流羽侣间”。

综上所述，王世贞的一生，王世贞的人生态度，大致有四个转折点：二十多岁少年得志为一次，中年家难为一次，复出以后优游于文史典籍、诗词书画、醇酒美色又是一次，最后是晚年入悟，对自己一生的反省和思考。

## 九

王世贞自己对于自己的一生，有着自己的判断。《传》中引录了他对儿子的一段话：

吾自束发即负大圭（下有“心”字）；既举进士，有所见闻，即负大愤；庚戌以后，虏入都门，即负大虑；己未以后，家难作矣，即负大痛；隆庆戊辰以后，有所迫而不能守匹夫之节，即负大惭；庚辰以后，入于悟门，悟前之潜（心旁）也，即负大悔。吾他无深嗜，嗜读书文及酒。酒损吾德，而幽滞之际，亦复赖以活。文章稍益吾，身后而实小之。且吾以酒得生，以生得讥。以文章得誉，以誉得谤。以讥谤得挫。挫之与讥谤也，盖天所以怜我而我之所以自解于辟也。

诚哉斯言。

为何他知道自己得讥谤，认为文章“身后而实小之”呢？他的“悔”，具体在何处呢？令人回味。

综上所述，对王世贞的人格和思想构造，可以做一些归纳：

他是16世纪，中国明朝最有代表性的文人、诗人。他涉猎了经史子集的众多古今典籍，对于现实的社会，有着自己的济世理念。在“济世”时，在一定的范围内有所作为。文学创作方面，不仅在传统的诗歌、而且在新兴的戏曲小说（传奇）中，也显现了才华。

但是，他对于整个世界的看法，他的思想中核，仍然是以程朱理学为中心的儒学观念，遵从“君臣父子”的伦理关系和忠君的理念。

他是有成就的，有着一定的风骨、有着理性地分析历史资料、探求历史真相的冷静，有着脱出儒学传统、到宗教世界追寻人生出路的冲动。

他又是卑微的、俯伏在帝王的权势下，获取着自己的利益，享受着可以享受到的各种物质的、肉欲的快乐。

他终身局限在明初以来作为正统的理学框架之下，没有创造新的人生理念、社会图景。对于新的工艺、新的发现，关注有限。他在晚年也感觉到了自己的人生的无奈，然而并没有找到出路。

如果说这是当时最有影响的一位文人，那么，不也就映现出16世纪中国文人的一个基本状况吗?

## 十

王世贞是个文人，他得以传世的，并非生前在政坛上翻滚的痕迹和煊赫一时的舆论排场，那都随着历史的风云消散而去。今天人们关注王世贞，主要是由于他的文学研究和史学著述等等的文化成果。《四库全书》的编者们，对于约两百年前的这位曾风靡一时的明代文人似乎特别垂顾，收录了他的大量诗文和历史著述。

《艺苑卮言》，乃是他"年未四十"时之作，而后来多作增补。[①] 论诗论画，遍及艺苑，考论诗文作品，品评历代诗人。就其全书而言，固有精到之处，如，强调真情，反对效仿模拟，但是，如和《文心雕龙》等著作相比，缺乏系统性，间有凌乱之感。

《四部稿》《续稿》《读书后》则是他作品的汇集，卷轶浩瀚。

对于他的文学，在历史的长河中，有着各种不同的评说。

何乔远认为：王世贞"异才博学，横绝一世。"其所收罗的子史百家，"以意熔炼，翕然为一家。古今著述之富，亡逾也。"甚至认为："其一家之学，直千古不废也"。

但同时代，有的学者指其为"妄庸人"。[②]

比较平实的则有钱谦益的"晚年定论"："少年意气"，声价高腾，"虽欲自下，

① 见《艺苑卮言序》，又，见本次"王世贞及明清文化国际交流会"交通大学许建华的主题发言。

② 归有光：《项思尧文集序》："盖今世之所谓文者，难言矣。未始为古人之学，而苟得一二妄庸人为之巨子，争附和之，以抵排前人"。载《震川集》卷二，上海：上海古籍出版社，1993年。

势不能也”，“追乎晚年，阅世日深，读书渐细”“遽然梦觉，而自悔其不可以复改矣。”①

诸说当否，尚待识者再论。

《弇山堂别集》《嘉靖以来首辅传》不仅收集了大量的当朝史料，而且做了相当的分析研究。关于他的史学编撰成果和其中反映出来的史学思想，是需要进一步探讨的课题。

这方面，已经有专门的著述。至少，他关注当代史的研究的史学理念，敢于直指官方《实录》和流传记载的缺漏，②有对不实之处的批判勇气。在实际的书写中，注意史料的比对和分析，辨析精到，有益考证。《史乘考误》是王世贞考证方法的运用成果。《四库全书总目》对此书的评价是：“皆能辨析精核，有裨考证”，“且征事既多，不无小误……然其大端可信，此固不可以为病”。清人在评论《明武宗实录》时说：“《实录》自守仁（按：王守仁）至杭州以宸濠付张永后凡数月，不及文成一字，故弇州以为修《实录》者忌之，是也。”③还说“正史（《明实录》）之受欺者遂不少，弇州所辨，十之一二耳”。

这些在史学理论和研究方法上，都不乏肯定的因素。轻易地一概否定有明一朝的史学，实属轻薄。

《四库》馆臣之所以收录王世贞那么多的著述，这和对于王守仁、李卓吾那样有独特见解人物，和对于明末清初那些骨鲠抗争、热血掷头的志士，和对于那些“七尺从天乞活埋”学者著述的态度，形成了明显的对照。

这中间恐怕不乏有着王世贞的著作，缺乏和正统的统治思想相违背，相抵牾的因素有关系。由此，也可以反衬出王世贞人格和知识结构的状况。

## 十一

王世贞的一生，正好贯穿了几乎整个16世纪。16世纪，是人类世界突变的时代。

风卷欧亚大陆的蒙古骑兵的大漠烟尘已经落定，欧罗巴人走出了《十日谈》

---

① 钱谦益的王世贞“晚年定论”说，见《列朝诗集小传》丁集“王世贞”条，“归有光”条，上海古籍出版社，2008年。对此，钱锺书曾为发覆，可待再论。笔者认为，王世贞确实晚年有悔。

② 如《史乘考误》指出王守仁“投海”到武夷山之事，“恐有后好事者增益之”。

③ （清）夏燮：《明通鉴》，北京：中华书局标点本，1980年，1818页。

式的宗教禁锢，英国工业革命的汽笛，已经拉响，美洲新大陆的发现，刺激着人们对金钱和土地的强烈欲望，哥白尼“太阳中心说”，动摇了中世纪神学大厦的根基，莫尔(1478—1533)的《乌托邦》，则描绘了对于新世界的憧憬。

与此相对照的是：在亚洲大陆的东面，远往东非的航船早已落下风帆，成为百年前的传说；西北小王子等部落的骑兵，时常出没长城一线；南方壮族、瑶族民众的反乱，依然络绎不绝；东面则有来自海上的，半真半假的倭寇抢掠骚扰。

在“大礼议”论争中，以皇权的强势取得对经书解说权的嘉靖皇帝，乾纲独断地努力了一阵子，好像感觉疲惫乏味，于是步入追求“永生”的世界，在权臣的青词叨念和炼丹炉的青烟缭绕中，采阴补阳，醉生梦死。

王阳明的心学，一度被皇家视为异端，遭受各方非难，直到嘉靖皇帝升天，才又再度兴起。

江南地区，随着生产和交通的发展，日益繁荣，士绅的生活丰富多彩。

王世贞就出生、成长、生活在这样的时代。

在这16世纪，为什么在欧美其他地方发生巨大变化的时代，这位东亚大陆最著名的文人，却是上述的状况？

为什么郑和船队航船落下了走向海洋的风帆，而欧洲的冒险家却依靠着东方人的地图，勇敢地闯向了未知的大洋？

为什么同样强调自我的观念，在西方发展成系统的理念，而在我们的故土，却遭到了不断反复的厄运？

为什么同样是商品经济，在世界上结出了各种奇花异果，而在我国富庶的江南地区，却久久止步不前？凡此等等。

对于这些也许不少学者会认为是有点离题万里的稀奇古怪的问题，或许会用“历史时空的间隔”，“没有充分的资讯”，“各地的社会文化发展状况不同”等非常正确的理由来轻易地说明和辩解。

然而，在对于外在的社会环境的弊端进行批判和分析的同时(这方面的批判已经很多了，当然还应当继续批判、探讨)，是否也应该从具体个人的内在知识结构和价值取向来进行一些分析呢？

作为当时社会上代表性的“大儒”，作为文坛领袖的王世贞，他对此采取了什么态度，起到了什么作用？

如果当时中国的文人们采取了另外的选择呢？

确实，历史没有“如果”。

我想要强调的是：他的知识结构和价值取向这些内在的因素，决定了他的行动和抉择。

那么，他为什么会有那样的人格呢？

他的人格、价值趋向和知识结构，以及这种人格的构成，有哪些是值得我们吸取和发扬的？有哪些是值得我们思考和借鉴的呢？

## 十二

将近五百年过去了，我们今天再来整理、分析王世贞的作品，这当然反映了我们时代的特色。我们有了更理性地认识自己民族文化的自觉，增强了走出妄自菲薄的自信。

我们现在正面临着相似的历史课题。我们在某种程度上也面临着相类似的选择。

我们在认真整理保存前贤的著述的同时，是否应该在他们的著书中，吸取他们当年感到遗憾的经验教训，不满足于一时的喧哗和荣耀，不满足于“文格渐卑庸福近”（龚自珍）的排场，为了这个民族的未来，做出一些更有意义的选择呢？我想，这才是我们在研究王世贞这个典型人物时，应当关注的地方和思考的问题。

# "文必秦汉"说与王世贞的古文创作

陈书录

（南京师范大学文学院，江苏南京，210023）

对于明代前后七子，特别是其中首创复古的李梦阳，论者往往以《明史·文苑传》中的"倡言文必秦汉，诗必盛唐"①作为其文学主张的宗旨。然而，在历来有关明代前后七子文论的研究中，"诗必盛唐"说大多是一个热门的话题，"文必秦汉"说则往往被冷落.后者为什么会被冷落呢？不少论者认为关键在于李梦阳等人的有关主张不大明显，例如郭绍虞先生在《中国文学批评史》中提及李梦阳"文必秦汉"说时指出："惟《空同子论学》上篇有云：'西京之后，作者勿论矣'，似有文必秦汉之意。此外，只有在作品中犹可窥出其摹拟秦汉之迹。所以所谓文必秦汉云者，在批评上并没有什么明显的主张。"②似乎忽略"文必秦汉"说者有其应该忽略的理由。然而，我们认为忽略"文必秦汉"说便是忽略了李梦阳乃至明代前后七子文论的一个重要的方面，特别不应忽略王世贞为"文必秦汉"说的集大成者和他古文创作的成就。

## 宗法《左传》与"文必秦汉"说

之所以说"文必秦汉"说是明代前后七子文论的一个重要方面，是因为他们在这方面的主张既比较明显，又一脉相承。先看弘治年间崛起的"前七子"（本文以李梦阳、康海、王九思等为例）：

李梦阳——

除郭氏所引之外，此处再引述《论史答监察书》中的一段话，以便更为具体地看一看李梦阳的"文必秦汉"说，他说：

> 古文莫如《书》、《春秋》。孔子删修，篇寡而字严，左氏继之，辞义精详，

① 《明史》卷二百八十六《李梦阳传》，中华书局1995年版，第7348页。

② 郭绍虞：《中国文学批评史》，上海古籍出版社1979年版，第341页。

迁、固博采，简帙省缩……①

康海——

我明文章之盛，莫极于弘治时，所以反古昔而变流靡者，惟有六人焉。北郡李献吉、信阳何仲默、鄠杜王敬夫、仪封王子衡、吴兴徐昌穀、济南边廷实，金辉玉映，光照宇内，而予亦幸窃附于诸公之间，乃于所谓孰是孰非，不溺于剖劘，不怵于异同，有灼见焉，于是后之君子言文与诗者，先秦两汉，汉魏盛唐，彬彬然盈乎域中矣。②

王九思——

今之论者，文必曰先秦、两汉，诗必曰汉魏盛唐，斯固然矣。③

再看嘉靖年间复兴的“后七子”：

李攀龙——

秦汉以后无文矣。④

仆愿居前先揭旗鼓，必得所欲，与左氏、司马千载而比肩。生岂有意哉？⑤

王世贞——

西京之文实，东京之文弱，犹未离实也；六朝之文浮，离实矣；唐之文庸，犹未离浮也；宋之文陋，离浮矣，愈下矣，元无文。⑥

徐中行——

王元美与余推之（李攀龙——引者）坛坫之上，听其执言惟谨，文自西晋以下，诗自天宝以下不齿，同盟视若金匮罔渝。⑦

---

① 李梦阳：《论史答王监察书》，《空同子集》卷六十二，明万历三十年邓云霄刻本。

② 康海：《渼陂先生序》，《康对山先生集》卷二十八，续修四库全书丛书，集部第1335册，第315页。

③ 王九思：《刻太微后集序》，《渼陂续集》卷下，明万历间刻本。

④ 李攀龙：《答冯通府》，《沧溟先生集》卷二十八，上海古籍出版社1992年版，第647页。

⑤ 李攀龙：《送王元美序》，《沧溟先生集》卷十六，上海古籍出版社1992年版，第395页。

⑥ 王世贞：《艺苑卮言校注》卷三，罗仲鼎校注，齐鲁书社版1992年版，第102页。

⑦ 徐中行：《重刻李沧溟先生集序》，《徐中行集》卷十三，浙江古籍出版社2012年版，第246页。

由此可见，所谓“文必秦汉”大多是七子“自道”，其宗法先秦两汉之心昭然若揭。上述师法秦汉的论说中的“诸公”和“同盟”云云，显然是指前后七子的群体。所谓“同盟视若金匮罔渝”等等，则清晰地显示出明代前后七子在“文必秦汉”上“群体自守”的意识。而这种“群体自守”的意识，又具体地表现在明代前后七子一如既往地为他们这个“古文辞派”的寻根溯源上。所谓寻根溯源，从师法对象所处的时代来说，是先秦两汉；从师法的具体对象来说，主要是左丘明的《左传》和司马迁的《史记》，这就是上文所引的李攀龙向王世贞所发出的誓言：“必得所欲，与左氏、司马千载而比肩”。不过，明代前后七子在师法《左传》与《史记》中，尤其重视古文经《左传》，以此作为他们创作“古文辞”的楷模。因此，明代前后七子的“文必秦汉”说中，有关《左传》的文论最多。经我们逐卷逐篇地查阅明代前后七子的主要著作，初步统计出他们有关《左传》的专论有二篇，兼论有二十一篇之多。在此不妨立简表如下，以便一清眉目。

**明代前后七子有关《左传》文论一览表**

| 篇名作者 | 专论 | 兼论 |
|---|---|---|
| 李梦阳 | | 《答吴瑾书》(《空同子集》卷六十二)<br>《论史答王监察书》(《空同子集》卷六十二) |
| 何景明 | | 《汉纪序》(《何大复先生全集》卷三十四) |
| 康　海 | | 《渔石类稿序》(《康对山先生文集》卷三)<br>《送文谷先生序》(《康对山先生文集》卷四) |
| 王九思 | | 《与刘德夫书》(《渼陂集》卷七) |
| 李攀龙 | | 《送王元美序》(《沧溟先生集》卷十六) |
| 王世贞 | 《左传属事序》(《弇州山人续稿》卷五十)<br>《春秋左传注评测义序》(《弇州山人续稿》卷五十二) | 《南丰先生集序》(《凤洲笔记》卷五)<br>《何大复集序》(《弇州山人四部稿》卷六十四)<br>《五岳山房文稿序》(同上，卷六十七)<br>《古文四大家摘言序》(同上，卷六十八)<br>《李于鳞先生传》(同上，卷八十三)<br>《与汪伯玉书》(同上，卷一百一十九)<br>《与张助甫书》(同上，卷一百二十一)<br>《又与张助甫书》(同上)<br>《陶懋中镜心堂草序》(《弇州山人续稿》卷四十五)<br>《艺苑卮言》(丁福保辑《历代诗话续编》) |
| 宗　臣 | | 《读太史公杜工部李空同三书序》<br>(《宗子相集》卷十三) |

| | | |
|---|---|---|
| 徐中行 | | 《史记百家评林序》(《徐中行集》卷十三)<br>《古文隽跋》(《徐中行集》卷十九) |
| 吴国伦 | | 《胡祭酒集序》(《甔甀洞稿》卷三十九) |

上述简表，难免还有遗漏，但也足以说明七子派的“文必秦汉”说较为集中地体现在他们有关《左传》的专论和兼论之中，也足以说明弄清《左传》与明代前后七子的关系，对于剖析“文必秦汉”说是很重要的。因此，本文主要从师法《左传》入手来探究明代前后七子特别是王世贞的“文必秦汉”说。

## 前后七子“文必秦汉”说的集大成者

嘉靖前期.唐宋派崛起。嘉靖后期，后七子复兴。两个流派的并存与对立，便使他们各自所主张的“文必秦汉”与“宗法唐宋”的观点如同水火之不相容。唐宋派指责后七子中主盟文坛的李攀龙、王世贞等人为“一二妄庸人为之巨子”①。后七子则为了自己流派的生存匆匆忙忙地从复古的角度“续前七子之焰”②。这样，便出现了李攀龙等人复古思潮的回流。

李攀龙等人复古思潮的回流，从表现在宗法《左传》上看，一是固守“文必秦汉”的阵地，二是反击唐宋派对于“文必秦汉”说的进攻。这两个方面，都集中地体现在李攀龙的《送王元美序》一文中。他说：“仆愿居前先揭旗鼓，必得所欲，与左氏、司马千载而比肩”③，这是他“秦汉以后无文”④观点的具体化和绝对化，固守“源头”，信誓旦旦。《送王元美序》中又说：“今之文章，如晋江(王慎中)、毗陵(唐顺之)二三君子，岂不亦家传户诵？而持论太过，动伤气格，惮于修辞，理胜相掩，彼岂以左丘明所载皆为侏离之语，而司马迁叙事不近人情乎？”⑤其反击唐宋派对于《左传》、《史记》的非难，也是为了固守“文必秦汉”的阵地。

① 归有光：《项思尧文集序》，《震川先生集》卷二，上海古籍出版社2007年版，第21页。

② 《四库全书总目》卷一七二《沧溟集》提要，中华书局1983年版，第1507页。

③ 李攀龙：《送王元美序》，《沧溟先生集》卷十六，上海古籍出版社1992年版，第395页。

④ 李攀龙：《答冯通府》，《沧溟先生集》卷二十八，上海古籍出版社1992年版，第647页。

⑤ 李攀龙：《送王元美序》，《沧溟先生集》卷十六，上海古籍出版社1992年版，第394页。

值得庆幸的是，于宗法《左传》上唱出“正音”的，在后七子中唯有李攀龙而已。而宗臣、徐中行、吴国伦等人则都发出了“变调”，这就是“博综群籍”与“发抒性灵”的有机结合。先说“博综群籍”①。徐中行曾经赞扬《古文隽》的编者“自《左(传)》、《国(语)》而迄曾(巩)、苏(轼)，令得占毕而传习焉”。②宗臣不仅反复精读《史记》、杜诗以及李梦阳的《空同集》等三部书，而且博采众家，“夫周则左丘明，楚则屈、宋，汉则董、贾、苏、李、长卿、枚叔、班固、扬雄，魏则曹、刘、应、徐，六朝则潘、陆、江、鲍，唐则太白、长吉、陈、杜、沈、宋、卢、骆、韩、柳，非不采厥英华而日诵之”③。如此“博综群籍”，与“于鳞(李攀龙)法多自左丘、短长(《战国策》——引者注)，韩非、吕览，渠固未尽习”④形成了鲜明的对照。吴国伦不仅强调“博综群籍”，而且还强调“学以益才”、“发抒性灵”⑤。他认为，如果使“博综群籍”与“发抒性灵”分道扬镳，那么就容易产生多种弊病，这大体说来“有三疾”：“师心者非往古而捐体裁，负奇者纵才情而蔑礼法，论道讲业者则又讥薄艺文以为无当于世。”⑥唯有将“博综群籍”与“发抒性灵”有机地结合起来，才能达到如《左传》、《史记》等作品中所体现的那种“讽咏合度”、“词旨廓闳”⑦的境界。

在此特别要指出：王世贞是明代前后七子中有关《左传》文论的合成者或集大成者。

之所以说王世贞是明代前后七子有关《左传》文论的集大成者，不仅在于他有关《左传》的文论最多(见前文《明代前后七子有关〈左传〉文论一览表》)，而且还在于他宗法《左传》的意识较之李梦阳、李攀龙等人有过之而无不及：

> 乃左氏则采辑鲁史而自属以己法以为《春秋》翼，盖天下之称事辞者宗焉。⑧

---

① 吴国伦：《李尚书集序》，《甔甀洞稿》卷三十九。

② 徐中行：《古文隽跋》，《徐中行集》卷十九，浙江古籍出版社2012年版，第335页。

③ 宗臣：《读太史公杜工部李空同三书序》，《宗子相集》卷十三，文渊阁四库全书本。

④ 王世贞：《与汪伯玉书》，《弇州山人四部稿》卷一百一十九。

⑤ 吴国伦：《胡祭酒集序》，《甔甀洞稿》卷三十九，明万历间刻本。

⑥ 吴国伦：《胡祭酒集序》，《甔甀洞稿》卷三十九。

⑦ 吴国伦：《胡祭酒集序》，《甔甀洞稿》卷三十九。

⑧ 王世贞：《古四大家摘言序》，《弇州山人四部稿》卷六十八。

> 左氏……以其事之详，而言之妙且艳也。纂史者用其凡，摛文者撷其奥，如日月之丽霄，愈久而愈煌。①

之所以说王世贞是明代前后七子有关《左传》文论的集大成者，不仅在于他的文论中有分别宗法《左传》的“正音”与“变调”之处，而且还在于能巧妙地将“正音”与“变调”加以“合成”，在若干侧面将“宗法秦汉”与“宗法唐宋”、格高说与性灵说融为一体。这主要表现在以下三个方面：

(1)“美艳雄整”与“文在天巧”

王世贞将韩愈的“左氏浮夸”说和李梦阳的“《左传》精详”说统一起来，认为：“左氏、《战国(策)》、司马氏、班氏为史学，美艳雄整，于道渐远于事近。”②他以“美艳”说承接韩愈的“浮夸”说，可见他不像李梦阳那样无视《左传》与《春秋》相比较中显示出的这一重要特色。王世贞既能正视《左传》“浮夸”(“美艳”)的一面；又能正视《左传》的另一个侧面——雄整，以“雄整”说承接李梦阳的“精详”说。后者是“事出有因”，这个“因”在他的《艺苑卮言》卷三中有所透露：“西京之文实，东京之文弱，犹未离实也；六朝之文浮，离实矣；唐之文庸，犹未离浮也；宋之文陋，离浮矣，愈下矣，元无文。”③他从尚实的角度推崇《左传》等的“雄整”，企图纠正唐以来浮陋等弊病，这无疑对“唐文”——包括对师法“左氏浮夸”的韩文等抱有偏见。而王世贞将“美艳”与“雄整”合成一个完整的范畴，也是“事出有因”。这个“因”就是他在后期由早年与唐宋派的对立转向调和，使“文必秦汉”说有所松动，在某些方面不仅向韩、柳开放，同时也向欧、曾开放。他在《南丰先生集叙》说：“唐韩愈氏崛起振之，其格力视前数家未卜先后，其言多纯而少杂，抑亦道与辞之间乎……独欧阳氏稍尔雅典厚，于道不惟近之，而时或有所阐发。曾氏出其门，其所持论归持等也。而出之以详整，不刻于事，事则显；不规于情，情则远。”④正是在调和秦汉派与唐宋派的门户之见中，王世贞对《左传》有了较为全面的认识，将“美艳”与“雄整”合成一个有关《左传》审美特征的完整的概念。

如果说王世贞的“美艳雄整”说折中于秦汉文派与唐宋文派之间，那么他的

① 王世贞:《春秋左传注评测义序》,《弇州山人续稿》卷五十二。

② 王世贞:《陶懋中镜心堂草序》,《弇州山人续稿》卷四十。

③ 王世贞:《艺苑卮言》卷三,《艺苑卮言校注》,齐鲁书社 1992 年版,第 102 页。

④ 王世贞:《南丰先生集叙》,《凤洲笔记》卷五,明海虞文告黄美中校刊本。

“文在天巧”说则明显地转向唐宋文派及其宗主：

> 善乎苏子瞻先生之自名，其文如万斛之泉，取之不竭，唯行乎其所当行，止乎其所不得不止……凡人之文，内境发而接于外之境者十恒二三，外境来而接于内之境者十恒六七。其接也以天，而我无与焉。行乎所当行者也，意尽而止，而我不为之缀，止乎所不得不止者也……人巧貌难而易，天巧貌易而难也。会稽陶懋中，苏先生之流亚也……于六经外，益读诸子、左、国，先秦二京之言以下至大历开元之为韵语者，若糗教之酝于腹，既熟而出之，放溢横溃而不可御，芬旨袭于人口鼻，而争侈其盛。①

显然，王世贞的“文在天巧”说远师《庄子》，中法苏轼，近接唐顺之的“本色自然”②论。不过，王世贞认为，抒写自然成趣的文章，大多要靠在“心物交融”（“内境发而接于外之境”或“外境来而接于内之境”）中孕育“天巧”（灵感）。这样，他就将“本色自然”论（“文在天巧”说）沟通于艺术思维的领域，不可不谓发前人所未发。

(2)“法不累气”与“才不累法”

王世贞主张“意”（内容）与“法”（形式）相互为用：“吾于诗文不作专家，也不杂调，夫意在笔先，笔随意到，法不累气，才不累法，有境必穷，有证必切”③。其中的“气”沟通于“意”，所谓“气从意畅”④，可见“气”即创作主体胸中之意气；其中的“才”也沟通于“思”，所谓“才生思”⑤，可见“才”即创作主体的才情，可以生发艺术构思。因此可以说“法不累气，才不累法”已涉及“意”（意气或意兴）与“法”（法式）的辩证关系。而将这种关系说得更为明确的，是王世贞的《五岳山房文稿序》中的一段话：

> 左氏法先意者也，司马氏意先法者也，然而未有不相为用者也。……彼

---

① 王世贞：《陶懋中镜心堂草序》，《弇州山人续稿》卷四十五。

② 参见唐顺之《答茅鹿门知县》，《荆川先生文集》卷七。

③ 王世贞：《艺苑卮言》卷七，《艺苑卮言校注》，齐鲁书社 1992 年版，第 361 页。

④ 王世贞《艺苑卮言》卷一，《艺苑卮言校注》，齐鲁书社 1992 年版，第 40 页。

⑤ 王世贞：《艺苑卮言》卷一，《艺苑卮言校注》，齐鲁书社 1992 年版，第 39 页。

> 见夫剽拟而少获其似以为真，曰：吾司马、左氏矣。所谓生气者安在哉？任于才之近，一发而自以为生色，曰：何所用司马、左氏为？不知其于走飞夭乔之则，何如也？玉叔（陈文烛，字玉叔）文亡论所究极，庶几司马、左氏哉！不屈阏其意以媚法，不骫骳其法以殉意，裁有扩而纵有操，则既亦彬彬君子矣。①

这段文字总结了剽拟《左传》、《史记》和背离《左传》、《史记》的教训：剽拟《左传》、《史记》者"屈阏其意以媚法"，也就是委屈自己的才情（或意气）而逢迎于前人的格调（或法式），使自己的古文虽具形貌而无生气，酷肖"古人的影子"；背离《左传》、《史记》者"骫骳（纡曲）其法以殉意"，也就是放纵自己的才情而背离前人的格调（或法式），使作品貌似有生气而失之于格卑调劣。有鉴于此，王世贞标明自己宗法《左传》的完结是"不屈阏其意以媚法，不骫骳其法以殉意"，像宗法《左传》、《史记》的"彬彬君子"陈文烛（玉叔）那样，"自正宗发以奇藻，意融法中，不出法外"②。

(3)"默受指挥"与"一师心匠"

王世贞在《古四大家摘言序》中批评唐宋派"不能据上游以厌群志，而一时轻敏之士，乐于宋之易构而名易猎，群然而趣之，其在嘉靖间而晋、陵（晋江、毗陵，指王慎中、唐顺之——引者）为尤甚。"③他与王慎中、唐顺之反其道而行之，提倡"力据上游"，寻根溯源。但是，这种"力据上游"并非像李梦阳、李攀龙等人那样开启"优孟"《左传》、《史记》的恶习，而是应该"日取《六经》、《周礼》、《孟子》、《老》、《庄》、《列》、《荀》、《国语》、《左传》、《战国策》、《韩非子》、《离骚》、《吕氏春秋》、《淮南子》、《史记》、班氏《汉书》，西晋还至六朝及韩、柳，便须铨择佳者，熟读涵泳之，令其渐渍汪洋。遇有操觚，一师心匠，气从意畅，神与境合，分途策驭，默受指挥，台阁山林，绝迹大漠，岂不快哉？"④在大量古籍的潜移默化之中，将书中之"古"溶化为胸中之"古"，这就是"默受指挥"；而手中之笔所表现的都是心中流出的"古化为我，我化为古"的意与情，这就是"一师心匠"。如果说"默受指挥"是

① 王世贞：《五岳山房文稿序》，《弇州山人四部稿》卷六十七。

② 王世贞：《答陈淮安玉叔书》，《弇州山人四部稿》卷一百二十六。

③ 王世贞：《古四大家摘言序》，《弇州山人四部稿》卷六十八。

④ 王世贞：《艺苑卮言》卷一，《艺苑卮言校注》，齐鲁书社 1992 年版，第 40 页。

七子派从格调上"宗法秦汉"说的变异，那么，"一师心匠"则是趋同于唐宋派的"直写胸臆"[①]说。而二者有机地结合，又将包括宗法《左传》在内的"文必秦汉"说升华到一个新的境界。

## 古文创作与古文理论的同步演进

如果说英年早逝的何景明与宗臣是不幸的，王世贞(1526—1590)则是大幸的，他年过花甲尚能驰骋文苑。长寿与勤奋，使他的著作颇丰，计有《弇州山人四部稿》174卷、《弇州山人续稿》207卷、《弇山堂别集》100卷、《弇州史料》100卷、《嘉靖以来首辅传》8卷、《觚不觚录》1卷、《读书后》8卷等，洋洋数百万言，真所谓"野夫兴就不复删，大海回风生紫澜"[②]。唯其是"大海"式的广博，它便能包容"百川"，可谓"百川归海"。唯其是"百川归海"，所以显得无所不有，千姿百态。王世贞的"文海"中虽然有"鞭挞千古，掊击当代"[③]的傲气，但主要色调是恬澹自然而又峻峭幽深。尤其是他晚年的古文"反覆条畅，亦皆类(苏)轼"[④]。王世贞在晚年于博采群籍的同时，能多侧面、多方位地借鉴《左传》、《史记》等先秦两汉的著作，例如被林云铭誉为"大家手笔"[⑤]的《蔺相如》[⑥]，开合纵横，翻空出奇，颇有纵横家的风采。论者以为取法《战国策》，其实也是从一个侧面借鉴《左传》。《左传》中"子鱼论战"(僖公二十二年)、"烛之武退秦师"(僖公三十年)、"申叔时谏县陈"(宣公十一年)等，开《战国策》纵横论辩之先河。如果将王世贞的《蔺相如》与《左传》中的"子鱼论战"等对读，势必交相成趣，可见王世贞在宗法《左传》的创作实践中另辟蹊径，令人耳目一新。至于《弇山堂别集》、《嘉靖以来首辅传》、《觚不觚录》等中记述盛事奇事，朝野轶闻，"比一代实录"[⑦]，继承了作为"春

① 唐顺之:《与洪方洲书》,《荆川先生文集》卷七。

② 王世贞:《漫兴八首》,《弇州山人四部稿》卷四十九。

③ 《国榷》卷七十五引屠隆对王世贞的评语,谈迁:《国榷》,中华书局1988年版,第4643页。

④ 《四库全书总目》卷一百七十二王世贞《读书后》提要,中华书局1983年版,第1508页。

⑤ 林云铭:《古文析义》卷十六,清宣统元年(1909)石印本。

⑥ 王世贞:《蔺相如》,《弇州山人四部稿》卷一百一十。

⑦ 陈文烛:《弇山堂别集序》,王世贞撰《弇山堂别集》,中华书局2006年版,第1页。

秋信史"《左传》"不虚美，不隐恶"①的精神；而其中又有一些颇涉诙谐、文笔清新的小品文，也与《左传》中所引的谚语、隐语(《左传》引谚语如"桓公十年"中的"匹夫无罪．怀璧其罪"云云，引隐语如"宣公十二年"中"河鱼腹疾"等)，前后呼应，相映成趣。

封建社会进入明代中叶，如同垂暮的老人一样，"元气虚弱，年力衰惫，一有病患，补东则耗西，实上则虚下，虽有扁卢，无可奈何。"②王世贞生活的嘉靖后期、隆庆与万历前期，权臣专政，政治腐败，贿赂公行，民穷财竭，边防松弛，外患频仍。南倭北寇的交相侵扰，是明代中叶的两大外患。《庚戌始末志》及时地反映时事，展示了"庚戌(1550)之变"中俺答长驱直入、朝廷束手无策而致使男女被掠、庐舍被烧等悲惨情景，堪称"实录"。《御虏》就西北用兵、抵御北虏等问题直陈己见，指陈利弊，颇见锋芒。《寿戚大将军序》叙写明嘉靖年间抗倭名将戚继光治军安边之策，赞扬了他卓越的军事才能和体恤军民的仁爱精神。《于谦传》热情地讴歌"土木堡之变"后积极组织反击瓦剌入侵的民族英雄于谦，而《送顾君序》则深深感叹朝廷大臣在外敌入侵之时丧志辱国："余念庚戌事，靡不怃然意自失也！士居平抗眉论古昔，亡不见长者；卒遇事起，首鼠抱两端，何啻失其素者！虏轻骑叩长安门，大司马而下，策惟有闭门固耳。"③明代中叶的内患之一是严嵩、严世蕃父子等权奸当道，一意媚上，党同伐异，祸国殃民。对此，王世贞有切身之感、彻骨之恨，他在《上太宰杨公》等文中将矛头直指那制造冤案、迫害其父王忬的罪魁祸首严嵩："先人死，死严氏耳，非死法也。"④《沈青霞墓志铭》通过"抗疏言相嵩父子翼虎鼠社，误国大计"、居里"日相与詈嵩(严嵩)父子以为常"⑤等一系列言行，显示出志士沈鍊的铮铮铁骨，令人有扬眉吐气之感。《题〈海天落照图〉后》揭露严世蕃抢夺名画《海天落照图》的丑恶行径，在冷静的叙述中蕴藏着对仗势欺人的权奸的无比愤怒。明代中叶世风日渐颓败，人心不古。王世贞的《师说》大胆针砭师道沦丧的时弊。《大抵世之于文章》抨击那些"挟贵而名

---

① 班固：《汉书》卷六十二《司马迁传》赞，中华书局1992年版，第2738页。

② 张居正：《杂著》，《张太岳集》卷十八，上海古籍出版社1984年版，第211页。

③ 王世贞：《送顾君序》，《弇州山人四部稿》卷五十六。

④ 王世贞：《上太宰杨公》，《弇州山人四部稿》卷一百二十三。

⑤ 王世贞：《沈青霞墓志铭》，《弇州山人四部稿》卷八十六。

者”、“挟科第而名者”[①]纷纷追名逐利的腐败现象，惊世骇俗，发人深省。还有《游金陵东园记》暴露公侯世家等封建统治阶层尔虞我诈的丑恶嘴脸。《题叶秀才(为方氏复姓记)后》以春秋笔法揭露永乐皇帝朱棣的残暴冷酷，继承了《左传》和《史记》等“不虚美，不隐恶”的精神。《与瞿师道书》等目击成文，展示了一幅天灾人祸之际“易子析骸”[②](“易子而食，析骸而爨”)的难民图。《送郭侍御子静左迁永安令序》反对横征暴敛、竭泽而渔，指出当时江南赋税最重，迫使江南民众“破庐舍鬻妻稚以偿”[③]，是为实录，切中时弊。

王世贞是晚明小品文的先驱者，在明代中叶就注重创作张扬个性、畅抒性灵的小品文。《(九友斋十歌)序》写他自己徜徉于自然山水之间，周旋于古书名画之中，深情雅趣，纯为性灵之语。《求志园记》通过戏曲家张凤翼求志园与其他名园的比较，显示出园主的旷远之趣、天然之趣。他的小品文往往将人生感慨与老庄思想、魏晋风度及禅学境界融为一体，如《胜国之季》、《王稚钦少为文》和《敖士赞》等，也显示出学养与性灵有机结合的风貌。他的不少悼念文章也是情真意切的小品。《哭亡妹王氏文》以其妹临终嘱托引领全文，忆叙亡妹生平事迹，切切言辞中见流血衷肠。《哭亡女文》、《祭华起龙文》分别是祭亡女与亡婿的哀辞，“白发人送黑发人”，何况又是爱女与贤婿，应笔流泪，令人断肠：“呜呼！予昨岁杪，病痡几殆。汝羁于华，至废食寐……汝舅我师，书来启封，病薾不任，暴以凶终。予时伏枕，枯泪垂血……”[④]

王世贞的散文塑造了一系列独领风骚的人物形象。《文先生传》写“吴中四士”之一的文徵明学以致道、名节立身、傲贵而亲贫的种种言行，塑造了一位特立独行的“贤才”形象。《祝希哲生而右手指枝》展示了“吴中四士”之一的祝允明孤傲放浪、敢于反叛的“狂士”精神。《俞仲蔚集序》刻画俞允文清高简傲的品格，这在干谒成风的明代中叶士林之中显得佼佼不群。《书二馆人事》为两位仆人立传，写他们为救主人而舍身取义，与那些平时慷慨陈辞、临难“抱首鼠窜”[⑤]的士人形成鲜明的对照，具有张扬仁义、移风易俗的积极意义。王世贞是明代中叶较

① 王世贞:《大抵世之于文章》,《弇州山人四部稿》卷一百五十一。

② 王世贞:《与瞿师道书》,《弇州山人四部稿》卷一百二十五。

③ 王世贞:《送郭侍御子静左迁永安令序》,《弇州山人四部稿》卷五十五。

④ 王世贞:《哭亡女文》,《弇州山人四部稿》卷一百〇五。

⑤ 王世贞:《书二馆人事》,《弇州山人四部稿》七十七。

早沐浴商品经济大潮，较多地为商贾立传的文人。据当代学者统计，《弇州山人四部稿》、《弇州山人续稿》中墓志铭（包括墓表、神道碑、墓志铭、墓碑、行状）总数三百四十篇，其中为商贾作传的五十九篇，约占总数的 17.4%。[①]而其他文体中也有为商贾立传的，如《许长公小传》展示了儒商许鈇为富而仁、“不能忍人困”[②]的高贵品格。

王世贞是明代叙事记游之文写作的高手，诸如《游云门山记》、《游张公洞记》、《游泰山记》、《游东林天池记》、《游紫霄登太和绝顶记》、《游摄山栖霞寺记》、《游金陵诸园记》等，在明代山水游记中均是出类拔萃之作。而且，他继承了柳宗元在山水游记中融入主观情感和苏轼在写景之中杂以议论、阐发哲理等传统，往往独辟蹊径。《游善权洞记》陶醉于奇观胜景之中，但文章的结尾慨叹昆仑、天柱、峨眉和善权洞等天下名胜遭到冷落，其中一句“又宁独山水已哉”[③]，由山水而及人事，感叹英才失意之用心蕴含于其中。《仲宣楼记》通过对汉末王粲登临之楼所在地的深入考辨，抒发盛衰兴亡之感，其论证古今之中充分体现了作者“博综典篇，谙习掌故”[④]的特点。《游牛首诸山记》在写景之中穿插介绍法融在牛头山修禅之事，追踪这位牛头禅始祖的遗迹，从而使这篇游记增添了佛教文化的内涵，全篇将美景、学养、人生感慨融于一体，在游记散文中别具一格。

诚然，王世贞的散文“真伪骈罗，良楛淆杂”[⑤]，其中有的比较缺乏时代气息和个性色彩，有的为庸俗的应酬之作，有的（如他晚年所写的长文《昙阳大师传》等）失之阿谀。然而，他的散文的积极方面是抒写性灵，反映现实，间或率领时代潮流，并且有深厚的文化底蕴，其思想价值和历史意义是不可低估的。

王世贞继承了明代秦汉文派前期盟主李梦阳“文必秦汉”[⑥]的文学主张，在散文创作中有时刻意追求古雅，即使在他的上乘之作中也留有某些痕迹，例如

① 陈建华：《中国江浙地区十四至十七世纪社会意识与文学》，学林出版社版 1992 年版，第 335 页。

② 王世贞：《许长公小传》，《弇州山人四部稿》卷八十二。

③ 王世贞：《游善权洞记》，《弇州山人四部稿》卷七十二。

④ 纪昀等：《四库全书总目》卷一百七十二《弇州山人四部稿》、《续稿》提要，中华书局 1983 年版，第 1508 页。

⑤ 纪昀等：《四库全书总目》卷一百七十二《弇州山人四部稿》、《续稿》提要，中华书局 1983 年版，第 1508 页。

⑥ 《明史》卷二百八十六《李梦阳传》，中华书局 1995 年版，第 7348 页。

《求志园记》中的"径逶迤数十武",不用"步"而用"武"(半步);"求之千百祀之下"①,不用"年"而用"祀",便是在用字造句中刻意模仿《国语》、《尚书》等先秦两汉典籍的例证。更有甚者造成钩章棘句、佶屈聱牙等弊病。又由于他在古文创作上持续高产,往往锻炼未纯、时露浅率。尽管如此,他的散文还是形成了鲜明的艺术特色。

其一,沉博幽深,气味雄厚,显示出散文大家的气派。《仲宣楼记》、《〈重刻尺牍清裁〉小序》等将记事、说理与考据相结合,隶事用典,生动贴切,奇俊辨博,深重典雅。写于严嵩专政时的《赠袁抑之给事迁福建按察佥事序》,采用春秋笔法,文笔曲折而意含褒贬,将自己置身官场而洞烛其奸的切身感受以及爱憎分明之情蕴藏于字里行间,其辞隐约,其旨渊深。《题〈海天落照图〉后》将对仗势欺人、豪夺名画的严世蕃的无比愤慨潜藏在冷静的叙事之中,宛如静水深流。叙事波澜曲折,结构极具匠心,化实而为虚,貌易而意深。《御虏》援古证今,运计铺谋,言简意赅。其中分析明朝廷西北用兵之失,指出其失在"以将败"、"以卒败"、"以阵法败"、"以罚败"、"以赏败",此"五败"环环相扣,层层相关,最后又用汉武帝与隋朝大将杨素的典故说明用兵的正确之道:"其击突厥也,为骑阵以诱之,敌来,奋击而大胜。此五败者无一也。如杨素者,可以战者也。"②切中时弊,鼓舞斗志,文笔雄健,气势充沛。

其二,平淡自然,清新灵动。《四库全书总目》卷一百七十二《读书后》提要中说:王世贞晚年的古文"反复条畅,亦皆类(苏)轼,无复摹秦仿汉之习"③,如《书李西涯古乐府后》、《书归熙甫文集后》等。不仅《读书后》中有的文章渐趋平淡、畅达,其他如《与李于鳞书》、《与吴明卿书》等短札,叙离合,感时事,娓娓道来,情真意切,风格清新,自然可爱,犹如"清水出芙蓉"。《竹里馆记》描绘自然环境生机盎然,天趣流溢,与颇有魏晋风度的馆主汪惟一融为一体,显得清新可人,意境灵动。

其三,纵横捭阖,姿态横生。《〈宗子相集〉序》的开头突兀而起,气雄万夫:"呜呼!此广陵宗臣子相之诗若文……"④接着,勾勒出一幅幅从建安到盛唐文

---

① 王世贞:《求志园记》,《弇州山人四部稿》七十五。

② 王世贞:《御虏》,《弇州山人四部稿》一百一十四。

③ 《四库全书总目》卷一百七十二《读书后》,中华书局1983年版,第1508页。

④ 王世贞:《〈宗子相集〉序》,《弇州山人四部稿》六十五。

坛龙奋虎跃、群雄争胜的壮景，纵横捭阖，气势恢宏。《游摄山栖霞寺记》写碑刻、四大天王像、舍利塔、千佛岩等，从古到今，溯源穷流，或写景，或叙事，或议论，纵笔所如，姿态横生。《书〈项羽传〉后》有战国纵横家之风，行文洒脱不拘。其中论楚汉相争之中项羽负汉者一，刘邦负楚者三，议论滔滔汩汩，酣畅淋漓。

其四，玄思独造，翻新出奇。《淮阴侯不反辨》、《蔺相如论》均为驳论文章，前者为以反叛之名被吕后所杀的汉代淮阴侯韩信鸣冤叫屈，后者开门见山地说："蔺相如之完璧，人人皆称之。余未敢以为信也。"①两篇驳论文章均为翻新出奇，化虚为实，独辟蹊径，自成一说。《游张公洞记》写作者一行不从前洞入而从后洞入，从一个独特的视角看张公洞，移步换景，皆臻妙境，显得匠心独运，构思巧妙。尤其是巧用了一组比喻："石状如潜虬，如跃龙，如奔狮，如踞象，如莲花，如钟鼓，如飞仙，如僧胡，诡不可胜纪。"②多姿多采，亦真亦幻，以奇笔异想在读者面前展示了无比瑰奇的艺术画廊。

其五，时骈时散，长短交错。王世贞大多写奇句单行的古文，但也有四言骈文，如《敖士赞》、《赵衰赞》、《祭宗子相文》等，也有骈散结合，如《胜国之季》、《〈曲藻〉序》等。文句长短交错也是其散文的一个特点，如《求志园记》第一段中句法上长短交错，运用了七个"也"字句：

> 入门而香发，则杂荼蘼、玫瑰屏焉，名其径曰"采芳"，示吴旧也。径逶迤数十武，而近有庭，廓如，名其轩曰"怡旷"，示所游目也。轩之右三而楹者，以奉其先隐君像，名之曰"风木堂"，示感也。堂不能当轩之半，然不敢以堂名怡旷者，示有尊也。轩之右斋以栖图史，名之曰"尚友"，友古也。斋之后馆，馆临大池，中多金银玳瑁杂细鳞，名之曰"文鱼"，池所蓄也。穿池而桥，循桥稍西南，为古梅十余树，名其廊曰"香雪"，言梅德也。③

每个"也"字结束一层意思，层次分明，抑扬顿挫，富有节奏感。

显然，王世贞（特别是他的晚年）的古文创作，从主导方面来看基本上与他"默受指挥"与"一师心匠"等古文理论相一致。综上所述，我们可以归纳出如下

① 王世贞：《蔺相如论》，《弇州山人四部稿》一百一十。
② 王世贞：《游张公洞记》，《弇州山人四部稿》七十二。
③ 王世贞：《求志园记》，《弇州山人四部稿》七十五。

两点：

(1)明代前后七子特别是王世贞的古文创作与古文理论大致同步演进，相辅相成。他们在古文创作上师法《左传》等的成功，映衬出他们包括宗法《左传》在内的“文必秦汉”说有其合理的一面；他们在古文创作上师法《左传》等的失误，又映衬出这种文论有其缺陷的一面。但切不可“以偏概全”，借他们古文创作上的某些失误来全盘否定他们包括宗法《左传》在内的“文必秦汉”说。

(2)包括王世贞在内的明代前后七子提倡“文必秦汉”说(包括宗法《左传》的文论)并力求付诸古文创作的实践，其目的是“取法于上”，“取远水救近火”——使古文摆脱理学的桎梏，并扫荡“啴缓冗沓”①的台阁以及“纤弱靡丽”②的茶陵派文风，转变一代文风的功绩不可埋没。但是，他们“远取”而缺乏“远见”，使包括宗法《左传》在内的“文必秦汉”说在近期内颇见成效，但在尔后的理论长河中却逐渐地失去效应。这个经验教训值得人们永远记取。

① 《四库全书总目》卷一七一《空同集》提要，中华书局1983年版，第1497页。

② 张卤《少保王肃敏公传》：“公(王廷相)与大梁李梦阳、信阳何景明、武功康海、东吴徐缙、鄠杜王九思相以古文倡，而成化以前纤弱靡丽之习一为丕变。”张卤所作传见于《王廷相集》附录三，中华书局1989年版，第1497页。

# 后七子“修辞”说与文章观之建构
## ——以李攀龙、王世贞相关论说为考察中心

郑利华
（复旦大学中国古代文学研究中心，上海，200433）

曾经活跃于明代嘉靖、万历之际文坛而以李攀龙、王世贞为代表的后七子，在致力于诗文复古大业的过程中，除提出一系列的诗学主张，也同时申述了关乎古文创作的明确的文章观念，这自然成为我们在探讨后七子诗文理论时所不能忽略的重要问题。以后者而言，特别为李、王等人所强调的“修辞”说，无疑是其中格外值得关注的一个方面。本文旨在通过对李、王等人这一论说的相关剖析，着重探察它的精神意涵之所在及其基本取向，并力图由此对以李、王为代表的这一文学复古流派所秉持的文章观念获得更为深入的认知。

## 一

论及后七子的“修辞”说，首先不可不联系到李攀龙为人所熟知的《送王元美序》一文中的有关表述，其曰：

> 以余观于文章，国朝作者，无虑十数家称于世。即北地李献吉辈，其人也，视古修辞，宁失诸理？今之文章，如晋江、毘陵二三君子，岂不亦家传户诵？而持论太过，动伤气格，惮于修辞，理胜相掩，彼岂以左丘明所载为皆侏离之语，而司马迁叙事不近人情乎？故同一意一事而结撰迥殊者，才有所至不至也。后生学士，乃唯众耳是寄，至不能自发一识，浮沉艺苑，真为相含，遂令古之作者谓千载无知己。……世之儒者，苟治牍成一说，不惮侪俗，比之俚言而布在方策者耳。复以易晓忘其鄙倍，取合流俗，相沿窃誉，不自知其非。及见能为左氏、司马文者，则又猥以不便于时制，徒敝精神，何乃有此不可读之语，且安所用之？……先是濮阳李先芳亟为元美道余，及元美见余时，则稠人广坐之中而已心知其为余。稍益近之，即曰：“文章经国大业，不朽盛事。今之作者论不与李献吉辈者，知其无能为已。且余结发而属辞比

事，今乃得一当生。仆愿居前先揭旗鼓，必得所欲，与左氏、司马千载而比肩，生岂有意哉？”①

嘉靖三十一年(1552)七月，时官刑部的王世贞以员外郎的身份出使案决庐州、扬州、凤阳、淮安四郡之狱，李攀龙的这篇序文即为送盟友王世贞出使而作。在上文中，作者显然流露出对于“今之文章”格局的强烈担忧，尤其不满于在当时已成“家传户诵”之势的王慎中(晋江)、唐顺之(毗陵)文章“惮于修辞，理胜相掩”的创作习气，是以有意联合同志王世贞重兴复古大业，欲“与左氏、司马千载而比肩”，以矫革在文坛影响已见深入的王、唐的文章作风。由此文所述来看，有一点是十分明确的，这就是作者始终在强调所谓“修辞”对于文章而言的重要性，其分别从正反两个层面说明之。自正面而言，作者极力标榜《左传》、《史记》这样的先秦至汉代的古文，李攀龙曾声称“秦汉以后无文矣”②，王世贞论评李之古文作法，也以为其“多自左丘、子长、《韩非》、《吕览》”③，“无一语作汉以后，亦无一字不出汉以前”④。应该说，作者检视古典文章系统而推崇以《左传》、《史记》为代表的先秦汉代古文，自是出于他个人的判别眼光和宗尚意向，更重要的一点，对于《左传》和《史记》这样的先秦汉代古文代表作，李攀龙显然是把它们作为与王、唐文章相对的“修辞”典范来加以标举的，认为如李梦阳那样能“视古修辞，宁失诸理”，无非是说他在学习古人过程中善于汲取古典文章的“修辞”之法。自反面而言，其矛头指向的则是当下文风的流行态势，特别是针对正在文坛发生主导效应的王、唐的文章作风。在李攀龙看来，王、唐文章暴露出的最为明显的一大弱点，莫过于对言理的偏重，以至沦为“惮于修辞”，而那些世之儒者所为“不惮侪俗，比之俚言”，又不把“能为左氏、司马文者”放在眼里，说到底还是由轻忽“修辞”所致，在这一点上，其和王、唐为文的缺失实无二致。

在后七子成员中，并不只是李攀龙一人关注“修辞”问题，事实上如徐中行、王世贞等人都曾从不同角度论及之，表达过类似的看法，这也显示了他们在该问题上所具有的某种共识性。如徐中行《陈山人达甫集序》言及明初以来新安地区

① 《沧溟先生集》卷十六，明隆庆刻本。
② 《答冯通府》，《沧溟先生集》卷二十八。
③ 《汪伯玉》，《弇州山人四部稿》卷一百十九，明万历刻本。
④ 《艺苑卮言七》，《弇州山人四部稿》卷一百五十。

"学士大夫"的习文风气，指出其"犹沿习宋儒道论，而惮于修辞"，对于诸士不重"修辞"的作法即颇有微词。又其《重刻李沧溟先生集序》纵述历代文章盛衰演变之势，中间谈到明兴以降文风的变化状态时认为："百馀年来，愈益斌斌，李献吉辈幸际其盛，亡虑十数家，轶輓近而力修古词。然其旁引经术，尚称说宋人，若功令亦有力救其偏者，而于修词靡遑焉。习流日波余不敢知，乃有不与献吉辈者，知其异于宋人寡矣。"①这是说诸家虽然用心古业，但未能完全摆脱"旁引经术，尚称说宋人"的局限，以至于无暇顾及"修词"，实在也是无法讳言的一种缺憾。再如王世贞所述，其《胡子衡齐序》在解释关于胡直《胡子衡齐》一书"其辞得无过修乎"的疑问时，提出："孔子之系《易》曰'修辞立其诚'，诚立矣，何修辞之足病哉！"②为胡书"修辞"辩护之意不可谓不明。《弘明二集后》则在比较了梁释僧祐《弘明集》和唐释道宣《广弘明集》之后，以为前者"理为辞窒，辞为理困"，后者乃"修辞亦渐畅"③，从对二集结撰差异的揭示中亦可见出其注重"修辞"立场取向之一斑。尤其值得注意的是，嘉靖三十二年(1553)，李攀龙出任顺德知府，王世贞既而为撰《赠李于鳞序》相寄，他在这篇多为人所征引的序文中述及：

吴兴蔡某从西来，过于鳞而论文。某者，故二君子友也，其所持议于识亡以长于鳞，则谓："吾李守文大小出司马氏，司马氏不'六经'隶人乎哉？士于文当根极道理亡所蹈，奈何屈曲逐事变模写相役也。"吾笑不答。於乎！古之为辞者，理苞塞不喻假之辞；今之为辞者，辞不胜跳而匿诸理。……蔡子无称"六经"乃已，蔡子而称"六经"具在，又宁作录中语，喋喋而佔佔，繁固奚当也？世之文行者曰碑、志、序、记、论、辨，固皆史变体也，冒其名不曙所繇，苦而要之理，亦冤矣。④

所谓"吴兴蔡某"，指德清人蔡汝楠，嘉靖十一年(1532)进士，仕至南京工部

① 《天目先生集》卷十三，明刻本。

② 《弇州山人续稿》卷五十，明刻本。

③ 《弇州山人续稿》卷一百五十六，此文亦收录于王世贞《读书后》卷六，影印文渊阁《四库全书》本。

④ 《弇州山人四部稿》卷五十七。

右侍郎，其早年即与王慎中、唐顺之等人"以声律相高"，与之相善①。序中特地标明他与王、唐"二君子"之间的友善关系，意味着作者对蔡氏论议的辩驳，在某种意义上也是针对王、唐二人的。序文从蔡的话头中引出作者对于古今文章在"辞"、"理"关系上表现殊异的看法，王世贞在始撰于嘉靖三十六年(1557)的《艺苑卮言》中也曾经指出："吾尝论孟、荀以前作者，理苞塞不喻假而达之辞，后之为文者，辞不胜跳而匿诸理。"②无异于重申上序所论，也可见在这个问题上，他的前后说法还是基本一致。从表面上看，王世贞在序文中似乎是在强调如何平衡"辞"与"理"之间关系的问题，举二者而兼重之，态度不偏不倚，不过仔细体味起来，他真正所主张的重点是在"辞"的一端，所为之不满的是重"理"而轻"辞"的作法。说"理苞塞不喻假之辞"，比较接近前面李攀龙称许李梦阳"视古修辞，宁失诸理"的说法，表明"辞"与"理"之间并不是一种必相扞格的关系，"辞"不但于"理"无碍，而且还能起到达"理"的重要作用；说"辞不胜跳而匿诸理"，实际上也即李攀龙所称"惮于修辞，理胜相掩"的意思，主要表达对重"理"而轻"辞"甚或以"理"掩"辞"作法的强烈质疑。作为在李梦阳、何景明等前七子之后突进文坛并逐渐发生相当影响的王慎中与唐顺之，他们从起初倾慕李、何诸子，为文"初主秦、汉"③，到后来弃诸子所尚而转向宗宋，尤以习学欧、曾等人相尚，学古态度发生了根本性的转变，甚至与李、何诸子反宋学的立场有意识地展开抗衡，这已是广为研究者所注意到的一个事实，不必赘言。而这一学古态度的转变，从根本上来说，尤其是和他们接受宋儒理学思想的浸染而要求重新确立"文与道非二"那种文道一元、以道为本的创作之基本原则的诉求联系在一起，这也就是其特别强调为文要发明"古圣贤之道"④，专注于"天地间至精至妙之理"⑤，以表现"真精神

① 茅坤《通议大夫南京工部右侍郎白石蔡公汝楠行状》："年十八，举进士，授行人。……与燕张言、河南高叔嗣、毘陵唐顺之、晋安王慎中、钱唐许应元、姑苏黄省曾及皇甫兄弟辈时时以声律相高，而公之誉问翩翩海内矣。"焦竑编《国朝献征录》(二)卷五十三，上海书店1987年4月版，第2255页。

② 《艺苑卮言一》，《弇州山人四部稿》卷一百四十四。关于《艺苑卮言》的始撰时间，参见拙著《王世贞年谱》复旦大学出版社1993年12月版，第109页、117页。

③ 《明史》卷二百八十七《王慎中传》，中华书局1995年3月版，第7368页。

④ 唐顺之：《答廖东雩提学》，《重刊荆川先生文集》卷五，《四部丛刊》影印明万历刻本。

⑤ 唐顺之：《与王尧衢书》，《重刊荆川先生文集》卷七。参见拙文《"嘉靖八才子"与明代正、嘉之际文坛的复古取向》，《深圳大学学报》2007年第2期。

与千古不可磨灭之见”①。蔡汝楠作为与王、唐趣味相投的文友，其所持“士于文当根极道理亡所蹈”的主张，在某种意义上可以说近乎王、唐所强调为文重在阐发“古圣贤之道”、专意“天地间至精至妙之理”和表现“真精神与千古不可磨灭之见”这种“文与道非二”说的根本旨趣。在王世贞看来，蔡氏的这一席话，或者说由此折射出的王、唐二人的文章旨趣，实无异于“辞不胜跳而匿诸理”，即以“六经”相崇奉而一味本之于道理。王世贞曾经提出，“天地间无非史而已”，“六经”属于史之“言理者”，而其他诸文体，或为史之“正文”、“变文”，或为史之“用”、“实”、“华”，如此自是和“言理”之“六经”有别②。他认为，特别是将那些本来就与“六经”相异的史的变体之文一概诉之于“理”，已是极为不当，何况以“六经”本身来说，也绝非只是“喋喋而估估”的陈述道理之作。这里，矛头仍直接指向蔡汝楠所宣称的“根极道理亡所蹈”一说，同时也显是在为“修辞”说张本。

## 二

追溯起来，“修辞”一说早在《易・乾》中已出现：“子曰：‘君子进德修业。忠信，所以进德也。修辞立其诚，所以居业也。’” 唐孔颖达正义云：“辞谓文教，诚谓诚实也。外则修理文教，内则立其诚实，内外相成，则有功业可居，故云居业也。”③这里，“修辞”与“立诚”联系在一起，合起来被理解成为修理文教而立其诚实，体现君子“修业”的一种内外功夫。与之相联系，后人或在此基础上进一步强调为文属辞，要在体现作者诚实恳切之内心④。从另一个角度来说，实际上这同时涉及了“修辞”对于传达作者心意即“辞”如何达意的重要性问题。

① 唐顺之：《答茅鹿门知县二》，《重刊荆川先生文集》卷五。

② 《艺苑卮言一》：“天地间无非史而已。三皇之世若泯若没，五帝之世若存若亡。噫，史其可以已耶？‘六经’，史之言理者也。曰编年，曰本纪，曰志，曰表，曰书，曰世家，曰列传，史之正文也。曰叙，曰记，曰碑，曰碣，曰铭，曰述，史之变文也。曰训，曰诰，曰命，曰册，曰诏，曰令，曰教，曰劄，曰上书，曰封事，曰疏，曰表，曰启，曰牋，曰弹事，曰奏记，曰檄，曰露布，曰移，曰驳，曰喻，曰尺牍，史之用也。曰论，曰辨，曰说，曰解，曰难，曰议，史之实也。曰赞，曰颂，曰箴，曰哀，曰诔，曰悲，史之华也。”《弇州山人四部稿》卷一百四十四。

③ 《周易正义》卷一，《十三经注疏》上册，中华书局影印本，1980 年 10 月版，第 15 页至 16 页。

④ 如刘勰在《文心雕龙・祝盟》中论祝、盟两种文体的特征和要求时指出，“凡群言务华，而降神务实，修辞立诚，在于无愧”。“夫盟之大体……感激以立诚，切至以敷辞”。王运熙、周锋《文心雕龙译注》，上海古籍出版社 1998 年 4 月版，第 80 页至 81 页。

让我们再来看后七子成员对“修辞”意义的具体阐释。在此方面，曾经屡次申述“修辞”问题的王世贞的有关论说相对详尽，这也为我们对于该问题的深入理解提供了某种客观条件。细察王所持“修辞”说可以发现，其除了连接起“辞”与“意”之间的有机联系，说明“意”之传达有赖于“辞”之表述那样一种彼此关联性和密切性，更值得注意的是，它在其中也注入了作者自己在“辞”、“意”关系问题上的不同理解，如王在《艺苑卮言》中就表示：

> 孔子曰：“辞达而已矣。”又曰：“修辞立其诚。”盖辞无所不修，而意则主于达。今《易系》、《礼经》、《家语》、《鲁论》、《春秋》之篇存者，抑何尝不工也。扬雄氏避其达而故晦之，作《法言》，太史避其晦，故译而达之，作《帝王本纪》，俱非圣人之意。①

其引述孔子辞达之论和修辞之说，不仅是要表明“辞”以达“意”的二者之间所构成的关联性和密切性，并且同时提出了一个“辞”何以达“意”的关键性问题，在这一点上，王世贞特别标举在他眼里不乏修辞之“工”的《易系》等之篇存者，以作为“辞”以达“意”的一类范作。从通常的角度来说，倾向修辞之工，譬如取晦涩聱屈之辞组织成文，往往会被认为是妨碍文意传达进而损害“辞”与“意”之间谐调关系的一种作法。但王世贞的以上说法显然有异于此，按照他的意思来推断，似乎不能简单地将孔子的辞达之论理解成为“辞”之“达”是“意”之“达”的必然径路。换言之，“辞”之“达”，“意”有可能不“达”；“辞”之“晦”，“意”则未必不“达”。所以说，如扬雄《法言》“避其达而故晦之”，以及司马迁《史记》中的帝王本纪“避其晦，故译而达之”，后者也即如他所称的“以己释《尚书》者也”②，其实都不能算作是在真正意义上体现了孔子辞达之论的蕴意。由上可以看出，王世贞所理解的“辞”以达“意”之义，包括他所标举的修辞之“工”，主要体现着两层涵义：一是必要的言辞修饰，即所谓“辞无所不修”；二是准确而艺术地传达文意，即所谓“意则主于达”。无论如何，这里尤其是对于言辞修饰的合理性所作的辩解意味是显而易见的。正因为如此，即使行文诘曲晦涩，如立足于修饰言辞以准确而艺术达

① 《艺苑卮言一》，《弇州山人四部稿》卷一百四十四。

② 《艺苑卮言三》，《弇州山人四部稿》卷一百四十六。

意的角度，在王世贞看来不仅不足为怪，而且也是合理和必要的。因此，其时当有人质疑李攀龙古文"多诘曲聱牙语"，他即予反驳："不知于鳞法多自左丘、子长、《韩非》、《吕览》，渠固未尽习也。"①不啻如此，他还曾经向盟友吴国伦表示，自己对于李攀龙古文备受别人"雌黄"不以为然，认为李文"澜伏起束，各有深意，巨力未易言也"，自寓不凡构撰之功力，那些无法认同李文者，其责不在李攀龙，而恰恰是他们自己不能遍悉那些相对奥涩深眇的秦汉以前的古文，也即"能熟太史公、班氏则有之，不能熟《战国策》、《考工记》、《韩非》、《吕览》也，以故与于鳞左"②。有关这一问题，我们从王世贞《喻吴皋先生集选序》一文所论中还可以获悉其更为明晰的表述：

> 文之所从来远矣，自孔子为辞达之说，而释之者曰：文者，顺理而成章之谓。于是钩棘晦僻者若在所汰斥而不载。然孔子身删《诗》、《书》，而乔僻峭厉之齐秦，诘曲聱牙之《盘庚》，皆存之而弗去。至风之别而称骚也，则楚人之所以托风其君者，务为缠绵迂晦之辞以自藏，而少露其指，则辞达之说有所不能尽用。譬之于天，日月清宁者恒也，雷电霰雨晦冥搏击者其变也。譬之于山，逶迤坦陀者恒也，羊肠鸟道崭削斗拔者其变也。要之，其变也亦恒也。③

如果说，所谓"顺理而成章"习惯上更容易被人理解成为文属辞的自然之道，那么，王世贞的以上述说可谓是站在质疑的立场对这一习常的观念提出了某种修正。其引孔子删《诗》、《书》不去"乔僻峭厉"与"诘曲聱牙"者之为证，主要目的无非是为了申明那些"钩棘晦僻"之文存在的合理价值，它们和文之"顺理而成章"者对较起来，好比是自然中"变"与"恒"的关系，而归结起来"其变也亦恒也"，说明"钩棘晦僻"之文本身也是一种合理的存在。这就意味着为文属辞纵然"钩棘晦僻"，或者说是一种另类的修辞之"工"，然若是出于准确而艺术达意的需要，犹如楚人结撰"缠绵迂晦之辞"，旨在传达"托风其君"之意，其价值同样不容否定，不应一概予以"汰斥"。

---

① 《汪伯玉》，《弇州山人四部稿》卷一百十九。
② 《吴明卿》，《弇州山人四部稿》卷一百二十一。
③ 《弇州山人续稿》卷五十五。

明白了这一点，同样不难理解王世贞阅读《庄子》与《列子》进而比较二者行文风格所总结出的一番体会。在《读列子》中，他表示自己始好《列子》文，最后稍熟《庄子》，则感觉相比起来前者不如后者“远甚”，原因是后者不仅“往往深入而探得其髓，其出世处世之精妙，有超于揣摩意见之表者”，更为重要的一点，其“措句琢字，出鬼入神，固非《列子》之所敢望也”。而在《读庄子三》中，王世贞对于苏轼以《庄子》中《让王》、《说剑》、《盗跖》、《渔父》四篇风格不类而欲去之的意见表示认可，以为四篇中独《让王》与《庄子》的文风尚为接近，“而太疑于正”，其他三篇则“甚显畅而肤浅”，意必属庄子之徒伪托之作。而对于《庄子》的行文风格他又是这样描述的：“宏放驰逐，纵而不可羁，其辞高妙而有深味。然托名多怪诡，而转句或晦棘而难解，其下字或奥僻而不可识。”①凸显其“晦棘”、“奥僻”的措置句字的风格特征，这一点或可以视为其形容《庄子》“措句琢字，出鬼入神”评语的一个具体注脚。

结合前面的分析，若从李攀龙、王世贞等人注重文章“修辞“艺术的具体指向来看，应该说，其在相当程度上是鉴于王慎中、唐顺之等人“惮于修辞，理胜相掩”、“学宋而伤之理”②特点而作出的一种针锋相对的反拨，着眼于“辞”、“理”关系的重新调整。不过，假如据此就认为李、王诸子倾向于刻意工“辞”的作法，那也和他们的“修辞”说的本意不相符合。王世贞在《念初堂集序》中即提出：“不佞自少时好读古文章家言，窃以为西京而前谈理者推孟子，工情者推屈氏，策事者推贾生。此岂有意于修辞，而辞何尝不工笃也。”③此也表明，文章言辞的“工笃”绝不和刻意雕琢以成工巧的作法相等同，“修辞”的境界在于非“有意于修辞”。这在实际上提出了一个既要注重言辞修饰但又不可拘于刻意雕饰而能兼顾二者的问题，也可以说是要求创作者表现出一种高超完善的语言营构艺术，从而使得文章言辞之修更趋于娴熟纯美。关于这一点，王世贞则着重从文章“叙事”的角度又提出了所谓“化工肖物”之说。在他看来，古典文章系统尤其是在先秦至汉代古文当中或有体现这种“叙事”特征的经典之作，如其曰：“《檀弓》、《考工记》、《孟子》、左氏、《战国策》、司马迁，圣于文者乎？其叙事则化工之肖物。”④所谓的“叙事”，指向事件经过的记叙、人物形象的刻画等不同的方面，其实也是创作者

① 《读书后》卷一。

② 何乔远所撰王慎中传，《遵岩先生文集》卷首，清康熙刻本。

③ 《弇州山人续稿》卷四十二。

④ 《艺苑卮言三》，《弇州山人四部稿》卷一百四十六。

叙述描摹的修辞艺术水准相对集中的反映。所谓“化工”者，自然造化而不落蹊径之工巧也。“化工肖物”，当指描画事物情状所达到的自然逼真、不露雕刻琢磨痕迹的一种入化之境。王世贞在评议李攀龙古文时曾表示，“其稍可商者，必欲以古语傅时事，不尽合化工之妙耳”①。结合前论察之，他的意思应该是说，李文专以古语叙述今事，未能完全注意到“肖物”的特定语境，终造成“古”、“今”之间的隔阂，现出刻意为之的痕迹，未免不尽合乎“化工”之妙。又其评议他人所作云：“仆犹以为顾、陆、张、王之肖物，神色态度了无小憾，比之化工，尚隔一尘。”②由此也可见，在王世贞看来，唯有掌握高度熟练与纯化技艺者，才可能达到“化工肖物”这种“修辞”意义上的创作理想之极点，也难怪他要以“圣于文者”这样极高的评语来形容前面所列举的那些“叙事”经典之作。不独如此，这一态度也从他在比较班固《汉书》中逗漏出来，如曰：“班氏，贤于文者乎？人巧极，天工错。”谓班固之文“贤于文者”，表明它们和那些“圣于文者”相比尚有差距，或者说还没有完全达到“化工肖物”的入化之境。就此，王世贞又表示：“孟坚叙事，如霍氏上官之郤，废昌邑王奏事，赵、韩吏迹，京房术败，虽不得如化工肖物，犹是顾凯之、陆探微写生。东京以还，重可得乎？”③尽管认为班固《汉书》在“叙事”上尚未达“化工肖物”之境，然也肯定了其中的“写生”之妙。这是说，其还比较贴近所描写对象的原本形态，赋予它们以生意，较少给人矫饰刻造之感。总之，观王世贞以上所述，无论是他称许如《左传》、《史记》等造乎“化工肖物”之境，抑或肯定如班固《汉书》的“写生”之妙，都在极力主张避免“有意于修辞”，强调文章言辞修饰的一种高度的艺术化和纯美化。

## 三

李攀龙、王世贞等人在追溯和检视古典文章系统过程中，尽力标榜他们心目当中的“修辞”典范，宣示他们对于文章“修辞”艺术的高度重视，这也反映了他们较之稍前的王慎中、唐顺之在文章审美观念上所呈现的显而易见的差别。假如说，王、唐为李、王等人诟病的“惮于修辞，理胜相掩”、“学宋而伤之理”的文章作风主要针对李、何诸子的学古取向，力图从精神内蕴的层面对其加以改造之，以

---

① 《吴明卿》，《弇州山人四部稿》卷一百二十一。

② 《答陆汝陈》，《弇州山人四部稿》卷一百二十八。

③ 《艺苑卮言三》，《弇州山人四部稿》卷一百四十六。

发明“古圣贤之道”、专注于“天地间至精至妙之理”和表现“真精神与千古不可磨灭之见”为创作之终极目标，相比之下言辞之工拙则被置于次要的地位，犹如王慎中推尚他人“未尝专专其以言语文字闻于人”①，唐顺之强调“学者先务，有源委本末之别”，叙写“真精神与千古不可磨灭之见”为“源”为“本”，“绳墨布置、奇正转折”的文字工夫为“委”为“末”②，淡化文章徒为“词章”的色彩，回归以道为本的原则立场，那么，李、王等人质疑王、唐文风呈现的注重道理阐发倾向，申述言辞修饰的合理性和必要性，则将注意力更多移向文章的本体艺术，这也可以说是他们和王、唐在对文章的性质与价值功能认知上的根本差异之所在。

基于这一立场，李、王等人在“取”古典文章系统中那些“修辞”典范之作的同时，又在“舍”他们所认为的“修辞”方面之不足者，这也成为我们从逆向的角度考察他们文章宗尚态度及其价值取向的一个切入点。李攀龙在致友人张佳胤的《报张肖甫》书函中说：“在昔学士大夫，掇拾听说，掩其不技，如元美所谓‘跳而匿诸理’者，不自知病瘰矣。”③这里所说的“掇拾听说，掩其不技”，无外乎是指那些“学士大夫”只会谈论从他人那里袭取而来的道理论见，藉此掩饰文章言辞上的拙劣；所谓“不技”，当是就其不擅长或不重视“修辞”这点来说的，故以王世贞所云“辞不胜跳而匿诸理”相形容，近于李攀龙指责王、唐文章“惮于修辞，理胜相掩”之意，其批评的意向是明确的。再如王世贞，他在论评《鬻子》一书时曾指出：“其文辞虽不悖谬于道，要之至浅陋者，掇拾先贤之遗而加饰之耳。”④表示是书文辞尽管与“道”不相悖谬，但却至为“浅陋”，不能不说是一个严重的缺陷，让人难以认可。类似的看法也见于王世贞对扬雄《法言》的评价，如他《读扬子》云：

余读扬氏《法言》，其称则先哲，畔道者寡矣，顾其文割裂声曲，闇昒泱漻，剽袭之迹纷如也。甚哉，其有意乎言之也！圣人之于文也，无意焉以达其所本有，而不容秘耳。故其辞浅言之而愈深也，深言之而不秘也；骤之而日星乎，徐之而大羹玄酒哉，乃其矩矱天就矣。世之病扬氏以道也，余之病

---

① 《黄晓江文集序》，《遵岩先生文集》卷二十二。

② 唐顺之：《答茅鹿门知县二》，《重刊荆川先生文集》卷五。

③ 《沧溟先生集》卷二十八。

④ 《读鬻子》，《读书后》卷五。

扬氏以文也。①

扬雄《法言》一书,“象《论语》”②而作,尊尚圣人,谈议伦理,儒家思想气息十分浓厚,这也可以理解王世贞为何会得出“其称则先哲,畔道者寡矣”的判断。但他同时觉得,此书在鲜畔于“道”方面的成功,并不能掩盖它在“文”方面所暴露出来的具体问题,后者则突出表现在诸如“割裂声曲,闇吻淟涊,剽袭之迹纷如”,多少与前面所说的扬雄“避其达而故晦之”的作法相关,故谓其“有意乎言之”,说到底,这仍然当归因于其“修辞”上所存在的欠缺,也是王世贞本人訾病此书最主要的理由。

再进一步来看,站在强调“修辞”而注重文章本体艺术的文学立场,李、王等后七子在审察历代文风的发展演变以及评判其中得失之际,也特别将质疑的目光对准了宋人文章。我们知道,早在前七子时代,诸子对宋人诗文的排击已可谓不遗馀力,当李、何等人攻讦宋人“主理不主调”③,甚至以一种近乎极端的口吻喊出“宋无诗”④、“宋儒兴而古之文废矣”⑤时,他们那种主要有感于宋人之学尤其是理学思想系统对诗文领域的传输和干预而激发的警戒及抗拒心理真正是显露无遗,强烈的反宋学意向,也从某种意义上折射出他们更多关注诗文本体艺术的一种文学意识,彰显了他们维护诗文之审美特性与自身价值功能的一种文学诉求。在这一问题的大方向上,李、王等人与李、何诸子的立场可谓比较接近。以文而言,如王世贞在比较两汉、六朝以及唐、宋、元各代文章之特点时认为,与前代相比,“宋之文陋,离浮矣,愈下矣”⑥,对于其本人鄙薄宋文的意向无所掩饰。由此也不难理解他曾对文友汪道昆所作声称“心窃慕好”的一番表态,这主要是以为汪氏“顾为东西京言”,不随世人“蝇袭庐陵、南丰之遗”⑦。至于如前李、王指擿王、唐二人文章重“理”轻“辞”的习气,很重要的一点,也在于他们将这一问题的症结归结到二人转向宋文的学习上。如王世贞在《书曾子固文后》中表示:“子固有识有学,尤近道理,其辞亦多宏阔遒美,而不免为道理所束,间有闇塞

① 《读书后》卷五。

② 班固:《汉书·扬雄传》,卷八十七下,中华书局1996年5月版,第3580页。

③ 李梦阳:《缶音序》,《空同先生集》卷五十一,明嘉靖刻本。

④ 李梦阳:《潜虬山人记》,《空同先生集》卷四十七。

⑤ 李梦阳:《外篇·物理篇第三》,《空同集》卷六十六,影印文渊阁《四库全书》本。

⑥ 《艺苑卮言三》,《弇州山人四部稿》卷一百四十六。

⑦ 《答汪伯玉》,《弇州山人四部稿》卷一百十八。

而不畅者，牵缠而不了者。要之为朱氏之滥觞也。朱氏以其近道理而许之。近代王慎中辈，其材力本胜子固，乃掇拾其所短而舍其所长，其闇塞牵缠迨又甚者，此何意也?"①这一段话至少包含两层意思，一是认为宋人曾巩文章由于"尤近道理"，难免间有"闇塞而不畅"、"牵缠而不了"之失；二是指出王慎中文章因为沾上了曾文的习气，所以犯了同样的"闇塞牵缠"的毛病，而这也即王世贞所说的"晋江出曾氏而太繁"②之意。与此同时，王世贞又在《答王贡士文禄》一书函中曾经评议明初以来诸名家文章之得失，其中论及"晋江诸公""变之为欧、曾"的文风转向，则直言"其失衍而卑"③。这里所谓的"衍"，当与多馀、散漫、繁复等义相联，要指文章言辞枝蔓，缺乏裁剪之功，正如世贞在《与陆浚明先生书》中说王、唐之文"挥霍有馀，裁割不足"④。所谓的"卑"，又当是与"衍"相随而生，指文章品位因此而沦为卑下。很显然，上论在鄙薄王、唐文章学宋之失的同时，实际上也将攻讦的矛头指向了为王、唐所推尊的欧、曾等宋人之文。

从王世贞本人情况来说，也有人已经发现他文学态度前后发生的一些微妙变化，学古的锋芒有所收敛，如《四库》提要评王世贞晚年撰写的《读书后》八卷，就以为书中的若干看法已显出世贞"心平气和"的心境，"与其生平持论不同"⑤。这当中也包括他对某些宋人之作态度的些许变化，如其在《读书后》中论欧阳修文："欧阳之文雅浑不及韩，奇峻不及柳，而雅靓亦自胜之。记序之辞纡徐曲折，碑志之辞整暇流动，而间于过折处或少力，结束处或无归著，然如此十不一二也。"⑥此谓欧阳之文与韩、柳之文相比较或有所不及，但也并非一无是处，特别是记序碑志各体多少显出一些自己的特点，而在成于此前的《艺苑卮言》中，世贞评说欧、苏之文则以为"其流也使人畏难而好易"⑦，排击之意居多。尽管如此，

① 《读书后》卷三。

② 《艺苑卮言五》，《弇州山人四部稿》卷一百四十八。

③ 《弇州山人四部稿》卷一百二十七。

④ 《弇州山人四部稿》卷一百二十五。

⑤ 《四库全书总目》卷一百七十二集部《读书后》提要："《书影》记世贞初不喜苏文，晚乃嗜之，临没之时，床头尚有苏文一部。今观是编，往往与苏轼辨难，而其文反覆条畅，亦皆类轼，无复摹秦仿汉之习。又其跋李东阳乐府与归有光集、陈献章集，均心平气和，与其生平持论不同。"下册，中华书局 1983 年 6 月版，第 1508 页。

⑥ 《书欧阳文后》，《读书后》卷三。

⑦ 《艺苑卮言四》，《弇州山人四部稿》卷一百四十七。

在一些重要的原则问题上，王世贞个人的文学立场并未有太多的改变。就他对待宋文的态度而言，总体上的贬抑意向依然显而易见，这其中以“修辞”相责的态度间见于他对诸家文章的论评。除了以上《书曾子固文后》所论外，又如王世贞在《书王介甫文后》中评王安石文：“介甫于文章颇能持论，近道理，而好以己胜，至于语务简而意务多，欲以百馀言而中为层叠宛曲。其所长在是，而其所病亦在是也。”这已是将王安石之文“语务简而意务多”的显著特点与其“颇能持论，近道理”的作风联系在了一起，只是在王世贞看来，王文的这一专长，恰恰也是它的不足之所在，而这在根本上还是牵涉到“修辞”意义上的“辞”如何达“意”的问题，此处对王安石文章之“病”的明揭，未尝不可以说主要乃是针对其未能恰当处理好“辞”与“意”之间的关系来说的。即使是记序碑志被认为尚有可取之处的欧阳修，在王世贞眼里，他的《新五代史》的作法则显得大不如人意，其《书五代史后》议及，《新五代史》文辞颇为世人所喜，杨士奇甚至将它和《史记》、《汉书》相提并论，且以为其义例胜之，但王世贞对此却不以为然，这不仅是他考该书所谓义例者感觉“亦不为甚当”，更认为它：“文辞尤索寞，腴不如范晔，雅不如陈寿，比之两晋六朝差有法耳，尚不能如其平生之所撰碑志，而何以齿《史》、《汉》哉？一安重诲传少欲间以议论，而痕迹宛然，词旨沓拖，去伯夷、屈平霄壤矣。”[①]这似乎是有意要破除世人喜好《新五代史》“文辞”之俗见，认为该书恰恰在“文辞”上存在“索寞”的瑕疵，不但无法和《史记》、《汉书》列在同一档次，也不及范晔《后汉书》、陈寿《三国志》，甚至比不上欧阳修本人平生所撰写的碑志之作。

## 四

在了解了李、王等人注重“修辞”艺术的文学立场以及相应的意义指向和取舍对象之后，我们再来进一步考察他们“修辞”说所反映的若干具体的要求。说起来，这一些还主要与李、王等人围绕文章表现艺术而展开的相关法度的阐释紧密联系在一起。

关于这一点，首先值得注意的是李攀龙本人注重的所谓“联属”之法。王世贞在致友人汪时元的《答汪惟一》书函中即指出：

---

① 《读书后》卷三。

> 于鳞每称属文，言属者，取古辞比今事而联属之耳，谓其臆创诘曲不解之语则非也。①

在涉及古文的具体作法方面，李攀龙似乎多在忠实地实践他的这一创作理念，也正如王世贞称他“于文无一字不出经典，极得古人联属裁剪法”②。联系起来看，李攀龙所重的“取古辞比今事”这种“联属”之法，近似于李梦阳为人所熟知的“述今之事”而“尺寸古法”的提法，显示二人均高度重视古人之法的明确立场。要说彼此的不同，如果讲，李梦阳要求“尺寸古法”但同时又主张“罔袭其辞”，不认肯“剪截古辞以为文”③，将循守古法和蹈袭古辞作为两个不同的概念加以区分开来，那么，李攀龙出于“联属”的理念注意从古人经典之中直接截取“古辞”以傅合“今事”，从对古人之法的依循来说，较之前者显然更为谨慎和严饬。应该说，李攀龙所重的这种“联属”之法，意在将当下之人事藉助古人经典文章的语言系统述写出来，力求完善二者之间的接合关系，以做到处处“引于绳墨”④，“求当于古之作者”⑤，与古人文章法度相契，不免凿枘难合。原因主要在于其忽视了古今语境的相互差异性，将已经发生新变的“今事”机械地纳入相对固定的“古辞”系统来加以传述，实难以充分、准确与自然表现之，达到二者真正“联属”的目标，如此在严格因循古法的同时，板滞和刻凿之弊自然也就无法避免。这难怪连身为李攀龙亲密盟友的王世贞，对此也屡屡表示过他的不满之意，如《艺苑卮言》论及李攀龙志传之文特点就认为其“出入左氏、司马，法甚高，少不满者，损益今事以附古语耳”⑥；《书李于鳞集后》列数李攀龙古文的疵病，也举其“以古语而傅时事，使不可识”⑦，作为其中之一症。由此归结到一点，则当还如前王世贞评李文所说过的，“其稍可商者，必欲以古语傅时事，不尽合化工之妙耳”。倾向于“取古辞比今事”的这种“联属”之法，固然由力主法度而不舍的良苦用心乃至于对法度的偏狭理解所致，这其中所暴露的刻板与拘狭自不待言。不过从另一方面来

---

① 《弇州山人四部稿》卷一百二十八。

② 《与海盐杨子书》，《弇州山人四部稿》卷一百二十八。

③ 《驳何氏论文书》，《空同先生集》卷六十一。

④ 《王氏存笥稿》，《沧溟先生集》卷二十五。

⑤ 王世贞：《李于鳞先生传》，《弇州山人四部稿》卷八十三。

⑥ 《艺苑卮言七》，《弇州山人四部稿》卷一百五十。

⑦ 《读书后》卷四。

说，它从中也正折射出李攀龙本人一种“视古修辞”的强烈意识，一种主要着眼于文章本体艺术的鲜明取向，析解其意，乃不外乎通过对于他向来所宗尚的先秦至汉代经典之作“古辞”的取用，在最大限度上接近或还原古人之法，凸显文章在“修辞”艺术上的经典性。与此同时，相当重要的一点，也是针对世之儒者“不惮侪俗，比之俚言”的轻忽“修辞”的为文之道，特别是王、唐“学宋而伤之理”那种回归到以道为本的文章作风，尽管李攀龙所倾向的是一种近乎偏狭和拘板的循守文章法度的方式。

至于王世贞，虽然对于李攀龙“必欲以古语傅时事”的板滞的做法不无微词，但这绝不意味着他在关乎文章法度问题上态度宽弛，相反，其较之李攀龙诚有过之而无不及。如他曾主张：“夫文有格有调，有骨有肉，有篇法，有句法，有字法。”[①]又谓：“篇有眼曰句，句有眼曰字；字有字法，句有句法，篇有篇法。此三者不可一失也。”[②]在他看来，作为文章之法应当是一个系统完整的概念，篇、句、字法缺一不可，不能偏向一个方面而忽略其他方面。因此，对于不讲究文法者固然无法认同，如其指点他人文章，谓“差健而有古意，然篇法则未讲也。句法奇，然句病乘之，字法奇，然字病乘之，而俱不自觉也”[③]，而对于偏法者同样难以接受，如其评论王维桢文，以为出《史》、《汉》，善叙事，工句而不晓篇法，神采不流动。”[④]再来看看王世贞对于文章之篇、句、字法是如何解释的，他在《艺苑卮言》中即有如下一段多为人所留意的说明：“首尾开阖，繁简奇正，各极其度，篇法也。抑扬顿挫，长短节奏，各极其致，句法也。点缀关键，金石绮彩，各极其造，字法也。篇有百尺之锦，句有千钧之弩，字有百炼之金。文之与诗，固异象同则。”这里，显然是统合了诗与文不同的文体来解析篇、句、字法的特征。谓“异象”，说明诗与文的体式特征各不相同，所谓“诗有常体，工自体中。文无定规，巧运规外”[⑤]；谓“同则”，说明二者在篇、句、字法上又有着共同的原则性要求。所以，上面诸法不但是诗歌同时也是文章在篇章字句经营上应当遵循的基本原则。具体一点说，就是篇章结构首尾既开又阖，前后照应，繁简与奇正，调节有度，布置得

① 《颜廷愉》，《弇州山人续稿》卷一百八十二。
② 《华仲达》，《弇州山人续稿》卷一百八十一。
③ 《于凫先》，《弇州山人续稿》卷一百八十三。
④ 《艺苑卮言五》，《弇州山人四部稿》卷一百四十八。
⑤ 《艺苑卮言一》，《弇州山人四部稿》卷一百四十四。

当;句式结构长短相错,抑扬交互,极尽句与句之间的节奏变化之致;至于措词琢字,由于时为全篇的紧要关键之处,则尤其需要在音声和色彩上用心锻造,着意炼冶,以体现"金石"其声,"绮彩"其色。简括以上诸法,无论大到篇章之法还是小到字句之法,实际上不同程度关涉创作者在篇章字句经营过程中的一种裁剪炼冶的功力,其根本的目的是为了更好地营造作品规整合度的艺术效果。也因为如此,王世贞本人特别关于文章之法的阐述,在不同的场合多次强调了"裁"这一个概念,其在某种意义上也是对篇章字句诸法的一种高度概括,如曰:

《庄子》语多引《列子》,或曰傅会之书也,此殆不然。其持论无以大异《庄子》,其叙事裁而挨,辞法则似胜之。①

起伏须婉而劲,结构须味而裁,要必有千钧之力而后可。②

用修采尺牍不及唐、明,唐以后无尺牍也。虽然,世之佩绅而操觚者,自尊易其语,不知所以裁之,俚巷之是耳,而章程移牍之是邻。③

(尺牍)隋唐以还,滔滔信腕,不知所以裁之。④

与此同时,这一"裁"的概念,从文章"修辞"艺术的角度来说,又是极为重要的,以故王世贞在《休阳史序》一文中称许所序之书曰:"其修辞者何,以裁胜也。"⑤将"裁"和"修辞"的要求明确联系在一起。不仅如此,察其所述,与所谓"裁"之概念相连的尚有"裁剪"、"裁割"等若干的提法,譬如王世贞评宋濂之文,谓其"庀材甚博,持议颇富,第以敷腴朗畅为主,而乏裁剪之功,体流沿而不返,词枝蔓而不修,此其短也"⑥。评王、唐二人之文,如前述则谓其"挥霍有馀,裁割不足"⑦。

顾名思义,所谓的"裁",自与剪切裁制之义相关,而与散冗、衍蔓、纵意等诸义相对,推究起来,这里所指示的应当是合乎一定规度的一种裁剪、谐调、锻造的艺术审美要求。需要说明的是,它和我们通常容易理解成的割裂、截断之义并不

---

① 《读列子》,《读书后》卷五。
② 《书归熙甫文集后》,《读书后》卷四。
③ 《凤笙阁简抄序》,《弇州山人四部稿》卷六十五。
④ 《重刻尺牍清裁小序》,《弇州山人四部稿》卷六十四。
⑤ 《弇州山人续稿》卷四十一。
⑥ 《艺苑卮言五》,《弇州山人四部稿》卷一百四十八。
⑦ 《与陆浚明先生书》,《弇州山人四部稿》卷一百二十五。

属于同一个概念。有关这一点，王世贞《书洹词后》论崔铣之文和归有光时义特点的一席话已说得颇为明白："（崔）独于文务剪裁，而无沛然之气，蹊径斧凿靡所不有，盖慕子云之《法言》而工不足者也。吾每读归熙甫时义，厌其不可了，若千尺线，每读崔子文，句句可了，若线断珠落，恨未有并州剪刀剪归生、以端午续命丝续崔氏也。"①按此，归氏时义如同千尺线不可了断，固然是不知"剪裁"所致，实不足取，但反过来，如崔氏那样"剪裁"文章的方式同样存在问题，如是不仅斧凿的痕迹毕露无遗，而且因为过度加以割裂截裁，文句之间如线断珠落，导致意脉不相联属，行文之气断折而显孱弱不畅，其谓"无沛然之气"，当是就此来说的。因此，从以上这段话中可以推论出，王世贞一再申明的文章之"裁"法，实不表示因为务于"剪裁"就可以任意割裂和截断意脉文气，同时又要注意避免斧凿痕迹的出现，而这一点也和他所强调的"化工肖物"的主张大体相吻合。就此还可以补充的是，他在致盟友徐中行的一书函中论及自己作诗属文的切身体会，其中特别对于"序论奏札"之文，则以为"务使旨恒达，而气恒贯"②。他还曾教导别人习文的方法，要求文章"其气常使畅，才常使饶，意先而法即继之"③，又强调"篇主脉，句主眼"④。在此，无论是主张"气"要 "贯"、"畅"还是注重"主脉"，表明世贞对于文章意脉文气的连贯畅达还是相当看重。从这个意义上来说，"裁"的意涵指向，如与前《艺苑卮言》中有关文章篇、句、字法的说明联系起来，应当是在不损害意脉文气的前提下面向篇章字句各个不同环节所实施的一种"修辞"意义上的调合和规约，以主要起到制约所谓"规格旁离，操纵唯意"⑤这样的纵意而无规度的结撰方式的作用，获得更为理想的艺术审美效果。

毫无疑问，与多受声律和字数限制的诗歌相比，文作为"言之成章"者，其在体式规制上相对铺张，相对自由，曾经明确强调诗与文"同谓之言，亦各有体"⑥的李东阳，在比较二者而概括文之体制特征时即指出："章之为用，贵乎记述铺叙，发挥而藻饰，操纵开阖，惟所欲为，而必有一定之准。"⑦。这当然也给创作者

① 《读书后》卷四。
② 《徐子与》，《弇州山人四部稿》卷一百十八。
③ 《于凫先》，《弇州山人续稿》卷一百八十三。
④ 《答帅膳部》，《弇州山人续稿》卷二百三。
⑤ 王世贞：《答陆汝陈》，《弇州山人续稿》卷一百二十八。
⑥ 《匏翁家藏集序》，周寅宾点校《李东阳集》第三卷，岳麓书社1985年1月版，第58页。
⑦ 《春雨堂稿序》，周寅宾点校《李东阳集》第三卷，第37页。

制造了"操纵开阖,惟所欲为"的纵意挥洒的潜在空间。由此说来,王世贞从"修辞"艺术的角度强调文章之"裁"法,未尝没有饬正文章结撰以使合乎一定规度的意味,但与此同时,在某种意义上也是更值得注意的,则不可不谓是面向王、唐文章作风而提出的一项富有针对性的写作策略。事实上,他直责王、唐文章"挥霍有馀,裁割不足",且以为"二君子之声,固已中人膏肓而易其视听"①,显然意识到王、唐文名及作风深入影响时人的严峻性而视之为重点排击的目标,味其责贬之意,当是指王、唐二人文章过分纵意挥洒,不太注意裁剪锻炼,换成另一种说法,即近乎"规格旁离,操纵唯意"。至于为王世贞所指责的王、唐文章的这一特点,追究起来,不能不说与他们在持守文道一元、以道为本的基本原则下,强调阐发"古圣贤之道"、专注于"天地间至精至妙之理"和表现"真精神与千古不可磨灭之见",以及置言辞工拙于次要位置这种多少应当归之为轻忽形式法度的观念意识有着不可分割的联系。

## 结　语

作为步武前七子而突入嘉、万文坛的以李攀龙、王世贞为代表的后七子,在追溯和检视古典文章系统的过程中,上承李梦阳、何景明诸子诗文复古的基本立场,推崇先秦至汉代的古文经典以之作为主要的宗尚对象,标示文章"修辞"的重要性或必要性,强调言辞修饰高度的艺术化和纯美化,这一些在不同程度上显示了他们对于文章本体艺术的重视态度,指示着李、王等人在求索古文之道和确立发展目标当中所执持的一种价值取向。他们极力攻讦王慎中、唐顺之"惮于修辞,理胜相掩"的这种重"理"轻"辞"的文章作风,以及与此相联系的对于宋文价值地位的质疑,更是彰显了这一文学立场。同时从另一层面来说,回溯前七子的诗文复古取向,尤其是他们在排击宋人诗文过程中所多少表现出来的关注诗文本体艺术、维护其审美特性与自身价值功能的文学诉求,不能忽略以李、王为代表的后七子推尚"修辞"的这一文学立场,它与前者联系起来在基本取向上所形成的某种关联性和共趋性,也可以说,在一定意义上是李、何诸子倾向于诗文本体艺术的文学意识在此际李、王等人文章观念中的进一步展现。

① 《赠李于鳞序》,《弇州山人续稿》卷五十七。

# 王世贞,太仓的一张文化名片

凌鼎年

(太仓市作家协会,江苏太仓,215400)

今天是专家云集,高朋满座,而我只是太仓本土的一位作家,我没有资格在权威面前班门弄斧。简单说几句吧。

第一个观点:王世贞虽然不是太仓历史上官做得最大的,却是太仓历史上知名度最高,海内外影响最大的一位文化人,王世贞是太仓的骄傲。但王世贞不仅仅属于太仓,他更属于中国,也属于世界。王世贞应该被列为太仓的一张重要的文化名片。

第二个观点:王世贞为中国文化、中国文学作出了的贡献,也为家乡带来了荣誉。太仓的别名“弇山”,就是从“弇山园”与“弇州山人”“《弇州山人四部稿》”而来的。太仓的第一家五星级宾馆就叫“弇山饭店”,大幅招牌还是本邑百岁丹青大师朱屺瞻题写的。因为外地人不认识“弇”字,老读成“合山饭店”“啥山饭店”,后来改为“花园饭店”。

前几年,有500多年历史的州衙门地块变成房地产,起名“弇州府”,也是借了王世贞的光。

太仓城内还修复了在明清时被誉为东南第一名园的“弇山园”,所谓“平地起楼台,城市出山林”。在中国园林史上极有地位,这也是王世贞留给家乡太仓的文化遗产。

因此,我们太仓人要保护好王世贞这份遗产,擦亮王世贞这张名片。

第三个观点:王世贞的知名度、王世贞的思想、王世贞的文章、著作是太仓一笔重要的无形资产,大有文章可做,要好好利用。

我曾经写过《王世贞与金瓶梅》《王世贞与〈鸣凤记〉》《王世贞与李时珍及〈本草纲目〉》《王世贞与戚继光》《王世贞与凌濛初家族》《王世贞与弇山园》等,我弟弟凌微年也出版过《王世贞传》,但我们小地方的小人物的观点、文章、著作,人微言轻,影响都有限,这次交大的王世贞研究是个国家级的项目,集中的是世界范围的顶级优秀研究人才,我们太仓就要抓住这次机会,借助交大的关系与研究力量,把王世贞研究做大做强做优。

多年来,我先后接待过多位海外与外地的学者、作家、诗人,他们仰慕王世贞,有的是专程来太仓寻访王世贞遗迹,来凭吊王世贞的,遗憾的是我们拿不出可以让他们参观、游览的历史景点,与相关文物,徒叹奈何。在太仓明代,王世贞与张溥两都是大名人,平心而论,王世贞的知名度与贡献远在张溥之上,但太仓普通老百姓知道张溥的多,知道王世贞的少,究其原因,张溥有故居的存在与对外开放,而王世贞缺少了纪念的载体。因此,借此会议,呼吁:

其一、尽快修复在我市牌楼乡的王世贞与其父王忬、其弟王世懋还残存的墓,把倒在田埂、河边的石人、石马、华表等一一竖起来,并恢复、重建"凤麟故里"牌楼,以及钦赐的"都宪"、"方伯"两石坊(此乃朝廷为表彰明代成化年间的南京兵部右侍郎、王世贞的祖父王倬的功绩而建的),重建三座牌楼,使牌楼乡名副其实。

其二、在弇山园竖立王世贞的雕像;如有可能,在弇山园辟一处房子建"王世贞纪念馆",这也是太仓文化人多年的愿望,太仓市人大代表、政协委员都有过专门的提案;

其三、可考虑设立王世贞文学奖,既面向太仓,更可面向全国。

其四、可考虑成立王世贞书院或娄东书院;

其五、借用王世贞的名字与知名度,在太仓至少命名一条路为"世贞路"或"元美路"或"凤麟路";

前几年,国家层面上组织撰写、出版大型古代历史名人丛书,列出了上百位古代名人,在全国范围内公开招标撰写者,我们太仓的王世贞名列其中,但太仓没有组织撰写,错失良机,殊为可惜。

多年前,我还接待过原中国文联主席周巍峙的儿子周七月,他是当时万科的艺术总监,他想拍摄《王世贞与严嵩》100集电视连续剧,其中王世贞写《金瓶梅》是主线之一,我们还一起探讨过剧情,谈得十分投缘,一时热血沸腾,可能涉及到太仓投资比例问题,最后不了了之。当时如果拍摄成功,对太仓知名度的扩大,无疑是大有好处的。以前的已经过去,以后是否还可以组织编写、拍摄有关王世贞的电影、电视剧呢?我想这是个有看点有卖点,对太仓也是提升知名度的历史题材,希望主管部门予以考虑。

最近,有《揭秘〈清明上河图〉》一书的作者周延亭写信给太仓市政府,说他通过《金瓶梅》的研究，发现王世贞在书里埋了伏笔，透露了一个惊人秘密：1540年时，王世贞与其父王忬认为明世宗乃亡国之君，为了防止国宝毁损，策划了一个拯救国宝行动，与徐阶等偷偷把传国玉玺与《永乐大典》的正本运到了太仓，密藏在某处……

这事靠谱不靠谱另说，但周延亭也是个出版过专著的学者，且这次很规范地给太仓市政府写信，附资料，附建议，言之凿凿，情真意切。说他信口开河，大概也不至于，权当一家之言吧。不过，这个信息在一定程度上也为王世贞研究、《金瓶梅研究》提供了一个新的角度，不管最后的结果是什么，至少能丰富王世贞与《金瓶梅》的研究。如果有专家能研究出传国玉玺与《永乐大典》正本确实藏在太仓，深埋于某处地窖，那就是对中国的历史、文化一个天大的贡献，将轰动全世界。

因为我不是正宗的文史研究者，请允许我说这几句外行话。

2015年10月25日

# 王世贞与唐宋派关系之考辨

薛欣欣

(上海交通大学人文学院,上海,200240)

**[内容摘要]**明代文坛中,复古派前后七子与唐宋派之间的论争一直是学界的热点研究话题。对于后七子领袖王世贞与唐宋派的关系,历来学者要么认为是一以贯之的对立和批判,要么于此语焉不详。通过对王世贞与唐宋派核心人物王慎中、唐顺之、茅坤、归有光相关文献资料的爬梳与研究,我们发现其间的互动关系非常微妙。王世贞对唐宋派原本抱有宽容的持论态度,经历了唐顺之事件后对唐宋派的批判才变得严苛起来,及至晚年渐归平和,与唐宋派的关系也才趋于缓和。故而王世贞对待唐宋派的态度是一个略有变化的动态过程。

**[关 键 词]**王世贞;唐宋派;唐顺之;影响研究

明代嘉靖年间的文坛才人辈出,文学流派异彩纷呈,这其中唐宋派与复古派的论争,一直是明代文学研究的热点话题。唐宋派的主要人物如王慎中、唐顺之、茅坤、归有光等,对李梦阳、何景明为代表的前七子所提倡的复古理论提出了反拨与批判,他们在宗法秦汉古文的基础上同时兼取唐宋古文之长,并在创作实践中力避佶屈聱牙的晦涩风气,为其时的散文创作带来了一丝清新的气息。李、何之后,李攀龙、王世贞重又接过复古的旗帜,七子派与唐宋派仍然各据文坛一方,延续着此前的僵持局面。王世贞作为后七子的领袖人物,他的言行处事对复古派乃至整个文坛都起着不可忽视的影响,故而对王世贞与唐宋派关系的梳理考察,不仅有助于我们了解两个文学流派之间的交锋与争鸣,还能从薪火相传的历史视角发现文学流派自身的演变脉络,对于某些已有的成论也会生发出全新的理解。

## 一

王世贞出身官宦之家,入仕的顺利加之才学宏富而又少年早成,使得初入文坛的他意气风发，在与李攀龙结社之后很快便声名渐起。反映在文学方面，除了此时大量的交游唱和之作，我们还发现王世贞在品评文学创作时，也往往表现出年少狂简的特点。《艺苑卮言》可谓是王世贞早年的文学批评代表作，其中不乏对唐宋派文人的评点。例如他在卷八论及文章“九命”中的“流贬”一命时，便提到了王慎中：“明则解缙、王九思、王廷相、顾璘、常伦、王慎中辈，俱所不免。穷则穷矣，然山川之胜与精神有相发者。”①他还分析过王慎中和唐顺之的师法源头，并在一定程度上认可了二人的成就：“晋江出曾氏而太繁，毗陵出苏氏而微浓，皆一时射雕手也。晋江开阖既古，步骤多赘，能大而不能小，所以逊曾氏也。毗陵从偏处起论，从小处起法，是以堕彼云雾中。”②而对于归有光的散文，王世贞则给予了一定的批评：“归熙甫如秋潦在地，有时汪洋，不则一泄而已。”我们在他的这些点评中尽管看到了不少批评之语，但是同样也不难发现王世贞对这些唐宋派文人的肯定之处，而并不是一无是处的贬斥。虽然王世贞创作《艺苑卮言》时尚为年轻，他的品评也不一定完全合理可信，甚至连李攀龙都认为“英雄欺人，所评当代诸家，语如鼓吹，堪以捧腹矣”，但此时他在著作中所表现出来的对异质文学的接纳和包容，则显示出他非同寻常的批评眼光，也为他今后文学思想的形成奠定了一定的基础。

《艺苑卮言》成书后不久，隆庆四年(1570)李攀龙去世。王世贞作为独掌文坛的盟主声望日隆，他的影响已经远远超出复古派七子的范畴，正如钱谦益所描述的：“于鳞既殁，元美著作日益繁富，而其地望之高、游道之广、声力气义，足以翕张贤豪、吹嘘才俊。于是天下咸望走其门，若玉帛职贡之会，莫敢后至。操文章之柄，登坛设墠，近古未有。”③然而也就在这一时期，因为一个意外事件的发生，使得王世贞对唐顺之的态度有了急剧的转变，不仅影响到了唐顺之的晚节问题，还由此而波及到了整个唐宋派，一度使得两派之间的矛盾出现了激化。

---

① (明)王世贞著，陆洁栋、周明初批注：《艺苑卮言》卷八，凤凰出版社，2009年，第134页。

② (明)王世贞著，陆洁栋、周明初批注：《艺苑卮言》卷五，凤凰出版社，2009年，第73页。

③ (清)钱谦益：《列朝诗集小传》，古典文学出版社，1957年，第436页。

## 二

王世贞的父亲王忬时为蓟辽总督，虏人大扰边境杀伤过当，王忬被弹劾练兵不力，嘉靖三十九年(1560)世宗一怒之下将他下狱论死。关于王忬之死，学者们此前多有论断，大多认为由于王忬平素与严嵩不睦，督边不力一事正巧成为了严氏发难的把柄，王忬由此沦为了政治斗争的牺牲品。笔者在此基本同意这一推断，但需要补充的是，在王世贞看来，严嵩固然是父亲冤亡的始作俑者，不可忽视的是这中间还有一名书生起了推波助澜的作用，而这个人恰恰是属于唐宋派的唐顺之。王忬过世后八年，王世贞在为父亲所作的行状中，暗示了唐顺之的所作所为："郎有某生者久废，暴从幸臣文华起，乃以谓相嵩。相嵩复阳惊曰：'边事弊乃尔耶？'于是指授兵部，疏令某生出按蓟卒所以不练状，而某生至则风府君曰：'足下何所失相君指耶？'府君唯唯，既行驻昌平，再书贻府君曰：'不佞将入矣，何辞以复相君？'府君曰：'吾业已失相指，何复为？且某长者，吾不敢以污请。'竟不答，而某生入为疏，则盛言戍卒当练，不宜以调发疲各边，而毁府君不事事。"①王世贞在文中虽未具体指名，但根据当时的实际情况不难判断"某生"即是唐顺之。

自此之后唐顺之在文坛便给人留下了结交严氏、攀附权贵的不佳名声，越来越多的文人开始同情王忬的遭遇，在文章中或隐或显地指责唐顺之。尤其是唐顺之的个人文集集结出版后，其中所收录的与严氏往来的若干书简，仿佛更是印证了众人的猜测与怀疑。虽然在万士和看来，文集中涉及奏议的部分成就颇高："出使二集疏稿词简事明，《皇明奏议》中得此可以增光一代矣。诗意雄放，不拘赋与长歌，尤为奇货。"②但也有人敏锐地发现了文集中的这些不合时宜之作，曾有友人就此事提醒过唐氏之子："承惠使集二册，前此曾一再睹矣，正拟与足下商榷之，然会晤无由，宣吐莫遂，中心藏之，又非笔札所能具达也。……其上宰相及司空书窃有惑焉。宰相书如云：'临行时奉遵教所传言王总督者已一一致之。'又云：'王总督想去已远，容更托人转达尊教。'司空书云：'向会思质，已道尊意矣，昨承教示，容更转达也。'又云：'思质处亦以尊意寄示之矣。'夫人臣义无私交，奉

① (明)王世贞：《弇州山人四部稿》卷九十八《先考思质府君行状》，《文渊阁四库全书》第1280册，第578页。

② (明)万士和：《履庵文集》卷七《再上唐荆川尊师》，《四库全书存目丛书》集部第109册，第331页。

使出疆便宜从事自我专之，虽君命有所不受，何得以宰相之意致总督乎？况总督者即令先君所勘失事人也，其是与非当独断于心，其功与罪可反复于手，宰相岂应有意示之，而勘官岂应唯唯奉之？夫宰相当国家或有帷幄之筹、密勿之议，所言公宜公言之，若以天子之怒激发总督，令其省愆改过，为总督良善矣，如漏泄省中，何殆非忠也？至司空者彼何人哉，不过挟君父之戚恐吓臣下，欲其重贿以逞己私耳。设使思质幸而免于大辟，天下将谓相府先有所要乃曲庇之，令先君所与知也。继而思质不免于弃市，天下将谓相府不满所求，遂中伤之，令先君所公酿也。是未死之前受传言之殃，既死之后惧贻追论之诟，使王氏藉此以为口实，起而理其先人之冤，虽百口何以为令先君白哉！亟宜削之可也。"[①]在皇甫汸看来，这些书信一来容易让人心生误解，于唐顺之的声名不利，二来容易留下口实，引起王氏后人的责问和追讨，因而他建议将其删削已杜绝不必要的麻烦。

事实也印证了皇甫汸的担心并非是多余的，李开先曾为唐顺之作传，在传记中他就直言不讳地指出："其与严介谿父子往复十简，固多言及御贼事，刻在《奉使集》中，见者多不欲读之。"[②]徐学谟更是加入了文人惯有的想象和夸张，将当时唐顺之趋附严嵩的情形描摹地绘声绘色："兵部郎中唐顺之行边，嵩饯之于直所，指饮薏苡酒谓顺之曰：'酒为王某所馈，酒则一年佳一年，官则一年不如一年也。'此或为嵩偶然语耳，而顺之误信嵩必欲中忬。比行边回奏，于论忬处参语独多。先托其门生白启常呈嵩子世蕃，世蕃诧曰：'若王某如唐君所言，即当就擒矣。'稍为更削其草，止存一卒不练等十六字。"[③]黄景昉对此事倒是做了较为公正的评判，他认为唐顺之虽是无意而为之，但造成了王忬的冤杀确也是事实。同时他还提到王世贞对此事仍耿耿于怀，并以文学为武器向唐宋派发起了攻讦："王忬得祸缘唐顺之。唐起兵部，稽核蓟辽师，负宿学，而王亦以早贵功高，嚄唶不为下，因有一卒不练谤。世庙素绳边吏严，唐虽无意杀王，所云'伯仁由我而死'。其子世贞恨甚，不便声及，姑借古文辞发端，诋晋江、毗陵不置。"[④]整个事

① (明)皇甫汸:《皇甫司勋集》卷四十八《与唐子书》,《文渊阁四库全书》第1275册,第819页。

② (明)李开先:《李中麓闲居集》文卷十《荆川唐御史传》,《四库全书存目丛书》集部第93册,第166页。

③ (明)徐学谟:《世庙识余录》卷九,《四库全书存目丛书》史部第49册,第338页。

④ (明)黄景昉著,陈士楷、熊德基点校:《国史唯疑》卷七,上海古籍出版社,2002年,第196页。

件的孕育和发酵可谓像滚雪球一样愈来愈大，王世贞、唐顺之二人虽然都未就此事做过正面的回应，但王世贞的影响力之大，足以使整个文坛为之侧目和声援，呈现出一种对唐顺之压倒性的声讨。此后两年唐顺之离世，但是他的晚节名声却在这样的一场口诛笔伐中几于不保。

也许正是由于与唐顺之的结怨，使得王世贞对唐宋派的其他成员也心存芥蒂，对唐宋派的批判较之以前也似乎更加尖锐了一些。据日本学者桥本循的考察，此时王世贞的指责可谓锋芒毕露："他又在给李于鳞的尺牍之中贬低王遵岩、唐荆川、归震川及其徒，特别是对震川之辈，谓'此等便足衣饮志满矣'。他的态度显得极其傲慢。看一下《明史·文苑传》就可明白弇州当时的生活之华美。再有，依穆文熙的《弇州续稿序》也可知晓。穆文熙是弇州罢官之后住于弇州邻家之人。'四方之士延慕光尘者踵相属，余波及余，距户谢之。而公独泛应不辞。清斋对客，每至夜分'云云是谓彼等古文辞风靡当代之一面。"①而唐宋派此时也毫不示弱，两派之间的争鸣达到了一个前所未有的时期，钱谦益也曾在他的《列朝诗集小传》中记载过归有光对王世贞的贬斥，两派剑拔弩张的局面由此可见一斑："当是时，王弇州踵二李之后，主盟文坛，声华煊赫，奔走四海。熙甫一老举子，独抱遗经于荒江虚市之间，树牙颊相揞柱不少下。尝为人文序，诋排俗学，以为苟得一二庸妄人为之巨子。弇州闻之，曰：'妄则有之，庸则未敢闻命。'熙甫曰：'惟妄，故庸。未有妄而不庸者也。'"②在钱谦益的描述中，我们看到的不仅是两个文学派别之间的争锋，更看到了二人在社会地位方面的差距和悬殊，王世贞位居文坛领袖的主导气势可谓跃然纸上。值得注意的是，复古派与唐宋派之间的论争并非一朝一夕，正如本文开篇所论，复古派从前七子的李梦阳、何景明，到后七子的李攀龙、王世贞，在这条绵延不绝的宗派承袭过程中，虽然核心领袖几经易换，但是与唐宋派的门户之争却是始终未变的宗旨，尽管这种争鸣时而激烈时而舒缓，在总体基调方面前后七子还是保持一致的。复古派后七子发展到王世贞这里，因为王世贞个人恩怨的介入，他与唐宋派的关系一度出现了较为严重的激化。正如《明史·文苑传》在提到王慎中和唐顺之代表的唐宋派时，对这段历史的评价："与顺之齐名，天下称之曰王唐，又曰晋江毗陵，家居问业者踵至，

---

① [日]桥本循：《王弇州的文章观及其文章》，佐藤一郎《中国文章论》，上海古籍出版社，1996年，第127页。

② (清)钱谦益：《列朝诗集小传》，上海古籍出版社，1983年，第559—560页。

年五十一而终，李攀龙王世贞后起，力排之，卒不能掩。”[1]可见在复古派后七子时期，王世贞作为领袖人物对唐宋派的批判起到了不可低估的作用，他的态度和言论也为唐顺之以及唐宋派带来了莫大的影响。

## 三

但是随着时间的推移，步入晚年的王世贞无心仕宦，很长一段时间他都闲居在家，甚至还曾潜心向道，过起了闲云野鹤般的自在生活。褪去了早年尖锐锋芒的王世贞，思想和性格方面都发生了较大的变化，他的文学主张以及出处行事也有了不同于以往的改观，而对于唐宋派的文学态度，也不似当年那么咄咄逼人。首先对于他曾经颇为不满的唐顺之，虽然他本人未曾直接在文献资料中留下任何与唐生冰释前嫌的文字，但在他的儿子王士骐那里，我们却解读到了隐藏在背后的王世贞。作为王氏后人的王士骐亲自操刀，为唐顺之那段不堪的历史作出了一番公论：“或谓顺之失身严氏，且有怨于子之先人，何轻吐其不平也。顺之失身严氏，意者枉尺直寻乎？于时九边练兵，总之寻常套数，顺之胸中素有甲兵，实求之，未免求全于蓟镇而不知九边皆然也，何私怨之有？士大夫不要钱、不怕死、不求座好官，一腔热血每恨挥洒之无地，此何为者？不过欲以身殉国家耳。”[2]这番翻案之语不仅没有将唐顺之作为王氏的罪人来看待，更难能可贵的是还肯定了唐顺之一心为国家着想的崇高精神。可以想见王士骐此语的背后，无疑是王世贞在生活中的潜移默化所致。至此唐顺之的功业才得到了肯定和认可，晚节问题也重又得到了更正，王世贞与唐顺之的恩怨也就此告一段落。

王世贞晚年尚在世时，与唐宋派其他成员的关系也多见缓和，彼此交游赠和的文章亦屡见史籍。像是茅坤曾致书王世贞，称赞其兄弟二人的文章卓然不群：“往往斧藻李、杜，鞭挞高、岑，其匠心所至，甚且唐人所不能，二公时时抽逸响，出别调焉。呜呼盛矣。”[3]王世贞也曾读过茅坤的著作，并高度称赞他是继唐顺之之后，能够主盟文坛的杰出领袖：“承大诲谆谆，拜诵《白华楼续稿》，神气殊王，毗陵之后主盟独公矣。《史记》题评斟酌二君，更自有入心语，异时倘有所进，固公

① (清)张廷玉：《明史·文苑传》卷二百八十七。

② (明)王士骐：《荆川公公论》，《毗陵唐氏家谱》第三册，1990年。

③ (明)茅坤：《茅鹿门先生文集》卷四，《与王凤洲大参书》。

之余惠也。”[①]这种出于纯粹文学层面的探讨和往来，摒弃了前嫌和派别之见，似乎更能抵达文学的本质真实。如果说王世贞此时与茅坤的交往还仅限于文学领域的切磋琢磨，那么王世贞与归有光的往来则更具有肺腑之交的感人力量。嘉靖四十四年(1565)，已近耳顺之年的归有光才考中进士，授官长兴知县。当其赴任之际，王世贞与王世懋兄弟二人为他饯行，王世贞还特意作了《送归熙甫之长兴令》：

泪尽陵阳璞始开，一时声价动燕台。
何人不羡成风手，此日真看制锦才。
若下云迎仙舄去，雪中山拥讼庭来。
莫言射策金门晚，十载平津已上台。

墨绶专城可自舒，应胜待诏在公车。
春山正好时推案，化日何妨且著书。
到县斋宫留孺子，诘朝车骑请相如。
客星能动郎官宿，白雪阳阿兴有余。[②]

而这次送行活动同样在归有光的文章中得到了进一步的印证，出发抵达京口后，归有光曾将自己的文章寄赠王世贞，更可见此时两人交情之深：“前奉别造次，不能达其辞。至京口，曾具文字委悉，遣人送凤洲行省矣。”归有光去世后，王世贞还为他作了像赞：“赞曰：风行水上，涣为文章。当其风止，与水相忘。剪缀帖括，藻粉铺张。江左已还，极于陈梁。千载有公，继韩欧阳。余岂异趋，久而始伤。”[③]从中可以看出对于归有光的文章，王世贞还是持褒扬和肯定的态度。虽然像赞的原话经钱谦益改换后已成为一段公案，钱锺书先生在《谈艺录》中对此也进行过辩驳，但王世贞在赞语中对归有光的认可和崇敬却是真实的，当年关系紧张的局面早已不复存在，晚年的两人终于握手言和，大有鲁迅先生诗中所谓“渡尽劫波兄弟在，相逢一笑泯恩仇”之意。

---

① (明)王世贞：《弇州续稿》卷一百九十《与茅鹿门》，《四库全书》。
② (明)王世贞：《弇州山人四部稿》，《四库全书》，上海古籍出版社，1987年，第478页。
③ (明)王世贞：《弇州山人续稿碑传》，明文书局，1991年，第66页。

王世贞作为复古派后七子的领袖人物，一直在文学主张、文学创作等方面同前七子保持着高度的一致，然而他自身的才华和眼界却决定了他并非只是亦步亦趋地蹈袭前人，在他的思想中我们看到了更多的包容和远见，这是在其他人身上所不具有的一抹亮色，正如王世贞最初对唐宋派散文的认可，便显示出他不同寻常的宏大视野。由于父难之事与唐顺之结下的嫌隙，在文坛盟主的身份效应下，不仅对唐氏的人生评价带来了重大影响，而且也使得他对于唐宋派众多成员的批评陷入了有失公允的泥潭。及至晚年，心态归于平和的王世贞才放弃了自己先前的执念，重新对唐宋派文人做出了合理的评价，这才结束了两个文学派别之间论争已久的局面。钱谦益曾这样评价王世贞："少年盛气，为于鳞辈捞笼推輓，门户既立，声价复重，譬之登峻阪、骑危墙，虽欲自下，势不能也。迨乎晚年，阅世日深，读书渐细，虚气销歇，浮华解驳，于是乎澳然汗下，蘧然梦觉，而自悔其不可以复改矣。"[①]牧斋此语或许不能完全概括王世贞一生的文学取舍和走向，但在反映王世贞与唐宋派关系的角度来说，还是比较接近历史的真实。王世贞与唐宋派的关系，经历了从原本的典论平实，基本公允，到唐顺之事件带来的因人废言，有失偏颇，再到抛却私人恩怨之后的重回正轨，倾心相折，我们看到的不仅仅是王世贞作为文坛盟主的巨大影响力，更看到了一个处于动态变化过程中的王弇州，他的文论主张并非一成不变的泥古不化，而是富于积极吸纳与自我更新的能力，这也恰恰是容易被我们的程式化思维所忽略的一点。

① （清）钱谦益：《列朝诗集小传》，古典文学出版社，1957年，第436页。

# 王世贞早期著述与《四部稿》成书考

许建平

（上海交通大学人文学院，上海，200240）

**[内容摘要]**近年访国内外所藏王世贞书，得版本日多，问题也日积。2015年8月于韩国发现罕见版《弇州正集》180卷，与他版差异不少，不禁生理出头绪之想。遂以近三年来所收集王世贞不同版本书为本，参考王世贞两稿中序跋和书牍等类相关文字，由考察其五十岁前著述入手，补书十三种，纠偏误多处。以此为基础，探索《四部稿》之成书，梳理出从万历三年至万历十五年间世贞数易其稿的过程，以及所表现出来的层层剥离史料的文体观。不揣浅陋，就教于大家。

**[关 键 词]**王世贞；早期著述；初刻本；成书过程

今年暑假，在韩国访书，意外地发现了一百八十卷的《弇州正集》，其内容篇目大别于此前诸本，当为一百八十卷《弇州山人四部稿》（以下简称《四部稿》）的初刻本，于是《四部稿》的成书过程变得更趋复杂，不能不搞清楚。而因《四部稿》是王世贞对此前陆续刊刻书的整理和重新选编，故而要理清楚《四部稿》的成书过程，需对其早期著述加以考辨，且早期著述不仅量大，需澄清的问题也较多。

## 一、王世贞早期著述考辨

本文所言王世贞早期著述，指王世贞在郧阳任上着手编选《四部稿》之前的已刊行的著述（包括编选类书）。时间范围为嘉靖二十七年（1548）至万历三年（1575）。考述过程参照了徐朔方、郑利华、郦波、孙卫国等先生的相关成果，同时又参照了国内外多家图书馆所藏王氏善本书特别是有落款的序跋，做了较多补充和更正[①]。并进而探讨了早期著述与《四部稿》成书之关系。

---

① 此前师友对王世贞早期著述关注的范围共14种，本文论及28种，并纠正14种中的6种差误。

王世贞早期著述共28种,[①]分为可确定成书年代和可推测成书时间范围两类。

### (一)可确定成书年代者(26种实为24种)

1.《棘寺春集》无卷数,成于嘉靖二十七年。《四部稿》卷十一有《棘寺春集》诗,题目下小注:"大理卿朱公试"。《凤洲笔记》卷三,有长文一篇《正士风议—大理卿试》,《四部稿》卷一百十二也有此篇,文字略有出入。当为王世贞任职大理寺之初,因应诗文试而创作的结集。[②] 此年为嘉靖丁末(二十六年),《四部稿》卷十三《嘉靖丁未夏四月,余以进士隶大理,得左寺》,并有"棘署同试政,濯濯多清佳"诗句。"朱公"即朱廷立。张德信《明代职官年表·京卿年表(京师)》:"右佥都御史朱廷立,于嘉靖二十六年十二月廿八日乙亥迁大理卿。"故知此《棘寺春集》当集于第二年(嘉靖二十七年)春,而非二十六年春。

2.《大狱招拟》二十卷,结稿于"丙辰秋日"即嘉靖三十五年秋。乃为记录其任职刑部所审刑狱的"辟传爰书",时有人云:肖物处不减太史公。《四部稿》卷七十一有《大狱招拟小序》,序云:"此当于辟传爰书者也,乃余有录焉。语云:不习为吏,视已成事,岂其所谳决,而遂著之竹书,称律令哉?将一二志考焉尔……自余束发而游燕中,数更变矣……丙辰秋日题。"关于卷数,张大复《昆山人物传》记周后叔事,尝言:"国朝爰书足可不朽,公家盖尝藏嘉间《大狱招拟》,几二十卷。"[③]明人张大复《闻雁斋笔谈》卷四《文移古训诰》中有言:"中郎为吴县,其弟小修自楚来,见案上招申,谛观不置。中郎问故。小修叹曰:'常恨国朝无文章,乃在此世庙时有《大狱招拟》,肖物处不减太史公。闻周孟溪家有抄本,当借观之。"[④]也言《大狱招拟》为嘉靖时("世庙时")书。

3.《王氏金虎集》三十二卷,为任职刑部间诗文之结集,当成书于嘉靖三十五

---

① 本文所列书30种,其中《艺苑卮言》于嘉靖三十七、隆庆五年分两次列述;《尺版清裁》于嘉靖三十七年、隆庆五年列述两次,实为28种。

② 或许非世贞一人诗集,而是朱公上任初试大理寺诸公,诸公所作诗与文的结集。钱大昕《弇州山人年谱》于万历二十七年条有言:"是春,大理卿朱公试棘寺,春集诗"。由"春集诗"观之,当为世贞集诗。然终难判定,此集为世贞一人诗,为众人诗,抑或世贞集众人应试诗,三种可能或许都存在。

③ (明)张大复:《昆山人物传》卷八"皇明昆山人物传"《周后叔始祖寿谊》,明刻,清雍正二年重修本。

④ (明)张大复:《闻雁斋笔谈》卷四《文移古训诰》,明万历三十三年顾孟兆等刻本。

年。证据一,《王氏金虎集序》云:“题曰《金虎集》。金虎,西方之精也,于时为秋,余郎秋官,时署治西,其著述咸在焉。”所集侧重于诗文,“凡赋、哀一卷,四言古诗一卷,古乐府三卷,五言古三卷,七言古二卷,五言律四卷,七言律三卷,五六七言排律二卷,五六言绝一卷,七言绝一卷,传一卷,序、记五卷,志、铭、行状一卷,书、赞、诔、祭、杂著一卷,赤牍三卷。”证据二,世贞写给徐子与的第四封书信有言:“仆东治莫州牍,得足下道书,良慰。……昨取先后稿大芟洗,得赋一卷,四言古一卷,乐府三卷,五言古三卷、律四卷、排律二卷、绝一卷,七言古二卷、律三卷、绝一卷,杂文十一卷,凡三十余万言,足下以为何如?”[①]诗体文体及卷数与《王氏金虎集序》所载同。证据之三,王世贞写给李伯承的第六封书:“某当遂东泛河,取道益津也。……见须敝稿且就绪,诗若文可得千余首。”[②]“东泛河,取道益津”当为万历丙辰自大名返京之际。证据四,在同年所书《大司寇长兴顾公》中有:“世贞抱案九岁矣……昨检先后著赋、诗、杂文各体三十二卷,聊缀成帙,照影自怜,不觉食寝俱废。”[③]由“抱案九岁矣”而知,成书时间当为自嘉靖二十六年任职刑部后的九年,即嘉靖三十五年。钱大昕《弇州山人年谱》认为《金虎集》与《别集》同成书于嘉靖三十六年,[④]不知何据?此后徐朔方与郦波持三十六年说,当受钱大昕影响无疑。

4.《丙辰奉使三郡稿》不分卷,为嘉靖三十五年(丙辰)奉使查燕、赵诸郡狱时所作诗歌的结集。李攀龙《沧溟先生集》卷十六《赠王元美按察青州诸郡序》云:“元美所为守尚书郎九岁,当迁者再,辄报罢。……亡何,称治狱使者,北察燕、赵诸郡,居十月而竣事。”该集有单行本行世,分别藏于中国国家图书馆、哈佛大学燕京图书馆。该集诗收入《四部稿》第八、十一、十八、二十六、三十一、四十六、四十八诸卷中。

5.《世说新语补》二十卷,编定于嘉靖三十五年。刘义庆《世说新语》终止于

---

① (明)王世贞:《弇州山人四部稿》卷一百十文部·书牍·“徐子与”之四,中国国家图书馆藏明刊本。

② (明)王世贞:《弇州山人四部稿》卷一百二十文部·书牍·“李伯承”之六,中国国家图书馆藏明刊本。

③ (明)王世贞:《弇州山人四部稿》卷一百二十四文部·书牍·“大司寇长兴顾公”,中国国家图书馆藏明刊本。

④ (清)钱大昕《弇州山人年谱》:“立春日,抵青州任,撰次西曹所作诗为《金虎集》卅二卷,又《别集》六卷。”

晋，何良俊《语林》补至元末，王世贞去《世说新语》之繁，采《语林》所补之文，再由元补至明代，从而删定为《世说新语补》，成为此后更简洁而完整的畅销书。《四部稿》载《世说新语补序》，《序》云："余治燕赵郡国狱，小间无事，探橐中所藏，则二书在焉。因稍为删定，合而见其类。盖《世说》之所去不过十之二；而何氏之所采则不过十之三耳。"①王世贞"治燕赵郡国狱"的时间为万历三十五年春至十月间，故知是书编定于嘉靖三十五年。《续稿》卷一百五十三《祭黎惟敬少参》："丙辰之春，胥会招提。余使而东，于鳞乃西"，可证。此书为单行本，国内外图书馆多有收藏。序文收入《四部稿》卷七十一，馀未收。

6.《金虎别集》六卷，刊刻于嘉靖三十六年，实为《金虎集》的补编。《金虎别集序》云："余既以疾几死，乃稍稍删次所为诗若文，语见前序中。诸当得去者，庚戌而前三岁，可十之九；壬子而前二岁，可十之四；最后至丙辰，十乃不得二矣。余小子贸贸焉，唯余心之是师。"②从"最后至丙辰"一语而知，此书当刊刻于嘉靖丙辰年，即三十五年。以常理推之，当在《金虎集》刊刻的嘉靖三十五年同一年或之后的嘉靖三十六年。钱大昕《弇州山人年谱》认定《别集》成书于嘉靖三十六年。③

7.《丁戊小识》二十四卷，当为丁巳、戊午年即嘉靖三十六、三十七年所作，乃任职刑部，北游燕赵诸地，所作书、草、志、传之书。《四部稿》卷七十一有《弇山堂识小录》云："余谬不自量，冀欲有所论著，成一家言，卒卒未果。而会出于外台，颛兵事，居贫，亡大官笔札佐史之供，又惧罹不尊无征之戒，踯躅久之，取书、草、志、传十二，咸削其牍，以俟异时。诸它所睹记，亡系好恶者，凡二十四卷，别为一袠，以附东观西京之后。语云：不贤者识其小者，吾姑为其小哉！初起嘉靖丁未至戊午，凡十二年，得者曰丁戊小识。"清人钱大昕《弇州山人年谱》："三十七年戊午，三十三岁。在青州任，……又撰次朝廷典故，为《丁戊小识》，后更为《识小录》，即弇山堂别集之初稿也。"

8.《尺牍清裁》二十四卷，为前人书信选集，编辑于嘉靖三十七年三月。杨慎(用

---

① (明)王世贞：《弇州山人四部稿》卷七十一文部《世说新语补序》，中国国家图书馆藏明刊本。

② (明)王世贞：《弇州山人四部稿》卷七十一文部《金虎别集序》，中国国家图书馆藏明刊本。

③ (清)钱大昕《弇州山人年谱》："三十六季丁巳，三十二岁。立春日，抵青州任，撰次西曹所作诗为《金虎集》卅二卷，又《别集》六卷。"清潜研堂全书本。

修)原有《尺牍清裁》十一卷,自先秦至唐,然较芜杂不精,王世贞删改之,并补唐之后直至明代书牍,增至二十四卷。《尺牍清裁序》云:“西蜀扬用修,少游金马,晚戍碧鸡,倾浮提之玉壶……爰荟斯篇,凡十一卷,命曰《尺牍清裁》。或因本寂廖,或删芟繁积,其见文选诸书者,不复更载,丽砂的砾,等谢氏之碎金;玄圃峥嵘,掩琅琊之群玉。客有赍示,余甚旨之。第惜其时代名氏往往纰误,所漏典籍亦不为少,乃稍为订定,仍加增葺,及自唐氏迄今,词近雅驯亦附于后,更为二十四卷,藏之椟中。”①哈佛大学燕京图书馆所藏西爽堂板刻本《尺牍清裁》,首叙末署“时戊午三月东吴王世贞元美甫撰”。故知编辑时间当为嘉靖三十七年三月或稍后。《四部稿》未收。

9.《艺苑卮言》六卷,成书于嘉靖三十七年六月或稍后。评介历代诗词曲赋之书,虽尚秦汉文、盛唐诗,然不拘于一家言,胸怀万古,鞭笞古今,无圣无尊,畅言无忌。《四部稿》卷一百四十四《艺苑卮言一》:“既承乏,东晤于鳞济上,思有所扬扢,成一家言。属有军事未果,会偕使者按东牟,牍殊简。以暑,谢吏杜门,无赍书足读。乃取掌大薄蹏,有得輙笔之,投簏箱中,浃月簏箱几满已。淮海飞羽至,弃之,昼夜奔命,卒卒忘所记。又明年,复之东牟,簏箱者宛然尘土间。出之,稍为之次而录之,合六卷。凡论诗者十之七,文十之三。余所以欲为一家言者,以补三氏之未备者而已。”嘉靖六卷本,国内外遍觅不得,吾弟子吕蒙,得之于陕西省图书馆尘封古书堆中。其内容与《四部稿》所载八卷本及其附录虽为同名,然差别甚大。该刻本中叙语末尾属“戊午六月记”,故知此书成于嘉靖三十七年六月或稍后。

10.《弇山堂小识》二十卷,原名《丁戊小识》,后增益更名为《弇山堂小识》,成书于嘉靖三十七年。是一部自嘉靖二十六年到三十七年间的志传史料集,当为《弇山堂别集》的雏型。《四部稿》卷七十《弇山堂识小录》载:“而会出于外台,颛兵事,居贫,亡大官笔札佐史之供,又惧罹不尊无征之戒,踯躅久之,取书草志传十二,咸削其牍,以俟异时。诸它所睹记亡系好恶者,凡二十四卷,别为一袠以附。……初起嘉靖丁未,至戊午,凡十二年,得者曰丁戊小识,而最后有所增益。书成而藏之弇山堂,重题曰《弇山堂识小录》。”由“至戊午”“得之者曰丁戊小识”而知成书于丁戊(丁巳、戊午)年,即嘉靖三十六至三十七年。清人黄虞稷《千顷堂书目》卷五于王世贞名下载:“又《弇山堂识小录》二十卷。注云:“初辑名《丁亥小识》,嘉靖丁未迄戊午后,多所增益,更今名。”

① (明)王世贞:《弇州山人四部稿》卷七十一文部《尺牍清裁序》,中国国家图书馆藏明刊本。

11.《少阳丛谈》二十卷，写于嘉靖三十八年。同为记任职刑部之见闻，少阳乃齐地名，故应为在齐地所作。《四部稿》卷七十一有《少阳丛谈小序》，序云："余抱牍秋官郎，则以其燕有《丁戊小识》焉，识矣而弗志也，弗敢辨也。……少阳，齐望也。丛之为言聚也，又杂也。何以称谈？笔语也。王子曰：余于《少阳丛谈》有志焉，有辩焉，稍进于识矣，然而弗敢传也。积之凡二十卷，因纪其次。"说明此书为《丁戊小识》之续书，且更侧重于志、辨和感慨，故曰"丛谈"。当写成于任职青州兵备副使的嘉靖三十八年。

12.《王氏海岱集》十二卷，诗文集，作于青州任上，是三年任职此地的诗文结集。成书当在嘉靖三十八年八月之后。《四部稿》卷七十一有《王氏海岱集序》，《序》云："王子旧有集，曰《金虎》，秋官也，又列署西。今集曰《海岱》，治青州，大禹所志也。集凡四言古、拟乐府一卷，五言古一卷，七言古一卷，五七言律、排、绝句四卷，赋七，记、序、表、志、辞、祭文、尺牍五卷，合之得十二卷。"然成书时间则在其父王忬下狱、王世贞求辞职被允后。《王氏海岱集序》云："俄而，王子遘家难，跳愤厉作，上疏乞骸骨，得报可，方匿迹佣保间，而会昼日无事，稍次其言成帙。读而叹曰：于乎！非予之志也夫，非予之志也夫！"从"上疏乞骸骨，得报可"可推知，《海岱集》的成书时间当在嘉靖三十八年八月之后。因王世贞七月得知其父被逮下狱的消息，上书乞骸骨（辞职）未允，再上书而被允的时间当在八月。九月已自山东奔赴京城。故知整理海岱集的时间当为嘉靖三十八年八月之后。

13.《幽忧集》二卷，为其父王忬下狱后，"惧生得失"，"忧愤至极"以及酬答朋友慰藉之作。成书时间为嘉靖四十三年三月后。《四部稿》卷七十一有《幽忧集序》，其《序》云："而久之，家大人之难作，王子弃其官，将上书北阙，下以代请。……又竟夕展转毋寐，数往詧，危来祸，忧愤之极，若寱呓病谵，不知其为何语，起輙书之。即所存《沈慅》、《少歌》、《自责》、《终风》及答和于鳞、明卿、子与诸篇是也。合之凡二卷，命曰《幽忧集》。甫成而大人竟不免，以丧归。"成书时间当为嘉靖四十三年，依据有二。其一，《幽忧集序》云："服除后，窜匿田野，会闻天子赫然寘权相于理，籍其家，稍稍痛定。暴书之日，偶见之，即取读，哽咽不能句，而姑为题于首。"王忬遇难时间为嘉靖三十九年十月，"服除后"，当为守孝三年后，即嘉靖四十二年十月后。而不会早于此年。依据二，权相严嵩被抄家（"会闻天子赫然寘权相于理，籍其家"）的时间为嘉靖四十三年三月。《明世宗实录》卷之五百四十四：嘉靖四十三年三月，诏斩严嵩子世蕃及党羽罗龙文于市，籍没其家。序文记此事，说明成书时间当在嘉靖四十三年三月后不久。钱大昕《弇州山人年谱》认为成书于嘉靖三十九年，非也。今人持此论者，也误。

14.《阳羡诸游稿》不分卷，为嘉靖四十五年九月，游阳羡诸山时所作的结集，成书时间为嘉靖四十五年年末。《四部稿》卷一百十八《徐子与》之十一："九月中，游阳羡诸山。"《四部稿》卷一百二十二《许殿卿》之二："仆自五月即病，病至八月，小愈，为阳羡之游。归复大病，病至今未已。……吴中好事者为仆刻〈阳羡诸游稿〉，并所辑徐汝思诗附览。"中国国家图书馆、哈佛燕京图书馆皆藏有《阳羡诸游稿》。正文首页"阳羡诸游稿"，下属名"天弢居士王世贞撰"。正文前有张献翼所撰《阳羡诸游稿题辞》，其落款"嘉靖游兆摄提格至日望槎居士张献翼识"，"游兆摄提格"即"丙寅"年，嘉靖丙寅即嘉靖四十五年。该书篇章已收入《四部稿》。

15.《艳异编》十二卷，小说选，所选小说为艳情、怪异两类。成书时间当为嘉靖四十五年十月间。《艳异编》十二卷为王世贞编当无疑。证据有四。其一，王世贞写信明言，将《艳异编》寄给徐中行(徐子与)。《四部稿》卷一百十八《徐子与》之十一："九月中游阳羡诸山。……出洞，疮复发。抵家，复大发。委顿间有致除目者，见足下山东之命，不觉捶床大喜。……《艳异编》附览，毋多作业也。目眵手战，不能多及，亮之亮之。"其二，范守己《御龙子集》卷四十六《与王元美先生》："去春仙舲游云间，不佞得随舆隶后，窃观龙光，不胜忻慰。既而得猎《艳异》《清裁》等帙，以为惠子五车，殆不足多。"[①]范守己在写给王世贞信中，言他读到王元美书《艳异编》和《尺牍清裁》，卷帙众多，大加赞赏。其三，明末与王世贞、李贽同时代人骆问礼[②]，在其书《藏弃集》中记载王世贞将《艳异编》送人，又赎回事。"会闻王凤洲先达以《艳异编》馈人，而复分投(头)赎归，亦必有不得已者。"[③]其四，祁承爜《澹生堂藏书目》、万斯同《明史》、杭世骏《订讹类编》等皆列《艳异编》为王世贞编，非无中生有。

《艳异编》多少卷，王世贞未曾言明。万斯同《明史》卷一百三十五・志一百九："王世贞《札记》二卷，又《短长》二卷，又《宛委余编》十九卷，又《世说新语补》二十卷，又《艳异编》三十五卷。"明言三十五卷。杭世骏《订讹类编》卷四："唐《乐

---

① (明)范守己:《御龙子集》卷四十六,《四库存目丛书》集部,第163册,影印明万历十八年侯廷佩刻本。

② (明)骆问礼生于1527年,卒于1608年,与李贽同岁,比王世贞小一岁,然长寿于二人。

③ (明)骆问礼:《藏弃集》卷五《与叶春元》,见徐朔方:《徐朔方文集》第二卷《王世贞年谱》,浙江古籍出版社1993年版第586页。

府》李颀《樱桃歌》云:“美人姓郑,名樱桃,皆非也。王弇州《艳异编》卷三十一‘男宠’部,载郑樱桃事,而不厕于妓女。五部中,且指摘李颀歌词之误甚明”,似也是三十五卷。然三十五卷之书名当是《广艳异编》,明人祁承㸁《澹生堂藏书目》云:“《艳异编》五十四卷,十二册,《广艷异编》三十五卷,八册。”还有新《新艳异编》,①不知多少卷。当时以“艳异编”名书者,当非世贞一种,或另有他书,明人王圻《续文献通考》卷一百八十三经籍考:“《艳异编》《两山墨谈》,陈霆著。”

观现存《艳异编》诸种版本,较早当为十二卷本,上海图书馆、哈佛燕京图书馆、中国国家图书馆皆有藏本。正文前有属名退息庵居士的《艳异编序》和八面十六副图。无跋,也无王世贞属名。退息庵居士犹如“天弢居士”,可能为王世贞的号。王世贞自嘉靖三十九年其父王忬蒙难而守孝三年直至隆庆二年上任的八年时间,一直退居于太仓老家,绝意进取,广购佛经,与高僧往来,增建幽雅静院“离贇”,自称居士,退息庵很可能指此,退息庵居士,很可能为自号。②

---

① (清)阮元《两浙輶轩录》:“王树芳,字兰茂,号香谷,嘉兴诸生,着《雪蕉书屋集》……至于《四书考误志》《异编续》《新艳异编》《铁禅记》《游编续》《买愁后编》及《吴歌续唱》《郑宋闺中唱和集》皆毁于火。”见清嘉庆刻本,卷三十二。

② 王世贞自号常题于所刻书中,如“天弢居士”,而极少在书信中提及。现仅举王世贞与徐中行第九封书(附《艳异编》那封)之前的第七、八两信,便可见其中消息。第七封:“寒舍傍,诛茅,构一小园,取《骚》语,名之曰:离赘。仲蔚为古体一章,诸君亦有和者,足下不可无作。张氏新刻附览。近与一二僧往返,甚精禅那,多览佛书,法门中龙象也。”第八封:“仆近购得佛藏经,已就隙地创一阁居之,颇极水竹之胜。家藏书三千卷,金石十之一,名迹百之一,老作蠹鱼,优游其间,不死足矣。实不愿二三兄弟见怜也。”王世贞以于《亡弟中顺大夫太常寺少卿敬美行状》中言:“弟既以大司马公冤不白与不榖,皆绝意进取。治小圃居,第之左,余名之曰离赘。一轩曰鹍适。庋经史古文图籍之类充仞其中,盖又无一朝夕而不形影偕也。”退息之意饱含于“绝意进取”“老作蠹鱼,优游其间,不死足矣”诸句中。而“庵”乃佛道所居宅院,而世贞转喜佛道,实自此时。“仆近购得佛藏经,已就隙地创一阁居之”,且“近与一二僧往返,甚精禅那,多览佛书,法门中龙象也”。皆是取名“庵”的根本缘由。而其取名“离赘”,有更深之意。《续稿》卷一百六十《题弇园八记后》:“夫赘菉葹,所谓草之恶者也,屈氏离而弗服”。“离赘”即远离恶草小人。后因此园距州衙近,时听朴声而厌之,又得友人送佛藏,而另移建小祇园,“而亦会故人华明伯致佛藏经,于其地建一阁以奉之。前种美筱环草,亭后有隙地若岛,杂莳花木。捧经之暇,一咏一觞于其间,足矣。”《续稿》卷五十九《弇山园记·记二》:“余志日侈,胜日益廓,而去兹名远矣,颜之志始也。”“颜之志”当为颜之推之志。颜之推与王世贞为同籍,皆为琅邪临沂人。尚著《观我生赋》,抒发悔恨之情:“向使潜于草茅之下,甘为畎亩之民,无读书而学剑,莫抵掌以膏身,委明珠而乐贱,辞白璧以安贫,尧舜不能辞其素朴,桀纣无以污其清尘,此穷何由而至,兹辱安所自臻!”。以上文献纪世贞此八年退息而好佛之意甚浓,也说明其自号“退息庵居士”之可能。

十二卷还有托名汤显祖的批评本十二卷。属名“玉茗堂居士题”的《艳异编序》中有语“戊午天孙河渡后三日，宴坐南窗，凉风飒至……漫兴书此，以告夫世之读《艳异编》者”。因自弘治十一年至万历四十六年的一百八十年间，有三个戊午年。第一是弘治十一年，汤显祖尚未出生。第二个是嘉靖三十七年，汤显祖仅八岁，《艳异编》尚未问世。第三个为万历四十六年，汤显祖早在两年前已去世。由此而知，这个序作者与评者绝非汤显祖。而最大可能是在十二幅画后写按语与撰写《艳异编跋》的“无瑕道人”。此人是位书商，其自云：“因广购海内名笔，仅得仇家藏稿十二幅”云云。《艳异编》属小说类，未收入《四部稿》。

16.《伏阙稿》二卷，乃隆庆元年，帝登基大赦，世贞与弟世懋北上京城，伏阙为父鸣冤所作诗稿结集。上卷多为五七言诗，下卷多为歌行体长诗。当刊刻于隆庆年间，因该书所记为隆庆元年事，而无隆庆二年痕迹，故知刊刻时间当去不远。旁证一，《四部稿》卷九十八《先考思质府君行状》：“呜呼！先府君之弃二孤也，盖八年于今矣。……今年春，天子御极，霈发恩诏，与天下更始，不肖世贞，乃敢昧死，伏阙白见寃状，下有司，特赐洗雪，还府君故官。乃复敢与世懋稍稍摅次，遗事行为状”。《续稿》卷七十五《王将军传》“余以隆庆之初元，伏阙上书，为先御史大夫白寃状。”《续稿》一百九十九卷书牍“王辰玉”载：“盖仆于隆庆初，伏阙陈情，独高新郑与华亭公有隙，修余谪于先君子。”诗的内容已收入《四部稿》第十、十三、十八诸卷中。

17.《戊辰三郡稿》不分卷，记隆庆二年，王世贞出任大名府兵备副使，历三郡，将所作诗集为一书。证据见该集诸篇。如《八月抵魏中恰计旧游之日满一纪矣为之兴叹》：“八月丙辰吾使魏，戊辰兹夕月仍看，穷愁雪暗侵双鬓，懒病琦天寄一官。”云云。诗作收入《四部稿》卷二十、三十九、五十一等卷中。

18.《古今名园墅编》卷数不明，补何镗《古今游名山记》十七卷所成，所补“若干卷”、“数十百种”，文几近百篇，诗“几百千首”。故推知当在二十卷以上，而内容却非游名山，而是记园林。成书于隆庆三年后不久。王世贞见到何镗书而有补编之意的时间在隆庆三年，他赴江西任上时，编补时间则自浙江任返回太仓后。证据一：《四部稿》卷一百二十四《寄何参政》：“而弟谬起从事于浙……传有编《古今游名山记》，弟夙心日访之书肆而不可得，近得之邵少参所。读之连五日，遇讯谍輙乙之。少间复读之，至丙夜不忍释，令人厌见吏民耳……携此编归，异日略如宗少文故事足矣。……诸记次第中微有错迕者，恐误漏雌黄，又所遗似亦不少。弟所收，后先不下数十百种，不审可备续编之用否？敬附邮筒于少参公所，拳拳不尽所怀，统唯照亮。”证据二：《续稿》卷四十六《古今名园墅编序》：“而会同年生何观察，以《游名山记》见贻，余颇爱其事，以旧所藏本若干卷投之，并为一集。輒复用何君例，紏集古今之为园者记、志、赋、序几百首，诗古体、近体几百千首，而别墅之依于山水者亦附焉。”然此书单行本，今尚未得见。

19.《凤洲笔记》二十四卷，《续集》四卷，《后集》四卷，共三十二卷。乃王世贞早期诗文集。二十四卷为诗集两卷，文集四卷，尺牍两卷，明诗评四卷，名卿绩纪四卷，安南传两卷，杂编六卷。选编者黄美中，言从王世贞侄孙手中得到诸卷而编辑成帙的。时间在隆庆三年春。证据有二。其一黄美中《凤洲笔记序》：“我吴凤洲王先生，应运而挺生矣。……予倾心向慕者已数年。兹寓娄江，先生之侄孙少川子与予有姻亲之谊，出先生所著笔记若干卷示予，作而叹曰：‘美哉！洋洋乎！’其诗浑以厚，其文炳以蔚，其尺牍逸而古，其诗夸核而详，其记传博而实。……先生凡所著诗歌、赋、序、说、问、策、赞、碑、志、表、疏，不可胜纪，然愚也不能尽见，以此集编成二十四卷，列于左，以公天下，俾后之学者，其景之亦何必藏名山而纳石室也。”落款：“隆庆己巳春王正月十日江夏黄美中子充甫序。”①其二，《四库全书总目》卷一七七，集部别集类：“是集乃隆庆己巳黄美中所编。前有美中序，称：世贞著作不能尽见，会从其侄孙少川子得此集，因编刻以公天下。盖当时摘选之本也。然命诗文曰笔记，其称名可谓不伦矣。”《续集》《后集》刊刻于何时，尚无文字可查。诗文多已收入《四部稿》，文字差异明显。

20.《尺牍清裁》由二十四卷增至六十卷。时李攀龙死，甚念惜，将其尺牍收入集中。成为中国书信的精选集，并为之作序。完稿时间为隆庆五年五月。《四部稿》卷六十四《重刻尺牍清裁小序》：“杨用修氏所纂尺牍，仅八卷。余始益之，得廿八卷(误记)，颇行世……而会归自太原，幽忧之暇，稍露隙日。于鳞一旦奄成异代，邮筒永废，风流若扫。青灯吊影，不无山阳之慨。散帙曝晴，更成蜀州之叹。俯仰今昔，责在后死。高文大篇，勒之琬琰矣。兹欲使间阔寒暄之谈、竿尺往复之致，附托群骥，以成不朽。爰广昔传，末及兹士，凡一千七百五十一条、一十三万一千三百六十二言，前后得六十卷，较之余刻，十益其六。比于用修，十益其九，亦云瀚博矣。……夫文至尺牍，斯称小道，有物有则，才者难之，况其他

① (明)王世贞：《凤洲笔记》，美国哈佛燕京图书馆藏明刊本。

哉?”美国国会图书馆藏《尺牍清裁》六十卷,《重刻尺牍清裁小序》末尾落款:“时戊午三月东吴王世贞元美甫撰”,位于此序前的《尺牍清裁序》落款为“辛未夏五月王世贞书”。表明初刻本二十四卷刊刻于嘉靖三十七年三月,重刻的六十卷成书于隆庆五年阴历五月十五。此书大多未收入《四部稿》。

21. 编纂《乔庄简公集》十卷,编成于隆庆五年夏。乔宇原有《乔庄简公集》,世贞在其死后访其家,得遗稿,编辑为十卷,诗赋四卷,文六卷。台湾所藏《乔庄简公集》十卷,有王世贞《乔庄简公遗集序》:“又二年,而不佞承乏晋臬,首访公家室,则公之血胤绝久矣。纠其遗文,得十之一二,归而谋梓行之。会清简之孙世良者,时丞崇明,闻而损奉,共剞劂之役。集成,凡得诗、赋四卷,奏议及杂文六卷。”落款:“隆庆辛未夏月吴郡后学王世贞撰”。未收入《四部稿》。

22. 增补《艺苑卮言》为八卷,另有《附录》四卷,共十二卷。时间为隆庆五年至万历四年夏。《四部稿》卷一百四十四《艺苑卮言一》:“余始有所评隲于文章家曰《艺苑卮言》者,成自戊午耳。然自戊午而岁稍益之,以至乙丑而始脱稿。里中子不善秘,梓而行之。……盖又八年,而前后所增益又二卷,黜其论词曲者,附它录为别卷,聊以备诸集中。壬申夏日记。”这段文字写于隆庆五年五月,前八年为乙丑年,即嘉靖四十四年。由此推测,嘉靖三十七年(戊午)为六卷本,已刊行(见上文),嘉靖四十四年“岁稍益之”“梓而行之”的本子,或仍为六卷本。钱大昕《弇州山人年谱》认为此年“梓而行之”的本子为六卷。[①] 八年后即隆庆五年,“前后所增益又二卷”,即为八卷。明人陈第《世善堂藏书目录》卷上载:“《艺苑卮言》八卷”。至于“附他录为别卷”,不知别卷几何。《四部稿》中的《艺苑卮言》十二卷,八卷外《附录》四卷。隆庆五年所编别卷为几卷?或为四卷乎?作者未言,终难确定。而万历四年六月郧阳任上初刊本《弇州正集》有《艺苑卮言附录》四卷,又有《艺苑卮言别录》(时而称“别录”,时而称“宛委余编”)十三卷,即万历五年秋末本中的《宛委余编》为十九卷。至少说明,《艺苑卮言附录》自隆庆五年至万历四年的五年中,由一卷增至四卷。究竟何时增至四卷,尚难确定。

23.《宛委余编》十三卷,自隆庆元年编至万历四年六月,成十三卷。为花鸟草虫与生活习俗的考证资料。《四部稿》卷一百五十六《宛委余编一》记其成书过

---

① (清)钱大昕《弇州山人年谱》:“四十四季乙丑,四十岁。……是岁刊《艺苑卮言》六卷。”

程："余故有《艺苑卮言》六卷，其第六卷于作者之旨，亡所扬抑表着。第猎取书史中浮语，稍足考证，甚或杂而亡裨于文字者，念弃之为其敝帚不忍。而会坐上书浮系招提中，无他书足携。间于二藏遗编，小有所汍澜，或时绎腹笥之遗，合之别成四卷。晋游以后，复日有所笔，因更益之为十卷。最后，里居复得六卷，名之曰《宛委余编》。宛委，黄帝所藏书处也。"《艺苑卮言》六卷最早成书于嘉靖三十七年，嘉靖四十四年有增益后的六卷，而其第六卷是引发世贞写《宛委余编》的因由。"会坐上书浮系招提"是一句隐晦语，暗指为其父昭雪是命系他人的事，时间为隆庆元年，即这一年编成四卷。"晋游"指出任山西等处提刑按察司按察使事，时间为隆庆四年①，《宛委余编》增至十卷。"里居"时间（万历五年秋末《四部稿》刊行之前）有两个，一为王世贞为母守丧的隆庆四年正月至万历元年正月的三年；一为万历五年末被弹劾回籍听用后的几年。究竟为哪 个"里居"时间？在韩国发现的万历四年六月刊本《弇州正集》中的《宛委余编》（又间称《艺苑卮言别录》）仅十三卷，即万历四年在郧阳任上时仅有十三卷。说明这个里居是前后两个时段都有，最大可能（事实上也正是）隆庆四年至万历元年的三年得三卷，成十三卷。而自郧阳任上回籍听用的万历四年六月初至万历五年秋末，又得六卷，而成十九卷。常见《四部稿》一百八十卷本所载《宛委余编》十九卷可证。徐朔方先生考证后三卷做于郧阳任上则非是。因为这一年成书的一百八十卷《弇州正集》所载《宛委余编》仅十三卷（详见下文）。而万历五年秋至六年初的《弇州山人四部稿》则为十九卷，说明后六卷写成于万历四年至五年秋之间。

24.《入楚稿》一卷，当刻于万历元年任湖广按察使之后。《四部稿》卷一百二十六书牍《与徐叔明》："使来拜手教，叙致契阔，旁及风雅，间以澹辞，恍然若寘此身。黄鹤大别，与公对语也。纪行刻，老手纵横，遒句逸发，正如右军。五十二以后，书若江山之助，固不足言矣。《入楚稿》便自作小巫，颐颏齿牙，芬流镠出。故旗鼓相当，群公之言岂欺我哉！"清人范邦甸《天一阁书目》卷四集部："《入魏稿》…二卷，《入浙稿》二卷，《入晋稿》二卷，《入楚稿》一卷，刋本，明王世贞著。"《入楚稿》本为万历元年，出任湖广按察使及广西布政使右布政间所作。信中"五十二以后"当为写此信的时间，友人将徐叔明的纪行一书与《入楚稿》并比，而使王世

① 《四部稿》卷一百九《患病不能赴任乞恩致仕疏》："山西等处提刑按察司按察使臣王世贞谨奏，臣先任浙江布政司左参政，于隆庆四年正月初四日接到吏部急字文凭一道，内开题奉钦依升臣前职，限四月初一日到任。"

贞提及。非刻于此时也。国家图书馆藏《入楚稿》一卷，无序跋。

25.《天言汇录》十卷。[①] 为帝王制诏汇编本，起自明太祖洪武皇帝，止于穆宗乃至“今上”，当作于万历初年。《四部稿》卷七十一，载有《天言汇录后序》，《序》云：“淮南旧有刻明兴以来诏敕，自太祖高皇帝至肃皇帝止，而即位之令与它勅谕国书之类，亦稍附见千百之一。臣少时，好习典故、功令诸书，时时从诸曹及故家乘得所录黄，又与一二夕郎善，凡内、外制草金匮之副，见輙录之，于是续肃皇帝之末，以至穆庙及今上二圣之诏，而至高、成、仁、英、景、宪、孝、武、世、穆，诸或命武帅、遣大吏、训饬、一方抚绥、荒裔之辞，咸备。乃以世次类列，总而编之。曰《天言汇录》。臣愚，无所识知，窃谓结绳之治，遐哉邈乎，不可得而复已。三代之盛时……臣不佞，知谨录之，以俟而已。”此序当为写给皇帝之奏章，即称“以至穆庙及今上二圣之诏”，其写作时间当为万历初年。收入《弇州史料》。[②]

26.《古今名画苑》十卷，收集古今论画名家之文，集为一书。刻于万历二年至四年秋的郧阳任上。《四部稿》七十一卷有《古今名画序》，序者主张书、画、文三者，外异而内同，且以画论统摄文论，别具一格。《序》云：“吾于此二端，虽不能得之于手，而尚能得之于目。又雅好其说，以故略访《法书》例，采古今之论有关于画若谢、赫、张、彦、遠之流者录之，得若干卷。曰《名画苑》，而为之序。”由“略访《法书》例”推知，此书当晚刻于《古今法书苑》。上海图书馆藏《王氏书苑》十卷，开卷先后有《重刻古画苑选小序》《古今名画苑序》。《小序》录得《画苑》十卷成书过程，弥为珍贵：“余镇郧时，尚欲荟蕞书画两家言，各勒成一书，《书苑》已就，多至八十余卷，欲梓之，而物力与时俱不继。其《画苑》尚未成，乃稍裒其古雅鲜行世者，各十余种，分刻之。襄南二郡，郡地僻，不能传之上都。又会闻襄本已荡于江。友人王光禄盂起，有志慕古，余搜箧中，仅得《画苑》授之，俾翻梓以传。光禄请余题首。”由此而知，《书苑》即“荟蕞书画两家言”的八十余卷（记错，实为七十余卷）的《古今法书苑》，然局于财力与时间而未能付梓。先在郧阳任上刻成

① （清）王昶《（嘉庆）直隶太仓州志》卷五十三艺文二，在王世贞名下有：“《天言汇录》十卷”语。然现行单行本未曾得见。见清嘉庆七年刻本。《明史》志第七十三“艺文二”、《江南通志》卷一百九十三“艺文志”皆记：“《天言汇录》十卷”。

② （清）王昶《（嘉庆）直隶太仓州志》卷五十三艺文二：于“《国朝纪要》十卷、《国朝公卿年表》二十四卷、《天言彚录》十卷，《名卿纪绩》六卷、《识小录》二十卷、《野史汇》一百卷”之后，有按语：“以上诸书，董复表汇纂诸集为《弇州史料》一百卷，即此及《首辅录》《觚不觚录》等书也。”

了《画苑》、《书苑》，却遭沉江之灾。而后应人之邀，方刻了《画苑》十卷。即事实上，现在人们见到的最早的是《画苑》十卷，而《古今法书苑》则在其后。刊刻时间或与《弇州山人四部稿》同时。

## (二)推测成书年代者(4种)

1.《皇明明臣琬琰录》一百卷，嘉靖三十六年已定稿，梓行略晚。记有明一代名臣家史之书，上至武弁中珰之贵，下至布衣之贤，包括墓志铭、行状、寿序类。是王世贞与杨豫逊补张居正《皇明名臣琬琰录》而成。《弇州山人四部稿》卷七十一有《皇明名臣琬琰录小序》："始江阴尝刻《皇明名臣琬琰录》，起洪武至成化，诸名公大夫志、铭、传、状备焉。其称名缘宋旧也，成化后不复传，又于时亦多挂漏者，予乃与杨祠部豫孙益搜之。其后予宦游所得为最多，以至武弁中珰之贵重者与布衣之贤者，亦与焉。为人以千计，卷亦过百。"然其成书时间尚不明，从"其后，予宦游所得为最多"似较晚。然因其中碑铭传状之文多收在《四部稿》中，故又当在万历三年前。明人茅元仪《石民四十集》卷七十五，对王世贞《琬琰录》有很高评价，同时也透露出成书时间。"然所资见闻，亦不过四种。一曰国史，二曰家乘，三曰野史，四曰故老之口实。……家乘碑版已行者，既有此《献征录》。未行者，尚有王弇州《琬琰录》"[①]评语见于《报朱大复比部书》一文，该文题目下属年号"丁巳"(嘉靖三十六年)。说明嘉靖三十六年，王世贞的《皇明名臣琬琰录》已经成书，而尚未刊行。但也当不会太晚。当在嘉靖三十六年至万历三年之间。

称《皇明名臣琬琰录》者，或非世贞一书。明人王道辑《皇明名臣琬琰录》二卷，续集二卷。[②] 弘治年间武进徐纮编有《皇明名臣琬琰录》五十四卷，[③]还有《皇明名臣琬琰录》二十二卷。[④] 吴国伦辑《皇明名臣琬琰录》三十二卷。中国国家图书馆藏有《皇明明臣琬琰录》二十四卷，清抄本，十六册，注徐纮辑，该书第一卷第一篇属名"王世贞续增"。全书为王世贞续增的真实性尚存疑。

2.《剑侠传》四卷，约作于嘉靖三十九年前后。《四部稿》卷七十一有《剑侠传小序》:《序》云"凡剑侠，经训所不载，其大要出《庄周》氏、《越绝》、《吴越春秋》，或

---

① (明)茅元仪:《石民四十集》卷七十五书，明崇祯刻本。

② (明)祁承㸁:《澹生堂藏书目》，清宋氏漫堂钞本。

③ (清)丁丙《善本书室藏书志》卷九载:"《皇明名臣琬琰录》前集二十二卷，后集二十四卷，续集八卷，编者为弘治年间武进徐纮。

④ (明)朱睦㮮《万卷堂书目》卷二"《皇明名臣琬琰录》二十二卷"未著姓名。

以为寓言之雄耳！至于太史公之论庆卿也，曰：惜哉！其不讲于刺剑之术也。则意以为真有之。不然，以项王之武，喑呜叱咤，千人皆废，而乃曰无成哉夫！习劒者，先王之僇民也。然而，城社遗伏之奸，天下所不能请之于司败，而一夫乃得志焉！如専聂者流，仅其粗耳！斯亦乌可尽废其说。然欲快天下之志，司败不能请，而请之一夫君子，亦可以观世矣。余家所蓄杂说、剑客事，甚伙。间有概于衷，荟撮成卷。”然不知撰写于何时，从“司败不能请，而请之一夫君子”，“间有概于衷”诸文字推测，莫非作于其父蒙难前后？

3.《古今法书苑》七十六卷，为自古以来谈论文字发生发展演变之文的荟萃之书。成书时间约为万历初年。七十六卷，约百余万言，大略相当于《四部稿》篇幅。《四部稿》卷七十一，有《古今法书苑序》，《序》云：“羲画八方，人文所繇萌，圣人取夬以代结绳；颉窥鸟迹而尽泄厥灵。爰析六书、指事、象形，及有会意、形声、转注、假借，旁出异名。以察百官，以治兆氓，赫赫六经，是冯是征。”并列“述原书第一”，“述书体第二”，“述书法第三”，“述书品第四”，“述书评第五”，“述书评之拟第六”，“述书估第七”，“述文第八”，“述诗第九”，“述书传第十”，“述书迹第十一”，“述书迹之金第十二”，“述书迹之石第十三”，而认为“世之能尊书者，以为是六义之精煜乎，与日月相为昭乎”，评价甚高。然未属年月。上海图书馆藏《古今法书苑》七十六卷（线善：782047—86），有《古今法书苑后跋》《跋》曰：“不佞累成是集，而为之次其简编，曰源，曰体，曰法，曰品，曰评，曰拟，曰文，曰诗，曰传，曰迹，曰金，曰石。既悉分解，仍加增葺，卷凡七十有六，而古今书法之洴薮尽于此。”后落款：“天弢居士再题”，附印章：“元美”。仅由该书序入《四部稿》而观之，当最晚不晚于《四部稿》定稿时间万历三年六月。

4.《四书文选》，卷数不明，当为郧地举子应考所选之书，时间当在万历四年春夏之季。《四部稿》卷七十文部，载《四书文选序》，序云：“谓明以时义试士，而不能古，则济之应德，其于古文无几微间也。凡论而表而策最近古，而《易撰》其于经书义稍遠，古而难工。天下之为力于论表策者，十之三；而为力于经书义者，十恒七而犹不足。吾填郧，所辖且六郡，而诸书生推其取科第，不能当吾吴之半。夫时义之为经五而为书四。《五经》人各治其一，而《四书》则共治之。吾故择其精者，以梓而示诸书生。夫非欲诸书生剽其语也，将欲因法而悟其指之所在也。”因明代考试重时义与“五经”“四书”，“五经”只需治一经即可，“四书”则考生必全治。这是梓《四书文选》而弃《五经》的原因。至于时间当在“填郧”之任所的万历三年正月十五至万历四年冬的两年时间里。① 因万历四年秋考，《四部稿》卷七十载《湖广乡试录后序》云："丙子，楚试录成，不佞当以职事叙末简，作而叹曰：'呜呼盛哉！'"而为应试所编《四书文选》当在考前，万历三年春至万历四年秋之间。

以上梳理考辨出王世贞于万历三年(50岁)前所刊刻书藉28种，共计约537卷。其中诗词文赋类集15种约127卷②；论类3种约33卷③；史料类6种约190卷④；小说类3种36卷⑤；其他类3种137卷⑥。在这六类中，未收入《四部稿》者小说与其他2类173卷。收入《四部稿》者诗文赋与论2类160卷。最难以分类，在是否收入《四部稿》这个问题上，令王世贞左右不定、反反复复者是史料类的190卷。正因诗、赋、文、论四部中，史料之文与文学之文相互缠绕，界线难分，从而形成了《四部稿》成书的复杂性与反复性。而这种复杂性与反复性为此前学界所罕知，且可纠正此前关于王世贞和《四部稿》研究的不正确观点。故而需做进一分析与疏证。

## 二、新发现的一百八十卷《弇州正集》与《四部稿》最早版本面貌

《四部稿》最早版本的面貌是怎样的？人们从常见的180卷本和174卷本中

---

① 王世贞于万历二年九月，升郧阳督抚。《明实录》："是年九月，元美升都察院右佥都御史，督抚郧阳。"十一月起身上任，二十九日达襄阳，正月十五日入郧阳任所。《四部稿》卷一百二十《复肖甫》之四："弟以前月二十九日抵襄阳……三日上代书疏……乃拜郢陵还……以望日早发，遂转入深山中。……次日辟戟，延见吏民。"万历四年十月，为刑科都给事中杨节所弹劾，令回籍听用。《续稿》卷一百四十二《为恳乞天恩辨明考满事情仍赐罢斥以伸言路疏》："臣于万历四年内，以巡抚郧阳右副都御史转南京大理寺卿，未任。该南京给事中杨节论劾臣。奉圣旨：王世贞既操守未亏，着回籍听候别用。"王世贞从万历三年正月十五入郧，到万历四年十月回籍，实际在郧阳任上的时间不过两年。

② 分别为《棘寺春集》1卷、《王氏金虎集》32卷、《金虎别集》6卷、《丙辰奉使三郡稿》1卷、《少阳丛谈》20卷、《海贷集》12卷、《幽忧集》2卷、《阳羡诸游稿》1卷、《伏阙稿》2卷、《戊辰三郡稿》1卷、《古今名苑墅编》以20卷计、《凤洲笔记》8卷，《庄简公集》10卷，《入楚稿》1卷、《古今名画苑》10卷。

③ 《艺苑卮言》9卷、《凤洲笔记》8卷、《宛委余编》16卷。

④ 《大狱招拟》20卷、《丁戊小识》24卷、《皇明名臣琬琰录》100卷、《弇山堂小识》20卷、《凤洲笔记》16卷、《天言汇录》10卷。

⑤ 《世说新语补》20卷、《艳异编》12卷、《剑侠传》4卷。

⑥ 《尺牍清裁》60卷，《古今法书苑》76卷，《四书文选》不分卷。

得知，一百八十卷是最早的本子，有《燕语》上中下三卷、《野乘家史考误》三卷。174卷本是删去上述六卷而形成的定本。事实上，《四部稿》版本远比这复杂得多，而其变化也几经周折。

2015年暑期，到韩国图书馆访查王世贞书，晨出晚归，长途跋涉，疲惫不勘，无暇翻阅复制数据。回国后整理，竟意外发现一部从未见过的《四部稿》，惊喜不已。该书封面楷体大字：弇州正集。五线装订，四周双边，白口，单黑鱼尾，版心上端："弇州山人稿"，下端：世经堂刻，有界行，页十行二十字。全书一百八十卷，共四十册。据该书卷册登录单所记，缺三册（十、二十五、三十册），实际缺卷数多于书单上的数，是一个残缺本。①

尽管是残本，却是一部此前从未知的《四部稿》，其独特处在于书的第一百四十九卷之后的目录与目前所见的一百八十卷本目录有明显差异，具体卷目如下：

| | | | |
|---|---|---|---|
| 卷之一百四十九 | 艺苑卮言六 | 卷之一百七十 | 燕语中 |
| 卷之一百七十一 | 燕语下 | 卷之一百七十二 | 野史家乘考误上 |
| 卷之一百七十三 | 野史家乘考误中 | 卷之一百七十四 | 野史家乘考误下 |
| 卷之一百七十五 | 皇明盛事述上 | 卷之一百七十六 | 皇明盛事述中 |
| 卷之一百七十七 | 皇明盛事述下 | 卷之一百七十八 | 皇明异典述上 |
| 卷之一百七十九 | 皇明异典述中 | 卷之一百八十 | 皇明异典述下 |

该书上述目录说明两个基本实事。其一，《弇州正集》是此前尚未发现的版本，它与其他一百八十卷本《四部稿》的最突出之处在于最后六卷是《盛事述》、《异典述》，而《四部稿》其他版本皆无此六卷。其二，《弇州正集》自第一百四十九卷至一百七十卷的目录少了二十卷，而在这二十卷中，其篇目比其他一百八十卷本少了六卷。前一个事实是明摆着的，无需证明。而后一个事实（少六卷）则是不清楚的，本来只要查找原书正文的这六卷就明白了，然而这家图书馆所藏的孤本《弇州正集》（以下简称《正集》）第一百五十至一百六十九卷的内容，因图书馆限制而未能拍照取回，故而不得不加以考证。

这二十一卷的目录是什么篇目？我们参照国家图书馆无序的一百八十卷《弇州山人四部稿》的目录（以下简称"无序本"），发现这二十卷是《艺苑卮言》和

① 所存册内也有缺卷者，如第九册缺第36卷，第11册缺第44卷，第13册缺第52卷，第十六册缺第64卷，第17、18册缺第68、69卷，第19册缺第76卷，第20册缺第80卷，第21册缺第84卷，第24册缺第95卷等。

《宛委余编》二种，校对后得知无序本《四部稿》中的《艺苑卮言》始自第一百四十四卷，《正集》中的《艺苑卮言》也始自第一百四十四卷。但无序本《艺苑卮言》为十二卷，《宛委余编》为十九卷，二者共三十一卷。目录由第一百四十四卷排至第一百七十四卷。而《正集》则自一百四十四卷排至第一百六十八卷(第一百六十九卷为"燕语上"，一百七十卷为"燕语中")，共二十五卷，比无序本少六卷。

那么《艺苑卮言》与《宛委余编》两种书中少了哪六卷呢？依据王世贞写的《宛委余编一》叙语：

> 余故有《艺苑卮言》六卷，其第六卷于作者之旨，亡所扬抑表著。第猎取书史中浮语，稍足考证，甚或杂而亡裨于文字者，念弃之为其敝帚不忍。而会坐上书浮系招提中，无他书足携。间于二藏遗编，小有所氿澜，或时绎腹笥之遗，合之别成四卷。晋游以后，复日有所笔，因更益之为十卷。最后，里居复得六卷，名之曰《宛委余编》。宛委，黄帝所藏书处也。①

《宛委余编》始自《艺苑卮言》六卷之后，是对《艺苑卮言》的补充，时间为"会坐上书浮系招提"(暗指为其父昭雪是命系他人的事)的隆庆元年，即这一年编成四卷。"晋游"指出任山西等处提刑按察司按察使事，时间为隆庆四年，②《宛委余编》增至十卷。"里居"时间有两种可能，一种可能是王世贞为母守丧的隆庆四年正月至万历元年正月，另一种可能是万历五年初遭弹劾而回籍的时间。从"名之曰《宛委余编》"一语观之，后者的可能性更大，因为王世贞在万历三年至四年写给朋友的信中，所言及编《四部稿》事，皆言"艺苑"或"卮言诸录"，无一语言及"宛委余编"者，"名之曰《宛委余编》"是万历五年后的事。即万历五年回籍"听用"而"里居"时，"复得六卷"，达到十六卷。也可能这六卷是自万历元年至五年间陆续编就的，即《四部稿》初编时，《卮言诸录》(《宛委余编》是十余卷，不足十六卷。究竟是十几卷，尚难确定。

---

① 王世贞：《弇州山人四部稿》卷一百五十六、说部"《宛委余编》一"，明万历刻本，国家图书馆藏。

② 《弇州山人四部稿》卷一百九《患病不能赴任乞恩致仕疏》："山西等处提刑按察司按察使臣王世贞谨奏，臣先任浙江布政司左参政，于隆庆四年正月初四日，接到吏部急字文凭一道，内开题奉钦依升臣前职，限四月初一日到任。"

《艺苑卮言》到隆庆六年，增至八卷，另附别卷。《四部稿》卷一百四十四《艺苑卮言一》：

余始有所评骘于文章家曰《艺苑卮言》者，成自戊午耳。然自戊午而岁稍益之，以至乙丑而始脱稿。里中子不善秘，梓而行之。……盖又八年，而前后所增益又二卷，黜其论词曲者，附它录为别卷，聊以备诸集中。壬申夏日记。

这段文字写于“壬申”年（隆庆六年）五月，向前推八年为乙丑年，即嘉靖四十四年。由此推测，嘉靖三十七年（戊午）为六卷本，已刊行。嘉靖四十四年“岁稍益之”“梓而行之”的本子，仍为六卷本。钱大昕《弇州山人年谱》认为此年“梓而行之”的本子为六卷。[①] 八年后即隆庆六年，“前后所增益又二卷”，即为八卷。而“附它录为别卷”的卷帙，隆庆六年可能是一卷或数卷（不超过四卷，因无序本《四部稿》为四卷），至四年后刊行《弇州正集》的万历四年六月，已为四卷的可能性较大。所以这样说还有一个理由，即《宛委余编》是对《艺苑卮言》的补充，是将既不能入史又不能入《艺苑》的“猎取书史中浮语，稍足考证，甚或杂而亡裨于文字者，念弃之为其敝帚不忍”内容，放入《宛委余编》的，按常理所补文字应在《艺苑卮言》（包括《附录》）完成后，而非未完成时。故最初编入《四部稿》的《艺苑卮言附录》很可能是四卷。最早刻本《四部稿》中的《艺苑卮言》为八卷，《艺苑卮言附录》当为四卷，共十二卷，因《艺苑卮言》与《宛委余编》两种的总卷数为二十五卷，剩下的《宛委余编》则很可能是十三卷。那么《弇州正集》所缺六卷，最大的可能是《宛委余编》。

然而这种推理是否正确？尚难确定。为了将很可能是现存惟一一部《弇州正集》的卷目搞清楚，进而弄清《四部稿》初刻本的面貌，我们请韩国学界朋友李愚镛先生将存于国民大学图书馆的《弇州正集》全书一百多卷文字拍成图片于2016年2月初寄回。现将原书总目所缺的二十卷（卷一百五十至一百七十）正文卷目誊录如下：

---

① 清人钱大昕《弇州山人年谱》：“四十四季乙丑，四十岁。……是岁刊《艺苑卮言》六卷。”

| | |
|---|---|
| 卷一百五十　艺苑卮言七 | 卷一百五十一 艺苑卮言八 |
| 卷一百五十二（缺） | 卷一百五十三 艺苑卮言附录二 |
| 卷一百五十四　艺苑卮言附录三 | 卷一百五十五 艺苑卮言附录四 |
| 卷一百五十六(缺) | 卷一百五十七（缺） |
| 卷一百五十八　艺苑卮言别录三 | 卷一百五十九 艺苑卮言别录四 |
| 卷一百六十　艺苑卮言别录五 | 卷一百六十一 宛委余编六 |
| 卷一百六十二　艺苑卮言别录七 | 卷一百六十三 艺苑卮言别录八 |
| 卷一百六十四　宛委余编九 | 卷一百六十五 艺苑卮言别录十 |
| 卷一百六十六　宛委余编十一 | 卷一百六十七 艺苑卮言别录十二 |
| 卷一六十八　艺苑卮言别录十三 | 卷一百六十九 燕语上 |
| 卷一百七十　宛委余编十五 | |

这个《弇州正集》卷目证实了三个问题：其一，该书《艺苑卮言》八卷，《艺苑卮言附录》四卷，共十二卷，《宛委余编》（实为《艺苑卮言别录》）十三卷，两种合计二十五卷，与无序本《四部稿》对勘，《弇州正集》所少六卷为《宛委余编》，与本文未见复制全书照片前所分析的卷帙基本相吻合。其二，该书《艺苑卮言别录》十三卷中名为《宛委余编》的仅三卷（卷一百六十一、一百六十四、一百六十六），其他约十卷则称《艺苑卮言别录》①，说明《四部稿》最初编选时这部分内容的名字为《艺苑卮言》的延生品，名字为《艺苑卮言别录》，又欲称之为《宛委余编》，处于由《艺苑卮言别录》到后来的《宛委余编》的过渡状态。这种不确定状态也包括《燕语》的命名，因第一百七十卷卷名本应称《燕语中》，正文却称《宛委余编十五》。也说明这个本子编刻尚显匆忙。其三，也是最重要的，即这部《弇州正集》是《弇州山人四部稿》的初刻本，也即万历四年六月，王世贞在郧阳任所赠送给弟弟的《四部稿》。② 主要证据是这部《弇州正集》中《艺苑卮言》（包括附录）十二卷，《艺

① 所以称“约十卷”，是因为卷一百五十六、一百五十七缺正文（书前目录也缺），不知其卷名为何？但从紧接的一百五十八、一百五十九、一百六十这“艺苑卮言别录”三、四、五来看，缺失两卷卷名为“艺苑卮言别录”的可能性较大。

② 王世懋在写给王世贞的书信《遗家兄元美书》中言：“世懋以丙子岁六月，受《四部稿》于郧邸。”“丙子岁”即万历四年，这一年六月世懋到江西赴任前绕道郧阳看望王世贞，世贞将新刊《四部稿》作为礼物赠予弟弟。见明·周子文《艺薮谈宗》卷六，《附家兄元美书》，明刻本。又见王世懋《王奉常集》卷四十七文部《遗家兄元美》，明万历刻本。王世贞《弇州山人四部稿》书末《附遗家兄元美书》。也见本文第二节考证文字 。

苑卮言别录》十三卷，合为二十五卷。最后六卷为《皇明盛世述》三卷、《皇明异典述》三卷。其篇目卷数与万历四年四月王世贞写给徐子玉的书信所言："拙集四月未可全就，今先寄《艺苑》二十五卷，《盛事》《异典述》六卷"完全吻合，而与万历五年秋校正后的《四部稿》差异较大。这个新校正的《四部稿》的内容则是对《弇州正集》的增删和调换卷名，所校改的具体内容，王世贞于万历五年秋写给徐孟儒信中已说得很明白："秋来校正拙集，……增入说部六卷，所谓《卮言别集》者，易之曰《宛委余编》，而斥《盛事》《异典》别行之。"这与无序本《四部稿》卷目内容完全一致。故知《弇州正集》为万历四年郧阳任上刊刻本，是《弇州山人四部稿》的原刻。[①] 而增删后的无序本一百八十卷《弇州山人四部稿》则是在其后的改编本。那么这里便生出一个问题：《四部稿》改编几次，其成书过程如何？

## 三、《四部稿》编定与成书过程考

《四部稿》最初编定时间与增删过程，至今是个尚不清楚的问题。因为，此前人们尚未对王世贞著述版本做过大规模访查，而当我们发现《四部稿》的版本竟多达六种，[②]于是这六种版本间的先后关系怎样以及相关的成书过程便自然而然地进入了研究的视野。

《弇州山人四部稿》曾九易其稿，数更版，具体过程如下文。

**万历三年五六月间，成四部，集一百五十卷**

王世贞何时着手整理编纂《四部稿》的，最早透露这一信息的是他写给徐子与的一封信：

> 仆不能出，而再为知己所强，聊应之耳。……今已五十，前路足可知，……比间寂寂，公署若深山中道院。了得全稿，诗、赋、文、说凡四部，百五十卷，可百余万言。只《卮言》诸录，亦二十余卷，不作旧邾莒赋也。[③]

---

① 详细论述见第二节相关文字。

② 这六种分别是 1.《弇州正集》(多《盛事述》《异典述》六卷)，2.《弇州集》(多《皇明盛事述》3 卷、《皇明异典述》5 卷、《皇明异事述》1 卷、《史乘考误》7 卷，共 190 卷)，3. 无序本《弇州山人四部稿》，4. 音韵批释本《四部稿》，5. 174 卷本，6. 附《赠家兄元美书》与《世贞记》本。

③ 王世贞：《弇州山人四部稿》卷一百十八 、文部、书牍二十四首"徐子与"，国家图书馆藏本。

从“今已五十”而知，此信当写于万历三年。王世贞生于嘉靖五年(1526)“仲冬五日”，至万历三年(1575)为五十岁。此年在郧阳任上，其到任时间为万历三年正月望日。[①] 而重新校阅依体裁重新分类编排，是一个不小量的工作，已分诗、赋、文、说四部，编排出一百五十卷，需些时日，依理称“今以五十”，当在万历三年悬弧之日(十一月初五日)后。

**万历三年八月，集百七十余卷，百三十万言**

而另一封写给张助甫的信，却否定了此信写于冬季的推测。

> 弟拟以望前登岳，欲取月色，得示当移望后一日，若陪从群公，则力辞之。已办白袷，行縢接䍦为山叟装，无虑也。此间真僻寂，日开门如升堂法师，却无问法者。闭门即不如退院僧，有弟子参承耳。……弟校集，凡赋、诗、文、说部，将百三十万言，得百七十余卷。异时更得玄晏一序，便足忘死矣。

此信的写作时间当在中秋前，世贞计划登山望月，由“弟拟以望前登岳，欲取月色，得示当移望后一日”而知。这个中秋月是万历三年抑或四年呢？万历四年六月，《四部稿》一百八十卷已刊刻成书，故这个已整理了不足一百八十卷书的时间当在万历四年六月前，应是万历三年的中秋节，从信作者对郧阳静寂的深切感受观之，也当是初到郧阳的印象，不似一年多后的感觉。若果是写于万历三年中秋前，那么，上封信所言“百五十卷”的写作时间，理应在此封言“百七十余卷”之前，即在万历三年中秋节之前更早的时间，约六七月间。由是看来，王世贞整理《四部稿》的速度惊人，七八个月就亲自整理校阅了一百七十多卷，一百三十多万言。

**万历四年春，将完稿。新增六卷，收书画跋文及《艺苑》二十五卷**

万历四年春，王世贞在写给徐子与的另一封信中，透露出《四部稿》将完稿，并做了重大调整，还将调入《四部稿》的单行本寄给对方。

> 岁暮，有宜城张簿者，赴闽中一函，不腆之书以附，得无浮沉否？唯是闽之于郧楚也，则岂惟风马牛之不相及，而足下之专使者再矣。……即不佞五

① 王世贞于万历二年九月，升都察院右佥都御史督抚郧阳。《明神宗实录》卷之二十九：是年九月，王世贞升都察院右佥都御史，督抚郧阳。十一月起身赴任，万历三年正月十五日入郧阳。

十非夭，墨墨苟生耳。……示新稿读之，雄辞丽字层出，而饶气概，或中稍有蹊径者，小订之，即堪入梓。不佞一序，便是岑楼寸木，何足增高？……家弟有长安之役，褰帷二华、莲花间，足称壮游。要其过此一会，相与登嵾顶，亦大奇也，足下得无色飞否？拙集四月未可全就，今先寄《艺苑》二十五卷，《盛事》《异典述》六卷，又驳书画家二种，皆足佐兄麈尾之资，余具别楮，不一。①

**万历四年初夏，《四部稿》(《弇州正集》)一百八十卷于武汉付梓，印量甚少。**关于《四部稿》付梓的消息最早见之于王世贞写给陈玉叔的信。

不佞之辱收门下者，五阅岁朔矣。……郧中为蜀山余支，虽道路非邈，而叫寮径庭，鳞羽羞缩，不腆之好不能借通一介。……家弟使秦，甫入關，遂得江藩报，……今年梓拙稿成，得百八十卷，所刷行既少，而道远重，虞去人装。聊上说部一种之半，或足佐握尘耳。……且元戎百队，时时过从挥洒不乏，何所容吾手耶！②

万历四年“拙集四月未可全就”，现“梓拙稿成，得百八十卷”，并明言“所刷行既少”，即已刻成一百八十卷的书稿，其时间不会是万历三年，也不会是万历五年，因万历四年六月，世贞就将新刻的《四部稿》送给来看望他的弟弟世懋了。故这个时间一定是万历四年四月之后至六月之前，即万历四年五月(初夏)。

王世贞弟王世懋因由长安任迁江西，故绕道湖北郧阳，特来看望世贞，世贞送给世懋的最重礼物便是一百八十卷的《四部稿》。世懋因忙于奔波，未暇观览。读后写一长信于世贞，其首句云：

世懋以丙子岁六月，受《四部稿》于郧邸。奔走终岁，卒业舟车间，未遑窥作者之奥也。③

---

① 王世贞：《弇州续稿》卷一百九十“文部”、书牍：“徐子与方伯”，美国普林斯顿大学藏本。

② 《续稿》卷一百八十九文部书牍“陈玉叔”，美国普林斯顿大学东亚图书馆藏本。

③ (明)周子文：《艺薮谈宗》卷六，《附家兄元美书》，明刻本。又见王世懋《王奉常集》卷四十七文部《遗家兄元美》，明万历刻本。王世贞《四部稿》书末《附遗家兄元美书》。

丙子岁即万历四年，说明六月《四部稿》已刻完。那么刻于何地？人们多以为刻于郧阳任上，世懋也得之于“郧邸”，似也合理。然郧地偏僻，文化落后，可有上等能中世贞意的书坊？笔者尚有疑虑。若是将书稿运于太仓，路途丢失破损当难预料，爱书如命的世贞不会如此做，故《四部稿》版心下端“世经堂刻”也颇生疑。后发现王世贞写给程巢父的书信，方恍然大悟。

在郧中偶失拙草二衰，缘无副本，踰月而后检得之，意不能无动。而会其地饶梓，武昌饶刻工，遂有加灾之误。既成为诸贤所念。竟不获，蔽其丑以为恨！今何幸遇足下具法眼，为我一精汰也！①

“其地饶梓，武昌饶刻工”透露《四部稿》刊刻于郧阳或武昌。怪不得王世贞有“而道逺重，虞去人装”的运输之忧，怪不得“印行少”，的确有路远且部头大而带来的诸多不便。

郧阳或武昌版《四部稿》的内容依据以上材料特别是王世贞于万历四年春夏写给徐子与、陈玉叔的两封信，而得知三大消息。其一为一百八十卷。其二载有《盛事》《异典述》六卷，《艺苑》二十五卷（如上章所述《艺苑卮言》12 卷，《宛委余编》13 卷）。其三“刷行既少”，流传不广。由此而知，这个本子正是收入《盛事述》三卷《异典述》三卷的《弇州正集》本。只有《弇州正集》合乎这些已知条件，其他本子皆与之不符契。

**万历五年秋，增说部六卷，删《盛事》《异典》六卷，改八百余错别字，成为通行的 180 卷《四部稿》善本**

也许有人说，现在见到的无《盛事》《异典述》的 180 卷本是否刻于郧阳任上？若不是又刻于何时何地呢？

王世贞在写给徐孟儒的信中谈及《四部稿》重校重编的事，为解答上述问题提供了重要信息。

得足下书，知秋来苦汤药，无暇呼棹，然清梦时时落我弇州园矣。……

① 王世贞：《弇州山人续稿》卷一百八十二文部书牍《程巢父》，美国普林斯顿大学东西图书馆藏本。

近始举一孙，兼家弟拜万寿回，趺宕杯酒间，意气差自强。……秋来校正拙集，鱼豕之误八百余字。增入说部六卷，所谓《卮言》别集者，易之曰《宛委余编》而斥《盛事》《异典》别行之，公家赐小珰宫姬事，亦增录矣。集所以名四部者，赋、诗、文、说为部四耳。亦《七略》遗例也。

初读此段文字，不知是写于《四部稿》付梓之前抑或其后？如果考察出此封信写于何时，便疑惑自解。信中提及一个重要时间信息——“近始举一孙”事的时间。王世贞在写给多位朋友的信中情不自禁地言及此事：

家弟赍捧还，力欲乞休，尼之不可，今已杜门。……仆于九月举一孙，杯勺益自迫，焚香烹茗，展法书名画，信步花竹间，调赤白鹦鹉，俯碧澜，施食朱鱼，甚适。①

秋中，得足下及杨使君书，云：已买舟将访我海上，急麾阿段涤弇园一片石，以待及使者将手教。……仆自入夏，移息兹园，有法书、名画、古翫之属，暇则步屧松竹间，听鸟声，临清溪垂钓，调赤白鹦鹉，又有白鸜鹆作参军语，间一过家，课大儿文义、次二孺，风气日上。九月幸举一孙，里社杯酒，大足藏身。唯文字夙障未尽，往往供人役。②

两封书关于“举一孙”事，有两点所言一致，其一时间为“九月”，其二纵情于家内园林之间。即这个九月非在郧阳任上。万历四年九月，王世贞被吏部弹劾而夺俸③，然仍在郧阳；十月被刑部弹劾令回籍听用④，冬日方回到郧阳⑤。回籍即修弇园，使之成东南园林一名胜。夏入弇园（信中言“自入夏，移息兹园”一弇园前身），

① 《续稿》卷一百九十五文部书牍“李本宁参政”。

② 《续稿》卷一百九十二书牍“吴明卿”。

③ 《明实录》万历四年九月条：“甲午，夺抚治郧阳右副都御史王世贞俸，以荐举涉滥，为吏部所纠也。”

④ 《明实录》万历四年十月条：“戊辰，罢福建巡抚都御史刘尧诲、南京大理寺卿王世贞。”《弇州续稿》卷一百四十二《为恳乞天恩辨明考满事情仍赐罢斥以申言路疏》：“臣于万历四年内。以巡抚郧阳右副都御史转南京大下寺卿，未任，该南京给事中杨节论劾臣。奉圣旨：‘王世贞既操守未亏，着回籍听候别用。’”

⑤ 《续稿》卷一百五十三《祭黎惟敬少参文》：“丙子之冬，纳节归畊。君时起告，访我园亭。”

耽乐于中。故这个“举一孙”的九月，是万历五年的九月。“秋来校正诸集”的秋天也即万历五年秋天，此时有更多闲暇时间认真校读武汉付梓的《四部稿》。

这次校正王世贞做了三大改动，首先是增入说部六卷（如前文所述增入《宛委余编》六卷，扩增后成为十九卷）其次删去《盛事述》《异典述》各三卷，共六卷。使《弇州山人四部稿》成为通行的一百八十卷本，并改正了八百多个错别字，令其成为了《四部稿》一百八十卷的最佳善本。这个本子最早刊本为万历五年无序本。[①] 刻地即太仓王世贞家，刻坊名为世经堂，刻工师为唐尹。

**万历五年秋之后，增添异手所刻汪序和少量音韵批释，形成新版一百八十卷音韵批释本。**

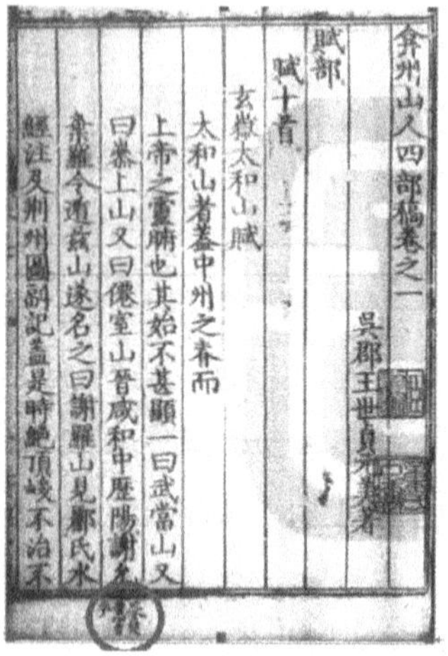
弇州山人四部稿卷之一
吳郡王世貞元美著
賦部
賦十首
玄嶽太和山賦
太和山者蓋中州之鎮而
上帝之靈祠也其始不甚顯一曰武當山又
曰篸上山又曰僊室山晉咸和中歷陽謝允
舍羅令遁兹山遂名之曰謝羅山見酈氏水
經注及荆州圖副記盖是時絶頂峻不治不

2013 年 8 月，笔者在国家图书馆发现一百八十卷有汪道昆序的善本书《弇州山人四部稿》，索书号 9151。这部一百八十卷《四部稿》奇怪处有三。一是页上下有眉批与页脚批（写于页底边外的批语）。如第一页页脚下批注：“篸楚簪切音参”。又如第三页眉批注：“瀳音，金黄色也。黄帝素问天有五气，黅天之气于心尾”等。二是，行中有夹批。从字体看，插入的批语为刻字，且出于一人之手，内容侧重于音义。三是，该书正文前的汪道昆序，与其他《四部稿》前的序文有明显差别。该书序文中间“特闻荚士摛辞，成籍具在，诸贾生近之矣”。而其他《四部稿》序文则为：“特闻荚士摛辞，成籍具在，方诸贾生近之矣”，多出一“方”字。不仅多出一字，两篇序文笔迹粗看相同，似出乎一人之手，然细细查对，个别字笔迹异形，如“特”、“具”、“而”等。（见图 1、2）序文结尾文字出入较大，批释本仅有‘汪道昆’三字，无书写者地望姓名，更无印章。其他本有“吴门周天球书”，且有三枚印章“汪氏白玉”（伯玉）、“司马侍中”、“周氏天球”。（见图 3、4）还有两点十分重要，即后者全页竖线，页左下角有“唐尹刻”三字，而前者除“道昆序”三字写在竖线内，无竖线，无“唐尹刻”三字。这说明该书序文与他书汪道昆序文并非一位刻工所刻，而是出于两位刻工之手。很有可能序文是后来加上去。这表明这个音韵批注本起初没有汪道昆序，是后来找刻工

① 见拙文《〈弇州山人四部稿〉版本发现与考辨》，《文献》待发。

补上去，故而出现了上述不同现象，从而在《四部稿》版本史上，出现一种不同于他本的新版本，其出现的时间未见文字明确记载，因其底本为万历五年秋删去《盛事述》《异典述》六卷本之后家刻新本（无序一百八十卷）本，故而推知其修刻时间当在万历五年秋以后。具体时间尚难确定。

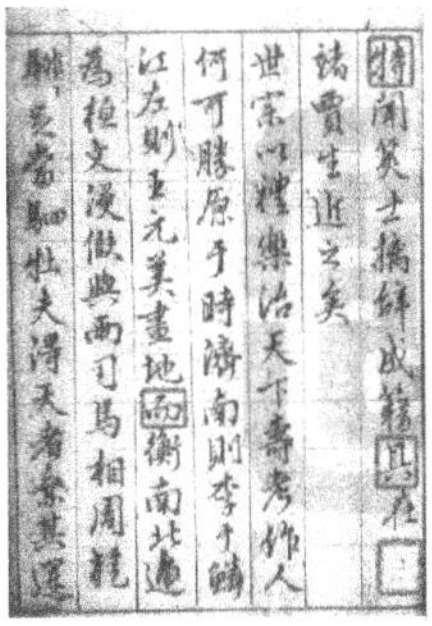

（图 1）

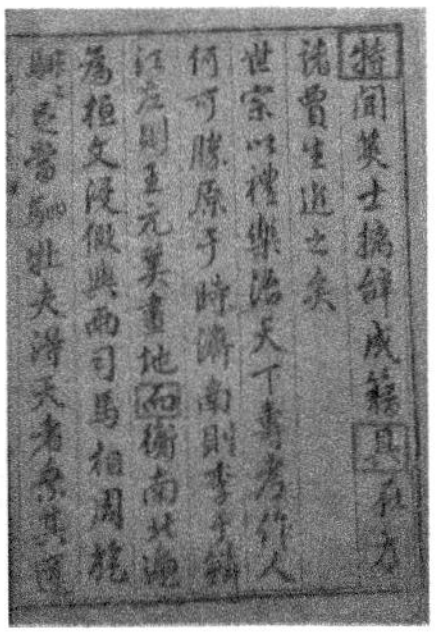

（图 2）

（图 3）

（图 4）

**万历六年后，出现以一百八十卷本为底本，删去《燕语》《家乘考误》六卷，而形成的一百七十四卷《四部稿》本。**

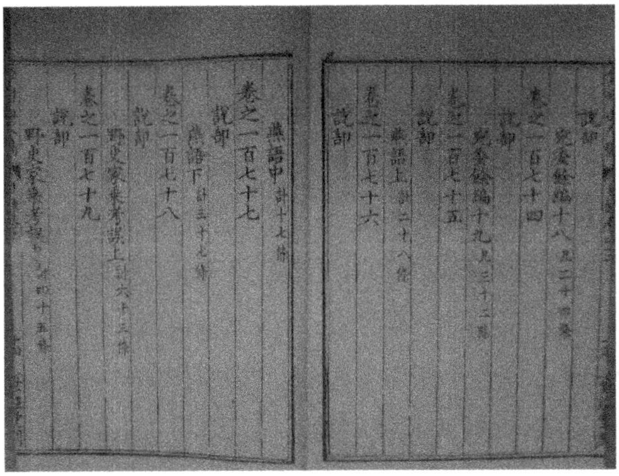

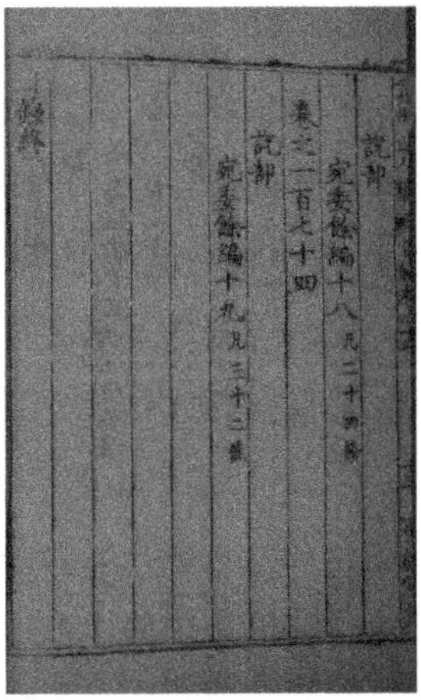

这个一百七十四卷本与一百八十卷本为同一底本，最明显不过的事实是不仅字体笔形与版式相同，而且就连印于版体中的两道横向裂痕（横向版裂痕）都丝毫不差。说明一百七十四卷本是以一百八十卷无序本为底本的，所不同的是一百七十四卷后的《燕语》上中下三卷与《野史家乘考误》的上中下三卷都被删去，到第一百七十四卷而终。故而这个版本当在一百八十卷无序本之后。然具体何时拿去最后六卷，却未见相关文字记载而不得知。

**万历十四年末，一百七十四卷《附遗家兄元美书》本梓成，此本或许是一百七十四卷本的最早刻本或最后审定本。**

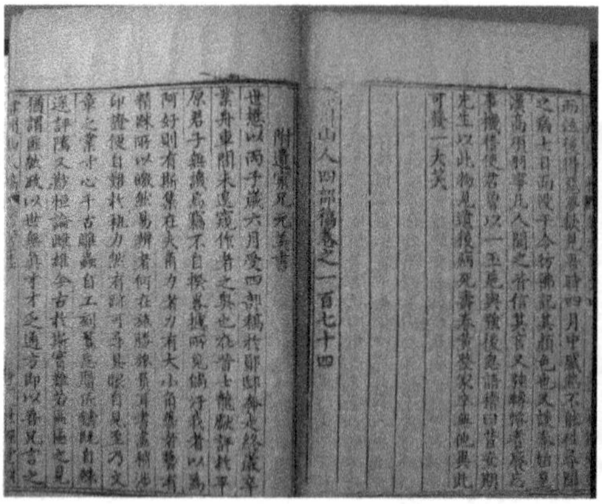

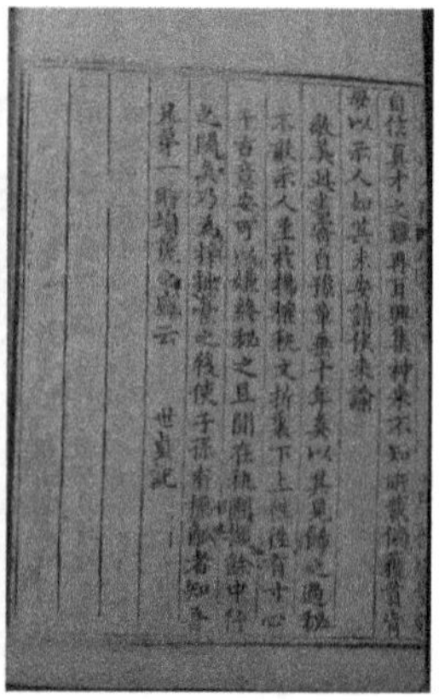


一百七十四卷本形成的具体时间因未见文字记载而不得知，王世贞记载这个版本的最早文字当是附于书末尾的《附遗家兄元美书》与《世贞记》。这是一百七十四卷《四部稿》的独特版，是王世贞特意令刻工将这二篇文字付刻于 174 卷后的(非书商所自为)。因书末尾有一篇《世贞记》,《世贞纪》云:“且闻在艺圃撷余中，行之闽矣，乃为梓拙稿之后，使子孙有操觚者，知吾兄弟一时埙篪之盛云”。那么王世贞是何时将这两篇文字附刻于书后的呢?《世贞记》云:“敬美此书寄自豫章，垂十年矣。”豫章即江西，世懋任职江西是万历四年事。万历四年五月末前往江西赴任绕路至郧阳，世贞将新刻《四部稿》送弟一部，世懋在《遗家兄元美书》中也讲明“奔走终岁”，当是万历四年末或万历五年初。十年后梓《四部稿》附刻之，时间当为万历十四年末，或十五年初。不排除一百七十四卷稿于此年梓成的可能。因为这是见到的能证明一百七十四卷本出自世贞之手的唯一可靠文字，同时也不排除这是王世贞最后审定的《四部稿》本的可能，因为它距万历五年末、六年初的无序一百八十卷本时间过长的缘故。

**万历十五年后的，于一百七十四卷末，增添《史乘考误》《皇明盛事述》《皇明异事述》《皇明异典述》十六卷，成一百九十卷《弇州集》**

2013 年 7 月末，笔者于上海图书馆发现线善 750447－506 的《弇州集》，原以为是王世贞著作的选集，待书到手，发现封面为“弇州集”三个楷体大字，正文却是“弇州山人四部稿目录卷之一”。与无序本《弇州山人四部稿》纸张、版式、字体、墨迹、装订(五眼装订)完全一致。而令我惊诧不已的是，该书目录卷一百七

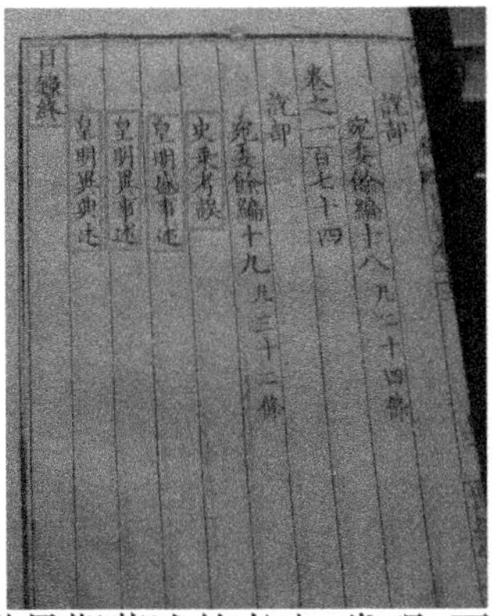

十四卷后，再列“史乘考误”、“皇明盛事述”、“皇明异事述”、“皇明异典述”。正文于一百七十四卷后紧接“史乘考误”七卷，“皇明盛事述”三卷，“皇明异典述”五卷，“皇明异事述”一卷。这十六卷的字体、版式、墨迹、纸张、装订与前一百七十四卷同版。于是《弇州集》实为一百九十卷。我在此前的一篇文章《〈弇州山人四部稿〉版本发现与考辨》中，认为形成此书的原因有两种可能，或为王世贞最早《四部稿》，或为后人在原稿基础上所加。经本文首章对王世早期著述的考查，发现，万历三年前，《宛委余编》仅有十三卷，而一百七十四卷本中的这两部分已达十九卷，显然要比十三卷时间晚。而这个一百九十卷的《弇州集》，是以一百七十四卷为底本的，即《宛委余编》也是十九卷，说明后十六卷是晚些时候添加进去的。时间当在附《遗家兄元美书》本的万历十四年之后。

综观《四部稿》九次易稿，变化多集中于第 144 卷之后。内容为《艺苑卮言》《宛委余编》《燕语》《野史家乘考误》《盛事述》《异典述》《异事述》《史乘考误》八种书。前两种内容是增加，后六种是一次次地被剔除。共剔除四次，第一次万历五年秋，“易《盛事》《异典述》，别行之”；第二次为万历十四年，删《燕语》《野史家乘考误》六卷，而成一百七十四卷；第三次增《史乘考误》《盛事述》《异事述》《异典述》十六卷，从存本极少看，当流行不久而再删去。前两种虽属“论”部，然性质皆为文学之体，《艺苑卮言》为艺评。《宛委余编》实为花鸟草虫与生活忌俗的考述，为助读诗文所用，也为文学之辅。而后六种实属史料或史料的补充，因王世贞自幼酷爱稗史异闻，从起名“盛事”“异事”也可窥出其内心对盛、异事的偏爱，故收入《四部稿》。然而《四部稿》是一部文学类总集（那时的序、跋、传、记、碑、铭、疏、牍之类应用性文也在文部范围，即后人所谓的大文学概念，只小说不登大雅，也不入总集目）。因史类不在《四部稿》收入范围，故王世贞对后六类总心有不甘，然从十余年间，一次次将其剔出《四部稿》的过程观之，他的文学体观念趋于日渐清晰之态势。

# 《弇山堂别集》万历庚寅金陵本献疑[①]

吕 浩

(上海交通大学人文学院,上海,200240)

**[内容摘要]**《弇山堂别集》版本系统较为复杂,图书馆著录的万历十八年刻本实际上包含两个版本:翁良瑜雨金堂刊本、万历庚寅复刻本。翁良瑜雨金堂刊本才真正是万历十八年刻本,而万历庚寅复刻本应晚于雨金堂刊本,即晚于万历十八年。万历庚寅复刻本末有"大明万历庚寅孟冬穀旦金陵镌行"牌记,这个牌记属伪托。

**[关 键 词]**版本;万历庚寅;别集

王世贞《弇山堂别集》(以下简称《别集》)是一部史料集,之所以称"别集",王世贞在《弇山堂别集小序》中说:"名之别集者何?内之无当于经术政体,即雕虫之技亦弗与焉,故曰别集也。"[②]然而,史料称为别集,的确不合通例。因而清人周中孚《郑堂读书记》以"盖不知诗文之当称别集也"[③]相讥讽。陈文烛《弇山堂别集序》:"其称别集者,盖元美诗文有弇山堂正集,而此则国朝典故,比一代实录云。"[④]也觉得"别集"之称不够妥帖。当然,王世贞也曾用"外集"这个名称,他在给舍人邹孚如的信中说:"仆《外集》百卷,多载国朝事,其弹骘《史乘误》仅十三卷耳,刻之留都书肆中,闻已完,尚未见之。"[⑤]在王世贞看来,别集与外集每不相别,他在给一位姓阮的前辈写信说:"刻其别集外集数卷,而名小挫矣。"[⑥]在《资德大夫南京兵部尚书参赞机务东沙张公墓志铭》中说:"(张时彻)所撰《芝园集》外集别集若干卷,《宁波府志》、《定海县志》若干卷,所辑《皇明文范》若干卷,《文

① 项目资助:国家社科基金重大项目"《王世贞全集》整理与研究 12&ZD159"。

② (明)王世贞:《弇山堂别集》序,翁良瑜初刊本,第 1 页。

③ (清)周中孚:《郑堂读书记》卷十九,民国吴兴刘氏嘉业堂刊本,第 24 页。

④ (明)王世贞:《弇山堂别集》陈序,翁良瑜初刊本,第 1 页。

⑤ (明)王世贞:《弇州山人续稿附》卷五,明刻本,第 3 页。

⑥ (明)王世贞:《弇州山人续稿》卷二百七,明刻本,第 16 页。

苑》若干卷,俱行世。"[①]此二处别集、外集所指没有区别。

《别集》初刊者为翁良瑜,刊出时间为万历十八年,其证据有以下几点:

一是序言。收录于《弇州山人续稿》的《弇山堂别集小序》曰:"寻得间出之,编次成帙,凡九十卷,携来金陵署中。梓人翁生见而异之,固请付剞劂。"[②]携去金陵的书稿因翁良瑜的"固请"才得以付梓,因而翁良瑜刊本为初刊。《小序》末有"秋官尚书吴郡王世贞撰"字样,可知王世贞携书稿去金陵署中指的是他赴任南京刑部尚书。

二是印章。《别集·小序》末有"大司寇章",也指示的是南京刑部尚书一职。

三是《别集》内容。《别集》所涉史料有万历十八年者两处:《别集·奇事述·大臣姓名同》"两陈于陛。万历十八年,一为詹事学士,一为左副都御史班正。"[③]《别集·南京都察院右都御史表》"孙丕扬,陕西富平人。由进士,万历十八年。"[④]这两处史料表明《别集》刻成的时间下限是万历十八年。而王世贞携书稿赴南京刑部尚书任是在万历十七年,他于万历十七年八月二十五日抵金陵,因而《别集》刊刻时间应是万历十七年下半年至十八年上半年。之所以把下限定在十八年上半年,原因有三:一是万历十八年正月升太常寺卿陈于陛为都察院左副都御史。[⑤] 二是孙丕扬由南京都察院右都御史乞休回籍在万历十八年七月丙午。[⑥]三是陈文烛给《别集》写序是万历十八年岁末,而《别集》翁良瑜雨金堂本原无陈序,陈序系后增入。

综上可知,《别集》翁良瑜雨金堂本系初刊本,刊出时间为万历十八年。然而这个结论得不到王世贞碑志及行状的支持。

王锡爵《太子少保刑部尚书凤洲王公神道碑》:"公所著有《四部稿》,世已刻行。《四部》有后集,未刻。有别稿,未删定,藏于家。"[⑦]王士骐《明故资政大夫南京刑部尚书赠太子少保先府君凤洲王公行状》:"所著有《弇州四部稿》,行于世,

① (明)王世贞:《弇州山人续稿》卷九十四,明刻本,第6页。

② (明)王世贞:《弇州山人续稿》卷五十四,明刻本,第21页。

③ (明)王世贞:《弇山堂别集》卷十六,翁良瑜雨金堂刊本,第14页。

④ (明)王世贞:《弇山堂别集》卷五十三,翁良瑜雨金堂刊本,第6页。

⑤ 见《明神宗实录》卷二百一十九"万历十八年正月己酉"条。

⑥ 见《明神宗实录》卷二百二十五"万历十八年七月丙午"条。

⑦ (明)王锡爵:《太子少保刑部尚书凤洲王公神道碑》,见《四库禁毁书丛刊》中集部《王文肃公文集》五十五卷之卷六。

《续稿》与前相埒，外有《续琬琰录》、《觚不觚录》、《朝野异闻集》及别稿之未删定者，藏于家。”①皆以“别稿”指称《别集》，或是遵循通例的需要②，然而“未删定”不知何据。因为在王世贞去世之前，《别集》应该已经刊行，在这种情况下仍称“别稿”且“未删定”，就不得不说是要否定《别集》翁良瑜雨金堂初刊本的存在了。

其缘由还得先从《弇山堂别集》的成书及版本问题入手。《别集》首列《皇明盛事述》、《皇明异典述》、《皇明奇事述》、《史乘考误》诸篇，这些篇目在《弇州山人四部稿》及《续稿》都有不同规模的涉及，后来也大都收录在《弇州史料》中，足见王世贞及其后学对这部分内容的重视。明世经堂刊本 180 卷本《弇州山人四部稿》收有 3 卷《野史家乘考误》，174 卷本后有《史乘考误》7 卷、《皇明盛事述》3 卷、《皇明异典述》5 卷、《皇明异事述》1 卷，虽卷数与《别集》不同(《别集》三《述》加上《史乘考误》共 30 卷)，且内容也有较大出入，但它们的承袭关系明显，在一定程度上体现了《别集》成书之前的面貌。《别集》成书之前的一个典型事件就是《四部稿》后附部分被剥离。王世贞致信徐孟孺曰：“所谓《卮言》、《别集》者，易之曰《宛委余编》，而斥《盛事》、《异典》别行之，公家赐小珰宫姬事亦增录矣。”③这时被编入《宛委余编》的“别集”内涵与后来刊行《别集》内涵相去甚远。被斥别行的《盛事》、《异典》是否成为单行本行世？我们还没有发现直接相关文献证据，但“别行”一语多少透露出《盛事》、《异典》等资料后来的归属。王世贞赴金陵履任，是《别集》成书过程中的关键事件，王世贞为何要把九十卷的书稿携去金陵？④刊刻行世应是原因之一，否则梓人翁良瑜也不会得见书稿，王世贞还要把翁良瑜说成是“懵于什一息也”的贾人。当然，贾人就是贾人，《别集》初刊的确不够精细，王锡爵《弇州山人续稿序》：“《四部》外有《弇州外集》者，出贾人手，稍增损驳乱。其间，诸子乃聚诸同志特就原稿订疑刊谬，不以己意有所甲乙。”⑤可见诸子对翁良瑜初刊本很不满意，还要聚众“就原稿订疑刊谬”。“订疑刊谬”的时间应

① (明)王士骐：《明故资政大夫南京刑部尚书赠太子少保先府君凤洲王公行状》，明刻本。

② 周中孚《郑堂读书记》曾讥讽王世贞把史料名为“别集”不合通例，说详上文。

③ (明)王世贞：《弇州山人续稿》卷一百八十二，明刻本，第 18 页。

④ 收录《弇州山人续稿》的《弇山堂别集小序》言书稿九十卷携去金陵，而经翁良瑜雨金堂刊刻后的《别集》为一百卷。

⑤ (明)王锡爵：《王文肃公文集五十五卷》(四库禁毁丛刊·集部)，《弇州续稿序》卷一，第 12 页。

是在王世贞去世之后，上文引王士骐《行状》也能说明这一点。

既然翁良瑜初刊本“增损驳乱”，需要“订疑刊谬”，那么刊谬后的本子是否传世？国家图书馆藏有郑振铎先生捐献的《别集》，这个本子藏书号为 XD3310，板式与翁良瑜初刊本相同，字形与边栏断线等也与初刊本同，内容上只是针对初刊本中的“讹误”进行了挖改，如初刊本卷一页 13“安陆侯吴復二女”，挖改本作“安陆侯吴復二孙女”，挖改本是。但挖改本对《小序》的改动就有些蹊跷，如初刊本“梓人翁生见而异之”，挖改本作“乃好事者见而异之”；初刊本“其用如是而已。而翁生者乃欲强以灾木，何也？惜乎，吾见若之懵于什一息也”，挖改本“其用如是而已”后几句径删。这种改动无非是去除了初刊本中翁良瑜的信息，包括陈文烛序中的“翁生叔佩者”也被挖改成了“梓生叔珮者”（当然，此处改动不够彻底，叔佩是翁良瑜的字）。甚至卷首“太末翁良瑜叔珮校梓”、卷末“斯集刊于南京国子监前买者须认仁山翁氏雨金堂卖书处三字为记”等牌记也在挖改本中被挖去，这样的挖改足以表明对翁良瑜刊本的不满意。谁是挖改者？应该不是翁良瑜。王锡爵《弇州山人续稿序》：“公自司寇归，病亟。裒所未刻，以付其少子骏。俄而，骏没。长子驾部君续其事，两阅岁而集始成。先是，《四部》外有《弇州外集》者，出贾人手，稍增损驳乱。其间，诸子乃聚诸同志特就原稿订疑刊谬，不以己意有所甲乙。”①这里的“《弇州外集》”就是指《别集》，“出贾人手”是指翁良瑜刊刻，言语之间对翁良瑜刊本的不满意也很明显。因而，挖改可能系诸子或诸同志所为。② 初刊本《别集》：“臣又见大学士王锡爵之辨疏内举祁奚为言……锡爵为相三年矣，不闻与人为善，而闻与人饰非，自锡爵趋邪，而忠臣贤士悉被斥远，而佞夫险人躐跻显要。”③在挖改本中改成了“臣又见大学士王某之辨疏内举祁奚为言……某为相三年矣，不闻与人为善，而闻与人饰非，自某趋邪，而忠臣贤士悉被斥远，而佞夫险人躐跻显要”④。可以推测，即便挖改者不是王锡爵本人，也与他关系非同一般，正能印证“诸子乃聚诸同志特就原稿订疑刊谬”之说。

挖改本虽然挖去翁良瑜，却在板心还保留着“雨金堂”，因而挖改本还是不能

① （明）王锡爵：《弇州续稿序》，见四库禁毁丛刊集部《王文肃公文集五十五卷》之卷一。

② 国家图书馆藏有《皇明盛事述》明抄本，内容上最晚涉及到万历二十年，很可能与王家诸子及诸同志者“就原稿订疑刊谬”有关。这个问题另文讨论。

③ （明）王世贞：《弇山堂别集》卷八十四，翁良瑜雨金堂刊本，第 29—30 页。

④ （明）王世贞：《弇山堂别集》卷八十四，雨金堂本挖改本，第 29—30 页。

遮蔽翁良瑜初刊本，于是复刻成了必选项。书末有“大明万历庚寅孟冬榖旦金陵镌行”牌记、板心有“蔡朝光刊”的复刻本是在挖改本基础上诞生的本子。① 复刻本不仅没有翁良瑜初刊本的各式牌记，在边框线和版心等处都与初刊本有所不同。这个复刻本是本文主要的讨论对象，讨论涉及书末的牌记、刻工蔡朝光、边栏线等问题。

## 一、关于牌记

复刻本书末有牌记曰“大明万历庚寅孟冬榖旦金陵镌行”，“万历庚寅”即万历十八年，“孟冬”即农历十月，“榖旦”即良辰吉日。按照这个牌记，这个版本刊刻于金陵的一个镌行，完工于万历十八年十月的一个吉日。国内外各大图书馆把这个版本登记为万历十八年刻本，根据就是书末的这个牌记。然而，这个牌记十分可疑。主要疑点是这个复刻本与翁良瑜初刊本几乎同时，且都是在金陵刊刻，不合情理。上文谈到翁良瑜初刊本与挖改本，这两个本子与复刻本究竟关系如何，我们先从内容上做一些比较。

1. 初刊本《小序》页三“梓人翁生见而异之”，挖改本作“乃好事者见而异之”，复刻本同挖改本。

2. 初刊本《小序》页三“而翁生而翁生者乃欲强以灾木，何也？惜乎，吾见若之懵于什一息也。”挖改本无此几句，复刻本亦无。

3. 初刊本陈《序》页一“翁生叔佩者”，挖改本作“梓生叔佩者”，复刻本同挖改本。

4. 初刊本卷一页六“未之逝国”，挖改本作“未之逝国封”，复刻本作“逝未受封”。

5. 初刊本卷一页七“雍靖王祐樒”，挖改本作“雍靖王祐枥”，复刻本同挖改本。

6. 初刊本卷一页八“平阳西河等王四位共一十二位”，挖改本作“平阳西河等王共一十二位”，复刻本与挖改本同。

7. 初刊本卷一页十三“安陆侯吴復二女”，挖改本作“安陆侯吴復二孙女”，复刻本同挖改本。

---

① 挖改本中“改正”初刊本的部分大都在复刻本中得以保留。

8. 初刊本卷一页十五“荆八王”，挖改本作“荆七王”，复刻本同挖改本。

9. 初刊本卷一页十六“直丘”，挖改本作“真丘”，复刻本同挖改本。

10. 初刊本卷一页十八“定国徐景昌”，挖改本作“定国徐景昌翊国郭勋”，复刻本同挖改本。

11. 初刊本卷二页五“凡十九家共四十一人然无俱在内阁及至一品者唯许襄毅进在正德中赐玉带及王公华生时受伯封可称父子腰玉耳杨少师博第四子俊卿今为都督同知虽文武异途亦并腰玉内王与林及见子为尚书詹许二家俱为太宰倪氏俱为学士林氏俱为司成而许父子兄弟共四人林三代四人尤为卓异燕府左长史朱復初为燕相位尚书上后特赠尚书子睿仕至刑部尚书亦可附见右都御史赠兵部尚书王忬南京刑部尚书世贞少师太子太师吏部尚书杨博户部尚书俊民”，挖改本作“少师太子太师吏部尚书杨公博户部尚书俊民南京礼部尚书孙公陞南京吏部尚书鑨先父都察院右都御史王讳南京刑部尚书世贞凡二十二家四十七人内詹许俱太宰倪氏俱学士林氏俱司成又朱復为燕府左相位尚书上而子濬为刑部尚书杨公博为少师而次子俊卿至都督同知虽文武异途然俱腰玉皆可纪也”，复刻本同挖改本。

12. 初刊本卷二页七“吏部尚书宗伊少师吏部尚书杨公博兵部左侍郎俊民兵部尚书李公燧”，挖改本作“吏部尚书宗伊署兵部尚书李公燧”，复刻本同挖改本。

以上数条足以证明复刻本与初刊本、挖改本之间的传承关系，即初刊本在前，挖改本在后，复刻本又在挖改本之后，且复刻本参照了挖改本无疑。

从时间上说，初刊本不会早于万历十七年末，因为翁良瑜得见《别集》书稿的时间是在王世贞赴南京就任刑部尚书后，而王世贞在万历十七年八月二十五日才抵达金陵。因而翁良瑜初刊本的完成时间为万历十八年比较可信[①]，陈文烛给《别集》写序是在万历十八年冬，这时的《别集》恐怕只有初刊本。而挖改本与复刻本在万历十八年之后无疑，挖改与重刻的原因上文已经说明，这就意味着复刻本后的那个牌记系伪托。为什么要伪托？

伪托的目的或是要掩盖翁良瑜初刊本的存在，那么这个初刊本除了“稍增损驳乱”，还有什么问题呢？翁良瑜初刊本卷十六页17“叔姪名位事体相同”条下曰：“潘珍与从子旦，壬戌、乙丑登第。珍以兵左侍理部事，旦以兵左侍督两广，同

① 《别集》初刊本中有两条“万历十八年”的史料。

岁议安南，忤旨，归。珍戊申卒，年七十二，赠右都御史；上己酉卒，年七十四，赠尚书。”其中的“上”字为“旦”字之误。初刊本竟然误刻作“上”，这已经不仅仅是避讳的问题了，倘若以此本行世，王家迟早会大祸临头。更有甚者，初刊本卷三十一页3太祖谥号“开天行道肇纪立极大圣至神仁文义[武]峻德成功”漏刻了“武”字，也似有大不敬之罪。这些错误在挖改本中已得到更正，但挖改本也不尽善。如初刊本卷二十六页16行10“上”字前未依例空格避讳，挖改本未改。初刊本卷三十页1行17“上”字亦未避讳，挖改本同。另外，初刊本卷二十八页12行3“旨”字前有一空格，挖改本于空格处补“怀”字，反而造成了不避讳。重新刊刻《别集》，且拟定牌记为“万历庚寅”，再加上在王世贞碑志及行状中不提《别集》初刊本的存在，这些做法或者是为避祸不得已而为之。

因而以上论及《别集》版本可能的情形是，王家不满翁良瑜初刊本“增损驳乱”，“诸子乃聚诸同志特就原稿订疑刊谬”，最初的做法很可能就是在原版上挖改更正，形成了《别集》挖改本。之后发现挖改难以遮蔽初刊本的信息，如版心“雨金堂”字样及不少版心中的字数信息，便索性重刻了《别集》，初刊本的刻工刘岳、王应龙等在复刻本中换成了蔡朝光，还在书末刻上了牌记“大明万历庚寅孟冬穀旦金陵镌行”，遮蔽了万历十八年的翁良瑜雨金堂初刊本。

## 二、关于刻工与版式

复刻本中所见刻工只有蔡朝光，而这位刻工不见于《古籍刻工名录》①、《明代刊工姓名索引》②，牌记中的“金陵镌行”也未说明刻坊名称，这些信息几乎是无效信息。也许正是这些无效信息能在一定程度上掩盖这个版本刊刻的时间与地点，以达到用复刻本遮蔽和替代初刊本的效果。

复刻本板式信息在图书馆的著录是：白口单黑鱼尾四周单边10行20字。这个信息中只有“四周单边”与初刊本及挖改本不同，初刊本与挖改本是左右双栏。然而，复刻本“四周单边”这个信息并不十分准确，原因是复刻本部分页面也是“左右双栏”。左右双栏线见于以下页面：卷三十一页1—8，页10，页13—16，页19—20；卷三十二页19—20；卷三十三页13—20；卷三十四页1—2；卷三十七

① 张振铎：《古籍刻工名录》，上海：上海书店出版社，1996年。

② 李国庆：《明代刊工姓名索引》，上海：上海古籍出版社，1998年。

页1—4;卷三十八页21—22,页27—28;卷三十九页1—6;卷四十页1—2,页13,页19—20;卷四十一页1—6;卷四十四页1—2,页5—6,页13—14;卷四十六页1—10,页13—14,页19—24;卷四十七页3—4,页12,页15—18;卷四十八页1—2,页5—6,页8,页13,页15—16;卷四十九页1—4,页11—12,页14—15;卷五十页1—6,页8—9,页25—26;卷五十九页1—4,页9—19;卷六十页1—12,页15—16;卷六十一页6;卷六十二页1—6,页13—14,页17;卷六十三页13—14;卷六十四页5—6,页11—12;卷六十五页1—10;卷六十六页15—16,页19—20;卷七十页1—4,页9—12;卷七十二页11—12;卷七十六页9—10;卷七十七页23—24;卷八十四页2—6;卷八十九页1—4;卷九十一页9—10。以上左右双栏的页面共193页,占全书的8.6%,这个比例不算太小,也不应被忽略。象《别集》复刻本这样,同一版本而板式形制不同者也算是罕见了。

这些左右双栏的页面有什么特别之处吗?我们把复刻本左右双栏的页面跟初刊本及挖改本相应的页面做了比较,发现复刻本这些左右双栏的页面也是重新刻版,而不是我们原先猜想的那样,即直接移植初刊本的板。这些左右双栏的页面大多集中在"帝系"、"诸王"、"亲王"、"郡王"及各类"表",初刊本的这部分内容最不易出错,换句话说,这部分内容几乎不需要挖改或复刻。既然复刻了,为什么还要自坏板式,刻出一些左右双栏的页面呢?通过仔细对照,我们发现,复刻本对挖改本板式的模仿显得十分突出。[①] 这种模仿表现在以下几方面:

一是内容的断续与换行。初刊本、挖改本与复刻本均存在一些非正常断续与换行之处,如复刻本卷六十一页8正文中间有6个空行,挖改本同。复刻本卷六十三页7、页12都有多个空行,挖改本同。复刻本卷六十四页5换行很不正常,中间还有空行,挖改本同。复刻本卷六十四页14非正常换行,挖改本同。

二是板心页码下的横线。初刊本与挖改本不少页面板心下部刻有当页字数,字数上方刻有一道横线。复刻本虽很少刻有字数,但不少页面板心下部还刻有一道横线。如卷三十一页1、15、16,卷三十三页6—10、页13—20,卷四十三页5、6、9、10等页面板心下部皆有横线。有类似横线的页面共有53页。

三是板心下部刻当页字数。初刊本不少页面板心下部刻有当页字数,复刻

① 从版式上说,挖改本版式实际上也代表着初刊本的版式。为行文方便,下文谈重刻本模仿问题时只用"挖改本"。

本也有少量页面有，如卷四十页一板心刻“三〇六十三”，表示该页有 363 字（实则 360 字）。复刻本板心刻字数的页面共有 65 页。

当然，在字形上，复刻本对挖改本的模仿也是十分突出，包括一些讹俗字形。初刊本每卷第一页都记为“乙”，复刻本一般记为“一”，但复刻本卷四十三与卷五十二第一页都记为“乙”。初刊本各卷首一般都注明“吴郡王世贞元美著”，但个别卷首为“吴郡王世贞元美编”，如卷三十七、卷三十九、卷六十六、卷六十九、卷八十六、卷九十、卷九十六皆标注为“吴郡王世贞元美编”。复刻本也是上述各卷标注为“吴郡王世贞元美编”。更明显的是，复刻本在卷八十六、卷九十两处的“编”字作“編”，也是模仿挖改本。“元美”的“美”字作“美”或“羙”，复刻本也照样模仿。就是明显错误，复刻本也照搬，如挖改本卷三十八卷首“吴郡王世贞元着著”，“着”字系“美”字讹，复刻本依旧刻成了“着”。另外，初刊本及挖改本卷三十一页二上的符号“⊛”，复刻本在相同位置刻了相同的符号。①

既然复刻本在诸多方面模仿挖改本，那么它在“左右双栏”上模仿初刊本也就成为很自然的事了。这些模仿可以说是复刻本以挖改本为底本的见证，也是挖改本在复刻本上留下的烙印。

通过以上分析，复刻本在《别集》版本系统中的位置已经很清楚，其书末的牌记应属伪托。这个版本究竟刻于何时，一时难以考定。但从王家聚众修订《别集》这件事来看，重刻《别集》必是不久以后的事，因而这个复刻本若著录为万历本应该问题不大。

---

① 当然，重刻本也不是一切都照搬，个别地方与挖改本也不一样。如挖改本卷三十三页十四“正德二年正月初五日薨”，重刻本“薨”字的位置是墨块。“薨”字不属避讳，且该页他处也有“薨”字，不明此处为何以墨块替代“薨”字。

# 历史意义的遮蔽与彰显:《四库全书》“序跋”删改探论①
## ——以王世贞、杨维桢文集为例

魏宏远

(兰州大学文学院,甘肃兰州,730020)

**[内容提要]**《四库全书》删改收书序跋,意图通过政治权力对文化意义的生成进行干预。古人文集的序跋随着刊印次数的增多会不断增多,序跋对文本意义的生成有着导向作用。《四库全书》对收书序跋、目录等进行删汰,虽经重新誊抄,却改变了原书的版式、字墨、牌记等历史信息,使原书丧失了自身所携带的历史文物性、真实性,成为无历史印痕的“裸书”。四库馆臣再通过《四库总目提要》的撰写,对这些“裸书”进行重新阐释,从国家意志层面对新意义的生成予以引导。

**[关 键 词]**《四库全书》;王世贞;序跋;文本意义

古代典籍承载着历史记忆和民族精神,古籍的完损关乎着国运,陈登原《古今典籍聚散考》云:“盖文献之散佚,一固足伤国家之体面,一亦足以损民族之精神。”[1]502 历代治国者对古代典籍都非常重视,乾隆皇帝为了所谓的“励臣节,正人心”历时九年而成《四库全书》,不过在陈登原看来,“所谓《四库全书》者,在辑集古书以外,且为艺林制一浩劫矣。其所禁者,则散焉佚焉;其所取者,则残焉伪焉。”[1]129《四库全书》对收书进行重新编纂是否造成了古籍的“散佚”与“残伪”?四库馆臣以“违碍”、“狂悖”之名对收书进行禁毁、抽毁、删改和涂改。鲁迅在《病后杂谈之余》中愤言:“清人纂修《四库全书》而古书亡”。不过今天也有人认为《四库全书》所禁毁的主要是“明末清初”之书,持这一观点者往往引用陈寅恪先生的话:“然清室所最忌讳者,不过东北一隅之地,晚明清初数十年间之记载耳。其他历代数千岁之史事,即有所忌讳,亦非甚违碍者。”②也有学者提出:“过去人

---

① 基金项目:国家社科基金重大招标项目“《王世贞全集》整理与研究”(12&ZD159)阶段成果。

② 陈寅恪:《金明馆丛稿二编》,北京:生活·读书·新知三联书店2009年版,第268页。

们对《四库全书》的评价多从现代的政治观、民族观来要求，这是以今律古，今天我们应该从文化价值、历史发展和学术价值等方面来研究和看待《四库全书》”，“应该为《四库全书》正名”①。若为《四库全书》“正名”，应如何从文化、历史和学术的层面来看待《四库全书》?《四库全书》删改收书序跋如果仅仅视为一种通常惯例，那么，四库馆臣删序跋背后的批评意图是否就会被忽略，特别是理解《四库总目提要》对新文本意义的生成也会受到限制。鉴于《四库全书》收书较多，删改序跋情况复杂，为此，本文拟以《四库全书》所收王世贞、杨维桢等文集为例，对这些问题予以探讨。

## 一、序跋：对文本历史的还原及意义阐发

序跋是还原古籍产生时代历史现场的指向标，与正文一起构建起文本产生时的历史时空场景，标明文本的物质性质。一部古籍由何而来，内容是什么？创作者的书写动机何在？这一作品又是如何被刊刻？刊刻过程中出现了什么特殊情况？如此等等，这些问题在序跋中一般都会有呈现，因此，序跋提供的历史信息与文本一起建构起一个完整的意义指向。序跋的主要内容曾国藩《经史百家杂钞・序例》说是就“他人之著作序述其意者”。一般来说，序跋对创作者的思想、作品接受及作品风格等都有论述。吴曾祺《文体刍言》说：“古人每有所作，必述其用意所在，以冠一篇之首。……跋亦序类也，其出，比序为后，其作法亦稍近，惟序有前序后序，跋则施之卷末而已，故取足后之义为名。”其实《史记》中的《太史公自序》、《汉书》中的班固《叙传》都在书后，后来随着古籍的发展无论书的自序、他序，还是整理者、刊刻者的序都放置在了书前。通常情况下序在书前，跋在书后，两者内容略有不同，林纾《春觉斋论文》对此作了区分：“序古书，序府县志，序诗文集，序政书，序奏议、族谱、年谱，序人唱和之诗，则归入序之一门；辨某子，读某书，书某文后，及传后论，题某人卷后，则归入跋之一门”。序一般对全书进行整体说明，跋文内容灵活，或考订，或议论，或叙述成书过程等，其作用与序大致近似。

一般来说，序跋是判断文集刊刻年代的重要指标，序文的年月多有标注，对考察古籍的版本源流及刊刻情况有着重要价值，特别是版本复杂的文集，往往需

---

① 王学泰：《王学泰读史》，合肥：安徽人民出版社，2007年版，第70页。

从序跋来获知版刻刊刻及源流情况。若以王世贞而言,其为一代文坛盟主,作品曾多次刊刻,版本情况复杂,序跋为其文集刊刻时代的判断提供了信息。王世贞的《艺苑卮言》版本众多,其中六卷本前有王世贞的《叙》,署期为“戊午六月记”,说明此序当写于这一时间,十六卷本《艺苑卮言》将此序改为行草,文后署“嘉靖戊午六月吴郡王世贞元美序”,这里的“嘉靖戊午”即嘉靖三十七年(1558),说明六卷本成书于这一时间前后。此外,日本东京大学还藏有《艺苑卮言》的四卷“和刻本”,前有“浪华源善明”的“《重刻艺苑卮言序》”,题“元文己未秋九月”,首页题“大明吴郡王世贞元美著、日本浪华平保国畏天校”,后有“明治廿一年七月二日”题识,由此可知此本当成于“元文己未”,即1739年。王世贞著有《弇山堂别集》,陈文烛《弇山堂别集序》署“万历庚寅冬五岳山人沔阳陈文烛撰”,通过对该书正文尊讳、行款、版式、字墨等的考察,可推知此书应完成于万历十八年前后。此外,陈文烛序文还提供了为何取名“别集”及刻书者的信息,“《弇山堂别集》者,大司寇王元美先生著也。其称‘别集’者,盖元美诗文有《弇山堂正集》,而此则国朝典故,比一代实录云。梓生叔佩者,剞劂精良,传布广远,几于纸贵。”这里的“梓生叔佩”,结合王世贞自序“梓人翁生见而异之”,可知此书是由“翁叔佩”,即由翁良瑜刊刻而成。王世贞说“翁生”刻此书的目的是“惜于什一息也”,也就是为了牟利。传世的《弇山堂别集》有翁良瑜初印本、后印本、四库全书本、广雅本等,序跋对这一作品刊刻时间的判断起到了非常重要的作用。正因序跋如此重要,有人为了牟利甚至篡改序跋,以此来混淆他人对文本产生年代的鉴定。

序跋对文集或述或评,涉及解题、著述缘由、内容评价、编排体例、刊刻过程等,尤侧重对文集意义的阐发,如胡应麟《弇州山人四部稿序》云:“弇州王先生巍然崛起东海之上,以一人奄古今制作而有之”,“至《四部》二稿出,而古今著述尽废于我明矣”,“三代六经,既玄既邈,不有先生,孰与集文章之大成哉?……司马汪公有言:‘宇宙文章维先生。’独维先生亦自谓:‘前亡昔人,后亡来者。’谅哉言乎!不我欺也!”胡应麟对王世贞之文推崇备至,认为古今独步,不过因其过誉,使得《明史》修纂者批评“其贡谀如此!”一般来说,序文中的他序受人请托,谀辞难免,胡应麟此序因对王世贞过誉,序文完成后便有人批评其“阿其所好”,为此王世贞文集在刊刻时并未采录。当然,王世贞作品确实达到了比较高的艺术水准,胡应麟序的赞誉也是序跋的一贯风格。

通常情况下序文主要说明文集出版的意旨、编次体例、作者及版本情况等,娄坚《重刻元氏长庆集序》云："刻本之存者，或漫漶不可读，有缮写而重刻之，则人复序之，是宜叙所以刻之意"。跋文也有阐发作品"意旨"的作用，《汉文典·文章典》说："跋者，跋于图籍篇章之末也。……其后览者别有心得，则撰词以跋于后，盖始于宋代之欧、曾，谓之跋语。"明代徐师曾《文体明辨序说》提出："题跋者，简编之后语也。凡经传、子史、诗文、图书之类，前有序引，后有后序，可谓尽矣。其后览者，或因人之请求，或因感而有得，则复撰词以掇于末简，而总谓之题跋。"题跋的写作情况不一，种类也繁多，《古今文综评文》对各类题跋进行归纳，分为四类："捃逸抽秘，考订丛残，是曰故籍之属；一帛一缣，望古遥集，是曰书体之属；文章不朽，性命与契，是曰诗文之属；摩挲尺幅，遐思渊渊，是曰图画之属。"可见跋文对品评思想、梳理版本、校勘文字、编纂辑佚、考证成书等都有重要价值。

序跋有重构文本意义的作用，王世贞辞世后七子派复古受到批判，四库馆臣撰写明人别集提要时着意阐发七子派复古之弊，与之相对，王锡爵序文却强调王世贞晚年文学思想的转变，发掘王世贞新文学思想的意义。刘凤《王凤洲先生弇州续集序》则对王世贞的文学成就给予很高赞誉，云："殆将百年而后，北地李献吉作。又数十年，而济南作，于时不甚知之，逮元美同为郎，与相唱酬，声乃大起。……昔两汉有子长、孟坚，唐有退之，宋有子瞻，皆称盖代，今则元美其人哉。"刘凤认为王世贞在明代的意义如同司马迁、班固在汉代，韩愈在唐代，苏轼在宋代。可以看出，序跋的撰写者一般会从历时性角度、从历史影响的维度对文集意义的当世性给予赞誉。

## 二、删改序跋："变乱旧式"与"残卷""讹书"

序跋于文集有"导夫前路"的意义，载有序跋的典籍栖载有诸多历史信息，通过序跋读者可以返还文集产生时代的历史时空场景，因此，序跋不仅对理解文集内容有重要的意义，对文集历史场景的还原也有重要价值，也就是说文集除自身内容外，还有作为"文物"的物质性的一面。若将序跋删汰，虽对文本重新誊抄，可新文本已丧失原文本所蕴载的历史信息，其作为历史物质性的意义也已丧失，其历史价值就被降低。那么，王世贞文集的序跋在《四库全书》中是如何被删改，原因又是什么？

王世贞著述繁多，以《四部稿》、《弇州续稿》、《弇山堂别集》为主体，其中"收入《四库全书》者凡五种：曰《弇山堂别集》、曰《嘉靖以来首辅传》、曰《觚不觚录》、曰《读书后》,曰《弇州山人四部稿》;著录于《四库全书存目》者尤多,得十一种。"[3]24这里"《弇州山人四部稿》"包含《弇州四部稿》174卷、《弇州山人续稿》207卷,另外选入《四库存目丛书》中的"《史乘考误》"及"《弇州山人题跋》"今已不见①,收在《四库全书珍本》中有两种,收在《续修四库全书》、《四库禁毁丛刊》中四种。王世贞文集序跋在《四库全书》中被删削情况如下:

| 作品 | 原书序跋 | 《四库》删 | 《四库》存 | 备注 |
|---|---|---|---|---|
| 《弇山堂别集》 | 王世贞《弇山堂别集小序》<br>陈文烛《弇山堂别集序》 | 陈文烛《弇山堂别集序》 | 王世贞《弇山堂别集原序》 | 两江总督采进本。 |
| 《嘉靖以来首辅传》 | 茅元仪《嘉靖以来首辅传序》、王世贞《序》 | 茅元仪《嘉靖以来首辅传序》 | 王世贞《序》 | 李驎《虬峰文集》卷一九有《书王世贞首辅传后》,未被收录。 |
| 《觚不觚录》 | 王世贞《序》 | 未删 | 王世贞《序》 | |
| 《弇州山人四部稿、续稿》 | 汪道昆《弇州山人四部稿序》;王锡爵《弇州山人续稿序》、刘凤《王凤洲先生弇州续稿集序》、李维桢《王凤洲先生全集叙》 | 汪、王、刘、李序全删。 | 无存 | 明刻本。<br>胡应麟撰有《弇州先生四部稿序》,原刻本未收入。 |
| 《读书后》 | 明刻本:陈继儒《新刻弇州读书后序》、徐亮《跋语》、王士騄《跋先世父弇州公读书后》<br>清刻本:陈继儒序文后增加"乾隆丙子""无锡诸洛"《序》、顾朝泰《跋》。 | 徐亮《跋语》、王士騄《跋先世父弇州公读书后》 | 陈继儒《读书后原序》 | 日本版《读书后》有佚名跋。 |

针对不同作品,《四库全书》删改序跋采取了不同的方法:有的直接删除,有的经过滤、改写再删除。从上表可以看出,《四库全书》对作者自序一般都保留,这一现象产生的原因或许在于作者自序对成书过程多有交代,且涉及书中内容、

① 《弇山堂别集》中有《史乘考误》十一卷,今汤志波辑有《弇州山人题跋》一书。

背景、成书缘由等，对作品也不作过高评价。他序在《四库全书》中多被删削，当然也偶有保留，如陈继儒《读书后序》交代了成书过程："《读书后》者，王元美先生晚年所撰《四部稿》、《续稿》所未载也，初刻《续稿》时，其间多所放失，偶有卖饧者，束残书置担头，取视之，则先生诗文数卷及《读书后》在焉，王冏伯得之，惊喜，刻曰《附集》，藏于家，海内学士大夫不能数数见也。……一日得王闲仲校正善本，仲谦喜跃，请以孤行之人间，而因拈前《四部》中'读书后'附焉。"如果这一序文被删削，读者就难以知晓此书由何而来，如何成书。此外，《四库全书》通过总目提要的撰写对序跋内容进行了过滤或改写，如《读书后》提要云："世贞初不喜苏文，晚乃嗜之。临没之时，床头尚有苏文一部。今观是编，往往与苏轼辨难，而其文反复条畅，亦皆类轼，无复摹秦仿汉之习。"这一内容实源于刘凤《王凤洲先生弇州续集序》："以疾乞归，病遂大作。予往问焉，则见其犹恒手子瞻集。夫元美高出子瞻上远矣，而犹爱之者，非以其气节激昂有相类者耶？"《四库总目提要》对刘凤原序进行了改写和过滤，其立场与序文迥异，四库馆臣之所以强调王世贞晚年好苏，主要是为了突出王世贞对自己早年的否定，其实是借王世贞对自我早年的否定对七子派复古运动进行否定。

鲁迅先生认为《四库全书》对古籍进行重新誊抄，是"删改原文"、"变乱旧式"。其实《四库全书》在禁毁、抽毁原文方面的显在行为容易被察觉，而在删改序跋、目录，改变版式、人名称谓等方面的隐性行为则相对较隐蔽，不过这一危害更大。《四库全书》是一项浩大的文化工程，据《钦定四库全书· 卷首(圣谕一)》编纂此书是为了"稽古右文，聿资治理"，其实是为了统一思想文化，乾隆皇帝以"有益于世道人心"为名，令"诸臣办理《四库全书》，亲加披览，见有不协于理者，……随时厘正，惟准以大中至正之道，为万世严褒贬，即以此衡是非"。强烈的政治诉求使一些被收入在《四库全书》所谓"违碍"、"狂悖"的内容惨遭销毁或湮灭。据《愳进斋丛书》所载，被清廷查禁的书目共有 2413 种，分为全毁、抽毁、禁绝和违碍等情况，这些被查禁的书不仅触犯清廷和明末边事不予存留，就是宋人言辽金元，明人言元，若有偏袒也一概销毁。为此陈登原《古今典籍聚散考》说："摧毁典籍之罪，不尽在乎焚书。《四库》书成之日，彼且为吾曹制造无数之残卷与讹书矣。所谓残卷者，即抽毁以后之书；所谓讹书者，即改易以后之书。"[1]109"残书""讹书"是指《四库全书》对收书或抽毁或删改。收入到《四库全书》的作品凡涉及民族问题及"违碍"、"狂悖"内容，或抽毁或删改。陈登原"残书""讹书"之说虽强调《四库全书》对原书的抽毁和删改,不过未指删削序跋对原书所造成的危害,其实,《四库全书》是通过"删改序跋——销毁历史信息——文化清洗——新意义阐发——官方意志附加"等一系列举措,造成文集的文物性丧失、历史性失真,此种危害更为隐蔽,较之显性层面的"禁毁""抽毁"等所造成的破坏性更大。

四库馆臣在奉旨修《四库全书》之时对明人作品是抱有否定前朝历史文化的用心,以此来确立本朝的合法性。一般来说,文集中的序跋多是与创作者同一时代者的评价,对文集及创作者都有较高赞誉,展现这一作品的当世影响。此外,序跋对本朝多有溢美称圣之词,以正统自居,如刘凤《王凤洲先生弇州续集序》云:"我国家肇造统业,重辟混元,然是天地精英之气必渐渍,积日而后充溢盈塞,发越显昭之。"朱明政权驱逐胡元,刘凤"重辟混元"一说含有尊华攘夷之意,对清人来说已涉"违碍"。同样李维桢《王凤洲先生全集序》云:"唐虞而降,诣闰位窃据若短祚不论。其以正统淂天下者,前后有两三代:前为夏、殷、周,而享国之永无如周;后为汉、唐、宋,而享国之永无如汉。"在中国历史上"正闰"之论由来已久,蕴含着政权的正统与否,李维桢将胡元排除在正统之外,说明其有很强的以夏斥夷思想,其《王凤洲先生全集序》云:"高皇帝用夏变夷,宇宙换若一新,身创之,身守之,绸缪其文章,繁缛其礼乐。"这里的"用夏变夷"之说也关涉了民族问题,属"违碍"内容,因此,必在四库馆臣删汰之列。

## 三、删改序跋与新文本意义的生成

《四库全书》编纂的背后有着强大的政治用意,是清王朝对汉文化的一场"大革命",在这次文化大清洗中即使无"违碍"、"狂悖"之语,四库馆臣依然要删削序跋、删汰目录、改译民族人名、地名等。除了已被销毁的典籍外,编入《四库全书》者大部分遭到纂改,使原书的序跋、版本、字墨、版式、纸张、行款、牌记等历史信息丧失殆尽,由删改再造的典籍失去了原有的历史文物性,这些无历史烙印的"裸书"经《四库全书总目提要》的导引,通过新意识形态的阐发生产出新的文化意义。《四库全书》删削序跋的背后蕴藏着清王朝大一统思想文化的用意,新意识形态对既有文化进行了重新筛选、甄别,删改序跋作为此项工程的重要手段,同时配以《四库总目提要》新意义的指引,《四库全书》的收书被重新理解和阐释,成为新文化意义符码。

删改序跋可以消除文本既有的历史信息,使原文本成为没有外在意义指向、丧失历史信息的"裸本",这就便于《四库总目提要》新意义的导引。《四库全书》删去序跋后,四库馆臣在书前附有提要。《四库全书》"凡例"第九则介绍了提要撰写的规则:"每书先列作者之爵里,以论世知人;次考本书之得失,权众说之异同,以及文字增删,篇帙分合,皆详为订辨,巨细不遗;而人品学术之醇疵,国纪朝章之法戒,亦未尝不各昭彰瘅,用著劝惩。"《四库全书》提要的撰写融入了国家意志,虽然主要著录作者情况、文献内容、得失、校勘、流传等,但编修者对作者的品评、作品内容的评价渗透着国家意志,体现官方思想。因此,《四库总目提要》是官方思想的体现,通过文本以外的权力强行介入,对文本进行重新解读,干预文本新意义的生产。

四库馆臣通过《四库总目提要》的书写对王世贞文集赋予新意义,特别是通过对王世贞晚年形象的塑造,突出其晚年"自悔",借此对七子派复古运动釜底抽薪,从而对明代文学进行否定。如《弇山堂别集》提要云:"其晚年境地益进,深知作史之难,故能敛晦如此,与当时略窥纪载,便奋然以史笔自居者,相去亦不啻霄壤。"四库馆臣在《弇州四部稿》、《续稿》提要中提出:"考自古文集之富,未有过于世贞者。其摹秦仿汉,与七子门径相同,而博综典籍,谙习掌故,则后七子不及,前七子亦不及,无论广、续诸子也。惟其早年自命太高,求名太急,虚憍恃气,持论遂至一偏。又负其渊博,或不暇检点,贻议者口实。故其盛也,推尊之者遍天下,及其衰也,攻击之者亦徧天下。平心而论,自李梦阳之说出,而学者剽窃班、马、李、杜,自世贞之集出,学者遂剽窃世贞。"在《读书后》提要中四库馆臣特别突出王世贞晚年好苏,强调其晚年文学思想的转变:"其跋李东阳乐府与归有光集、陈献章集,均心平气和,与其生平持论不同。而东阳乐府跋中自称'余作《艺苑卮言》时,年未四十,方与于鳞辈是古非今,此长彼短,未为定论,至于戏学世说,比拟形似,既不切当,又伤儇薄,行世已久,不能复秘,姑随事改正,勿令多误后人而已',云云。然则此书为晚年进境,以少许胜多多矣。"四库馆臣赞誉晚年王世贞文学思想之转变,实则有否定王世贞复古,由否定王世贞进而否定七子派,由否定七子派进而否定明代文学。

《四库全书》除了删汰序跋外也存在增加序跋情况,杨维桢《东维子集》增入乾隆皇帝所作《命馆臣录存杨维桢正统辨谕》一文,杨维桢曾作《宋辽金正统辨》,以元承宋统,而排斥辽金,乾隆就此提出:"正统之辨,则不可以人废言也","我朝为明复雠讨贼,定鼎中原,合一海宇,为自古得天下最正",以此宣扬清王朝的"正统"性。此外,杨维桢《铁崖古乐府》增入乾隆《题杨维桢铁崖古乐府》一文。当然,除了增加序跋,乾隆皇帝甚至还有诗文的题签,如吴伟业《梅村集》前《御题梅村集》:"梅村一卷足风流,往复披寻未肯休。秋水精神香雪句,西昆幽思杜陵愁。裁成蜀锦应惭丽,细比春蚕好更抽。寒夜短檠相对处,几多诗兴为君收。"钱谦益的作品虽被禁毁,但乾隆《御制诗三集》卷八十七有《观钱谦益初学集因题句》:"平生谈节义,两姓事君王。进退都无据,文章那有光?真堪覆酒瓮,屡见咏香囊。末路逃禅去,原为孟八郎"。这些诗文的题签对作品新理解意义的产生有导向作用。

《四库全书》删改序跋虽破坏了原书的历史性,但也生成了新的版本——《四库全书》本,这一版本却附载了新的历史信息,同时还有一定的校勘价值。若以王世贞文集来说,《弇州山人续稿》是在王世贞辞世近十年才刊刻,其间原稿散佚、破损、讹误等情况较多,四库馆臣在誊抄过程中皆有所订正。四库馆臣有很高的文化修养,且生长在古汉语的文化语境,他们对明刻本《续稿》中明显的错误作了许多有意义的改正,如刻本《弇州山人续稿》卷八六《王守仁传》,四库本改正多处错误①,说明明刊刻时未能很好校勘,也说明四库本作为校本仍有一定价值。不过若从文化、学术层面看,《四库全书》的破坏性仍不可低估,章太炎评价《四库全书》说:"乾隆焚书,其阴骘不后于秦也。群之大者,在建国家、辨种族。其条列所系,曰言语、风俗、历史。三者丧一,其植不萌。"[4]323—324 章太炎从"民族主义"出发,认为异族入侵,欲毁灭一个民族,必先从语言文字、典章制度、人物事迹入手,为此,提倡"爱国保种"之说,重视国粹,当然,这一思想的背后有"驱除鞑虏"的民族主义用意。不过《四库总目提要》作为官方思想载体,其收书是对已有文本的新接受,虽有较多否定性批判,但反映出新时代的认知。

总之,《四库全书》删改收书序跋,割断收书历史信息,再经重新抄写、禁毁、抽毁,并将收书依据"经史子集"次序重新进行编排,同时配之以《四库总目提要》,对收书文本意义重新阐发,表现出较强的以政治权力干预文化意义生产的

① 此文《四库全书》本共改正七处:1."会南赣、汀漳等处俱有山越",四库本将"山越"径改为"山贼";2."时初战,破贼于长富材",四库本将"长富材"改为"长富村";3."因而訾及守守矣",四库本将"守守"改为"守仁";4."都督刘晖、桂勇以京邊兵四万由陆取凤阳道",四库本将"京邊兵"改为"京兵";5."右都御史姚镆讨而诛之,其二子跳",四库本将"二子跳"改为"其二子逃"。

倾向。

## 参考文献

[1]陈登原.古今典籍聚散考[M].上海:商务印书馆,1936.

[2]王锡爵.王文肃公文草[M].《四库禁毁书丛刊》集部第7册.北京:北京出版社,1997.

[3]中国科学院图书馆编.续修四库全书总目提要稿本(第25册)[M].济南:齐鲁书社,1996.

[4]章太炎.章太炎全集[M].上海:上海人民出版社,1984.

# 《弇州山人续稿选》版本价值探究

张艳红
（兰州大学文学院，甘肃兰州，730020）

王世贞是有明一代名声赫赫的文化大师，嘉、万时期主持文坛四十余年，著述宏富，被《四库全书》编纂馆臣称为“考自古文集之富，未有过于世贞者”，且版本复杂，整理研究颇费心力。王世贞作为有明一代的文人代表，整理其著作全集势在必行，然在浩如烟海的文献中校勘整理，亦是任重而道远。其中，找到合适的底本和校本无疑是基础而重要的一步，这就需要对王世贞诸多文集及选本、单行本等有较为清晰的认识，以确定其所具有的版本价值。

按照一般逻辑，选本是在原有文集的基础上选录而成，理应是一个披沙淘金、修补完善、精益求精的过程，在整理作者文集的过程中，选本一般具有作为校本的价值。然而由于选本的时代背景、选刻缘由、选刻者的自身水平等各种因素的交互作用，实际情况并非皆如所愿，具体选本的价值尚需深入探讨。今选《弇州山人续稿选》一书梳理其版本、收录及刊刻的基本情况，以探究其在王世贞文集整理中是否具有作为校本的价值。

《弇州山人续稿选》在国内外多家图书馆均有馆藏，例如国内复旦大学图书馆、无锡图书馆，美国哈佛大学燕京图书馆、普林斯顿大学图书馆、芝加哥大学图书馆，日本公文书馆，韩国高丽大学图书馆，台湾“国家图书馆”、“国立中央图书馆”、“中央研究院”台湾史研究所古文书室等，对此许建平先生做过较为全面的整理，并在《王世贞书目类纂》一书中做过较为详尽的记载，现不再赘述。今就美国哈佛大学燕京图书馆所藏《弇州山人续稿选》对其版本价值略作探讨。

《弇州山人续稿选》（以下简称《续稿选》）版本情况：明刊本，十行二十字，左右双边，白口，单黑鱼尾，版心上镌“续稿选”，中镌卷次，下镌页次；有牌记，刊“镌弇州山人续稿选，顾太师发刻，新都孙氏梓”；三十八卷，卷首有“吴郡王世贞元美著，秣陵顾起元太初选，新都孙震卿百里校”，钤“哈佛大学燕京图书馆珍藏印”；序为焦竑、刘凤、王锡爵所撰。

《弇州山人续稿选》摘选自明刻本《弇州山人续稿》(207卷,以下简称《续稿》),但序言存在差异,《续稿》中序言依次为王锡爵序、李维桢序、刘凤序,《续稿选》中依次为焦竑序、刘凤序、王锡爵序,三篇序言内容交错杂乱,初疑为错简,后看到无锡图书馆所藏同一版本《续稿选》,其序言的顺序为王锡爵序、刘凤序、焦竑序,且内容不存在交错混乱情况,故该本中序言错乱应为后世流传过程中出现的失误。

现具体从《续稿选》选录及刊刻情况进行梳理统计并简要探讨。

从选录方面来看,《续稿选》从《续稿》中选出部分篇目,共三十八卷,但因《续稿选》每卷内容相当于《续稿》每卷内容的两倍之多,故选录比例亦相对较大,次序大致依照《续稿》,其中部分卷次篇目顺序稍作调整,现大致梳理如下:

| 部类 | 《续稿选》卷次 | 小类 | 篇数 | 《续稿》卷次 | 《续稿》篇数 | 百分比(%) |
|---|---|---|---|---|---|---|
| 赋部 | 卷一 | 赋 | 3篇 | 卷一 | 6篇 | 50 |
| | | 哀辞 | 1篇 | 卷一 | 2篇 | 50 |
| | | 辞 | 2篇 | 卷一 | 3篇 | 67 |
| 诗部 | 卷一 | 拟古乐府 | 15篇 | 卷二 | 49篇 | 30 |
| | | 四言古诗 | 7篇 | 卷三 | 12篇 | 58 |
| | | 五言古诗 | 86篇 | 卷四至八 | 255篇 | 34 |
| | 卷二 | 七言古诗 | 60篇 | 卷九至十一 | 134篇 | 45 |
| | | 五言律 | 69篇 | 卷十二、十三 | 177篇 | 39 |
| | 卷三 | 七言律 | 200篇 | 卷十四至十九 | 428篇 | 47 |
| | 卷四 | 五言排律 | 23篇 | 卷十九、二十 | 42篇 | 55 |
| | | 七言排律 | 9篇 | 卷二十 | 19篇 | 47 |
| | | 五言绝句 | 48篇 | 卷二十 | 181篇 | 26 |
| | | 七言绝句 | 130篇 | 卷二十一至二十五 | 300篇 | 43 |

| | | | | | | |
|---|---|---|---|---|---|---|
| 文部 | 卷五 | 贺序 | 16 篇 | 卷二十六至三十一 | 55 篇 | 64 |
| | 卷六 | 送序 | 19 篇 | | | |
| | 卷七、八 | 寿序 | 35 篇 | 卷三十二至三十九 | 80 篇 | 44 |
| | 卷九 | 经史序（子集附） | 23 篇 | 卷四十至四十七<br>卷五十至五十五 | 186 篇 | 26 |
| | 卷十 | 诗序（杂附） | 26 篇 | | | |
| | 卷十一、十二 | 记 | 52 篇 | 卷五十六至六十六、 | 96 篇 | 54 |
| | 卷十三、十四 | 传 | 18 篇 | 卷六十六至八十九 | 79 篇 | 23 |
| | 卷十五 | 表序 | 18 篇 | 卷四十八至四十九 | 22 篇 | 82 |
| | 卷十六 | 墓表 | 13 篇 | 卷一百二十五至一百二十八 | 26 篇 | 50 |
| | 卷十七至二十四 | 墓志铭 | 77 篇 | 卷九十至一百二十四 | 192 篇 | 40 |
| | 卷二十五、二十六 | 神道碑 | 13 篇 | 卷一百二十五至一百三十五 | 32 篇 | 41 |
| | 卷二十七 | 行状 | 2 篇 | 卷一百三十六至一百四十 | 6 篇 | 33 |
| | 卷二十八 | 生志 | 2 篇 | 卷一百四十一 | 8 篇 | 75 |
| | | 杂志 | 4 篇 | | | |
| | | 颂 | 5 篇 | 卷一百四十五 | 5 篇 | 100 |
| | 卷二十九、三十 | 像赞 | 136 篇 | 卷一百四十六至一百五十一 | 148 篇 | 92 |
| | | 祭文 | 89 篇 | 卷一百五十二至一百五十五 | 90 篇 | 99 |
| | 卷三十一 | 书后 | 33 篇 | 卷一百五十六至一百五十九 | 78 篇 | 42 |
| | 卷三十二 | 墨画跋 | 19 篇 | 卷一百六十至一百七十一 | 387 篇 | 5 |
| | 卷三十三至三十八 | 书牍 | 305 篇 | 卷一百七十二至二百七 | 847 篇 | 36 |

注：《续稿》五言律后有六言律 1 首（卷十三），五言绝句后有六言绝句 16 首（卷二十），生志、杂志后有疏 25 篇（卷一百四十二至一百四十四）、偈 8 篇（卷一百四十五），书后有杂文跋 57 篇（卷一百六十），《续稿选》均未收录。

从以上梳理可见，《续稿选》共选录赋、诗、文 1500 余篇，与《续稿》3900 余篇对应来看，约占近百分之四十的比重，而每一小类选录的比重又有很大不同，比重较大者如辞、四言古诗、五言排律、贺序及送序、表序、生志等，而颂、像赞、祭文，选录比例则高达百分之九十以上，甚至全部著录。相比而言，乐府、五言绝句、经史序及诗序、传等选录比例较小，墨画跋则仅选录百分之五，而六言律诗、六言绝句、疏、偈、杂文跋则完全忽略不录。其他类诗文的选录比例大概均在百分之三十至百分之五十之间。

出现选录比重的不均衡原因或许是多方面的，首先，可能是选录者需要考虑当时的政治及文化背景；其次，或许是选录者的个人喜好、欣赏水平所致；再者，书商自身的经济利益因素也不可忽视；最后，作品实用性也影响颇大，例如颂、像赞、祭文等选录比例较高，与它们较强的实用性、适应性应该是密切相关的，而墨画跋等选录比例较低，则是被它们的专业性和应用范围所限。

此种情况下，《续稿选》是否还能秉承择优而录的原则，令人心生疑窦。细察所选篇目，问题凸显，《续稿选》对王世贞作品中艺术成就颇高的《太保歌》、《袁江流钤山冈当庐江小妇行》、《题海天落照图后》等诗文并未收录，而对某些聱牙棘口的摹秦仿汉之作，或缺少艺术情趣的应酬之作则选录在内。而且，选录者选录作品时或许存在投机取巧现象，例如某些卷次前部分篇目选录比重较大，而后部分篇目选录比重较少，或者某卷前些篇目依次选录剩余一概未录，又或者某些卷次全部未录。由此看来，《续稿选》虽然选录比重相对较大，但由于诸种因素，因而未能使选本做到择优而录。

从刊刻方面来看，通过将《续稿选》诗部所有篇目和文部的书牍类与《续稿》进行对校，发现《续稿选》存在以下诸种情况(详细校对结果见附录)。

讹。根据情况不同又大致可分为以下几种情况。其一，字形相近。例如，“殊”讹为“珠”，“兮”讹为“分”，“辭”讹为“醉”，“反”讹为“及”，“標”讹为“檩”，“肯”讹为“背”，“鐵”讹为“纖”，“臂”讹为“胃”，“近”讹为“送”，“娖”讹为“促”，“突”讹为“灾”，等等，且这种讹误之处较多。两字本无意义上的关联，从词义及诗文内容来看显然不应使用后者，只因字形较为接近而出现刊刻之误。其二，误解字义。例如“且复精名理”一句，“名理”指魏晋及其后清谈家辨析事物名与理的是非异同，用在此处较为合乎诗的本意，而《续稿选》却自行揣测，妄改为“明理”一词。“为草彤竿赦，时儤玉堂直”一句中，“儤”意为古代官吏连日值班，正对应前一句“为草彤竿赦”，而《续稿选》却将其改为“报”字，反而不易解。“尚忆玄湖墅”一句，“玄湖”应为南京玄武湖，从诗句之意及地理方位考虑似乎更为恰当，而《续稿选》改为“南湖”，似有不妥。“莫方伯先生子良”中“方伯”是殷周时代一方诸侯之长，后泛称地方长官，莫子良曾官至浙江布政使，故称“莫方伯”，而《续稿选》则改为“莫方集”，不明所以。“芒鞻竹杖欵荆扉”一句中，“欵”同“款”，叩，敲击的意思,《续稿选》不顾原意而改为"软",则或为误解,或为形似,不得而知。"即赵营平之远犹,羊钜平之深仁,宋广平之长虑"一句中,"远犹"意为"长远的打算,远大的谋略",《续稿选》改为"远又"则明显不通。其三,不通典故。"试言文举报曹公"一句用了曹操与孔融的典故,曹操曾问孔融:"袁绍何能,文举试言之?"而《续稿选》不通此典,改为"感言"。"中散酒锴盛沆瀣"一句中,"中散"指嵇康,因其曾任中散大夫,故世人以"中散"称之,《续稿选》改为"申散"则不明其意了。"长爪梵志夜寒拥坐诵呗呪"一句中,"长爪梵志"为佛弟子之一,舍利弗之舅,以其指甲特长,故称"长爪梵志",《续稿选》改为"长发梵志"则纯属臆测。"布发然燈"一句中"然燈"即"即燃灯佛,此佛降生之日,四方皆明,故曰燃灯",《续稿选》改为"然證",或为理解错误,或为字形相近导致刊刻错误。其四,张冠李戴。"把向吴山吹一曲,何人不拟凤凰鸣"一句《续稿选》中不仅讹"曲"为"品",且末句"何人不拟凤凰鸣"讹为《续稿》卷二十二《沙头吕氏酒》一诗末句"不及沙頭第一泉",而该诗《续稿选》并未选录。"屈指中原业"一首本为《曩余为胡元瑞序绿萝轩稿仅寓燕还越数编耳序既成而元瑞以新刻全集凡十种至则众体毕备彬彬日新富有矣五言古上下建安十九首乐府等篇遂直闯西京堂奥余手之弗能释也輙重叙其意并寄答五言律二章》之其二,而《续稿选》将其置于《辱》之后径标"其二",极易引起读者的误解。

脱。脱文在《续稿选》中有两种情况,其一,有意未选刻,这种情况并非通常意义上的脱文,而是选录者出于某种考虑刻意为之。多为诗赋前后的小序。例如,《植桃辞》、《玩鱼辞》、《信陵行》、《东方曼倩行》、《瑞禾诗》、《燕燕诗》、《送印上人归铜梁》、《题三笑图》、《寄顾山甫》等篇皆将小序省去未录。其二,失误造成脱文。例如,"野菜佐蒸藜,一饱枕白石"一句《续稿选》中"一"字脱,为空格;《练川篇四首赠朱嘉定入觐》一篇《续稿选》中缺"练"字,"练"字处为墨丁,因只选录其中一首,故"四首"处为空格;《再呈袁公》一篇《续稿选》缺"呈"字,缺字处为墨丁;《再寄答胡元瑞且邀相过》一篇《续稿选》缺"再"字;《访吴登不值承见寄三绝句赋此为答》一篇《续稿选》缺"此"字;《张叔琦》一篇《续稿选》缺"所寄尊先公遗留物,无论润笔,是尊先公手泽,受之不可,却之不可,其《晋公重耳出亡图》,北宋名家也,行笔极精密细劲,而拂拂有生气,正何必李伯时第考重耳出之,几三十事,而今仅十帧,可考者七事而已,以此不能为完璧,今置之案头,朝夕展玩,令人思尊先公也。古铜香盘留供世尊前,若玉带蟒袍值过重,且非老病尚书所可望御者,却附使者返之”一大段文字。

倒。诗部中如“昨岁冬仲朔”一句《续稿选》改为“昨岁仲冬朔”，“寺古僧庐尽”一句《续稿选》改为“古寺僧庐尽”等，《续稿》中为合乎格律或营造意境适当调整了词语顺序，这在古诗中属常见现象，而《续稿选》却将此类词语改为较为通行的说法，反而破坏了原诗格律及诗意。文部中如“令人何以为生”一句《续稿选》改“为生”为“生为”，因无格律束缚，两者皆可通，然并无改动的必要。

错简。《续稿选》的目录存在错乱情况，例如，目录中连续出现两个卷三十三，而无卷三十七，若将第二个卷三十三对应正文卷三十四，以下依次递推，个别篇目仍有混乱，如第二个卷三十三（即正文卷三十四）中篇目与第一个卷三十三有重复，与正文篇目则部分不对应，从《与元驭阁老（14 札）》之后，接着则是第一个卷三十三中《与元驭阁老（2 札）》之后的《申相公》、《杨二山太宰》至《汪仲俺（讹，应为淹）》、《汪惟一》等 21 篇，反而漏掉了卷三十四应有的《答存翁相公》、《申许二相公》至《王司徒》、《与王尚宝》等 24 篇。从版面看来应不属于错简，或是因为两卷中存在相同篇目从而导致混淆。《程巢父》一篇缺少“约七月间可脱稿，仲蔚以数行先容，足下材自高，见当把臂入林矣，奚所托绍介也。暑中酒困，倦握管，口授侍者以书，幸亮不恭”一段文字，代以《徐孟孺》一篇中“诵庙祝譬之小儿学涂鸦，何日可勒勋墨也。《苏子瞻外纪》殊草草，意似好其人与事，聊为纂集。而昨秋奔走侍师，病复夺之，不暇扫败叶，客又无任者，公既为我摘出复误，便希改正，如二三君子能梓之，亦是艺林一段佳事也。小儿新岁始晓约三四友生丽泽与辰玉各一宗，而者取裁于荆老公书，即与荆老读之，承饷水仙，新簭风尘，外色味料，仙师所凿泉荐之，何必减华阳乐。所念时序流易，此身危脆，相赏之余，亦重以相感。懒甚，不能躬执笔，小间当载一诗别书笔，报谢不一”一段文字，而《徐孟孺》一文《续稿选》并未选录。

两通。例如《续稿选》中，“冠切云之崔嵬兮”一句改“崔嵬”为“崔巍”；“俻鳞兮上下”一句改“俻”为“修”；《恩许归田重过摄山栖霞言念旧游有感因扣达观法师》一篇改“扣”为“和”；“凡卉不敢骄相群”一句改“卉”为“草”；《吾师宁斋先生南园牡丹之盛冠绝吴中而皆师之长郎君手植中有白牡丹一株曰尺素者尤奇丽因作长歌纪之并赠長君》一篇改“并”为“拜”；“书来霜后有黄甘”一句改“黄甘”为“黄柑”；“桐栢春源尔自看”一句改“春源”为“春深”（从对仗来看改“尔”改为“别”则不恰当）；“官衙不少如渑酒”一句改“渑酒”为“绳酒”（“渑”通“绳”）；“矗立高嵾障海澜”一句改“嵾”为“峰”(“嵾”为山高俊貌);“莫教男子泪,容易便沾襟”一句改“便”为“更”;“书成旧锡黄银印”一句改“黄银印”为“黄金印”;“由来子野听偏精,谱得咸阳箫史声”一句中,《续稿选》改“子野”为“子晋”(“子野”为春秋時晋国乐师师旷的字,善吹弹琴,辨音能力极强;子晋为“王子乔”的字,喜吹笙作凤凰鸣,后升仙。从两个典故看来,两者皆可通。);《山僮言游客放歌折花者戏答之》一篇改“僮”为“童”;“以就钟山形胜”一句改“形胜”为“形势”;“下走以樗栎凡才,斗筲小器”一句改“凡才”为“凡材”;“瘦削枯稿”改为“削瘦枯槁”;“仆过时之人,強就笼槛”一句改“笼槛”为“笼羁”;“天骄敛迹,黄屋增崇”一句改“敛迹”(收敛行迹,有所顾忌而不敢放肆)为“解辫”(解散发辫,旧时少数民族多结发辫,解辫谓改用汉族服饰,以示归诚);“则令先公句容之政蓄之心者二十年矣”一句改“则”为“然”等。此类情况两字或互为通假,或字义相近,或虽不相关,然于理皆可通,《续稿选》如此改动或出于让诗文更明朗清楚的考虑,但从诗词格律或诗文内容来看,某些改动并不十分合理,且《续稿》本可通,选本并无改动的必要。

当然,《续稿选》也有改动较为合理之处。例如《续稿选》中,“宁学公孙丞相,脱粟不令春”一句改“春”为“舂”,“畴能傲霜霰,谁欤安幽独”一句改“欤”为“与”,“以此无兢心”一句改“兢心”为“竸心”,“可以快千里”一句改“千里”为“千秋”,“何逊在杨州”一句改“杨州”为“扬州”,改“铁轮玉”为“铁轮王(佛教用语)”,“地抽欲裂天无权”一句改“地抽”为“地轴(古代传说中大地的轴)”,“老去朱颜犹自王,少来青眼或能方”一句改“自王”为“自玉”,“上有鹧鸪班”一句改“鹧鸪班”为“鹧鸪斑”(香名),“而盗态溢出”一句改“盗态”为“恣态(四库本作“姿态”)”,“第以六诗苦旱答之”改“六诗”为“律诗”,“洪都鹤岭太麄生”一句改“麄”为“麓”,”骤见之无不骇传者“一句改“骇传”为“骇愕”,“夫阴翊善教,保完竖儒”一句改“善教”为“善类”(有德之士),“龙衮裹归”一句《续稿选》改“裹归”为“裹蹄”(亦作“裹蹏”,铸金成马蹄形,因借指金银),“迩来颠毛尽白,发落无余”一句改“发”为“齿”,“宴游之迹不及别绾”一句改“别绾”为“别馆”(别墅),“而令子仲君忽负笈相枉”一句改“相枉”为“相往”,《静姬赋》一文中“性而行见憎后进以谗赐退”一句重复出现,《续稿选》删去重复。需要指出,《续稿》中有些不合理之处明显为刊刻讹误,或字形相近,或重复出现,《续稿选》径改较为合理;但有些改动虽相对于《续稿》更为合理,但版本依据不足的情况下,擅自改动或许有失严谨,故在整理王世贞文集过程中遇此种情况应作存疑处理。

而《续稿选》中也有《续稿》似乎不通却未作改动的情况。例如，“尚书商嵩时谪为省更，亦发之”一句“省更”疑为“省吏”；“别纸新诗得多壮丽语”一句“得”疑为衍字；“闳寺时贤器柱受”一句“柱受”疑为“枉爱”；“公之滞散局于五年矣”疑“于”后脱“今”字；“而始释之进陪九列，步武八座”一句“释之”疑为“使之”等，《续稿选》未作改动，但整理文集的过程中，则需要注意这些不合理之处。

另外，在用字方面也有一些不同之处，例如，《续稿选》中将某些异体字、俗体字改为正体字，凥——居，矦——侯，暎——映，咲——笑，箇——個，揔——總，粧——妝，掞——擅，兮——兮，於——於，醻——酬，収——收，鼎——鼎等。当然也有很多仍沿用《续稿》中异体字、俗体字的情况，甚至也有一部分《续稿》中本为通行正体字，《续稿选》又将其改为异体或俗体的情况，例如死——死，妙——玅等。由此可见，《续稿选》存在改字情况，但用字依然未作统一。然而，这也给我们整理王世贞文集提供了一个前车之鉴，由于王世贞主张复古，古体字、异体字、俗体字的大量使用也是其复古的一个特征，因此整理其文集需要多加关注用字问题。

除字句的变动外，《续稿选》也存在少量格式上的调整。例如《燕燕诗》、《帝省礼门颂张母也寡而贞底孺于成行年七十祝之使养禄也》两首诗《续稿》中用圈以示分节，《续稿选》改为换行。

显而易见，《续稿选》存在大量讹误疏漏的情况，只有少量改动较为合理，其余则讹、脱、倒、错简等问题频出，有些改动虽亦可通，然或原文无误，或依据不足，擅自改动并不可取。

以上《续稿选》统计数据虽相对粗略，然管中窥豹，亦能察其问题所在，一是未严格秉持优中选优的原则，二是存在大量的讹误疏漏。整理王世贞文集任务之巨显而易见，选择良好的底本与校本是头等大事，稍有不慎，可能会事倍功半，多做无用之功。了解到《弇州山人续稿选》并不具有作为良好校本的价值，一方面可以少走弯路，另一方面，也需认识到寻找最佳校本的任务依然很艰巨。

## 参考文献


[1]《弇州山人续稿选》，明刻本。

[2]《弇州山人续稿选》，明刻本。

[3]《影印文渊阁四库全书》。

[4]《汉语大词典》。

## 附录

| 《续稿》卷次 | 篇目 | 《续稿》 | 《续稿选》 | 备注(一) | 备注(二) |
| --- | --- | --- | --- | --- | --- |
| 序 | 序 | 王锡爵序 | 焦竑序 | 《续稿选》三篇序内容错乱。 | 装订错乱 |
| 序 | 序 | 刘凤序 | 刘凤序 | | |
| 序 | 序 | 李维桢序 | 王锡爵序 | | |
| 目录卷 | 目录 | | | 《续稿选》目录中存在卷次篇目混乱情况,存在两个卷三十三,无卷三十七,且部份篇目与正文篇目不对应。 | 错简 |
| 卷一 | 静姬赋 | 性而行见憎后进以谗赐退 | | 《续稿》此句重复,《续稿选》删去重复。 | 合理 |
| | 白鹦鹉赋 | 嗟半菽之示恩,均辙涔以苟活 | 嗟半菽之示恩,均轮涔以苟活 | 辙涔:化用《庄子》涸辙之鲋的典故。 | 讹 |
| | | 乃有谢豹劝归,仓庚和歌 | 乃有谢豹劝归,仓康和歌 | 仓庚:黄莺的别名。 | 讹 |
| | 驯鸽赋 | 惟中国之珍禽,有兹羽之殊质 | 惟中国之珍禽,有兹羽之珠质 | | 讹 |
| | | 山雞莫调,家雉无文 | 山家莫调,家雉无文 | | 讹 |
| | | 舒徐兮停霞之碎剪 | 舒徐分停霞之碎剪 | | 讹 |
| | 商城令孝廉翼亭沈君哀辞 | 冠切云之崔嵬兮,褋众芳以为佩 | 冠切云之崔巍兮,褋众芳以为佩 | | 两通 |
| | 植桃辞 | 植桃辞 | 植桃醉 | | 讹 |
| | | 时植桃于司刑之署,入夏未荣故有感也。 | | 《续稿选》无此小序。 | 脱 |
| | 玩鱼辞 | 倏鳞兮下上,朱华兮参差 | 修鳞兮下上,朱华兮参差 | | 两通 |
| | | 二章旧轶稿也,其辞稚矣,惜其寄而存之。 | | 《续稿选》无此、主语。 | 脱 |

<table>
<tr><td rowspan="5">卷二</td><td>平城歌</td><td>生何致，致汉天子</td><td>身何致，致汉天子</td><td></td><td>讹</td></tr>
<tr><td>其二</td><td>不能出一奇</td><td>不能一奇</td><td></td><td>脱</td></tr>
<tr><td>信陵行</td><td>太史公传四公子……而犹为之置守冢有以也夫</td><td></td><td>《续稿选》无此小序。</td><td>脱</td></tr>
<tr><td rowspan="2">东方曼倩行</td><td>太史公传滑稽，吾独取东方生焉，所欲称者，具夏侯孝若赞矣。檃括其事歌之。</td><td></td><td>《续稿选》无此小序。</td><td>脱</td></tr>
<tr><td>宁学公孙丞相，脱粟不令春</td><td>宁学公孙丞相，脱粟不令春</td><td>《续稿选》与四库本同。</td><td>合理</td></tr>
<tr><td rowspan="3">卷三</td><td>瑞禾诗</td><td>瑞禾，美司马屠氏也。忠而见绌，寛慈靖终，爰有嘉禾，产自窆封，是故美之。</td><td></td><td>《续稿选》无此小序。</td><td>脱</td></tr>
<tr><td>燕燕诗</td><td>右燕燕五章章六句。</td><td></td><td>《续稿选》无此主语。另，《续稿》中用圈以示分节，《续稿选》改为换行。</td><td>脱。</td></tr>
<tr><td>石禅斋诗</td><td>友人卓徵甫作高斋，曰：“石禅居士欲輂天目山柴煆此石，作灰不若，以数语解之。”</td><td></td><td>《续稿选》无此小序。</td><td>脱</td></tr>
<tr><td rowspan="6">卷五</td><td rowspan="2">送印上人归铜梁诗有序</td><td>送印上人归铜梁诗有序</td><td>送印上人归铜梁</td><td></td><td>脱</td></tr>
<tr><td>上人铜梁人也……且用青莲句作起语</td><td></td><td>《续稿选》无此小序。</td><td>脱</td></tr>
<tr><td>题三笑图</td><td>苏子瞻题三笑图……戱题一诗</td><td></td><td>《续稿选》无此小序。</td><td>脱</td></tr>
<tr><td>为范母题晚节寒香卷</td><td>畴能傲霜霰，谁欤安幽独</td><td>畴能傲霜霰，谁与安幽独</td><td></td><td>合理</td></tr>
<tr><td rowspan="2">寄顾山甫</td><td>山甫，山泽癯也，岁杪见过。新诗斐然，近间客谢都尉所，成二章寄之</td><td>《续稿选》“一”脱，为空格。</td><td>《续稿选》无此小序。</td><td>脱</td></tr>
<tr><td>野菜佐蒸藜，一饱枕白石</td><td>野菜佐蒸藜，口饱枕白石</td><td></td><td>脱</td></tr>
</table>

| | | | | | |
|---|---|---|---|---|---|
| 卷六 | 偶闻有荐予者儿子自公车书来微及出处一笑答之 | 以此无兢心 | 以此无竞心 | 《续稿选》与四库本同。 | 存疑 |
| | 感事 | 念我非慈乌，焉能希反哺 | 念我非慈乌，焉能希及哺 | | 讹 |
| | 壽安母王太孺人六十 | 七诫以次脩 | 七城以次脩 | | 讹 |
| | | 琅琅相标署 | 琅琅相檩署 | | 讹 |
| | 见有演闗侯斩貂蝉传奇者感而有述 | 可以快千里 | 可以快千秋 | | 存疑 |
| 卷七 | 故将军何维圣自维扬来礼昙师毕即出新编见示斐然之感遂成四韻赠之 | 何逊在杨州 | 何逊在扬州 | 《续稿选》与四库本同。 | |
| | 题鳳凰集图为陈德清应召 | 肯学颍川守 | 背学颍川守 | | 讹 |
| | 栢溪翁写竹妙得彭城墨派而不轻为人作以故传世颇鲜此纸仅以数枝寓意耳而盗态溢出乃子尚书公刻之石摹本示余不胜仰止敬题于后 | 而盗态溢出 | 而恣态溢出 | 四库本作：而姿态溢出。 | 存疑 |
| | 挽七十六翁少和盛先生古体一章 | 且复精名理 | 且复精明理 | | 讹 |
| | | 昨歲冬仲朔 | 昨歲仲冬朔 | | 倒 |
| 卷八 | 侍御京山孙君既以绩最赠其二尊人矣尚以不及终侍为永思之图以志感王子歌以寛之 | 我诵孝终篇 | 我诵孝经篇 | | 存疑 |
| | 恩许归田重过摄山棲霞言念旧游有感因扣达观法师 | 因扣达观法师 | 因和达观法师 | 扣：通"叩"，敲。和：以诗歌酬答；依照别人诗词的题材和体裁作诗词。 | 两通 |
| | 为王学士题金雞山 | 为草彤竿赦，时僺玉堂直 | 为草彤竿赦，时报玉堂直 | 僺：古代官吏连日值班。 | 讹 |

| | | | | | |
|---|---|---|---|---|---|
| 卷九 | 奉壽御史大夫杨公五袠长歌 | 余未获识杨公面……亦祭征虏佳事也 | | 《续稿选》无此小序。 | 脱 |
| | | 浴铁争听白羽扇 | 浴纤事听白羽扇 | 浴铁：披挂铁甲。<br>白羽扇：古代军中主将用来指挥的白色羽毛扇。 | 讹 |
| | | 试言文举报曹公 | 感言文举报曹公 | 《三国志通俗演义》第二十三回："孔融道：纵刘表无忧，奈北方袁绍何？曹操道：袁绍何能，文举试言之？"此处应为此典故。 | 讹 |
| | 竹庄卷 | 凡卉不敢骄相群 | 凡草不敢骄相群 | | 两通 |
| | | 把臂相将醉夕曛 | 把胃相将醉夕曛 | | 讹 |
| | 张子予赠余长歌感激用壮聊尔志答 | 里毕竟难呼纨袴子 | 里毕竟难呼纨挎子 | | 讹 |
| | 梅竹双清卷歌题所藏王冕元章吴镇仲画也 | 一头剪得潇湘云，一头小贮罗浮玉 | 一头剪得潇湘云，一头小贮罗浮王 | | 讹 |
| | 和东坡居士煎茶韻 | 洪都鹤岭太麄生 | 洪都鹤岭太麓生 | 四库本作：洪都鹤岭太麤生。<br>《佩文斋广群芳谱》卷二十引作"洪都鹤岭太麄生"。<br>麄、麤：即"粗"。 | 存疑 |
| 卷十 | 吾师宁斋先生南园牡丹之盛冠绝吴中而皆师之长郎君手植中有白牡丹一株曰尺素者尤奇丽因作长歌纪之并赠长君 | 并赠长君 | 拜赠长君 | | 两通 |
| | 自松江返孟孺印上人同载将登泖塔而为陆伯达所误迂道迫暝始抵泖口垂渡大风骤作维梢久之兴尽而去赋此解嘲书付寺僧 | 风轮鼓浪浪拍天，地抽欲裂天无权 | 风轮鼓浪浪拍天，地轴欲裂天无权 | 《续稿选》与四库本同。<br>地轴：古代传说中大地的轴。 | 合理 |

| | | | | | |
|---|---|---|---|---|---|
| 卷十二 | 过普济废寺遇秋空上人作 | 寺古僧庐尽，泥深旧径非 | 古寺僧庐尽，泥深旧径非 | 从对仗来看应为“寺古僧庐尽”。 | 倒 |
| 卷十三 | 报刘玄子先辈 | 尚忆玄湖墅 | 尚忆南湖墅 | 玄湖：即玄武湖。 | 讹 |
| | 练川篇四首赠朱嘉定入觐 | 练川篇四首赠朱嘉定入觐 | ■川篇□□赠朱嘉定入觐 | 《续稿选》“练”脱，为墨丁；“四首”脱，为空格。 | 脱 |
| | 再呈袁公 | 再呈袁公二首 | 再■袁公 | 《续稿选》“呈”脱，为墨丁 | 脱 |
| 卷十五 | 壽莫方伯先生子良七十时诞辰为四月七日也 | 莫方伯先生子良 | 莫方集先生子良 | 方伯：殷周时代一方诸侯之长，后泛称地方长官。莫子良官至浙江布政使，故称“莫方伯”。 | 讹 |
| | 再寄答胡元瑞且邀相过二章 | 再寄答胡元瑞且邀相过二章 | 寄答胡元瑞且邀相过 | | 脱 |
| | 寄王大条阳德时公初归永嘉以黄柑见贻 | 书来霜后有黄甘 | 书来霜后有黄柑 | 黄甘：即黄柑。《文选·司马相如〈上林赋〉》：“黄甘橙榛。”郭璞注：黄甘，橘属而味精。 | 两通 |
| 卷十六 | 子厚第三书孤愤之懐极矣男子要自有出世事毋论浮荣即不朽亦第二义也赋此广之 | 枋榆社日吾宁老，桐栢春源尔自看 | 枋榆社日吾宁老，桐栢春深别自看 | 春源、春深：两通。《乐府诗集》卷十七梁元帝《芳树》有“桃色染春源”句；《全宋诗》第十五部梅询《濠州四望亭闲眺》有“桐柏春深雪作波”句。<br>尔自看：从对仗来看应为“尔自看”。 | 两通 |
| | 沈太史请告归嘉禾走笔问之 | 近来南史著何书 | 送来南史著何书 | | 讹 |
| 卷十七 | 临淮徂侯李君知六军事赋此寄贺 | 金吾姽队拥天街 | 金吾促队拥天街 | 姽队：整饬、整顿军队。 | 讹 |
| | 经师朱教谕先生八十寿言 | 老去朱颜犹自王，少来青眼或能方。 | 老去朱颜犹自玉，少来青眼或能方。 | | 讹 |
| | | 偶为敲针一垂钓，不将馀日向文王 | 偶为敲针一垂钩，不将馀日向文王 | 此处化用姜尚与文王的典故，故应为“垂钓”。 | 讹 |

| | | | | | |
|---|---|---|---|---|---|
| 卷十八 | 送抚浙温司马入佐大农 | 全越已收文种治，大农能废计然书 | 全越已收文种治，大农荒废计然书 | 从对仗来看应为“能”。 | 讹 |
| | 咏徐园瀑布流觞处 | 突从平地吐崔巍 | 灾从平地吐崔巍 | | 讹 |
| | | 千珠蹙水沸春雷 | 千珠蹙水拂春雷 | | 讹 |
| | 吴三皋倩应试金陵以通家子来谒得见新文赋慰赏之馀走笔为赠 | 大赋真成辨楚材 | 大赋真成辩楚材 | | 讹 |
| 卷十九 | 明卿自楚驰信相问云秋后当访我金陵以一诗贺儿骐登第以六诗苦旱答之 | 第以六诗苦旱答之 | 第以律诗苦旱答之 | | 存疑 |
| | 事白后再上疏乞骸承伯玉司马以二诗慰问有感问答 | 伯玉司马 | 伯王司马 | 伯玉：汪道昆字，晚年官兵部左侍郎，通称“司马”、“左司马”。 | 讹 |
| | 赠谈枲军思重 | 官衔不少如渑酒 | 官衔不少如繩酒 | 《春秋左传·昭公十二年》：齐侯举矢曰：“有酒如绳，有肉如陵。寡人中此，与君代兴。”晋·杜预注：“绳水出齐国临淄县北，人时水。陵，大阜也。”渑：通“绳”。 | 两通 |
| | 为王大宗伯题五指参天峯 | 矗立高峯障海澜 | 矗立高峰障海澜 | | 两通 |
| | 赋得柳条恒扑岸花气尽薰舟送沈子 | 傫直星为柳，含香舌是雞 | 傫直星为柳，含香舌有雞 | 从诗意和对仗来看应为“含香舌是雞”。 | 讹 |
| | 元驭阁老将北上要余于野次言别得二章 | 莫教男子泪，容易便沾襟 | 莫教男子泪，容易更沾襟 | 明代李昌祺《乡人至夜话》有“老懷容易便沾襟”句。唐代杜甫《南征》有“适遠更沾襟”句 | 两通 |

| | | | | | |
|---|---|---|---|---|---|
| 卷二十 | 避暑园居得长律二十句 | 中散酒鎗盛沆瀣 | 申散酒鎗盛沆瀣 | 中散：稽康曾任中散大夫，世以“中散”称之，此处应为此典故。 | 讹 |
| | 大宗伯吴兴董公枉棹海滨道返命进士长君代访且赠长律饰奖过情愧感之情托之申和 | 书成旧锡黄银印 | 书成旧锡黄金印 | 黄金印：黄金制作的印章，古时为公侯将相所佩戴。<br>黄银印：明都穆撰《孔子庙堂碑》有云：“大宗特赐王羲之黄银印一颗。”此处或为用此典 | 两通 |
| | 鐡塔 | 当时鐡轮玉 | 当时鐡轮王 | 《续稿选》与四库本同。<br>铁轮王：佛教用语，梵语的意译。 | 合理 |
| | 访吴登不值承见寄三绝句赋此为答 | 赋此为答 | 赋为答 | | 脱 |
| 卷二十一 | 博山鑪 | 上有鹧鸪班 | 上有鹧鸪斑 | 《续稿选》与四库本同。<br>鹧鸪斑：香名，从后文“轻飔约香雾，袅袅上云鬟”可知应为此。 | 合理 |
| 卷二十二 | 读王百穀吹箫赋因题画赠星槎子然此非古洞箫也以故称新声云 | 由来子野听偏精，谱得咸阳箫史声。 | 由来子晉听偏精，谱得咸阳箫史声。 | 子野：春秋时晋国乐师师旷的字，目盲，善弹琴，辨音能力极强。<br>子晉：王子乔的字，相传为周灵王太子，喜吹笙作凤凰鸣，被浮丘公引往嵩山修炼，后升仙。<br>箫史：古代传说中善吹箫的人，教穆公女弄玉作凤鸣，吹似凤声，凤凰来止其屋，数年，皆随凤凰飞去。 | 两通 |
| | | 把向吴山吹一曲，何人不拟鳳凰鸣。 | 把向吴山吹一品，不及沙头第一泉。 | “不及沙头第一泉”为《续稿》卷二十二《沙头吕氏酒》一诗最后一句。 | 讹 |
| | 庄临甫力田种竹有长者风今六十矣其婿陈生懋谦中表姪也索诗壽之得一绝句 | 庄临甫 | 壮临甫 | 作姓氏应为“庄”。 | 讹 |
| | 山僮言游客放歌折花者戏答之 | 山僮 | 山童 | | 两通 |

| | | | | | |
|---|---|---|---|---|---|
| 卷二十四 | 赠方士赖生 | 芒鞵竹杖欵荆扉 | 芒鞵竹杖软荆扉 | 欵：同“款”，叩，敲击。 | 讹 |
| 卷一百四十一 | 旧丞相府志 | 尚书商暠时谪为省更亦发之 | 与《续稿》同。 | “更”疑为“吏”。 | 存疑 |
| | 后旧丞相府志 | 其后始卜大内，以就锺山形胜 | 其后始卜大内，以就锺山形势 | | 两通 |
| 卷一百七十六 | 与元驭阁老 | 使人主失信 | 使人主失情 | | 讹 |
| 卷一百七十七 | 与元驭阁老 | 瘦削枯槁 | 削瘦枯槁 | | 倒、两通 |
| 卷一百八十 | 申许王三相公 | 下走以樗栎凡才，斗筲小器 | 下走以樗栎凡材，斗筲小器 | | 两通 |
| | 张叔琦 | 所寄尊先公遗留物……望御者却附使者返之 | | 《续稿选》无此段文字。 | 脱 |
| 卷一百八十一 | 汪仲淹 | 中外皆谓长公用翁左司马，署右宰，例有成言矣，而至今尚未推 | 中外皆谓长公用翁左司，马署右宰，例有成言矣，而至今尚未能 | | 存疑 |
| | 汪仲嘉 | 骤见之无不骇传者 | 骤见之无不骇愕者 | | 存疑 |
| | 毛豹孙 | 仆过时之人，强就笼槛 | 仆过时之人，强就笼羁 | | 两通 |
| | | 束带追随贵游少年 | 追随贵游少年 | | 脱 |
| | | 垂尽之年倏尔夺之，令人何以为生 | 垂尽之年倏尔夺之，令人何以生为 | | 倒、两通 |
| 卷一百八十二 | 王舜华 | 彼曹拥彗治装之不暇 | 曹拥彗治装之不暇 | | 脱 |
| | | 镜古帖评与诸贤往论颇不異 | 忆古帖评与诸贤往论颇不異 | 镜：监察 | 讹 |
| 卷一百八十二 | 与夷陵王少宰 | 夫隂翊善教，保完竖儒 | 夫隂翊善类，保完竖儒 | 善类：善良的人，有德之士。 | 存疑 |
| 卷一百八十二 | 王宣 | 别帋新诗得多壮丽语 | 与《续稿》同。 | 得：疑为衍字。 | 存疑 |
| | 程巢父 | 约七月间可脱稿……侍者以书幸亮不恭 | 诵庙祝，譬之小儿学塗鸦……小间当裁一诗别书簟报谢，不一 | 《续稿选》中此段文字实为《徐孟孺》一篇中内容。 | 错简 |

| | | | | | |
|---|---|---|---|---|---|
| 卷一百八十三 | 李仲吉 | 李仲吉 | 李申吉 | | 讹 |
| 卷一百八十四 | 答张肖甫司马 | 龙衮裹归 | 龙衮裹蹄 | 裹蹄：亦作“裹蹏”，铸金成马蹄形，因借指金银。 | 存疑 |
| | | 长爪梵志夜寒拥坐诵呗呪 | 长髪梵志夜寒拥坐诵呗呪 | 长爪梵志：佛弟子之一，舍利弗之舅，以其指甲特长，故称长爪梵志。 | 讹 |
| | | 即赵营平之逺犹，羊钜平之深仁，宋广平之长虑 | 即赵营平之逺又，羊钜平之深仁，宋广平之长虑 | 逺犹：犹远猷，长远的打算，远大的谋略。 | 讹 |
| 卷一百八十五 | 答戚少保 | 天骄敛迹，黄屋增崇 | 天骄解辫，黄屋增崇 | 敛迹：收敛行踪，谓有所顾忌而不敢放肆。<br>解辫：解散发辫，旧时少数民族多结发辫，解辫谓改用汉族服饰，以示归诚。 | 两通 |
| 卷一百八十六 | 荅王中丞 | 迩来颠毛尽白，鬓落无馀 | 迩来颠毛尽白，齿落无馀 | 颠毛：即头发，对应看来下句应为“齿落无馀”。 | 存疑 |
| 卷一百九十 | 徐孺东 | 则令先公句容之政蓄之心者二十年矣 | 然令先公句容之政蓄之心者二十年矣 | | 两通 |
| | | 行之未久而辄中沮舌 | 与《续稿》同。 | 四库本作：行之未久而辄中沮古 | 存疑 |
| | 茅鹿门 | 罔寺时贤器杜受 | 与《续稿》同。 | 杜受：疑“枉爱” | 存疑 |

| | | | | | |
|---|---|---|---|---|---|
| 卷一百九十一 | 邹彦吉 | 仆方治地因此舍布髪然灯，于一切闻左间事俱无由识之 | 仆方治地因此舍布髪然证，于一切闻左间事俱无由识之 | 明瞿汝稷《指月录》有“布髪掩泥，献华于然灯”一句。 | 讹 |
| 卷一百九十一 | 王司副 | 公之滞散局，于五年矣 | 与《续稿》同 | 疑为“公之滞散局，于今五年矣”。 | 存疑 |
| 卷一百九十二 | 与郭中丞 | 宴游之跡不及别绾 | 宴游之跡不及别舘 | | 合理 |
| 卷一百九十三 | 答刘方伯 | 而令子仲君忽负笈相枉 | 而令子仲君忽负笈相往 | | 合理 |
| 卷一百九十三 | 顾太仆 | 而始释之进陪九列，步武八座 | 与《续稿》同。 | 释：疑为“使”。 | 存疑 |

# 王世贞的医者交往与记录①

徐美洁

(上海交通大学人文学院,上海,200240)

**[内容摘要]**王世贞极度关心自身的身体状况,诗文中提及疾病的地方众多,关于疾病感受,及医者交往,都留下极丰富的材料。本文以医者交往为中心,考察王世贞记录的医者中,世医、儒医的地位身份选择与形成,以及这种选择中家族因素的作用。

**[关 键 词]**王世贞;医者;交往;世医;儒医;家族

## 一、王世贞的病——一个对身体极度关注的士大夫

王世贞(1526—1590)是明代文学复古运动的代表,为"后七子"领袖,一般将其与李攀龙(1514—1570)并称"王李"。诗文主张尊两汉盛唐,这种主张有一大批的追随者,但也因为模拟的弊病,而遭受质疑。但我们想在文学的评价之外,转向注意他文集中对医者的记载与描述,这些记载主要保留在《弇州山人四部稿》及《续稿》两部诗文集中。

他爱谈病,总是关注自己的身体状况,到了一个非常敏感的状态。试看王世贞文集中对于疾病与身体的描述。在他的诗作中,以病为题的篇目非常多,初步统计,《弇州山人四部稿》诗部中就有46首,如《乙卯病后遇生日独酌至醉漫歌》,《病中于鳞子与公实子相夜过》,《病承公实诗问率尔有作》,《病甚后见舍弟至》,《久病作》,《秋日病中书怀》,《病甚怀于鳞却寄》,《病起偶成》,《闰十月朔病中作》,《病中于鳞过访海上》,《病卧池亭丙夜起坐即景有感》,《江行病起即景有感》,《九日泛舟灵岩以病且雨不克登有作》,《久病奉简曹中诸公》等等。《四部稿》中词作不多,更显得以病为题的篇目突出,如:《朝中措·病起饮酒》,《少年游·病后》,《苏幕遮·

---

① 本文曾于2015年4月28日于台湾中研院史语所"明清研究推动会"举办的专题报告中演讲。

病中夜坐闻隔席欢笑有感》等等。

乍一看去，似乎没有不病的时候。从时间来看，他从非常年轻的时候就开始写自己的病，如《乙卯病后遇生日独酌至醉漫歌》、《久病奉简曹中诸公》等。乙卯年为嘉靖三十五年(1555)，是年他三十岁。季节上来看，春、夏、秋、冬四季的疾病感受，在他的诗里都能找到。出行途中，朋友来访时等等，各类场景也很多。总之，他是一位爱描写疾病的诗人。

这些嵌以"病"字标题的诗，表达的是对疾病的心理感受，："病似黄杨多进退，情如芳草易枯荣。"①"白日垂垂堕，青云袅袅舒。病窥文义浅，懒益世人疏。"②"一卧三钻火，扶携厌此身。"③"散帙高秋病骨清，科头聊复罢将迎。"④既有对疾病带来身体痛苦的无奈，也有因生病，反而能将人事、世界都退后一步看的淡然情致。这或许与他的复古理念有一定的关系，比如魏晋士人爱服药，且称病，也是文人雅致的一种。

但也与诗歌的特殊表现形态与要求有关，所以在诗中体现的疾病也多是写意式的感受，不适宜表现疾病的具体情形。除了这些写意、描写心态的疾病书写外，在他的记、叙、书牍等文体中，有很多关于疾病的具体描述。如《江行纪事》中写："余忽病，病得之啖起面饼而卧当风。稍汗之，已，进枳术丸二剂。"⑤起面饼，据严衍《资治通鉴》注："起面饼，今北人能为之，其饼浮软，以卷肉啖之，亦谓之卷饼。程大昌曰：起面饼，入教(酵)面中，令松松然也。"⑥大概类似于今天鸡肉卷之类的面食。枳术丸是由白术与枳实两种药材制成的丸剂。据《本草纲目》："枳术丸，消痞强胃，久服令人食自不停也。"⑦大概类似于今天的消化药。从这则记述看，王世贞对药理有一定的了解。

又《许殿卿》中记："五月即病，病至八月小愈。为阳羡之游，归复大病，病至

① (明)王世贞:《弇州山人四部稿》(明万历五年世经堂刻本)，卷38《闰十月朔病中作》，页11b。

② (明)王世贞:《弇州山人四部稿》，卷30，《病中》，页16a。

③ (明)王世贞:《弇州山人四部稿》，卷32，《久病作》，页6b。

④ (明)王世贞:《弇州山人四部稿》，卷34，《秋日病中书怀》，页6b。

⑤ (明)王世贞:《弇州山人四部稿》，卷78，页12a,b。

⑥ (明)严衍:《资治通鉴补》(上海：上海古籍出版社，1997)，卷137，《齐纪·世祖武皇帝》。

⑦ (明)李时珍:《本草纲目》，卷12下，《术》。

今未已，疻痏遍头面间，亦欲效昔人息黥补劓。”①据应邵注：“以杖手殴击人，剥其皮肤肿起青黑而无创瘢者律为疻痏。”王世贞所写疻痏，不当是为人殴击所致，而是皮肤上生长的一些疖瘢，也很难就用我们现在的疾病去套用。

他患有疟疾。《病疟作》诗云：

> 今年气候恶，疟鬼何太横。三家两家泣，十人九人病。延医医伏枕，呼觋觋不竞。余方侍师次，骤热如就甑。杖剑叱此鬼，么魔当敬听。速各归其所，毋为索余禜。鬼拜前致辞，小邪敢干正。唯是旦夕间，往往远相侦。坐卧必当风，果饵非时饤。四大不自持，三尸转成横。不然吾曹力，焉能操公柄。公但时自爱，鬼当奉公命。洒然梦初觉，摄念入清净。从此尼连河，尽作四禅境。②

又书牍《冯咸甫先辈》：“无何病疟，且病腹痛。”③除了疟疾外，还有其他一些疾病被记载。在给吴明卿的信中说：“六月病痞，七月病脾，八月甫起色，而伯玉、肖甫访我弇园”④。痞，中医指胸膈间的气滞不通，黄疸等病，均属于痞气所致。又《沈纯甫》：“念欲买舴艋，载新以追候槜李，而病肺弗果。”⑤《答胡元瑞》：“生平交友垂尽，何意凿坏之日，复接海内贤豪如足下，于愿足矣。恨肺病方深，不能竟所倾吐。”⑥则又有肺病。其他小病似乎也间或有之，如《张伯起》：“归病脾，已病右目，稍起即为乡人腰项所困。”⑦又《答范司马》：“贞适病齿痈，无以应之，柰何柰何！伏枕附答，不详容嗣尽。”⑧又，《宋司马温公梅都官王荆公王都尉墨迹》云：“春月病疡，十指如槌，而强为题此。”⑨《祝京兆诸体法书跋》：“可惜二月病疮

① (明)王世贞：《弇州山人四部稿》，卷122，页12a，b。

② (明)王世贞：《弇州山人续稿》，卷6，页2b，3a。

③ (明)王世贞：《弇州山人续稿》，卷207。

④ (明)王世贞：《弇州山人续稿》，卷192，《吴明卿》。

⑤ (明)王世贞：《弇州山人续稿》，卷190，《沈纯甫》。

⑥ (明)王世贞：《弇州山人续稿》，卷206，《答胡元瑞》。

⑦ (明)王世贞：《弇州山人续稿》，卷180，《张伯起》。

⑧ (明)王世贞：《弇州山人续稿》，卷175，《答范司马》。

⑨ (明)王世贞：《弇州山人续稿》，卷175。

金陵，十指木强，览此兴发，题其后。”①《弇州山人年谱》也记载他的疾病：“四十五年丙寅四十一岁，冬以疮瘍卧床蓐累月。”②大略来看，他患有虐疾，脾、肺、目，都曾患有疾病，而疮、瘍、瘨痏、齿痈等小病也不断。

患病、写患病之情外，他也研究医理，结交医友，共同讨论。如《将赴青州道别医友王昌年》诗：“荒城不忍别，浊酒暂相亲。病骨真须汝，离颜转向人。虽无郭泰楫，尚有吕安轮。寄语云门胜，应催发兴新。”③

## 二、王世贞的医者交往

友人及后学对王世贞的描述，多集中在他的文学领袖身份、接引后学的气度等，却没有见到对他身体状况，或善病等的描写。但鉴于他诗文集中如此多篇目谈到自身的疾病，可以知道的是，他的身体疾病，至少在他自已的观感上，是非常严重地影响其生活的，他本人也予以这些疾病很多的关注。出于对身体与疾病的关心，王世贞接触医者也较一般人为多，我们通过他诗文集中，为医者所作的诗、赠序、墓志铭等各体文章中能看出来。

他的医者交往，有通过医疗而结识的，即二者间是病人与医生的关系。吴江名医盛应宗(1512－1587)④，字斯因，号少和。他是王世贞后期最依赖、推崇，接触最密切的医者。盛氏祖先即为医者，至其祖盛寅(1374－1441)，始成名医，其家族亦以世医家族而著名。对于盛寅及其家族的医者传承，邱仲麟先生在《绵绵瓜瓞——关于明代江苏世医的初步考察》一文中⑤，已经作了较详细的考述及梳

① (明)王世贞：《弇州山人续稿》，卷163。

② (清)钱大昕：《弇州山人年谱》(收入《北京图书馆藏珍本年谱丛刊》〔北京：北京图书馆出版社，1999〕第50册)，页206。

③ (明)王世贞：《弇州山人四部稿》，卷26，《将赴青州道别医友王昌年》。

④ 盛应宗之生卒年，据王世贞《冠带儒士盛少和先生墓志铭》(《弇州山人续稿》，卷122)：“余少女归袁曼容，踰年而病壮热，……君诊之曰，是不受补，补辄死，以意剂药数十服，而疾大损。君又诊之，曰虽病，当得子女姙，身举一男，其又明年复病，而君不在矣，乃死。……得寿七十有六。”又〈与元驭阁老〉(《弇州山人续稿》，卷179)：“亥年哭亡从弟，子年哭亡女哭亡弟。”又，王世懋《王奉常集》卷27有《祭盛少和文》，王世懋与王世贞之女皆卒于万历十六年，而前一年(即十五年)，盛曾为王世贞之女诊病，明年其女病时盛已殁，则知其卒年为万历十五年。

⑤ 邱仲麟，《绵绵瓜瓞——关于明代江苏世医的初步考察》，《中国史学》13(2003)：45－66。

理。盛寅成祖时为御医，明成祖呼为“医中状元”，其五传至盛应宗。据王世贞《墓志铭》，盛应宗有兄弟五人，其兄盛应陵亦为医者，然“多通医家言，不下君，而不能自振其声。”①则盛氏传至盛应宗辈时，只有他是名医。我们此处的盛应宗与王世宗的交往，相当于接着邱仲麟先生文章中所提到的盛氏世医，所做的一个后传，看明代世医在具体场境下的交往与声望的获得。

太医盲者顾君，王世贞有像赞称其：

> 此故处士邵君之肖形也，颓然其若倾，退然其若不胜。汝不能自行，赖人以行，众生不能自生，赖汝以生。夫真宰假汝明以心，而夺汝明于目。意使汝内专精于虑，而外绌其欲。以寄其仁于有知之属，汝必尽取其所甚绝者而力挽之。②

嘉定唐道述，王世贞有诗相赠，《寿嘉定唐道述六十》云：“练川十万家，家家尽活唐君手。酌君叵罗为君寿，得意何必二千石，但愿为医岁长久。”③

俞老，《赠俞老》：“君真俞跗后，医术晚通神。”④

张生，《赠医者张生》：“吾怜张仲景，卖药不论钱。白屋人遍起，青囊手自编。”⑤

陈医，《寿陈医箕仲父也》：“家是朱陈里，名同秦越人。谈诗身外业，颂酒性中真。”⑥

游医马自然，《赠医者马道人》：“谁似燕中马自然，药囊蓑笠但随肩。”⑦

陈以端，《重刻幼幼新书序》：“吾郡之精于医者陈以端氏，奉其父之遗意，求之二十余年而始得其全，念其传之弗广也，订其误，删其复，而手书之以授梓人。”⑧则陈以端当为小儿医世医。

---

① （明）王世贞：《弇州山人续稿》，卷122，《冠带儒士盛少和先生墓志铭》。

② （明）王世贞：《弇州山人四部稿》，卷102，《太医盲者邵君像赞》。

③ （明）王世贞：《弇州山人续稿》，卷9，《寿嘉定唐道述六十》。

④ （明）王世贞：《弇州山人续稿》，卷12，《赠俞老》。

⑤ （明）王世贞：《弇州山人续稿》，卷13，《赠医者张生》。

⑥ （明）王世贞：《弇州山人续稿》，卷13，《寿陈医箕仲父也》。

⑦ （明）王世贞：《弇州山人续稿》，卷24。

⑧ （明）王世贞：《弇州山人续稿》，卷51。

因王世贞的声名位望，又其性格好接引，故医者主动投赠，结识也不少。如《洞庭陆生医而能诗以三律见投聊成二绝答之》："壤色方袍垫角巾，老夫身是佛家身。劳君苦赠千秋句，那有虚名可借人。"[①]《为俞子赠医朱寿甫》："肘后青囊也自奇，一膏肓起一刀圭。竖儒那有隋珠报，衹乞王郎七字诗。"

家族的交往，往往是儒医互杂的家族传承，其间并无很清楚的界限。如徐益孙家族。徐益孙，字孟孺，华亭（上海）人。其先自宋时起为世医，而医、儒并立不废。《南桥徐氏族谱序》："虽歷中外，领二千石贵者，据上台有声称，而不欲舍其术，甘以方技名一家。"[②]至徐益孙父又为名医，见《太学生五斋徐公配陆孺人合葬志铭》。[③]

邢侗之父邢如约，家饶资财，以医为业，而不以医为生，反以医济众。见《临邑邢氏父子封赠省台诗叙》。[④]

苏州长洲刘坊，字朝礼。高祖刘铉（1394—1458），官至礼部侍郎。[⑤] 兄刘畿（1509—1569），官至南京兵部右侍郎。刘坊为侧室所出，其时家贫，兄刘畿尚未中进士，某日为表亲中有资产者所凌，遂走岭外经商，成巨富。而其平时却自习医书："颇喜以文事自宽，恒不废书，尤善于轩岐家语。"[⑥]刘畿于嘉靖二十九年（1550）进士后[⑦]，刘坊进太医院吏目，调护将作吏士有功，进御医。

太仓周氏家族，亦为世医。其家族名医为周邦彦、周维新等，而至周应元，又复为名医，且善收藏，与王世贞交好。《周氏族谱序》云："可以医，亦可以儒，且夫能使周世世不绝者，身何必倾邑，而族何必清颍也耶？"[⑧]其家族医、儒不废，是为家族声望延续的共同平衡。

胡僖，字伯安，一字子祥，浙江兰溪人，宋国子直讲胡瑗（993—1059）之后。至胡僖父亲一代，家道中落，而令胡僖学医。《胡观察传》称："一日忽自奋曰，医毋论不如秦越人，即所治必自吾手，能几何，孰与夫大丈夫，大则宰天下，小亦一

---

① （明）王世贞：《弇州山人续稿》，卷24。
② （明）王世贞：《弇州山人续稿》，卷42。
③ （明）王世贞：《弇州山人续稿》，卷120。
④ （明）王世贞：《弇州山人续稿》，卷46。
⑤ （清）张廷玉等：《明史》卷215，《列传·刘铉》。
⑥ （明）王世贞：《弇州山人四部稿》，卷91，《明故太医院吏目征泉刘君墓志铭》。
⑦ （同治）《苏州府志》，卷86，《人物》。
⑧ （明）王世贞：《弇州山人续稿》，卷47。

方，少徊虑而起数百千人死哉，亟改治儒。”①他弃医而儒的想法，是从儒家治国平天下的理念出发，认为医者拯人不如儒者多，后官至云南按察佥事。

海宁郭子直之父，郭子直为礼部郎中，与王世贞之弟王世懋为同僚，后贬谪任知县，回南京刑部任职，故又为王世贞之僚属。属家族间的交往。见《奉训大夫福建都转运盐使司副使梅岩郭公暨配吴夫人合葬志铭》。②

浙江新城方廉之父方模。家世自宋时起为医，有以医显者，而后世以儒显者亦多。至方模而复为名医。见《正议大夫资治尹南京工部右侍郎双江方公墓志铭》。③

江西万安人刘峻，字仰伯，高邮知州。亦为医世家出身，其祖宋时太医令刘琰，护太后渡江。后来世代以儒业兴，而医亦不废。见《奉直大夫高邮州守松宇刘君墓志铭》。④

工部尚书潘季驯 1521—1595)之父潘夔，为家计而弃儒而耕，学数荒废，后自学成医。因大疫，救活者众，乡里成名医。见《赠太子少保南京兵部尚书儆庵潘公墓志铭》。⑤

> 昆山刑部主事李同芳之父李棠。其家族以儒业显，据王世贞所述，在昆山，其族如同中原“卢李”。李棠并无官医身份，而拯贫济困，有高义，《怀石李翁墓表》云：“既习医，则多储药，以活贫者。岁饥，道遇殍，未及殊扶而返之舍，食之肥而听其去，不复问。如是至再三，曰：‘吾自行吾不忍耳，不以为彼德也。’”⑥

姻亲关系。王世贞之母郁家，而归氏为郁家之婿，仲子为太医院吏目。见《封征仕郎礼科给事中懷节陈公墓表》。⑦

---

① (明)王世贞:《弇州山人续稿》，卷79。
② (明)王世贞:《弇州山人续稿》，卷90。
③ (明)王世贞:《弇州山人续稿》，卷95。
④ (明)王世贞:《弇州山人续稿》，卷101。
⑤ (明)王世贞:《弇州山人续稿》，卷115。
⑥ (明)王世贞:《弇州山人续稿》，卷126。
⑦ (明)王世贞:《弇州山人续稿》，卷126。

## 三、世医与大儒：基于医术的交往与揄扬

这里使用的"世医"，沿用邱仲麟先生在《明代世医与府州县医学》一文中所使用的概念，即按照李梴刊行于万历三年的《医学入门》中的界定，世医指"以医为业，世代相承者。"[①]吴江世医盛氏，邱仲麟先生在《绵绵瓜瓞——关于明代江苏世医的初步考察》一文中已有较详细的介绍。关于世医与儒医，最近刘小朦《医与文，仕与隐——明初吴中医者之形象与社会网络》中也提到世医与儒医的评价问题。我们将以盛寅的五代孙盛应宗与王世贞的交往为例，来作考察。

从王世贞作为患者的角度来说，他的择医及评价，基于医者的医疗疗效。如对吴江名医盛应宗的评价，《墓志铭》中记二人相识经过：

> 余谢郧镇归，间一过吴阊，君以五鼓访余舟而诊脉，语余曰："公六脉甚平而调，此寿征也，或不能御内耳。"余曰："时时有之。"曰："然则我为公壮之乎？"余谢曰，不愿也。明年从昙阳子于直塘，而痁甚，危久之。良已，即病秘结，强之而通，右腹忽剧痛冲上至膂，亟延君，而君有他故迟迟来，君来则以他医药，痛半已矣。而每夜眠，耳若闻舂杵者，如隔墙。君以药悉已余痛，而出五红丸如粒，使将寝以一杯酒吞之，其夕则声稍远而微。次夕吞之，则又远而微，丸与声俱尽。余乃始奇君。[②]

王世贞万历四年底自郧阳任上归太仓乡居，万历七年时，因偶尔过苏州，盛应宗于某日清晨访其于舟上，主动为其诊脉，称其脉平而调，是长寿的征兆。但从脉象看，似乎在某方面能力不强，问其是否有他用药来增强，王世贞婉谢说不愿。这是初识的状况，并未能使王世贞完全信服其医术。王世贞在万历七年、八年间礼拜王锡爵之女昙阳子为师，万历八年，与王锡爵，以及赵用贤、屠隆、瞿汝稷、沈懋学等东南名士，一道前往直塘谒昙阳子亡夫之墓，且观礼昙阳子"升化"[③]。在直塘时，王世贞痁疾突发，又病腹痛，而且出现幻听症状。这么多病症夹在一起，而盛应宗用五粒红丸给治好了，自此以后，王世贞才信服其医术。

---

① 邱仲麟：《明代世医与府州县医学》，《汉学研究》22，2(2004)：333—352。

② (明)王世贞：《弇州山人续稿》，卷122，《冠带儒士盛少和先生墓志铭》。

③ 参王世贞：《弇州山人续稿》，卷78，《昙阳大师传》。

关于明代患者的择医，及对医者的评价问题，目前已有不少论述。邱仲麟先生认为："明代士大夫最推荐的医家乃是儒医。"[①]谢娟在《明代医人与社会——以江南世医为中心的医疗社会》一文中，引谢观语云："自宋以后，医乃一变为士夫之业，非儒医不足见重于世。所谓草泽铃医者，其格日卑，其技亦日劣，盖此辈大都不通文义，罕能著书，仅恃师授，无复发明。"[②]谢娟文中认为："医者要想提升自身的地位，惟有在行为上尽量地向儒者阶层靠拢，争取为儒者阶层所接纳。"[③]最近刘小朦文章《医与文，仕与隐——明初吴中医者之形象与社会网络》也重申关于儒医的评，并引席文的观点："在文化菁英的思想里，(受过技术训练的)御医不仅没有特殊地位，他们的姓名也无人知晓。人们唯一耳熟能详的大夫，只能是来自士大夫阶层菁英当中有才华和天赋的业余大夫。作为医生，为他们带来名声的是其社会地位，而非医生的角色。"[④]但刘小朦认为将儒医与"业余"相联系，有些过分，但"作为儒者或文人的名声，更能让他们充分融入以士人为主导的上层社交圈中，至少在明代前期，这种现象十分明显。"[⑤]也主张儒医在社会评价上更高的特点，但他审慎地把范围划定到明初期。

从王世贞的文本出发，他在择医的态度上是谨慎的，并不宥于世医与儒医的区分。在盛应宗第一次拜访时，保持了适当的距离。在虐疾发作时，得到他的有效治疗后，才对其医术充分肯定。之后，一直到盛应宗去世，王世贞将自己与家人的诊治，大都交托给他。《墓志铭》中最突出的部分，便是强调了盛应宗在医术上的高超。首先，他的处方往往能出人意表，曾为文征明治病，"时文待诏征仲感奇疾，几不可起，君从杜先生治，为处方，出其意表。待诏乃起谢君曰：'吾赖君再生。御医翁者，其有后乎？'"[⑥]而且，他在诊断上有卓识独见，往往得出与别的医

---

① 邱仲麟：《医生与病人——明氏的医病关系与医疗风习》，《从医疗看中国史》，台北：联经出版公司，2008，273 页。

② 谢观：《中国医学源流论》(福州：福建科学技术出版社，2003)，《铃医秘方》，101 页。

③ 谢娟：《明代医人与社会——以江南世医为中心的医疗社会史研究》，(收入范金明主编《江南社会经济研究·明清卷》，北京：中中农业出版社，2006 年)，1256 页。

④ 转引至刘小朦：《医与文，仕与隐——明初吴中医者之形象与社会网络》，《新史学》，26(2015)：1—57。

⑤ 刘小朦：《医与文，仕与隐——明初吴中医者之形象与社会网络》，《新史学》，26(2015)：页 1—57。

⑥ (明)王世貞：《弇州山人续稿》，卷 122，《冠帶儒士盛少和先生墓誌銘》。

家完全相反的诊断，而结果证明他是对的。如王世贞之女患病，延医治疗，“有邵某者亦名医也，谓大虚，宜用参芪，若子河车补。君诊之曰，是不受补，补辄死，以意剂药数十服，而疾大损。”①更记载了好些能显示他超凡医术的病例。如为某徽商小妾患呕血脾泄二症，请盛应宗至家调摄，半年后病愈，一年后竟得子。又如以下几则为当时知名人士治病的例子：

关中李中丞自浙请告归，过郡延君，谓曰：“病中满恶食，水火俱不利，吾其殆乎！”群医不知所措，君既诊公脉，归而谓其子之楫曰，脉洪大于冬令，不宜若其感，自夏则一暑症耳，治之何难。询其病，果得暑而大吐且泻，君以六一散加少辰砂丸二服而水火利，继以六和汤配香薷饮，不数服病尽除。吴江令徐君得奇症且革，君药之而已，以诗、币、鹤、鹿酬君。李公今为大司寇，而徐君为御史。李宪使饬兵于吾州，而妇病，君药之而已，再作再药，良已。②

可见，盛应宗的医名远播，多为官员富商所邀请，而其医术与其他医者相比，确有高超与实效之处。王世贞为盛应宗在朋友间揄扬，如给董份的信中说《董宗伯》：“初冬见医士盛生，道老伯微为骨鲠所苦，因而咽中气壅，颇碍食饮，凡六日而解。今得大教，果然盖外来与内召，其病形虽同，病去即复，盖不可同日语也。”③《与元驭阁老》：“次儿疟大发，疟止旧症时现，宗门毫无一效。小女赖盛医力起矣。”④“前月使者便奉信去，是时弟方恶食断饮，粥不尽一器，中腕气微腾上遂止，消息不佳，幸其不增。盛医至，审为痰火，非膈噎也，服药颇效，今气不腾上矣，粥尽一器，更进半矣，肤色亦稍润矣。行年六十有五，于人间事粗备，宁复有挂恋？”⑤

在肯定其医术的前提下，王世贞为盛应宗所作的《墓志铭》，还从个性及其在家族中的影响作用等作了评价。

《墓志》中写到盛应宗的学医经历与联姻，虽是“医中状元”、御医盛寅的后

---

① （明）王世贞：《弇州山人续稿》，卷122，《冠带儒士盛少和先生墓志铭》。

② （明）王世贞：《弇州山人续稿》，卷122，《冠带儒士盛少和先生墓志铭》。

③ （明）王世贞：《弇州山人续稿》，卷174，《董宗伯》。

④ （明）王世贞：《弇州山人续稿》，卷176，《与元驭阁老》。

⑤ （明）王世贞：《弇州山人续稿》，卷179，《与元驭阁老》。

代，但至盛应宗这一辈时，多为达宦，如盛应期(1474—1535)，官至右都御史①，盛应阳，官至严州知府。盛应宗的从医经历，亦是困顿中的选择：

> 居家益贫，群庶不能亡间言，君乃损故居授之，而脱身与其母、妻依御史大夫之别馆。胠箧得轩岐鹊意之书，尽读之，术犹未大行。凡三徙而始依其妻之父杜山先生，杜先生国医也，君与之下上往复，尽得其秘，而又能时以其意错奇正而用之，遂所至立效，名遂出杜先生上。②

盛应宗虽是世医之家，但其医术实学之于其岳父杜山。王世贞于《墓志》中写到盛应宗尤好声伎，徐显卿(1537—1602)《盛少和先生》一文也说到他的这个僻好："好声伎，有所善姬，解琵琶音律翁，晚节弗得是弗欢。晓事者俱不即迎致翁，而预致大舫鼓乐，匿所善姬，要之，翁輙至。"③王世贞又特意写到他如何处理家庭婚姻："配即杜先生女，以才明贤淑闻，君委家而听之，于内外综核不废。君虽好内，然多寄情狭邪，闺阃之间肃如也。先君十五年卒，君自是绝不娶。"④这应当与其受岳父之医学传授，而有师徒恩情有关，故虽好狭邪，而于家庭内，却不纳妾，不续娶，算是保持了对夫人的尊重。王世贞对他这样的做派，显然是赞扬褒奖的。这种褒扬态度与今日的同情女性立场当并无多大关系，更多的是从道义层面出发。

王世贞在《墓志》中提到盛应宗的另一个个性特点是，"君于贫士单族，有疾召之，不待再而往，虽委巷痹屋，亦为之伛偻而进。治剂必精谨，又更窭者，出橐装分遗。而至贵富有力人，盛车马迎之，多杜门引疾，或时匿身荒野中，不复可踪迹，如是者至竟岁。"⑤则类似于名士之行为。

## 四、医与儒：基于家族的选择与互补

关于医者的地位与声誉经营等问题，邱仲麟先生在《医生与病人——明代的

---

① (清)张廷玉等：《明史》，卷291，《列传·盛应期》。

② (明)王世贞：《弇州山人续稿》，卷122，《冠带儒士盛少和先生墓志铭》。

③ (明)徐显卿：《盛少和先生》，(收入黄宗羲编《明文海》，景印文渊阁四库全书本)，卷418。

④ (明)王世贞：《弇州山人续稿》，卷122，《冠带儒士盛少和先生墓志铭》。

⑤ (明)王世贞：《弇州山人续稿》，卷122，《冠带儒士盛少和先生墓志铭》。

医病关系与医疗风习》一文中有论述，文中说："在明代，士农工商的四民结构虽稍有转变，但就整体言，仍是一个以儒者、以仕宦为尊的社会，医者仅是'小技'。"①由于医者低一等的身份，医者本人也会有自卑情绪而不愿习医，有时迫于家贫，才不得已继承家业。应该说，这是符合当时社会现实的确切评论。该文也论述由于医官的地位较高，基于社会身份的需要，不少医者透过纳捐以取得医官的头衔。祝平一在《宋明之际的医史与"儒医"》一文中，也指出医者比附"儒"的策略，实际反映了医者难以上升的窘境。② 刘小朦关于医与儒的社会地位问题，也认为"医者较低的社会地位未能改变，但本文所探讨的这群人，其身分边界十分模糊，我们难以将他们定义为单纯的医者、儒士、画士或隐士，他们的身份不断游移，并在社会交往中重新界定。"③

王世贞所作《征仕郎福建布政司都事一斋先生王公暨配周孺人合葬志铭》，叙述太仓儒医王恬为儒，又为医，最后以医得官的经历。④ 王恬，字民熙，人称一斋先生。为王侨、王倬之侄，王世贞于其为从侄。王倬(1447—1521)，字用检，官至右副都御史，南京兵部右侍郎。⑤ 王侨官至工部主事。而王恬之父王偡居兄弟之间，并无官职，王恬又为侧室所出，在伯、叔及祖均为官职的家族构成里，其身份之寒微对比可谓突出。《墓志》详载其业儒不成，再从医的过程：

先生既屡试不第，乃叹曰："吾所不获一官，而少摅吾志者，非命也夫！古称不得志则衡命，吾知所处矣。"于是始业医，医不名一师，日取轩岐、扁仓、叔和、东垣诸书读之。间则思所以决脉用方者，乃豁然悟曰：夫医意也，吾师意而医，何必长桑公秉哉。于是始试药诸病，贫人以药请，人给之，约毋有所雠，时复为粥，粥之诸病贫。人争走就先生医，医日以益验，名益起，先

① 邱仲麟：《医生与病人——明氏的医病关系与医疗风习》，《从医疗看中国史》，台北：联经出版公司，2008，262页。

② 祝平一：《宋明之际的医史与"儒医"》，页401—449。

③ 刘小朦：《医与文，仕与隐——明初吴中医者之形象与社会网络》，《新史学》，26(2015)：页1—57。

④ (明)王世贞：《弇州山人续稿》，卷89，《征仕郎福建布政司都事一斋先生王公暨配周孺人合葬志铭》。

⑤ (明)方鹏：《昆山人物志》，卷4，《政绩》。

生尤巧于用方，而精决脉。①

在其习医之前，务农，业儒，其于务农上，已取得很大成功，“先生之于农二十年而成，其初年田不过三十亩，其季年乃至二千亩，诸子女十余人，咸以次授家室，岁时伏腊多饶奇之畜。”其于医学得出的学习之道是多实践，因有庞大的家财作支撑，故于这个想法也能得以实现，可以免费提供病人医、药，即医治疾病，于自己的医术来说，也通过这种免费诊疗得到了提升。还为贫病者施粥，而使得依附者日多。并最终凭借由实践而出的医术，在公卿间有声望，得到推荐，得福建布政司都事的职衔。其身份可以说又回到儒者之列，但“归复以医显”。从他的状况来说，业医并非因为生计贫困，而是在家族内地位的寒微，出于“衡命”考虑而开始，但得到儒者身份、官位后，显然并不以此为追求上之最高寄托，还是以医为业。

以医救济乡里，而不是靠医为生的还有邢侗之父邢以约的例子。邢侗(1551—1602)，字子愿，万历二年甲戌(1574)进士，历官南宫知县、山西道监察御史，湖广参议，陕西行太仆寺少卿兼佥事。② 邢如约，字信甫，精篆书，为德府良医正。③邢氏家族在临邑为望族，从其治家来看，以传统的农耕课读为业。邢侗之曾祖邢政，成化十九年癸卯(1483)举人，为静海知县，有政声。邢政四子，长邢溥，即邢侗之祖父，贡生，仕博野教谕。次邢洲，顺德府通判。邢洪无职，邢沂嘉靖七年戊子(1528)举人。至邢侗父亲一辈，兄弟三人，邢如默、如愚、如约。长邢如默，官浚县知县，历吏、工二科都给事中，以忤严嵩而谪，归家课农教子。④ 邢侗父辈三兄弟未尝分产，家饶资财。邢如约在邢侗成进士后，“每教之以清廉，岁以农入佐之。”⑤王世贞《邢氏五世略志》中也记：“封公与断事公俱名能治生，得计然白圭之法，以寛息之，而家隆隆起。顾皆好施予，义散其赢不顾，尝合三千金新孔庙，及学部使者贤之，而旌以棹楔，曰世德名家。”⑥邢如默、如约兄弟俩皆长于治产，

① (明)王世贞:《弇州山人续稿》，卷89，《征仕郎福建布政司都事一斋先生王公暨配周孺人合葬志铭》。

② (顺治)《临邑县志》，卷9，《选举表》，页7。

③ (顺治)《临邑县志》，卷9，《选举表》，页17。

④ (道光)《济南府志》，卷52，《人物》，页11。

⑤ (道光)《济南府志》，卷52，《人物》，页12。

⑥ (明)王世贞，《弇州山人续稿》，卷141，《邢氏五世志略》。

不仅能帮助子弟专心于儒学应举，即使子弟为官之后，也能以家财助其优游于事。并热心于乡里公共事务，如修缮文庙、县学、公共设施等。① 除此外，并为宗族解困纾难，《邑志》云："哀惸独，瞻亲戚，还田宅，瘗死婚生，焚券罢债，远近仰其德者，咸曰佛子。"②邢氏家族既保持儒家的耕读传统，又善于结合一定的商业手段经营理财，邢如约选择医学并非从生计出发。

王世贞在《临邑邢氏父子赠封省台诗叙》中写到邢如约从医的经过："是时吾父封公属为季，尚少，通经术，会以奇疾夺之，弗竟。疾良已，遂兼治岐黄家言，试礼部为第二人，当供奉太医令，以世父方居要，不欲留京辇，而就德府良医。"③从医是业儒不成之后的第二选择，并不是从生计出发，而是医学已成为儒学之后的第二选，在家族荣誉的构成里，成为当时重要的一个选择。而其选择不就太医院之职，是因为兄长邢如默任给事中，为台谏之职，生怕有人际事务上的牵，所以反而降格选择为德府良医。从医与职位之选，可以说都是从家族整体利益出发的。

浙江崇德人郭子直，字舜举，隆庆五年辛未进士，官礼部主事，与王世懋(1536—1588)为同僚。据王世贞《奉训大夫福建都转运盐使司副使梅岩郭公暨配吴夫人合葬志铭》所记，郭子直之父由医入儒，又由儒复医的经历，颇有家族的影响在。郭家自北宋时起即为医，至宋高宗时有昭干者曾为御医，疗高宗疾，得为名医世家。至郭父一辈时，家族对于两个儿子作出职业安排："封公意才其兄某，使儒，而夺公于医，俾习轩岐家言。康僖公召试之，曰，仲可儒也，公遂复弃医而儒。"④即使是世医家族，也仍认为儒学应举才是最高等的，以往的研究也证明了这一点。

但其中有着家族前景的权衡在，业儒由于科举名额的有限，意味着更大的竞争风险，故家族中认为最有才能的被安排为业儒。第二选择即为医学，可见从生计上来说，习医是为不错的职业选择。郭父娶邵康僖锐的侄女为妻。⑤ 邵锐(1480—1534)，字思抑，杭州仁和人。正德三年(1508)进士，历官江西佥来、福建

---

① 参(顺治)《临邑县志》，卷6，《祠祀志》；(道光)《济南府志》，卷12，《古迹》。

② (道光)《济南府志》，卷52，《人物》，页12。

③ (明)王世贞，《弇州山人续稿》，卷46，《临邑邢氏父子赠封省台诗叙》。

④ (明)王世贞，《弇州山人续稿》，卷90，《奉训大夫福建都转运盐使司副使梅岩郭公暨配吴夫人合葬志铭》。

⑤ 按：初娶为邵，续娶为吴。参王世贞，《弇州山人续稿》，卷90，《奉训大夫福建都转运盐使司副使梅岩郭公暨配吴夫人合葬志铭》。

副使，山东右布政使等，终太仆寺卿，赠右都御史。[①] 邵锐为名宦，故对侄女婿的选择进行了干预，郭父由医转回儒，后官至福建都转运盐使司副使。在丁忧归后，又重回医业，《墓志》云："公虽以儒故弃医，而其于轩岐家言素习，至推以疗人疾，无不立起。晚节户外屦恒满，损橐中善药，应之不倦，尤善农事，时时行课赤日中。"[②]则郭父最终又弃儒从医，有以医药济人之意，于生计，以及最开始时考虑的家族声望等，并无太急迫的利害关系。但其行动本身，却有利于家族声誉的积累。譬如，王世贞的《墓志》中，这样的行为本身就是值得表彰的。

又如《顾母杜孺人行状》中所写顾奕的事例。顾奕之母为杜氏，顾、杜两家均为吴中世医，然顾氏名声更显赫。杜为续娶，夫殁后，顾母杜氏抚育二子艰难，"转依其兄家，洴澼絖佐二子读"，以长子顾亨习书，直文化殿为太常丞，以少子顾奕习医，后为太医院御医。[③] 其医术得顾鼎臣（1473—1540）、许赞、张治（1488—1550）、秦金（1467—?）等大臣推许。顾奕虽出身于世医家族，但其医学传承却靠家族间的联姻，从外家获得。其一始课读，当为儒业，而转向书、医等"技"类，虽是出于第二等的考虑，但综合家族与家庭的状况，也不失为好理智而务实的选择。

## 结论

我们认同医者身份还是低于儒者的社会现实，以及身分边界模糊，不断游移，并在社会交往中重新界定的说法。但以往研究似乎更注重考察自医往儒上升的单向选择与渠道，并未充分注意从儒至医，或医与儒之间的反复关系。其间除了退而求其次的选择外，还有家族荣誉、乃至兴趣、自身价值体现等面向，在儒与医的选择上起到作用。我们从王世贞所作的赠医者的诗作、谱序、寿序、墓志铭等文本出发，考察儒医间的选择与转变。从儒到医的选择，并不一定就是等而下之，医者也并不一定要靠比附儒家而得以身份认同，医与儒的选择，往往有双向的变动，从家族的背景出发，有时更多的是出于家族整体利益及生存前景的考虑。

---

① （清）张廷玉等，《明史》，卷255，《列传·邵锐》。

② （明）王世贞，《弇州山人续稿》，卷90，《奉训大夫福建都转运盐使司副使梅岩郭公暨配吴夫人合塟志銘》。

③ （明）王世贞，《弇州山人四部稿》，卷100，《顾母杜孺人行状》。

**附表**

**王世贞交往医者**

| | 姓名 | 籍贯 | 家族 | 身份 | 交往媒介 | 篇名出处 |
|---|---|---|---|---|---|---|
| 1 | 钱春林 | 昆山 | 世医 | 太医院御医 | | 《四部稿》卷89《明征仕郎睢州判官约斋钱君墓志铭》 |
| 2 | 钱培志 | 昆山 | 世医 | 儒医 | 春林之子，培枝之弟 | 《四部稿》卷 89，《明征仕郎睢州判官约斋钱君墓志铭》 |
| 3 | 王恬 | 太仓 | 儒 | 儒医 | 王乔、王倬之侄 | 《四部稿》卷 89，《征仕郎福建布政司都事一斋先生王公暨配周孺人合葬志铭》 |
| 4 | 徐学礼 | 太仓 | 儒 | 太医院御医 | 礼部祠祭司郎中徐甫之子、荆州知州徐学谟之弟 | 《四部稿》卷 90，《明封承德郎礼部祠祭署郎中东娄徐公暨配陈安人合葬志铭》 |
| 5 | 周同 | 苏州 | | 太医院御医 | 从谢榛游 | 《四部稿》卷 91，《周一之墓志铭》 |
| 6 | 刘坊 | 苏州 | 儒 | 太医院御医 | 高祖刘铉，兄刘畿 | 《四部稿》卷 91，《明故太医院吏目征泉刘君墓志铭》 |
| 7 | 朱习之 | 靖江 | 世医 | 县医训科 | 鸿胪寺丞朱正初之父 | 《四部稿》卷 91，《赠登仕郎鸿胪司宾署丞古沙朱君暨配王孺人迁葬墓志铭》 |
| 8 | 张抚之 | 太仓 | | 太医院吏目 | 南京兵部职方郎中张振之之兄 | 《四部稿》卷 95，《明封文林郎浙江处州府推官东林张翁墓表》 |
| 9 | 顾奕 | | 世医 | 太医院御医 | | 《四部稿》卷 100，《顾母杜孺人行状》 |

| | | | | | | |
|---|---|---|---|---|---|---|
| 10 | 唐道述 | 嘉定 | | | 医术闻名 | 《续稿》卷9,《寿嘉定唐道述六十》 |
| 11 | 陈医 | | | 儒医 | 陈箕仲父 | 《续稿》卷13,《寿陈医箕仲父也》 |
| 12 | 饶生 | 南昌 | | 儒医 | 为友人王茂才疗疾,以诗相酬 | 《续稿》卷20,《南昌饶生善医余友王茂才有隐疾能起之索二绝句一韵以赠》 |
| 13 | 陆生 | 洞庭 | | 儒医 | 诗 | 《续稿》卷24,《洞庭陆生医而能诗以三律见投聊成二绝答之》 |
| 14 | 马自然 | 北京 | | 游医 | 诗 | 《续稿》卷24,《赠医者马道人》 |
| 15 | 朱寿甫 | | | | 诗 | 《续稿》卷25,《为俞子赠医朱寿甫》 |
| 16 | 徐益孙家族 | 青浦(上海) | 世医 | | 徐益孙 | 《续稿》卷42,〈南桥徐氏族谱序〉 |
| 17 | 邢如约 | 临邑(山东德州) | 儒 | 德府良医正 | 邢侗之父 | 《续稿》卷46,《临邑邢氏父子赠封省台诗叙》 |
| 18 | 周应元 | 太仓 | 世医 | | | 《续稿》卷47,《周氏族谱序》 |
| 19 | 陈以端 | 太仓 | 世医 | | 刻《幼幼新书》 | 《续稿》卷51,《重刻幼幼新书序》 |

| | | | | | | |
|---|---|---|---|---|---|---|
| 20 | 余继善祖父 | 晋陵 | | 儒医 | | 《续稿》卷76,《余征君传》 |
| 21 | 胡僖 | 兰溪 | 贾 | 医而儒 | | 《续稿》卷79,《胡观察传》 |
| 22 | 郭子直父 | 崇德 | 世医 | 医而儒,再而医 | 母为邵康僖之侄女 | 《续稿》卷90,《奉训大夫福建都转运盐使司副使梅岩郭公暨配吴夫人合葬志铭》 |
| 23 | 王昌年 | | | 太医院御医 | 为王世贞父军中医官 | 《续稿》卷93,《冠带医士渔洋王君暨配山孺人合葬志铭》 |
| 24 | 方模 | 浙江新城 | 世医 | | 南京工部侍郎方廉之父 | 《续稿》卷95,《正议大夫资治尹南京工部右侍郎双江方公墓志铭》 |
| 25 | 王三纲 | 太仓 | | 太医院吏目 | 太仆寺卿徐爌之婿 | 《续稿》卷112,《中大夫山西等处行太仆寺卿岩泉徐公暨元配吴孺人合葬志铭》 |
| 26 | 潘夒 | 浙江吴兴 | 儒医 | | 潘季驯之父 | 《续稿》卷115,《赠太子少保南京兵部尚书觥庵潘公墓志铭》 |
| 27 | 盛应宗 | 苏州 | 世医 | | 名医盛寅之后 | 《续稿》卷122,《冠带儒士盛少和先生墓志铭》 |
| 28 | 盛之楫 | 苏州 | 世医 | | | 《续稿》卷122,《冠带儒士盛少和先生墓志铭》 |
| 29 | 李棠 | 昆山 | 儒 | 儒医 | 刑部主事李同芳之父 | 《续稿》卷126,《怀石李翁墓表》 |

| | | | | | | |
|---|---|---|---|---|---|---|
| 30 | 刘峻家族 | 江西万安 | 世医 | | 高邮知州 | 《续稿》卷 101,《奉直大夫高邮州守松宇刘君墓志铭》 |
| 31 | 邵元化 | | | 太医院御医 | | 《续稿》卷 155,《祭邵元化文》;《四部稿》卷 29,《即事呈邢邵二医》 |
| 32 | 邢先生 | | | 太医院御医 | | 《四部稿》卷 15,〈济川篇为太医邢先生题〉 |
| 33 | 顾君 | 太仓 | | 太医院御医 | | 《四部稿》卷 63,《赠顾母太夫人九十序》 |
| 34 | 王昌年 | | | | 医友 | 《四部稿》卷 26,《将赴青州道别医友王昌年》。 |
| 35 | 叶选 | 永嘉 | 世医 | 王府良医 | 与张孚敬家族联姻 | 《四部稿》卷 86,《承德郎太仆寺丞瓯江张君墓志铭》 |

# 王世贞亲族交游探微

丁玉娜

（上海交通大学人文学院，上海，200240）

[内容摘要]王氏家族的繁荣与显赫，使得王世贞与其家族以及姻亲成员之间的交游更加频繁。由于他们既是王世贞在文学上的朋友，又是与王世贞有血缘或姻亲关系的亲族，所以这种双重身份使得王世贞与他们的交游活动，呈现出文学性与事务性交错的复杂特征。对王世贞与其亲族成员之间的交游活动，尤其是对王世贞与其弟王世懋之间交游活动的研究，有助于该领域的学者获悉和解决王世贞文学交游活动中的相关问题。

[关 键 词]王世贞；亲族成员；交游

王世贞一生交游群体众多，许多家族成员和姻亲成员也都是他主要的交游对象。这使得王世贞与某些亲族成员除了有血缘或姻亲关系，还有文学交游关系。王世贞与亲族成员的文学交游固然基于二者在文学上的共识，但是因为他与亲族成员之间毕竟有着休戚与共的共同利益，在彼此文学倡和之外，还隐含了政治与经济等相关因素的介入。交游对象的这种双重身份，也使得王世贞与他们的交游呈现出不同于其他交游关系的一些特点。

## 一、王世贞与王氏家族

在中国几千年的历史中，家族血缘关系一直是维系人与人之间关系最稳定的一条纽带。人在降生之初，首先拥有的人与人之间的关系就是血缘关系。不管个人意愿如何，是否喜欢自身所形成的血缘关系，这种关系都会伴随其一生，成为他与人交往中一个特定的标识。尤其是在封建社会中，整个国家的形成与建设就是以血缘关系为基础来维系的。皇室将诸王分封到各地，加强了自身统治的巩固，家族谱牒的传承加强了自身族群的繁衍。个人与家族的兴衰荣辱往往休戚相关，血缘关系成为封建社会中人与人之间最重要的关系。随着一个人的成长，在与更多人群的交往中，他也会逐步建立起更多更复杂的关系。即使在有血缘关系的群体之中，也有可能建立起除单一血缘关系之外的更多其他联系，诸如朋友关系、同僚关系等，迭加关系越多，两个人的关系就越密切。因此，与其他单纯的朋友关系或是同僚关系相比，拥有血缘关系或姻亲关系的朋友或同僚总是更亲近一些。

太仓王氏家族是当地显赫家族，其先世可追溯至琅琊王氏一族。王世贞在很多文章中提到家族渊源，都表现出极大的自豪感。琅琊王氏经数代传到元朝古川先生王梦声，他在任昆山州学正之后，王氏家族才移至昆山，此后昆山属太仓，王氏家族遂为太仓人。又经数代传承，到王世贞祖父质庵公王倬一代，王氏家族已经非常繁茂。王倬累官至南京兵部右侍郎，这样的显赫官职又带给王氏家族无限殊荣。王倬有二子三女，长子王愔，幼子王忬。王世贞父亲是王倬幼子，与王倬刚好相差一甲子。王愔有四子五女，王忬则有二子一女，其长子便是王世贞。王世贞处在这样庞大的血亲关系网中，与其有血缘关系的成员亦不在少数，诸如王世贞表弟叶良才、史访，侄子王一诚，外甥曹昌先，堂兄王世业、王世望等，都曾出现在他的笔端。王世贞祖父一代就善于置产，又乐于施善，“质庵公（王倬）斥义田千亩赡族，久之，田渐瘠，府君方有戎事不暇及，岁别捐米三百石以予贫者。”①王忬官高权重，对亲族更是照顾有加。王世贞姑母归兰溪公史鎏，史鎏因游太学，产日挫，王忬每年资助三十石米辅之。“而兰溪公为鸿胪序班，其仆马邸舍皆自大司马公（王忬）”②。到了王世贞一代，他承续了祖辈父辈的传统，以膏腴之田益之义田。加之王世贞本人好急人危难，依赖他接济的亲族亦不在少数。

中国自古就有家族内宴集交游的传统。《诗经》中关于饮宴场面的描写可以视为这类文学的滥觞，且最初的宴集都带有宗族祭祀、礼乐颂德之意。亲友聚会增进了家族内部各成员之间的感情，也更有利于发掘家族内部优秀人才。家族的传承维系固然需要成员数量的壮大，但是要维持家族的显赫地位与社会特权，还需要培养出富有才华的成员。家族中的宴集便成为培养家族人才的基础。王氏家族因王世贞一脉几代人的显赫官位成为名门，王世贞姑母称：“吾开府女，开

---

① 王世贞：《弇州山人四部稿》卷九十八《先考思质府君行状》，台北，伟文图书出版社影印本。

② 王世贞：《弇州山人续稿》卷一百十四《史大母王孺人墓志铭》，明刻本。

府姊，开府姑，于史不为不重矣。”[①]这样的骄傲并非毫无来由。陈继儒称王世贞“岁时伏腊，率族人跪奠惟谨。”[②]王世贞在家族中不仅承担了祭祀的责任，也承担了维持家族荣誉的义务。有王世贞这样一位名高位重的家族成员存在，其他亲族自然乐于围绕于他，从而形成王世贞在家族内部的交游。不过对于王世贞而言，与他交往的家族人数众多，但不是所有具有血缘关系的成员都可以列为王世贞交游对象，也不是所有与家族成员之间的交往都属于王世贞交游范围。只有那些经常参与王世贞文学活动，被王世贞视为朋友的家族成员才是研究王世贞交游活动中所关注的重点。

此外，姻亲虽然不与王世贞有直接的血缘关系，但是由于王氏家族的显赫地位，与其结为姻亲的家族通常也是仕宦大家，其成员也自然更容易与王世贞成为朋友，进而形成交游。

## 二、与家族成员交游

在王世贞家族成员中，与王世贞交游频繁的主要是王世懋、王世望和曹昌先。其中，王世懋是他的同父同母之弟，王世望是他的堂弟，曹昌先则是他的外甥。王世懋和曹昌先好为诗文，与王世贞在文学领域的交往更多一些。王世望在文学上的建树不够明显，他与王世贞的交游主要体现在家族内的生活中。

王世贞在自己的文集中所涉及到的交游对象多为平辈中人，虽然王世贞的友人多次提到他喜欢奖掖后学，王世贞在自己的书牍中也常常向别人推荐一些优秀士子，但是直接交往的信息都比较少。特别是在王世贞家族之中，与后辈的交游很少出现在王世贞的笔下，曹昌先则是个例外。曹昌先父亲为曹祥（字世奇），再试而不第，遂归就署学官，后为新昌令，颇有政绩。昌先字子念，虽非出于名门，也和父亲一样未能取得功名，却热衷于古文，颇以文学自适。王世贞在《文林郎浙江绍兴府新昌县知县曹君暨配王孺人墓志铭》中道：“昌先材高，为诸生弃之，习古文词，任侠自喜。”[③]在与友人书信《侯舜举方伯》中称：“其人负奇气，工

① 王世贞：《弇州山人续稿》卷一百十四《史大母王孺人墓志铭》，明刻本。

② 陈继儒：《见闻录》卷五《王元美先生墓志铭》，明宝颜堂秘笈本。

③ 王世贞：《弇州山人四部稿》卷八十九《文林郎浙江绍兴府新昌县知县曹君暨配王孺人墓志铭》，台北，伟文图书出版社影印本。

为文词，虽须髯戟张如伧父，与之谈，则醍醐也。”①大约曹昌先其貌不似书生般美姿容，连王世懋都偶尔在与友人的书信中调笑他“便便大腹，近苦无物实之。”②但他却很有文气，颇受王世贞的赏识。王世贞在吴中地区游览之时，所作诗文中都能看到曹昌先的身影。嘉靖四十三年，曹昌先随王世贞游虎山桥。隆庆六年，随世贞游太湖。万历十五年，又随之游上海慧山东西二王园。在王世贞看来，曹昌先与其说是外甥，倒不如说是朋友。他也确将曹昌先与周天球、沈明臣等人同样视作自己的文坛友人，并以“山人”相称。同时，曹昌先也与王世望、王世懋等人关系密切。王世贞在《亡弟太医院吏目瞻美配陶孺人合葬志铭》中谈及王世望与曹昌先的关系，云：“瞻美（王世望）有友前后十余人，其所敬爱独曹子昌先。曹子虽称甥，而自以髫龀交。时时进规切语，又为画筴图事。瞻美念其有三女，力不能嫁，为女其少者，抚爱之不啻若己出。”③王世懋游燕，亦有曹昌先偕从。王世懋病中，曹昌先过视相慰劳，及世懋卒，其丧事皆赖昌先。尽管曹昌先不是王世贞宗亲，却犹胜宗亲。王世贞却对曹昌先非常信赖，与友人书信、物品的往来传递，很多时候都由曹昌先来完成。在书信中王世贞更是常常将曹昌先推荐给自己的友人。曹昌先也会经常受人之托请王世贞作墓志铭、序跋等文字。对于王世贞而言，曹昌先是可以参与家庭重要事件的亲人兼朋友。对于曹昌先而言，王世贞更类似于自己的导师和依靠。因为王世贞在文坛上的地位，曹昌先可以从王世贞那里得到文学创作方面的指导，也可以得到他在生活上的帮助，自然乐意之至。

王世贞堂兄弟不少，仅伯父王愔就有四子。不过其中与王世贞关系最为密切的是堂弟王世望。世望字瞻美，是王愔少子，性豪爽，曾纳郡中名姬为妾，又任侠，好急人之忧，与曹昌先甚相得。王世贞里居时期，堂兄弟中唯有王世望与其过从甚密。王世贞服除之后，曾与王世望酌茗于静庵公园林中。隆庆四年，王世贞赴任山西，同诸公饯别，“微醉，偃息从弟世望舟中”，之后抵镇江，“时世望弟与戚友数辈相送，依依不忍舍。”④送别王世贞的亲戚应该有许多人，这其中只有王

---

① 王世贞：《弇州山人续稿》卷一百九十三《侯舜举方伯》，明刻本。

② 王世懋：《王奉常集》卷三十七《答喻邦相》，明万历刻本。

③ 王世贞：《弇州山人续稿》卷一百二十二《亡弟太医院吏目瞻美配陶孺人合葬志铭》，明刻本。

④ 王世贞：《弇州山人四部稿》卷七十八《适晋纪行》，台北，伟文图书出版社影印本。

世望的名字被提及，足见王世贞对于王世望的关心远胜他人。隆庆六年，王世贞泛游太湖、洞庭等处，家族中随游者只有三人，王世望亦是其中之一，另外两人则是王世懋和曹昌先。王世望与王世贞关系密切不是没有原因的。大约王世望与王世贞秉性颇为相似，不过最让王世贞感动且更亲近王世望的一点是王世望在王世贞父难时给予的支持。在王世望墓志铭中，王世贞曾经谈到："先尚书中权奸构系都官狱，瞻美冬月驰一骡往视，旦夕橐饘，及其侍余苫块，相对悲泣，齐而心斩矣，其共奉吾母如母也。"①王世望于王世贞父难时的感同身受，与世贞共进退，给他带来莫大安慰。此后王世贞一直对王世望关爱有加，较其他堂兄弟更加亲近些，就不足为奇了。

在王世贞所有亲友中，关系最亲近的莫过于同父同母之弟王世懋。王世贞与王世懋的交游关系之后将辟有专节，此不赘述。

## 三、与姻亲成员的交游

在王氏家族姻亲中，与王世贞关系较为密切的成员有袁尊尼、潘允哲、赵用贤、凌云翼、华叔阳等。其中袁尊尼之女嫁与王世懋长子王士骃，王世贞少女则许字袁尊尼少子。潘允哲之女嫁与王世贞之子王士骕。华叔阳是华察之子，娶王世贞之女。王世懋的两个女儿则分别嫁于赵用贤之子和凌云翼之子。通过这样盘根错节的复杂结合，王世贞的周围建立起一个集合了上层贵族、官僚、士大夫的家族及姻亲成员交游圈。不过，在这些交往密切的姻亲成员中，不是所有人都善于诗文，也不是所有人都与王世贞在文学上有密切交往。凌云翼先为工部侍郎，后为南京兵部尚书，他在政坛上的成就远过于其文学成就。王世贞文章中对其政绩多有赞誉，两人之间的诗文交往却极为有限。潘允哲是上海的名宦之后，其弟潘允端为父亲所建豫园至今已成为上海古典园林的典型代表。不过除了王世贞到上海拜访几位友人，潘允哲兄弟陪他游园之外，潘允哲与王世贞之间的其他交游活动并不多。华叔阳年少即中进士，又有文采，父亲华察是王世贞乡试时的主试官，王世贞对华叔阳很是欣赏。不过华叔阳年仅二十九便离世，与王世贞的交往多集中于事务方面。在所有姻亲成员中，参与王世贞文学交游活动

① 王世贞：《弇州山人续稿》卷一百二十二《亡弟太医院吏目瞻美配陶孺人合葬志铭》，明刻本。

更多的是袁尊尼和赵用贤。

袁尊尼，字鲁望，王世贞与其同为吴郡人，少其三岁。二人曾经一起读书，又一起于嘉靖二十三年初次应试落榜。三年后，王世贞中进士，袁尊尼却再次与进士无缘。此后虽有家事变化，但是袁氏家族毕竟是吴中书宦大家，尊尼其父胥台公即以文学而闻名，袁尊尼也始终未曾放弃读书。袁尊尼其貌："秀眉目而面皆酒红鼻"①，为人宽厚坦诚，与文征明、彭年、周天球诸名家交游，其名益高。当时恰逢王世贞兄弟里居在家，父丧服除，因而袁尊尼得以有机会，也有时间和王世贞兄弟交游唱和。嘉靖四十三年的交游成为王世贞与袁尊尼之间最重要的交游活动。王世贞曾经描述当时的交游盛况，称："君去余家百里而遥，然岁必三四还往，还往必踰旬日。相与泛石湖、登支硎、上方、灵岩、天池、邓尉诸山，必穷日夜而后别。觞斝谑浪七之，倡和三之，自以为天下所快意毋胜于此者。"②此次交游之后，袁尊尼会试北上，并于第二年中进士，之后又赴金陵及山东为官，王世贞与其来往渐少，二人交游也再未达到此前盛况。

赵用贤，字汝师。王世贞与其定交时间较晚。二人起初并无交往，因此直到作"续五子篇"，王世贞才将赵用贤列为其中，但是当时赵用贤仅居于"续五子"中的末一位。此后王世贞作"末五子篇"，赵用贤又重列其中，并从"续五子"中的末一位一跃而为"末五子"中的首位，足证王世贞与赵用贤交情渐深的关系变化。且王世贞两部重要著作《弇州山人四部稿》和《弇州山人续稿》，其成书时间有明显的先后承续关系，而在成书时间较早的《四部稿》中，书牍部分没有收录一篇王世贞与赵用贤的往来书信，可是到了写作时间较晚的《续稿》中，卷一百九十四收录了王世贞写给赵用贤的十九篇书牍，卷一百九十六中也收录了一篇。这些变化都说明王世贞和赵用贤的密切交往发生在王世贞生活的中后期。钱谦益以"（赵用贤）少年颇訾謷弇州（笔者注：弇州即王世贞），晚而北面称弟子，弇州亦盛相推挹，作续五子诗及之，而末五子居首焉"③来描述二人之间的关系。

大约王世贞与赵用贤关系的转折出现在张居正父丧夺情事件之后，赵用贤原本是张居正提拔之人，却上疏历数张居正之误，导致自己受杖削籍。正是因为

---

① 王世贞：《弇州山人续稿》卷一百五十像赞，明刻本。

② 王世贞：《弇州山人续稿》卷九十六《中顺大夫提督山东学校按察副使吴门袁君墓志铭》，明刻本。

③ 钱谦益：《列朝诗集小传》，上海古籍出版社，2009 年，第 443 页。

在这次事件中王世贞与赵用贤的一致态度加深了两人之间的情谊。赵用贤拜杖之后数次过访王世贞，世贞问其事，赵用贤均不答，表明了自己不欲以此举为名，这也更令王世贞感到敬佩。此后，在王世贞为父亲请求祭葬的事件中，赵用贤更是建言献策，鼎力相助。王世贞在写给张佳胤的书信中，亦称："而骨肉之爱施于吾三人者，亦仅兄与拱辰、汝师而已。"[①]当然，赵用贤对于古文辞的专注也构成了王世贞与赵用贤交游的基础。赵用贤与王世贞交游密切之时，正是王世贞修身入道、厌倦笔研文字之时。可是王世贞内心中并不改自己对文学的敏锐，仍然表现出文人的特质。在赵用贤重新被朝廷起用还朝时，王世贞作序为其送行，其中提到赵用贤被削籍归里之后："唯杜门读书为古文辞，书无所不窥，而古文词益高。上者薄七雄，迹先秦而昌羊乎西京之圃，下亦能躏昌黎河东，然未慊于志，数就余扬扢。"[②]赵用贤在古文辞方面的成就，也获得了王世贞的肯定和赞赏，这也是他能够跻身于王世贞交游圈的内在原因之一。

## 四、王世贞与王世懋

王世贞的友人固然很多，很多友人也都被他视为亲密的朋友，并与其保持了密切联系，但是这种字面上的称说并不能真正代表王世贞的真实内心。如果说在王世贞内心中有一个并无一丝嫌隙的友人的话，那么这个人当属王世懋。

王世懋，字敬美，生于嘉靖十五年丙申岁，比王世贞小十岁。作为王世贞同父同母的唯一的弟弟，他天然地与王世贞具有最为密切的联系。同时王世懋与兄长王世贞一样擅长诗文，也是明代文坛上一位重要的文人。王世贞在给吴国伦的信中称王世懋："遘先君子之大故，于幽忧荼苦之余，强自力为诗。尝以荐之于鳞，于鳞大赏异之，称为小美。自是始自爱，益工诸体，而傍及古文序记志传之类，垂三十而大就。"[③]因为李攀龙和王世贞的关系，王世懋结识了李攀龙，且被李攀龙赏识，呼为"小美"。王世懋也由此更加致力于古文创作。共同的文学追求使王氏兄弟二人有了更多的文学活动交集，在王世贞许多文学交游活动中都能看到王世懋的身影，同时，两人在血缘上的天然联系又使得王世懋与王世贞更多了一层亲近。正因如此，王世贞在游金陵园林时得悉王世懋去世的消息，才会

---

① 王世贞：《弇州山人续稿》卷一百八十四《答张肖甫司马》，明刻本。

② 王世贞：《弇州山人续稿》卷二十八《送赵汝师太史还朝序》，明刻本。

③ 王世贞：《弇州山人续稿》卷一百九十八《答吴明卿》，明刻本。

“骇痛绝倒,次日遂成疾。”①

王世贞与王世懋之间的文学交游始于因父难归乡里居时期。王世懋在嘉靖三十八年进士及第,但是很快父亲王忬因为战事失利入狱,兄弟二人为父难所牵绊,很难有涉足文学的心情,直到嘉靖四十二年父丧服除之后,两人才有了频繁的文学交游活动。在王世贞与王世懋交游关系中有两点是与其他友人交游所不同的。一方面,王世贞与王世懋的往来之中没有出现过任何客套的虚浮之词。另一方面,王世懋在与王世贞的交往中刻意保持了自己文人的独立身份。

王世贞交游广泛,在他的文集中也保留了大量与他人的书牍之作。因为王世贞与交往之人的亲疏远近关系的不同,其书牍的写作风格也迥然有异。一般而言,对于彼此关系越是疏远之人,王世贞在书牍中就越表现出恭敬与客气。对于越是亲近之人,王世贞在书牍中就越会流露出浓郁的情感。而在诸多亲友的书牍中,王世贞与王世懋的书牍最能反映出二者之间的无话不谈。虽然李攀龙、徐中行、吴国伦、汪道昆等人也是王世贞推心置腹的好友,但是终究不能事事尽吐为快,在某些措辞及事件表述上,还是保持了一定的距离。王世懋是唯一一个能让王世贞毫无介怀的亲人兼朋友。如果说在王世贞写给他人的书信中,他对某些事物的论断还值得推敲的话,在王世贞与王世懋的书信中,王世贞对人事的观点表述则是毋庸置疑的。如万历十五年,汪道昆约为九月之会,王世贞在与汪道昆的书牍中称:“老人不任跋履,当必从水。明卿岂能受约,本宁庶几,然闻有生母之戚,恐未易出,亦不必烦诸君子。”②而在与王世懋的书牍中,王世贞写到:“春间特使其小从子来约为九月之会,又欲南要吴明卿、李本宁,东要屠长卿、徐茂吴,吾意殊不乐,报书力止之,但以扁舟楚服,携两僮一登山而已。然老来不任道途之苦,意尚未决。”③由此可见,王世贞不希望有太多人参与九月之会,因为汪道昆邀请了众人,王世贞心下很是不满,而且对于这次九月之会能否赴约,王世贞其实尚在犹豫中。但是这些“意殊不乐”以及“意尚未决”的真实意图,王世贞只对王世懋作出了清晰的表达,对汪道昆,王世贞只是很客气地希望“不必烦诸君子”。这种对同一事件的不同表述,亲疏关系的不同立现。由此,王世贞与他人在书牍中所言之事、所道之情的真实性,在与王世懋的书牍中就可得到

① 王世贞:《弇州山人续稿》卷二百六《王百谷》,明刻本。

② 王世贞:《弇州山人续稿》卷一百八十五《汪司马》,明刻本。

③ 王世贞:《弇州山人续稿》卷一百八十八《寄敬美弟》,明刻本。

印证。

王世贞与王世懋的交游活动往往伴随着两人与其他朋友的共同的交游活动而展开。两人之间的交游活动也往往混同于二人与其他文人的交游活动之中，但是这并不影响王世懋对于自身独立文人身份的追求。王世懋本身好胜心较强，外甥曹昌先有文采，"善排调，有淳于、东方风，弟(敬美)出其险奇语以相角，久而厌之，澹辞取适而已"[①]。王世贞在文坛、政坛上都极为出色，王世懋更是不甘落后，八岁时见到王世贞举于乡，于是每天早早地起床读书，担心以后逊于其兄。嘉靖四十二年，王世贞与王世懋共同建造了"离薋园"，读书其中，形影相偕。此后，王世贞筑弇山园，王世懋亦手创澹圃。作为表现文人隐居理想，表达文人意趣的园林艺术，澹圃的修建成为王世懋比肩王世贞的一个代表。同中有异，个性独立，这是王世懋在参与王世贞诸多交往活动中所显示出来的一个明显特征。

## 结 语

王世贞与亲族成员的交游是其整个交游活动中一个重要组成部分。王世贞能够在明代文坛产生深远影响，与王氏家族的显赫地位密不可分。家族及姻亲成员之间的文学交游活动巩固了王氏家族的团结。由于亲族成员身份的特殊性，王世贞与他们的交游活动呈现出事务性与文学性并存的复杂特征。曹昌先、王世望等人在家族事务中的相互扶持，赵用贤在王世贞父亲祭葬之事中的鼎力相助，这些都超出了纯粹文学交游的范畴，却也真实反映了王世贞与亲族成员交游的特点。对王世贞与王世懋交游的把握，可从中获悉王世贞的某些真实意图，进而更准确地了解王世贞与他人的文学交游活动。

---

① 王世贞:《弇州山人续稿》卷一百四十《亡弟中顺大夫太常寺少卿敬美行状》，明刻本。

# 王世贞与永嘉王叔杲交游考述

周　颖

（上海交通大学人文学院，上海，200240）

**[内容摘要]**与王叔杲的交游，是王世贞生平所有交游关系中的一个比较独特的案例。两人的关系，既无意结成文坛盟友或同道，也不存在政治上的利益关系，也不同于一般缙绅官僚间的应酬，地位平等，倾心而交。王叔杲有着独到的文学观，深得王世贞的肯定，且对其不无启发意义。而王叔杲受王世贞园居生活的感染与影响，归里后也尽享园居之乐。与王叔杲的交游，是王世贞后期交游生活中的重要内容，值得考述。

**[关 键 词]**王世贞；王叔杲；交游；园居生活

作为明代中后期著名的文学家，王世贞一生交游遍及天下。在他交游的诸多友人中，以文士为最大的群体，主要包括文坛盟友、文学同道以及文学追随者，以"五子"（李攀龙、徐中行、梁有誉、吴国伦、宗臣）①、"后五子"（余曰德、魏裳、汪道昆、张佳胤、张九一）、"广五子"（俞允文、卢柟、李先芳、吴维岳、欧大任）、"续五子"（王道行、石星、黎民表、朱多煃、赵用贤）等人为主要代表。② 特别到王世贞晚年，随着文名的愈发煊赫和影响的进一步扩大，主动与之相交的人中，仰望、师从、效仿、追随他的文学晚辈占了很大一个比重。而王世贞在政治上的相交者，为数也不少，如徐阶、李春芳、丁以忠等等，多数是与他有一定政治利害关系的人

---

① 王世贞《弇州山人四部稿》卷一百五十《艺苑卮言七》："明年为刑部郎……而伯承者前已通余于于鳞，又时时为余言于鳞也。久之，始定交……已，于鳞所善者布衣谢茂秦来。已，同舍郎徐子与、梁公实来，吏部郎宗子相来。……而茂秦、公实复又解去。于鳞乃倡为五子诗，用以纪一时交游之谊耳。又明年而余使事竣还北，于鳞守顺德，出茂秦，登吴明卿。"故王世贞最初评定的五子有谢榛而无吴国伦，后摒除谢榛、登入吴国伦。王世贞：《弇州山人四部稿》一百七十四卷，美国哈佛大学燕京图书馆藏明万历五年刻本。

② 王世贞：《弇州山人四部稿》卷一百五十《艺苑卮言七》、卷十四《后五子篇》、卷十四《广五子篇》、卷十四《续五子篇》，美国哈佛大学燕京图书馆藏明万历五年刻本。

物。他此生的朋友中，也有一些与他倾心而交、平等相处、既不谋求文学观点相同相近、也不存在政治利益关系的人物。永嘉王叔杲就是一个典范。

## 一

王叔杲，字阳德，号暘谷，温州永嘉人。嘉靖四十一年进士。历大名知府，迁湖广按察副使，整饬苏、松、常、镇兵备。晋右参政，仍治兵三吴。被劾，遂归。改福建，辞不拜。其人博览群书，学识渊博。为官所至，广有声誉。[①] 王叔杲出身浙南着名的世家望族——永嘉英桥里王氏家族，族中人丁繁茂，科甲蝉联，簪缨济济。[②] 其父王澈，官福建布政司左参议；叔父王激，官国子祭酒兼经筵讲官，二人的舅父即嘉靖朝内阁首辅张璁。[③] 其兄王叔果，嘉靖二十九年进士，后仕至广东按察司副使。[④] 由于永嘉王氏世代官宦，声望显赫，所以可能王世贞早就对该家族有所耳闻。然而两人最初有所接触，应当始于隆庆三年王世贞自大名兵备副使任上卸任之际。隆庆二年除夕，王世贞得报量移浙江右参政，[⑤]接任者就是王叔杲。[⑥] 不过此次职务交接，二人是否面晤，就不得而知了。

目前流传下来的最早记载两人交往的文献写于万历元年。王世贞在乡丁母忧三载后，于万历元年春起复湖广按察副使，六月赴任。[⑦] 同年三月，王叔杲升任苏松兵备副使[⑧]，驻地太仓州。在王世贞的故里作宦，王叔杲自然也听闻了王氏园林（初名小祗园，后更名弇州园，也称弇园、弇山园）的名声，不时前往游玩。

---

① 焦竑：《焦氏澹园集》卷二十四《参岳王公传》，《续修四库全书》集部第1364册，据明万历三十四年刻本影印，上海，上海古籍出版社，1995年，第270—273页。

② 王世贞：《弇州续稿》卷八十四《王樵雲公传》，美国国会图书馆藏明万历刻本。

③ （明）汤日昭，（明）王光蕴纂修：《（万历）温州府志》卷十一《人物志·官业》，《四库全书存目丛书》史部第211册，据温州市图书馆藏明万历刻本影印，济南，齐鲁书社，1995年，第40页。

④ 王世贞：《弇州山人续稿》卷一百十八《中顺大夫广东提刑按察副使西华王公墓志铭》，美国哈佛大学燕京图书馆藏明万历五年刻本。

⑤ 郑利华：《王世贞年谱》，上海，上海古籍出版社，1993年，第180页。

⑥ 王世贞：《弇州续稿》卷四十《魏懋权时义序》，美国哈佛大学燕京图书馆藏明万历五年刻本。

⑦ 郑利华：《王世贞年谱》，上海，上海古籍出版社，1993年，第217—219页。

⑧ （明）叶向高等：《明神宗实录》卷十一，台湾"中央"研究院历史语言研究所校勘本，1962年。

王叔杲的故乡永嘉山水秀丽，他"平生嗜形胜"，早年就"既剪林下莽，尽买湖旁田"。[①] 一旦面对弇山园的幽深奇丽、超出尘世，他大为赞赏。他曾有诗《陪舒继峰游王凤洲园亭，时闻凤洲经至》：

何年阛市筑丹丘，林径逶迤望转悠。水上芙蓉凝晚黛，空中楼阁倒寒流。虚疑瀛海移三岛，喜并仙踪到十洲。忽报星轺归地主，何仿日向习池游。[②]

次年，也就是万历二年，王世贞入为太仆寺卿，九月升郧阳巡抚，年底赴任。直到万历四年十月，才从郧阳卸任归里。[③] 由于王世贞长年奔波于外，所以与王叔杲见面有限，然而与之保持书信往来。王叔杲《答王凤洲中丞》云"杲一冬于役于外，岁除方回娄江，凡四拜缄翰，新春复辱高篇之贶，深荷吾翁嘱念之殷"[④]，则道出了两人不时通书之况。王叔杲仍旧经常前往弇山园游玩，不止一次地赞叹园中的山水之美。王世贞闻讯，以诗相寄：

一壑中年属谢家，祗缘青绂离青霞。衡门过客题衰凤，小队春间驻浣花。已借使君为地主，可无诗句忆天涯。郧江亦号羊公府，卧阁萧条负岁华。(《兵宪王君阳德数过弇山园，颇述泉石之美，走笔奉寄》)[⑤]

《四部稿》卷四十三是按时间顺序排列的。该卷首诗为《乙亥元日独坐试笔时余五十矣》，王世贞所寄诗之后相隔数诗有《丙子元日试笔》，因此所寄诗应在万历三年(乙亥)的时间段内。因此，王世贞与王叔杲友情的最初建立，不同于一般官僚缙绅间的应酬，而是源于对弇山园山水美景的共同欣赏与陶醉，从头一开

① 王叔杲撰，张宪文校注：《王叔杲集》卷七(以下八旬后作)《秋日过阳湖感旧，因备述始末，遂成长篇》，上海，上海社会科学院出版社，第160页。

② 王叔杲撰，张宪文校注：《王叔杲集》卷五万历元年癸酉，上海，上海社会科学院出版社，第114页。

③ 郑利华：《王世贞年谱》，上海，上海古籍出版社，1993年，第232—254页。

④ 王叔杲撰，张宪文校注：《王叔杲集》卷十三尺牍，上海，上海社会科学院出版社，第276页。

⑤ 王世贞：《弇州山人四部稿》卷四十，美国哈佛大学燕京图书馆藏明万历五年刻本。

始就奠定了超脱世俗、远离功利的基调。

## 二

万历四年冬，王世贞解郧阳任归里。[①] 此时，王叔杲已因在苏松按察副使任上政绩卓著，兼任湖广参政之职，驻地仍在太仓州。[②] 王世贞与王叔杲的交往变得频繁起来。王世贞常往访王叔杲，王叔杲也经常来访。在相处中，两人凭借各自渊博的学识，无所不谈，十分投机。据王世贞记载：

始公少壮而举乡试，一再困公车。即谢不应，而读书暘岙中。其书自经史外，诸山经、地志，以至星历、堪舆之学，亡不渔猎，大指而不欲以雕虫一技名其家。……其在江南日，而余罢郧镇，间谒公。与谈所及，兵政、漕饷、国家、大筴、朝廷、典章，便晳若指掌也。已谈前辈风猷节概，则隽永芬馥齿颊间。已又谈丘壑名胜，则令人鼻端拂拂出烟霞想。稍及齐谐、夷坚、瑰怪事，亦自傲浪忘倦。而至推量文章诗歌，昔人以为不朽之业，虽微指好之，而间若为不能尽者。(《王参政集序》)

两人时常一同游赏弇山園。在这里，王叔杲流连忘返，对王世贞的园居生活羡慕备至：

阳谷王翁以二千石秩行臬事，治吴四郡兵，而余业解郧中节，归卧弇园。王翁每遇之，辄徙倚而叹曰："不谷长于君九岁矣，而犹刺促簿书不休。"指园之泉石，谓："此君将色诽我。"(《寿大参暘谷王翁七十序》)[③]

公为备兵使者，以功晋今官，犹治兵事。经略之暇，时时过余山园，辄停盼久之。一日慨谓余曰："以吾墅之壮，不能望子园。然吾墅无待，而子园有待者也。虽然，昔子有园而无主，吾时时能代若主。今子园有主矣，而吾墅未有主也。吾将归矣，其主吾墅矣。"余笑曰："公欲归，天子其即归公耶？以

① 郑利华：《王世贞年谱》，上海，上海古籍出版社，1993年，第254页。

② (明)叶向高等：《明神宗实录》卷八十二，台湾"中央"研究院历史语言研究所校勘本，1962年。

③ 王世贞：《弇州续稿》卷三十四，美国国会图书馆藏明万历刻本。

余之为时厌也，与公之不能厌时也，皆理也。抑昔贤有言：居廊庙而不忘江湖，彼岂谓其遽能江湖耶？姑寓其所以不忘者，毋使廊庙胜之而已矣。”公听然悟曰：“善。”乃命黄生为之图，而属余记于首。（《暘湖别墅图记》）①

永嘉王阳德先生，昔者驻节于吾州，每过余弇，辄徙倚竟暮，不忍去。一日，忽慨焉而叹曰：“仁知之乐，则子庶几哉！虽然，犹有待者也。以不穀而幸生永嘉清华之所，会又幸而有无待者在。”问其地，则曰：“暘湖之别墅。”既而曰：“惜哉！不穀之未究吾思也。今者见子之弇而有遗憾焉，谓黄彪貌其大都，以属余曰：“子姑为我记之。”余乃粗述二奥之胜所自来与奥之分水而为雄、瞿、郭三溪，南山折之，合而為暘湖。（《暘湖别墅后记》）②

王世贞本已升任南京大理寺卿，随后遭到弹劾，诏回籍听候。③ 他的落魄而归，为世人所不齿，王叔杲不仅毫不介怀，相反与之亲近，对他的归田艳羡不已。这种态度，在一定程度上抚慰了王世贞的失意情绪，也缓解了他的寂寞心理。而王叔杲无意仕途、心在山林、襟怀冲淡、指石为友，如此脱俗不凡的作风，也正契合了王世贞的心声。两人言谈投机，惺惺相惜，友谊继续得到增进。王叔杲由王世贞的弇山园念及故里的阳湖别墅，就令人绘制了图画，请王世贞为之作记。于是，这种怀恋故园的煎熬就通过友情得到了慰藉与宣泄。

这段时间，两人曾经一同经历了魏允中领顺天乡试解元一事。事件之巧妙，二人之知人，堪称佳话。据记载：

岁丙子（万历四年），余与王大参阳德饮于其使院，使急足徼顺天录，而语之：“启录而魏某第一者，鼓于门。不第一，不鼓也。抵暮，鼓发，则懋权果第一。相与讙叫绝倒。（《魏考功懋权哀辞》）④

对两人共同欣赏、栽培的后生魏允中，两人赌定他必将高中，结果不出所料。二人“相与讙叫绝倒”，同喜之情，跃然纸上。而王叔杲之知人更高过王世贞一

① 王世贞：《弇州续稿》卷六十一，美国国会图书馆藏明万历刻本。

② 王世贞：《弇州续稿》卷六十一，美国国会图书馆藏明万历刻本。

③ 郑利华：《王世贞年谱》，上海，上海古籍出版社，1993 年，第 253—254 页。

④ 王世贞：《弇州续稿》卷一，美国国会图书馆藏明万历刻本。

筹，是他率先意识到魏允中必然高中第一，并明确分析了内在原因。这一番言谈，透露出他精深而独到的文学观：

> 余治魏郡兵，识魏子允中于诸生中。魏子年尚少，所为文义奇甚，然不能頫就格。而又善诗，先后奏余诗数章，往往有少陵氏风。余异之，赠以五言长韵，致代兴意，今在集中。余既已去魏，则数闻魏子小试辄居首，而独不利于乡。又有李化龙者，晚出而与之角，相甲乙。至癸酉秋，李子举乡之第二人，又三年为丙子秋，而余解郧节还，晤吾郡兵使者永嘉王公。王公实后余而守魏，亦尝奇二子，迎而顾余曰："吾向者谓李当遂举，举不能第一人也，谓魏迟之，是必第一人矣。"使急足当孔道，得试目，即魏子第二人，毋以溷我。而亡何，试目至果，如公所属。余怪，问之，王公曰："凡为文义而尚辞者，华而远其实；尚理者，质而废其采。洁则病藻，短则病气。此四者，未有能剂者也。今骤而求魏子长，则备之，苛而求魏子短，无是也。凡为时义者，则未有能超魏子秉者也。寻又有传魏子所试文及它试与居平之业若干篇至者，余得而读之，而后知王公之所得于魏子者深也。……今得王公与魏子，相为知已乃尔，庶几有定诣定识哉？王公乃命梓人，将以风吾吴之华而远实者，而余为叙其所以云。(《魏懋权时义序》)①

王叔杲分析时义之文，认为追求辞藻的文章往往华而不实，追求义理的文章又往往缺乏文采，文辞过于简洁则辞藻匮乏，太过简短又缺乏气势。而魏允中的制义恰恰得其长、无其短，因此一定会脱颖而出。不鸣则已，一鸣惊人。王世贞叹服王叔杲对魏允中的了解如此之深，特地为王叔杲所编纂的魏允中集作序。这是关于两人探讨文学的一段记载。王世贞既然身为天下文坛领袖，所作的序文以他的阐发居多，很少有类似的友人向他讲说文章之道的片段。可见，王世贞将王叔杲定位为一位平辈的朋友，而非文坛盟友、同道或者追随者。他有着独立的文学观，且深得王世贞的肯定与服膺。而他的观点，在一定程度上也能够给王世贞以启迪，获得王世贞的共鸣。

值得一提的是，后来王叔杲离任之际，王世贞曾为他的集子作序，客观地评

① 王世贞：《弇州续稿》卷四十，美国国会图书馆藏明万历刻本。

价了他的诗文特色及文学成就：

> 其在江南日，而余罢郧镇，间谒公。与谈所及……而至推量文章诗歌，昔人以为不朽之业，虽微指好之，而间若为不能尽者。然其所善，于乡则康从理；所识赏，于魏则魏懋权，于吾州则曹子念；所重，于吴则俞仲蔚。非精深其道，不易鉴也。及公去，而子念始手一编而授余，得所谓诗若文者而卒业焉，乃知公非不善文也，又非于搉量不能尽也，大指又不欲以雕虫一技名其官。夫读公诗，而必欲程之以六季、初盛唐之格乎哉？顾类多调畅和适，与吾之性情会。间有籁发而精诣者，其不以为嘉、随二州之语，鲜也。公文尤不规规于古，然本之蓄而裁之识，剀切详到，悠然出于天则者，固非镂肝效颦之所敢望也。于是子念以为然，谓余序之。"(《王参政集序》)①

王世贞认为，王叔杲胸怀高远，不愿专意于诗文等雕虫小技，但对文学有独到的眼光、精深的见解。他慧眼识英才，所到之处总能发现、结识一批优秀的文士，而这些文士也恰恰深得王世贞的青睐。王世贞又认为，王叔杲作诗文，并不一味程古，但能做到"调畅和适"，恰好与个人性情相通，达到文如其人的理想状态。最重要的是，他的诗文缘于自己深厚的艺术功底，又经过学识的锤炼、剪裁，语言贴切详到，却宛若自然而发。这种功力，不是一味地挖空心思模仿古人的拙劣文士所能做到的。王世贞以文坛盟主的权威地位和艺术造诣，识出王叔杲的胸中丘壑与笔下功力，给予高度评价，已堪称王叔杲的文学知己。

王叔杲也推服王世贞的文学才华。在两人相处的这段时间中，王世贞不止一次受王叔杲的委托撰写文章。除了为王叔杲阳湖别墅图画作记文外，王叔杲与其兄王叔果在故里修建遂初堂，委托王世贞别为之作记文，即《遂初堂记》。② 王叔杲向王世贞讲述其六世祖王毓的功德，请王世贞为之作传，即《王樵云公传》。③ 另外，王叔杲带领太仓百姓兴修水利，开通朝阳关，王世贞还为之作碑文《开太仓州朝阳关记》。④ 仅考察这些文章，两人友情的深厚也可见一斑了。

---

① 王世贞：《弇州续稿》四十一，美国国会图书馆藏明万历刻本。

② 王世贞：《弇州续稿》卷五十八《遂初堂记》，美国国会图书馆藏明万历刻本。

③ 王世贞：《弇州续稿》卷八十四《王樵雲公传》，美国国会图书馆藏明万历刻本。

④ 王世贞：《弇州续稿》卷五十六，美国国会图书馆藏明万历刻本。

## 三

万历五年十一月，王叔杲因所在的苏州府盗发失事，涉嫌失职，诏调简僻之地。① 久怀归志的的王叔杲决意归里，于次年年初启程。② 王叔杲离去后，太仓地方官员与百姓感其政绩，为他建立生祠，以王世贞对他的密切关系和熟悉程度，就请王世贞作记文。③

王叔杲归里后，仍与王世贞保持联系，两人通书不断，不时念怀。④ 永嘉盛产黄柑。王叔杲回到永嘉不久，就赠送一些黄柑，王世贞寄诗示谢。⑤ 其后，王叔杲又不止一次寄来。永嘉地近福建，福橘易得，王叔杲也曾相赠。王世贞在大饱口福之余，对王叔杲感念愈深，有书牍为证：

永嘉珎苞，当以韻胜。福橘非门下见怜，无缘复沾此味。子念时时称门下悠然之乐，遠出右军、分甘上，籍令朝望推属，不敢以一征车奉易东山，兹趣方与家弟共之而已。(《王大参阳德》之三)⑥

余以六十避客泖湖，而翁贻我一长歌，侑之黄甘三百，曰：'一甘当君一岁祝也。'余念无以报翁。岁寻除，为万历之丙戌，翁寿七十矣。"(《寿大参暘谷王翁七十序》)⑦

入春風雨連綿……使者以书及筐柑至，即取分嘗之，風味殊绝。得示收藏，至三月間更佳。兒輩饞口，恐不能待也。舍弟在金陵，當略寄一二。右

① (明)叶向高等:《明神宗实录》卷八十二，台湾"中央"研究院历史语言研究所校勘本，1962年。

② 王世贞《弇州续稿》卷三十四《寿大参暘谷王翁七十序》："岁寻除，为万历之丙戌，翁寿七十矣，去吾吴且八年。"此文作于万历十四年丙戌岁末，故王叔杲离吴中任在万历六年年初。王世贞:《弇州续稿》二百七卷，美国国会图书馆藏明万历刻本。

③ 王世贞:《弇州续稿》卷五十七《整饬兵备右参政暘谷王公生祠记》，美国国会图书馆藏明万历刻本。

④ 王世贞:《弇州续稿》卷一百八十八《王大参阳德》，美国国会图书馆藏明万历刻本。

⑤ 王世贞:《弇州续稿》卷十五《寄王大参阳德。时公初归永嘉，以黄柑见贻》，美国国会图书馆藏明万历刻本。

⑥ 王世贞:《弇州续稿》卷一百八十八，美国国会图书馆藏明万历刻本。

⑦ 王世贞:《弇州续稿》卷三十四，美国国会图书馆藏明万历刻本。

軍有分甘帖，可作兩家故事矣。(《王大参阳德》之四)①

三书之中，第一书云王叔杲赠给福橘，令生平罕见此物的王世贞十分感激。第二书作于万历十三年(乙酉)，王世贞六十岁，王叔杲以黄柑三百颗作为贺礼，远寄而至。次年(丙戌)，王叔杲七十岁，王世贞为回报他赠柑三百的挚情，特地作序一篇，为之庆寿。第三书云王叔杲赠给黄柑一筐，深受王世贞全家喜爱。王世贞还打算将这种美味分享给远在金陵的弟弟王世懋。区区柑橘，不过二物，的确不值一提，但二人真情却表露无遗。个中之味，如柑似橘，醇美芬芳。

居吴时，王叔杲艳羡王世贞的园居生活，归里后一偿夙愿。王世贞因弇山园局限于太仓州城内，不得不堆石造山、凿泉成池造出“三山六水”②的景观。而王叔杲的故里多山多水，自然风光秀美奇奥。他原有的阳湖别墅，“其三垂皆山，吹台前耸，俯临(暘)湖”，景色旖旎。③ 而另一园林玉介园处在华盖山麓与太玉洞天之间，更是人间胜境。④ 因此，与王世贞人工造景的做法不同，王叔杲充分取景于自然，对阳湖别墅进行的修整，不仅使他享受到王世贞拥有的园居之乐，还可徜徉于山水美景之中。王世贞为之作记文，称赏阳湖别墅规模之大、风光之美，以为远胜弇山园。⑤ 王叔杲还重修了玉介园，风景之美更胜阳湖别墅。⑥ 归里后的王叔杲，可谓尽享园居之乐，优游以终。史载他“甫耆谢不出，林居二十余载，卒年八十四”。⑦ 王叔杲归里后对园居生活的喜好与陶醉，已经超出了早岁偏向热爱自然山水风光的范畴。从一定程度上讲，这种变化与他居吴地时受王世贞的感染与影响，不无关系。与王世贞相比，王叔杲对园林之爱有过之而无不及。二人情趣如此趋同，确系知音。

---

① 王世贞：《弇州续稿》卷一百八十八，美国国会图书馆藏明万历刻本。

② 王世贞《弇州山人四部稿》卷一百二十《李伯承》之七：“吾家弇山园真足称三山六水，宏丽幽绝……”王世贞：《弇州山人四部稿》一百七十四卷，美国哈佛大学燕京图书馆藏明万历五年世经堂刻本。

③ 王世贞：《弇州续稿》卷六十一《暘湖别墅图记》，美国国会图书馆藏明万历刻本。

④ 王叔杲：《王叔杲集》附录二《玉介园存稿附录》卷之三焦循《玉介园记》，第452页。

⑤ 王世贞：《弇州续稿》卷五十八《遂初堂记》，美国国会图书馆藏明万历刻本。

⑥ 王叔杲：《王叔杲集》附录二《玉介园存稿附录》卷之三焦循《玉介园记》，第452—455页。

⑦ (明)汤日昭，(明)王光蕴纂修：《(万历)温州府志》卷十一《人物志·宦业》，《四库全书存目丛书》史部第211册，据温州市图书馆藏明万历刻本影印，济南，齐鲁书社，1995年，第43页。

作为明代嘉靖、隆庆、万历年间的文学领袖之一，王世贞一生交游极其广泛。与永嘉文人王叔杲的交往，不过是诸多交游中的一个。难得的是，二人的交往，既不因文学观点相近而结盟，也不因政治利益而靠拢，而是依靠真情实感、情趣投合。这份友情，不矫饰，不虚美，不张扬，平平淡淡，足见真诚。或许因为王叔杲也出生名门，又年长王世贞九岁，但官阶地位与文学名声都远远低于王世贞，彼此无法衡量尊卑贵贱，所以两人的相处就少了一些排资论辈、循规蹈矩的色彩，多了一些随性和自在。笔者以此拙文，对两人的交游作一些肤浅的考述，以求丰富完善王世贞的交游情况。

# 论王世贞与王锡爵的关系及政治影响

汪琼珍

（上海交通大学人文学院，上海，200240）

**[内容摘要]**王世贞与王锡爵为太仓同乡，隆庆元年，王世贞父亲王忬平反，自此二人往来逐渐密切。本文以王世贞与王锡爵之间的交往史实、书信往来为研究对象，阐述二人的密切关系。他们是同乡、姻亲、知音、病友、道友和政治盟友，多重关系让二人无话不谈，胜似兄弟。同时，二王是明朝历史上重要的人物，世贞以文名，锡爵以政显，二人的密切交往必然会给当时的政坛带来一定的影响。

**[关 键 词]**王世贞；王锡爵；关系；政治影响

明代太仓，琅琊王氏家族（即王世贞家族）和太原王氏家族（即王锡爵家族）是当时声名显赫的两个家族，有太仓“二王”之称。虽然瑯玡王氏与太原王氏同姓不同宗，又郡望有别，但是二王氏子弟经常诗酒酬唱，切磋文艺，常有往来，颇有通家之谊。当时，王世贞及其弟弟王世懋、王锡爵及其弟弟王鼎爵曾被陈继儒誉为“一时‘四王’震海内”。其中，王世贞与王锡爵关系最为亲密，王世贞长子王士骐就曾在文章中提到王世贞和王锡爵二人的关系，云“人故不可以无友，吾少与于鳞、伯玉、明卿、两张甫辈定交燕市，旗鼓相当。至于老而交不废。吾与元驭相国交最晚而最深，兄弟不若也。赵汝师名位已高，一朝北面师我，而实吾友也。吾名赖二三君子而立。吾之不绷于江陵，赖赵汝师及门而白。”①由此可知王世贞虽然与王锡爵相交“最晚”，但是二者友情“最深”，“兄弟不若也”，实为莫逆之交。

## 一、王世贞和王锡爵的关系

王世贞比王锡爵大8岁，早逝21年，二人可谓忘年之交。王世贞和王锡爵

① 王士骐：《明故资政大夫南京刑部尚书赠太子少保先府君凤洲王公行状》，明刻本。

当时在官场和士人中都是有极高威望的。王世贞在早年和李攀龙发动文学复古运动,创立明朝著名的“后七子”,在李攀龙死后成为“后七子”的领袖,享文坛盟主之尊,独主文坛二十年,是当时名副其实的文坛领袖,在仕途上王世贞曾任南京兵部侍郎,累官至南京刑部尚书。而王锡爵官名显赫,曾任礼部尚书兼文渊阁大学士,后于万历二十一年做了一人之下万人之上的宰辅,是太仓历史上官职最高的一品大员。资料中记载二人交往的最早时间是在隆庆四年(1570 年),当时王锡爵由南京国子监司业调为北京国子监司业,虽是平调,但很显然作为在京师的北京国子监司业更为重要,王世贞有诗赠之:“不为东陵恋故封,自将符绂授元龙。堂前鹊起初成印,席右鸠来欲上筇。舞对雪儿矜矍铄,饵成云母转从容。清商一部依身老,好施吴山七十峰。”①自此以后,二人之间的交往日益密切,书信频繁。从王世贞和王锡爵之间的交往史实、书信往来中,可以看出二王有多重关系,他们是无话不谈的好友、兴趣相投的知音和修习佛道的道友。

### (一)无话不谈的好友

《弇州山人四部稿》《续稿》中辑录了王世贞写给王锡爵的书信共 74 封,《王文肃公文集》中辑录了王锡爵写给王世贞的书信共 11 封。二王在书信中可谓是无话不谈,大到国家政事,小到一些生活琐事。比如王世贞给王锡爵的书信中讨论了中原和关中大旱,奉行之人却中饱私囊,人民受苦受难,面露菜色的情景:“但中原至关中一带荒甚,今赈卹之命时下,足征圣主深仁,相君至意,所虑奉行之人苟且塞责,民不沾惠,且将来无力播种,何由得转菜色。”②王锡爵写给王世贞的书信中也述说了郡县贪赃枉法的行为:“老母远人归后,又有书奉报矣。顷传旨责十三省赃罚,阁臣为之惶悚数日,连名具奏,以去就争之,大略言四方大灾,此时但宜发内帑以赈民,岂有反查民间额外之银以足国者,若必不得已,宁可臣等尽辞俸薪,必不忍为误国殃民之事也。”③王世贞和王锡爵在书信中经常聊家常,讲述生活琐事。王世贞向王锡爵讲述他的弟弟王世懋的病情:“舍弟病势殊可忧,今以医药将摄,体气渐复,而根尚未除,须静养经年,庶保元吉移疾之举,

① 王世贞:《弇州四部稿》卷四十《王司成元驭转北,露章请告,时予请归之疏已上矣,赋此奉问》,明万历刻本。

② 王世贞:《弇州山人四部续稿》卷一百七十六,明万历刻本。

③ 王锡爵:《王文肃公文集》卷十五,明万历刻本。

毫非有它也。前者请急,兄似不能无疑而见尼之,使弟独疲然又幸其不归,归则委顿矣。"①王锡爵也在书信中向王世贞讲述自己有病却不敢请假,进退两难的心情:"前月中,有书奉候达否?即今扈跸归病痢者又数日矣,不敢遽露章乞假以博酒馔恩典,正所谓进退维谷耳。"②从他们的书信往来可以看出,王世贞和王锡爵两人无话不谈,亲密无间。

### (二)兴趣相投的知音

王世贞和王锡爵都好读书。王世贞自称有"九友",即"曰山曰水,斋以外物也,曰古法书,曰古石刻,曰古法籍,曰古名画,曰二藏经,曰古杯勺,并余诗文而七,则皆斋以内物也。是九物者,其八与余周旋,而一余所撰著,故曰九友也。"③王世贞好读书到"一日不开卷,骨孔尽窒"④的地步了。王锡爵幼时也是养成了好读书的习性,经常晨起读书,后来摘得会试第一,廷试第二。他们二人经常郊游酬唱,王世贞于万历二年(1574 年)拜访王锡爵,与其饮酒游冶,作诗《王学士元驭留饮花下作》:"学士高斋傍玉清,入门幽兴剧纵横。已拚芍药似人老,忽送榴花令眼明。文酒竟成吾党事,笑谈真见故乡情。毋惊百徧相过语,若到郇厨体自轻。"⑤万历七年,王世贞去王锡爵家饮酒赏菊,见到紫牡丹,感到很惊奇而赋诗《元驭宗伯留赏菊忽有紫牡丹一株异而赋之》:"学士银鱼焚不迟,居然陶令傍东篱。谁云晚节无三友,忽许天香借一枝。赐紫独应夸彩服,配黄双可荐金卮。知公大是春秋笔,能遣风光并此时。"⑥除了郊游酬唱,平日里二人也经常互赠诗文。

王世贞和王锡爵都好曲艺。友人屠隆所撰《大司寇王公传》曰:"王公讳世贞……好宾客,文酒淋漓,流连觞咏而绝不近声伎。听丝竹,每当燕笑懽噱时,人或谈及忠孝节烈,则慷慨而扬眉。"⑦王世贞在《艺苑卮言》中有专门论曲的文字,后被人辑出作为单种刊行,题名《曲藻》,他的论述对后人论曲产生了巨大影响。王

① 王世贞:《弇州山人四部续稿》卷一百七十七,清文渊阁四库全书本。
② 王锡爵:《王文肃公文集》卷十五,明万历刻本。
③ 王世贞:《弇州四部稿》卷二二,《九友斋十歌》。
④ 王世贞:《弇州四部稿》卷一百二十六,明万历刻本。
⑤ 王世贞:《弇州四部稿》卷四十二诗部,明万历刻本。
⑥ 王世贞:《弇州山人四部续稿》卷十五诗部,清文渊阁四库全书本。
⑦ 屠隆:《大司寇王公传》,附录于王士骐撰《王凤洲先生行状》后,有明万历末刻本。

世贞他自己也经常帮别人填词写曲，著名的《鸣凤记》可能就是出自王世贞之手，虽然现在还有比较大的争议，但不可否认的是《鸣凤记》和王世贞有很大的关系。而王锡爵告老回家，在家中蓄养家乐，创立了当时有名的“王家班”，著名的汤显祖的《牡丹亭》就是较早被“王家班”搬演。虽然此时王世贞已经西去，但是不难发现王锡爵早年定然也喜欢观赏戏曲。王锡爵本人，虽无剧本创作，却也是个散曲家。《乐府先声》录其所制散曲《南中吕·泣颜回》套数一，《珊瑚网》则录其北双调小令十二首，可见他对南词北调都很擅长。

从王世贞和王锡爵的书信往来和一些史料中可以发现二者有许多的兴趣爱好是相似的，正是两个兴趣相投的人才会成为一生的挚友。

**（三）修习佛道的道友**

王世贞和王锡爵在万历七年一起拜入昙阳大师门下。在沈德符的《万历野获编》中提到：王世贞与王锡爵“俱入道，退居昙阳观中，屏荤血，断笔砚，与家庭绝。”①二人在回归家隐的这段时间，一同跟着昙阳大师修习佛道之法，过起了屏弃家累、避绝俗缘的修心求道生活。王衡在《王文肃公年谱》写道：“时府君方侍养，而弇州大司寇亦以廷尉家居，负海内重望。府君与之并处城南靖庐中，杜门却轨，以修恬素之业。或疑府君遗世独立，或议府君明哲保身，不知府君爱日之诚发于至性，一门之内，乐泄融融，虽三公不易也。府君里居以慎静为主，臧获辈尤严约束。尝谓亲友曰：‘此时非独宦途难，即隐居亦难。天下方无事，吾等幸抱膝林泉，蝴蝶庄周，两忘梦境可矣。’”②万历八年，王世贞和王锡爵二人又一起侍奉昙阳子大师羽化仙去，并为昙阳大师作龛，让世人围观其羽化，之后王世贞还为其撰写传记《昙阳大师传》。王世贞和王锡爵紧守昙阳大师教诲的“八戒”，即：“首爱敬君亲，次戒止淫杀，三怜恤孤寡，四和光忍辱，五慈俭惜福，六敬慎言语，不谈人过，七不蓄谶纬禁书，八不信师巫外道及黄白男女之事。”③王世贞在给王锡爵的书信中就屡次提及昙阳大师，向王锡爵倾述了自己身在官场，不能守师真之教的无奈之情，如“自思年来，不能守师真之教，虽作官人，强酬应饮酒噉肉，犹

① 沈德符：《万历野获编》卷二十三，“娄江四王”条。

② 王衡，王时敏：《王文肃公年谱》，清光绪二十五年刻本。

③ 王世贞：《弇州山人四部续稿》卷七十八文部，《昙阳大师传》，清文渊阁四库全书本。

有可解者，曰不甚累方寸，独文字一障觉负吾师不浅耳”[①]，又如“追惟先师化后之旨，知其不永，及领甲申之偈事在隔生，而乃自暴自弃于一切，应酬奔走笔研酒食之累，不能裁节，有渝师盟，惭负天地，此心如螫。然不敢一念相负，所悬吾兄异日归侍师真。”[②]可见二人常常用昙阳大师来教诲自己，明律己身，两人是情深意重的师兄弟。

## 二、王世贞和王锡爵关系产生的政治影响

王世贞享文坛盟主之尊，王锡爵以官显，位居要职。当时太仓两家王氏因为王世贞和王锡爵的关系结成了无形的政治同盟，这种同盟在当时是很有政治意义的，对当时的政治格局有很大的影响。下面主要从两个方面来分析当时王世贞和王锡爵二人关系造成的政治影响。

### （一）组成与张居正专权对抗的政治同盟

在张居正任首辅时，对王锡爵这个才华出众的人才非常看重，有意拉拢他，对王锡爵一再给予褒奖，张居正曾在王锡爵续修《世宗实录》的时候，鼓励他：“一人而总裁两朝实录，甚盛典也，幸甚勉之！”[③]然而王锡爵却在张居正夺情事件中得罪了张居正，被迫辞官回家。万历五年，张居正父亲去世，按明制“首辅去位三年，次辅迁坐左，翰林诸僚吏衣绯以谒”。但张居正一方面担心自己离职后会招致权力旁落，一方面担心自己刚刚推行的改革半途而废，而不愿回乡守丧。吴中行、赵用贤等却坚持让张居正守制，而张居正最终却夺情留职。在此期间，王锡爵因为与吴中行二人交好，最终导致他和张居正二者交恶，王锡爵甚至“质居正于丧所，辞甚峻。居正勃窣且拜且言曰：‘上强留我，而诸曹子力逐我，我何以处，使有尺刃在，我且自刎矣。’”[④]。在张居正“夺情”事件中，王锡爵最终辞官家居。对此王锡爵在给王世贞的信中说道：“弟兄间出处之计，转更支离。满朝妇态，苦无撑船大腹，不能容也。已飞笺告别，退从家儿问奇字耳。呵呵！”[⑤]因为不满当朝（张居正政权）丑陋的政治生态，与其和满朝阿谀奉承的人同朝为官，还

① 王世贞：《弇州山人四部续稿》卷一百七十八文部，清文渊阁四库全书本。
② 王世贞：《弇州山人四部续稿》卷一百八十文部，清文渊阁四库全书本。
③ 王衡，王时敏：《王文肃公年谱》，“万历四年”条。
④ 王世贞：《嘉靖以来首辅传》卷八，明刻本。
⑤ 王锡爵：《王凤州太仆》，《牍草》卷一，页二十七，《存目》集第135册，第519页。

不如回家享天伦之乐。

王世贞与张居正同榜进士，然而两人职位相差悬殊，张居正是很看重王世贞的文采和名气的，在王世贞为父伸冤的时候还出过力，张居正母亲七十诞辰之时，王世贞也作了一篇祝寿之文。张居正任首辅后，想委王世贞以重任，王世贞长子王士骐记载到，张居正曾“数前席，至欲以史局相处”。① 然而王世贞因不攀附权贵的性格拒绝了张居正的拉拢，《明史》卷二八七《王世贞传》云：“张居正枋国，以世贞同年生，有意引之，世贞不甚亲附。”后来王世贞在郧阳为官时，又惩治张居正妻弟，“妻弟辱江陵令，世贞论奏不少贷”。对此，张居正虽拟旨要求依法严惩，但私下却贻书王世贞数百言，为妻弟辩护，措词强硬。王世贞借地震上疏言“臣道太盛，坤维不宁”②，以讽张居正，二人隔膜加深。因与张居正交恶，王世贞经历了两次弹劾风波，两起两踬，开始了他的乡居生活。有学者认为王世贞与张居正构隙的主要原因，就在于其与同乡王锡爵关系亲密③，“王文肃以夺情抗江陵，世贞又与交相倚重。”④可见二人关系已经可以影响到两人本身的政治仕途。二人先后回乡，心情沮丧，都感到很挫败，对仕宦的残酷有了更深的了解。王士骐对王世贞当时心情有这样的记载：(王世贞) 适闻吾州昙阳子者以贞女立化，意甚快之，遂于城南结龛，奉大士像，与今太原相公为逍遥游，一瓢一褐，道书数卷而已。人或谓府君：“且仙乎？”府君谢曰：“吾何人哉？吾倦于官则思息，倦于酬则思默，倦于饮食则思饥，倦于名则思掩耳，倦于家则思避之墙东耳”。⑤ 王世贞和王锡爵本来关系就很好，现在又以同样的心境回到故乡太仓，无形中很容易就形成了政治联盟，共抗张居正专权。恰逢王锡爵的女儿昙阳子种种灵异事件的出现，昙阳子很可能让王世贞和王锡爵看到了希望，官场失意的两个人一起拜入昙阳子门下，一起沉迷到昙阳大师的仙道当中。王世贞为其撰写传记《昙阳大师传》，另撰《昙阳子外传》、《昙阳先师授道印上人手迹记》、《金母记》、《昙鸾大师记》、《纯节祠记》等文。饱读诗书，见闻广博的王世贞和王锡爵为什么会相信这虚无缥缈的神鬼之道呢？一种可能是明代社会本身道教流行，皇帝对道教的

---

① 王士骐：《明故资政大夫南京刑部尚书赠太子少保先府君凤洲王公行状》，明刻本。

② 《明史》，卷二八七《王世贞传》。

③ 魏宏远：《王世贞与张居正关系再检讨》。

④ 姚希孟：《公槐集》卷五，明清闭全集本。

⑤ 王士骐：《明故资政大夫南京刑部尚书赠太子少保先府君凤洲王公行状》，明刻本。

热衷程度更盛，这势必影响到全社会人群，王世贞和王锡爵也不例外。但还有一种很大的可能就是王世贞和王锡爵可以借昙阳子聚集形成新的政治团体，将昙阳子作为为他们的代言人，联盟更多与张居正对立的人，进而与张居正抗衡。王世贞和王锡爵二人拜入昙阳子的“恬澹教”并加以宣传，以当时二人在江南一带的声望和地位，王世懋、赵用贤、瞿汝稷、屠隆、冯梦祯、沈懋学、管道志、张定安、汪道昆、陈继儒、徐渭等文人名士都先后拜在昙阳子门下，昙阳子的弟子一下就达数百人。这些人要么是因为得罪张居正而罢官归隐者，要么是不满朝廷闲居在家，要么是文人骚客，但是他们都是当时政界和文坛享有声誉的名人志士，这股力量对当时的政界是非常有影响力的，不容小觑。这个东南名士组成的政治团体可以说是当时张居正专权政府的反对派，组成了一股消极批评朝政的“清流派”力量，而王世贞和王锡爵理所当然的成了众望所归的领头人物。可以这么说，王世贞和王锡爵等“清流派”通过昙阳子将这些志同道合的名人志士连在了一起，形成了一个与张居正专权相抗衡的政治同盟。而在昙阳子羽化时，这股政治和文学势力达到了巅峰。王世贞在《昙阳大师传》说当时围观者有“十万人，拜者、跪者、哭而呼师者、称佛号者，不可胜记”。[①] 徐渭说：“师道成，立已化，红光亘天，趋而仰者，约满十万众。”[②]而张居正作为一名具有敏锐政治嗅觉的政治家，似乎感觉到王世贞和王锡爵等人的用意以及这股力量的强大。于是，张居正团体就开始纠集云南道御史孙承南等言官以“妖妄”之名对王世贞和王锡爵等人弹劾，对王世贞和王锡爵这个东南名士组成的政治团体进行反击，进而消除昙阳子的影响力。郑利华在《王世贞年谱》中说：“台谏论劾元美、王锡爵因王焘贞化事，诪张为幻，事波及沈懋学、敬美。”昙阳子事件是张居正政府和二王团体的一次暗中较量，最终还是万历皇帝的生母皇太后叫来张居正，说：“神仙者，何与人事，而言路批劾之？”[③]，张居正团体下的言官才对二王氏的弹劾渐渐停息下来。而王世贞和王锡爵的政治团体也在昙阳子事件中感到张居正团体的可怕力量，渐渐收敛，二人直到张居正去世都是小心翼翼地过着日子。王锡爵在《周二曾主事》曾言：“今海滨生计，止办渔樵。一不泛交宾客，二不出远游眺，三不读文，四

① 王世贞：《弇州山人四部续稿》卷七十八《昙阳大师传》，清文渊阁四库全书本。

② 徐渭：《昙阳大师传略》，载《徐文长逸稿》卷二，《续修四库全书》集部1355册，第488页。

③ 王衡，王时敏：《王文肃公年谱》，“万历九年”条。

不言时事，如此可以免过。”[①]昙阳子事件实际可以看成是王世贞和王锡爵集合文人志士对张居正政府的不满，对张居正政府的一次攻击，而张居正又携官威之势对其进行反击，虽然很难看出哪一方胜利了，但王世贞和王锡爵联盟还是对张居正政府造成了较大的政治压力，避免了其一家独大的局面。

## （二）建储

古时册封太子是一件非常重要的事情，直接关系到国家的安危和未来的发展。早在周王朝为了解决权力的继承问题，实行了嫡长子继承制的宗法制，保证了帝国内部的稳定，避免了争权内耗的发生，从而使周朝实现了八百年的延续。之后嫡长子继承制就深入中华民族文化的精髓，上到君主的立储，下到家族内部继承都采用这种继承制。君王早日册立皇储，不仅有益于安定民心，减少国家在争权上面的内耗；还可以有效防止统治阶级内部的夺权和被统治阶级的起义造反的出现；同时也可以保证在君主暴毙后，国家能够依然正常地运行下去；更有利于对太子尽早地进行储君教育，使之能在名师指导下早日学习治国方略，这对国家的未来发展极为重要。贾谊曾说：“天下之命悬于太子，太子之善在于早谕教。”[②]万历十年，张居正病逝，随后一年被彻底打倒，以王世贞和王锡爵为首的政治力量获得重新启用。王世贞于万历十二年正月补应天府府尹，随后升任南京刑部右侍郎。王锡爵也在万历十二年十二月底被直接任命为礼部尚书兼文渊阁大学士，后晋升为次辅，乃至首辅。王世贞和王锡爵派系政治力量的风头一时无两。当时王锡爵和内阁同僚们做的最重要的工作就是一再恳请万历皇帝早立太子。当时，万历皇帝一再推迟太子的册立，不仅加剧了明朝朝政的纷扰和朝臣对皇帝、宰辅的不满，而且消耗了国家的大量行政资源，遗祸深远。万历当时有两个皇子可立为皇储，分别是皇长子朱常洛和皇三子朱常洵。当时皇后只有一个女儿，无子，那么按照“有嫡立嫡，无嫡立长”的说法就是应该立长子朱常洛为太子，这也是当时群臣的一致选择。然而，万历皇帝自己却因为宠幸郑贵妃，而更加偏爱郑贵妃之子朱常洵，所以他内心里是不想立王恭妃所生的长子朱常洛为皇储的。当时皇后体弱多病，万历皇帝对于群臣建议早日立皇太子一拖再拖，为的就是拖到皇后西去，可以将郑贵妃册封为皇后，这样朱常洵就是嫡子，被立

① 王锡爵：《王文肃公文集》卷十四，明万历刻本。

② 贾谊：《新书》卷五，《四部丛刊》景明正德十年吉藩本。

皇太子也就理所当然了。然而就是这么一拖，却拖了整整十九年，无休止的争权，加上皇子没有得到很好的储君教育，使得当时日显羸弱的明朝雪上加霜，明朝的国运也随之不济。

万历十四年，皇三子朱常洵出生之时，群臣建议立储，万历帝说："元子婴弱，俟二三年举行"。但到了万历十七年，万历帝貌似没有履行承诺的意思，于是王锡爵上《请视朝建储疏》，云："又或以天工人代，不必事事身勤，则深惟社稷之安，早定根本之计，升储出阁，发旨自中。"①希望皇帝早日临朝听政，早立太子，皇帝对此无动于衷。随后在万历十八年王锡爵又接连上疏，如《十八年正月元日召对建储豫教事体疏》、《再请豫教疏》、《恳请建储疏》、《申请建储疏》和《申请册立豫教疏》等。然而万历皇帝还是一推再推，王锡爵为此屡次请求罢免自己，也没有得到允许。万历十九年，王锡爵因为母亲病危，所以辞朝返乡，在临走前继续上了《归省留献忠言疏》，劝谏万历帝要戒酒戒怒，从俭从宽。万历二十年，王锡爵扶母携家北上京师准备入驻内阁首辅。万历二十一年，当时已经是首辅的王锡爵仍然上疏《密请建储疏》，恳请万历帝早日立储。最终在王锡爵等人的努力下，万历帝同意皇长子出阁豫教，皇长子出阁豫教就相当于说皇长子已经以皇太子的人选身份公之于众，再想动摇就比较困难了。王锡爵解决了皇长子出阁豫教问题，这对当时明朝的国家社稷做了巨大贡献，对促进晚明政坛稳定是有重要积极意义的。

王世贞在王锡爵屡恳建储的过程中扮演了怎样的角色呢？研究王世贞和王锡爵的书信往来，可以知道，王世贞在建储的过程也是有一定作用的。首先王世贞本人是推崇贾谊在太子建储方面的观点，非常赞成早日建储，并让储君早日出阁豫教。他在《山西第一问》中说："问太子天下本，学士大夫类能言之，而莫详尽贾谊其说……然谓吾君有子矣，夫出阁之期已示，而所以辅导匡翼之，具未悉，诸生其为我详言之。庶几备承华宝鉴之一二云，自贾谊所称：天下之命悬于太子，太子之善在于早谕教。"②王世贞在给王锡爵的书信经常就建储一事鼓励王锡爵，同时也对好友因建储引起圣怒表示担忧，并给出了一些建议，如"哀恳天下事，尚可为边警，虽急亦宜从容图之，但把舵之人自吾兄外，仅一瑶老，然亦在危

① 见贺复征：《文章辨体汇选》卷一百一十六，清文渊阁四库全书补配文津阁四库全书本。

② 王世贞：《弇州四部稿》卷一百十四《山西第一问》，明万历刻本

疑之际。兄更看何人可以备缓急否？建储诸疏天怒异常而发之，郑氏又增一番疑，畏兄昨书所谓大艰苦者此也”①，又如“弟言建储诸疏，何悉留中人情未测圣意所在，良为汹汹，弟乞骸之情真且久矣，若坐待一转当为鹓雏所咲，必考绩而后去，修途酷暑襏襫奔走，又似为子孙作马牛也。”②有了好友的肯定和安慰，王锡爵更加坚定了上疏请求建储的信心。

综上所述，王世贞和王锡爵关系非常亲密，是一对无话不谈的挚友。王世贞和王锡爵是太仓同乡，又同朝为官，都是不依附权贵的性情中人，同属被张居正政府所排挤的清流派。他们二人兴趣相投，好读书，喜欢郊游酬唱和曲艺，同时又拜在昙阳子门下潜修佛法。正是这么多的原因造就了王世贞和王锡爵的真挚友谊，当然他们这份珍贵友谊也无形当中让他们成为了一个政治联盟，以抵抗张居正势力的压迫。同时，在王世贞的鼓励和安慰下，王锡爵坚定了向万历皇帝上疏建储的信心，为未来王锡爵成功让皇长子朱常洛出阁豫教读书打下了基础，这对明朝的政治有着重大的意义。

① 王世贞：《弇州山人四部续稿》卷一百八十，清文渊阁四库全书本

② 王世贞：《弇州山人四部续稿》卷一百七十八，清文渊阁四库全书本

# 王世贞与徐阶的佛法关系研究

何丹兰

（上海交通大学人文学院，上海，200240）

**[内容摘要]**作为明代历史上位高名重的一位文坛大家，王世贞身显名扬，交游广泛，其中他与徐阶的交往研究历来鲜被关注。本文以王世贞与徐阶交往中的佛法关系为研究对象，基于二人诗作和书信往来中谈及的佛法内容，结合他们各自人生经历的背景原因，从思想层面和实践层面来阐述二人在佛教义理上的交流和切磋，即无欲无念的觉悟和定慧兼具的修行两个方面，并探讨其佛法交往对二人的文学理念、人生态度、如何看待疾病痛苦以及对中晚明时期文士事佛等方面的影响，从而对更好地研究王徐二人的交往关系发挥一定作用。

**[关 键 词]**王世贞；徐阶；佛法关系；影响

王世贞（1526—1590），太仓人，字元美，号凤洲，又号弇州山人，是明代文学史上的一位大家，与李攀龙等人并称“后七子”。他一生著述颇丰，鲜有人及，是李攀龙之后主盟文坛的巨擘，与士大夫、山人、词客等阶层人物多有往来，然其仕宦生涯较为坎坷，出仕与家居交织，亦仕亦隐，甚至是里居时间较长。徐阶（1503—1583），松江府华亭县人，字子升，号少湖，一号存斋，是明代嘉靖朝后期至隆庆朝初年著名的内阁首辅。王徐两家关系密切，既有地缘关系，又是有着“姻娅之末”①的远亲，因而王世贞在步入仕途之后便和徐阶一直保持着亲密的忘年交关系，本文即重点探讨王世贞与徐阶交游后期中的佛法关系。

一个人的一生是很难一直维持一种态度、观念和情感想法的，尤其是经历过复杂的、大的事情之后，其心态和想法必然会有相应的改变，徐阶和王世贞中后期的转变即是如此。中年时期的王世贞在经历了父亲王忬的罹难之后，于家居

① 王世贞：《弇州山人续稿》卷一百九十二《吴明卿》，美国普林斯顿大学东亚图书馆藏，明刻本。

时借助佛教来修心调息，安抚内心痛苦。即便是之后重新踏入仕途，也因为遭受连连打压而不得志，如无故遭受弹劾和官职任免的戏弄、母亲与弟弟敬美的亡故等等，更是推动了其迈向佛教世界的脚步，甚至到万历八年时，信奉昙阳子王焘贞的“恬澹教”，从此醉心于佛道事而无所求。徐阶则一生历经宦海浮沉，付出毕生心血扶持过三代君主，应对严嵩、高拱及言路攻击，晚年归老乡野后还要遭受到被退田、攻讦之难，以至于其在风波后的心胸和视野跳出了致仕之前着眼于政事的束缚和藩篱，感受到了比政权还要重要珍贵的东西，慢慢归于平淡宁和，以佛教禅宗作为其思想的信仰和寄托。于是两位看淡世事的忘年交挚友更是志同道合地在佛教经义方面展开了热切的交流与切磋，于思想和实践层面都有深入发掘，产生一定的影响，意义深远。

## 一、王徐的佛法思想和实践交往

元美在早年时便对佛道有着深厚的知识储备和积累，他家在当时为显耀盛名的大家族，财力权势颇丰，因而其嗜书如命，有书三万卷，其中“佛道珍版书就有三千余卷”①。其在《九友斋十歌》和晚年的《戏作反九友斋歌》中都将“二藏经”作为自己的好友，并“时时取二藏幡之”②，可见其于佛法上颇有研习修炼。徐阶亦是如此，其家族有世代崇佛的传统，如高祖徐德成“以仁厚喜施予闻，里中呼之为佛子徐”③，祖父徐礼则承袭祖上遗风，信奉佛教，乐施好善，在这样的佛教氛围下成长起来的徐阶，在踏入政坛以儒家思想作为自己立身治国的根本之外，也将佛教思想注入其中，以此来养性修身，还与僧人、居士有过交往，更是在致仕之后，于安宁乡居间沉醉于佛法之中。因此，他们的这种佛法情谊，是在雅好佛法的基础上培养出来的，是在书信和诗作往来相互交流沟通中成长的，具体则是就佛法义理上的无欲无念之觉悟和定慧兼具之修行两方面进行互相求教研究，于交流探讨中提升佛法修为，也推进了二人深厚情谊的进一步发展。

---

① 魏宏远：《论晚年王世贞的“三教合一”思想》，《古代文学理论研究》2012 年第 1 期。

② 王世贞：《弇州山人续稿》卷一百六十《题所书九友斋歌后》，美国普林斯顿大学东亚图书馆藏，明刻本。

③ 王世贞：《弇州山人续稿》卷一百二十六《明特进光禄大夫柱国少师兼太子太师吏部尚书建极殿大学士赠太师谥文贞存斋徐公行状上》，美国普林斯顿大学东亚图书馆藏，明刻本。

## (一)无欲无念之觉悟

王世贞与徐阶都认为事佛的真正目的，是要达到明心见性的觉悟，从思想上做到拥怀一颗佛心，去除各种执念和杂念，不使内心为之羁绊，从而明确自己的本心，让佛的智慧光芒填满整个心神，觉察到佛禅的真谛，最终明见自己的本性，顿悟出自身所拥有的佛性，做到真正的圆满自得。

王世贞在《答存翁相公》中这样说道：

> 伏蒙惠示《金刚经》，谨即安顿佛前，朝夕捧诵。又辱前谕，谓与孙曾远别，不觉凄然。此从慈爱中来，非牵欲比，亦须以空蕴胜之，一切洗尽。如不能遽尔，势须将顺，亦勿令扰内境，勿令容住心，乃佳耳。①

徐阶之前写给王世贞提及和孙曾远别的书牍不复找到，但其因为离别之伤而和元美倾诉，足可见二人晚年时交情深厚。王世贞在此处以二人共同信仰的佛家“空蕴”劝导徐公，肯定徐公的凄然之情源自于其真心的慈爱关怀，鼓励他用空蕴的信念去引导并洗尽对孙曾不舍的慈爱之心，即便不能立即除去，也力求循序渐进，保证内心不受情感的羁绊和执着，努力做到内心湛然空明。而元美所依据的，正是徐阶呈示给他读的《金刚经》，他认为“《金刚》……字字皆真如，画画皆般若”②，是“佛真谛语，故非他经比也”③，他恭谨安顿于佛前，时时诵读，用心参透其主旨：“其大指，以心不住境为宗，住境则境为实而心死，不住境则境为空而心生，心境俱泯，一真湛如，我相不作，诸相俱幻。”④认为心里不要执着于一定的情感和事物，“离一切诸相”，如此才能做到“无所住”，保持自由清明，可见王世贞对佛禅思想层面的理解较为深入透彻，有着深厚的佛家修养。

徐阶则在万历八年写给元美的信中有云：

---

① 王世贞：《弇州山人续稿》卷一百七十三《答存翁相公》，美国普林斯顿大学东亚图书馆藏，明刻本。

② 王世贞：《弇州山人续稿》卷二十二《三十二篆金书金刚经后》，美国普林斯顿大学东亚图书馆藏，明刻本。

③ 王世贞：《弇州山人四部稿》卷一百三十一《凌中丞书金刚经》，美国哈佛大学燕京图书馆藏，明刻本。

④ 王世贞：《弇州山人续稿》卷一百七十三《答存翁相公》，美国普林斯顿大学东亚图书馆藏，明刻本。

> 入春多雨，贱足益软弱，偃卧一室，度日如年。如公所云，屠苏之宴、彩侍之乐，皆无有也，况双林七宝上瑞耶？①

这句话表明徐阶赞同王世贞认为的“无有”观，看淡各种屠苏、彩侍以及双林七宝上瑞等珍异世事，做到心中无欲无求。而这个“无有”是道家术语，和“有有”相对，指的是不见边际和起始范围的东西，当时王世贞已经跟随昙阳子学习仙道事，因而会在与徐阶探讨佛法时适当引用道家术语。当时的徐阶已经七十八岁高龄，足疾日益加重，日渐形销骨立，因而卧床不起，度日如年，在这样饱受病苦折磨下的心境中，自然是对生死之外的其他吸引之物并无眷恋，内心对佛教的崇信让他深切认同元美所言的信佛应当无欲无求，不看重外在的各种诱惑和玩乐珍宝之类，不使心动，保持内心的清净纯透。徐阶还感叹自己“习心难遣，故虽疾病潦倒，犹不免时时念及苍生，想公于此，佛心更切”②，表示自己因为时时会念及朝廷和民生事宜的习惯暂时无法改掉，不能做到真正的不执着于任何事理，更因为王世贞当时在佛法上的造诣颇深，而自己为没有纯粹的“佛心”所慨叹惭愧。

王徐二人以参佛来治心调息，在思想层面都认同信佛要有无欲无念的觉悟，将一切欲望、情感和善恶是非从心中排出去，做到无生无求，从而恢复内心的空明和清净，达到最终明心见性的觉悟，感悟到真正的佛心。王世贞敬重徐阶为“大宗门”③、“大净名长者”④，认真诵读徐阶所示经书，以谦逊和恭敬之态表达诚心请教之心，徐阶则亦形容王世贞为“仰知高贤不我遐弃”⑤，高度赞同元美所言的无欲及觉悟，二人于佛法思想上互相推崇，奠定了他们佛法交流的稳固根基。

### （二）定慧兼具之修行

有明心见性的觉悟固然重要，但之后的修行亦是必不可少的实践，通过禅定进入凝神静气之态，而后有所觉悟，在定慧中沉淀内心，积淀智慧，守住自己的真

---

① 徐阶：《世经堂续集》卷十二《复王凤洲》，南京图书馆藏，明刻本。

② 徐阶：《世经堂续集》卷十二《复王凤洲》，南京图书馆藏，明刻本。

③ 王世贞：《弇州山人续稿》卷一百七十三《答存翁相公》，美国普林斯顿大学东亚图书馆藏，明刻本。

④ 王世贞：《弇州山人续稿》卷一百七十三《答存翁相公》，美国普林斯顿大学东亚图书馆藏，明刻本。

⑤ 王世贞：《弇州山人续稿》卷一百九十二《吴明卿》，美国普林斯顿大学东亚图书馆藏，明刻本。

心和本心。王世贞和徐阶在修行层面上进行了相关的沟通和探讨，对于事佛修行极为看重，还曾见面会谈并交流心得，相互谦虚地咨议参考，主要涉及如何修行、使内心清净洒落之法、透破死生关等问题。

隆庆四年王世贞母亲去世后，他便丁忧里居。家居的这段日子里，他修筑园亭，恬淡自得，在惬意宁静中淡化父难、仕途不顺的苦痛，也使得其能够进行佛禅义理和修行的深入思考。万历元年，饱受退田和议论风波后的徐阶造访王世贞，做客小祇园，讨论具体的礼佛、讲说佛经等修行。徐阶和王世贞分别作诗：

给孤去已远，此地复开园。礼佛莲花涌，谈经贝叶翻。水深澄客性，山古隔尘喧。安得留精舍，同参不二门。①

东来紫气有真人，给苑含辉只树春。草忍自谙菩萨行，潭澄初现宰官身。杯中水月无明失，句里云霞法界新。若语世尊应好慰，只今魔地隐波旬。②

徐阶认为修行要像“水深澄客性，山古隔尘喧”那样，将身心沉淀下来，形成定力，融于禅定和法界之中。他还于万历八年时向元美叨教“由面领转浓郁为淡泊之教，使心目常得清净洒落也”③，即如何从热衷于功名势力转向清心淡泊之法，使得自己内心能够得到长久的清净洒脱，飘逸并不受拘束。以上材料表明徐阶在事佛的修炼上注重内心的修炼，认同元美在悠然安宁的园亭环境下先进行内心的澄性积淀之观点。王世贞则在赞同徐阶所言皆是真谛语的同时，补充指出要在修身养性的沉淀中警醒其他事物的纷扰，不在乎明失而提升自己的修行能力，守得住初心和本心，甚至亲身实践，于万里八年之后闭关修行，“仅能修焚诵业，载酒食味”④，力图做到真正的“定”，由此可知二人对于修行之“定”的着力点和领悟力大体相当。

此外，徐阶还就如何透破死生关向王世贞表达了自己的观点：

---

① 徐阶：《世经堂续集》卷十四《题王凤洲小祇园》，南京图书馆藏，明刻本。

② 王世贞：《弇州山人四部稿》卷一百四十二《伏承太师相公枉驾祇园，以五言八句留题，皆真谛语，不揣奉谢一章》，美国哈佛大学燕京图书馆藏，明刻本。

③ 徐阶：《世经堂续集》卷十二《复王凤洲》，南京图书馆藏，明刻本。

④ 王世贞：《弇州山人续稿》卷一百七十三《答存翁相公》，美国普林斯顿大学东亚图书馆藏，明刻本。

龙溪所谓尚未透破此一关者，何所指耶？人若于死生关能透破，便于一切世故皆不足与之和合，此诚未易能，且恐不独阶未能也。①

这里他提及的“龙溪”，即当时著名的思想家王畿，与徐阶同为王学门人。这段话表明徐阶、王世贞和王畿三者之间曾经就“死生关”进行过一定的佛法沟通和交流，徐阶认为死生无常，人要在一切世故如各种悲欢离合、生死轮回的情感中去超脱和觉悟自己的思想，不执着于生死，但是这点很难，需要极深的修为和投入的修行，他尚且未能做到。王世贞和徐阶探讨生死关的书信暂时未能找到，但他对此也有类似的理解：

生死关甚苦，弟始甚向之，既而自笑才脱一缚，又就一缚，且权放下以俟他日，此比丘不敢便谓透悟于见。②

于死生关，王世贞曾经很向往很憧憬，奈何一直纠缠其中无法参透，只能暂且放下以待日后透悟。二人在生死关的问题上都表达了暂时无法透破的想法，因而在禅定修行时大方地放下并看淡之。

在有了以心觉悟思考的基础之后，王世贞与徐阶在具体的修行实践上进行恳切的探讨，展现出高度的一致性。徐阶虽比元美年长，事佛修为也较深，却时常向元美虚心请教修炼之法，谦卑地表达自己修行不深，元美则亦以后辈的身份推许徐阶所言都是真谛语，敬佩仰望之情溢于言表，两个志同道合的朋友在佛家修行上给予对方指点和启发，保持着亦师亦友的深厚关系。

王世贞于万历七年开始接触昙阳子的仙道事，信奉佛道事，亦佛亦道亦儒，向徐阶表达了自己因为深受徐阶和昙阳子知晓欣赏，在众望面前担心自己会承受不了而让人失望的谦虚之态，“虽然我翁之见爱，尚期以应世；而仙师之见知，则许以度世。度世事大，岂凡骨所堪，正恐世弃之物，终不能无负翁意耳”③，其

① 徐阶：《世经堂续集》卷十二《复王凤洲廷尉》，南京图书馆藏，明刻本。

② 王世贞：《弇州山人续稿》卷一百七十九《与元驭阁老》，美国普林斯顿大学东亚图书馆藏，明刻本。

③ 王世贞：《弇州山人续稿》卷一百七十三《答存翁相公》，美国普林斯顿大学东亚图书馆藏，明刻本。

中更是对徐阶表达了崇高的谦恭惶恐之心和敬仰之情。徐阶则亦虚心礼让地请教元美各种佛理修行问题，甚至拜访元美，当面交流。这两个历经世事的好友借助佛家修行找寻到来自对方牢固的心灵支撑和鼓舞力量，在佛法义理方面深相契合，孜孜矻矻地研商探究，推动了二人事佛修为和交谊的深入发展。

## 二、佛法思想交往之影响

阐述王世贞与徐阶的佛法关系研究，是对二人丰富交往活动的部分延伸拓展，可以使人们对王徐二人的关系有全面多样的了解和认知，领悟二人共通的佛法思想交往对他们的文学理念、人生态度和如何看待疾病痛苦等方面的影响与交流，认识到二人的佛法交往活动对当时的文士所产生的引领带动作用。

因为有了无欲无念的觉悟和定慧兼修的实践，经历人生坎坷起伏之后的王世贞与徐阶中晚年时潜心修行，早年的热情和激昂的心境逐渐归于淡泊恬淡，文学思想上也展现出共通的佛禅意旨。王世贞后期“世念渐灰，始究心性命大事”①，诗文上强调自然平常、调和通融，于诗当“取适情，主淡泊，为上乘足矣”②，于文则坚持辞达说，在为徐阶的《世经堂集》作序时言明：“盖自古之言文者，莫吾夫子若，而其大要曰辞达而已矣。”③他用佛经义理来节制内心，认为作品应当呈现天然无雕琢之态，不仅是语言上简洁自然、不佶屈聱牙，还要“因天地之自然而节奏之”④，在创作心境和文风上更要讲求平淡通灵。徐阶亦主张诗文以“辞达”为贵，早年时的王世贞曾经和徐阶交流过为文要旨，徐阶便认为诗文当“胡乃屈诘，辞达为贵。”⑤其诗文被评为“不事铭琢，意向淡泊，至其醇厚尔雅，春容纡徐”⑥，“本诸性情，不入纤巧藻丽门户”⑦，不追求华丽辞藻的雕饰，能明达事理即

① 屠隆：《大司寇王公传》，《王凤洲先生行状》，上海图书馆藏，明刻本。

② 王世贞：《弇州山人续稿》卷五十三《唐诗类苑序》，美国普林斯顿大学东亚图书馆藏，明刻本。

③ 王世贞：《弇州山人续稿》卷四十《世经堂集序》，美国普林斯顿大学东亚图书馆藏，明刻本。

④ 王世贞：《弇州山人续稿》卷五十二《二酉园集序》，美国普林斯顿大学东亚图书馆藏，明刻本。

⑤ 王世贞：《弇州山人续稿》卷一百五十三《祭太师徐文贞公文》，美国普林斯顿大学东亚图书馆藏，明刻本。

⑥ 陆树声：《世经堂集序》，《世经堂集》，北京大学图书馆藏书，明万历徐氏刻本。

⑦ 张真：《序少湖先生集》，《少湖先生文集》，上海图书馆藏书，明宿氏刻本。

可。晚年徐阶远离政治是非，深受佛法影响，作品里的佛禅意味愈发浓厚，讲求恬澹自然，更是合乎“辞达”之说。可见二人晚年经过事佛的洗礼，文学理念更是一致地向有着佛禅旨趣方向的“辞达”靠拢。

此外，二人在佛法思想上的共通点也影响到他们的人生态度和对待疾病痛苦的看法，都趋向于自适安然，笑看世事生趣，做到清心寡欲。王世贞家居时“从兰若借藏经，案牍之暇，时展一卷，以自娱耳”①，在自家的弇州园亭里谈佛论道，“左图右书，息以酒茗，真足乐而忘世”②，做到了暂时忘却吏事烦恼，精神上追求逍遥旷达，不在乎身外世事，也因此更加关注病苦折磨，注重身体的调养和护理，“千载之躯”、“养摄”等词汇时常出现在他后期的书牍及诗作里。徐阶亦是如此，他致仕归乡之后归真返璞，于物质享受之外感受精神世界的超脱和自在，更是在饱受非难之后坚定地以佛教经义为信仰，潜心修佛，以淡然宁和的心态去努力忘却之前的磨难和困扰，用一句“老而好忘，忘之久矣”③堪破了红尘俗事和祸难纷扰，呈现出自在安然之态：“人生得失利害原如梦幻泡影，不足为喜怒。仆年来幸窥破此意，故虽凌辱百出，人不能堪，而胸中绝不为动，颜色尚如往时。”④于疾病痛苦则豁达自然，但求“安寝饱食于山林，即至幸矣”⑤，尤其是其晚年病苦不堪时进行安心的调养，于养生较为关注，认为“养生者，既审于嗜欲之坊，与其起居服食之节矣。”⑥

此外，王徐二人和当时志在佛法的士大夫陆光祖等人，佛家的高僧达观、袾宏、知也等往来密切，深受高深佛法熏陶，凭借他们自身的精深博识，从佛法思想的沟通和实践交往上融合贯通，在中晚明时期的文人、士大夫以及居士中也产生了一定的影响和推动作用。王世贞作为享誉文坛的盟主，其声望和社会影响力很大，徐阶则作为嘉隆间有匡救之力的内阁首辅，即便是致仕归家之后也一直为

---

① 王世贞：《弇州山人四部稿》卷一百三十一《徐子与》，美国哈佛大学燕京图书馆藏，明刻本。

② 王世贞：《弇州山人续稿》卷一百五十三《李本宁参政》，美国普林斯顿大学东亚图书馆藏，明刻本。

③ 王世贞：《弇州山人续稿》卷一百三十八《徐文贞公行状下》，美国普林斯顿大学东亚图书馆藏，明刻本。

④ 徐阶：《世经堂续集》卷十一《复吴悟斋》，南京图书馆藏，明刻本。

⑤ 徐阶：《世经堂续集》卷十一《复姜凤阿》，南京图书馆藏，明刻本。

⑥ 徐阶：《世经堂集》卷十四《庐州府题名记》，北京大学图书馆藏书，明万历徐氏刻本。

当时的文人政客所敬仰，因此二人的佛教交往，尤其是关于佛法思想的交往一定程度上也带动了当时的文士事佛之风气，诸如陆光祖、胡应麟、屠隆、王世懋、陈继儒、王畿、罗近溪、何心隐等人都与二人尤其是王世贞有密切的佛学交流，会就佛禅中的真心、顿悟以及修行等问题展开探讨，作品中多少带有一点佛禅意味。这种沟通交流既影响了当时文坛的佛禅倾向，使之成为一种思潮和风尚，也反过来深化了他们各自的佛法思想和修为。

总之，佛学在王世贞与徐阶人生后期的思想信仰中占有着非常重要的地位，他们以佛心为基础进行思想觉悟和修行上的探讨和往来，表现出极高的认同倾向和深切的理解，成为佛法关系上难得的知音。值得注意的是，王徐二人早年时期都以儒家的入世思想为主，强调经世致用，有所作为，都对王阳明的心学致以关注和景仰，徐阶还是王学门人，因此他们二人的佛法探讨中或多或少会带有一点阳明心学的倾向，如王世贞即"将阳明心学纳入禅宗心性论系统……以佛禅之心贯通阳明心学"①、徐阶自幼跟随聂豹学习致良知之学，强调知行合一等，因此王世贞与徐阶在信奉佛家超脱出世的背后都附带着隐形的经世致用和济世思想，融合了儒家的入世与兼济情怀，他们不完全投身于佛禅世界里，王世贞后期重新入仕和徐阶老来依旧挂念国家民生事宜即可证明。综合来看，王徐的佛法交流作为精神支柱，加深了二人本来就很坚固的友谊，让他们能够互相倾诉生活和精神上所遇之事，借助佛经义理来舒缓和平衡生活磨难所带来困惑和无助，升华了他们各自的佛家修为，对中晚明时期的文人政客信奉佛法有着一定的影响力，也帮助了人们得以更进一步地探究知晓二人深挚的情谊和具体交往情况。

---

① 魏宏远：《王世贞的"即心即佛"思想与"阳明禅"》，《江汉论坛》，2010 年第 5 期。

# 浅析王世贞与胡应麟的文学交流

岑升昀

（上海交通大学人文学院，上海，200240）

**[内容摘要]**明代文坛盟主王世贞以及具有多方面成就的学者胡应麟，这二人虽然年龄相差甚远，但却因为文学观点上的相近与投契，而一见如故、相逢恨晚，成为了十分亲密的忘年交。胡应麟在文学思想方面受王世贞的影响很深，而王世贞也对他极为赏识。本文将以王胡二人的书信往来中对文学方面的交流和探讨为线索，探寻他们彼此在文学理念和观点上的影响，从而对二人的关系与交往有更进一步的理解。

**[关 键 词]**王世贞；胡应麟；文学；影响

王世贞，字元美，号凤洲，又号弇州山人，太仓人，在明代文学史上是一位举足轻重的大家。他和李攀龙等人并称“后七子”，年少得志，在当时的文坛上立于领袖地位，张汝瑚在《王弇州传》里说他“少时才情意气足以绝世，为于鳞七子辈捞笼推挽，门户既立，声价复重，譬乘风破浪，已及中流，不能复返”。王世贞一生著述极丰，鲜有人及，代表作有《弇州山人四部稿》、《艺苑卮言》等。

胡应麟，字元瑞，后改字明瑞，字号少室山人、石羊生、芙蓉峰客、壁观子，是明代晚期一个有着多方面成就的学者、诗人和文艺批评家，在文学、史学、目录学、文献学、小说以及戏剧学等诸多领域都有着很深的造诣。其著述多达数百卷，代表作有《诗薮》。胡应麟年少成名，交游广阔，但对他的文学思想和理念影响最深的当属王世贞。王世贞在52岁时通过弟弟王世懋的介绍结识了胡应麟，两人相见恨晚，开始频繁地互通书信，密切来往。《少室山房类稿》中收录了胡应麟写给王世贞的书信共24封，而在《弇州四部稿·续稿》也中存有王世贞写给胡应麟的书信共21封，其中不乏对文学观点的探讨交流。胡应麟从王世贞那里学习、继承了很多，自诩“琅琊衣钵”；至于王世贞也很是赏识他，对他评价极高，在《胡元瑞传》中写有“且谓元瑞，子后当竟传我”[①]等语。

---

① 王世贞：《弇州山人续稿》卷六十九《胡元瑞传》，美国普林斯顿大学东亚图书馆藏，明刻本。

通过王胡二人的书信往来可以看得出来，他们在文学观点和理念上的态度十分相近，这也是两人关系如此密切的原因。而胡应麟对王世贞的崇敬，也导致了他在文学创作的理念上或多或少受到王世贞的影响。

## 一、王世贞与胡应麟的文学作品交流

所谓以文会友，王世贞和胡应麟这两个惺惺相惜、意气相投的忘年交之间的交往自然是围绕着文学领域展开的。纵观二人著述，可以发现许多他们寄给对方文学作品，以相互切磋、参考及交流，并且对彼此的文学造诣和才华学识都是十分欣赏的。例如胡应麟的《少室山房笔丛》中便收录了不少他寄给王世贞的诗词，其中如七言律诗有给王世贞贺寿而写的《寿王司寇元美六秩四首》、当王世贞自金陵归来时寄给他的《王司寇还自金陵寄讯四首》、听说了奇事后与王世贞分享的《乡人有自吴中来者谈昙阳仙师坐化事奇甚信笔奉寄王长公元美》、《游仙诗六首再寄王长公》等；五言律诗则有在渡江时回忆昔日在秣陵游玩的时光而写就的《渡江有怀秣陵旧游八首再寄王长公》、王世贞为他作序后答谢的《王长公寄惠集序赋谢四首》等。而王世贞寄给胡应麟的作品也不少，如《曩余为胡元瑞序绿萝轩稿仅寓燕还越数编耳序既成而元瑞以新刻全集凡十种至则众体毕备彬彬日新富有矣五言古上下建安十九首乐府等篇遂直闯西京堂奥余手之弗能释也辄重叙其意并寄答五言律二章》、《胡元瑞见赠之作推挹过甚聊此奉答兼识赏怀》、《再寄答胡元瑞且邀相过二章》、《胡元瑞读鄙集有寄走笔四韵答之》等。

胡应麟对王世贞的文学理论可谓是推崇备至，这可以从他的作品中随处可见的对王世贞的盛赞溢美之词中看出来。如《少室山房笔丛》："长公之言，烛鉴千载；然其文颇雅驯，字虽奇而旨不晦"①；《诗薮》："乐府自晋失传，寥寥千载，拟者弥多、合者弥寡；至于嘉、隆，剽夺斯极。而元美诸作，不袭陈言，独挈心印，皆可超越唐人、追踪两汉，未可以世代论"②、"（元美）乐府随代遣词、随题命意，词与代变，意逐题新，从心不逾，当世独步"③、"惟仲默、于鳞、明卿、元美妙得其法，

---

① 胡应麟：《少室山房笔丛》丁部卷三《四部正譌上》，上海图书馆藏，明万历刻本。

② 胡应麟：《诗薮》内编二《古体中五言》，美国国会图书馆藏，明刻本。

③ 胡应麟：《诗薮》续编二《国朝下正德嘉靖》，美国国会图书馆藏，明刻本。

皆取材于盛唐"①、"惟仲默、元美、伯玉、明卿,体既方严,而格复雄俊"②等。虽然其中不乏夸大的谀辞,但胡元瑞对王世贞确实是十分敬仰,并且把他当作自己的目标,盼望自己有一天也能到达他的高度。

而王世贞对胡应麟的文才亦是欣赏有加,书信中可见诸多赞赏之语,如《弇州山人四部稿》:"飘然少年弃繻生,每出新篇令我惊"③、"而元瑞进其诗,余睹之,未尝不三击节而叹也"④、"元瑞材高而气充"⑤、"胡元瑞贽其诗来谒,余睹其风格高邕鸿丽,中实爱之"⑥、"而独兰谿胡元瑞氏最为博识宏览,所著《诗薮》,上下数百千年,虽不必字字破的、人人当心,实艺苑之功臣"⑦等。足见他对胡应麟评价极高,甚至将他视为自己的继承人,有意提携他登上文坛领袖的地位,这从王世贞多次提到诸如"登坛牛耳定"⑧、"让君称鼎立"⑨、"宇宙鸿业,将来足下一人望之勗之,仆老矣,师丹多忘、沈约耄昏,何能以五鹿之角、岳岳公前"⑩等语能看出来,他对胡应麟寄予了很高的期望,相信他前途不可限量,而且认定了他是

---

① 胡应麟:《诗薮》续编二《国朝下正德嘉靖》,美国国会图书馆藏,明刻本。

② 胡应麟:《诗薮》续编二《国朝下正德嘉靖》,美国国会图书馆藏,明刻本。

③ 王世贞:《弇州山人续稿》卷十五《再寄答胡元瑞且邀相过二章》,美国普林斯顿大学东亚图书馆藏,明刻本。

④ 王世贞:《弇州山人续稿》卷四十四《胡元瑞绿萝馆诗集序》,美国普林斯顿大学东亚图书馆藏,明刻本。

⑤ 王世贞:《弇州山人续稿》卷四十四《胡元瑞绿萝馆诗集序》,美国普林斯顿大学东亚图书馆藏,明刻本。

⑥ 王世贞:《弇州山人续稿》卷四十五《冯咸甫诗序》,美国普林斯顿大学东亚图书馆藏,明刻本。

⑦ 王世贞:《弇州山人续稿》卷一百八十二《李伯承》,美国普林斯顿大学东亚图书馆藏,明刻本。

⑧ 王世贞:《弇州山人续稿》卷十二《曩余为胡元瑞序绿萝轩稿仅寓燕还越数编耳序既成而胡元瑞以新刻全集凡十种至则众体毕备彬彬日新富有矣五言古上下建安十九首乐府等篇逐直闯西京堂奥余手之弗能释也辄重叙其意并寄答五言律二章》,美国普林斯顿大学东亚图书馆藏,明刻本。

⑨ 王世贞:《弇州山人续稿》卷十二《曩余为胡元瑞序绿萝轩稿仅寓燕还越数编耳序既成而胡元瑞以新刻全集凡十种至则众体毕备彬彬日新富有矣五言古上下建安十九首乐府等篇逐直闯西京堂奥余手之弗能释也辄重叙其意并寄答五言律二章》,美国普林斯顿大学东亚图书馆藏,明刻本。

⑩ 王世贞:《弇州山人续稿》卷二百六《答胡元瑞》,美国普林斯顿大学东亚图书馆藏,明刻本。

自己的衣钵传人。这些话并非只是为了回应胡应麟对自己的盛赞而随口敷衍，王世贞确实是真心地将他视作自己的继承者，因为在病危之际，王世贞一直盼望着胡应麟的来访，并郑重地将自己的《续集》交托给了胡应麟，道："吾日望子来而瞑，吾续集甫成编，子为我校而序之，吾即瞑弗憾矣。"①能在逝世前将自己重要的作品放心地交托给他，由此可见王世贞对他是何等的信任以及重视。

由上种种可以得知，王世贞和胡应麟在文学创作的理论和观点上可谓十分投契，互相欣赏。胡应麟对王世贞敬重有加、自诩"琅琊衣钵"，王世贞对胡应麟也是颇为赏识、不吝提携。文学观点上的相近，是两人能成为忘年交的最主要原因。

## 二、王世贞对胡应麟文学观念的影响

正因为对王世贞诗论的尊崇，胡应麟本身的诗学理论在很大程度上受到了王世贞的影响，这影响最主要是体现在复古倾向以及格调说这两方面。作为"后七子"之一的王世贞，在文学创作上是倾向复古、崇古的，复古理论在他的诗论中贯彻始终，而他的复古理论的核心就是"文必先秦两汉，诗必盛唐"。受王世贞的影响，胡应麟也是复古理论的坚定拥护者，而且王世贞把他列入"末五子"之一，也可说是正式地将他划入了复古派里。胡应麟所创作的《诗薮》一般被认为是羽翼《艺苑卮言》之作，自言"且以三余隙日，缀葺芜词，羽翼《卮言》，俟诸身后"②，在书中总结了前后七子的文学复古思潮。胡应麟吸收了王世贞的复古理论，融会贯通，之后又提出了新的认识，在"尚格"的同时也"论变"；巧妙地在复古的基础上找到崭新的理论，在指出"格以代降"③的同时也认为"体以代变"④。这一点与王世贞的观点亦很接近，因为王世贞同样是"尚法而求变"，认为"诗有常体，工自体中；文无定规，巧运规外"⑤。

---

① 胡应麟：《少室山房集》卷四十八《挽王元美先生二百四十韵》，上海图书馆藏，清文渊阁四库全书补配清文津阁四库全书本。

② 胡应麟：《少室山房集》卷一百十一《报长公》，上海图书馆藏，清文渊阁四库全书补配清文津阁四库全书本。

③ 胡应麟：《诗薮》内编一《古体上杂言》，美国国会图书馆藏，明刻本。

④ 胡应麟：《诗薮》内编一《古体上杂言》，美国国会图书馆藏，明刻本。

⑤ 王世贞：《弇州山人四部稿》卷一百四十四《艺苑卮言一》，美国哈佛大学燕京图书馆藏，明刻本。

此外,"格调说"也是王世贞文学观点中一个重要的概念。他在《艺苑卮言》中表达了自己对"格调"的理解,即:"才生思,思生调,调生格。思即才之用,调即思之境,格即调之界。"①另外,他在为沈嘉则所作的序中也提出:"夫格者,才之御也;调者,气之规也。……夫是以格不能御才,而气恒溢于调之外。……今子能抑才以就格,完气以成调,几于纯矣。"②这些关于"格调说"的理论影响了胡应麟,他在《诗薮》中提到:"作诗大要不过二端,体格声调、兴象风神而已。体格声调有则可循,兴象风神无方可执。故作者但求体正格高,声雄调曾;积习之久,矜持尽化,形迹俱融,兴象风神,自尔超迈。譬则镜花水月,体格声调,水与镜也;兴象风神,月与花也。必水澄镜朗,然后花月究然。岂容昏鉴浊流,求睹二者? 故法所当先,而悟不容强也。"③这段话里的"体格声调"说便是源自于复古派的"格调"说。虽然在这一点上王胡二人的观点并非完全相同,但胡应麟确实是继承了王世贞的"格调说",本于王世贞的"师匠宜高"④以及"法家严而寡恩"⑤之说,尚格并且尚法。

一言以蔽之,王世贞对胡应麟在文学观点方面的影响是很深的。胡应麟成为坚定的复古派拥护者,不可说不是因为王世贞的影响。同时他也吸收了王世贞的格调说,但却从中求变,和王世贞一样都意识到复古仅仅是从格调入手的话是不行的。

## 三、总结

总体而言,王世贞和胡应麟之前的交流有很大一部分是由文学方面的讨论和互动组成的,纵观他们的书信往来,能发现他们互通了大量的文学作品。他们在文学观点上十分相近、契合,也因此才能成为言无不尽的忘年交。胡应麟对王

---

① 王世贞:《艺苑卮言》卷一《增补艺苑卮言卷之一》,上海图书馆藏,明万历十七年武林樵云书舍刻本。

② 王世贞:《弇州山人续稿》卷四十《沈嘉则诗选序》,美国普林斯顿大学东亚图书馆藏,明刻本。

③ 胡应麟:《诗薮》内编五《近体中七言》,美国国会图书馆藏,明刻本。

④ 王世贞:《弇州山人四部稿》卷一百四十四《艺苑卮言一》,美国普林斯顿大学东亚图书馆藏,明刻本。

⑤ 王世贞:《弇州山人四部稿》卷六十五《徐汝思诗集序》,美国普林斯顿大学东亚图书馆藏,明刻本。

世贞可谓推崇备至，著述中可见诸多盛赞之词，同时也把王世贞当作自己的目标，自称“琅琊衣钵”。王世贞同样对胡应麟十分欣赏，无论是在写给胡应麟或是其他人的书信中都有不少对胡应麟的赞誉之语，甚至对他寄予厚望，认为他可以成为下一任文坛盟主，还在病重时将自己重要的作品交托给胡应麟。而在文学观念上，胡应麟受了王世贞很大的影响，不论是对复古理论的崇尚，抑或是“格调说”，乃至在格调说的基础上求变，都是很大程度上来自于王世贞的影响。探讨这二人在文学上的交流，可以更进一步地了解他们之间深厚的情谊以及交往情况。

# 王鉴系王世贞曾孙之明证

高　琪
（太仓娄东文化研究中心，江苏太仓，215400）

王鉴是明代大文豪太仓人王世贞的后代。王世贞、王世懋兄弟二人都喜好收藏，王家的书画收藏在明代驰名东南。王世贞收藏书画的地方名叫“尔雅楼”，其中藏有钟繇《荐季直表》、王献之《送梨帖》、颜真卿《送裴将军诗》、赵孟頫《草书千字文》、周昉《美人调鹦图》、李公麟《十六应真图》、赵佶《雪江归棹图》以及郭熙、张择端、马远、文徵明、唐寅等人的书画名迹。王鉴在这样的家庭环境中长大，从小耳濡目染，受到优秀书画传统的熏陶。

王鉴作为清初画坛“四王”、“六家”之一，以山水画著称于世。书法非王鉴的专长，然亦有可观处，其线条较细，笔力瘦劲。用笔中侧兼施，折笔外露，精神外现。字形以纵长取势，结字稍见松散，大小由之，追求字形之间的错落变化。唯整体笔力细瘦有余，劲健与浑厚略显不足。

众所周知，王世贞（1526—1590，字元美，号凤洲、弇州山人，江南太仓人）是明代中后期的文坛盟主，王世贞之后王鉴（1598—1677，一作 1609－1677，字玄照，号湘碧、染香庵主，改字元照、圆照、员照，因其曾任廉州知府，人们也称他为“王廉州”）是明末清初娄东画派“四王”之一。然而，此两人是何关系，即王鉴究竟是王世贞的孙子还是曾孙，多年来众说纷纭，难以确定。

据郁岳歧先生《关于王鉴身世的辨证》①一文介绍，主张“孙子说”的著作有俞剑华《中国绘画史》、上海辞书出版社《辞海》、上海人民美术出版社《中国美术全集》、陈传席《中国山水画史》、周积寅等《江苏历代画家》、郑威《王鉴年谱》、吴聿明《娄东画派研究》等。

---

① 郁岳歧：《关于王鉴身世的辨证》，《王时敏与娄东画派》，浙江人民美术出版社 1994 年版，第 119 页。

郁岳歧先生则主张"曾孙说"，他的依据有乾隆年间的《镇洋县志》卷十二《人物类》的记载、清保蕴楼钞本《梅村诗集》卷七《送王元照还山》诗的原注以及王鉴为王瑞国所作的《溪山深秀图轴》上的款字。另外，故宫博物院原副院长、研究馆员肖燕翼先生在《文物》(1997 年第 9 期)上发表的文章《王鉴是王世贞曾孙考》又给出了两个支持"曾孙说"的证据：一是陆时化《吴越所见书画录》卷六中著录的《国朝王廉州临北苑潇湘图轴》中王世贞弟世懋的曾孙王曜升的跋，二是王鉴《梦境图轴》上的长题。①

我认为，《镇洋县志》、《梅村诗集》的编者、作者去当时未晚，又是同乡本地，于掌故应知之甚详，其可信性很高，不能轻易推翻。而王鉴作品上的题跋又是识别其辈份的极为重要的史料，值得重视。但是，要想完全弄清王鉴与王世贞的关系，无论是证明"孙子说"，还是证明"曾孙说"，其关键都是要明确王鉴的父亲是谁，以及此人究竟是王世贞的儿子，还是孙子。

感谢古人为我们留下了宝贵线索。笔者发现，明末清初人王家祯的笔记《研堂见闻杂录》②中便明言王鉴之父、士骐子、世贞孙为"庆常"。现照录此段文字如下：

娄东鼎盛，无如琅琊、太原：琅琊自王倬起家少司马，子忬亦少司马，被法。忬子世贞、世懋，一为南司寇，一为南奉常。世贞子士骐，为铨曹主事，四代甲科。士骐子庆常，则习为侈汰，恣声色，先世业荡尽无余。子最繁，号圆照名鉴者，袭荫为廉州太守，精绘事，粗持名检。余皆落拓无生产，有入沙门者，其季两人，为优，以歌舞自活，余亲见其登场，大为时赏，而司寇之德泽尽矣。世懋子士騄，以孝廉为宪幕。子瑞国，亦孝廉能守家声。其子景，字明先，即以狎邪为不法，几破家，狱经年不解，受榜笞无数，摈之远郊，不列士类。其余别后(疑有脱误)如昊，字惟夏，为诸生有声，亦以钱粮事受祸，而奉常之德泽亦衰矣。太原自王文肃起家少保，鼎爵为学宪。文肃子衡，以廷试第二人为编修，早殁。子时敏为奉常，子最众，次子掞，举进士，然诸子家渐落，恐亦为强弩之末也。

① 肖燕翼：《王鉴是王世贞曾孙考》，《文物》1997 年第 9 期。

② (清)王家祯：《研堂见闻杂录》，《烈皇小识》，上海书店 1982 年据神州国光社 1951 年版影印，第 299 页。

《研堂见闻杂录》的作者据该书后跋者民国时太仓人冯超称，当为太仓沙溪人王家祯。家祯，字予来，明末清初人，曾入复社，近人蒋逸雪编《张溥年谱》一书所附《复社姓氏考订》中有其名①。王家祯生处当时当地，而且他所提到的许多人名均与已知相符，所以他说这个叫做“王庆常”的人是王世贞之孙、士骐之子、王鉴之父应是准确的。

无独有偶，清代太仓人顾师轼纂、顾思义订的《梅村先生年谱》②中也透露出些蛛丝马迹（蔡星仪先生注意到《吴梅村年谱》提及王鉴父亲的名字，并在一次研讨会上就此问题提出讨论，引起了学者们的极大关注，见《王时敏与娄东画派》一书之吴聿明先生《“‘四王’绘画艺术国际研讨会”记闻》③。但至今未见相关专题辨证），该谱“康熙八年己酉”条下引《娄东耆旧传》云：

梅村公得琅琊贲园，称苇庄，改构廓然堂，甫竟而卒。门人楚人卢綋来为苏松巡道，升堂，公母朱太淑人不时出，卢问之，公对以后楼未建，故去内舍甚遥，卢即建楼其后，翼然与堂称，斯亦非近今人所能也。

此段文字之下有顾思义的考订注解，云：

王书城（瑞国）为（士骐）传云：性喜多费，兴作无虚日。然考是园不为侈，廓然堂则其长子庆长瑞庭俗呼大痴者为之。庆长性似父而汰尤甚，创廓然，既构矣，不当意立命拽毁之，再构又然，至三始成。有杨某者，度其不能继也，乃窃量堂之规模，构一楼于己宅，觊王急则购以移焉。阅二十余年，王果败，而杨亦破家，是堂及园遂为吴有，然楼犹属杨也。又几年，梅村门生某（或云粮储道卢綋），为买之置堂后，果称无爽，造物之幻如是。今堂与楼皆为瓦砾场矣。

---

① 蒋逸雪：《复社姓氏考订》，《张溥年谱》，齐鲁书社 1982 年版，第 65 页。

② （清）顾师轼纂、顾思义订：《梅村先生年谱》，李学颖集评标校《吴梅村全集》，上海古籍出版社 1990 年版，附录二，第 1474 页。

③ 吴聿明：《“‘四王’绘画艺术国际研讨会”记闻》，《王时敏与娄东画派》，浙江人民美术出版社 1994 年版，第 133 页。

这段考订文字明确提到了王士骐的长子为“庆长瑞庭”，其性格奢侈无度，俗呼“大痴”，当即前文《研堂见闻杂录》中提到的“习为侈汰，恣声色，先世业荡尽无余”的世贞之孙、士骐之子、王鉴之父“庆常”。我国古人一般有名、有字。如王鉴的堂叔父名瑞国，字子彦。名和字之间又往往有意义上的联系，比如“彦”，意为美士，才德杰出的人。《诗经·郑风·羔裘》：“彼其之子，邦之彦兮。”《三国志·魏书·徐胡二王传评》：“可谓国之良臣，时之彦士矣。”即彦士乃国家之瑞，可谓名、字相应。王鉴之父与瑞国同辈，则应名为“瑞庭”，“庆常(长)”乃其字。“庆”，有幸福的意思。《易·坤》：“积善之家，必有余庆。”即“庆常(长)”则家庭瑞祥也，也可谓名、字相合。至于“常”、“长”二字互异，如何解释？此两字义相近，都有永久之意，可互用，或者是原为“庆常”，后因避明光宗朱常洛之讳而将“常”字改为“长”。而前引王家祯《研堂见闻杂录》中提及的王揆举进士在清顺治十二年(1655)，王昊(字惟夏)因嘉定钱粮案牵染北行在顺治十七年(1660)，并且以“圆照”(由“玄照”改)作为王鉴的号(应为字)显然是避清圣祖玄烨的讳，故可以推定这一段当写于清康熙元年(1662)以后。此时已不必再避明朝的讳了，所以又可以把“庆长”的“长”写回原来的“常”字了。

至此，我们可以明确如下事实：第一，王世贞之孙、王鉴之父名瑞庭，字庆常。第二，太仓琅琊王氏四代传承是世贞、士骐、瑞庭(庆常)、鉴。第三，王鉴确系王世贞之曾孙。

此外，我们还可以用其他一些史料来辅助证明王鉴系王世贞之曾孙：

1. 清吴伟业编选的《太仓十子诗选》(顺治间刻本)①中之王曜升《东皋集》内有《题伯兄玄炤画》、《病后喜玄炤伯兄过饮得花字》二诗。清王昊《硕园诗稿三十五卷词稿一卷》(清五石斋钞本)中亦有《同玄炤兄、次谷弟过杨金吾宅看菊小饮》(卷八)、《饮玄炤从兄斋》(卷十四)、《集玄照兄斋中》(卷十七)、《廉州兄以佳酒茉莉见惠》(卷三十)、《集家廉州兄染香庵看牡丹续上巳也得兰字》(卷三十一)五诗。“炤”，即照字。玄炤、玄照、廉州，即王鉴。王昊、王曜升(字次谷)均为王世贞弟王世懋的曾孙，他们以“伯兄”、“从兄”、“兄”称呼王鉴，那么王鉴应与其同辈，即当为王世贞的曾孙辈后人。

---

① (清)吴伟业编：《太仓十子诗选》，《四库全书存目丛书》，集部第384册，齐鲁书社1997年版。

2. 民国俞剑华的《中国绘画史》云："王鉴，字圆照，自号湘碧，又号染香庵主，太仓人，王世贞孙，以荫仕至廉州太守，与时敏为子侄行，年亦相若。"①这段话常被作为主张"孙子说"的根据。其实反可从其中"与时敏为子侄行"一句推出王鉴的辈份来。太仓琅琊王氏与太仓太原王氏同姓同邑，但不同宗，不过这两个王氏家族的成员都认为他们的远祖琅琊郡的前辈与太原郡的前辈还是同宗的，所以他们之间论辈相称。太仓太原王氏四代传承是锡爵、衡、时敏、撰，与太仓琅琊王氏四代传承一一对应。锡爵少世贞 8 岁，以兄称之。如其《王文肃公牍草》卷六《王凤洲侍郎》慰世贞失弟云："兄年已逾六，观人命危脆如此，当且排遣自爱。二十四诗既成之后，切莫再读……弟方欲遣一奠而不能词，儿衡又会进场忙，且先一洒雍门之泪耳。"②王衡以伯父称世贞。如其《缑山先生集》卷二十《祭弇州王公文》有云："自衡少时粗能句读伯父文，则已心慕之，然亦窃惧其风厉而不可近也。既得见伯父，又漫羡而无所归心也。"③王时敏是太原王氏第三代，而王鉴以叔父称时敏，则王鉴应为琅琊王氏第四代，即王世贞的曾孙辈后人。

3. 据郁岳歧先生《王鉴画迹随录》载王鉴《仿黄公望浮烟云岫图轴》款为："乙巳仲秋，仿子久《浮烟远轴》，似逊翁老父台正。王鉴。"④逊之，是王时敏的号。王鉴以"老父"称之，当小其一辈也。

4.《直隶太仓州志》卷三十五《人物类》云："王鉴字圆照，世贞曾孙，由恩荫历部曹，明季出知廉州府。"如前所述，地方文献较可信。

以上为笔者利用多种历史文献，推断出的王鉴与王世贞之间的曾孙、曾祖关系。

2012 年 1 月，笔者又专程前往南京图书馆，在该馆古籍部中首次发现了太仓王世贞家族的家谱《太仓王氏家谱》钞本，笔者将该部家谱全部抄录。此书用红格稿笺誊抄，稿纸上有红字注云："太仓州、镇洋县志稿，光绪乙亥重辑本"，估

---

① （民国）俞剑华：《中国绘画史》，上海书店 1984 年据商务印书馆 1937 年版影印，下册第 177 页。

② （明）王锡爵：《王凤洲侍郎》，《王文肃公牍草》卷六，页二十八，《四库全书存目丛书》集第 135 册，第 618 页。

③ （明）王衡：《祭弇州王公文》，《缑山先生集》卷二十《祭弇州王公文》，页五至六，《四库全书存目丛书》集第 179 册，第 165 页。

④ 郁岳歧：《王鉴画迹随录》，《王时敏与娄东画派》，浙江人民美术出版社 1994 年版，第 56 页。

计该《太仓王氏家谱》为光绪元年(乙亥,公元 1875 年)太仓地方人士重修太仓州、镇洋县志,为预备相关参考书籍资料,而从王世贞家族中借钞而成的。据该家谱云:"(王)瑞庭,字庆长,号畸庵,庠生。以子(王)鉴贵,赠詹事府录事、刑部郎中。配潘氏,生三子。妾十五人,子二十余人。"该谱世系列王鉴为王瑞庭次子,出嗣王士骕子王瑞家。南京图书馆又藏有清末宣统《太仓州志》主纂王祖畲的抄录并跋的程穆衡《娄东耆旧传》,该书中王祖畲针对程氏所谓"士骏子鉴"的错误表述所作的眉批云:"鉴,乃士骐子瑞庭之次子,出嗣士骕子瑞家,于士骏为从孙,琅琊谱可据"。上述两段史料,又进一步确证了以上关于王鉴身份和承袭的分析探讨。

至此,我们已可确信王鉴为王世贞曾孙。古人云:太上有立德,其次有立功,其次有立言。人生在世,当有所立。王瑞庭(庆常)生于世宦之族,诗礼之家,却无才无德,竟致史多不载①,不亦可叹!而庆常之"多不载",又引出了一代著名画家王鉴身世的疑案,岂不更令人扼腕叹息矣!

王鉴像　清叶衍兰绘

① 太仓历代地方志中并无有关王瑞庭的传记记载,唯选举志"武举人"一项中留有其姓名,如(嘉庆)《直隶太仓州志》卷十五"选举"中"武举人"云:"王瑞庭,(万历)三十四年丙午(公元 1606 年)"。

位于苏州孔庙的王时敏、王鉴《米芾〈千字文〉》跋，王大经摄影

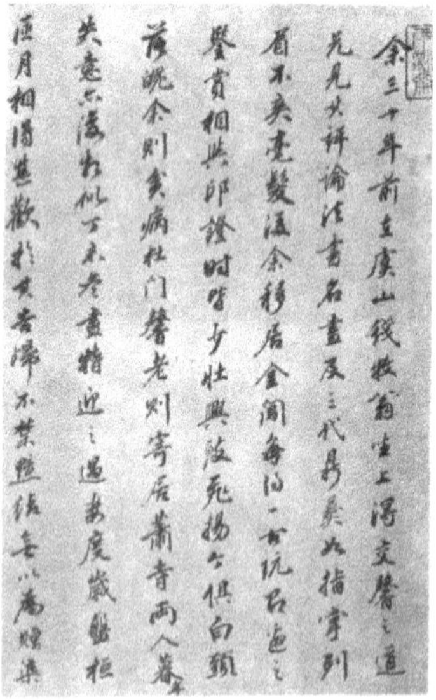

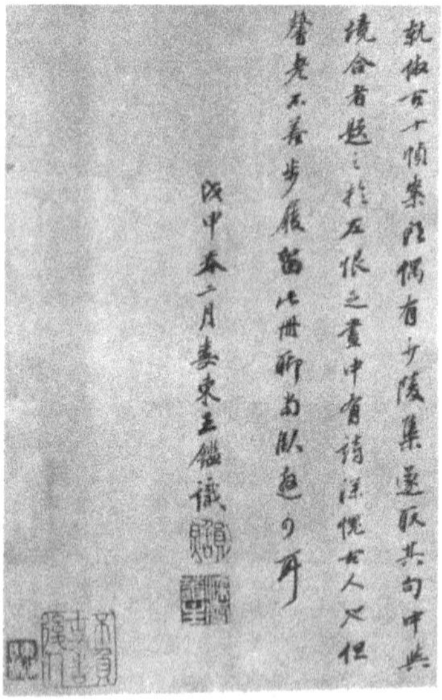

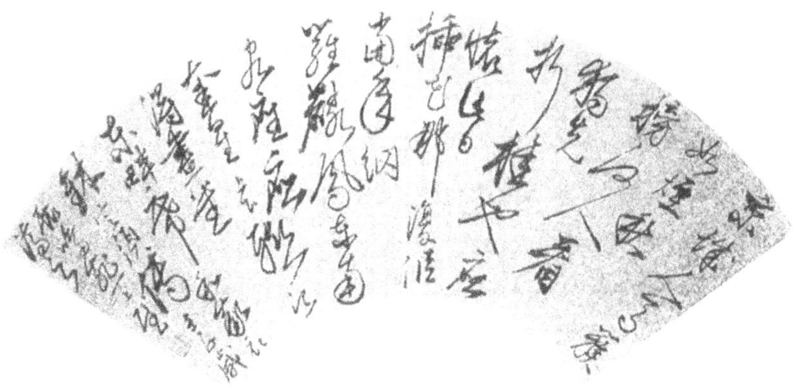

王鉴书法

王鉴画作

# 读王世贞的几首诗

江巨荣

（复旦大学中文系，上海，200433）

**[内容摘要]**很长一段时间来，学界以王世贞为后七子领袖人物，论文力主西汉，论诗必宗盛唐，文学创作多有模拟剽窃之嫌，所以对王世贞的诗评价不高，甚至横加批判和排斥。本文从阅读王世贞诗入手，从实际出发，以不同时期的若干首诗为代表，分析其思想内容和语言风格，显示出他的诗作，许多来源于社会生活，切身感受，同样多反映社会现实和作者的思想感情。语音风格或沉郁，或古雅，或清新，或素淡，大都雅俗共赏。并非一味复古。因为弇州诗卷帙浩繁，内涵丰富，表现手法多样，故对它的评价应谨慎客观，不可执于一偏。

**[关 键 词]**王世贞；诗；重读

## 一

上世纪五六十年代进大学的中文系学生对王世贞大多没有什么印象，或者说没有什么好印象。说“没有印象”，是因为课堂上讲中国古代文学史，几乎不讲王世贞，最多是在讲到明中后期的文学复古运动时略事点名而已。他的诗一篇都没有读过。“没有好印象”，是因为讲到文学批评史时，就知道他是后七子的代表人物，论文力主西汉，论诗必宗盛唐，模拟剽窃，被归有光称为妄庸巨子。结果，他的诗同样一篇也没有读过。

这不是笔者在大学遇到的个别情况。只要看看当时流行的几部文学史，就可以知道大学教学的一般情况。如注明“供高等学校文科有关专业使用”的1964年出版的一部《中国文学史》，说：“嘉靖、万历间，外患更甚，社会矛盾进一步复杂尖锐化，明王朝的统治日益腐败不堪。在文学上又出现了以李攀龙、王世贞为代表的‘后七子’，再一次发起复古运动，重复着前七子的错误道路。”具体到王世贞的诗，则说：（他）“对于诗，也是愈古愈好，一代不如一代的看法。他的诗，自《诗经》而下，至汉魏晋南北朝乐府、李杜诗，无不模拟，连篇累牍，令人生厌。”（人民文学出版社，页981）这是一。作为高校文科教材的社科院文学所编撰的《中国文学史》（三）也说：“前后七子的成就不高，集中大部分作品都比较一般化。形式上的古色古香并不能掩盖内容上的苍白空虚。”（页881）这是二。从这两部重要教材中，可以看到学术界对王世贞的一般评价。为此，不读、不重视王世贞，也就不足为怪了。

## 二

我以前没有读过正、续集《四部稿》，也不曾翻阅过王世贞诗，对王诗可以说几乎是“王诗”盲。去年以来，有缘参与上海交通大学许建平教授主持的《王世贞全集》整理的部分工作，与小组数位教授，同读王诗。为任务所使，读了《四部稿》诗数十卷。虽然只是读过，并没有作什么研究，而且《四部》正续稿，仅各体诗就达八十卷，我只是浏览了数十卷，离了解王诗各体面貌还差得很远。虽然如此，我觉得他的不少诗，其实写得有真情实感，文字或高古典雅，或清新素淡。这些情感和文字都从生活中来，从心底流出，并非一味复古，模拟。更不是“连篇累牍，令人生厌”的东西。现在把我看到的若干首迻录如下，谈一点肤浅的体会，向王诗研究者和明诗研究者请教。

首先引起我兴趣的是王世贞的一些现实诗，政治诗。王世贞生活在嘉靖、隆庆、至万历间。这是封建专制恶性膨胀和新的社会形态萌芽时期。这三代王朝，隆庆无能而短命，嘉靖迷恋道术而又专横跋扈，万历优柔寡断、辍朝懒政。在这种情形下，权臣与宦官长期把持朝政，蒙古、倭寇入侵，战争不断，国内外矛盾十分深重。政治黑暗与腐败，使许多有识之士或沉郁下僚，或备受迫害，在诗中不时传出他们愤激之声。王世贞的诗里，我们也能看到这样的感慨和呼声。

如《初抵京承子舆携汪魏二君夜过分韵》：“北去鼙鼓填瀚海，南来旌甲满沧江。”（《四部稿》卷33，页17）诗句反映了嘉靖年间，北方蒙古，南方倭寇入侵的严重，为应对南北外敌入侵，战事如何频繁。

《闻岛寇警有感》是专门针对倭寇入侵写的诗。诗中云：“烽火年年是，乾坤处处残。仓皇趋白羽，澒洞及黄冠。”（同上，卷32；页1）诗人所见，烽火连连，乾坤残破。草民被征，仓惶间手持羽箭，队伍连绵不绝的，却都是些野夫草民。（按：《礼记·郊特牲》：“野夫黄冠。黄冠，草服也。”）这样应战，结果可知。

又如《寒食山陵道中》:"兵戈百战息,烟火数家无。哭泣惊新鬼,扶携问老夫。石壕初避吏,榆岭复防胡。"(同上卷30,页11)兵戈不断,国土残破,人烟稀少,人民受难。人们到处哭泣新鬼,官吏仍在捉人把百姓驱之战场。几句诗,显现了国家危机,人民遭受的苦难,及朝廷官吏应对战事的景象。与此相对,作者看到一些当政者、上层官吏,仍然享受奢靡,我行我素。其诗有句说:"边塞还鼙鼓,侯家自管弦。"(卷30,页15)这就吐露了作者对"侯家"贵胄置国事于不顾,仍然过着奢靡生活的愤怒了。

嘉靖间,权臣宦官当政,设立锦衣卫,缇骑四布,假借圣旨,搜捕、迫害正直人士,其罪行恶迹不可胜书。王世贞诗对这种黑暗现象也有触及。诗句如:"缇兵时络绎,中旨夜趋奔。麋鹿何罹网,羝羊更触藩。"(同上卷30,页13)就是说,他见到锦衣卫的特务四处横行,络绎不绝。他们手持圣旨日日夜夜奔驰道路,善良正直人士如同麋鹿,不知何时就投进他们预设的罗网,或者如同羔羊也会触上了预先布好的藩篱,尽管这些人本来无罪,也无法逃脱被陷害的命运。诗以简练的句子描写了嘉靖时的现实。作者在《凌汝成工部自南来见过小酌喜赠》中,对朋友表露过:"世事不堪频向说"(同上卷33,页16)其中包含了多少不堪言说的隐情,我们已经无法推测了。

这样的诗,出自诗人现实生活的感受,并以自己的语言加以形象的表达,是不能评之为"复古"或"摹拟"的。

## 三

阅读中我关注到他的《忆昔三首》。前文例举的诗从一题一事出发,而这三首七律组诗,把明代两位先帝与汉武帝联系起来,从整体上显示出王世贞对朝政的述评,同样反映出诗人写诗,本是有感而发,不离现实,而文字有凝炼含蓄之妙。诗如下:

《忆昔三首》

忆昔文皇三出边,六龙飞雨净胡烟。天门直向阴山辟,北斗翻从南极悬。铁马春饥填瀚海,金人秋祭失祁连。只今何处无廉李,野哭荒村几岁年。

其二

盛世君臣不易逢，泰陵松柏感遗踪。朝清转自饶封事，岁稔兼闻罢上供。白简五侯时踽踽，青编三老日从容。苑西今旦千门地，辇路恩稀草色浓。

其三

更忆南巡汉武皇，楼船车马郁相望。轻裘鄠杜张公子，挟瑟邯郸吕氏倡。秋净旌旗营细柳，夜深烽火猎长杨。孤臣尚有遗弓泪，不见当时折槛郎。（《四部稿》卷33）

这是一组追思明成祖、明孝宗、汉武帝的功业，而对现实朝廷表达不满的政治诗。

第一首“文皇”指明成祖朱棣。成祖死后，尊谥为“圣武神功纯仁至孝文皇帝”，即诗中的文皇。诗说，成祖三次亲征，带着大批军队扫除以阿苏台、瓦剌为首的入侵，北上阴山，南至极边。如汉强盛时铁马驰骋瀚海，取祁连掠取匈奴祭天的金人（《史记·骠骑将军列传》、《汉书·金日磾传》），开疆拓地，抵御外敌，成明帝国最强盛的时期。到嘉靖、万历年间，国势衰落，帝国四面受敌，现在的朝内朝外，何处没有廉颇、李广这样的人才，但都不受重用，而被弃于荒村草野之中，长年以来，让他们枉然为国事痛哭。这首诗借忆明成祖，赞叹成组“六师屡出，漠北澄清。至其季年，威德遐被，四方宾服，受朝命而入贡者殆三十国。幅员之广，远迈汉唐。成功骏烈，卓乎盛矣”。（《明史·成祖纪赞》王世贞无疑是借成祖的成功，表达了对国家衰败的不满。

第二首系忆明孝宗朱祐樘。孝宗死后葬泰陵，诗中“泰陵松柏”即指孝宗陵地，也就是孝宗。孝宗即位后，除腐败，去佞幸，求直言，重用儒臣，赈灾荒，减粮税，史称“弘治中兴”。《明史》称：“明有天下，传世十六。太祖、成组而外，可称者仁宗、宣宗、孝宗而已。仁、宣之际，国势初张，纲纪修立。淳朴未漓。至成化以来，号为太平无事。而宴安则易耽怠玩，富盛则渐启骄奢。孝宗独能恭俭有制，勤政爱民，兢兢于保泰持盈之道，用使朝序清宁，民物康阜，……其维孝宗乎。”（《明史·孝宗赞》）此时虽民物康阜，但朝廷节俭，减除上供之需。五侯弹劾之章极为小心谨慎，德高望重的的三老记事也从从容容。诗说，这样的盛世很难见到，只有到泰陵才能感受到盛世的遗踪。西苑当年千门万户都是官员的住所，现在已是御辇少至、皇恩稀疏，路上荒草丛生了。诗意想是借追忆弘治盛世，反观现今的乱象;追慕孝宗重用儒者,而感叹当今皇上的寡恩吧。

第三首,字面的意思是追溯汉武帝元封五年南巡盛唐(地在江淮间)时事。诗指武帝这次出行,楼船车马浩浩荡荡。其中有五陵年少,肥马轻裘,赵女郑伎挟瑟鼓琴。秋高气爽,来到周亚夫的细柳营,军容整肃,夜猎长杨宫,威武雄壮。武帝死后,孤臣怀念当时朝廷,再也没有朱云那种敢于直谏、以至连把宫殿的门槛都折断的大臣了。诗中张公子或非实指,唐罗隐、温庭筠诗,都有"张公子"之称,都非真有其人。故鄠社杜陵当指富豪、外戚一流人物聚集之地。

这首诗如果就是这样的意思,就与前二首不很协调。前面二首,说的是明朝二帝,第三首,突然说汉武帝,年代倒置,思路过分跳跃,不太合乎情理。我怀疑,这首诗其实是借汉武来说嘉靖。前人诗,用汉武来说本朝皇帝的可以举出白居易的《长恨歌》:"汉皇重色思倾国",这个汉皇即武帝,而所指系唐明皇。如果这样推测不算大误,则第一首说成祖,第二首说孝宗,第三首说世宗,就顺理成章了。

明代正德皇帝去世后,无子即位,又无过继之弟,无奈中选了远在安陆(今属湖北)的兴王之子,即正德的堂弟朱厚熜继承皇位。由于这次皇位继承人既不是正德的儿子,又不是亲弟,就发生了是否合法继承的"统""嗣"问题。为了保持皇帝世系的法定性,以杨廷和为首的大学士和新皇帝之间就发生了激烈的争论。按照明代"兄终弟及"的规定,杨廷和等要求新皇帝以已故皇帝之弟的身份即位,这就要把弘治帝及张皇后作为父母,把亲生父母(原来的兴王和王妃)当作叔叔婶婶来对待。并要求朝廷各种礼仪都需按此行事。嘉靖帝从开始就不接受这样的安排,他的父亲已死,母亲也不接受。嘉靖即位以后,不顾朝中大臣和伯母张皇后的反对,就给自己亲生父母上了皇帝、皇后的称号。三年后朝臣200余人发出群体抗议,在朝门外以死谏诤,要嘉靖帝改弦更张。皇帝一意孤行,竟然派锦衣卫将他们逮捕入狱,直闹到180人在朝堂上受到廷杖,16人被廷杖至死。其它的人或遭斥责,或遭罢黜,成为惊动朝野的"大礼仪"之争。大臣无法抗拒皇权,最后,嘉靖终于以皇权为强制手段,把生父母尊为"皇考恭穆献皇帝"和"章圣皇太后",并把他们的神主入祔太庙,列入正统合法的帝系之中。

嘉靖虽然依靠皇权把不同声音压制下去,但政治上的祸患却因此加深。嘉靖年轻当政,气势正盛,经过大礼仪的较量,以为自己无所不能,于是更加刚愎自用,专断独行,重用宦官,监视臣僚。对朝臣一不如意,往往就下狱、廷杖,横加打击。而臣下为了做官,或为了避祸,只能对上唯唯诺诺,对政事噤若寒蝉。不少人则全凭阿谀、谄媚,做到大官。如徐阶、严嵩、高拱、李春芳等人,为投嘉靖崇信道教邪术,求长生、求灵丹妙药之所好,靠撰青词起家,纷纷入阁。朝廷长期陷于礼仪之争,而不问内忧外患,国计民生,以至社会风气大坏,再也无人敢于谏诤,更缺少朱云那样冒死谏诤之臣。这是王世贞十分忧虑的。

嘉靖十七年(1538),嘉靖生母去世,皇帝以为是被张太后所害,事又联系到大礼仪之争。为安葬其母,凸显生父生母地位,第二年皇帝决定回安陆选择安葬处所。这便是嘉靖唯一的一次南巡。嘉靖生父兴王死于正德年间,当时葬仪和陵墓自都按亲王规格办理,现在嘉靖坐稳龙庭,朝廷礼仪已把兴王夫妇列为皇帝皇后对待,于是嘉靖帝又借葬母机会,想把父母陵寝扩大修缮成帝王陵,或将父墓一起迁出到前代帝王陵附近,规模也与前代帝王陵墓形势相当。于是以南巡为名,亲自回到安陆决定亲生父母的葬礼规格。这次南巡,是嘉靖登极后第一次(也是最后一次)回他的龙兴之地,所以非常隆重。仅随从侍卫、军卒、执事、仪仗就有二万余人,王侯大臣郭勋、夏言、严嵩等护驾。舆从之盛,浩浩荡荡,极尽奢华。其中不乏五陵年少,以及一些赵女郑伎之流。其队伍也如汉武帝那样军容整肃,或如汉武帝常至长杨宫狩猎一样,“轻万乘之重不以为安而乐,出于万有一危之涂以为娱”(《史记·司马相如传》)。“轻万乘之重”云云两句,是司马相如对武帝巡狩长杨宫的讽谏,王世贞借司马相如的讽谏也表达了对嘉靖南巡的不满。

“孤臣尚有遗弓泪,不见当时折槛郎”。遗弓一般指皇帝去世。故事来源亦出于《史记·孝武帝纪》。《孝武帝纪》说,武帝即位,好黄老术,尤好神仙祭祀。在雍丘郊祭时听说黄帝祭上帝学仙,与神仙相会,黄帝甘泉铸鼎,鼎成,有龙迎黄帝昇天,黄帝骑龙上天,群臣后宫跟去的有七十余人,小臣上不了,就攀龙须龙颈垂肉,结果把龙须扯下来,黄帝的弓也掉下来。这时,百姓只有抱着弓和龙须,哭号着仰望黄帝上天而去。(《史记》卷20,中华书局本,页468)王世贞的诗写武帝当年好道术,好神仙,似也在影射嘉靖后期类似的行为。在这种腐败的朝政氛围中,他想到汉时的直臣朱云。汉元帝时,朱云与五鹿充宗论辩,大杀五鹿威风,人称“五鹿岳岳,朱云折其角”。成帝时,帝师张禹为丞相,位高权重,朱云上书弹劾,斥为佞臣。帝怒,指为小臣居下讪上,廷辱师傅。罪死不赦。御史拖朱云下殿,朱云攀折殿上门槛,因用力过猛,竟折断门槛,并大声呼喊:“臣得下从龙逢比干游于地下足矣,未知圣朝何如耳。”这种呼声,像是预言汉朝将要崩溃一样。嘉靖好神仙，好道术，与武帝一脉相承，由于大礼仪对大臣的压制，嘉靖年间，元气大丧，正气凋敝，朝廷上却没有了朱云折槛这样的人物。这或如朱云临刑所言：臣死不足惜，“未知圣朝何如耳”，这才是非常危险的。王世贞这样的引古谕今，连类比附，无疑是对嘉靖政治的斥责，表现了对社会前途的忧虑。可见王诗，无论追忆先朝，无论比附汉武，都有深厚的现实内容。诗中采用故实，擅引典故，属于文人常态，与复古、摩拟的诗风也不可同日而语。

## 四

王世贞出身名门，刻苦尚学，成诗文名家，学问渊深广博，为世人推崇。但不善逢迎，恃才傲物，数忤严嵩父子，前期受严嵩迫害，晚年又被张居正压制，所以一生颠簸，仕途坎坷，从未在政治上一展抱负。父亲王忬因滦河战事失利，入狱论死，使他在精神和仕途上受到极大的打击，因之，他也对朝廷的冷酷，仕途的诡异，有了深切的认识。故诗中有幽愤感怀之作。父亲被难后，他有《幽忧集》表现危惧、幽愤之情。（郑利华《王世贞年谱》页128。下文所引《年谱》都据此谱）郑《谱》已多引录，今不赘。在《四部稿》卷三十三，又读到他《答沈山人嘉则》诗：

兄弟逢家难，仓皇并挂冠。莫言归计早，犹作畏途看。

这是父亲被难以后，现实给王世贞留下的最严酷的政治阴影。因为父亲蒙冤受死，儿子因而视出仕为畏途，这是很自然、很直感的逻辑，这首诗表露了王世贞后半生进退出处的心理。因为说的是内心的感受，文字由内心流出，不事雕琢，所以明白如话。

再如《刘佥宪罢官》诗：

偶一闻朝事，君今又乞身。世情工影射，吾道合垂纶。
岁月终何事，江湖渐有人。素衣知尚在，不染洛阳尘。（卷27）

这是为刘凤（按：刘凤，字子威，长洲人。仕至河南按察司佥事。见《年谱》147页）罢官写的诗，虽是朋友的遭遇，但王世贞犹如感同身受，他再次看到了世情的险恶，官场争斗，捕风捉影，影射攻讦，无所不为。他在《宿昌平寺中》写道：

“莫问津梁意，人间道路深。”(卷 25;20)说到了同样的感受。在他看来，现实环境正把正直之士一个个挤出政坛之外，他们只能远离朝廷，重穿上布衣素服，湖山垂钓。再也无意到洛阳(指京城)去沾染尘土。诗是对朋友的劝慰，也反映了士大夫固有的林泉兴趣。

自万历二年王世贞受命为都察院右佥都御史，督抚郧阳，他已 49 岁，离乡背井，在偏远之地，做自已不喜欢的官，况味如同嚼蜡。他上疏自陈不职，要求休官，朝廷不允。于是诗中常常表达思乡思归的情绪。万历四年，遭人弹劾去职，此后十来年，一直闲居乡里，时时与文友往还，读书、论文，作诗，题画，玩古董，观赏法书名迹，尽情享受隐逸之乐，充分展现文人情趣。

这种企求远离官场，思亲思乡的愿望在去郧阳之初就有吐露。如万历三年清明，他到郧阳才三个月，即在《清明遇雨》诗中写道：

> 昨岁清明指冀方，今朝寒食滞郧阳。儿曹上冢亦随俗，客子思亲偏断肠。四十九年年已去，一百五日日初长。毋论积雨断新火，纵得馀光非故乡。(《年谱》页 242)

诗述清明时节，王世贞客居郧阳，见那里上坟扫墓，节日风俗，引起思乡心情。当地儿童可以上坟祭扫，自己客居远地，不能一尽孝心，内心有断肠之痛。想想一生，四十九年这么过去，到郧阳三个多月，日日数着日子，日子也日日见长。不要说清明时节淫雨绵绵，熄灭新火，在郧阳，即便得到什么“馀光”(借指光彩、荣誉之类)，也不如身在故乡。这是一首律诗，对句工整。我尤喜五六句，全是白话，诗人好像在那里数日子一样，一种无奈难熬的心情却跃然纸上。这样的诗，不知那里有一点复古、剽窃痕迹?

集中反映王世贞退隐思想和文人情趣的，可以《九友斋十歌》为典型。这首诗作于郧阳，但所写却是诗人的追求和对大半生生活的概括。诗前有序，言其何以命题“九友”又何以成十歌之故。序说：“斋何以名九友也，曰山、曰水，斋以外物也。曰古法书，曰古石刻，曰古法籍，曰古名画，曰二藏经，曰古杯勺，并余诗文而七，则皆斋以内物也。是九物者，其八与余周旋，而一余所撰著，故曰九友也。……秋日山镇无事，每一及之，不胜尊鲈之感，乃成十歌。”就是说，山水古物与本人著作，合为九友，各作一歌；加上自咏自身一首，合为十首。每首诗，都表达了诗人与它们的密切关系，特别是因为与这些山水文物长期相处，作者在诗中展现了高尚的文人情怀，蕴含了丰富的文化感情。可以说，这些诗是王世贞及当年一代文化学者生活方式和生活情趣的生动写照。诗长不能全录，这里以第九、第十两首为例(《年谱》亦录此二首)：

其九：西京以还十九首，东周而上三百篇。檀弓、鲁论诸国策，其言虽贵人茫然。岂无五车载惠子？尺炬并付骊山烟。我生何幸雪未巅，著成百二十万言。毋论爱者似鸡肋，在我亦足成蜗涎。何必要什袭藏名山，何必要咸阳市上千金悬？归去来，一壶美酒抽一编，读罢一枕床头眠。天公未唤债未满，自吟自写终残年。(卷 22)

这首诗咏自己诗文，即咏其第“九”友的。这里王世贞论诗，推崇东周、西京，东周推崇三百篇，汉代推崇十九首，是崇古。论文，这里推崇礼记檀弓、论语及诸家国策，总之也是崇古的。诗说，这些古诗古文所表达的智者之言，知道的人越来越少。王世贞他也不是一味关注儒家经典，他也重视庄子所说的惠施：“惠施多方，其书五车”。惠施在这里只是各家杂著杂说的代表，其实概括了诸多典籍。于此可见，其论有广採博取的意味。但这些古代典籍都被秦始皇焚书坑儒付之一炬，都化作骊山轻烟了。自己有幸不在那个年代，居然活到现在，头发花白，却还没有全白。还居然撰写了一百数十万字的诗文。无论别人爱与不爱，是否喜欢，成了人们食之无味、弃之可惜的鸡肋，它们至少是我自己像蜗牛吐出来的涎液一样，是自己的东西。这样的东西，自然不必藏之名山，成千秋之业；也不用像吕不韦著成《吕氏春秋》那样到咸阳市上招摇，声言能改一字者，赏千金。既然这些鸡肋不为世用，也不为世人所理解，我还是像陶渊明那样归去吧。回到故乡，日日喝着美酒，每日读上一篇，高兴就读，累了就眠，一无牵挂。只要老天没有唤我仙去，就说明我的文债还没有还清。既然如此，那就自吟自写，了此残年吧。你看，他对自己诗文著作的态度是如何的洒脱，他追求的吟诗作文，自娱自乐的生活，是如何的超尘脱俗。“天公未唤债未满，自吟自写终残年”。写出这样的诗句，其中必也饱含着诗人对现实失望的悲情，这也是我们能够体会到的。

《九友斋歌》第十首云：

汝今行年已半百，红颜欲皱鬓强白。人间治否岂系汝，胡不归来长跼蹐？祇园山水天与开，酉馆图书世希识。苍松翠竹月何限？酒美茶香春斗碧。行间字字挟风雷，句里声声戛金石。莫言七尺世长物，借汝暂作千秋宅。岂惟千秋借七尺，九友凭谁吐颜色？只今为汝进一言：微吟浅斟缩脚眠，归兮且夺天公权。（同上）

这首诗是咏自己。诗从年过半百入手。年过半百的诗人，原来红白的肌肤已经起皱，头发也由黑转白。两句说外表的变化。然后立即转到半辈子的经历，他的最深的感慨就是体验到朝廷已经将他抛弃，人间政治是否清明，社会是否安定，都与自己毫不相干。既然如此，怎么还在官场处处小心谨慎，为五斗米折腰，还不回家归隐呢？故乡有很好的山水，家里新建的藏书楼酉馆，有世人见不到的珍奇书籍。苍松翠竹间月光何限？美酒春茶如何新鲜诱人。那些好文章，字字句句，都如响彻风雷，敲金戛玉。为人虽有七尺之躯，但不能长存。老天不过借此身躯，暂作千秋坟墓的的寄居而已。虽然如此，如果不是有这样的七尺身躯，我的九位朋友，如何能借它写得如此有声有色，熠熠生辉？现在想自劝一句：在这样的环境里，只好浅斟低唱，孤芳自赏，缩脚而眠，低调做人。还是尽早归去，自己决定自己的命运，不要听天安命吧。诗把作者身处偏远、不为世用，身在官场，戒惧小心的心理和盘托出，又表现了作者心存高远，超尘脱俗的追求，无可奈何、希图归隐的愿望。全诗文字不多，内涵丰富，感情复杂。是认识王世贞五十岁身处郧阳时，其生活思想的重要依据。

## 五

这里所举诸例，只是王世贞诗的一个方面。另一面，他有复古的文学主张，影响深远。他有摩拟古人成句的诗篇，受人指责。但如果不带偏见，我们可以看到，即便某些拟作，其中也不乏具有现实内容，文字新鲜，感情真挚的诗篇。所作400余首拟乐府，除了个别文字语句借用古乐府的成句外，也常见清新独造的俊句。而且我们知道，拟乐府从曹魏开始，一直延伸到明清，并且代有佳作，它已成为古代诗歌的一个特定的系列，王世贞作这样的拟作，是不必特别加以责难的。

作为嘉、隆、万间的文坛领袖、代表诗人，他有士族身份，士子情怀。作为儒士，他讲究行藏出处，关心国事。他受现实环境的影响，时而狂放，时而颓废，时而做狂客，时而修佛道。他有史学文学的丰富修养，于诗歌，既好古崇古，又雅俗并存。这种多面性，反映了当时许多士子的生活情感、生活方式。王世贞诗作多达八十卷，卷帙浩繁，诸体皆备，任取一偏，都不免瞎子摸象。现在要评述他的诗作，自然应该采取谨慎的态度。

2015 年 9 月 2 日改讫

# 王世贞与《本草纲目序》

曾庆雨
（云南民族大学文学与传媒学院，云南昆明，650031）

**[内容摘要]**王世贞与李时珍都是一个时代的标志性人物。一个是当时的文坛领袖，一个是中华医药史上的恒星人物。这两个本不属于一类知识属性，且各自在所属领域驰骋的人，却因了一本名为《本草纲目》的书，而有了前后相距十年的两次重要会面，并由此留下了他们短暂交往的佳话，以及王世贞作序的一篇妙文。通过这篇小序可见出王世贞文学审美指向性与诗学观的表露。可见出明中晚期，书商对刊行的文稿选择，更多是市场运作的考量，是以逐利为首要目的的运作特点。李时珍与王世贞的相见动因，不仅因为有师相嘱托之故，也有着希望能够利用王世贞的名人效应，促使《本草纲目》一书得以刊布行市的因素，这足证明中晚期的书刊市场逐利情形的普遍存在。

**[关 键 词]**王世贞；李时珍；《本草纲目序》

后望前贤，生活在明代万历（1573—1620）年间的王世贞（1526—1590）与李时珍（1518—1593）二人，毫无疑问是那个时代的标志性人物。一个是当时的文坛领袖，一个是中华医药史上的恒星人物。这两个本不属于一类知识属性范畴，且各自在所属领域驰骋的人，却因了一本名为《本草纲目》的书稿，而有了前后相距十年的两次重要会面，并由此留下了他们短暂交往的佳话，以及王世贞作序的一篇妙文。有趣的是，这篇不足千字的小小序言，竟让这位史称文坛“后七子”之首的大文豪，耗时十年方才写就。待到《本草纲目》付梓面世，王世贞已然辞世，李时珍已垂垂老矣，待到书市热捧，李时珍溘然离世，令人扼腕叹息。然重读这篇小序，依然趣味盎然。这其中不但能感受王凤洲对李濒洲发自内心的钦佩之意，能欣赏到元美行文的开阔与细微之处，从中还可看到他文学审美指向性与诗学观的表露。也因了这一段佳话，可见出明中晚期，书商对刊行的文稿选择，更多是市场运作的考量，是以逐利为首要目的的运作特点。李时珍与王世贞的相见动因，不仅因为有师相嘱托之故，也有着希望能够利用王世贞的名人效应，促使《本草纲目》一书得以刊布行市的因素，这足证明中晚期的书刊市场逐利情形的普遍存在。

明万历八年（1580 年），年逾五旬的王世贞在太仓府邸接待了一位好友学生的到访，此人便是年过六旬的李时珍。原来李时珍在 23 岁（1540 年）时曾赴武昌乡试，落选后便“从顾日岩”为师，发奋读书有十年之久。“同时也专心钻研医学，并教授生徒，为贫民治病，多不取医资。名重一时。”①这位李时珍的业师顾日岩，曾经讲学于阳明和崇正两书院，是理学名家。顾日岩与王世贞都同为嘉靖年间的进士，故而两人常有往来，互通诗文，实为挚友。在一次交谈中，顾日岩向王世贞提起弟子李时珍编修本草书卷之事，王世贞便对李时珍深为佩服，还想去蕲州访问李时珍，后因病没能成行。其后再聚，王世贞、顾日岩及他们的好友吴明卿畅聊，顾日岩谈及等李时珍《本草纲目》编成后，想请王世贞为之写序，王世贞是欣然同意的。但顾日岩还未来及将这一消息告诉弟子李时珍，便因病去世了。明万历六年（1578 年）《本草纲目》完稿，李时珍却找不到愿意承印的书商。吴明卿在得知这一情况后，便告知李时珍，他的恩师顾日岩已在生前嘱托过王世贞，请王世贞代为《本草纲目》写序言一节。这便促成了李时珍对王世贞的首次拜访。根据《李时珍先生年谱》载，王世贞在弇山园接待李时珍后，即同意为《本草纲目》写序，不仅热情款待李时珍，还联系了金陵书商胡承龙为该书承印刻板。带着一腔的感谢和欢愉之情，李时珍告别了王世贞，一心等待着五十三卷的《本草纲目》能刊行于世。可没想到，这一等待竟然十年。

关于王世贞为何十年写一序？有研究者认为：“王世贞最担心的是他写序会触犯朝廷。他知道，宫廷秘阁还有另一部有关‘本草’的书，迄今封存禁中。这部《本草品汇精要》，由太医院集中 46 个太医，在弘治十六年集体编撰，明孝宗亲自做序，却不知修成才两个月，孝宗突然死亡，有人怀疑谋逆，主修医官中有十多人牵涉案中，自然连书也成为禁忌，从弘治到万历，七十年了，谁都不敢提起。李时珍虽到太医院呆过一年，时间短暂，他尚不知道前朝旧事，王世贞却不同，他立志史乘，早就留心搜罗本朝故实，自然对此所知甚详。这个政治忌讳，他是不敢轻易触动的。这事好像他不便对李时珍明说，口头应下为《本草纲目》写序，却只能

① 王吉民：《李时珍先生年谱》，北京，《中国药学杂志》（原《药学通报》），1955 年 08 期。

一拖再拖，即使时珍着急，他也惟有虚与委蛇了。十年中，王世贞多次起复任用，直到被任命南京刑部尚书，最后病退还家，这时候才开始动笔写序。万历十八年春正月十五上元灯节，观赏过花灯和月亮，序成。而李时珍亦及时再次赶到太仓，从世贞手中接过了这篇不满千字的宝贵序言。”①

王世贞是否因为政治原因拖延作序？我以为不尽然。以王世贞治学的一贯态度来看，他必是要认真看完书稿才会动笔写序的严谨性，可能是更具有说服力的一个原因。而要看懂这部“我国药物学、植物学的宝贵遗产”②的巨著，绝不可能在三、五年就通览，十年阅一书的可能性极大。正是基于认真阅读的基础上，王世贞的这篇序言才能写得有的放矢，详略精当，介绍清晰，评价准确。

《本草纲目序》全文如下：

纪称：望龙光，知古剑；觇宝气，辨明珠。故萍实商羊，非天明莫洞。厥后博物称华，辨字称康，析宝玉称倚顿，亦仅仅晨星耳。

楚蕲阳李君东璧，一日过予弇山园谒予，留饮数日。予观其人，晬然貌也，癯然身也，津津然谭议也，真北斗以南一人。解其装，无长物，有《本草纲目》数十卷。谓予曰：时珍，荆楚鄙人也，幼多羸疾，质成钝椎，长耽典籍，若啖蔗饴。遂渔猎群书，搜罗百氏。凡子史经传，声韵农圃，医卜星相，乐府诸家，稍有得处，辄著有数言。古有《本草》一书，自炎皇及汉、梁、唐、宋，下迨国朝，注解群氏旧矣。第其中舛缪差讹遗漏，不可枚数，乃敢奋编摩之志，僭纂述之权。岁历三十稔，书考八百余家，稿凡三易。复者芟之，阙者缉之，讹者绳之。旧本一千五百一十八种，今增药三百七十四种，分为一十六部，著成五十二卷，虽非集成，亦粗大备，僭名曰《本草纲目》。愿乞一言，以托不朽。

予开卷细玩，每药标正名为纲，附释名为目，正始也。次以集解、辨疑、正误，详其土产形状也。次以气味、主治、附方，著其体用也。上自坟典，下及传奇，凡有相关，靡不备采。如入金谷之园，种色夺目；如登龙君之宫，宝藏悉陈；如对冰壶玉鉴，毛发可指数也。博而不繁，详而有要，综核究竟，直

① 费振中：《王世贞力推〈本草纲目〉》，《深圳特区报》，2008年7月11日。

② 《辞海(缩印本)》，上海：上海辞书出版社，1979年版，第1248页。

窥渊海。兹岂仅以医书觏哉，实性理之精微，格物之通典，帝王之秘录，臣民之重宝也。李君用心，加惠何勤哉。噫，碔玉莫剖，朱紫相倾，弊也久矣。故辨专车之骨，必俟鲁儒；博支机之石，必访卖卜，予方著《弇州卮言》，恚博古如《丹铅》，《卮言》后乏人也，何幸睹兹集哉。兹集也，藏之深山石室无当，盍锲之，以共天下后世味《太玄》如子云者。

时万历岁庚寅春上元日，弇州山人、凤洲王世贞拜撰。①

序言开篇就引经据典，意在引起人们对《本草纲目》价值的重视。接着叙述与李时珍相见时的情形，然后详尽介绍了《本草纲目》的编写过程、目的和体例，并以"兹集也，藏之深山石室无当，盍锲之，以共天下后世味《太玄》如子云者"之句作结，给予该著作高度的评价。序中"如入金谷之园，种色夺目；如登龙君之宫，宝藏悉陈；如对冰壶玉鉴，毛发可指数也。博而不繁，详而有要，综核究竟，直窥渊海。兹岂仅以医书觏哉，实性理之精微，格物之通典，帝王之秘录，臣民之重宝也"则更多表现出王世贞行文之风，颇具古意。且注重性理的精微叙述与格物的通典运用，在不经意间，完全表达出他的诗学理论观点。这也是这篇小序写得十分用心的一个明证，也很是有趣的地方。

细读王世贞《本草纲目序》，可看出李时珍这部经世巨典所具有的阅读指向的多维性。套用鲁迅先生评《红楼梦》之经典句式：医者看出病理，药者看出方剂，植物学家看出属性，文学家看出的则是格物与性理。或许王世贞与李时珍交往这段佳话，恰是印证了当今最时尚的一个观念——只有跨界的人才才能成为引领时代的人物。他们都做到了！

明万历十八年(1590 年)，《本草纲目》由金陵胡承龙最初付刻梓行。② 时年王世贞已年过六旬，而李时珍已经是古稀之人了。同年王世贞辞世，不足三年，李时珍仙逝。他们留给了民族与世界巨大的文化遗产，而这篇小序则成全了彼此不朽的佳话。

① (明)李时珍《本草纲目》王世贞序，北京：人民卫生出版社，1982 年。

② 《辞海》(缩印本) 上海，上海辞书出版社，1979 年，第 1248 页。

# 王世贞寿序管见

金愚政
(韩国檀国大学汉文教育系,韩国龙仁,448—701)

**[内容摘要]**寿序是在明代江南地区的社会、文化环境的影响下发展而来的一种文体。特别是嘉靖到万历年间所写的寿序占有明代寿序总量的91.5%,王世贞是这一时期创作寿序最多的人,使寿序成为文学的一部分起到了极大的作用。他一生共创作了124篇寿序,其中有为重要政界人物写的,也有为自己小时候的老师写的。从他的寿序中可以了解到伯父王愔和他的侧室等太仓王氏家族的生活面貌,但分量不算多。比这些更引人注目的是,从有些文章中能看到王世贞和跟他在创作方面志同道合的文人的交流。这些作品有助于系统地了解他的文学观。

王世贞把寿序看做"史之变文"。他不是使用华丽的词藻,而是以叙事为树干,以议论为树枝的方式,间接地表现出寿序的对象具有正当的资格,并且字句的安排灵活自在,文体强健有力。王世贞把不为人所知的社会弱者的"孅节姱行"通过寿序这种手段展示给世人。他坚持这种创作立场,很积极地为儒商或者妇人做寿序。也有一些人批评他没有将对象扩展到平民或者女性等人,可是考虑到当时的身份制度和社会结构的问题,我们不应该用今天的标准来过度地评价这个问题,这种评价只会忽视文坛的活力和多样性。

到了17世纪初,在朝鲜也出现了寿序,当时创作寿序的大部分人是站在"学明"最前沿的文人。明朝寿序是不分流派进行大量创作,而朝鲜寿序是通过复古派,特别是从王世贞得到的新文体。比如,朝鲜最初的寿序《芝川寿序》从"倡为古文辞"的尹根寿的手中诞生,与王世贞寿序一样叙事性极强。又申最编选的《王弇州文抄》中寿序足有12篇。当时朝鲜的文人对寿序的体裁非常陌生,却收录了这么多,这意味着朝鲜文人期待着新的体裁的寿序。到了朝鲜后期,关于王世贞"阐明寿序创作的合理性”不断地被引用。洪启禧给临近70大寿的英祖举了王世贞的例子，建议写一篇寿序。擅长写具有浓厚小品之趣的文章的李用休的文集中也有阅读王世贞寿序的痕迹。特别是在赵天经给宗文作的寿诗的序文中也大量引用了王世贞的寿序。

[关 键 词]王世贞；复古派；寿序；应酬文字；朝鲜文坛

## 一、引言

王世贞是16世纪以后对东亚历史具有重大影响力的人物。但是，与他的地位相比，关于他的研究却是相当简略。我相信这次研讨会会把在东亚各国个别进行的关于他的研究成果综合起来，可以更好地把握今后的研究方向。

笔者以朝鲜中期汉文散文为主要研究对象。在韩国汉文学史上朝鲜中期具有非常重要的意义。朝鲜中期自1592年到1637年，时间虽然不到45年，但这期间东亚发生了很多事情。这期间，中国明朝被清朝替代，而在日本经历战国时代结束、江户时代开始的大变革。1592年壬辰倭乱发生，明神宗遂派大军援助朝鲜抵御日本侵略，结果事大主义更加强化。以前正式的官方使臣行以外，很难接触明朝的文化。但是，在这一时期，可以接触明朝的学术和文学以后，“学明”最前沿的文人特别关注明朝的复古派，特别是王世贞。可是寻找王世贞在哪些方面影响朝鲜文人的研究，却比我想象的难。大部分的文人一方面服从王世贞的复古主张，另一方面他们没放弃唐宋。而且很难说在特定的作品或者问题方面受到王世贞的影响。为了考察这点，本研究对海外研究进行了调查，结果却还是很少。原本的复古诗文理论研究以“宗法”和“格调”为中心，可最近出现了关于墓志、辞赋、传记等个别文献的研究。就这样关于王世贞的研究还没有得到广泛进行，可《金瓶梅》、《鸣凤记》到底是不是王世贞写的，这个问题一直在被激烈争论。这个争论在关于王世贞的正式研究展开之前一直都存在，至今仍未下定论。①与关于王世贞的研究相

① 虽然吴晗(《〈金瓶梅〉的著作时代及其社会背景》,《文学季刊》创刊号，北京：立达书局，1934年)否定《金瓶梅》的王世贞著作说，但是许建平(《王世贞与〈金瓶梅〉的著作权》,《河北师范大学学报》(哲学社会科学版)，2003年 第26卷 第4期)、周钧韬(《重论〈金瓶梅〉作者“王世贞及其门人聯合创作说”》,《河南理工大学学报》(社会科学版)，2014年 第15卷 第2期) 等均主张王世贞著作说。

比，为何与《金瓶梅》相关的问题更受到重视呢？这个现象反映了今天的中国学界更加重视俗文学。俗文学的杰作《金瓶梅》的作者还没有得到最终确认，可若王世贞是《金瓶梅》的正真作者，这确实是个令人震惊的事情。因为王世贞就是雅文学的代表者，可他的文学观扩展到了俗文学。所以研究王世贞的学者们特别关心这个问题是理所当然的[①]。如果王世贞不是《金瓶梅》的作者，那什么问题也不存在，可是王世贞是《金瓶梅》的作者也有问题。如果这样，他的文学观太极端了，很难说明这个问题。所以我们更加关注《四部稿》、《续稿》。这指王世贞多么关心俗文学，还有他怎样实现自己的文学观，我们应该从他的著作里探讨这些问题。

从这个观点出发，最近的以商人和妇女为对象的墓道文和传记文具有很重要的意义[②]。王世贞的著作中以商人或者妇女为主体的不少，这意味着江南的文化环境或多或少影响了王世贞的文学创作。他的记录只要不扩大解释，对解释王世贞的文学性质很有帮助。

本稿主要考察寿序，就是从这样的苦闷和断想出发的。朝鲜的文人阅读并受到影响的王世贞的著作是什么，16 世纪江南这一时间和空间对王世贞有什么意义，此外王世贞文学与通俗有什么关系？本文通过寿序解释这三个问题。只是关于寿序的研究在中国也很少，特别是关于王世贞的寿序的研究更少，考虑到这一点，因此本文首先简略地说明寿序的历史后，然后介绍王世贞寿序的特征和在朝鲜文坛上的反响。

## 二、寿序的出现背景及其意义

就像先秦时期的各种文献中发现的那样，对于"生"的追求很早就表现出来了。比如，《书·洪范》的"五福"中第一个就是"寿"，第五个是"考终命"，可见长寿是人类最初的欲望之一。另外，《乐府诗集》和《唐诗纪事》中收录了多首献寿诗，由此看出对于长寿的渴望不分时代，一直延续下来。但是通过李东阳的"寿

---

① 比如，郦波认为即使王世贞不是《金瓶梅》的作家，也会与《金瓶梅》的创作和传播有一定的关系，没有排除王世贞与俗文学有关系的可能性(郦波《王世贞文学研究》，中华书局，2011：24—30)。

② 陈书录：《俚俗与性灵 ：王世贞文学创作在思想契合中的转向》，《江海学刊》2003 年第 6 期；孙礼祥：《论王世贞商人传记中的商妇形象：兼论王世贞的妇女观》，《安徽广播电视大学学报》2004 年第 1 期；邱江宁：《士、商融合与文体之变：以王世贞的商人传记为例》，《江苏社会科学》2011 年第 1 期。

诗始盛于宋，渐施于官长故旧之间，亦莫有未同而言者也。近时士大夫子孙之于父祖者弗论，至于姻戚乡党，转相征乞，动成卷帙，其辞亦互为蹈袭，陈俗可厌，无有古意矣。”①和魏禧的“唐人无寿诗”②可以得知寿诗是到了宋代才出现在文坛。

到了宋代，不仅仅是诗，用词来祝寿的文化也发展起来。黄杰统计出《全宋词》当中题序里关于寿的词有 1221 首，有关“生日”的 387 首，“生朝”的 57 首，“生辰”的 36 首，这些合在一起一共 1824 首③。作家方面以幕僚清客为主的包括军政重臣、遗民词人以及姓名不详的民间词人总共约 400 人。其中也包括了像辛弃疾、刘过、刘克庄等辛派词人。

随着寿诗、寿词渐渐普及，也常常在前面增加了序文。④ 文体上属于序跋文的寿诗序便是如此。据现在为止，南宋末期俞德邻所作的《李侍母夫人庆寿诗序》被认为是最早的一篇寿诗序。这样的形式延续到元代，包括像程钜夫、同恕、柳贯、虞集、欧阳玄、陈旅、陶安等，虽然寿诗序的创作数量上不多，但是其创作经历了整个创作时期。下面是黄宗羲的相关言论：

> 自挚仲洽撰《文章流别集》，其中诸体，惟序为最寡见之文，选者止九篇。唐宋而下，序集诸书，加之送行宴集，稍稍烦矣。至元程雪楼、虞伯生、欧阳原功、柳道传、陈众仲、俞希鲁，集中皆有寿序，亦文体之一变也。归震川所作寿序，不下百篇。然终以其变体不古，置之外集。⑤

据此，“序”在挚虞（250—300）创作《文章流别论》的时候，也是不常见的文体。但是到了唐宋代，诗文集的编纂增多，宴会、送行增多，序文的数量也随之增加。到了元代最终这种叫寿序“变体”就出现了。所以陈必祥写道“寿序始于元，

---

① （明）李东阳：《怀麓堂诗话》。

② （清）魏禧：《龙今君夫妇六十叙》，《魏叔子文集外篇》文集卷十一。

③ 黄杰：《宋词与民俗》，北京：商务印书馆，2005 年，第 65 页。

④ “寿词序”很少见，这是因为其体裁的性质或创作动机与寿诗有所不同。关于其对元曲的影响，沈义父（1237—1243）的话值得参考。他在《乐府指迷》中说：“寿曲最难作，切宜戒寿酒、寿香、老人星、千春百岁之类。须打破旧曲规模，只形容当人事业才能，隐然有祝颂之意方好。”由此看出，这与对寿词的反映没有什么不同。

⑤ （清）黄宗羲：《施恭人六十寿序》，《黄宗羲全书》第 10 册，《南雷诗文集》。

盛于明"①,但是这也可能会引起一些误解。像黄宗羲一样不分序跋文和赠序文统称之为"序"也无妨,但严格的来说属于赠序文的寿序和属于序跋文的书序,这两者的创作目的、内容、表达方式等方面都是有差异的②。

那么寿序作为一种完全独立的散文是何时出现的呢?笔者经查证,杨荣的《庆龚则荣寿七十序》是最早的一篇寿序,与他几乎同时期的王直和陈循也留下了一两篇寿序。但是到了成化、弘治年间,寿序的数量陡然增多,秦夔作 7 篇,张宁作 6 篇,庄昶作 13 篇。特别是程敏政和罗玘各作 34 篇和 27 篇,像这样积极创作寿序的文人也出现了。

明代的寿序到底有多少?笔者通过《文渊阁四库全书》,《续修四库全书》收录的明代文集可以确认大约最少 179 名的文人写了 1,920 篇以上的寿序。此外,以作家的卒年为标准,洪武～正德年间(1368～1521)文人写的寿序仅有 164 篇(8.5%),嘉靖～万历年间(1522～1619)文人写的寿序达 1,756 篇,91.5%的寿序集中在这一时期。总之,王世贞活动的时期与在中国文学史上寿序正式首发的时期完全一致。[表 1]表示嘉靖～万历年间主要作家的寿序及寿诗词等相关著作。

**表 1:嘉靖～万历年间主要作家的寿序及相关著作**

**(《文渊阁四库全书》及《续修四库全书》所载)**

| 作者(卒年) | 籍贯 | 寿序 | 其他 | 收录文集 | 作者(卒年) | 籍贯 | 寿序 | 其他 | 收录文集 |
|---|---|---|---|---|---|---|---|---|---|
| 杨廉(1525) | 豊城* | 23 | 12 | 杨文恪公集 | 王世贞(1590) | 太仓* | 124 | 2 | 弇州四部稿<br>弇州续稿 |
| 顾清(1527) | 松江* | 11 | 8 | 东江家藏集 | 汪道昆(1593) | 歙县* | 88 | 1 | 太函集 |

① 陈必祥:《古代散文文体概论》,郑州:河南人民出版社,1986 年,第 175 页。

② 寿序传统上被归为赠序文的一种(褚斌杰:《中国古代文体概论》,北京:北京大学出版社,1992 年,第 305 页)。郭英德、张德建(《中国散文通史(明代卷)》,合肥:安徽教育出版社,2013 年,第 405 页)则把序文分成"书序"、"赠序"、"寿序"三类,认为寿序与一般的赠序文不同。但是这样的话,除了寿序以外,为祝贺而写的文章,即为了纪念"满秩"、"考绩"、"及第"、"旌节"等而写的序文就无所归属了。因此,我们认为包括寿序在内的所有的为祝贺而写的序文都归纳为贺序更合适。

| | | | | | | | | | |
|---|---|---|---|---|---|---|---|---|---|
| 王守仁(1529) | 馀姚* | 2 | 1 | 王文成全书 | 徐渭(1593) | 绍兴* | 44 | 1 | 徐文长文集<br>徐文长逸稿<br>徐文长佚草 |
| 李梦阳(1530) | 扶沟 | 7 | 2 | 空同集 | 吴国伦(1593) | 武昌 | 21 | 1 | 甔甀洞藁<br>甔甀洞续藁 |
| 边贡(1532) | 历城 | 3 | 2 | 华泉集 | 叶春及(1595) | 归善 | 20 | 1 | 石洞集 |
| 费宏(1535) | 铅山* | 11 | 8 | 太保费文宪公摘稿 | 陈有年(1598) | 馀姚* | 17 | ? | 陈恭介公文集 |
| 康海(1540) | 武功 | 11 | 6 | 对山集<br>康对山先生集 | 余继登(1600) | 交河 | 12 | 2 | 淡然轩集 |
| 陆深(1544) | 松江* | 13 | 2 | 俨山集 | 袁宗道(1600) | 公安 | 7 | ? | 白苏斋绳集 |
| 张邦奇(1544) | 鄞县* | 61 | 18 | 纾玉楼集 | 茅坤(1601) | 归安* | 25 | 1 | 茅鹿门先生文集 |
| 顾璘(1545) | 长洲* | 16 | ? | 山中集<br>息园存稿 | 王樵(1601) | 金坛* | 26 | ? | 方麓集 |
| 罗钦顺(1547) | 泰和* | 5 | 1 | 整庵存稿 | 李贽(1602) | 泉州 | 3 | ? | 李氏续焚书 |
| 朱淛(1552) | 莆田 | 21 | 4 | 天马山房遗稿 | 胡应麟(1602) | 兰溪* | 1 | 1 | 少室山房集 |
| 王维桢(1556) | 华州 | 21 | 1 | 槐野先生存笥稿 | 屠隆(1605) | 鄞县* | 14 | 1 | 白榆集，<br>由拳集，<br>栖真馆集 |

| | | | | | | | | | |
|---|---|---|---|---|---|---|---|---|---|
| 王慎中(1559) | 晋江 | 22 | ? | 遵巖集 | 温纯(1607) | 三原 | 10 | 1 | 温恭毅集 |
| 方凤(? 详) | 昆山* | 24 | ? | 改亭存稿<br>改亭续稿 | 陶望龄(1609) | 会稽* | 29 | 2 | 歇庵集 |
| 林大辂(? 详) | 莆田 | 15 | 12 | 愧瘖集 | 袁宏道(1610) | 公安 | 2 | ? | 潇碧堂集 |
| 林文俊(? 详) | 莆田 | 14 | 2 | 方斋存稿 | 黄凤翔(1614) | 泉州 | 19 | ? | 田亭草 |
| 唐顺之(1560) | 武进* | 6 | ? | 荆川集 | 沈一贯(1615) | 鄞县* | 28 | ? | 喙鸣文集 |
| 宗臣(1560) | 兴化* | 6 | ? | 宗子相集 | 梅鼎祚(1615) | 宣城* | 46 | ? | 鹿裘石室集 |
| 罗洪先(1564) | 吉水* | 17 | ? | 念庵文集 | 汤显祖(1616) | ? 川* | 6 | ? | 玉茗堂文集 |
| 孙承恩(1565) | 松江* | 12 | ? | 文简集 | 焦竑(1620) | 日照 | 23 | 6 | 焦氏淡圆集<br>焦氏淡圆续集 |
| ? 开先(1568) | 济南 | 14 | ? | 李中麓闲居集 | 锺惺(1624) | 竟陵 | 12 | ? | 翠娱阁评选<br>锺伯敬先生合集 |
| ? 攀龙(1570) | 历城 | 6 | ? | 沧溟集 | 黄汝亨(1626) | 钱塘* | 43 | ? | 寓林集 |
| 归有光(1571) | 昆山* | 87 | 5 | 震川集补刊<br>震川先生集 | 高攀龙(1626) | 无锡* | 21 | ? | 高子遗书 |

| | | | | | | | | | |
|---|---|---|---|---|---|---|---|---|---|
| 薛应旂(1575) | 常州* | 24 | 2 | 方山薛先生全集 | 张大复(1630) | 昆山* | 63 | ? | 梅花草堂集 |
| 徐中行(1578) | 长兴* | 8 | ? | 天目先生集 | 袁中道(1630) | 公安 | 13 | ? | 珂雪斋前集<br>珂雪斋近集 |
| ?礼(1581) | 丰城* | 14 | ? | 镡墟堂摘稿 | 敖文祯(?详) | 高安* | 15 | ? | 薜荔山房藏稿 |
| 张居正(1582) | 江陵* | 9 | 2 | 张太岳先生文集 | 娄坚(1631) | 江东* | 42 | 8 | 学古绪言 |
| 范钦(1585) | 鄞县* | 11 | ? | 天一阁集 | 朱国桢(1632) | 吴兴* | 22 | 1 | 朱文肃公集 |
| 余有丁(1584) | 鄞县* | 15 | ? | 余文敏公文集 | 陈仁锡(1636) | 长洲* | 54 | ? | 陈太史无梦园初集，无梦园遗集 |
| 张四维(1585) | 蒲州 | 22 | 1 | 条麓堂集 | 陈继儒(1639) | 华亭* | 24 | ? | 陈眉公集 |

通过表1,可以得出以下事实。第一,寿序的数量陡然增多就成为序文的一个分支。这一时期寿序的数量达到1,309篇,可担任其作用的寿诗序、寿图序、寿歌词序、寿言、诗引、寿歌序等著作全部加起来只不过有118篇。第二,寿序的盛行与地域性有关。杨廉(1452～1525)到陈继儒(1558～1639)共计62名作者中有40名是 江苏、安徽、江西、浙江、湖南出身。其中也有像歙县、吴县、无锡这样的商业经济发达的地区出身的。还有福州南边的海岸地区以独特的文化和富裕的经济实力为基础,培养了大量的进士合格者,他们就是莆田、泉州、晋江出身。明代初期、中期寿序的发展与江南地区的社会文化环境有密切的关系。在《颜氏家训》中写道:“江南风俗,儿生一期,为制新衣,盥浴装饰,男则用弓矢纸笔,女则刀尺针缕,并加饮食之物及珍宝服玩,置之儿前,观其发意所取,以验贪廉智愚,名之为试儿。亲表聚集,因成宴会。自兹以后,二亲若在,每至此日,常有饮食之事。无教之徒,虽已孤露,其日皆为供顿,酣畅声乐,不知有所感伤。梁孝元年少之时,每八月六日载诞之辰,尝设斋讲。自阮修容薨后,此事亦绝。”①

① (南北朝—隋)颜之推:《颜氏家训·风操篇》,湖南:岳麓书社,1994年。

从中看出江南地区的寿宴文化从齐梁时期已经存在。就像顾炎武(1613－1682)引用这段文字“生日之礼,古人所无。《颜氏家训》曰:…… 是此礼起于齐、梁之间。逮唐、宋以后,自天子至于庶人,无不崇饰。此日开筵召客,赋诗称寿,而于昔人反本乐生之意,去之远矣。”①“赋诗称寿”的风俗在唐宋以后形成,最终到了明代形成“赋序称寿”。第三,王世贞是这一时期创作寿序最多的创作者。若考虑文集上的比率,张邦奇、朱测、归有光、汪道昆、娄坚、高攀龙、梅鼎祚、茅坤、陶望龄、沈一贯等写的更多或相似,可只看寿序的数量,明清期间王世贞写了最大量的寿序。他一共留下了 124 篇的寿序和 2 篇的寿诗序,这比赠序(105 篇)还要多。

因为寿序是应酬文字的原因,受到了研究者的冷落。一些研究者只关注归有光和曾国藩②。从寿序写作的历史方面或文坛上的地位方面看王世贞的寿序应受关注,可关于它的研究论文一篇也没有。如果寿序不具有文学上的价值而被淘汰,我们没必要关注它。可是寿序不是一时的流行,被许多文人持续撰写,也伴随着为克服通俗性的努力。若寿序只不过是应酬文字,像王世贞那样的大文豪不会写这么多的寿序。寿序加入文学的一种文体的过程中,王世贞的作用挺大。寿序一方面受到严格批评、验证的同时,另一方面以具有文学性的作品再诞生而得到可持续的生命力。这与各种散文文体本来发生于实用的、公用的目的而经过验证过程,最后加入到文学领域一样。

## 三、王世贞的寿序

### 1. 王世贞寿序概况

1550 年,25 岁时的王世贞代替家君写《寿长兄藩幕静庵先生偕龚夫人七十序》,从那时起到他的卒年 1590 年写的《太宰五台陆公七十叙》为止,他一生共创作 124 篇的寿序。其中有为了张居正、王锡爵、秦汴等的父亲或者徐阶、杨博、严讷、袁祖庚、戚继光等政治上重要人物写的,也有为了自己小时候的老师季德甫、

① (明末清初)顾炎武:《世风・生日》,《日知录》卷十三。

② 张爱波:《论归有光的寿序文》,《潍坊学院学报》2005 年第 5 期;野村鮎子:《归有光文学の位相》,东京:汲古书院,2009 年;赵永刚:《曾国藩寿序文刍议》,《厦门教育学院学报》2010 年第 1 期。

姜佐周等写的。从他的寿序中可以看出伯父王愔和他的侧室等太仓王氏家族的生活面貌，但分量不算多。比这些更引人注目的是能看出他的文学观的文章。王世贞是倡导文学复古运动的“后七子”领袖之一，他与众多的文人都有很深的交游。他为后七子领袖之一 李攀龙的母亲、知己徐中行和汪道昆的父亲、陆光祖、吴国伦、周天球等写了许多寿序。这些作品对系统地了解王世贞的学问世界和文学观很有帮助。

据统计，《弇州山人四部稿》（明万历五年世经堂刻本）和《弇州山人续稿》（明崇祯年间刻本）收录的 340 篇的墓志铭、墓碑、墓表、神道碑、行状中以商人为被撰者的有 59 篇，占 17.4%①，寿序中给儒商写的有 19 篇，占 15.3%。此外给女性写的有 24 篇，给夫妇写的有 17 篇，各自占 19.4%和 13.7%。这些大部分限定于关系亲密的人，可给素未谋面的儒商和妇人写的寿序也相当多。

王世贞的寿序收录在汤宾尹的《评林弇州文选》、陆弘祚的《弇州山人文抄》、刘士鏻的《明文霱》、贺复征的《文章辨体汇选》等明代的许多文选集中。此外朝鲜文人都注意到了王世贞的文集，而出现了阅读他的诗文后抄写的著作。这就是申最（1619～1658）编的《王弇州文抄》。申最是申钦的孙子，他特别关心复古派，而对明代文坛的动向比较熟悉。《王弇州文抄》总共收录了 57 篇，其中寿序足有 12 篇。当时朝鲜的文人对寿序的体裁非常陌生，却收录了这么多，这意味着朝鲜文人期待着新的体裁的寿序。表 2 是明代文选集所載的王世貞的寿序目录。

**表 2：明代文选集所载王世贞寿序目录**

| 文集名，卷次 | 题目 | 备考 | 评林弇州文选 | 文章辨体彙选 | 弇州山人文抄 | 明文霱 | 王弇州文抄 |
|---|---|---|---|---|---|---|---|
| 四部稿卷 60 | 寿马先生序 | | | | ○ | | |
| | 赠乐葵封君七十序 | 王时暘（儒商） | | | ○ | | ○ |
| | 赠玉川周翁序 | 周美的父亲（儒商） | ○ | | | | ○ |
| | 寿金令君七十序 | 金韶（代家君作） | | | ○ | | |
| | 赠张听泉七十序 | 张淮（儒商） | ○ | | ○ | | ○ |

① 陈建华：《中国浙江地区十四至十七世纪社会意识与文学》，上海：学林出版社，1992 年，第 335 页。

| | | | | | | | |
|---|---|---|---|---|---|---|---|
| 四部稿卷61 | 大司冠景山钱公七十序 | 钱邦彦 | ○ | | ○ | | ○ |
| | 赠大都督玉江杨公五十序 | 杨尚英 | ○ | | ○ | ○ | ○ |
| | 大学顾君时雍伉俪偕六十叙 | | | | ○ | | |
| | 贺封少司马双塘汪翁胡淑人并寿七十序 | 汪良彬(汪道昆的父亲) | ○ | | | | |
| | 寿封少司马汪翁暨元配胡淑人七袠序 | 汪良彬(汪道昆的父亲) | ○ | | ○ | | |
| | 赠穆大公序 | 穆陈实(穆文熙的父亲) | | ○ | ○ | ○ | |
| | 寿封少师张翁七十序 | 张文明(张居正的父亲) | | | | | ○ |
| | 为孝廉顾道通追寿父母序 | | ○ | | ○ | ○ | ○ |
| | 徐母郭孺人八十寿序 | | | | ○ | | |
| | 赠程君五十叙 | 商人 | | | ○ | | |
| 四部稿卷62 | 奉贺少师元辅华亭徐公寿序 | 徐阶 | ○ | | | | ○ |
| | 寿太宰扬公序 | 杨博(代作) | ○ | | | | |
| | 寿大总宪上海潘翁八十序 | 潘恩 | ○ | | | | |
| | 滨贰守北塘金翁八十寿序 | 金韶的小兄弟 | ○ | | | | |
| | 少司马公汪伯子五十叙 | 汪道昆 | ○ | | | | ○ |
| | 寿戚大将军序 | 戚继光 | ○ | ○ | | | |
| 四部稿卷63 | 习易庵封翁暨刘孺人偕寿序 | | ○ | | | | |
| | 封吏部郎解州孙公暨配侯安人寿序 | 孙仲直的父亲(儒商) | ○ | | | | |
| | 诰封少师太虚公元配一品张太夫人七十序 | 张居正的母亲 | ○ | | | | |
| | 寿李于鳞母太夫人序 | 李攀龙的母亲 | ○ | ○ | | | |
| 续稿卷32 | 寿归德倅姜翁八十序 | 姜佐周(王世贞的老师) | | | | | ○ |
| 续稿卷37 | 贞吉篇为华母顾太安人寿 | | | | | | ○ |
| | 寿宫保大司空印川潘公六十序 | | | | | | ○ |
| 銵 | 17 | | | 3 | 12 | 3 | 12 |

五种文选集共同收录的文章一篇也没有。四种文选集共同收录的有两篇，就是《赠大都督玉江杨公五十序》及《为孝廉顾道通追寿父母序》。三种文选集共同收录的有三篇，就是《赠张听泉七十序》,《大司冠景山钱公七十序》,《赠穆大公

序》。只有一种文选集收录的也有十五篇。这意味着因为编撰者的观点不同而被选的作品也有不同。

另一个引人注目的是被选的文章主要集中在《四部稿》。其实王世贞的寿序44篇收录在《四部稿》,80篇收录在《续稿》。可明代发刊的文选集却选录了《四部稿》中的寿序。只有申最的《王弇州文抄》从《续稿》选录了两篇。难道收录在《四部稿》的寿序比收录在《续稿》的更优秀吗?其实收录在《续稿》的寿序是玉石架的感觉。以女性为对象的3/4的寿序和以商人为对象的一半的寿序收录在《续稿》,没有特别的交情可因别人的委托写的寿序也挺多,另外可以看到迷上仙道的痕迹。从今天的观点看来,这些有点不理想,但绝不是缺点,确是王世贞的文学观多么宏大而扩展到不同方向的有力证据。虽然这里的政治思想比《四部稿》里的小多了,但是以"宗法"和"格调"为基础的文体特征也不变。

### 2.王世贞寿序的特征

2—1.史之变文 :通过强化人物传纪的性格而克服通俗性及提高文学性

16世纪,江南地区过生日作寿序贺宴的文化很普及。50岁以后,每10年要开寿宴,甚至是也有40岁开始的①。另外,过了70岁,每年开盛大寿宴②。随着贺宴的文化广为传播,寿序的数量陡然增多。但是,寿序越流行,警惕的声音也沸腾。比如,黄宗羲称"序之多,亦未有多于寿序者也.其多之所以至于如此者,求文之家,不识古文词为何物,无所差择,不过以为夸多斗靡之资。"③他以为人们愿意炫耀自己,而损毁了纯真的古文。归庄称"凡富厚之家,苟男子不为盗,妇人不至淫,子孙不至不识一丁者,至六七十岁,必有一征诗之启。"④他批评了寿序的通俗化。王世贞本身成长于江南,所以没有拒绝寿宴文化,可是也有令人难堪的时候。

吾吴之俗,薄者,悬弧之宴,子辄避亡,胃脯酒浆,责直以偿;易箦而呼,

---

① (明)方鹏:《矫亭存稿》卷四《赠王井玉序》"吴俗重称寿之礼,自五十六十以至百岁,每遇成数必擧之,四十则罕矣。"

② (明)李开先:《闲居集》文卷一《奉贺李翁七十二寿》"世之称寿者,大江以南,逢十则擧之.始于?十,至七十而上,?拘十,加厚焉。"

③ (明末清初)黄宗羲:《黄宗羲全书》第10册《南雷诗文集》《施恭人六十寿序》。

④ (明末清初)归庄:《归庄集》卷十《谢寿诗说》。

去检橐装；送葬之子，哭往笑归；墓木如拱，博进是资，孰与顾君之老而慕其父母乎？即厚者，多作佛事，号为冥施；浮屠黄冠，是依是师；斥其贝玑，以驰京师；购衔而旋，冠其丰碑，孰与顾君之知乞先生文以寄其慕者乎？曹生之说云尔。嗟夫，顾君之所为请诚不经而吾之许诚滥。①

王世贞认为，要为死去的父母写“追寿”的委托是“不经”，接受这种委托是“滥用”。但是考虑民间蔓延的浮薄及奢侈的风情，他无法拒绝。通过这篇文章，我们可以发现王世贞作寿序的创作态度。他评价李梦阳的文章，“叙事则奇，持论则短，间出应酬，颇伤率易。”②通过这句话可以知道他认为应酬文字不应该“率易”。这是在寿序也是一贯适用的原则，寿序其实应酬文字之间通俗性最强。下面是这些原则和态度出现的寿序：

大将军盖束发而从军，凡数十百战，南扫倭，北拒敌[虏]，天下谈其事而骇之，以为非复当世人。即号习大将军者，以其宿将，故谓且老，而不知其岁仅四十七也。今年秋，幕府白偃羽，方置酒大飨诸部曲。诸部曲念无以报大将军，而走不佞所，乞一言为寿，不佞以非时谢。则曰：“必大将军时而后得足下言，无乃非值乎哉？”且自蓟边，吏民有大将军，而始脱于虎口，而知有生之乐。大将军一日而不厌我，则大将军赐我一日也；大将军一岁而不厌我，则大将军赐我一岁也，而我曹何敢忘？不佞不获辞，则为叙所以，而曰为我谢大将军。时进匕箸自爱，去此以往，所未央者岁。而皇帝岁劳苦大将军，问边计利便，因即军中置号，悉统诸将军，为国虎臣。遭世承平，匈奴、西域亲附，敬其威信，如史所称辛子真者，固大善。即大将军将而赭瀚海，犁车师，勒石燕然之颠者，虽饶为之，非吾所以祝大将军意也。③

正如你可以在文章中看到的，这篇文章是为了戚继光的47岁生日作的寿序。无论当时寿宴文化再流行，戚继光的政治地位再高，他们是非同寻常的关

① （明）王世贞：《弇州四部稿》卷六十一《为孝廉顾道通追寿父母序》（以下引王世贞的著作，不再标注作者）。

② 《艺苑卮言》卷六。

③ 《弇州四部稿》卷六十二《寿戚大将军序》。

系，但为了纪念47岁作寿序是有负担的事情。所以他为解脱“阿谀”的嫌疑想尽了方法。他以为许多人不知道他的实际年龄，委婉地表现早就被称为“大将军”的戚继光有资格作寿序。他公求名分引用了非常具体、很恳求的委托部曲。同时，通过间接的部曲，就是使用祝愿的“为我谢大将军”一词保持了适当的距离。王世贞一方面想解脱“阿谀”的嫌疑，另一方面还要叙述戚继光的战略和战功。

往者天子以戚大将军闽功成，急传诣北边，大将军过汪中丞而论北事所不易支者五，即天子不以某不肖，待罪行间，非举便宜而授某不可，因借箸条所以不易支及便宜状，中丞为文叙之甚悉。大将军至自闽，天子果以蓟帅授之，亦颇用便宜法从事，而不尽如大将军故指。大将军谓敌骑壮甚，卒难用骑争。于是，以意间古法教车，而以南短兵法教步，俾车抗锋，步夹车，骑承步，利则骑追北，不利则车殿以自卫，敌稍稍闻之，缩弗敢阑入，则请欵塞。至是，庵庐错于我储胥者且五载，而大将军益得以其间饬边事。其法曰：垣易穴也，墩易陵也，我高坚其垣，而稍疏其武，为敌台以乘之，台多其卒，卒有长，糗糒五之，矢石三之，险阻槎出，敌不能厚集，而以薄薄我，我从高下矢石，不食顷而烽达于百里之外矣，大将军即诸营城，多为室，居部士，其室材不以烦县官，因木于林，因石于山，身为陶师，以教瓦甓，士告劳者，一言拊循之如挟纩。天子乃稍稍贤重大将军，数下玺书褒奖，褭[马]蹄鲛绡之锡，岁时不绝。其官至左都督。亡[无]可加，则为官其子弟，以慰安之。

正如你可以在上面看到，他彻底排除了美辞丽句，像史传文一样，简明地叙述了客观的事实。这一方法一方面可以提高文章的可靠性，另一方面也提高了文章的真实性。①

寿序从叙述战略角度要克服通俗性而取得文学性以外，从叙述方式角度看来叙事性的作用最大。王世贞寿序的特征就像阅读《史记》或者《汉书》那样叙事性很强。其实这样的叙述方法不限于寿序。王世贞受到了史记的影响，把一切的著述看作“史”。他称“司马迁，圣于文者乎！其叙事则化工之肖物。班氏，贤

① 这是过戚继光的50岁数生日作的寿序。《寄寿戚大将军五十》与(《续稿》卷9)之相比，更鲜明地知道在这首诗里用激情的语调赞美：“问谁得此造物手，云台大将世所无。”

于文者乎！人巧极，天工错。"[1]，认为史记在文学史上地位最高，其主要特征是"叙事"。他还要主张"天地间无非史"[2]，据此"叙"、"记"、"碑"、"碣"、"铭"、"述"属于"史之变文"。寿序以人物为对象，很适合实现这样的持论。王世贞不是摆列老一套的美辞丽句，而是以叙事为树干，以议论为树枝的方式，间接地叙述寿序的对象具有正当的资格。

> 烛之武有云："臣之少也，尚不如人，今老矣。"余未尝不三复而叹其言，以为人主坐视天下之才而使之老，其过不在才也。则又惜夫士之才，少而当夫好老之主，老而当夫好少之主，终其身以穷也。夫人主而诚能用其老虽已晚，然使夫握筭却顾，敛其果执[势]壮往之气而收功于万全，要之乎非少年所希者。故夫秦一笑而明不胜蹇，再笑而信不胜剪[翦]，三笑而武贤不胜充国，何以故？其采谋博而计绩悠也。[3]

上面的文章是为杨尚英作的寿序的一部分，当时倭寇劫掠海边，侵扰逐渐频繁，杨尚英在这战斗中立了大功的人物。这个文章在破题句里引用了许多故事，是因为要显示杨尚英没有得到才能相称的待遇。[4]过了 70 岁，还停留在圉正的低官职，拯救危机中的祖国的烛之武，没有采纳蹇叔的建议而使孟明攻击晋，结果失败的事情，始皇帝任用李信，当李信进军楚国受挫时，秦始皇再任用王翦攻击楚国成功的故事，主张怀柔政策的赵充国比主张攻击的辛武贤得到更多的羌人的投降等等，叙述从春秋时代到汉代的历史上的人物和事件的形式与被称为史论的历史评论类散文很相似。特别是"则又"以下的部分，雕琢字句，结构很细致，被评为"无一句不练，无一字不练"[5]。

---

① 《艺苑卮言》卷三。

② 《艺苑卮言》卷一。

③ 《弇州四部稿》卷六十一《赠大都督玉江杨公五十序》。

④ 这点表现在下篇文章里，"公今年五十，稍称病，谢绝他事，而其好宾客犹故。于是，其客若干人，争为言以赠其言，虽人人殊，大要祝公之寿考，而念公之尚壮而不见庸也。独余以为谚有之，函牛之鼎以烹鸡，多汁则淡而不可食，少汁则熬而不可熟，盖器大而小用之则不宜也。"

⑤ (明)汤宾尹:《许林弇州文选》卷二。

语曰："绛灌无文，随陆无武。"即不问随生寥寥九江数言，彼陆大夫之新语春秋，抑何伉浪不雅驯哉？何论武也？明兴，而北地、信阳、歷下诸君辈，名以文起，尚不能从白虎青藜之后以毕经生技，宁暇计折冲哉？藉令经生之技，能袭六加七，通于短长纵横诸家，而县官不以一障尺刃畀之而遂诿曰：文士无用者，宁不冤也！吾虽孱弱不自立。然不敢信文士无用于天下，则于汪伯子征焉。①

为汪道昆作的寿序也表示史传体散文的特征。他褒扬汪道昆，反驳《晋书·刘元海载记》的随何和陆贾缺乏武功，周勃和灌婴缺乏文才之说，与自己文学路线一样的李梦阳、何景明、李攀龙等也缺乏武功，可汪道昆具备武功。字句的安排灵活，自在，强健有力的文体使这个主张更有说服力。以上的两篇寿序接近于议论文，可下个文章叙事性比较强。

文熙之友石给事星上疏论天下大计。于左右有所指斥，忤旨，当受杖北阙下。时左右中贵人，挟上怒而脩其郄，敕阍吏毋得以给事从吏进。文熙闻之曰："果尔，给事且死矣。"时当任工部郎未上，阑入谒缇骑朱帅曰："公以给事抗中贵人耶？不佞笔不朽；以中贵人死给事耶？不佞笔亦不朽。唯是公为天下爱直臣，为万世自爱。"朱领之，阴戒主杖者："石给事卒物故，令我愧见强项郎。"而给事甫杖毕，诸中贵人群詈之，给事亦詈，则益怒棰榜交下。文熙迫趣前，以身蔽掖之，而解带绶戟支甚力曰："此岂亦上旨耶？"中贵人恚而咻曰："若何官？非而阑入地也！"文熙叱之曰："吾工部郎某也。此廷臣廷，非而阑出地也。"诸中贵为诎，稍稍引去。文熙起给事血肉中而囊之出。②

1567年，穆宗刚即位，沉湎酒色，荒废政务，石星（1537～1599）上疏切谏而被宦官腾祥劾险些丧命，赖同乡好友穆文熙（1532～1617）保护，才得了一条活命，回到家乡。上篇文章就是与这个故事相关。这篇文章里不但看不见本来寿

① 《弇州四部稿》卷六十二《少司马公汪伯子五十叙》。

② 《弇州四部稿》卷六十一《赠穆太公序》。

序让我们联想到的美辞丽句或浮率轻薄的表现，而且“以事见人”表现与《史记》很相似。以奸恶之势力和忠实的势力之间的冲突为叙述的中心，用充满紧张感的对话体来表现这种冲突中挽救生命而努力奋斗的穆文熙的典型的史传型寿序。这篇文章也对后来作穆太公（穆陈实）的墓表很有帮助。以石星的履历为基础作寿序，作了只是表现有些不同而内容大同小异的墓表①。类似的情况也发现在另一篇文章中。比如在王尚智的墓表或者金韶的墓志铭里提到以前作寿序的事实，在内容上也具有互补性②。总之，王世贞的寿序用为墓道文的基础资料，作的很慎重，精选而记述人物的生涯中立传价值高的事件。因此，他的寿序应不意味着单纯的应酬文字。他把一切的著述看作“史”，作寿序时，以积极使用史传文的文法要克服习惯性和通俗性，而成功地提高了寿序本身的文学性。从这点看来，王世贞的寿序可以看作是“史之变文”，就是“借文学的形式而写的另一种形式的历史记录”。

2—2.孅节姱行的发掘和传播：通过儒商·妇女形象表现的王世贞的人生观

对王世贞来说，寿序就是记录唐代历史的一种手段，就意味着说这不可能成为那些夺取政权和智权的专有财产。“余以三吴之土沃而当末俗则易渝，以故好称说孅节姱行，冀以小挽其澜。而于闺阃之内，犹数数焉。…… 然其为道益难而味加苦。余乃喟然叹曰：孅节姱行，在吾闾井之间，步武不数百，如是垂四十年而未有志也，乃斤斤修其辞；于数千里之外，是何远之详而迩之略也?”③通过这个文章可以看出，他以作寿序作为表现机会少的社会弱者的‘孅节姱行’的手段。他因为坚持这种立场，所以很积极作寿序给儒商或者妇人。也有可能批评他没有扩展到平民或者女性等，可是考虑到当时的身份制度和社会结构的问题，不应该用今天的标准来过度地看待。这样的接近法只能产生看不到文坛的活力和多样性的副作用。

16世纪江南比其他地区商业发达，可对商人的评价并不太好。可是在徽州

① 《弇州四部稿》卷一百二十二《与石拱辰》“公向托为穆太公寿序，匆匆未果，幸以其履历来。新正(禫)除后，首试笔也。”以《赠穆太公序》为基础作的墓表收录在《封礼部员外郎穆太公墓表》《弇州续稿》卷一百二十八。

② 是指《明故封奉议大夫水亭王公墓表》(《弇州四部稿》卷九十五)及《赠水亭王公六十序》(《弇州四部稿》卷六十)，《故文林郎知长汀县事东涯金公墓志铭》(《弇州四部稿》卷八十九)及《寿金令君七十序》(《弇州四部稿》卷六十)。

③ 《弇州续稿》卷三十五《杨母顾孺人七十序》。

有所不同。从宋代发达的徽州的商业到了明代中后期极为盛行。所以儒者身份的人也开始堂堂正正地从事商业①。这种情况出现在下面的文章，是关于歙县的发大财的潘次公的文章。

> 徽俗既赀相高而又贤。次公且老之，郡乡饮推择宾位。次公曰："不肖乃以齿抗太守庭乎？能亡愧诸父老哉？"益坚辞不行，有司为归其俎。于是，潘翁年九十矣，而吴媪以前一岁亦九十。诸里于潘者艳其事，争布币酌斗，男子祝于庭，妇子祝于室，而其名好文者族若桓姻若洪凤，至征言于不佞以为之颂。②

当时在徽州成为商人根本不是丢人的工作，而是发大财的人反而被受尊重。王世贞虽然是江南人，但他可不接受这种拜金主义文化。他道："人富而仁义附焉，此言非耶。夫仁义，伸于富之所及，而屈于其所不及，此非真能行仁义者也。"他反对经济价值高于道德价值的观念③。他把潘次公描写为一个有礼仪廉耻之心的人物。王世贞对儒商的态度是这样的，可并不意味着他忽略商业的价值。请看下面的文章：

> 自孟氏举为仁不富之说，学士雅言之，而太史氏独否，曰："人富而仁义附焉。"此何以称也？孟氏见其左，而太史氏见其合也。夫陶朱公为越相，至贵倨也。一旦而弃之若敝屣，转之乎广莫之乡，而不能忘情乎贸迁化居之事。彼已验之才，岂故爱而必再试之？彼盖欲有所用其志也。治产积居而不责于人，智者能之。十九年之中，三致千金，再分散，与贫交疏兄弟，此非仁者不能也。甚矣，程君之近之也。④

王世贞认为孟子提到致富的负面，而司马迁提到正面，他认识事物的态度很

① 《弇州四部稿》卷八十二《许长公小传》"令天下，不为贾而贾行者，其人类讳贾，独徽之人，不讳贾。以故豪长者多游其间。"

② 《弇州续稿》卷三十三《潘次公吴媪偕寿九十序》。

③ 《弇州四部稿》卷八十二《许长公小传》。

④ 《弇州四部稿》卷六十一《赠程君五十叙》。

客观，很合理。接下来的内容更有力地支持这个主张。范蠡把自己攒来的钱还原到社会，通过这件事可以知道怎样花钱比怎样攒钱更重要。这样的思想给商人作寿序时起重要的作用。比商人的人生，主要要说明从事商业的理由。比致富的过程，要更加重视致富以后怎么过人生。孙仲直的父亲的故事属于前者，他出生在儒者家，为自己兄弟的学业而牺牲自己。① 关于汪良彬的而是属于后者，他卖盐发大财，可说“此龌龊非丈夫事”，不做了，儿子当官以后，不做平时自己喜欢的，而消闲的读书过人生。②

世之人所同欲得者，最莫如寿；寿之所欲得于人者，最莫如四民之不失职而偕其愿以老。然士急其愿于名，而农工贾急其愿于利。小者朝而为暮计，大者春而为卒岁计。拘拘乎役役乎，濡首于课最程息之间，了不知其隙日之去我而非我有也。一旦所之既倦，稍思息焉，而将来之日，我不得而竟有之矣。况夫失得之念迫，则疲思耗神于所非觊之地，往往阴损其所受之资；较失得之机成，则挨挡捴扰引绳批根之用出，而阴损其所待之隲。然则其所谓不失职者，固自不能尽与寿合也。吾友于张君鼎之而因识其尊人听泉先生。先生少尝读书修士业，未遂而厌之，隐而耕于娄江之野，又以不善于耜弃去，虽家阛阓间，绝不从人匄[权]子母逐什一，其于四民之职，似若有所未能举者。然先生以为遗书苟足读以自愉志而已而不必名，遗业苟足饘粥以周身而已而不必利。其安静详雅，卒然而觏之，而知其为君子长者；其含容退让，卒然而迫之，而不能使之怒；其萧散冲默，即突烟之欲寒，而不能使之忧。盖先生之所愿，不在四民之不失职而所得之日已实为先生有矣。③

① 《弇州四部稿》卷六十一《封吏部郎解州孙公暨配侯安人寿序》“初，解州公与其伯季者凡三而皆受博士家言，其父母老矣，而解州公一旦喟然曰：‘夫三人者尽儒，而儒安能以笔舌朝夕也？又安能以养父母？即三人者尽儒而宦游也，又孰与奉吾父母欢也？吾宁农而宽是二人者于儒也。’于是乃业耕，为跡耕耳，而不失儒者节。”

② 《弇州四部稿》卷六十一《贺封少司马双塘汪翁胡淑人并寿七十序》“汪翁者，少儒而侠者也。尝贾盐吴越间，即豪吴越，而未久輙厌，去曰：“此龌龊非丈夫事。”会诏开武举，翁以强力知兵，几得之，谓非太夫人所喜，亦罢去。而汪公则已成进士为县令曹郎有声，翁乃谢去诸好，隐里中读书自乐也。”

③ 《弇州四部稿》卷六十《账張听泉七十序》。

上面引用的文章是给儒商张淮作的寿序的一部分,前面说的特征的集中表现。王世贞在这个文章里说道世上所有人希望长寿,可为名誉和利益的奴隶,不享受天寿。张淮没有以儒者的身份成功,没有以农商成功,可自足自乐而长寿。放在首尾的“四民之不失职”更加显示王世贞的意图。四民各自没有失去自己的身份,而享受天寿就是儒家梦想的理想社会。这是给一个儒商张淮一支不配当的花啊,张淮也不曾梦想过的。最后的文章写着他没想过巨大的社会,可已过了这样的人生。这句话是为了纪念张淮的,也就是自己的信念。李梦阳早就在《姜翁夫妇八十寿序》里描写过呻吟在贫困中的草民。他说:“今天下民穷而敛急,输不息肩,征弗停催,亦甚矣。姜翁顾奚所娱于心而使其气昌也。”他还说:“余往年道秦晋之境,见山谷田野间多庞眉皓发之民,乃其年故不亚姜翁。然征输比急,愁叹贫病,相与转而之沟壑者殆半矣,幸而存矣,气昌而娱乐者几焉。”①他把赋税沉重的人民与姜翁夫妇的偕老对比表露出来了。与这个相比,王世贞的寿序看起来相对温和。可是他不但委婉地批评求名利的人民群众,而且让读者思考思考“怎么过是才理想的人生”的普遍问题,作为具有魅力的秀作。

凡人之情,不假饰而发于性。贤者恒任其过,而不肖者恒任其不及。自先王之礼教行,不及者恒苦其勉企,而过者恒苦于抑而不得伸。然是先王之礼教,虽本于裁[财]成而就中,而其意若在伸而不在抑。故夫人子之事,亲生则致其养,病则致其治,歿则致其哀,以为是无以加矣,养而不已而至于鬻子,治而不已而至于割股,哀而不已而至于庐墓,先王犹以为近于厚也而旌之。鬻子而无后,割股而伤生,庐墓而终身,至犯于生人之大训。然先王犹以为过而不以为罪。陈于陵之不食其母,许世子之不尝药,原壤之歌,而宰予之欲短丧,彼固幸而免于一时之法。然圣贤之所以抉其微而刑之万世者,何严也!故夫律此而语彼,而人子之于亲,宁任其过,可也。②

这个文章是在前面也引用过的,就是《为孝廉顾道通追寿父母序》的开头部分。本该为活着的人作的,可要为死者作就是个矛盾。寿序本身与孝相关,提

① (明)李梦阳:《空同集》卷五十七《姜翁夫妇八十寿序》。

② 《弇州四部稿》卷六十一《为孝廉顾道通追寿父母序》。

供机会让读者再次思考怎么孝。孝就是非常个人化的情感表现，而且是社会合意的产物。“先王之礼教”是社会合意的另一种表现，随着社会发展，孝的标准不一样，而选择哪一个孝也是问题。关于这个问题，王世贞的回答是这样：“在伸而不在抑。”与别的寿序相比，这个寿序特别整齐、自然，也是他原来意图的选择，是因为要集中于文章的潮流。反对复古派的人批评复古派的文章过度追求字句的变换及修饰，可是在这个文章中看到的却不尽然。王世贞根据文章的形式、主题、内容运用了丰富多彩的方式。

> 李生之言曰：“某也，九岁而背先君子，二弟方呱呱。盖是时，先君子先已娶有子云。太夫人为后室，而祖母杨老而昵前子，惧某辈长，产当瓜分以薄，而觊我太夫人之易向也。我太夫人日夜抱诸孤泣曰：‘天乎！吾乃爱旦夕命哉？即二三子之胥颠踬无以报地下。’于是，自誓洁束不一问户外事，而侍祖母杨益共谨如新妇时。盖八年，杨殁而前子以昵，故稍荡其业，益恨有某辈也。太夫人重叹泣曰：‘天乎！其终忍灭李氏哉？’乃废箸出僦金田可粥者二十租，踰年仅十租而又坐贷息。故举箸徙僦学旁舍贫益甚。于是，某渐长，稍稍取遗书读之。太夫人躬力作女红絣澼洸，二弱弟则为人佣保给之，盖母子更命并日食也。日予谬从有司荐，乙巳之岁，请告归故里中，具冠服，率二弟，拜堂下置酒，愿得奉顷刻欢，太夫人顾愀然不乐，罢酒久之，乃念先君子与贫时尔。”①

后七子的领袖李攀龙过了非常困难的少年时代。父亲死后，李盘龙的祖母冷待母亲，让他们分居，不给生活费。前妻所生荡尽财富，家无余赀，赖母张氏以纺织度日，两个小兄弟担任杂夫，过着“母子更命”的日子。后来李攀龙母亲过 51 岁的生辰，在嘉靖 24 年(1545)，回到故乡开寿宴，回想到艰难的过去一直流眼泪②。这是王世贞的寿序中比较早期的作品，李攀龙母子过的辛苦的岁月收录在这里。

我们不能不指出王世贞通过寿序赞扬的女性的人生与现代我们想象的有所不同。他反而强调服从和牺牲的传统的女性观，当时在国家层面实施的烈妇表彰

① 《弇州四部稿》卷六十三《寿李于鳞母太夫人序》。

② 这种情况鲜明地表现在李攀龙《为太恭人乞言文》(《沧溟集》卷二十五)。

政策也有所责任。考虑到关于被剥夺机会的女性、活着的女性的人生的作品很少，王世贞的寿序具有很重要的意义，他让我们知道复原女性的人生的重要的手段 。

## 四、朝鲜文坛的反响——代替结言

1622年，朝鲜中期文臣柳梦寅(1559－1623)有一篇祝贺李世温夫妇回婚礼的文字，其序文如下：

> 昔梦寅朝正中国者三，入巨室，见有屏障多在堂。问之，皆为寿亲，已述其事，逐岁成叠。是我国盛擧，未曾覩者。及得近世皇明子集，多载其事，照不朽。…… 道盛事，不可以短韻为也。体中原先序其颠末，次诗歌詠颂之，小者为屏为幃，大者效子集褒縡礼于后代，其可乎?①

柳梦寅在1591年到1609年之间曾来北京三次。他看到屏风上写有祈祷父母长寿的诗文，希望这种文化在朝鲜也能流行。当时明朝的祝寿文化给柳梦寅留下深刻印象，这种祝寿文化是朝鲜王室未曾有的新文化。当时朝鲜十分关注中国的动向。虽然主要是通过正式外交得到信息，但由于对明外交关系到国运，所以即使为了一点小的信息也会竭尽所能。但是当时的祝寿文化对于活跃在对明外交一线的柳梦寅来说也是一个新事物。

柳梦寅目睹的时间前后，在朝鲜也出现了寿序，当时创作寿序的大部分是“学明”最前沿的文人。当时朝鲜和明朝的环境截然不同，自己创作出寿序这种内部条件无法形成。和江南经济的富饶不同，朝鲜由于战乱而国土荒废。维持混乱政局的过程中更加深化了思辨的性理学的认识。因此，国政相对比较安定的14～15世纪也只不过几篇的寿诗序，到了16世纪后半，突然发展成为寿序的形式，这说明很明显外部的力量是推动其发展的原因。这个时期在文学方面形成“学明”，其对象是李梦阳、何景明、李攀龙、王世贞等复古派。明朝寿序并不分流派进行大量创作，而朝鲜寿序是一种通过复古派得到的新文体。

这个时期对复古派文学很有兴趣的文人有尹根寿、申钦、许筠、赵絅、张维、申翊圣等。其中尹根寿的作用最大，我们从南克宽的话中可以了解到朝鲜文坛

① (朝鲜)李梦寅:《于于集》卷四《李正七十六岁，重回壬戌年，夫妇再行同牢宴诗序》。

对其评价。反对复古派的南克宽说："尹、申之后，始知藻绘琢磨，浸以精好，名家如溪、泽，及近日李西河，不必学明，而实有所以然者矣。余尝谓王、李之祸，中国大矣；而在我国，则有破荒之功，宜尸而祝之也。"①他如此说，复古派给中国带来灾难性的影响，但是对于朝鲜文坛来说却有"破天荒"的功劳，对此发挥重要作用的是尹根寿和申钦。尹根寿因"性喜中原"而"倡为古文辞"②的痕迹留下在其文集中。《崆峒诗跋》选录李梦阳的诗，与王勃、杨炯相比③，一封写给王世贞儿子王士麒的信(《上王主事书》)以及和熊化(1576－1649)相互往来的书信中表达了对王世贞的钦慕之情。

通过这一点来看朝鲜最初的寿序《芝川寿序》从尹根寿的手中诞生也是当然的事情。这篇文字是黄廷彧的75岁生日，大约1606年所作，和之前所看的王世贞寿序一样叙事性极强，就像行状和列传的记录那样因叙事和议论错综复杂而被重视④。

把对复古派的主张在寿序创作方面积极实现的人物是申翊圣。他作的寿序总共有8篇，考虑到当时的情况非常不寻常的。很遗憾的是没有留下关于对寿序的认识的文章。但是从他的寿序中，可以看出古文的格式和手法的体现。

到朝鲜后期，寿序的创作很普及，复古派，特别是王世贞为说明创作的当为性不断地被引用。洪启禧(1703－1771)给临近70大寿的英祖举了王世贞的例子，建议写一篇寿序⑤。擅长写小品之趣味浓厚文章的李用休(1708－1782)文集中也有阅读王世贞寿序的痕迹。⑥。特别是在赵天经(1695～1776)给宗丈作的寿序序文也大量引用了王世贞的寿序。文章有些长，可把赵天经的文章和他引用的王世贞的文章先后提出在下面。

---

① (朝鲜)南克宽：《端居日记》。

② (朝鲜)李德懋：《尹月汀》，《青庄馆全书》卷七。"尹月汀根寿，性喜中原，倡为古文辞，朝鲜士大夫文章，能具体裁者，月汀之力也。"

③ (朝鲜)尹根寿：《崆峒诗跋》，《月汀集》卷四。"且又王杨数子，老杜之所许也。今观集中唐初体者，方驾并驱，功与之齐，才全能巨，信此之云。"

④ 对《芝川寿序》的仔细分析，请参见金愚政：《韩国汉文学中的寿序传统和文学的变奏样相》(《韩国汉文学研究》51辑，2013)。

⑤ 《承政院日记》英祖38年11月10日条。"启禧曰：中原人，虽匹庶，七十则皆有贺，故王世贞文集中，七十寿序，过七八卷矣。上曰：王世贞，如卿之勤，故如许矣。"

⑥ 李用休：《许氏家庆卷跋》，《惠寰杂著》卷十二。"王凤洲以文主天下盟，为人作寿序尤多。然其序九十，则顾母钱母数人而已。"

**赵天经《宗丈(允重)八十寿爵宴诗并序》,《易安堂集》卷 2。**

王弇州寿姜翁八十序曰:"苴弧北,有一大星,时平则见,今见于女牛分,以故江东多寿考。"又曰:"星见则天子寿。今天子年号万历,万历者,永永无际也。"噫!粤万历后一百四十馀年,昭阳协洽,即我圣上临御之四十年,而诞降之七十岁,合二庆试大小科,士民之年八九十者,皆赐爵三品,嘉与四方同之。意者苴弧之星,又见于箕尾之分耶?弇州所谓"君臣朝野之盛",一何相符也!公亦以耄年顶玉而腰金,此宗族之庆也。祝嘏之辞,乌可已诸!夫耳不能别声,目不能辨色,委体于牀褥而寿者,所谓造化之愚者也。朝而虞夕餔,秋而无冬纩,劳心于居养而寿者,所谓造化之役者也。身不安而心不宁,刚之过而柔之甚,犯六极而寿者,造化之畸者也。若是者,虽至百岁,何足为贵耶?惟公不然,神明之用不衰,兴居之节尚康;生无吃著之忧,晚有优游之乐;身心俱泰,刚柔兼德;有子有孙,爰及曾玄,公所谓造化之私者也。未知公行何德而向此福耶!餙喜之日,不佞亦随花树之会,以伸敬老之仪,又以诗歌之。

**王世贞《寿归德倅姜翁八十序》,《弇州续稿》卷 32。**

王世贞曰:吾闻之《元命苞》,孤矢南有一大星,为老人星,治平则见。为保章氏说者曰:星今见女牛分。以故江左多寿考云。自司马晋都江左,而文士巨族往往跻显贵者,然其人亦往往不敢望下寿,大抵以为土轻水柔薄体而侈用之故。及余束髮而事,吾乡之老,乃至有百岁者。九十则时见,八十七十则恒见而不以为异,岂所谓保章氏之说果欤否耶?然吾窃于八十七十有恒见而不恒见者,则吾归德倅弋泉姜翁是也。夫寿故不可绳凖例也,今夫乡之人蝇利詈欲动与宪触而获牖下者,此非以德选也,其为造化盗者也。耳目不能别声辨色幸而置其身饱暖 名不出闾左外而寿者,此其为造化愚者也。朝而虞夕餔,秋而虞寒纩,而恒不给而寿者,此其为造化役者也。鳏者独者瞽者聋者跛者夭阉者而寿,此其为造化畸者也。凡吾所恒见此耳,即无论八十虽百岁又奚取焉?而独姜翁自其为诸生试台使者稍以文学进即举德行者偕之恒相甲 盖宗族称孝弟 乡党称忠信 以至荐应天歛国子谒吏部选生平无丝忽寄衰之累于人口 国家重循吏 则姜翁两为嵊衡山令 一为归德倅 所至吏民追思而讴谣之 国家重明师 则姜翁始司丽水训 再司抚州训 皆能以身为棫朴国家重荐贤 则姜翁之于晋于楚 皆衡文柄而得士如王方伯道行者 可指数国家重士节 则姜翁为倅时 方以政最闻 而一旦致其事归两台为之移檄吾州以旌之 姜翁归而杜门读书 即州大夫自公上岁朔一再见外绝不以私请而门生故人时时屈干旄而伸委巷姜翁固如忘也。今姜翁八十矣,而神明之用不少衰,健履却杖,别声辨色,甘匕箸,便谈论。有子为诸生,其子复有孙称曾矣。夫姜翁之寿也,而以德选固也,其寿也而又以福偕,此其为造化私者也,所谓不恒见者也。夫世贞,姜翁门人也。自世贞为是言,而诸为姜翁门人者,咸欲得以为翁寿。吾又闻之,《元命苞》前所谓老人星者,见则天子寿,每于秋分至南郊以候之。今天子之号曰万历。万历者,万寿永永无际也,而其辰曰仲秋。吾弟敬美以进贺行业从诸公卿大夫后效金鉴祝矣。姜翁之悬弧,则孟秋之十日也。《诗》不云乎,"酌以大斗,以祈黄耇。"不佞敢奉大斗而从诸门人之末而寿姜翁,敬以二秋之分伺诸郊,以窃窥我明君臣朝野之盛。

如此,寿序是"学明"风潮的产物,17世纪后半期渐渐进入文艺活动的中心,18世纪成为一种普遍的散文形式。寿序随着社会、文化的发展流行的文学形式。以商业经济发达的江南为背景出现的寿序,通过杰出的作家之手,认定为具有艺术性的汉文散文的形式,可还存在被评为通俗性的问题。因此对于韩、中两国寿序的研究并不只是研究两国文学交流,而是实证地研究社会、文化、经济等文学外部环境对文学形式的产生与发展有什么影响。传统时期的文人反感的寿序怎么能成为文坛的主流?期待研究这个问题成为一种探讨如下问题的文化史、社会史的研究:商业资本和文学以怎样的方式融合;怎样反映身份制度的变化;对于文学的通俗化当时知识分子是怎样应对的。此外,研究这个问题也是一种对当代社会文化基层的知识分子集团的无意识进行分析的心理研究(mentalite research),这具有一定的意义。

另外,与"学明"一起出现的寿序并非是从批评的角度而是从作品论角度能够把握韩中文坛交流的重要资料。对于人来说生老病死是最原始的问题,比起生命的诞生,直面老、病、死等问题时百感交集。比起享受的瞬间,那些记录艰难，痛苦时光的文字更能引起共鸣。从这点来看，寿序所表现的内容，即关乎对于生的热爱和欲望、节制和顺应、伦理和道德等的各种谈论，对于我们正在苦恼的“良好的生活”能提供从人文学角度去省查的机会。我希望这次发表能够引起对因为是应酬文字而被疏远的文章的关注，并且对具体地了解东亚历史上具有重大影响力的王世贞的文学特征起抛砖引玉的作用。

## 参考文献

[1]颜之推.《颜氏家训》[M]. 长沙：岳麓书社，1994.

[2]方鹏.《矫亭存稿》[M].《续修四库全书》，上海：上海古籍出版社，1995.

[3]顾炎武.《日知录》[M]. 黄汝成.《日知录集释》[M]. 上海：上海古籍出版社，2006.

[4]归庄.《归庄集》[M]. 上海：上海古籍出版社，2010.

[5]何景明.《 大复集 》[M].《文渊阁四库全书》，台北：商务印书馆，1990.

[6]贺复征.《文章辨体汇选》[M].《续修四库全书》，上海：上海古籍出版社，1995.

[7]黄宗羲.《黄宗羲全书》[M]. 杭州：浙江古籍出版社，2012.

[8]李东阳.《怀麓堂诗话》[M].《文渊阁四库全书》，台北：商务印书馆，1990.

[9]李开先.《闲居集》[M].《文渊阁四库全书》，台北：商务印书馆，1990.

[10]李攀龙.《沧溟集》[M].《文渊阁四库全书》，台北：商务印书馆，1990.

[11]李梦阳.《空同集》[M].《文渊阁四库全书》，台北：商务印书馆，1990.

[12]刘士鏻.《明文霱》[M]. 明崇祯年间刻本.

[13]陆弘祚.《弇州山人文抄》[M]. 明崇祯年间刻本.

[14]沈义父.《乐府指迷》[M].《续修四库全书》，上海：上海古籍出版社，1995.

[15]汤宾尹.《评林弇州文选》[M]. 明崇祯年间刻本.

[16]永瑢.《四库全书总目提要》[M]. 台北：商务印书馆，1983.

[17]王世贞.《弇州四部稿》[M].《文渊阁四库全书》，台北：商务印书馆，1990.

[18]王世贞.《弇州续稿》[M].《文渊阁四库全书》，台北：商务印书馆，1990.

[19]魏禧.《魏叔子文集外篇》[M].《续修四库全书》，上海：上海古籍出版社，1995.

[20]曾国藩.《曾文正公全集》[M]. 台北：世界书局，1991 年.

[21]赵翼.《陔馀丛考》[M].《续修四库全书》，上海：上海古籍出版社，1995.

[22]《承政院日记》. 韩国古典翻译院. http://db. itkc. or. kr/index. jsp? bizName=MS

[23]金昌翕.《三渊集》[M].《韩国文集丛刊》，首尔：民族文化推进会，1997.

[24]南克宽.《梦呓集》[M].《韩国文集丛刊》，首尔：民族文化推进会，1997.

[25]柳梦寅.《于于集》[M].《韩国文集丛刊》，首尔：民族文化推进会，1991.

[26]朴世堂.《西溪集》[M].《韩国文集丛刊》,首尔：民族文化推进会,1994.

[27]尹根寿.《月汀集》[M].《韩国文集丛刊》,首尔：民族文化推进会,1990.

[28]申最.《王弇州文抄》[M]. 首尔大学校 奎章阁韩国学研究院,刊年不详.

[29]李德懋.《青庄馆全书》[M].《韩国文集丛刊》,首尔：民族文化推进会,2000.

[30]李用休.《惠寰杂著》[M]. 首尔:"中央"图书馆所藏本.

[31]李宜显.《陶谷集》[M].《韩国文集丛刊》,首尔：民族文化推进会,1997.

[32]丁范祖.《海左集》[M].《韩国文集丛刊》,首尔：民族文化推进会,1999.

[33]赵天经.《易安堂文集》[M]. 首尔：景仁文化社影印本,1994.

[34]陈建华.《中国浙江地区十四至十七世纪社会意识与文学》[M]. 上海:学林出版社,1992 年.

[35]陈书录.《俚俗与性灵——王世贞文学创作在思想契合中的转向》[J].,《江海学刊》,2003.

[36]陈必祥.《古代散文文体概论》[M]. 郑州：河南人民出版社,1986.

[37]褚斌杰.《中国古代文体概论》(增订本) [M]. 北京：北京大学出版社,1998.

[38]郭英德、张德建.《中国散文通史、明代卷》[M]. 合肥:安徽教育出版社. 2013.

[39]黄杰.《宋词与民俗》[M]. 北京：商务印书馆,2005.

[40]邱江宁.《士、商融合与文体之变—以王世贞的商人传记为例》[J].《江苏社会科学》,2011(1).

[41]孙礼祥.《论王世贞商人传记中的商妇形象—兼论王世贞的妇女观》[J].《安徽广播电视大学学报》,2004(1).

[42]吴冬红.《宋代自寿词的悲伤意蕴》[J].《广西社会科学》,2007(12).

[43]吴晗.《〈金瓶梅〉的著作时代及其社会背景》[J].《文学季刊》创刊号,北京：立达书局,1934 年,周钧韬编,《金瓶梅资料续编》(1919～1949),北京大学出版社,1990:94－110.

[44]许建平.《王世贞与〈金瓶梅〉的著作权》[J].《河北师范大学学报》(哲学社会科学版),2003,26(4).

[45]赵永刚.《曾国藩寿序文刍议》[J].《厦门教育学院学报》,2010(1).

[46]赵厚均.《赠序源流考论》[J].《文艺理论研究》,2008(4).

[47]张爱波.《论归有光的寿序文》[J].《潍坊学院学报》,2005(5).

[48]周钧韬.《重论〈金瓶梅〉作者"王世贞及其门人联合创作说"》[J].《河南理工大学学报》(社会科学版),2014,15(2).

[49]金愚政.《韩国汉文学中的寿序传统和文学的变奏样相》[J].《韩国汉文学研究》51?,2013.

[50]野村鲇子.《归有光文学の位相》[M]. 东京：汲古书院,2009.

# 王世贞的商人传记创作与复古的现实性意义

朴京男

(韩国高丽大学民族文化研究院,韩国首尔,136—701)

**[内容摘要]**本稿以王世贞的商人传记为例来阐明王世贞的复古并非对与现实无关的古典的模拟,而是在描写当代现实并表现当时人们的生活过程中之必然需要。王世贞的商人传记主要描写了徽州及苏州等江南地区商人的现实,本稿分析了其中的程君、汪玄仪和翁参的传记。据分析可知,程君通过东南沿海的商业和海外贸易成为大贾,汪玄仪以浙江地区的盐业为基础成长为富商。另外翁参控制沿着由长江和运河所形成的东西南北流通要道而成为大贾。王世贞在宣扬这三类商人并评价其价值的过程中,将《史记·货殖列传》中商人与自己时代商人的生活相比较,不仅提高了现实商人的价值,还得以重新认识了长久以来被遗忘的《货殖列传》中的商人价值。称王世贞的复古是为了摆脱台阁体或八股文的文体的观点是只从文学内部来解释的,本稿反思了此种观点的传统倾向并通过分析描写商人生活的"商人传记"中表现出的《货殖列传》中的人物的作品性、现实性的脉络,来阐明王世贞的复古蕴含着对现实的极大关心。

**[关 键 词]** 王世贞;商人传记;明代商人;《货殖列传》;复古;复古派

## 一、序论

"复古"是什么?简单直译就是"恢复古"。那么"古"又是什么呢?广义来看,全面包括"过去(古)的政治、思想、制度、文化、艺术等的精神、物质文化",不过如将其缩小为仅包括文学的范围的话,也许就是"成为典范的古典"。那么如今所谓文学上的"复古"可以定义为今日恢复成为典范的古典精神、文体、作法、字句等等。这个定义乍一看好像很简单明了,但如果仔细追究其意义,则蕴含着难以达成一致的诸多问题。

首先，所谓“成为典范的古典”究竟指的是哪些作品？与明代文学史的唐宋、秦汉古文论争相关联来说的话，像韩愈、柳宗元、欧阳修、苏轼这样的“唐宋古文”作家们的作品是典范吗？还是《史记》、《庄子》、《国语》、《战国策》等的“秦汉古文”为典范？如果都不是的话，《诗经》、《书经》、《易经》、《礼记》、《春秋》、《论语》、《孟子》、《大学》、《中庸》等经典才是典范？恢复古典之语究竟要在今日恢复古典的哪些部分？借来古典的字句写成古色古香而典雅的古文口吻作品是恢复古典之路吗？或者分析、整理成为古典文本的全体构成和作法并活用于现在的创作是否可行？在今日继承自由自在地用字句、文体、作法写古典的作家的精神，是否可行？进一步如何做的话可以学习古典作家的精神，如何做可以习得古典作家的文体和作法及字句呢？整个背诵古典文章或胡乱抄袭，可以自然而然地习得古典的一切吗？不，这样的方法仅是模仿字句或文体，对真正要继承重要的古典作家精神来说不是无用之物吗？那么通过分析构成和作法并习得可以继承古典作家的精神吗？这个也不是的话，摆脱背诵和抄录及分析的方法，刻画自身面临的现实，推论想象有着与现在相似烦恼的古典作家的想法和情况的同时努力提出现实的应对方案，就是今日恢复古典精神吗？

“复古”这句话及定义中“古”意味着什么，“如何”继承“古”的“哪些部分”？实际上一直到现在也在提出。就仅限于王世贞(1526～1590)来说，他的反对者对王世贞将“模拟古文的字句”误解为是继承古典这一点加以无数的非议，相反他的支持者称赞王世贞均衡吸收各时代的文体并“随心所欲地活用、构思古今各体的诗文。与其研究后代人的批评，不如直接考察其文学观及作品的实际，笔者认为即使王世贞的作品中存在一部分模拟的侧面，整体上后者的评价完整地反映了其作品性的成果。只是肯定或否定地评价其作品性的成果的以上诸论文共同地只在古典的学习和继承及活用的侧面审视其“复古志向”。此外，关于王世贞主张“复古”的理由也称作是打破以前时期台阁体和八股文的拘束这种方式向来主要在文体方面加以审视。不过，笔者认为这样的论议疏忽了比起任何人曾对当代现实敏感，且想要最热情丰富地再现当代现实的王世贞的另一个真面目，因而逻辑上无法使王世贞文学的“现实志向”与其“复古志向”相关联。因此在本稿王世贞的文学里“古典”得到传唤的最重要的动机及契机之“现实”，凸现为理解其“复古”与其“文学”最为重要因素之一的同时，将“王世贞”与“复古派”论议过程中与实际情况不同的被疏忽的其文学的"现实志向"的侧面作为其商人传记的例子显现出来。此过程中王世贞对《史记》等秦汉古文的再评价不是在与现实无关只是书呆子似的背诵、抄录古典的过程中产生的，而是证言并再现当代人生活的过程中所需要的，在此希望能够完全地阐明这一事实。

在中国或韩国，向来大都从文学史研究的视角作为复古派的一员来介绍王世贞，直到最近有关"王世贞"的单独研究才显著增加，而且对于真相进行新的接近与解释的研究也不断出现。①此外，对复古派的视角在文学史的概论性的介绍中也大致以"拟古"或"模拟"的否定的视角来论议的倾向占据支配地位，但是随着单独研究"复古派"②，以及进一步更加集中探究王世贞的研究不断增加，不能简单否定为"拟古"或"模拟"的王世贞及复古派的多面实体已经从多个角度被阐明。③ 通过年谱，不仅王世贞的生涯得以呈现，也呈现出了与严嵩等腐败权力对立的批判性知识分子面貌，足以说明他的文学理论不是单纯的模拟，而是通过对古典的充实学习来创造新文学。④此外围绕钱谦益提出的弇州晚年定论的真实性引起争议的同时，不管是否同意王世贞文学的初、晚年的变化，不仅秦汉古文，还将包括唐宋古典作家的王世贞文学观的包容性一面显示出来，更进一步，晚年的茅坤与王世贞的交游及文学观的同样的志向也得以呈现，并指出在唐宋派和

---

① 关于王世贞的研究最近以下两篇论文中扼要整理了研究史。鲁茜、姚红卫(2012—2)；李世林(2011—1)。此外，在此之前的薛瑾(2010)《绪论：关于王世贞研究现况》中分为"文学"和"史学"概括地整理了研究现状。大体上从1980年开始关于复古派与王世贞的研究有所增加，研究观点也摆脱了否定性的评价，客观地探讨其文学性实体的倾向开始增加，而且1990年代之后进行了关于王世贞的值得关注的单独研究。

② 代表性研究有廖可斌(1994)；陈国球(2007)等。本稿脱稿后出现的最新研究有郑利华(2015)出版的一书，此书中对前后七子一直以来的研究成果作了概括，并以本人的视角对前后七子出现的时代背景及他们的文学和思想作了一目了然的整理，很值得一读。

③ 详细的研究目录用①的研究史代替，在此仅简略展示各领域的代表性研究目录。与王世贞的生涯和年谱相关联的许建昆(1976)；黄志民(1976)；郑利华(1993)等对此进行了详细的考察，王世贞的文学思想研究参考了朴均雨(1990)；卓福安(1991)；丽波(2003)；孙学堂(2004)；元锺礼(2004、2005)；郑利华(2009)；樊恒勇(2013)等。关于《艺苑卮言》的研究罗仲鼎(1992)和李燕青(2010)很详细。一方面与朝鲜的王世贞受容史相关的研究依据最近与拟古主义和秦汉古文论受容关联的金容太(2014)，夏志永(2014)再次整理。

④ 参考代表性的研究郑利华(1993、2009)。

复古派的对立局面中理解王世贞的流派性理解的局限。①

这些足以显示有关王世贞与明代中叶之后的文学的研究,越深化,越不能将其文学看作单纯的"模拟"或"复古"。可是,直到现在的研究,大体上仍局限于"文学论"本身的论议而展开,分析王世贞的作品欲寻究其文学的实体的努力直到现在也是非常不足。因此现在王世贞文学研究通过阐明其作品的实体到了阐明其文学新创造了什么,如何反映现实,与其复古文学观如何联系的时候。本稿本着完善扩充笔者的以前研究的意义,全面分析王世贞的商人传记,并从中体现出与其想要体现当代现实的其作品的实践在古典中寻找文学和生活原型的复古的文学观幸福相遇的一个方面。

## 二、王世贞的商人传记概括

笔者几年前在反省地探讨朝鲜文人金昌协(1651～1708)的批评过程中,曾阅读了他批判的王世贞所作的商人墓志铭。当时笔者仅用图表粗略地展示了《弇州四部稿》和《弇州续稿》中收录的 48 篇商人(商妇)碑志文,其中以《处士南野顾翁墓志铭》为例进行分析,曾指出王世贞的商人墓志铭从"新阶层的文学的受容"、"当代现实的写实性深刻描写"、"墓志文体裁的扩大"、"等级身份意识的破除"等方面对碑志文体裁进行了创造性的革新。② 本稿中将其范围稍加扩大,综合描写商人、商妇的生活与一生的墓志铭、行状、传、寿序等体裁简单地命名为"商人传记",并探讨其概况。

笔者将目前为止发现的王世贞的商人传记总数,如在图表中所示《弇州四部稿》中收录的 22 篇(表 2)和《弇州续稿》中收录的 47 篇(表 3),合并在一起一共 69 篇。③其中单葬、合葬的商人、商妇的墓志铭、墓表、神道碑、墓碑合在一起的商人碑志文 57 篇,传 8 篇,寿序 3 篇,行状 1 篇。各个作品的题目之下没有干支标记,且通过内容也很难推论的部分很多,所以不能明确创作年代。只是考虑到

① 关于王世贞的晚年定论最近的论议参考魏宏远(2008－4a、2008－4b);李光摩(2010－2)。茅坤与王世贞的交游及文学观的同样志向参考朴京男(2010b)。

② 参考朴京男(2010a),207－208 页。

③ 概括地考察王世贞的商人传记的孙礼祥(2004)在没有明了地阐明何为对象作品的情况下提出王世贞共创作了 64 篇商人传记。笔者通读《弇州四部稿》、《弇州续稿》增加了 5 篇,找到了共 69 篇王世贞所作的商人传记,并以图表的形式整理出来。

《弇州四部稿》发刊于1576年(51岁),其中收录的22篇作品应是51岁前所作,《弇州续稿》中收录的47篇作品为之后所作,可以确定王世贞刊行《艺苑卮言》(1558,40岁)显示出独树一帜的文艺观,是李攀龙(1514～1570)死后作为文坛领袖深受尊敬的40多岁之后的作品。

如图所示,考察王世贞创作商人传记的原委可知,大体上是受故人之子或姻戚、孰人等的委托而作的。这表明了其商人墓志铭的创作是按照想要缅怀父母、姻亲生活的子孙后代们拜托有文采的名望之人作墓志铭这样的一般惯例而作的。当然即便如此,将王世贞的商人传记创作看作与作家的创作欲望及意向无关的被动行为的话,这是没有真正地理解真相。因为除了商人子弟的汪道昆之外,王世贞的商人传记不仅数量上压倒了其他明代文人的商人传记创作①,而且内容上也可发现其想要在多样具体地描写商人的现实的同时,还有着继承司马迁的《货殖列传》且重新审视被冷落的商人阶层的生活的明确创作意识,之后章节将对此展开叙述。

最后,王世贞的商人传记中出现的商人按地区分布的状况如表一所示。从王世贞文集中收录的68篇商人传记的地区分布图可知②,徽州商人和苏州商人数为55名,大约占了80。9%。此外,安徽省、江苏省、浙江省等长江流域的江南地区商人们共63名占据了92。6%。如统计所示的一样,王世贞的商人传记可以概括为再现以自己故乡江苏省太仓周边的苏州、徽州商人为中心的,生在长江及太湖流域的江南地区商人的生活。因此以下将以代表性的几个作品为中心考察作品中刻画的江南地区的现实及商人的生活,探讨想要给这些商人的生活赋予一定的意义及价值的王世贞的创作意识。还有在此过程中品味将《史记》等古典著作作为文学典范的其“复古志向的文学”是如何在与反映当代人的生活与现实的创作实践相结合并形成新的性格与意义的。

---

① 除了王世贞以外,李梦阳、李攀龙、归有光也创作了8篇商人传记,钟惺4篇,谭元春2篇。除此之外袁宏道等多数明代文人留下了一篇左右的商人传记。王世贞以69篇的商人传记在数量上占有压倒性的优势。明代文人中比王世贞写有更多商人传记的汪道昆作为商人子弟共有112篇商人传记。关于此参考孙礼祥(2004);耿传友(2002)。

② 《弇州四部稿》、《弇州续稿》中收录的商人传记共69篇,但因其中《潘次公吴媪偕寿九十序》系为同一人物所作的两篇,所以以68篇为对象调查了各地区商人分布情况。此外以商人夫妇为对象之文不计为两人,而是按同一地区的一人计算。图表的占有率为换算后的百分比。

**表 1:王世贞商人传记按地区商人分布表**

| 省 | 出身地域 | 占有率 | 作品(四部稿 所收 / 续稿 所收) |
|---|---|---|---|
| 安徽省(27) | 徽州商人(27) | 39.7 | 赠程君五十敘、孙义卿传、明故征仕郎仁斋程君墓表、明故赠通议大夫兵部右侍郎汪公神道碑、程君汝义墓碣铭、太学生金君三园行状 / 潘次公吴媪偕壽九十序、佳山吴鸿胪七十寿序、节孝汪吴传、程母传、许本中传、毕处士暨配吴孺人合葬志铭、清溪蒋次公墓志铭、程于行墓志铭、将仕佐郎太医院吏目春溪张君墓志铭、黄母吴太孺人墓志铭、吴淑人墓志铭、潘配吴伯姬墓志铭、程师文墓志铭、处士汪次公继妇许孺人合葬志铭、处士程有功暨配吴孺人合葬志铭、程处士汝宜暨配金孺人合葬志铭、新安程君墓志铭、程处士惟清墓志铭、罗山汪次公暨继配杜孺人合葬志铭、处士吴介石翁墓表、封通议大夫兵部右侍郎汪公神道碑 |
| 江苏省(28) | 苏州商人(22) | 32.4 | 许长公小传、张隐君小传、明封承德郎礼部祠祭署郎中东娄徐公暨配陈安人合葬志铭、明故处士沙洲欧君暨配孔孺合葬志铭、明故太医院吏目征泉刘君墓志铭、明故处士闲谿朱公暨配宋孺人合葬墓志铭、明故处士云槎张君墓志铭、明故郑母唐孺人墓志铭、明封文林郎浙江处州府推官东林张翁墓表、处士友荊王翁墓表 / 处士春山翁君暨配吴姥合葬志铭、金君夫妇合葬志铭、布衣王全美暨配郁节妇合塟志铭、承直郎通判归德府事弋泉姜公暨元配王安人墓志铭、太医院冠带医士竹逸吕翁暨配锺孺人合葬志铭、故听泉张翁暨配洪孺人合葬志铭、吾山王次公墓志铭、守愚时君暨配沈孺人合葬志铭、封承德郎南京兵部车驾清吏司主事蓉泉史公墓志铭、汪处士希胤墓志铭、蔡孝廉琳泉墓志铭、赠文林郎徐君新墓碑 |
| | 常州商人(6) | 8.8 | 赠登仕郎鸿胪司宾署丞古沙朱君暨配王孺人迁葬墓志铭、明处士王守愚暨配蒯孺人合葬志铭 / 龙洲顾君暨配徐孺人合葬志铭、处士南野顾翁墓志铭、例授指挥佥事一川于君墓志铭、王处士有年暨冯令人合葬志铭 |
| 浙江省(8) | 杭州商人(3) | 4.4 | 无 / 朱孺人墓志铭、鹤洲黄处士配王孺人墓志铭、恩例冠带卓见斋翁墓表 |
| | 宁波商人(2) | 2.9 | 渔江沈君墓志铭 / 屠丹溪公墓志铭 |
| | 嘉兴商人(1) | 1.4 | 无 / 赠奉政大夫近溪项公配陈宜人墓志铭 |
| | 龙游商人(1) | 1.4 | 无 / 童子鸣传 |
| | 遂安商人(1) | 1.4 | 无 / 耆德拙斋詹翁墓志铭 |

| | | | |
|---|---|---|---|
| 湖北省(2) | 武昌商人(2) | 1.4 | 封兵部员外郎龙溪刘公墓志铭、赠中宪大夫邵武府知府吴公暨配李恭人墓表 / ?? |
| 山东省(2) | 历城商人(1) | 1.4 | 李大夫张太恭人合葬墓表 / 无 |
| | 东明商人(1) | 1.4 | 无 / 封礼部员外郎穆太公墓表 |
| 四川省(1) | 蜀商人(1) | 1.4 | 无 / 张隐君传 |

## 三、明代商人的成长与三个自营的例子

王世贞的商人传记以表明生卒年份的人物为基准来看的话，刻画了生于1467年至1588年间的人物。记住王世贞卒于1590年的话，他直到其临终前仍对同时代的人物，且还是“商人”这一底层阶级人物的现实生活给予了关心。其实与“复古派”的形象所传达的色彩不同的是，他的生活与文学在其整个生涯中始终都不是“古”，而是“今”。就如与担任首辅近20年且专横成性的严嵩(1480～1567)不断斗争一样，王世贞始终对现实的腐败政治权力保持着批判的观点。由此可知经历了因权力者严嵩而失去父亲的悲痛的，更加切身感觉到现实权力首辅的力量与角色的重要性。他以在现实中的自身经历与间接听说的见闻及史料为依据，于1590年完成当代首辅传记《嘉靖以来首辅传》，文中收录了从1517年(正德12) 11月～1524年(嘉靖3) 3月时任首辅的杨廷和(1459～1529)到1583年(万历11) 4月～1591年(万历19) 9月历任首辅的申時行(1535～1614)的传记。如果说王世贞作商人传记来证言士农工商中最底层的当代商人的生活的话，通过相当于宰相传记的《首辅传》以批判性的历史家眼光严正地记录评价了士阶层中最高层的内阁首辅的生活。实际上除了他自身的文集《弇州四部稿》、《弇州续稿》之外，还编纂了整理明代的历史及制度的一代实录《弇山堂别集》(100卷，1590)①，还有为了记述自己所处时代的历史而留下的庞大的历史史料《弇州史料》(100卷，董复表编，1614)，由此看来王世贞是一个文章家之前，首先是一位想要立足于事实与资料整理自身时代全阶层的生活与制度的热情的历

① “《弇山堂别集》者，大司寇王元美先生著也。…(中略)… 此则国朝典故，此一代实录云。”(明·陈文烛:《弇山堂别集序》,《弇山堂别集》,北京：中华书局，1985年)

史家。① 记录明代商人生活也并不是与这样的历史家的态度无关的，他在所作的商人传记中不断地提起历史家典范及文章家标本的太史公司马迁，召唤商人传先河的《史记・货殖列传》中的人物。这是自班固(32～92)以来被否定的《货殖列传》②这一古典文本被重新发现及给在长时间的历史时期被冷落的商人生活赋予正当的价值。可以近在咫尺地听闻明代江南商人的现实，使得王世贞重新认识长时间受抛弃的《史记》文本之一的《货殖列传》这一古典著作，使得埋没于列传中没能被赋予的有价值的商人的名字一个个被呼唤并清晰地反复回味。

那么王世贞遇见的真实的商人究竟是何样的人物，16 世纪明代中叶的商人阶层中发生着何事呢？限于纸张不能全部介绍王世贞碰上的近 70 名的商人，所以本稿首先将从成为商人的条件与动机，商业活动范围及业种，以及从晚年互不相同的道路可以清晰区分的程君、汪玄仪、翁参这三个江南商人作为例子介绍，并且具体阐明明代商人多样的成长过程与途径。

(1)成为商人的个人动机

> 程君者，新安人也。新安，僻居山谿中，土地小狭，民人众。世不中兵革，故其齿日益繁，地瘠薄，不给于耕，故其俗纎俭习事。大抵徽俗人十三在邑，十七在天下，其所蓄聚，则十一在内，十九在外。自程君年甫髫，而从其舅，江、淮间，为下贾。③

> 公与谋什一之业，以为徽指众而寡积，聚未易豪也。槖装客燕、代，遂大起盐筴，游贾东海诸郡中，以其筴资，诸从昆季，咸饶沃，遂推公为盐筴祭酒。④

---

① 关于作为史学家的王世贞与其史学方面的著述的研究参考孙卫国(2006)。

② “其是非颇缪于圣人，论大道则先黄老而后六经，序游侠则退处士而进奸雄，**述货殖则崇势利而羞贱贫，此其所蔽也。**”(《汉书・司马迁传》)强调部分为引用者所加。班固用不毁损儒家的礼教秩序及身份秩序的方式增删自身对《货殖列传》持有的这样的批判性观点。不过其后的史书中商人传记之《货殖列传》干脆从目录中删除，所以想要将商人在正史中立传的司马迁的精神在班固之后没能得到完全理解或继承。

③ 《弇州四部稿》卷六十一《赠程君五十叙》。

④ 《弇州四部稿》卷九十六《明故赠通议大夫兵部右侍郎汪公神道碑》。

处士生而風骨隆隆，起出就外塾，讀书了大義，然不樂受博士觚翰曰："與而曹一握筭子，能縱橫哉，夫子貢去我，何幾？"父異之，大出槖中装，俾客遊。①

以上三个引用文是按顺序截取于《赠程君五十叙》、《明故赠通议大夫兵部右侍郎汪公神道碑》、《处士春山翁君暨配吴姥合葬志铭》的。三段文字分别为赠叙(寿序)、神道碑铭、墓志铭，在用途上稍有不同，但是文中全都概括地归纳了江南商人的生涯。第一个引用文中新安人程君的生活，第二个中的徽州商人汪玄仪(1468～1548)的生涯，第三个则记录了苏州洞庭商人翁参(1493～1572)的轶事。引文简略地叙述了他们人生的前半部成为商人前往异地的原委。如在第一个引文下端所见程君"年甫髫，而從其舅江、淮間，為下賈"开始的。正是在父母怀中撒娇的年纪却没能接受像样的教育，被舅舅拉到了职业的现场。不得不这样的理由是因为他的故乡新安"土地小狹，民人衆"，再加上"地瘠薄，不給于耕"。

不过，第二个引用文的主人公汪玄仪虽是出身于同一地方(徽州＝新安)，但却在比程君好得多的条件下开始经商，由此可见程君之家在成功变成大贾之前在徽州地区也是属于毫无寸地的最贫困之家。即使出身于相同的徽州，汪玄仪的家门从父辈起使用奴婢②，开始"谋什一之业"，只是在徽州地区"指众而寡积"因而"聚未易豪也"的判断下自发地离开家乡走上了客商之路。而且他在缠带中收到以轻且值钱的物品作为资本离开故乡，所以作为富裕的商人家庭子弟在比程君有着更加有利的条件下走上了从商之路。

苏州商人翁参是作为残留在地方的武官出身乡班子弟从商的情况。据他的墓志铭中记载宋代武官千夫长翁承事扈从皇帝从大梁(开封)南下到苏州在洞庭定居并成为该地区甲族③，很明确开始并不是商人家庭。不过从除了翁承事以

① 《弇州续稿》卷九十二《处士春山翁君暨配吴姥合葬志铭》。

② 墓志铭中有汪玄仪十四岁时捆绑教训顶撞父亲不逊的奴婢这一轶事。"公年十四而亡宠于父也。悍奴语弗顺，父恚，孰视之不能诘。翁操大梃，掊而诟之曰："奴叛，法当死。"奴魄夺，蒲伏受杖，父以是心異公。"(《弇州四部稿》卷九十六《明故赠通议大夫兵部右侍郎汪公神道碑》)

③ "翁之先世为大梁人，宋中叶有讳承事者，以千夫长从扈蹕南渡，既倦游，闻东洞庭之僻且有伏腴曰："是可托而树也。"聚其族近百人居焉，遂称其乡甲族。凡十七传，而至处士父，皆长者。"(《弇州续稿》卷九十二《处士春山翁君暨配吴姥合葬志铭》)

外没有记录其他优秀的祖先这一点来看，可知之后没获得官职留在苏州形成集姓村并从事农商，而且在苏州洞庭地区被称为长者成为受尊敬的家族。由此翁参虽然年幼时在念外塾可以学习文章的环境中成长，可是从出生开始骨气与众不同，体质上好像不适合作一名坐在书桌前读书的书生。第三个引用文中描述了翁参可大概读懂文章意思后就不再继续“背诵经典作文章”的科举学习，而是将是孔子弟子且善货殖的子贡作为榜样，率领志向相同的地区亲族集团走上客商之路这样的场面。其父亲也认为这样的儿子难能可贵自然而然地给予了雄厚的资金（“橐中装”）。

生于江南徽州及苏州的三人各自的处境及境况是那么的不同，但是或是因“自身的生计”（程君）或者为了实现“富豪之梦”（汪玄仪），或是“将纵横天下的子贡作为榜样”离开故乡开始了商人的生活。程君开始在离徽州较近的长江和淮河一带的江苏省与安徽省中部地区开始行商。而且不知不觉间成长为中贾，避开当时出没于东南海岸专门掠夺的倭寇这个外患，转移到更加内陆的湖南省一带（湘楚）继续做买卖。而且等再积累些资金后去往从明初开始允许通过市舶船进行海外贸易的广东、广西省海岸贩卖从越南、泰国、西洋诸国进口的外国的稀贵物品“珠玑、犀象、香药、果布”，不到几年时间就成长为大贾。①

另一方面，希望成为富豪的徽州出身的另一个年轻人汪玄仪一开始就干脆北上到遥远的北方，在河北省东北部（燕）和山西省西北部（代）地区以客商身份活动。后来汪玄仪很快就转为盐商，从其行迹来看可知在远离故乡的燕、代地区开始商业活动是极有目的的选择。可以这样推论的理由是因为直到汪玄仪人生的 16 世纪中期，明朝通过开中法这一制度掌管盐业，这是对先给北部边防调集军粮的商人政府作为运粮的代价给予盐引，使其负责盐的运输与买卖制度。对这一制度非常了解的汪玄仪在河北一山西省一带进行商业活动的同时，密切关

① “自程君年甫髫，而从其舅江、淮间，为下贾。已进为中贾属，有外难脱身归，则转贳湘楚，稍稍徙业二广，珠玑、犀象、香药、果布之凑，盖不数年而成大贾。”（《弇州四部稿》卷六十一《赠程君五十叙》）中国南端的广东地区海外贸易情况参考《明史·食货志》以下章节。“明初，…（中略）… 海外诸国入贡，许附载方物与中国贸易。因设市舶司，置提举官以领之。…（中略）… 洪武初，设于太仓黄渡，寻罢。复设于宁波、泉州、广州。宁波通日本，泉州通琉球，广州通占城、暹罗、西洋诸国。”原文中的占城为位于越南的东南沿海地区的国家，暹罗指泰国。因广东、广西地区 除了受市舶司管制的公贸易以外，还是私贸易盛行之地，所以短时间成为大贾的程君通过私贸易获取巨额利润的可能性很高。

注户曹的盐筴策，接当年告知“上纳米搬运仓库及需要数量”的榜然后，快速调集军粮以得到获得盐引的资格。还有南下到与家乡徽州很近又是当时以第二的产盐地闻名的东海的浙江省地区，开始运输和贩卖盐并且确保了大量资金。①此外利用这些资本，如第二个引用文下段所见，与亲族一起作为盐商活动且作为代表浙江省杭州地区的盐商集团的盐筴祭酒受到拥戴。

翁参的活动范围更加广阔规模很大。他主要随着长江和运河的水路而移动。坐船游走于江南地区从长江支流的湘水和汉水，这两个支流汇合处的长江中流湖北省荆州（江陵）到长江下游的江苏省扬州（广陵）处，横穿了长江流域的湖南、湖北、江西、安徽、江苏省。另外在北方游走于与首都北京较近的河北省和山西省地区（燕、赵），考虑当时商人们的路线时这几乎可以确定是沿着连接杭州一扬州一临清一北京等主要商业都市的京杭大运河一路而上的。他沿着连接东南西北主要都市的长江和运河搬迁漂泊的同时利用各地区物产的价格差异，每到一个地方以两倍左右的高价卖出获得了很大的利润。而且由于如此通过水路很了解物资流通的趋势，他在中国整个地区的物产和巨商们聚集的”“绾货咽”一山东省临清这个商业都市准备了自己的据点。②

（2）成为大贾后的生活

三人成为商人的动机存在细微差异，最初的人的，物的，情报的基础条件不同，商业活动的地区与范围也有很大的不同。程君通过东南沿海的行商及海外贸易成为大贾，汪玄仪以浙江地区的盐业为基础，翁参掌握随着长江与运河的水路形成的东南西北流通要道，结果都跻身于大贾行列。他们通过互不相同的途径成为富裕的商人，但是成为富商大贾后也都互相采取看似相同却稍有不同的

① 与作为汪玄仪的盐商活动背景之明代的盐业政策及开中法有关的事项参考郭正忠主编(1997)，565～603页。此外，被引用的原文中仅简略地叙述了汪玄仪“遂大起盐筴，游贾东海诸郡中”，此处的东海诸郡通过罗山汪次公墓志铭来看指的是浙江省武林（杭州）。“赠公之鹾盐武林也，实挟次公以从。”(《弇州续稿》卷一百二十三《罗山汪次公暨继配杜孺人合葬志铭》）赠公为汪玄仪，次公指次子汪良植（1504～1579)。

② “大出橐中装，俾客游。因挟其从季赞，南浮湘、汉，止江、广二陵，北狗燕、赵，所至获辄倍为高赀。而息于清源曰：‘绾货咽也。’清源，多巨贾。”(《弇州续稿》卷九十二《处士春山翁君暨配吴姥合葬志铭》)。清源为临清的旧称。关于明代江南商人通过大运河及水路成长部分参考曹永宪(2011)。关于作为运河交通的中心地的临清的经济、地理、文化的性格的总结信息参考全国政协文史和学习委员会、政协山东省临清市委员会(2010)。

行动。下面继续考察成为大贾后他们的具体行迹。首先看有关程君的部分。

> 盖不数年而成大贾，门下受计出子者，恒数十人。君为相度土宜、趣物候，人人授计不爽也。数奇则宽之，以务究其材；饶羡则廉取之，而归其赢，以故人乐为程君用。而自程君成大贾，其族之人，无不沾濡者，盖尝治棺槥封土，以给无后之丧而为之，食其失子之笃老，又常推遗托以教养失父之孤，而使之成立。徽人固啧啧推程君谓"好行其德者"哉！①

通过上文来看成为大贾后程君的特征可以概括为以下两点。一是展示了"作为优秀经营者的天赋"，另一个是"行善于亲族"。通过东南海岸的商业和贸易成为大贾后，他定居在家乡徽州开始了栽培适合徽州地区的土壤和气候的季节农作物的农业经营(或者说山林经营)。当然出入他的家门"受計出子"的这些人如果是像汪玄仪一样在近处最大的盐产地两淮、两浙从事盐业的话，借出资金收取利息的典业是程君兼业的可能性也不是没有。因为15世纪开始在徽州地区从事典当业的商人们已经形成了。② 不过从上文中程君"相度土宜"、"趣物候"，与诸人一起栽培收获什么东西之事来看，像是进行栽培非水稻而是与徽州的低丘陵山地相符的新作物的实验。

徽州的茶和木自宋代以后被认作为一个产业材③，后代的记录中也将这两种作物以徽州商业的四大宗登场④，从这一点来看，也许程君开发了这类作物中

---

① 《弇州四部稿》卷六十一《赠程君五十叙》。

② 关于明清代徽州的典当商人部分参考郑小娟、周宇(2012)。

③ 徽州的木和茶自宋代起被认作为一个产业材受到了地区居民的关注。"东南趋睦而近歙，民物繁庶，有漆楮材木之饶，富商巨贾，多往来江浙。"((宋)方勺:《泊宅编》卷五)"休宁山中宜杉，土人稀作田，多以种杉为业。杉又易生之物，故取之难穷。"((南宋)范成大:《骖鸾录》乾道九年正月三日，《范成大笔记六种》，北京：中华书局，2002年，第45页。)"朱元者，徽州人，蔡京改茶法，元为茶商，坐私贩抵罪。"((南宋)洪迈:《夷坚志》甲集)另外明代新品种的松罗茶得到开发并流行了。"徽郡向无茶，近出松罗茶最为时尚。"(〔明末清初〕徐树丕:《识小录》)

④ "徽郡商业，盐、茶、木、质铺，四者为大宗。茶叶六县皆产，木则婺源为盛。质铺几遍郡国，而盐商咸萃于淮、浙。"(《五石脂》)；"邑中商业以盐、典、茶、木为最著。"(民国《歙县志》卷一《舆地志、风土》)以上为再引用的张海鹏，王廷元主编:《明清徽商资料选编》，合肥：黄山书社，1985年，第109—110页。

材质更好的新品种也不一定。不过因为没有表明具体的作物名称无法加以确认。不管怎么说他集体栽培跟徽州的土壤和气候相宜的作物直接负责此事的农民拿来的的作物"收获量即使很少"也不发火，而是"宽容以待"并勉励他们对那种作物的"材质进行研究"，"多有剩余"时自己那份"少拿"将"利益返给"干活之人，由此成为受到受雇之人的欢迎的经营者。

另外他自身赚来的钱分给需要帮助的亲族来行小善。鳏寡孤独自古就是国家需给予保护没有依靠之人，程君"给没有子孙之人施葬礼"，"赡养失去子女的衰弱老人"，"养育失去双亲的孤儿并帮助其独立"，一己商人履行着国家的福利政策。因此他如在引用文最后可以确认那样受到了"徽人"的"好行其德者"这样光荣的称赞。

简而言之，程君的事例展示了 16 世纪中期以江南的徽州商人为中心的在宗族内部商人的贡献度很高的一种典型的面貌。而且是展示了将通过海外贸易赚取的商业资本与同族集团的劳动力相结合改良、栽培相依于土壤和气候的作物的商人出身的经营型富农的形成的一个精彩事例。①

下面讲述浙江省的盐贩子汪玄仪和定居山东省临清的翁参的故事。两人成功成为大贾后的生活表面上看是相反的感觉。一人满足自身取得的成功然后隐退致力于教育后代，另一人则老当益壮展开了积极的社会事业。首先来看过着隐退人生而更加高升的汪玄仪的轶事。

> 公至六十，即罢贾归休里。群贾挽公谓："祭酒，方为我曹筴成败，奈何舍去？即二子才，年少，恐不能无得失。"公谢曰："老不任道路矣。…（中略）… 吾安能仆仆刀锥，为二子守虏也?"无几而封侍郎君举道昆，三年矣，而公授之诗百篇，辄诵。公以行酒喜曰："是能出我家于贾者，吾不偷甘食好衣，而毋事蓄藏之产业者，以此儿耳。"②

---

① 关于在徽州等商业发达的地区商人资本与宗族相结合部分参考傅衣凌(2007)，77～79 页(此论文《明代徽商考》于 1947 年发表于《福建省研究员研究会报》第 2 期)。关于此的韩国研究参考朴元镐(2002)，136～160 页。关于江南地区的富农经商参考傅衣凌(2008)，121～146 页(此论文发表于《厦门大学学报》1957 年第 1 期)。只不过傅衣凌认为商人资本与宗族集团的结合"冲淡了对于生产技术改革的要求"(同上，2007 年，第 79 页)的同时对此种结合给予了多少有些否定的评价，就程君的情况来看这样的评价需要再考虑。

② 《弇州四部稿》卷九十六《明故赠通议大夫兵部右侍郎汪公神道碑》。

上面的引用文显示了年至六十的汪玄仪的面貌。他不知何故在所有的商人全部挽留的情况下还是决心回故乡了。中间省略部分记述了他梦想中的生活，贩卖盐成为大贾后商人之间被拥戴为盐筴祭酒而活跃的他现今摆脱这个负担，只是希望梦想过“家里祭祀”，“招待客人”和“在楼亭休息”这样朴素的生活。①年轻时在狭小贫瘠的家乡徽州认为不能成为富豪，想要一下子实现梦想而驰骋到北部首都和边防闯进盐业的他在自己的愿望都实现后就计划着隐退的生活。将自己赚取的财产和盐筴祭酒这一职位全部传给子女，可以看出如今的他想通过后孙实现新的梦想。

汪玄仪将事业传给两个儿子汪良彬（1504～1580，吴孺人所生）和汪良植（1504～1579，黄氏所生），一方面通过儿子尽量继续维持作为生计的盐业②，一方面想要通过封侍郎君（汪良彬）之子也是自己孙子的汪道昆来实现自己及儿子辈没能实现的其他梦想。正如上述引用文的后半部所见他在隐退后教不过才三岁的孙子背诗并且迫切地希望在孙子汪道昆这一辈将自己家门从“商贾”的生活中摆脱出去。也许因为那是通过自己走过的生活，切身体会到身份上卑微的商人生活即使有再多的财产还是不能受到人格上的尊敬，不能得到社会上的认可，只能是政治上的弱者。

14 岁时他曾对睚眦不逊的奴婢发火并且代替怒而不言的父亲体罚教训奴婢。③此外长大成为盐筴祭酒时也有因来到浙江的镇守太监刘景的横行霸道差点儿失去弟弟的惨痛记忆。因为宦官刘景利用身为盐筴祭酒收取地区商人的盐税充当公吏角色的自己要向商人勒索贿赂，自己躲避所以抓住最小的弟弟欲杀之。④不

---

① “家岁赋秫六百釜，可以粢盛，秫半之，可酒浆。洿池其间，可网罟，以羞客旁舍，竹十亩，轩二楹，于吾计，足矣。”（《弇州四部稿》卷九十六《明故赠通议大夫兵部右侍郎汪公神道碑》）

② “赠公晚而息贾，听封公及次公也。…… 久之修其业，见推为盐筴祭酒。”（《弇州续稿》卷一百二十三《罗山汪次公暨继配杜孺人合葬志铭》）。赠公指汪玄仪，封公指汪良彬，次公指汪良植。

③ “次公生十四，而无宠于父也。有奴睚眦，父怒而不言，公辄奋白挺诟曰：“奴无礼于家大人，罪当诛!” 奴蒲伏受杖，乃白罢之，而里中壮之矣。”（〔明〕李攀龙：《沧溟先生集》卷二十二《明汪次公暨吴孺人合葬墓志铭》，第 514 页）原文中的次公指汪玄仪。

④ “中贵人刘景填浙东西，责贿诸贾，大小相率亡去。而景夙戒吏，以非所急急，欲得公吏，遂系公之弟。公既脱身，念奈何以己故杀季，乃自诣景。”（《弇州四部稿》卷九十六《明故赠通议大夫兵部右侍郎汪公神道碑》）

过如果汪玄仪之父不是因士农工商的最末端身份而受到轻视的一介商人，而是有名望有学识的士大夫或官僚或高官大爵的家门的话，一介奴婢是不敢如此无礼地睚眦家里的长辈的。直到明代中叶商人仍像他那样，即使有很多钱也可能受到微贱的奴婢的蔑视，仍然是不能得到社会尊敬的微不足道的存在。另外就算作为盐贩子赚取巨额钱财成为浙江省杭州地区的商人代表，盐筴祭酒只不过是商人们称呼的冠冕称号而已，在像刘景一样的权利者的横行霸道面前只是会连累弟弟生命致于危险处境的极其微弱的存在。

因商人就是那样的存在，汪玄仪不贪恋美食与华服，且不以做买卖累积利润当回事，到了花甲从商界隐身而退后教三岁的孙子背诗并将自己及家门的未来寄希望于他。幸运的是正如祖父汪玄仪所愿孙子汪道昆于祖父辞世一年前的1547年，以23岁的年纪考取进士。[①] 而且同年12月赴任为浙江省杭州北部的义乌令县监之后，历任很多官职于24年后的1572年(隆庆6)终于升为正3品兵部右侍郎。虽然将孙子放在膝上教其诗的祖父已经不在人世，但依明朝的追赠制度祖父汪玄仪与儿子汪良彬一起被授予了和孙子汪道昆同样的品级和官职，第二年1573年据法所定荣幸地得到了仅授予高官的神道碑和皇帝的制词。商人汪玄仪作为孙子汪道昆成为"廊廟之材"的基础，仰仗"匪一世积"的孙子的功德，最终如己所愿摆脱了生意人的生活追赠为被授予神道碑的高官。[②]

商人出身的汪道昆家门的飞黄腾达当然首要是汪玄仪个人和新安汪氏家门的荣幸，从更加广义的视野来看的话，这是一个告知明代中叶以后超越自己家族和地区社会成长为国家栋梁的商人出身的知识分子对政治、社会方面的进军的表象和标志。

那么最后来看一下离开故乡苏州立足于物资交通要塞的山东省临清(清源)的翁参生活的后半部分。前面介绍了临清聚集了很多物资与巨商这一点，可看出翁参定居于他乡山东省临清的当时已经积累相当的财富。因为一般情况的话

① "道昆成进士，而公喜可知也。"(《弇州四部稿》卷九十六《明故赠通议大夫兵部右侍郎汪公神道碑》)汪道昆于1547年以23岁的年纪与王世贞、张居正一起考取进士。汪玄仪卒于1548年享年81岁，其在祖父辞世一年前考取的进士。

② "孙道昆起家，义乌令矣，又二十有四年，而为隆庆之六年，义乌令为兵部右侍郎，得封公与良彬如其官。以明年万历之改元，葬公塘山之壤，于是，汪公至三品，法得树石神道，而天子所下制词，大指谓廊庙之材匪，一世积以美，侍郎而推功于公。"(《弇州四部稿》卷九十六《明故赠通议大夫兵部右侍郎汪公神道碑》)

那个地区的巨商会甩掉或无视来自他乡的客商来欺生，临清的巨商们唯独对处士翁参放低自己并侍奉他。[①]如果翁参的财产不是压倒性的那么多的话在商人的世界里很难发生这样的事。不过通过下面引用的几个轶事可知，临清的巨商们对来自他乡的翁参低头不仅是因其财产的规模。

> 岁大疫，买地郭外，为丛塚以葬死者，而标蕞之。民欲为东岳行祠，力弗逮，处士独身任其剧，既成，…（中略）… 处士义声，振齐鲁间。…（中略）…吴狱湫不胜系，而宿囚黠陵其新入者，处士请广铺室，别处鬼薪以下，而身任其费凡三百金。时倭已躏西洞庭，处士捐橐募恶少年，衞其里，里得无犯。岁大疫，复捐橐施药于要衢，而以名医主之，所全活甚众。[②]

如上文所见翁参定居山东后，比起商人干脆称作一位献身的社会企业家更加合适的程度，为了地区居民做了了不起的事。山东大瘟疫肆虐，很多人相继死去时在都市郊外建墓地抚慰他们的灵魂，建设侍奉泰山东岳大帝的东岳庙的地方行宫时，人们说心有余而力不足而要放弃时，包揽难活儿并优秀地完成了。虽他本是想着孔子的弟子子贡的生活离开了故乡苏州，但是在道教信仰作为民间风俗站住了脚的山东省地区的临清立足后，了解了地区居民的特性，并站在建设道教寺院的中心山门之东岳庙的前面。然后以此得到了山东地区居民给予的义士的名声和评价。

引用文的第二个中略部分出现了其独白的场面，说到符合当地情况与山东地区居民也很好地融合的翁参，年过花甲便蓦然回忆起像车轮一样辗转他乡的生活，并想回到父母的墓地所在的故乡。[③] 而且正如他以前起了离开故乡之心便前往苏州一样，这次起了回故乡之心后像在空中飘扬一样回到了故乡。不管去哪儿与人们融合的能力出众的他即使回到故乡吴地的苏州地区参加官府向民

① “清源，多巨贾，其豪好游，…（中略）… 而顾独折节事处士。”（《弇州续稿》卷九十二《处士春山翁君暨配吴姥合葬志铭》）

② 《弇州续稿》卷九十二《处士春山翁君暨配吴姥合葬志铭》。

③ “甫六十，歎曰：“客不止車生耳。且不腆先人之丘壟在我，何敢頓忘之?” 于是幡然归。”（《弇州续稿》卷九十二《处士春山翁君暨配吴姥合葬誌銘》）

众收取税金之事，也以诚实及快速计算能力很快博得了上官的满意。①而且与官民那么融合的同时他又和在山东时做的一样对需要自己帮助之处有效率地使用做买卖赚来的资金，帮助弱势的邻居并挽救陷于患乱的苏州地区。

上面引用文中间部分，他回到苏州后所做第一件事儿就是改善吴地狭窄的监狱环境。他的眼光深远到了关心现代人也不关心似的装作不知道而过的监狱人权这种程度。他为了解决狭小到人都不能进去的吴地的监狱问题，首先提议尽量让受到鬼薪以下的刑罚的罪人居住到另外的空间。鬼薪就是罪很轻"给宗庙提供薪木"等，通过官府要求的劳役为自己的罪付出代价。② 由于这种轻犯罪人要在外面劳役，所以在牢房的时间很少，而且刑量也很低一般 3 年以内都会被释放。这样在需要关在牢房很久的重罪人立场来看，看着每次作为新人来后没多久就被释放的这些人心里不可能舒服。翁参提出了将重罪者和轻犯罪者分别收容的主意使得"宿囚"们"凌虐""新人"的问题得以解决，提出了给久居监狱的重罪者在监狱里提供更加舒适的生活空间的对策。而且此建议得到采纳后支援随着分别收容而引起的扩建监狱的费用 300 金很干净利落地解决了吴地监狱的问题。

另外他在倭寇侵入苏州西洞庭地区时也如以往那样聚集曾是那个地区泼辣货或无赖之徒的"恶少年们"击退倭寇，由倭寇的侵犯发挥了保护地方的闪亮的机智。最后在苏州也发生了一次大的瘟疫，他再次捐赠财产救助得了传染病的人民。他首先在称为要祠的隐身处分别收容得瘟疫的人民后分给他们药物。而且"让名医"照看患者。用这样的方法翁参阻止了瘟疫扩散到一般人的同时，给患者提供由名医开出的好药和准确的药方得以完全救活这些人。由此看来他准确地掌握现实中遇到的问题的核心，且根据情况适当地活用分配人的、物的资源使问题更加简洁明快地得到处理的能力很出众。

总而言之，翁参将成为商人得到的利益与财产用于解决国家之手没能触及到的山东、江苏省地区的医疗、宗教、军事、司法领域的问题，展现了作为超越商

---

① "時郡邑课貲以役，处士遂得最剧役，然以勤力筹算，更用是中上官。"(同上)

② 鬼薪原为秦朝时给予轻微罪人刑罚之一，为宗庙提供薪木的劳役。刑量一般为 3 年。《史记·秦始皇本纪》中有"及其舍人，轻者为鬼薪"这样的字句，关于此字句裴駰在《史记集解》中提出了"应劭曰："取薪给宗庙为鬼薪也。"如淳曰："《律说》鬼薪作三岁。""这样的解释。只是到了后代其意义扩大为做官府的杂役与手工业生产等各种劳役。

人的地位的地区社会事业家成长起来的明代商人的另一面。

## 四、《货殖列传》的发现与复古的现实意义

至此作为例子我们观察了程君、汪玄仪和翁参的生活，可知王世贞遇见的明代中叶的徽州、苏州商人们不是贪婪地只求一己之利或为了自己的利益而侵吞别人利益的“唯利是图”的商人。他们虽是一致地追求财富的商人，但是他们也有与同族劳动者一起研究新材质的作物的经营者的面貌，有教育后孙欲将其培养成国家栋梁的教育者的面貌，也有与地区居民融合积极解决地区社会诸多问题的社会事业家的面貌。

当然墓志铭或传和寿序这样的体裁概括了一个人的一生，又大体上赋予值得借鉴的部分是一般的惯例，所以分析的三篇文章也不能否认没有想要宣扬他们曾做过的了不起之事的意图。此外明代之前小说中商人们大体上已经以贪婪的不道德的人物登场，在商业日益繁荣的明代中叶这一时点没有为了自身利益而营私舞弊的商人是不可能的。但只是反映了无情无义地只顾谋取利益或沉迷于金钱与欲望的快乐的小说中商人的样子，不能说理解受雇之人的苦衷，为了更好的生活教育后代，展开社会事业的商人面貌是编造出来的虚假。明代中叶的现实中当然这两种类型的商人都存在，但那是随着“取材或见闻的对象”与“作者的意图”及“体裁的属性”而体现出多样面貌的。

因为王世贞对小说和戏剧也极关心，所以出于需要也可以将商人刻画成像《金瓶梅》主人公盐商西门庆那样不道德与享乐的化身，可是由于世间也存在着和程君、汪玄仪、翁参一样善良的商人，因而满足子孙后代的请托将他们的生活在墓志铭的形式中以表彰的形式体现出来。那么王世贞为了将具有杰出资质和能力的这些出众商人的价值更加巩固并广为人知而创作了商人传记并活用了何种文学的装置呢？下面确认以三个商人为主人公的王世贞文章的论赞部分并考察依据现实的需要呼唤出的古典中的人物们的方方面面。

> 夫以陶朱公去越相，已又转相齐、楚，而后之陶计且老十九年，而始听子孙，息之以至巨万。…(中略)… 要其年不百歲不止也，富人居便，服食节摄营卫，好行德，而天隲之于寿，为无难者。…(中略)…君今五十耳，善为之而不息，若樊君云手种梓漆。異日，戴子前称觞，种种堪器物，则于太史氏所称

陶朱公者,何異焉?①

不佞尝窃读史迁氏传,于诸客,最称临邛之识、宛孔氏之雍容、宣曲之折节为俭。然度其后无显者,积盈而不已,则造化鄙之。借饶而亡所苦,则见以为因仍而忘诗书之好。故其说曰:"邹鲁以其故多去文学而趋利者,以曹邴氏也。乃汪公内行淳至,骤去其客,归而举诗书之好,于孙子,宜其享矣。人主以道昆,故荣宠汪公,至举闾阎之行,而亟旌之,永永无斁。②

嗟乎!处士以末富于旅,以本富于乡,世固谓其善朱、白之术。然所至必成其义名,非苟焉而已者。③

三个引用文按顺序为相当于以程君、汪玄仪、翁处士为对象的文章的最后论赞部分。第一个引用文中王世贞祝福年过五十程君的长寿并提及了陶朱公和樊君云的生活。第二个引用文中与临邛卓氏、宛的孔氏、宣曲任氏一起提及了曹的邴氏并将他们的生活与汪玄仪的生活相比较。第三个称赞处士翁参生活并称其很好地领会了陶朱公和白圭的处世术。第一个引用文后面和第二个引用文的第一句话中如王世贞自述这些人物们大部分是因太史公司马迁而开始受到瞩目的商人。上面提及的人物中除"樊君云"外,陶朱公、卓氏、孔氏、任氏、邴氏、白圭全为《史记·货殖列传》中出现的人物,他们就像当代的程君、汪玄仪、翁处士一样处境和途径虽稍有不同但都是一致地通过商业行为成为富人的人物。如前所提及,《史记·货殖列传》从很早以前就被班固否定为不纯的文本,因此是商人祖先的这些人也是在很长时间里被人们遗忘的存在,如上文所见,到了王世贞这里他们的名字才被频繁提及并且其价值得到再发现。

记述程君的一生为何王世贞会想起陶朱公和樊君云呢?还有为何人们说处士翁参很好地领会了陶朱公和白圭的处世术呢?看了《货殖列传》就会马上明白,陶朱公和白圭都是能很好地洞察行情变化,进而应付世间的技巧出众之人士。白圭是在好好地观察行情的变化后在粮食成熟的收获季节低价买入粮食,

① 《弇州四部稿》卷六十一《赠程君五十叙》。

② 《弇州四部稿》卷九十六《明故赠通议大夫兵部右侍郎汪公神道碑》。

③ 《弇州续稿》卷九十二《处士春山翁君暨配吴媪合葬志铭》。

高价卖出布料和漆器利用差价赚取大钱之人[①]，算是与通过水路利用各地区作物的差价成为富贾的翁参使用着非常类似的理财（治生）。此外陶朱公（范蠡）从吴地到齐地，再在天下货物通过的交易中心地陶地居住赚取大量钱财[②]，这也是与往返于吴地和齐地获利再定居临清这个交易中心地的翁参的生活像符节一样相吻合。

再有王世贞祝愿程君的长寿时提及陶朱公的理由是因为程君像陶朱公一样是"好行其德者"[③]。王世贞把希望年已五十的程君在余下的有生之年也像陶朱公一样施德于亲族和邻居并长寿之心融入寿序中转达出来。樊君云是稍独特的例子，他是《后汉书·樊宏传》中出现的人物，为了制作新材质的木器而种植梓树和漆树遭到周围人们讥笑。可是当将漆涂在材质坚硬的梓树上的漆木器制作出来后，人们开始只用这个内部构造坚硬且不腐蚀的器具后，樊君云就成为了家产万贯的富商。[④] 樊宏的父亲只是在儿子的传《樊宏传》中作为附属出现，王世贞执意将其与程君关联地提出来的理由正如前面所考察的那样，也许是程君定居徽州也与农民一起开发新品种的作物之故。

由此王世贞为了诊断和称颂现实的程君和翁参的生活，为了进一步更加明确地提出他们日后应该追求的落脚点，唤起了一个个历史中与现实的程君、翁参最相似的过去成为典范的人物。表面上看从过去的人物中寻找商人的典范这一点带有"复古"色彩是很分明的。可是在经济上或道德上正在成长中的明代商人阶层中寻找提出"可成为标本的典范"，在更加激励他们的善行，更加奖励他们的研究这一点，昔日商人的前辈们也因极度的现实需求从过去被召回。简言之，埋没在古书一角的陶朱公、樊君云、白圭作为商人的一生因写商人传记的王世贞得

① "白圭乐观時变，故人弃我取，人取我與。夫岁孰取穀，予之絲漆；繭出取帛絮，予之食。…（中略）… 蓋天下言治生祖白圭。"（《史记·貨殖列传》）

② "范蠡 …（中略）… 乘扁舟浮於江湖，变名易姓，適齊为鴟夷子皮，之陶为朱公。朱公以为陶天下之中，諸侯四通，貨物所交易也。乃治產積居，與時逐而不責於人。故善治生者，能擇人而任時。"（《史记·貨殖列传》）

③ "朱公 …（中略）… 十九年之中三致千金，再分散與貧交疏昆弟。此所謂富好行其德者也。"（《史记·貨殖列传》）"徽人固嘖嘖推程君謂"好行其德者"哉！"（《弇州四部稿》卷六十一《贈程君五十叙》）

④ "樊宏，字靡卿，南阳湖阳人也。…（中略）… 为鄉里著姓。父重，字君雲，世善農稼，好貨殖。…（中略）… 嘗欲作器物，先種梓漆，時人嗤之，然積以岁月，皆得其用，向之笑者，咸求假焉。貲至巨萬，而賑贍宗族，恩加鄉閭。"（《后汉书》卷三十二《樊宏传》）

到再发现,《货殖列传》才成为有意义的文本,以前和现在的商人全部活在古典和现实中以有价值的人物被重获提起。

当然司马迁的《货殖列传》没有提供所有类型的商人典范,王世贞为了理解程君还从《后汉书》中把樊君云那样的研究开发型商人找了出来。同样地为了理解和现实的汪玄仪一样的商人王世贞在第二个引用文中将其与《货殖列传》里的诸多商人相比较,但是王世贞认为用司马迁认为最好的商人来说明现实的汪玄仪全都是不充分的人物。即使在赵国灭亡被抓为俘虏的情况下,也寻找最适合做买卖的地方,去到很远的临邛,以制铁业成为富人的,有着卓越见识的卓氏[①],还有用铁冶业获取的利益,毫不吝惜地花费在诸侯和游闲公子身上,反而得以成为赚取千金的,有着大方和悦性格的孔氏[②],以及变富之后仍知节约节制的宣曲任氏[③],也全都不如汪玄仪。因为汪玄仪具有了和为了确保最利于盐商成功的地点与选择远离故乡的燕、代地区的卓氏相同的“见识”,和能够撮合官僚与盐商集团的孔氏一样的“和悦的性格”,以及和成为富人后也不贪婪吃好喝好的宣曲一样的“简朴”,可是这三人没能具有汪玄仪所带有的最重要的因素。

所谓的这个因素就是他们没有像汪玄仪的孙子汪道昆一样,兼备学识和文雅闻名于世的后代子孙。王世贞因他们“富至巨万”后仍只关心“蓄财”而不“好诗书”,而且他们的子孙也“受益于富裕的财产不曾辛苦”不是非要“好诗书”也可以,而王世贞指责他们完全忘了好学的重要性。同时特别提及了由于整个家族节约到吝啬的程度而成为成功的商人却对学问不关心的曹地的邴氏家门,使得连孔孟故乡邹鲁地区都“弃学追利”风潮流行开来,这一司马迁也感到很可惜之处[④]。实际

---

① “蜀卓氏之先,赵人也,用铁冶富。秦破赵,迁卓氏。卓氏见虏略,独夫妻推辇,行诣迁处。诸迁虏少有馀财,争与吏,求近处,处葭萌。唯卓氏曰:“此地狭薄。吾闻汶山之下,沃野,下有蹲鸱,至死不饥。民工于市,易贾。”乃求远迁,致之临邛,大喜,即铁山鼓铸,运筹策,倾滇蜀之民,富至僮千人。田池射猎之乐,拟于人君”(《史记·货殖列传》)

② “宛孔氏之先,梁人也,用铁冶为业。秦伐魏,迁孔氏南阳。大鼓铸,规陂池,连车骑,游诸侯,因通商贾之利,有游闲公子之赐与名。然其赢得过当,愈于纤啬,家致富数千金,故南阳行贾尽法孔氏之雍容。”(《史记·货殖列传》)

③ “富人争奢侈,而任氏折节为俭,…(中略)… 富者数世。然任公家约,非田畜所出,弗衣食,公事不毕,则身不得饮酒食肉。以此为闾里里率,故富而主上重之。”(《史记·货殖列传》)

④ “鲁人俗俭啬,而曹邴氏尤甚,以铁冶起,富至巨万。然家自父兄子孙约:“俛有拾,仰有取。”贳贷行贾徧郡国。邹、鲁以其故多去文学而趋利者,以曹邴氏也。”(《史记·货殖列传》)

上回顾一下的话，不管以前还是现在，人们“要是弃学追利”，只活着那样的商人家門和那样商人門的地区社会和国家是没有未来的。王世贞将只在积累财物上出众的《货殖列传》中的三个人物借用造化翁之语称为“卑劣”的缘由正是在此。

万幸的是由于汪公摆脱了只追求利益的商人之路，计划更加美好的生活，且“拿出诗书让孙子尽量享有”，正如前面仔细分析的那样，到了孙子这代才可以超越盐业，跻身为对国家经营的一部分承担责任的家门。像由于对子孙后代教育费心展示出另外的商人之路的汪玄仪一样的新类型的商人在《货殖列传》中想找也找不到。正因此王世贞依次点名提起了和汪玄仪不是没有相似点的卓氏、孔氏、任氏，但最终评价汪玄仪为是比他们都优秀的商人。由此看来汪玄仪是不仅在积累财富后仍知好学，并在对这样的商人制度上允许通过科举出人头地的明代中叶的现实中才得以重新诞生的又一种类型的商人。

概言之，王世贞有时点名提出《货殖列传》里的人物来激励现实的商人，《货殖列传》中没有的其他商人典范在别的文本或现实中发现并提出的同时，使被遗忘的商人祖先在现实中复活过来，同时使现实商人的存在价值升高。通过此才使得被汉代和宋代诸多文人否定的《货殖列传》这一文本其价值重新得到认可，并且作为代表商人故事的新古典之一占有一席之地。

## 五、结论

通过对王世贞的商人传记的概括及三篇作品的举例说明分析，具体考察了明代中叶实际的商人面貌。与小说中频繁登场的沉迷于物欲和爱欲的商人不同，王世贞将追求财富的同时欲改善自身与社会的商人们的面貌反映在墓志铭、传、寿序等的传记文章中。即使考虑到墓志铭等的文体特性是为称颂对象人物的意图而作的，想到这是与小说不同不是虚构而是依据事实而写的话，不能不承认墓志铭中所描写的商人们的具体行迹是以实际存在于明代中叶的商人的生活为基础而完成的。

王世贞为了展现与明代中叶商业的发展一起经济上的或文化上的新成长，而且在学问和德行方面也逐渐成熟的这些新类型商人的价值，在自身的商人传记中一个个地点出《史记·货殖列传》里的人物。通过此自班固后被否定的《货殖列传》里人物重新得到凸显，而且明代的现实中出现的商人也确保了古典的论据并且其价值更加得到认可。

由此可知，回到古典寻找其原型与典据的王世贞的复古不是缘于抄写古典的文字或字句的和现实无关的模仿的读书。另外王世贞的复古志向只是以抛开台阁体的软美文章或拘泥于八股文框架的形式，以为恢复强健的古文文体为首，这不只是局限于文体的层面可以解决的问题。如在王世贞的商人传记和《货殖列传》的关系中所见，王世贞的复古反而是明代中叶的人物和刻画现实的过程中所要求的，也就是说，逼真地描写自己生活的现实中诸多人物及评价他们生活的过程中所需要的可成为比较对象的基准，包括成为基准的许多人物的文本便是《史记·货殖列传》。

虽是日后通过别稿需要阐明的另一主题，但实际根据笔者直到目前的调查，商人传记的《史记·货殖列传》，直到明代以前没有像这样被看作重要的文本，以及收录于文本中的许多商人如此集中地被审视的前例。凌稚隆(1533～1593)编辑而王世贞、茅坤等作序文的《史记评林》和与其类似的《史记》相关的评点批评书大量出现的同时，《史记》直到明代中叶才摆脱史书的范畴而成为文章典范的文本得到认可。同样地班固的否定的评价之后长时间其价值没得到认可的《货殖列传》和其中的商人，通过对共同地实践了“蓄财”和“分享”的生活的自身所处时代商人们的生活产生共鸣并热情地展现他们的有价值的生活的王世贞、汪道昆等明代中叶的作家的创作实践才得以重新得到关注。

如大家熟知王世贞的复古表现出对秦汉之前的文献和人物特别的关心，欲提高其价值这一点表面上看起来似乎是向往“很久的过去”。不过本稿所述王世贞的复古展现自身时代的人物和现实并体现价值的过程中所必然要求的这一点上又内含了对现实的极度关心。通过以王世贞为首的明代中叶作家的新发现和关注，热情地宣扬和提高价值才使得《史记》这一文本不是作为史书而是文学上的古典得到认可，很长时间里受到否定评价的《货殖列传》以应当受到瞩目的当代的古代经典重新诞生很明显是需要被了解的。

凡所谓的“古代经典”不是其从诞生于世起就被赋予作为“古代经典”的的地位的。“古代经典”在认真地考虑体现现实问题的过程中通过重新察觉发现其价值的作家和批评家才诞生为我们时代的古代经典。将《货殖列传》的再发现与复古相关联再次来看的话，作为成为复古对象的“古代经典”，《货殖列传》不是首先存在的，反而由像王世贞一样优秀的作家再评价发现其文本的价值，《货殖列传》才重新被认作具有古代经典价值的文本并跻身于古代经典的行列。

## 附录

### 表2:王世贞的商人、商妇传记(《四部稿》所收)共22篇

* 对象人物的生卒年代表如表明年度或从内容上可以推定的尽可能标明。

* 活动地区按省、府、县的顺序标记。府和县按照明代当时的行政单位。为了便于检索省遵循了现在的行政区域名称。

* 创作年代如是表明年度或内容上可以推定的情况表明此年度,否则考虑对象人物的卒年和《四部稿》的发刊年度(1576年)完成。

| 作品名 | 对象人物 | 分类(活动地区) | 创作原委 | 创作年代 | 出处 | 文体 |
|---|---|---|---|---|---|---|
| 赠程君五十叙 | 程君 | 安徽徽州(新安)商人(江淮间一湘楚一二广) | 程君的姻亲太学生洪云龙通过王世贞之友戴子委托。 | 1576年前 | 《四部稿》卷61 | 寿序 |
| 许长公小传 | 许鈇 | 江苏苏州(吴)商人 | 从春坊赞善许国处听说其父亲许鈇的生涯而作 | 1574 | 《四部稿》卷82 | 传 |
| 孙义卿传 | 孙允方 | 安徽徽州休宁商人 | 子孙光先的委托 | 1576年前 | 《四部稿》卷84 | 传 |
| 张隐君小传 | 张冲(1502～1562) | 江苏苏州长洲商人 | 王世贞之友黄淳父的委托 | 1576年前 | 《四部稿》卷84 | 传 |
| 明封承德郎礼部祠祭署郎中东娄徐公暨配陈安人合葬志铭 | 徐甫(1490～1564)<br>陈安人(1497～1552) | 江苏苏州嘉定商人 | 子徐学谟的委托 | 1564 | 《四部稿》卷90 | 碑志 |
| 封兵部员外郎龙溪刘公墓志铭 | 刘缙 | 湖北武昌崇阳商人 | 子刘景韶的委托 | 1576年前 | 《四部稿》卷90 | 碑志 |
| 明故处士沙洲欧君暨配孔孺合葬志铭 | 欧君(?～1548)<br>孔孺人(?～1571) | 江苏苏州沙洲商人、商妇 | 子欧大任的委托。 | 1571年 | 《四部稿》卷91 | 碑志 |

| | | | | | | |
|---|---|---|---|---|---|---|
| 明故太医院吏目征泉刘君墓志铭 | 刘坊 | 江苏苏州长洲<br>商人 | 子刘侹通过岳父支可大委托 | 1576<br>年前 | 《四部稿》<br>卷 91 | 碑志 |
| 赠登仕郎鸿胪司宾署丞古沙朱君暨配王孺人迁葬墓志铭 | 朱习之、王孺人 | 江苏常州靖江<br>商人、商妇 | 子朱正初的委托 | 1576<br>年前 | 《四部稿》<br>卷 91 | 碑志 |
| 明故处士闲谿朱公暨配宋孺人合葬墓志铭 | 朱惟新、宋孺人 | 江苏苏州昆山<br>商人、商妇 | 孙女婿张文柱的委托 | 1576<br>年前 | 《四部稿》<br>卷 91 | 碑志 |
| 明故处士云楼张君墓志铭 | 张冲（1502～1562） | 江苏苏州长洲<br>商人、商妇 | 子张凤翼的委托 | 1562<br>～<br>1576 | 《四部稿》<br>卷 92 | 碑志 |
| 明处士王守愚暨配蒯孺人合葬志铭 | 王守愚（1496～1564）<br>蒯孺人（1496～1559） | 江苏常州无锡<br>商人、商妇 | 子王穉登的委托 | 1564<br>～<br>1576 | 《四部稿》<br>卷 92 | 碑志 |
| 渔江沈君墓志铭 | 沈文桢（1494～1546） | 浙江宁波鄞县<br>商人 | 子沈明臣的委托 | 1546<br>～<br>1576 | 《四部稿》<br>卷 92 | 碑志 |
| 明故郑母唐孺人墓志铭 | 唐孺人（1470～1552） | 江苏苏州太仓<br>商妇 | 不详<br>（夫君为望云君） | 1552<br>～<br>1576 | 《四部稿》<br>卷 92 | 碑志 |
| 李大夫张太恭人合葬墓表 | 李宝（1487～1522）<br>张太恭人（1495～?） | 山东济南历城<br>商人、商妇 | 以李攀龙所写的概略的墓志铭为基础而作 | 1576<br>年前 | 《四部稿》<br>卷 94 | 碑志 |
| 赠中宪大夫邵武府知府吴公暨配李恭人墓表 | 吴颜<br>李恭人 | 湖北武昌兴国州<br>商人、商妇<br>（行贾吴越） | 友吴国伦委托父亲的墓志铭 | 1576<br>年前 | 《四部稿》<br>卷 94 | 碑志 |

| | | | | | | |
|---|---|---|---|---|---|---|
| 明封文林郎浙江处州府推官东林张翁墓表 | 张士镗 | 江苏苏州太仓商人 | 友张振之（职方君）委托父亲的墓志铭 | 1576年前 | 《四部稿》卷95 | 碑志 |
| 处士友荊王翁墓表 | 王以东 | 江苏苏州太仓商人 | 友王锡爵的大王父的墓志铭委托。 | 1576年前 | 《四部稿》卷95 | 碑志 |
| 明故征仕郎仁斋程君墓表 | 程仓 | 安徽徽州歙商人（以游江淮，北溯燕代） | 侄程本中通过莫是龙委托。 | 1576年前 | 《四部稿》卷95 | 碑志 |
| 明故赠通议大夫兵部右侍郎汪公神道碑 | 汪玄仪（1468～1548）<br>吴孺人（1467～1544） | 安徽徽州（新安）商人 | 孙子汪道昆的委托 | 1573～1576 | 《四部稿》卷96 | 碑志 |
| 程君汝义墓碣铭 | 程兀利 | 安徽徽州休宁商人（周、赵、燕、楚一吴嘉定） | 子程善之的委托 | 1576年前 | 《四部稿》卷96 | 碑志 |
| 太学生金君三园行状 | 金塘（1509～1564） | 安徽徽州休宁商人（往来淮扬间） | 子金伯铉委托 | 1564～1576 | 《四部稿》卷100 | 行? |

**表3：王世贞的商人、商妇传记（《续稿》所收）共47篇**

| 作品名 | 对象人物 | 分类（活动地区） | 创作原委 | 创作年代 | 出处 | 文体 |
|---|---|---|---|---|---|---|
| 潘次公吴媪偕壽九十序2鰥 | 潘侃、吴媪 | 安徽徽州歙商人（歙人→蜀→吴越荆楚间） | 不详 | 1576年之后 | 《续稿》卷33 | 寿序 |
| 佳山吴鸿胪七十寿序 | 吴鸿胪① | 安徽徽州歙商人 | 子通过其友梁生委托 | 1576年之后 | 《续稿》卷36 | 寿序 |

① 吴鸿胪：路过鸿胪寺的吴氏，名字不详。

| | | | | | | |
|---|---|---|---|---|---|---|
| 节孝汪吴传 | 吴氏 | 安徽徽州商妇 | 看似应为看到汪道昆的七烈妇传后受到感发而作 | 1576年之后 | 《续稿》卷69 | 传 |
| 张隐君传 | 张弼 | 四川(蜀)商(麻城、内江、耒阳、常宁) | 不详 | 1576年之后 | 《续稿》卷70 | 传 |
| 程母传 | 程母 汪氏(程汝义之妇) | 安徽徽州休宁商妇 | 子程善定通过俞仲蔚委托 | 1576年之后 | 《续稿》卷72 | 传 |
| 童子鸣传 | 童佩 | 浙江衢州龙游商人(龙游、梁溪) | 不详 | 1576年之后 | 《续稿》卷72 | 传 |
| 许本中传 | 许和 | 安徽徽州商人 | 不详 | 1576年之后 | 《续稿》卷72 | 传 |
| 耆德拙斋詹翁墓志铭 | 詹文禧(1492～1568) | 浙江严州遂安商人 | 侍御余君之委托 | 1576年之后 | 《续稿》卷91 | 碑志 |
| 龙洲顾君暨配徐孺人合葬志铭 | 顾聚(1524～1583)<br>徐孺人(?～1569) | 江苏常州无锡商人、商妇 | 子顾原会通过王稚登(王穉登)委托 | 1584 | 《续稿》卷91 | 碑志 |
| 处士春山翁君暨配吴姥合葬志铭 | 翁参(1493～1572)<br>吴姥(1489～1581) | 江苏苏州洞庭商人、商妇(湘汉、江广二陵、燕赵、清源、齐鲁) | 陈生与故人之子箊、篚一起来委托 | 1583 | 《续稿》卷92 | 碑志 |
| 毕处士暨配吴孺人合葬志铭 | 毕济(1509～1576)<br>吴孺人(1514～1577) | 安徽徽州歙商人、商妇(青州、徐州、荆州、扬州) | 子毕竟成、竟孝通过莫廷韩委托 | 1578 | 《续稿》卷92 | 碑志 |
| 处士南野顾翁墓志铭 | 顾学(1516～1576)<br>钱孺人 | 江苏常州无锡商人(无锡、泾江) | 子顾宪成之委托 | 1576(51岁) | 《续稿》卷92 | 碑志 |

| | | | | | | |
|---|---|---|---|---|---|---|
| 屠丹溪公墓志铭 | 屠濬（1497～1566） | 浙江宁波鄞县商人 | 子屠隆之委托 | 1576年之后 | 《续稿》卷93 | 碑志 |
| 金君夫妇合葬志铭 | 屠璋→金璲（1530～1580） | 江苏苏州太仓商人、商妇 | 子金朗之委托 | 1580年之后 | 《续稿》卷93 | 碑志 |
| 清溪蒋次公墓志铭 | 蒋克恕（1520～1581） | 安徽徽州歙县商人 | 大女婿汪道贯的委托 | 1581（56岁） | 《续稿》卷93 | 碑志 |
| 程于行墓志铭 | 程善定 | 安徽徽州休宁商人 | 通过俞仲蔚之子瞽委托 | 1576年之后 | 《续稿》卷98 | 碑志 |
| 赠奉政大夫近溪项公配陈宜人墓志铭 | 项公<br>陈宜人 | 浙江嘉兴商人、商妇 | 从子上林君元淇学习的姻缘而作 | 1576年之后 | 《续稿》卷98 | 碑志 |
| 将仕佐郎太医院吏目春溪张君墓志铭 | 张旻（1505～1577） | 安徽徽州休宁商人 | 子濂的委托 | 1577 | 《续稿》卷100 | 碑志 |
| 布衣王全美暨配郁节妇合葬志铭 | 王世完（1509～1534）<br>郁节妇（1510～1584） | 江苏苏州太仓商人、商妇 | 季父的委托和与再从兄王世完的交情 | 1584 | 《续稿》卷102 | 碑志 |
| 承直郎通判归德府事弋泉姜公暨元配王安人墓志铭 | 姜佐周<br>王安人 | 江苏苏州（吴）商人 | 姜公为童子时的老师与同门们一起办葬事时完成 | 1576年之后 | 《续稿》卷102 | 碑志 |
| 例授指挥佥事一川于君墓志铭 | 于君（1500～1579） | 江苏常州商人 | 王世贞的同龄友人也是于君的従子之于业的委托 | 1579 | 《续稿》卷103 | 碑志 |

| | | | | | | |
|---|---|---|---|---|---|---|
| 太医院冠带医士竹逸吕翁暨配锺孺人合葬志铭 | 吕麒（1495～1577）<br>锺孺人（1485～1564） | 江苏苏州太仓<br>商人、商妇 | 不详 | 1577 | 《续稿》卷105 | 碑志 |
| 故听泉张翁暨配洪孺人合葬志铭 | 张淮<br>洪孺人 | 江苏苏州太仓<br>商人、商妇 | 王世贞的友人也是张淮的长者之张新的委托 | 1576年之后 | 《续稿》卷105 | 碑志 |
| 黄母吴太孺人墓志铭 | 吴太孺人（1501～1576） | 安徽徽州歙<br>商妇 | 子极、榜通过汪道昆委托 | 1576年之后 | 《续稿》卷106 | 碑志 |
| 吴淑人墓志铭① | 吴淑人（1504～1578） | 安徽徽州歙<br>商妇 | 子汪道昆的委托 | 1578（53岁） | 《续稿》卷106 | 碑志 |
| 朱孺人墓志铭 | 朱顺秀（1507～1551）（卓贤） | 浙江杭州仁和<br>商妇 | 子明卿的委托 | 1579 | 《续稿》卷107 | 碑志 |
| 潘配吴伯姬墓志铭 | 吴伯姬（1534～1581）（潘召南） | 安徽徽州（新都）<br>商妇 | 子之恒与方弘靖、汪道昆等的委托 | 1581 | 《续稿》卷107 | 碑志 |
| 吾山王次公墓志铭 | 王举 | 江苏苏州商人（苏州、无锡、江淮间） | 百谷王穉登介绍王晓请托 | 1576年以后 | 《续稿》卷109 | 碑志 |
| 鹤洲黄处士配王孺人墓志铭 | 黄处士<br>王孺人（～1586） | 浙江杭州钱塘<br>商人 | 汝亨请托 | 1587 | 《续稿》卷110 | 碑志 |
| 程师文墓志铭 | 程师文（1516～1588） | 安徽徽州歙县<br>商人 | 以同岁的程嗣功所写的关于师文的文章为基础所作。 | 1588 | 《续稿》卷114 | 碑志 |

① 原题虽为《汪淑人墓志铭》，本文改正为汪道昆的母亲吴淑人的墓志铭。

| | | | | | | |
|---|---|---|---|---|---|---|
| 处士汪次公继妇许孺人合葬志铭 | 汪良标、许孺人 | 安徽徽州歙县商人、商妇 | 汪道昆之委托 | 1576年之后 | 《续稿》卷116 | 碑志 |
| 处士程有功暨配吴孺人合葬志铭 | 程廷全(1494～1561)<br>吴孺人 | 安徽徽州休宁商人、商妇 | 子程暹在汪道昆之子汪元勲的介绍下带着行状和拜师礼来委托 | 1593年之后 | 《续稿》卷116 | 碑志 |
| 程处士汝宜暨配金孺人合葬志铭 | 程尚义、金孺人 | 安徽徽州休宁商人、商妇 | 子程利往通过司训吴瑞穀委托 | 1576年之后 | 《续稿》卷116 | 碑志 |
| 守愚时君暨配沈孺人合葬志铭 | 时恩、沈孺人 | 江苏苏州嘉定商人、商妇(闽、越、齐、楚、梁、宋、淮泗间) | 子时偕行的委托 | 1576年之后 | 《续稿》卷117 | 碑志 |
| 封承德郎南京兵部车驾清吏司主事蓉泉史公墓志铭 | 史汝器(1524～1583) | 江苏苏州太仓长洲商人 | 子郎中君史邦载的委托 | 1583 | 《续稿》卷117 | 碑志 |
| 王处士有年暨冯令人合葬志铭 | 王穉丰(1519～1587)<br>冯令人 | 江苏常州无锡商人、商妇 | 百谷王穉登的委托 | 1587 | 《续稿》卷117 | 碑志 |
| 新安程君墓志铭 | 程衍寿(1530～1588) | 安徽徽州休宁商人 | 子程嘉燧与友唐时升的恳请 | 1588(63岁) | 《续稿》卷122 | 碑志 |
| 程处士惟清墓志铭 | 程洁(1531～1588) | 安徽徽州歙商人(淮扬间) | 子元正带来吴瑞穀的书信委托 | 1588(63岁) | 《续稿》卷122 | 碑志 |
| 罗山汪次公暨继配杜孺人合葬志铭 | 汪良植(1504～1579)<br>杜孺人(1507～1560) | 安徽徽州歙商、商妇 | 子道会委托 | 1579 | 《续稿》卷123 | 碑志 |

| | | | | | | |
|---|---|---|---|---|---|---|
| 汪处士希胤墓志铭 | 汪振芳 | 江苏苏州昆山商人 | 子一山之委托 | 1576年之后 | 《续稿》卷124 | 碑志 |
| 蔡孝廉琳泉墓志铭 | 蔡孟坚(1514～1588) | 江苏苏州洞庭商人<br>(洞庭、襄阳) | 子祖芬之委托 | 1588 | 《续稿》卷124 | 碑志 |
| 恩例冠带卓见斋翁墓表 | 卓贤 | 浙江杭州仁和商人<br>(齐鲁间) | 子明卿之委托 | 1576年之后 | 《续稿》卷125 | 碑志 |
| 处士吴介石翁墓表 | 吴荣让 | 安徽徽州歙商<br>(襄阳、溪南、云间、临溪、桐庐、焦山) | 不详 | 1576年之后 | 《续稿》卷127 | 碑志 |
| 封礼部员外郎穆太公墓表 | 穆陈实<br>(1509～1588) | 山东大名东明商人 | 通过石星的信件子穆文熙委托 | 1588(63岁) | 《续稿》卷128 | 碑志 |
| 封通议大夫兵部右侍郎汪公神道碑 | 汪良彬<br>(1504～1580) | 安徽徽州歙商 | 子汪道昆之委托 | 1581(56岁) | 《续稿》卷130 | 碑志 |
| 赠文林郎徐君新墓碑 | 徐履和(～1567) | 江苏苏州太仓商人 | 子徐申卜的委托 | 1576(51岁) | 《续稿》卷135 | 碑志 |

# 参考文献

1.资料

[1]王世贞.《弇州四部稿》[M].四库全书本,第1279册～1281册,上海:上海古籍出版社影印本,1993.

[2]王世贞.《弇州续稿》[M]. 四库全书本,第1282册～1284册,上海:上海古籍出版社影印本,1993.

[3]王世贞.《弇山堂别集》(共4册) [M]. 北京:中华书局,1985.

[4]王世贞．罗仲鼎校注．《艺苑卮言校注》[M]．济南：齐鲁书社，1992.

[5]范成大．《骖鸾录》干道九年正月三日，《范成大笔记六种》[M]．北京：中华书局，2002.

[6]李攀龙．《沧溟先生集》[M]．上海：上海古籍出版社，1992.

[7]徐树丕．《识小录》[M]．上海：商务印书馆，民国 5，1916.

[8]张海鹏，王廷元主编．《明清徽商资料选编》[M]．合肥：黄山书社，1985.

2. 中国论著

[1]耿传友(2002).《汪道昆商人传记研究》[D]．安徽大学硕士论文.

[2]郭正忠主编(1997).《中国盐业史》(古代编) [M]．北京：人民出版社.

[3]郦波(2003).《王世贞文学研究》[D]．南京师范大学博士论文.

[4]鲁茜、姚红卫(2012－2).《20 世纪以来王世贞研究述评》[J].《湖南第一师范学院学报》.

[5]李世林(2011－1).《王世贞史学研究述评》[J].《三峡大学学报》.

[6]朴均雨(1990).《王世贞诗文论研究》[D]．台湾政治大学博士论文.

[7]樊恒勇(2013).《王世贞论初唐四杰》[D]．安庆师范学院硕士论文.

[8]傅衣凌(2007).《明清时代商人及商业资本》[M]．北京：中华书局.

[9]傅衣凌(2008).《明末清初江南及东南沿海地区"富农经营"的初步考察》[C].《明清社会经济史论文集》，北京：中华书局.

[10]薛瑾(2010).《史记》与复古派盟主王世贞》[D]．西南大学硕士论文.

[11]孙礼祥(2004).《王世贞商人传记研究》[D]．安徽大学硕士论文.

[12]孙卫国(2006).《王世贞史学研究》[M]．北京：人民文学出版社.

[13]孙卫国(2006－1).《王世贞及其著作对朝鲜的影响》[J].《文史知识》.

[14]孙学堂(2004).《崇古理念的淡退：王世贞与十六世纪文学思想》[M]．天津：天津古籍出版社.

[15]王裕明(2012).《明清徽州典商研究》[M]．北京：人民出版社.

[16]寥可斌(1994).《明代文学・古运动研究》[M]．上海：上海古籍出版社.

[17]魏宏远(2008－4a).《王世贞晚年文学思想研究》[D]．上海：复旦大学博士论文.

[18]魏宏远(2008－4b).《王世贞晚年文学思想转变"三说"平议》[J].《浙江社会科学》.

[19]李光摩(2010－2).《钱谦益"弇州晚年定论"考论》[J].《文学遗产》.

[20]李燕青(2010).《〈艺苑卮言〉研究》[D]．上海大学博士论文.

[21]郑利华(1993).《王世贞年谱》[M]．上海：复旦大学出版社.

[22]郑利华(2009).《后七子诗法理论探析－以王世贞、谢榛相关论说考察为中心》[J].《中国文学研究》38.

[23]郑利华(2015).《前后七子研究》[M]. 上海：上海古籍出版社.

[24]郑小娟,周宇(2010).《15～18世纪的徽州典当商人》[M]. 天津:天津古蹟出版社.

[25]陈国球(2007).《明代复古派唐诗论研究》[M]. 北京:北京大学出版社.

[26]卓福安(1991).《王世贞诗文论研究》[D]. 台湾:东海大学博士论文.

[27]许建昆(1976).《王世贞评传》[D]. 台湾:东海大学硕士论文.

[28]黄志民(1976).《王世贞研究》[D]. 台湾:政治大学博士论文.

3. 韩国论著

[1]김용태(2014). 한국한문학에 있어서拟古主义연구의 최근 쟁점,한문학보,30.

[2]朴京男(2010a). 金昌协의 비판을 통해 본王世贞散文의 진면목——商贩 碑志文을 중심으로,韩国汉文学研究 46집.

[3]朴京男(2010b). 茅坤과王世贞의 교유와 그 공통적 지향점——申最의皇明二大家文抄를 통해 본茅坤과王世贞,汉文学论集 31집.

[4]朴京男(2011). 왕세정을 바라보는 두 대가의 시각——金昌协과钱谦益의王世贞이해,古典文学研究 39집.

[5]朴京男(2014). 王世贞의商人传记창작과复古의 현실적 의미,한국한문학연구 56집.

[6]朴元镐(2002). 明清时代徽州商人과宗族组织,明清徽州宗族史研究.

[7]元锺礼(2004). 王世贞의宗唐主义에 담긴近代的自觉,中国文学 42집.

[8]元锺礼(2005). 李梦阳의王世贞,袁宏道 诗歌美学와俗雅之趣‘清趣’,中国文学 44집.

[9]李春姬(2008).의明王世贞의 문학사상과李彦瑱의 한시,열상고전연구 27집.

[10]曺永宪(2011).대운하와 중국 상인,서울: 민음사.

[11]하지영(2014). 18세기秦汉古文论의 전개와 실현 양상,이화여자대학교 박사논문.

注:本论文原以同题目登载于韩国的《韩国汉文学研究》56辑,2014年。现为中国读者稍作修改后译为中文。

# 王世贞抚郧时期的交游诗文概论

胡沈含

（上海交通大学人文学院，上海，200240）

[**内容摘要**]万历二年九月至万历四年六月，王世贞在担任郧阳抚治的一年零九个月中，先后写过不少交游诗文。交游诗主要包括赠别诗、答谢诗、寄怀诗、酬和诗以及与交游有关的记事诗；交游文主要包括为交游对象或其亲友所写的赞、寿序、墓表、墓志铭、祭文、诔文、诗文集序、传记以及给交游对象的书牍答信。长江出版社2010年9月出版的《王世贞抚郧诗文集》里有交游诗文107篇，周颖《王世贞年谱长编》中有25篇，共计132篇。文章主要从交游对象和作品内容两个方面对这些诗文进行整理和研究。交游对象分布广泛，有友人31人、官员13人、前辈5人、亲人3人、读书人3人、皇族2人、佛道中人2人以及同乡1人，总计60人。其中来往最多的是他的文人朋友，有几位是"后七子"成员，有几位是《弇州山人四部稿》的《五子篇》、《后五子篇》、《广五子篇》、《续五子篇》和《弇州山人续稿》的《末五子篇》的成员。诗文内容因为交游对象的广泛而显得非常丰富，基本涵盖了一个蛰居偏远之地的士大夫的日常。文章重点关注以下三个方面：王世贞归隐愿望背后的情感递进（蛰居郧阳的失意→思归→对官场的厌倦）；后期转向求仙问道的一个动因（游览武当山以及与不二和尚、范丫髻的交流）；自我归隐与劝人建功立业的矛盾心理。王世贞在郧阳的交游活动基本能够体现于他的交游诗文中，而且这些交游诗文还承载着他的心路历程，更能从一个侧面反映他在郧阳的文化活动，为今后进一步研究王世贞在郧阳的文化活动提供支持。

[**关 键 词**]王世贞；抚郧；交游诗文；对象；内容

万历二年九月，王世贞升任都察院右佥都御史，督抚郧阳，于十二月岁末赴任。郧阳"曩者教匪之变，伏莽数千人，啸聚郧阳，出没纵横，蔓延川陕。国家勤师费饷，合满汉官军数十万，积六七年，仅乃克之，则郧属之奥衍崎岖，宅幽势阻，盖非寻常要隘之所能匹矣”①。郧阳地处川陕交界，地形复杂，治安不良，是一个经济文化都很落后的地方。王世贞对抚治郧阳非常不满，这种情绪在抚郧诗文中比比皆是，例如《初春偶成自嘲》有言：“……只今连帅地，自古逐臣乡……一城如斗大，人笑夜郎王。”由此可见，王世贞在郧阳过得很不如意，偏远之地倍感孤独。

万历四年六月，王世贞被任命为南京大理寺卿。至此，王世贞抚治郧阳一年零九个月，但实际在郧时间只有一年半左右。孤身来到郧阳的王世贞非常想念自己的亲朋好友，经常与他们书信往来，同时因为公务需要或者为了自己能尽快调离郧阳，他也需要与官场上的人有所来往，因此王世贞在抚郧期间写了为数不少的交游作品，包括诗歌和各种文章。本文旨在整理和研究这类作品，从交游对象和作品内容两个方面来阐述。

首先需要对交游诗文做一个范围和类型上的说明，本文所说的交游诗包括赠别诗、答谢诗、寄怀诗、酬和诗以及与交游有关的记事诗；交游文包括为交游对象或其亲友所写的赞、寿序、墓表、墓志铭、祭文、诔文、诗文集序、传记以及给交游对象的书牍答信。其次需要对王世贞抚郧时期的交游诗文做一个数量上的统计，时间范围为万历二年九月至万历四年六月，虽然王世贞实际在郧时间只有一年半，但是另外三个月王世贞已经挂有抚治郧阳的头衔，这期间发生的交游活动也与郧阳息息相关，因此必须列入。

本文以长江出版社 2010 年 9 月版的《王世贞抚郧诗文集》为参考，统计出交游诗文 107 篇。另外又从周颖《王世贞年谱长编》中觅得 25 篇，两者相加共计 132 篇。鉴于《王世贞年谱长编》还未正式发表，所以将这 25 篇罗列于附录，以供参考。

## 一、交游对象

根据上述 360 篇交游诗文来看，王世贞在抚郧期间至少与 60 人有过或多或少的来往，这 60 人我们可以划分为 8 类，分别是友人 31 人、官员 13 人、前辈 5

① 《中国地方志集成·湖北府县志辑》第 58 册《同治郧阳志》，江苏：江苏古籍出版社，2001 年，第 122 页。

人、亲人3人、读书人3人、皇族2人、佛道中人2人以及同乡1人。我们通过下表来直观地了解王世贞与他们之间的交游情况：

**王世贞抚郧时期交游对象一览表**

| 类别 | 姓名 | 诗 | 文 | 合计 | 备注 |
|---|---|---|---|---|---|
| 友人 | 于信夫 | 3 | 1 | 4 | |
| | 李维桢 | 1 | 0 | 1 | |
| | 李颐 | 4 | 0 | 4 | |
| | 魏季朗 | 1 | 0 | 1 | |
| | 吴国伦 | 5 | 1 | 6 | |
| | 张九一 | 14 | 0 | 14 | 其中3首诗同时涉及张九一和张九二 |
| | 张九二 | 4 | 0 | 4 | |
| | 张佳胤 | 3 | 0 | 3 | |
| | 谢榛 | 1 | 0 | 1 | |
| | 欧大任 | 1 | 0 | 1 | |
| | 徐中行 | 8 | 2 | 10 | |
| | 王道行 | 2 | 1 | 3 | |
| | 宋仪望 | 1 | 1 | 2 | |
| | 王叔杲 | 1 | 0 | 1 | |
| | 陈文烛 | 2 | 0 | 2 | |
| | 俞允文 | 0 | 2 | 2 | |
| | 梁有誉 | 0 | 1 | 1 | |
| | 王格 | 1 | 0 | 1 | 该诗同时涉及王格和王时厚 |
| | 王时厚 | 1 | 0 | 1 | |
| | 朱拱樋 | 1 | 0 | 1 | 该诗同时涉及朱拱樋和彭先 |
| | 彭先 | 1 | 0 | 1 | |
| | 曾醒吾 | 2 | 0 | 2 | 其中一首诗同时涉及曾醒吾和曾丈 |
| | 曾丈（曾醒吾的父亲） | 1 | 0 | 1 | |
| | 赵贤 | 2 | 1 | 3 | |
| | 汪道贯 | 1 | 1 | 2 | |
| | 魏允中 | 1 | 0 | 1 | |
| | 孙斯亿 | 3 | 1 | 4 | |
| | 郑若庸 | 0 | 1 | 1 | |
| | 王锡爵 | 0 | 1 | 1 | |
| | 汪道昆 | 0 | 1 | 1 | |
| | 莫叔明 | 1 | 1 | 2 | |

| | | | | | |
|---|---|---|---|---|---|
| 官员 | 王上饶 | 1 | 0 | 1 | |
| | 孙应鳌 | 8 | 0 | 8 | |
| | 刘公 | 1 | 0 | 1 | 该诗同时涉及刘公、凌公、徐公 |
| | 凌公 | 1 | 0 | 1 | |
| | 徐公 | 1 | 0 | 1 | |
| | 罗瑶 | 1 | 0 | 1 | |
| | 柳常侍 | 2 | 0 | 2 | |
| | 向宗洛 | 2 | 0 | 2 | |
| | 梁鈫 | 2 | 0 | 2 | |
| | 潘恩 | 0 | 1 | 1 | |
| | 张居正 | 0 | 1 | 1 | |
| | 温如玉 | 0 | 2 | 2 | |
| | 戚继光 | 0 | 1 | 1 | |
| 前辈 | 钱谷 | 1 | 0 | 1 | |
| | 陈鎏 | 1 | 1 | 2 | |
| | 陆治 | 1 | 0 | 1 | |
| | 李少偕 | 1 | 0 | 1 | |
| | 曹丈 | 1 | 0 | 1 | |
| 亲人 | 王世望 | 1 | 0 | 1 | |
| | 王世懋 | 14 | 0 | 14 | |
| | 华叔阳 | 0 | 2 | 2 | |
| 读书人 | 吴士 | 2 | 0 | 2 | |
| | 蒋涛 | 0 | 1 | 1 | |
| | 戚生 | 1 | 0 | 1 | |
| 皇族 | 朱宗良 | 1 | 0 | 1 | |
| | 朱象玄 | 1 | 0 | 1 | |
| 佛道中人 | 范丫髻 | 1 | 0 | 1 | |
| | 不二和尚 | 2 | 0 | 2 | |
| 同乡 | 陈道易 | 2 | 0 | 2 | |

从上表可以看出，王世贞在抚郧时期交游的对象是比较广泛的，也很符合他的身份。来往最多的是他的文人朋友，毕竟王世贞在文学上的地位颇高，恐怕他的一生也是与文人交往最多。王世贞曾经将重要的交游对象记入《弇州山人四部稿》卷十四的《五子篇》（李攀龙、徐中行、梁有誉、吴国伦、宗臣）、《后五子篇》（余曰德、魏裳、汪道昆、张佳胤、张九一）、《广五子篇》（俞允文、卢柟、李先芳、吴维岳、欧大任）、《续五子篇》（王道行、石星、黎民表、朱多煃、赵用贤）和《弇州山人

续稿》的《末五子篇》(李维桢、屠隆、魏允中、胡应麟、赵用贤)。以上都是当时与王世贞关系较为密切的文人,也有“后七子”的成员。其中徐中行、梁有誉、吴国伦、汪道昆、张佳胤、张九一、俞允文、欧大任、王道行、李维桢、魏允中都与抚郧时期的王世贞有过诗文往来。另外,徐中行、梁有誉、吴国伦、张佳胤也是“后七子”的成员,谢榛先前也是“后七子”的成员之一,虽然后来与李攀龙交恶被黜,但是王世贞依然与他有来往。

其次与王世贞交往比较多的是各级官员,这亦是非常合理的现象。有些是来到郧阳公干,王世贞陪同;有些是升迁途中路过郧阳,王世贞与之见面互相劝勉;有些是京官,王世贞想要联络感情;孙应鳌是上任抚治郧阳的官员,王世贞自然要讨教经验;温如玉是位好官,曾经帮助过王世贞,郧阳又是他的家乡,所以王世贞缅怀他等等。除此之外,王世贞与其亲弟王世懋的来往非常频繁,可见兄弟情深;王世贞的长婿华叔阳病逝,令王世贞无比伤痛,写了一篇祭文和一篇诔文来悼念他。抚郧期间,王世贞与一些前辈也保持着往来,这些前辈里有书画家、文人和隐士;与皇族也有交往,因为郧阳附近就是武当山,是皇室家庙,所以这也并不奇怪;与没有功名的读书人也有交流,诗歌里流露的都是劝慰、同情和勉励;最值得注意的是王世贞与不二和尚和范丫髻的来往,一个和尚一个道士,这与毗邻武当山不无关系,同时也是日后王世贞向王锡爵之女王焘贞求仙问道的线索所在。

## 二、作品内容

上述所列132篇交游诗文根据交游对象的不同自然呈现不同的思想内容,有些表达思归的情感;有些宣泄抚郧的不得意;有些流露出归隐山林的愿望;有些赞美交游对象寄来的诗文和书法;有些表达访道问禅的心境;有些表露独居郧阳的寂寞孤独之情;有些是思念亲朋好友;有些是勉励对方要建功立业;有些是祝寿;有些是挽诗;有些邀请好友前来郧阳一聚,有些感激好友寄诗寄信;有些只是阿谀奉承的酬唱之作等等。从这些诗文之中,我们可以看到一个明朝士大夫的日常,也可以看到王世贞自身的心路历程。

像《朱象玄太史册封楚藩,云将取道南游太岳,诗以送之》和《余忝督郧楚,与季朗后先发,辱以丽赋见赠,且出扇命诗,走笔酬谢》这类过分赞谀以求引荐的诗文可以搁置不提,毕竟只是极少数。我们需要关注的是王世贞在这些交游诗文中流露的最真实的感受，一些矛盾的心理以及日后行为转变的隐藏线索。

首先我们来讨论在这些交游诗文中出现频率最高的内容——归隐，这个归隐并非简简单单的两个字，它的背后有多种情感的交织。第一种情感就是蛰居郧阳的失意。“休汝毋言计尽非，麦田虽薄债还微。吴阊旧俗君应晓，垂橐归来未当归。”①(《赠寄陈道易》其二）这是王世贞赠与同乡陈道易的诗，两袖清风难回故里，这种失落感溢于言表。第二种情感是思归。“……会稽山阴足禊事，长安水边多丽人。故乡京国那在眼，与子且爱樽前身。”②(《上巳初晴同戚生小亭对酌》）因为蛰居郧阳的不如意，所以更加思念京城和家乡。此处王世贞心中还有着两个归处，一个是回京继续自己的仕途，一个是回家从此致仕。第三种情感是对官场的厌倦。“……今是昨非孤抱合，宦情文思一时衰。……”③(《敬美尚宝弟以七言长律卅句及洪崖图、古方壶为寿，倚语作答，数亦如之，而悽然之旨殊矣》）如果说先前还有继续仕途的愿望，现在已经完全对官场厌倦了，回乡隐居的意愿越来越强烈了。

以上三种情感的层层递进，使得王世贞最终偏向了归隐。与王世贞往来的五位前辈中，其中三位（陈鎏、陆治、李少偕）都过着隐居生活，而且王世贞都描写了他们的隐居生活，并且非常向往。比如《陈丈子兼，自蜀右辖谢事归，数辞征召，养性自适，唯词翰流传人间耳，今年七十而神明愈茂，时余方填郧襄，未能趋贺，赋此寄怀》一诗中对陈鎏隐居生活描写如下：“陈翁自解西川事，里社浮沉十余岁。家中丈室呼已宽，门外扁舟多不系。春花秋月长有余，石湖虎丘恣所如。……”④其中羡慕之情溢于言表，也许王世贞隐居之后能过上更加舒适逍遥的生活，毕竟他有弇山园。其实王世贞归隐致仕的想法并非来到郧阳才有，早在他遭逢家难时便已对官场失望透顶，加之仕途不利，如今又蛰居郧阳这个偏远落后之地，归隐的愿望越发强烈了。除此之外，武当山之行让王世贞遇到了不二和尚和范丫髻，对佛法仙道有了更深入的了解，更加激发他想要归隐的愿望了。

与武当山的近距离接触，与不二和尚、范丫髻的深入交谈，不仅王世贞归隐的愿望更强烈了，访道问禅的兴趣也被提起来了。偏偏王世贞还真有慧根，往往

① 王学范主编：《王世贞抚郧诗文集》，湖北：长江出版社，2010 年，第 215—216 页。
② 王学范主编：《王世贞抚郧诗文集》，湖北：长江出版社，2010 年，第 152 页。
③ 王学范主编：《王世贞抚郧诗文集》，湖北：长江出版社，2010 年，第 172 页。
④ 王学范主编：《王世贞抚郧诗文集》，湖北：长江出版社，2010 年，第 32 页。

能悟得仙道人情，比如他在《由紫霄登太和绝顶记》的末尾与范丫髻交谈之后说出“顾谓得道可以遗身，然何渠能外身以求道耶?”[①]难怪王世贞从郧阳回来没几年便开始向王锡爵之女王焘贞讨教求仙问道之事，甚至拜王焘贞为师，侍奉她羽化，为其作传，因此还疏远了妻儿，被人弹劾。王世贞这一行为的动因目前无法全部知悉，但是与郧阳之行，与不二和尚、范丫髻定然有所联系。

虽然王世贞自己厌倦仕途，倾向于访道问禅，回乡归隐，但是他却多次劝勉自己的弟弟和朋友要感念皇恩，建功立业，这着实是一个十分矛盾的心理。他安慰弟弟王世懋“莫言迁客恩波少，何似金门老岁星”[②]（《太和绝顶赠敬美少参第。时游自太华，新领部南康，为匡庐主人》）；劝说好友张九一“鱼肠唤汝終投笔，燕颔封侯始称心”[③]（《送助甫使君赴河西》）。也许在王世贞心中仕途依然是士大夫的正途，只不过自己已然偏离，但是他并不希望自己的亲人和朋友也是如此，所以才会劝慰他们要适应环境，建功立业。这种将自我和他人剥离开来的心理大家也许都有所体验，但是如果剥离的是两个完全相反的状态，那么这个心理值得我们进一步的挖掘和探讨。

担任郧阳抚治的一年零九个月中，王世贞先后与 60 人有过诗文上的交流，交游对象有友人、官员、前辈、亲人、读书人、皇族、佛道中人以及同乡，交游范围很广泛；诗文内容同样也是各不相同，基本涵盖一个蛰居偏远之地的士大夫的日常，本文重点关注王世贞归隐愿望背后的情感递进；后期转向求仙问道的一个动因；以及自我归隐与劝人建功立业的矛盾心理。

虽然王世贞对抚治郧阳诸多不满，甚至厌倦仕途，希望归隐，但是王世贞并没有就此自暴自弃，而是完美践行“在其位，谋其政”的理念，结合郧阳的实际提出了诸多建设性意见，并且为郧阳购书、藏书，为当地的士子选书编书，为郧阳的文化建设做出了卓越贡献。同时通过自己的交游活动，与文人朋友们的诗文往来，进一步践行着自己的文学主张。这些都是可以继续深入挖掘的课题，希望本文可以起到抛砖引玉的作用。

① 王学范主编:《王世贞抚郧诗文集》,湖北:长江出版社,2010 年,第 336 页。

② 王学范主编:《王世贞抚郧诗文集》,湖北:长江出版社,2010 年,第 216 页。

③ 王学范主编:《王世贞抚郧诗文集》,湖北:长江出版社,2010 年,第 144 页。

## 附录

**周颖《王世贞年谱长编》补充的25篇**

| 篇名 | 出处 |
|---|---|
| 《别汪仲淹序》 | 《弇州山人四部稿》卷五十六 |
| 《别汪仲淹一章》 | 《弇州山人四部稿》卷十二 |
| 《魏懋权追践约于德州，至清源而别，书此为赠》 | 《弇州山人四部稿》卷四十二 |
| 《莫山人像赞》有序 | 《弇州山人四部稿》卷一百二 |
| 《途次赠莫山人公逺歌一章》 | 《弇州山人四部稿》卷二十二 |
| 《类隽序》 | 《弇州山人四部稿》卷六十八 |
| 《邀助甫自汝出会，并伸劝驾》 | 《弇州山人四部稿》卷四十二 |
| 《助甫以病不出会，遗诗见赠，怅然有感》 | 《弇州山人四部稿》卷四十二 |
| 《助甫起家陕西左参，有赠》二首 | 《弇州山人四部稿》卷四十三 |
| 《助甫称疾，以见父出访真阳，有赠》 | 《弇州山人四部稿》卷十五 |
| 《大梁候吴明卿，不得。闻尚留里中，赋此促之》 | 《弇州山人四部稿》卷四十二 |
| 《赠右谕德爱荆先生六袠偕寿序》 | 《弇州山人四部稿》卷六十三 |
| 《少司马公汪伯子五十序》 | 《弇州山人四部稿》卷六十二 |
| 《寿戚大将军序》 | 《弇州山人四部稿》卷六十二 |
| 《雨后与孙兆孺小坐》 | 《弇州山人四部稿》卷三十 |
| 《送孙兆孺还华容》二首 | 《弇州山人四部稿》卷五十二 |
| 《鸣铗集小序》 | 《弇州山人四部稿》卷七十 |
| 《于大夫集序》 | 《弇州山人四部稿》卷六十四 |
| 《答子与见讯，仍请叙诗集》 | 《弇州山人四部稿》卷三十 |
| 《答子与请作子相祠碑》 | 《弇州山人四部稿》卷三十 |
| 《答子与见寿五袠作》 | 《弇州山人四部稿》卷三十 |
| 《答子与春衣之寄》 | 《弇州山人四部稿》卷三十 |
| 《青萝馆诗集序》 | 《弇州山人四部稿》卷六十八 |

# 王世贞词研究评述

张呈瑞
（上海交通大学人文学院，上海，200240）

[内容摘要]对上世纪九十年代以来有关王世贞词的研究成果进行梳理与总结，并将其分成六个部分进行论述，对研究现状及不足予以归纳和评述，以期对之后的继续研究有所帮助。

[关 键 词]王世贞；词；研究状况

王世贞，字元美，号凤洲，又号弇州山人，太仓人。生有异禀，读书过目不忘。善诗，尤擅古文，是明代文学史上的一位大家，与李攀龙等人并称“后七子”。他一生著述颇丰，鲜有人及，著有《弇州山人四部稿》（一百八十卷）和《弇州山人四部续稿》（二百零七卷），等其作品《弇州山人四部稿》涵盖了赋部、诗部、文部和说部等不同类型的文学作品，其中词共有 86 首，分布在《弇州山人四部稿》（明万历间刻本，十行二十字，大十四册，八函，一百八十卷本）的卷之五十四，数量与质量均不及他的诗文，故其词名一向被诗名、文名所掩。

更遗憾的是，受到明词衰亡说以及明人本就视词为小道的传统的影响，明词较少受到学术界关注，并且明代词人研究也多集中于明初的刘基、高启，明末的陈子龙等少数词人身上，对明代中后期词人的研究很是寂寥，王世贞就不幸位列其中，遭到忽视。但不可否认的是，明代词坛虽是一片荒芜之地，王世贞依然能挺立特出。从现存的不足百首词作来看，王世贞词风格别具，值得我们悉心研究，目前仅有数篇论文较为系统地论述了他的词学观，以及散落各处的关于部分词作鉴赏、词作特色、词史地位、词版本、词律的只言片语。

## 一、词学观

唐玉雄的《王世贞词、曲理论研究述评》[①]全面梳理了王世贞词学观研究的发

① 唐玉雄：《王世贞词、曲理论研究述评》，《剑南文学（经典教苑）》，2013 年，第 1 期，第 86—87 页。

端与进展。这篇文章以1997年黄慧祯的硕士论文《王世贞词学研究》为词学的发端之作，认为黄为之后的词学研究开拓了思路，奠定了基础。在黄的文章之后，是薛蕾的《王世贞的词学观》①。唐玉雄重点突出了欧明俊、陈堑的《论王世贞的词学观》②，认为这是王世贞词学研究走向自觉的阶段。最后提及岳淑珍的《王世贞的词学观及其对明代词学的影响》③和欧阳珍的《王世贞词学思想论略》④。这些对王世贞词学研究的论文，内容、模式大同小异，基本分为词的起源论、体性论、正变论三方面。且唐玉雄的梳理有两篇遗漏，分别是张仲谋的《论王世贞的词学观》⑤、蒋旅佳《论王世贞的词学辨体理论》⑥，这在郑平的《明代词学思想研究述论》⑦中有所涉及，可看作是对王世贞词学研究综述遗漏的补充。随着王世贞词学研究不断推进与深入，出现了像胡勇的《浅议王世贞的词学观》(2012年5月)⑧这样的论文，但是仍未突破原先的研究模式。之后，王卫星又发表《词学辨体与审美的风向标——评王世贞"南唐二主为正始，温韦为变体"的论断及影响》(2013年06月)⑨，细致论述了王世贞的正变观，开创性地阐释了正变观带来的论争及影响。

综上所述，王世贞的词学观研究可以说比较系统与完善了。

## 二、部分词作鉴赏

1992年钱仲联主编的《爱情词与散曲鉴赏辞典》第847页，鉴赏王世贞词《玉蝴蝶·拟艳》。1992年金启华的《中国词史论纲》第130页提到李攀龙、王世贞等亦均有词作，但以王世贞为较著，举例《浣溪沙》和《玉蝴蝶》。1994年于非

---

① 薛蕾：《王世贞的词学观》，《中文自学指导》，1997年，第5期，第45—47页。

② 欧明俊，陈堑：《论王世贞的词学观》，《中文自学指导》，2007年，第6期，第12—17页。

③ 岳淑珍：《王世贞的词学观及其对明代词学的影响》，《南京师大学报》(社会科学版)，2011年，第5期，第136—143页。

④ 欧阳珍：《王世贞词学思想论略》，《文学界(理论版)》，2011年，第6期，第244—245页。

⑤ 张伯伟，蒋寅主编：《中国诗学》第13辑，北京：人民文学出版社，2008年，第215页。

⑥ 蒋旅佳：《论王世贞的词学辨体理论》，《常熟理工学院学报》，2010年，第11期，第59—61页。

⑦ 郑平：《明代词学思想研究述论》，《韶关学院学报》，2013年，第3期，第41—44页。

⑧ 胡勇：《浅议王世贞的词学观》，《决策与信息》(下旬刊)，2012年，第五期，第160—161页。

⑨ 王卫星：《词学辨体与审美的风向标：评王世贞"南唐二主为正始，温韦为变体"的论断及影响》，《广西民族大学学报(哲学社会科学版)》，2013年，第六期，第162—166页。

主编的《中国古代文学作品选 下册》第 138 页鉴赏其词《忆江南》(歌起处)。2002 年张兵发表专门的赏析性学术论文《江南美景忆家乡——王世贞〈望江南·歌起处〉赏析》①。2003 年张毅主编的《词林观止》第 206 页鉴赏了《望江南·即事》、《玉蝴蝶·拟艳》。

不难看出,王世贞被鉴赏的词作,仅有零星几篇,还多有重复,《望江南·歌起处》(即《忆江南》)、《玉蝴蝶·拟艳》这二首高居榜首。究其原因,当然是少不了这二首词的独特艺术魅力之所在,但也不能忽视王世贞词易被人看低的历史状况,他的其余词作还处于未被发现精妙之处的阶段,所以鲜有人论。同时,这也说明对王世贞词作系统、完整的研究势在必行,以填补这项学术空白。

2008 年,张若兰《明代中后期词坛研究》②中涉及的王世贞词作较多,根据其词特点进行了模糊的分类。笔者总结如下:(1)与婉约一脉相承,清新自然的:《望江南·梦故乡作》、《南乡子·怨欢》、《甘草子·四时》、《生查子·离恨》、《满庭芳·闰六月初七夜,戏为天孙赋此》、《鹊桥仙·七夕》《凤凰台上忆吹箫·愁》、《怨王孙·寄思》(2)受苏轼影响的:《少年游·戏赠奕者李生》、《何满子·春郊独行》(3)佳句较多的《望江南》词:《望江南·即事》、《望江南·思家》、《望江南·晚步》(4)有共同的杨花意象:《减字木兰花》二首、《虞美人·寄怀》(5)精于炼字的:《浣溪沙·江南词》、《渔家傲》、《怨王孙·春病》、《满庭芳·春夜不寐》(6)不避俚俗、有柳永风味的:《玉蝴蝶·拟艳》、《桂枝香·懋贤兄于予为先姑子,同奔急难,俄尔告归,黯然问别》(7)只提到名字的自度曲:《怨朱弦》、《小诸皋》。这已算是有分类意识的鉴赏研究了,只是分类标准不太统一,时而以风格划分,时而以语言字词划分,读来比较混乱。由此可见,王世贞词作的鉴赏是在不断推进的,期待后人更为清晰的划分标准和更为广泛的赏析对象。

## 三、词作特色

郦波的博士论文《王世贞文学研究》③中有一小部分提到王世贞的词,认为其词是以“诗家写词而别具风味”的典范,他对王世贞词体艺术特性的把握比较

① 张兵:《江南美景忆家乡:王世贞〈望江南·歌起处〉赏析》,《古典文学知识》,2002 年,第 6 期,第 23—25 页。

② 张若兰著:《明代中后期词坛研究》,北京:中国社会科学出版社,2010 年,第 119 页。

③ 郦波:《王世贞文学研究》,南京师范大学博士学位论文,2003。

到位，认同王世贞认为词的本质是婉约的观点，举例《望江南・即事》、《望江南・思家》，但只作陈列，未作具体分析，让读者自行体会这一特点。郦波还分析到“虽王世贞词论主张如此，但他的自作词仍属于苏轼的豪放旷达一路”，举例《何满子・春郊独行》。将王世贞的词学观与他的词作联系起来，固然不错，但并未考证王世贞词学观与词作写作年代的先后顺序，就轻易得出这一矛盾，确有可商榷之处。再加之王世贞思想复杂多变，未必就是矛盾，而且笔者还认为只列一首词作为论据显然不够充足，不足以支撑论点，毕竟王世贞还有诸多词类似婉约风格。

许秋群在其博士论文《中晚明词的传承与新变》①中总结出王世贞词最大特点是“融清新明快之民歌风味于词”，举例《南乡子・怨欢》，认为此词浅近俚俗，比喻却生动有趣，有民歌风味；《甘草子・四时》小词清浅自然，却又并非直木无文，而是情韵悠然。还有《如梦令》、《望江南・梦故乡作》、《望江南・都下思家》、《忆江南・歌起处》、《玉蝴蝶・拟艳》，在此不一一赘述。

吴云良的《王世贞词风浅析》②不单是词风分析，通篇分为三个部分，先将王世贞词按内容分为应景之作、游戏之作、理想之作，涉及词作共 8 首。后用另 5 首词（重复之前一首《虞美人・寄怀》）说明其词特色，有两个特点：其一是“以生动见长”，其二是“有着东坡式的婉约”。最后提出问题，认为王世贞随意而为，兴到即书，不可避免有些词作音韵有瑕疵。该篇文章的分类仅针对王世贞的 8 篇词作，这样未免说服力太低，但在分析词作特色时，作者尝试将王世贞的词论与词作结合起来分析，这是值得我们学习与借鉴之处。

他们的这些研究给后来的研究者提供了一个很好的思路——将王世贞词作与词学观结合起来。因为在比较成熟的词学观研究中几乎未有人联系王世贞的词作，只是空谈理论，但王世贞作词时是否受其词学观的影响，这需要考证，不能轻易断定。

## 四、词史地位

朱惠国、刘明玉著的《明清词研究史稿》③，在这部书中呈现了自明至 21 世

---

① 许秋群：《中晚明词的传承与新变》，广西师范大学，博士学位论文，2010。

② 吴云良：《王世贞词风浅析》，《名作欣赏》，2014 年，第 12 期，第 51—53 页。

③ 朱惠国，刘明玉著：《明清词研究史稿》，济南：齐鲁书社，2006 年。

纪初不同时期对于明词的研究状况，这其中王世贞词的地位也是跌宕起伏。既有邹祇谟《倚声初集序》中的褒奖"近世如用修、元美、元朗，无不寻流溯源，探其旨趣，而词学复明，犁然指掌"，又有"显露芜杂、格律乖舛"、"强作解事"的贬低。

其他的名家评价散落各处，认可王世贞词地位的有：(清代)胡薇元《岁寒居词话》称"太仓王世贞元美《望江南》亦胜馀子。'歌起处，斜日半江红。柔绿篙添梅子雨，淡黄衫子藕丝风。家在五湖东。'犹有唐二主风韵"；(清代)王奕清《历代词话》卷一，引《尧山堂外纪》云"汪伯玉日：诗如孙武、韩信用兵，宫嫔、市人，无不可阵。词则沾沾自喜，亦出人一头地"。①

认为王世贞词不过尔尔的有：沈雄《古今词话·词话》云"王世贞自称弇州山人。于帖括盛行之日，而独以诗古文鸣世。词家亦皆不痛不痒篇什，而能以生动见长。以故汪道昆、李攀龙辈俱逊之"②；陆蓥《问花楼词话》"唐宋元明"条云"所为小令，颇近雕琢，长调亦多芜杂"；陈子龙评价王世贞的词萎靡不振，"时堕吴歌"，指责王世贞词受吴歌俚曲的影响，有曲化的倾向。③

因为目前对王世贞词作的分析还大都限于泛泛而谈，基本都是通过借用一些大师对王世贞词的批语，得出王世贞词的好坏，并无清晰、准确的标准，导致对其词的评价走向两极化，不可能公允。笔者认为评价标准的讨论焦点集中在"词的曲化"是特色还是瑕疵的判断上。

因明代传奇大盛，故词人在填词时不自觉地将传奇法阑入词中，王世贞的词便有此特点④。王昶《明词综自序》说："杨用修、王元美诸公，小令中调颇有可取，而长调则均杂于俚俗矣"。清代吴衡照也在《莲子居词话》卷三中云："一二才人如杨用修、王元美、汤义仍辈，皆以传奇手为之，宜乎词之不振也。其患在好尽，而字面往往混入曲子"⑤。张世斌就举《临江仙》这首词为例，认为词的曲化带给明词的负面影响是远远大于正面益处的。但许秋群在《中晚明词的传承与新变》中另辟蹊径，认为"杂于俚俗"是王世贞词的一大特色，明词虽因曲化、俗化而被视为词之衰颓期，然而却也是词史中颇有特色的发展阶段。王世贞词有着

① 马兴荣等主编：《中国词学大辞典》，杭州：浙江教育出版社，1996年，第168页。

② 马兴荣等主编：《中国词学大辞典》，杭州：浙江教育出版社，1996年，第168页。

③ 陈水云著：《明清词研究史》，武汉，武汉大学出版社，2006年，第16页。

④ 刘勇刚著：《云间派文学研究》，北京，中华书局，2008年，第268页。

⑤ 张世斌著：《明末清初词风研究》，天津，天津古籍出版社，2008年，第38页。

朴素、清新的"民歌色彩"，是词家学习民间文学的结晶。

王世贞词的地位亟待一个公正的评判，这不能从众说纷纭的名家之口得出，也不能只考虑明代重情、喜俗的时代大传统，而忽视词的本质。这就要求后人从王世贞词作本身出发，兼及时代背景，做到全面、系统地分析。

## 五、词版本

任德魁《词文献研究》第 131 页中，认为《全明词》所收王世贞词的底本《惜阴堂丛书》朱印本《弇州山人词》，根本不及南开大学所藏明万历五年(1577)王氏世经堂原刻本，发现朱印本的好多错误，并举大量实例证明这一点。这是唯一一篇关于王世贞词版本的论述。

## 六、词律

关于词律的分析，只有一篇，是在谢映先编的《中华词律》卷二仄韵格第 810 页，对王世贞的自度曲《小诸皋》进行分析，分析其为"双调，一百四十六字，前后片句式相同，前片十四句六仄韵，后片十四句七仄韵。"

通过对王世贞词的研究状况的分类评述与考察，我们发现，对王世贞词学观的研究已日臻成熟，而其他 5 个部分还有待继续研究，并且在继续研究的过程中，我们可能还会探索到王世贞词的其他新领域。越来越多的学者看到王世贞词的价值，关注王世贞词，这是令人欣喜的一幕，尽管王世贞词研究依然有很多学术空白，但我们相信，它将来一定会有长足的发展。

# 王世贞晚年为何赎回《艳异编》?

宁稼雨

（南开大学，天津，300071）

**[内容摘要]**《艳异编》较早的著录与刊本署名多为王世贞，但后人怀疑王世贞为该书作者者不乏其人。今人徐朔方、陈国军等考定《艳异编》确为王世贞所作，并找到王世贞还将送人的《艳异编》一书高价赎回诡异之举的记载。但在王世贞赎回《艳异编》之举动因的理解上出现分歧。笔者通过考察元明以来小说社会社会地位和相关社会观念，并通过新发现清人对此问题认定的材料，以为这一现象反映出明代社会环境中作为"文笔秦汉诗必盛唐"复古阵营的后七子代表人物王世贞地位显赫后悔其少作的忏悔心理，并成为明代小说戏曲社会地位低下社会观念的形象诠释。

**[关 键 词]**王世贞；赎归；《艳异编》

《艳异编》为明代文言小说总集的重镇，影响很大。但关于该书作者的归属聚讼较多，莫衷一是。笔者通过考察元明以来小说社会社会地位和相关社会观念，并通过新发现清人对此问题认定的材料，以为这一现象反映出明代社会环境中作为"文必秦汉诗必盛唐"复古阵营的后七子代表人物王世贞地位显赫后悔其少作的忏悔心理，并成为明代小说戏曲社会地位低下社会观念的形象诠释。

## 一、《艳异编》的著录与版本

《千顷堂书目》小说类著录《艳异编》三十五卷，署王世贞撰①。

《贩书偶记续编》收录此书四十五卷本三种，不题撰人。其一约刊于嘉靖间，前有息庵居士序；二为约隆庆间刊本，题息庵居士撰；三为汤若士（显祖）评选，题

① 见黄虞稷：《千顷堂书目》，上海古籍出版社，1990年，第338页。

王世贞撰，增入续编十九卷，约天启年间玉茗堂刊①。

《中国古籍善本总目》收《艳异编》七种。其中四十五卷本仅题明刊本，不题撰人。此外尚有：

五十七卷本《艳异编》一种，题“王世贞撰”，明末刻本；

五十三卷本《艳异编》二种，一为明刻本，一为明书坊刻本，二本均题“王世贞撰”；

四十卷本《新镌玉茗堂批选王弇州先生艳异编》一种，题明王世贞撰，汤显祖评。续编十九卷。此本或即《贩书偶记续编》所录玉茗堂刊四十五卷本，卷帙不同。

十二卷本二种，一为《玉茗堂摘评王弇州先生艳异编》，题王世贞撰，汤显祖评，明刻套印本。一为清初友文堂刻本，题明王世贞撰②。

从以上著录发现以下问题：

1. 已知最早刊本为三十五卷本，已经不存。

2. 现存刊本分别为四十五卷、五十七卷、五十三卷、四十卷、十二卷。这些版本与三十五卷原本之关系，已经不得而知。

3. 现存各版本中，只有四十五卷本或题“息庵居士”撰，或不题撰人。其余各本均题“王世贞撰”。也就是说，至少从现存版本署名的数量比例看，王世贞为《艳异编》作者几乎不应该成为问题。

## 二、质疑王世贞为《艳异编》作者的声音从何而起？

从著录情况看，王世贞为《艳异编》作者似乎是铁定的事实。那么问题从何而起呢？

质疑之声始于孙楷第先生《戏曲小说书录解题·艳异编》：

> 《艳异编》四十卷（明刊本），题“王世贞编”“汤显祖评”。……世贞在有明一代，号为博学，何至为此等书，此必书肆所托，即汤显祖序评之语亦属伪造，无是事也③。

① 见雷梦水：《贩书偶记续编》，上海古籍出版社，1980年，第181页。

② 《中国古籍善本总目》，线装书局，2005年，第1047页。

③ 孙楷第：《戏曲小说书录解题》，人民文学出版社，第14页。

孙氏所据四十卷本正是首都图书馆等所藏玉茗堂刊本。孙氏并未提出否定王世贞为该书作者的理由，仅仅以其“号为博学”作为理由，完全是主观臆测，实在难以服人。

另一质疑声音为王重民先生《中国善本书提要·艳异编》：

> 《艳异编》四十五卷。原书不著撰人姓氏，卷端有息庵居士序，知息庵居士所辑者……考《千顷堂书目》有王世贞《艳异编》三十五卷，不知与此本有无关系？殆后人缩为三十五卷，托之世贞欤？抑世贞原有是辑，息庵居士广为四十五卷欤①？

王重民先生所据为四十五卷本。该本与四十卷本的不同在于它是现存刊本中唯一没有直接署名王世贞为该书作者的版本。从这个意义上来说，王氏结合《千顷堂书目》所录三十五卷本，对王世贞是否为《艳异编》作者提出质疑似乎不无道理。所以又与孙楷第遥相呼应，闪烁其词地把《艳异编》作者神秘化，以至把《艳异编》的作者问题陷入混沌状态。

孙楷第先生的《戏曲小说书录解题》一书原系为1928年开始，由原东方文化事业总委员会下属北平人文科学研究所拟编的《续修四库全书》相关文献所写提要，大约写于1934—1938年。而王重民先生的《中国善本书提要》则写于1938—1949年。也就是说，两位先生的相关说法均在1949年之前。从孙楷第和王重民两位先生的叙录中可以看出，虽然他们各自依据的版本不同，署名也有歧异。但在质疑王世贞为《艳异编》作者这件事上却是殊途同归。根据他们两位的文字，也限于当时的条件，我们有理由认为，两位版本学大师似乎没有见过四十卷和四十五卷本之外的其他三种版本。不能想象，在三十五卷、四十卷、五十三卷、五十七卷、十二卷五种版本均署名王世贞，只有一种四十卷本署名“息庵居士”的情况下，他们仍然还会坚持对王世贞为《艳异编》作者的观点。

当然，因为王世贞本人在自己的文字中几乎很少提到自己和《艳异编》这本书的关系（后详），所以两位先生产生如此想法也有一定可以理解的客观理由。

① 王重民：《中国善本书提要》，上海古籍出版社，第400页。

## 三、今人对王世贞为《艳异编》作者的不同理解

从1949年起到1979年这三十年，因为社会环境的缘故，像《艳异编》这种古籍已经基本上脱离了学界和读书界的视线。所以有关它作者问题的说法，基本还定格在孙楷第和王重民两位先生的猜疑状态中。除此之外，由于信息流通不畅，很多人不了解《艳异编》多种版本的署名权归于王世贞名下也是一个重要原因。这种情况从20世纪八十年代开始有些变化起色。

首先肯定确认王世贞为《艳异编》作者为徐朔方先生。他在《古本小说集成·艳异编》前言中引述明吴大震《广艳异编·凡例》：

> 说者谓是胜国名儒，夙存副墨，弇山第以枕中之秘为架上之书耳。

徐朔方认为，说王世贞“以元朝名儒的原有辑本简单地加以翻印，未必可从”。其根据有二：

其一，王世贞《弇州山人四部稿》卷一一八致徐子兴信：

> 仆所为《三洞记》，足下试观之……《艳异编》附览（王世贞游宜兴三洞在嘉靖四十五年〔1566〕九月〔41岁〕，徐子兴因亲丧回到浙江长兴原籍）。①

王世贞在信中把自己的《三洞记》和《艳异编》一起推荐给后七子中的好朋友徐中行，堪称王世贞本人确认自己为《艳异编》作者的直接证据。

其二，不仅如此，徐先生还找到了王世贞晚年回避自己为《艳异编》作者的文献根据。晚明浙江诸暨骆问礼《与叶春元》：

> 会闻王凤洲先达，以《艳异编》馈人，而复分投（头）赎归，亦必有不得已者（《藏弃集》卷五）。②

---

① 徐朔方：《小说考信编》，上海古籍出版社，1997年，第586页。
② 徐朔方：《小说考信编》，上海古籍出版社，1997年，第587页。

从骆问礼的话可知，徐中行应该不是唯一得到王世贞馈赠《艳异编》的人，所谓“以《艳异编》馈人”，不仅包括王世贞本人给徐中行信中提到的“《艳异编》附览”，而且还应有其他若干人，所以才会有“分投（头）赎归”的说法。而这种行为只能由编著者本人来进行。这不仅确认了王世贞本人为《艳异编》作者，而且还提出“必有不得已者”的隐情。从而把王世贞从编书送人到分投赎归的全过程做了一个简单勾勒叙述。但这里又留下所谓“不得已者”隐情何在的又一悬念。

对此，徐朔方先生认为：

> 《艳异编》是小说家言，除了他给后七子中最相知的徐中行的这一封信外，绝口不再提及。按照当时礼制，居丧期间不宜有此类闲情之作（包括编印）。以后，他飞黄腾达，官做到侍郎、尚书，声望日隆，公认为文坛的领袖人物，更不会说到这部少作了。
>
> 结合前文，看来不会完全失真。它正好说明本书王世贞原本为什么会变得这样绝无仅有。①

在徐朔方先生看来，所谓“不得已者”的隐情，就是王世贞身份发生变化之后悔其少作，以至设法赎归。

徐朔方先生的这一说法受到青年学者陈国军的质疑商榷。与徐朔方观点不同，陈国军对吴大震所谓“弇山第以枕中之秘为架上之书”和骆问礼所谓“亦必有不得已者”，另有解释：

> 《艳异编》之被收回，其最大的原因恐与吴大震所说，王世贞将元代时人的作品经过加工、改造、组合之后据为己有有关。换句话说，盛名中的王世贞将少作收回，恐源于《艳异编》的编选形式和性质，有碍于自己的声誉。②

陈国军认为：吴大震所谓“胜国名儒”是指元末明初的陶九成，所谓“副墨”则

① 徐朔方：《小说考信编》，上海古籍出版社，1997 年，第 587 页。

② 陈国军：《明代志怪传奇小说研究》，天津古籍出版社，2006 年，第 276 页。

为《说郛》。也就是说，王世贞认为自己的《艳异编》有剽袭《说郛》的嫌疑，有失自己盛名的身份地位，所以才四处赎归的①。

笔者以为，《艳异编》与《说郛》之间的渊源关系并不能成为王世贞收回其已经馈赠他人《艳异编》的理由。原因是：

1. 包括明代人在内的古代文人和社会环境中，并没有明确的版权意识和版权法律。不存在因此有碍声誉的问题。《艳异编》中的很多故事并非仅在《艳异编》和《说郛》二书中互见，很多小说丛书或类书相互辗转稗贩的情况屡见不鲜，没有人因此得到剽袭的恶名。

2. 编纂不是创作，汇编前人文献汇集成书是编纂类文献的惯例，不能成为王世贞收回少作的动因。

所以，笔者认同徐朔方先生关于王世贞收回少作理由之说。但徐朔方先生的说法尚有补充加强的余地。

## 四、王世贞赎回《艳异编》的真正原因

笔者认为，考察王世贞赎归《艳异编》的原因，不能仅仅从他本人的心情心理出发，而应该把这个问题置于《艳异编》一类的小说作品在中国古代，尤其是明代社会的地位上来考察，方能搔得其痒。

与《三国》《水浒》《金瓶梅》《红楼梦》一类白话通俗小说相比，《艳异编》之类文言小说的地位命运还要稍好一些。这一点，在历代公私书目子部小说家类著录中可以看得清楚。文言小说如《搜神记》《世说新语》之类可以有选择地堂而皇之进入，而白话通俗小说则完全没有这个待遇。但尽管如此，从小说戏曲诞生那天起，从社会统治者到上层主流社会对对其持严重的鄙薄甚至敌视态度（这里也包括文言小说在内）。正是这种态度，形成了一种巨大的社会压力和心理震慑，对小说戏曲作者的署名心理造成重大影响。中国古代很多小说的作者署名为“兰陵笑笑生”“烟水散人”之类化名笔名，主要不是文艺青年的浪漫，而是惮于外界环境对于自己真实署名的压力和不良后果。这些外部环境压力主要包括：

### 1. 统治者严禁

元明清以来，随着小说戏曲等通俗文艺形式的成熟和繁荣，统治者很快意识

① 参见陈国军：《明代志怪传奇小说研究》，天津古籍出版社，2006年，第277页。

到这些东西对于自己的政治统治可能产生的威胁。从中央到地方，下过无数次禁毁小说戏曲的命令。下面摘录几条以见一斑：

洪武二十二年三月二十五日，奉圣旨："在京但有军官军人学唱的割了舌头，下棋打双陆的断手，蹴园的卸脚，做买卖的发边远充军。"府军卫千户虞让男虞端，故违吹箫唱曲，将上唇连鼻尖割了（明顾起元《客座赘语》卷十"国初榜文"）。①

朱元璋时代对于民间说唱游乐活动的取缔强势可谓凶暴残酷。连文网严酷的清初，都有人愤愤不平。董含《三冈识略》云："明初立法之酷，何以至此！几于桀纣矣！"②又如：

《实录》：正统七年二月辛未，国子监祭酒李时勉言：近有俗儒假托怪异之事，饰以无根之言，如《剪灯新话》之类。不惟市井轻浮之徒争相诵习，至于经生儒士，多舍正学不讲，日夜记忆，以资谈论；若不严禁，恐邪说异端，日新月盛，惑乱人心。乞敕礼部行文内外衙门，及调提为校佥事御史，并按察司官，巡历去处，凡遇此等书籍，即令焚毁，有印卖及藏习者，问罪如律，庶俾人知正道，不为邪妄所惑。从之（顾炎武《日知录之馀》卷四"禁小说"）。③

《明魏校谕民文》之二：为风化事，当职巡历南雄，考按图志采访民风，略举所当禁革者……。一书铺当禁之书：一曰时文，蠹坏学者心术，二曰曲本，诲人以淫。…… 委官宜责取各铺并地方总小甲邻佑结状，再划发卖前书，重治以罪再不许开书铺。……不许从外省贩卖前项书籍，私入广东境内，不时差官盘验，以诘奸弊。左仰南雄府抄按转行各州县遵行（明归有光编次《庄渠先生遗书》卷之九"公移"）。④

① 转引自王利器：《元明清三代禁毁小说戏曲史料》，上海古籍出版社，1981年，第12页。
② 转引自王利器：《元明清三代禁毁小说戏曲史料》，上海古籍出版社，1981年，第12页。
③ 转引自王利器：《元明清三代禁毁小说戏曲史料》，上海古籍出版社，1981年，第15页。
④ 转引自王利器：《元明清三代禁毁小说戏曲史料》，上海古籍出版社，1981年，第92页。

从中央到地方的各种禁令，有如一张密密麻麻的电网，稍不留神就会触电身亡。小说戏曲生存之难，可见一斑。

2.社会反响

官方的禁令必然会产生相应的社会连锁反应。出于对违抗官方禁令可能产生后果的恐惧担心，社会各界心有余悸，唯恐因违禁而遭不测。于是纷纷与官方遥相呼应，为官方禁令添砖加瓦，落实细化。其中有的以家训形式警戒后代：

《高攀龙家训》：有一种俗人，如佣书、作中、作媒、唱曲之类，其所知者势利，所谈者声色，所就者酒食而已；与之绸缪，一妨人读书之功，一消人高明之意，一浸淫渐渍，引入于不善而不自知，所谓便辟侧媚也。为损不小，急宜警觉。（明高攀龙《高子遗书》卷十下）①

连佛门也要把涉足小说戏曲作为佛门罪孽加以惩罚：

《三宝罪孽类》：著撰烟粉词章传记等，一篇为一过，传布一人为二过，自己记诵一篇为一过。（明万历三十二年沙门袾宏撰《自知录》卷下）②

最为震撼的案例是，著名文言小说《剪灯余话》的作者因为写了该书而遭受厄运：

《剪灯新话》钱唐瞿长史宗吉所作，《剪灯余话》江西李布政昌祺所作，皆无稽之言也。今各有刻板行世。闻都御史韩公雍巡抚江西时，尝进庐陵国初以来诸名公于乡贤祠，李公素著耿介廉慎之称，特以此书见黜，清议之严亦可畏矣（明陆容《菽园杂记》卷十三）。③

---

① 转引自王利器：《元明清三代禁毁小说戏曲史料》，上海古籍出版社，1981年，第173页。

② 转引自王利器：《元明清三代禁毁小说戏曲史料》，上海古籍出版社，1981年，第184页。

③ 转引自王利器：《元明清三代禁毁小说戏曲史料》，上海古籍出版社，1981年，第217—218页。

李昌祺因为一部《剪灯余话》,竟然失去了列入乡贤祠的机会,正是这个社会所要营造的"清议之严"的恐怖氛围。

3.诋毁诅咒

元代以来,与中央政权和地方舆论反响遥相呼应,社会上还涌现一股针对小说戏曲作者表演者强大的诅咒潮流。从罗贯中子孙三代皆哑,到施耐庵子孙哑者三世;从王实甫关汉卿当拔舌地域,到董关作《莺莺传》当以千劫泥犁报之,如此恶毒诅咒不胜枚举。尤为荒唐的是:

> 尝见《感应篇注》:"有入冥者,见汤若士身荷铁枷,人间演《牡丹亭》一日,则笞二十。"虽甚其辞以警世,亦谈风雅者不敢不勉也(清杨恩寿《词余丛话》卷三)。①

作者心里也清楚此事虚幻,但如他所讲,"虽甚其辞以警世,亦谈风雅者不敢不勉也"。这也正是从中央政府到地方政府乃至市井民间的共同心理认同。

4.个人原因

综上可见,元明以来从中央政令,到地方法令;从社会舆论,到诋毁诅咒,构成了一个强大的社会压力网。它对小说戏曲作者形成了一个强大的心理压力场,具有强大的震慑作用。王世贞生活在这样的社会环境中,当然不可能不受到相关影响。因此,在王世贞赎回其少做《艳异编》的理由上,与所谓知识产权方面的担忧相比,显然身居高位的王世贞更在意的是《艳异编》的流传对其社会声誉的负面影响。这一点,清代人已经做出了明确的认定:

> 文人之笔,有离经叛道而启人以诞妄邪淫之习者,如《女仙》《剑侠》述异》《搜神》《灵鬼》《睽车》《北里》《平康》《比红儿》《小名录》之类是也。唐李肇《国史补序》云:"言报应,叙鬼神,述梦卜,近帷箔,悉去之;记事实,探物理,辨疑惑,示惩戒,采风俗,助谈笑,则书之。"陈眉公:"著书上者羽翼圣道,次者磨砻身心,又次者淘汰俗气,又次者资辅聪明,又次者摩抄岁月。"有心

① 转引自王利器:《元明清三代禁毁小说戏曲史料》,上海古籍出版社,1981年,第372—373页。

著述者，当以二公为法。即《太平广记》《艳异》等书，尚应多削，以付祖龙，况于连篇累牍，其害人心术，尤在风云月露之上者哉。王凤洲赠人《艳异编》，晚年令人于各处索还，亦是善于补过处(清周召《双桥随笔》卷二)①。

周召的说法不但与骆问礼的说法形成一个证据链条，证实王世贞把自己编纂的《艳异编》赠人后晚年又于各处赎归索还是个铁定事实。同时，他还把骆问礼所谓"不得已者"的悬念给出了明确的答案，那就是收回这种有"害人心术"的妄诞之书，求得一个"善于补过"的正面舆论，以免影响自己高高在上的社会地位受到不利影响。这样，徐朔方先生的说法也就得以补充和确认。

这个说法倘若成立，那么就为今人认识明代小说社会地位，把握上流文人编纂小说的心理，提供了一个鲜活的个案例证。对当代人们如何评价认识通俗文学艺术样式，也不无参照作用。

① 转引自王利器:《元明清三代禁毁小说戏曲史料》，上海古籍出版社，1981年，第266页。

# 王世贞《世说新语补》对《世说新语》体例的回归与衍异研究[①]

郑幸雅

（台湾东华大学文学系，台湾嘉义，62248）

**[内容摘要]**王世贞于嘉靖三十五年（1556）删定的《世说新语补》，有意识地向《世说新语》的体例回归。以《世说新语补》版本文献的讯息为主要研究文本，对《世说新语补》的删定与编纂、《世说新语补》的组构与分量、《世说新语补》的版本族群进行梳理研究，结果发现：王世贞《世说新语补》体例的设置，虽与《世说新语》相仿佛，但经由版本文献的讯息、正文、注文、眉批，以及是书主轴观念与各时期学术思潮的交织等诸方面的话语表现，可以见出《世说新语补》的体例与《世说新语》的体例原貌有所衍异，《世说新语补》各式版本的传播，昭示了明代"《世说》体"的文体与审美范式。

**[关 键 词]**《世说新语补》；王世贞；"《世说》体"；文体

## 一、前言

王世贞（1526—1590）是明代重要的文学家和史学家，于明嘉靖、万历间主盟文坛，是明代文学发展史上的指标人物。王世贞一生著述丰富，尤以文章知名当世，后世研究其文学者众多，甚或在朝鲜、日本皆不乏对王世贞文学与史学进行研究者。

王世贞于嘉靖三十五年（1556）删定的《世说新语补》，《四库全书存目题要》指明："《世说新语补》几百年来，梨枣不啻数十易。"[②]凌濛初（1580—1644）《世说

① 本文为台湾"科计部"补助专题研究计划"《世说新语补》对《世说新语》的接受、传播与衍异研究"之成果。计划编号：NSC100—2410—H—343—011。

② （明）何良俊撰，王世贞删定：《世说新语补》，万历年间刊本，《四库全书存目丛书》子部小说家类第242册，台南：庄严文化事业公司，1995年，第325页。

新语鼓吹序》亦云："独《补》盛行于世，一再传，而后海内不复知临川矣。"[①]曹征庸《清言序》则直言："独怪夫嘉隆以前学者，知有所谓《世说》者绝少，自王元美《世说补》出，而始知有所谓《世说》，然已非晋宋之《世说》矣。"[②]王世贞删定《世说新语补》涉及的问题广泛，不但对明清"《世说》体"之文体演变及其文化意味，以及《世说新语》的批评与研究的影响深远，其影响力甚且远播东亚的日本与朝鲜。

本文以王世贞《世说新语补》对《世说新语》体例的回归与衍异为研究课题。体例是一种功能性的选择与创制，文本的体例是经由编纂主体的思考拣选，用以承载其理念，所以体例的选择与建置是具有指针性意义的项目。体例的订定，使文献的内容构成具有排他性质的封闭系统，体例的限制，构成文献的封闭性与强迫性，同时也呈现文献独特的样貌、性质及意趣。[③]本论文以《世说新语补》的准文本[④]为研究文本，探求《世说新语补》对《世说新语》体裁的接受，寻绎《世说新语补》体例的设置，对《世说新语》的文体定位，在文本结构和编码方式中，越过《世说新语》体裁的审美成规，进而丰富、改造、扩大原有的体裁审美规范，昭示明代"《世说》体"的范式。

本文论述的途径有三：一是陈述《世说新语补》的删定者与校注者，对于《世说新语》与《何氏语林》的理解，编纂者融合二者的理解视阈，创生《世说新语补》的体例设置。二是《世说新语补》的组构与分量，釐析《世说新语补》准文本的话语功能，对《世说新语》与《世说新语补》文体的审美规范，产生外延与内涵的变异，形构"《世说》体"体裁的审美规范。三是梳理《世说新语补》的版本族群，在历时的流衍中，各式版本原件的取舍，对《世说新语补》文体的审美规范、"《世说》体"的编撰与研究，及其传播发挥积极的作用，昭示明代"《世说》体"的文体范式。

---

① (明)凌濛初考订：《世说新语鼓吹》，南京：凤凰出版社，2010年，第1页。

② 郑仲夔：《清言》，《四库全书存目丛书》，子部小说家类第242册，台南：庄严文化事业公司，1995年，第350页。

③ 周彦文：《中国文献学理论》第三章《外在结构论》，台北：台湾学生书局，2011年，第119—185页。

④ 所谓"准文本"(paratexls)是指附属于文献本身，但并不属于文本的一切原件。例如：序、跋、题辞、出版说明、目录、以及封面、推荐词、简介、提要、叙录、解题等，除此之外，注文、批语亦可列入。参周彦文：《准文本在文献构成上的意义》，《中国文献学理论》，台湾：学生书局，2011年，第162—185页。

## 二、《世说新语补》的删定与编纂

王世贞删定《世说新语补》的刊本，现存者以万历八年(1580)王世懋刊本10册20卷为最早。但《世说新语补》一书流传最广最为完善者，则为万历十三年(1585)张文柱校注的10册20卷刊本(通称为张氏原刊本)。是书于“《世说新语补》卷第一”后标明：“宋·刘义庆撰；梁·刘孝标注；宋·刘辰翁批；明·何良俊增，王世贞删定，王世懋批释，张文柱校注。”①庞大的准文本群，对“《世说》体”体裁审美规范的作用，令人侧目。

王世贞于《世说新语补序》直言，他本人特为喜好《世说》，因每读之，患其易竟，后得何良俊《何氏语林》，以补阅读《世说》易竟之憾。遂于嘉靖三十五年，官刑部主事，于治燕赵郡国狱时，公余之暇将《世说》、《何氏语林》并合为一《世说新语补》。②其删定二书的原则有三：一是表明个人对何良俊编纂之《何氏语林》有所不满，认为《何氏语林》事词错出不雅驯，何良俊对《世说》简澹隽雅之致、美刺风赞之旨，有所不知。故王世贞于删定《世说新语补》时，对《何氏语林》多所镕裁与删汰。二是直陈《世说新语补》的删定，以“合而见其类”为原则。依循《世说新语》“分门隶事，以类相从”的体例，将两书门类意例相近之正文，按年代先后之次第，不区分彼此，径置入类目之中。三是表彰《世说新语补》的正文分量，《世说》1130条取十分之八，远大于《何氏语林》取2779条的十分之三。③此中透露王世贞删定《世说新语补》的意向，是朝向《世说》古雅体例的回归。

王世贞删定的《世说新语补》，后为酷嗜《世说》的张文柱所得，张文柱为只录原文的《世说新语补》进行校注，另在编辑规画中，首先，广收《世说新语补》、《世说新语》、《何氏语林》三书编撰成书、刊刻流传的相关序跋，一来藉由序文保存各书的原貌与特质；二来是用序跋陈述《世说》的审美情趣及其艺术价值；三来推尊刘孝标注《世说》的巨大贡献。

其次，张文柱于书中设有“凡例”十则，④阐明自己校注编纂成书的体例。张

① 《世说新语补》，万历十三年刊本，台湾“国家”图书馆藏。以下出于《世说新语补》之原典文献，为免冗赘之累，仅标志类目、卷数、页码。

② 郑利华：《王世贞年谱》，上海：复旦大学出版社，1993年，第99页。

③ 王世贞：《世说新语补序》，卷首，第1—2页。

④ 张文柱：《世说新语补凡例十则》，《世说新语补》，第1—2页。

文柱校注编纂《世说新语补》的体例，较为特出者有四：其一是注文的补入与检校，《世说新语补》的选次悉从王世贞琅琊原本。因琅琊本止录正文，张文柱则将刘孝标注与何良俊注补入，且对二注进行补遗正讹以相发明。至于检校的部份，王世贞琅琊本的正文，选入《何氏语林》将刘孝标注文载入正文者，张文柱以其失检不合度而删之。除此之外，何良俊取刘孝标注中事本相属分为二者，张文柱则将之并合为一。其二是编中诸人之姓字、家世履历及诸事实依次随注，悉仿《世说》旧例，所检具之人物释名，不及隋唐以下人，此中彰显张文柱重《世说》轻《何氏语林》的编纂意识。其三是《世说》豫章本与《语林》的圈释句读，特为裨便读者观览，但琅琊本的《世说补》为其中隽语特别标注圈点，以至于隽语之圈点与文本之句读几相溷，故不留存隽语之圈点，打破阅读视野的框限，扩大文本的空白与不确定性，摘奇咀华各俟乎读者。其四是采录刘辰翁及王世懋之批语于书眉，藉以发明《世说》。

万历十三年王世贞删定，张文柱校注的《世说新语补》，王世贞只录正文，直赏其单词只行、简澹隽雅之致，张文柱则增设注文、批语裨便观览，致使此书之流播既广且远，张氏原刊本之体例，成为明清"《世说》体"撰著者追摹的范式。

## 三、《世说新语补》的组构与分量

《世说新语补》的编纂，由王世贞至张文柱皆彰显回归《世说》古雅体例的主轴意识。王世贞在保存《世说新语》体例原貌的前提下，对《世说新语》与《何氏语林》文献取材的分量，约是《世说新语》五成二与《何氏语林》四成八的比例，二者所录入之条文，差距不过百余则。至张文柱校注时，为合体例之度，严分正文与注文，删汰《何氏语林》将刘孝标注文混入正文者，最后，《世说新语》与《何氏语林》文献取材的分量，约是《世说补》全书 1426 则中的六成一与三成九之比数。如此观来，《世说补》的文体理应更近似《世说》。但张文柱设定之编辑凡例，纳入刘辰翁与王世懋之批语，则明显与《世说》之体例有异；再加上《世说补》准文本丰富多元，对《世说新语》与《世说新语补》文体的审美规范，产生外延与内涵的变异；且《世说新语》与《何氏语林》各有其文体之特质，《世说新语补》并合两者，显示出《世说新语补》独特的样貌、性质及意趣。

《世说新语补》文献内容意趣独特的构成元素，可由序跋的陈述、类目的回归、评点的发明三个层面加以考掘。

(1)序跋的陈述

张文柱校注的《世说新语补》对序跋的载录,采取全面广搜的原则。书中所列的序跋计有十一篇,关于《世说新语补》成书因由者有四、《何氏语林》之认识者有二、其余五者皆为关乎《世说新语》之性质、功能定位,以及《世说新语》取讥世教的旧题跋与旧序。此十一篇序跋遍言对《世说新语》的雅赏、《世说新语》的事词性质、《世说新语》的功能定位、《世说新语》的解人不可得、孝标注引援详确等。此中对《世说新语》文体性质的定位,及对刘孝标注引援详确的张扬尤为鲜明。

王世贞《世说新语补序》对宋时经儒先生讥谪清言致乱颇不以为然,且对《何氏语林》有"事词错出不雅驯"(卷首,第1页)之评议。就表层的意义而观,《世说新语补》特为关注《世说》"造微于单辞,或征巧于只行"的语言艺术,理应不以翼世教为虑。但王泰亨《题世说新语补后》有言:"家弇州先生取何氏之书,求其事驯雅者,理中清者节取之,附诸《世说》以补临川所未备,……余往岁负浚冲灭性之讥,呕血数升,神气都损,尝得此编,时置案头以当枚发。"(卷终,第1页)依王泰亨"事驯雅者,理中清者节取之"补充说明王世贞《世说补序》涉及"或因美以见风,或因刺以通赞"之说,又言"时置案头以当枚发"。如此观来,《世说补》与《世说》清微简远、隽永精深的文体风格有异,越过《世说》远实用近娱乐之分际,涵具药躁妄、励风俗之性质,不失有益人心世道之功能。

张文柱于《世说新语补》的凡例,特为严分正文与注文以合度,其于所载录的序跋中,对刘孝标注《世说》之功,推崇备至,尤其是王世懋更是言之不辍,如"至于孝标一注,博引旁综,前无古人,裴松之《三国志注》差得比肩。""盖临川孝标功绪略当"①,凡此,彰显《世说新语补》的序跋,均具有标举刘孝标注文的目的性原则。

《世说新语补》序跋涉及校注的问题,可分三个方面加以说明:一是注者与撰述者、删定者功绪略当,《世说新语补》之校注,由刘孝标、何良俊、张文柱三人集

---

① 《世说新语补》标举刘孝标注释之功:"至于孝标一注,博引旁综,前无古人,裴松之《三国志注》差得比肩。"(王世懋:《世说新语序》,第2页)"盖临川孝标功绪略当"(王世懋:《再识》,第3页)"况世说精绝,亦由孝标作注,详援确证,有不言之妙。"(陆师道:《何氏语林后序》,第7页)"宋临川王义庆,采撷汉晋以来佳事佳话为《世说新语》,犹为精绝,而犹未为奇也,梁刘孝标注此事,引援详确,有不言之妙。"(高氏:《纬略》,第3页)"夫孝标一注号称详赡,然皆二百季间语耳,其人可指数,而事可胪列也,况乎大江以北文献无征,熟王谢诸家乘则思过半矣!"(王泰亨:《题世说新语补后》,卷终,第1页)

腋成裘。刘孝标注《世说新语》之精当、何良俊自注《语林》之宏富，张文柱将《世说新语补》注之未备者、何氏有所乖迕者，依次加以修注，三人之功绪于《世说新语补》诸多序跋中，说之分明。

二是特为标举刘孝标注释之功，高氏《纬略》直赞孝标注“引援详确，有不言之妙”，《世说新语补》诸多序跋中，再三对刘孝标注加以推崇，赞誉刘孝标注为读者提点《世说新语》语言精绝简妙的意味。此中透显王世贞删定，张文柱校注的《世说新语补》，对《世说新语》语言艺术的侧重。

三是俗夫将淑世之谈搀入孝标注文，有厘清之必要。王世懋《世说新语序》对刘注赞誉备至，对于后世俗夫搀入叔世之谈，掩盖孝标史料引援详确之实，有所不满，故于批语中别其淄渑，以洗孝标之冤。①

(2)类目的回归

《世说》类目的设置标准，本身就是一个富含文化的信息场，含具广阔的阐释空间。类目的设定，不仅仅是一种分类方法，也是一种“封闭—开放”的结构，在长期文学实践中逐渐形成的一种规范，是一定形态的概念，受特定的历史文化的制约。读者藉由类目之设定可以把握文本的意义，续仿作品的作者亦可据此展现主体对《世说》之理解、阐释与运用，透显文人士夫人格心理的深层结构。

《世说》类目的设定，由名称至次第的排列，是否具有九品中正制之等第高下之分，是个见仁见智的问题。②何良俊编撰《语林》对《世说》的体裁有着鲜明的意识，其门类设置除接受《世说》36 门类外，增加《言志第五》与《博识第十四》两个具有时代意义的门类，并且对《世说》类目的次第多所调整，在各类目下撰写发题的小序，赋予类目具体的指涉内容，致使《何氏语林》与《世说》文体的间隙转增巨大。③

《何氏语林》类目的设置，与王世贞所理解《世说》类目，存在着明显的落差。《言志》与《博识》两目有违王世贞所认定《世说》古雅之体例，自然删去不顾。王

---

① 王世懋《世说新语序》道：“余幼而酷嗜此书，中年弥甚，恒着巾箱，铅椠数易，韦编欲绝，第其句或匀棘语近方生，句深则难断，语异则难通，积思累校以获疏明经乎，阙疑以遵圣训，至于孝标一注博引旁综，前无古人。裴松之《三国志注》差得比肩，而颇为俗夫搀入叔世之谈，恨不能尽别淄渑，呵一标出以洗卯金氏之冤。”(《世说新语补》，第 3 页)

② 宁稼雨：《〈世说新语〉类目设定的思想旨归何在？》，《天津社会科学》2000 年第 2 期：第 107—110 页。

③ 参见拙著：《召唤经典——何良俊〈语林〉对〈世说新语〉体裁的因创》，台湾：南华大学，2009 年，第 120—125 页。

世贞对于何良俊编撰《语林》时，突出德行，远离魏晋风旨，以及类目涵具前重后轻的意识，并不认同，故删定《世说补》便将类目与次第恢复《世说》之旧观。

《何氏语林》各门类之前，书有小序，为何良俊首开其例。序文的撰写，寄寓作者对各类目的诠释，蕴含深厚的作者意识，是作者表达意向性行为的最佳途径。《何氏语林》的发题，寄寓主体对各类目的诠释与撰述意识，表达个人以经世为经、适性为纬以及修德为基调的撰述意向，越过《世说》既定的视野，转向实用的开放性革新。①此与王世贞侧重《世说新语》的语言艺术，要求"事词雅驯理中清"的编撰意念，有所抵牾。王世贞删定《世说新语补》，便将何良俊为《语林》类目所作的发题芟除，藉以回归《世说新语》的文体性质。

(3)评点的发明

张文柱于编纂《世说新语补》时提及，存圈释句读以便观者，又于《世说新语补凡例十则》言："宋刘辰翁校刻《世说》注稍同异，批评多作隐语。今王学宪亦多发明并采之，标于上方。"文中言明，载录刘辰翁、王世懋的《世说》批语于书眉，乃是欲使两者之评点足以相发明。刘辰翁批点作品之多，赏鉴之精，大为明人所推崇，尤其是《世说新语》的批点。刘氏《世说新语》的批语计约 451 条，《世说新语补》中约有 288 条，辰翁以文学观点论《世说新语》之工拙。此一主轴观念，与王世贞删定《世说新语补》时，侧重语言艺术的意识不谋而合，故《世说新语补》载录刘辰翁的批语自是水到渠成。②

王世懋的评点，在刘辰翁评点的基础上，对《世说新语》的批点有独到之处。王氏《世说新语》的批语计约 294 条，《世说新语补》中约有 206 条，自言对《世说新语》的阅读是"恒着巾箱，铅椠数易，韦编欲绝"，"标评小语亦续有得，时复循览而恨其未穷也。"③其批点《世说新语》，用心之深，用力之巨，罕有人及。④王氏批点《世说新语》致力于裁量《世说新语》类目归属的确当性、审辨刘孝标的注文、赏鉴《世说新语》的语言、文意疏通等。张文柱有见于王世懋之评点，对理解《世说

---

① 同上注，第 125—129 页。

② 参见拙作：《论刘辰翁评点〈世说新语〉的文化意蕴》，收入殷善培主编：《文学视域》，台湾：学生书局，2009 年，第 535—546 页。

③ 王世懋：《世说新语序》、《再识》，《世说新语补》，第 2—3 页。

④ 关于王世懋批点《世说新语》的成就，可参考甄静：《略论王世懋〈世说新语〉的评点特色》，第 116—119 页。

新语》的裨益良多，且在此之前，王世懋批释的《世说新语补》就曾刊刻面世。张文柱要重新刊刻《世说新语补》，自然纳入王世懋的评点。

评点的批评论议，本是一种对话活动，不论是评点文字与正文，或评点诸家的对话，皆能发现许多观看文本的不同视角。《世说新语补》置入圈点句读与点评，由于评点家的视阈有别，在批评鉴赏、文本改订、理论阐释中，突出评点者主体的思想、意趣与个性风貌，促成理解文本新视野的可能，从而揭示作品所隐藏而未经发现的新意味和新景观，带来文本经典序列的变量与经典转化的契机，使得文本原初之面目递变。

王世贞删定《世说新语补》，以回归《世说新语》的体例为宗，一则正文的删定原则是《世说》所去十之二、《何氏语林》采入者十之三。二则将《何氏语林》新增的类目、类目的小序芟除，并将何良俊所作类目次第的调整，进行还原，尽复《世说新语》之旧观，藉以保全《世说新语》的文体性质。张文柱据王世贞删定《世说新语补》进行校注，并广录序跋与评点，《世说补》中序跋的陈述与评点的发明，带来各式原件的陈述、排列与对话，推动《世说新语补》体例的衍异，致使《世说新语补》与《世说新语》的面目渐渐分殊。

## 四、《世说新语补》的版本流衍

《世说新语补》的版本众多，在流传的过程中，不断被加工，构成一个信息丰富的文化场，表征的是问题复杂的符号系统。各式的版本与王世贞的删节本、张文柱的校注本已有较大的差异，但每一种刻本都蕴藏着编撰者主体的意识与意义指涉。《世说新语补》衍生的版本群组庞大，依其外在形制界分，有删定本、合刻本、单行本、域外本四种。

(1)删定本

王世贞删定，张文柱校注于万历十三年(1585)刊刻面世的《世说新语补》，通称张氏原刊本。万历年间《世说新语补》具评点文字的本子，大抵依从张氏原刊本，批点本中备受瞩目的是标示为“李卓吾批点”的《世说新语补》。《李卓吾批点世说新语补》的版式与张氏原刊本相彷佛，唯于卷首列焦竑《世说补序》，眉批除刘辰翁、王世懋的批语外，增加李卓吾批语。①万历以后刊刻《世说新语补》或《李

① 王世贞删定，李卓吾批点：《世说新语补》，万历年间刻本，卷首，第1—4页。

卓吾批点世说新语补》者，大多以张氏原刊本为底本，参酌《李卓吾批点世说新语补》以成书。

李卓吾是晚明著名的评点家，其批点带有强烈的个人思感，对《世说新语》的正文多所申驳纠谬。《李卓吾批点世说新语补》刻本的流衍，遍及海内外，域内的流传，主要追随着李卓吾批点热潮起舞。域外则远播朝鲜、日本等，在当地形成《世说新语补》的阅读热潮。这股热潮由十七世纪至十九世纪间持续不退，对域外各国之文化影响深远。①

明万历间对《世说补》进行批点较为知名者，尚有凌濛初与钟惺。凌濛初的评点主要见于他自己校订的《世说新语鼓吹》。②钟惺之批点较为罕见，唯有朝鲜旧活字本的《世说新语补》与现存于日本标明钟惺评的《钟伯敬批点世说新语补二十卷》。

清代《世说新语补》流传较广的是黄汝琳《重订世说新语补》。黄汝琳于乾隆二十七年(1762)对《世说新语补》进行补订重刊。③ 黄汝琳于《重订世说新语补序》言明补订重刊的因由，文中表达对凌氏"合之两伤，离之两美"之说的赞同。但以《世说新语》为类小说家言、为纬书的视阈下，认为"《世说》体"作品既是谭天雕龙之事，补入《语林》尚恨其少。故在补订重刊的过程中，以《世说新语补》"成本行世，后生耳食久矣，何必故为异同"④的观念，再加上尊重王氏删定二书，"合而见其类"的原则，《重订世说新语补》的底本舍弃凌氏本，转而依从张氏原刊本。

《重订世说新语补》的文本内容，在黄汝琳精审的规格下，对王世贞所删之《世说新语》的正文有所增添，对新旧注繁冗者有所简汰，对于诸家笺评谛当者采之，此外，黄汝琳本新增顾惇量之案语，对于"俊逸有余而不轨于正义类，不衷而徒饰于文，间附鄙意缀以琐言"⑤有所议论。黄汝琳补订重刊《世说新语补》与乾隆时期的学风，有着密不可分的关联性。黄汝琳本于乾隆五十七年(1792)又再度刊刻，直至民国扫叶山房本所取便是黄汝琳本，其盛行之景况可见一般。

---

① 金贞淑：《十六世纪吴中文士之〈世说新语〉研究》，台湾：台湾大学，中国文学研究所，博士论文，2014 年。刘家幸：《日本江户时期汉文世说体著作之受容与生成》，台湾：成功大学，中国文学研究所，博士论文，2015 年。

② 凌濛初：《世说新语鼓吹》，收于《凌濛初全集》第 7 册，南京：凤凰出版社，2010 年。

③ 王世贞删定，黄汝琳校订：《重订世说新语补》，清乾隆二十七年本，台湾傅斯年图书馆。

④ 王世贞删定，黄汝琳校订：《重订世说新语补》，卷首，第 2 页。

⑤ 同上注。

(2)合刻本

《世说新语补》的合刻本,主要是凌濛初的《世说新语鼓吹》。凌濛初编纂《世说新语鼓吹》,于序文中直指《世说新语补》,带有以《世说》乱《世说》之弊。①凌濛初于万历二十四年(1596)以后考订的《世说新语》《世说新语补》附,称之为《世说新语鼓吹》,其体例打破王世贞删定《世说新语补》的旧例,将王世贞所删去的《世说新语》条文重载,恢复《世说新语》之原貌,且将《世说新语》置于《世说新语鼓吹》的前半部。至于王世贞所删定《何氏语林》为"补"的部份,则拈出别为一帙,置于《世说新语鼓吹》的后半部,免于《世说》与《补》(或称为《世说新语补》)"合而两伤"之虞,意在各复两者之貌,得"离而并美"之益。

凌氏本由于在万历后期方才面世,时代的晚出限制了凌本在明代的流传范围以及影响力。入清之后,康熙年间所刊刻的《世说新语补》版本,一致以凌本为刊刻《世说新语》或《世说新语补》的底本。不论是具章绂序的承德堂本,或是朝鲜所藏宝斋旭藏版,抑是杨士琦所刊的泗州杨氏本,以及程稰"重订世说新语补"等,刊刻《世说新语》附《补》或《补》的单行本,大多是《世说新语》与《世说新语补》之名杂出,不查考内容难以知悉究为合刊本或单行本,不过,可知悉的是大部份都以凌氏本为底本。凌氏本盛行于清代的现象,翻转了明代《世说新语补》张氏原刊本独大的情况,凌氏本与张氏本成为《世说新语补》流传的两股力量,当然也蕴藏着殊异的主体意识与文体的审美规范。

凌濛初考订的《世说新语鼓吹》,是《世说新语》诸家批点的集大成者。凌本之批点,汇集刘应登《注》(简称"刘氏《注》")、刘会孟(辰翁)、杨修、王敬美(世懋)、凌初成(濛初)、郎瑛等诸家的批语,还设置按语,将弇州移宫换羽的正文,重新复原。凌本的编纂原则是去《世说》乱《世说》,以《世说》为《世说》,回归《世说新语》的审美范式。

凌濛初考校《世说新语鼓吹》的功绩有二:一是保留完整的《世说新语补》诸家批语,尤其是刘应登之批注。《世说新语补》广为风行后,时人不知有临川,《世说新语》亦因《世说新语补》的删削而失却原貌,诸家之批语有所遗落亦是当然之事。刘应登之批注幸得凌氏本之载录,得以重新面世。二是凌氏本完整的《世说新语》文本,使得晚明人重新认识《世说新语》,一方面有助读者对《世说新语》的

① 凌濛初:《世说新语鼓吹序》,《世说新语鼓吹》,第1页。

理解与诠释，一方面提振了《世说新语》的经典性建构，丰富了《世说新语》的文化意蕴。

(3)单行本

明万历年间，张懋辰考订的《世说新语补》，其编辑体例依现有文献，未能确认为张氏原刊本一系，抑或是《世说新语鼓吹》类的合刻本。依王季重为张懋辰《世说新语补》所写的《世说新语序》之意，首先，表明王世贞《世说新语补》有续尾渐长，效颦渐失之弊。再则，指明张懋辰分别对《世说》与《世说补》进行校注。① 张懋辰得善本后，不但批注《世说》，使几绝的《世说》重新为明人所认识，而且又精删何氏之补，另立一帙，得复《何氏语林》之堂庑，展现原初之面目。依王季重之文，张懋辰刊本，有可能是合刻本，但依现存四卷本的刊本观之，属于王世贞所删定《何氏语林》而成"补"的部份，未见所校注的《世说新语》。张懋辰考订的《世说新语补》，流传的面貌则是《世说新语补》四卷的单行本，形成《世说新语补》的支系。此一刻本与前此并收《世说》与《补》的《世说新语补》版本群组，有了殊异的样貌。

(4)域外本

明朝与朝鲜往来频繁，万历三十四年(1606)仲春，朱之蕃(1546—1624)奉命出使朝鲜，将王世贞《世说新语补》带入朝鲜，点燃朝鲜的"《世说》热"。②朝鲜流传的《世说新语补》为张氏原刊本一系，版本较为特殊者，有朝鲜活字本的《世说新语补》，具钟惺批点、《显宗实录》所用之贵重的铜活字所刊印的《世说新语补》，以及朝鲜文士重编之《世说新语姓汇韵分》。其中《世说新语姓汇韵分》以《世说新语补》为底本，突破旧本篇目分类的形式，采取"分门以姓，分姓以韵，合书事实于各其名下"的原则，确立朝鲜的独创体例，突出朝鲜人理解《世说新语补》的思

① 王季重《世说新语序》有云："自弇州伯仲补批以来，欲极玄畅，而续尾渐长，效颦渐失，《新语》遂不能自主。海阳张远文氏得善本于江陵陈元植家，悉发辰翁之隐，黜陟诸公，拣披各语，注但取其疏惑，评则赏其传神，义庆几绝而复寿者，远文之力也。远文又精删何氏之补，别具一帙，使其堂庑具在，而《新语》之事，又于此乎毕矣！"见王思任著，任远点校：《王季重十种·世说新语序》，杭州：浙江古籍出版社，2010 年，第 5 页。

② 金贞淑：《十六世纪吴中文士之〈世说新语〉研究》，《〈世说新语〉的域外传播——以朝鲜许筠个案为例》，台湾：台湾大学，中国文学研究所，博士论文，2014 年，第 152—158 页。孙勇进：《朝鲜王朝时期的〈世说新语〉在韩传播》，《文学与文化》2015 第 2 期：第 68—70 页。

考模式与功能需求，彰显与中国及日本大相径庭的文化思维。①

至于《世说新语补》流传于日本的时间，则较朝鲜为晚，但风行的盛况、刊印的频繁，则远超过朝鲜。日本流衍的《世说新语补》是张氏原刊本一系中的《李卓吾批点世说新语补》。《世说新语补》的和刻本，以元禄七年(1694)京都林九兵卫书肆文会堂出版之《李卓吾批点世说新语补》为最早。和刻本《世说新语补》的面世，改写了平安朝以来的《世说新语》阅读热潮，成为日本阅读市场的新宠。《世说新语补》的热潮，由十七世纪持续至十九世纪，此数百年间，日人除了对《世说补》进行训点、校注、注释外，更将之作为唐音学之教材，其后续仿《世说补》者多矣，甚且官学亦推动刊印是书。《世说新语补》于日本文学史占有一席之地，对日本文化影响深远。②

《世说新语补》的版本群组，以张氏本、凌氏本与黄汝琳本为主轴，张氏原刊本带动明代"《世说》体"的流行，对《世说》传播发挥积极的作用；凌氏本合而两伤，离而并美，还《世说》面目，重提《世说》文体的审美规范；黄氏本在乾嘉学风下《订重世说新语补》，精确考校注文与批文。《世说新语补》的版本族群，在历时的流衍中，各式版本原件的取舍，都蕴藏着编撰者主体的意识与意义指涉，对《世说新语补》文体的审美规范、"《世说》体"的编撰与研究及其传播，发挥积极的作用，昭示明代"《世说》体"的文体范式。

## 五、结语

王世贞对《何氏语林》改变《世说新语》之体例有所不满，故《世说新语补》的删定，大体依从《世说新语》"分门隶事，以类相从"，"依人而述，品第褒贬"的体例，以回归《世说新语》为宗，企图保存《世说新语》古雅的体例。《世说新语补》体例的设置，虽与《世说新语》相仿佛，但通过版本文献的讯息、正文、注文、眉批，以及是书主轴观念与各时期学术思潮的交织等诸方面的话语表现，《世说新语补》的体例与《世说新语》的体例原貌有所衍异。《世说新语补》版本的流衍，就是"《世说》体"审美范式的展演。各版本体例的订定，使文献的内容构成具有排他性质的封闭系统，体例的限制构成文献的封闭性与强迫性，同时也呈现文献独特

① 《世说新语姓汇韵分序》，《世说新语姓汇韵分》卷首，台湾"国家"图书馆藏。

② 刘家幸：《日本江户时期汉文世说体著作之受容与生成》，台湾：成功大学，中国文学研究所，博士论文，2015 年。

的样貌、性质及意趣。各版本的准文本往往指陈作者之观念、意图,或文本内容方向、性质与价值,同时也彰显时代的学术风潮或趋势。准文本是文献特有的印记,如繁露投影之微渺,但总能映照出编撰主体或文献主体的一花一叶。繁露投影的观察,或许是管中窥豹,但管中世界却是认知对象的开始,决断方向的关键,文献独特的样貌、性质及意趣亦藉此呈现。

# 汉字取象与流变・词语辨正与补释①
## ——以《世说新语补》和《世说笺本》为例

张玉梅
（上海交通大学人文学院，上海，200240）

[**内容摘要**]明代王世贞《世说新语补》是朝鲜王朝时代该国《世说》研究文献，也是日本江户时代"《世说》热"的研究文本。日本江户时代集大成的《世说》研究作品为《世说笺本》，它是针对《世说新语补》而作的笺注书，较好地保存了另一个版本的《世说新语补》。本论文以校勘精良的《世说笺本》对勘朝鲜活字本《世说新语补》，考察二书的汉字使用情况及词语情况。从50组代表例字总结出的规律为：朝鲜活字本《世说新语补》喜用异体字，它们多与碑刻、书法、古玺等用字一致，从造字取象及构形理据的保持看，这些异体字失去理据者多，而通行楷字的繁体字理据保持较好。学界尚未发现针对朝鲜活字本《世说新语补》和日本刻本《世说笺本》的专门研究，这一领域的域外善本汉籍研究，包括异体字整理及汉字取象及理据考察、文献文本整理等均具有开创性价值，将有补于相关领域的研究。论文最后一部分以《世说笺本》13组词语为例，作词语辨正及补释的工作。

[**关　键　词**]《世说新语补》；《世说笺本》；汉字取象；构形理据；异体字；域外汉籍研究

## 一、关于《世说新语补》和《世说笺本》

《世说新语补》由明人王世贞删定《世说新语》并增加部分《何氏语林》内容成书。此书自从问世后，几百年间数十次改版，印行不辍，声誉远播朝鲜、日本等

① 本文为2012年度国家社科基金重大项目(第三批)"王世贞全集整理与研究"(项目号:12 & ZD159)、上海市教育委员会科研创新项目一重点项目"汉字取象研究"(项目号:13ZS015)的阶段性成果。

国，甚至反而使《世说新语》淹没，不再为人所知。朝鲜研究《世说新语》的顶峰时期是朝鲜王朝时期(1392—1910)，不仅有很多从中国舶来的版本著录，也有朝鲜人自己印制的版本。这些版本多为王世贞《世说新语补》，因为当时传入朝鲜的是明朝流行的《世说新语补》。

日本研究《世说》的鼎盛时期是江户时代(1603—1867)，主要以《世说新语补》为研究对象，有学者评价其研究《世说》的深度和广度都超过了我国的同期水平。[①] 江户时代日本研究《世说新语补》的汉语著述不下二十余种，一时间形成"《世说》热"，《世说笺本》就是这个时期《世说新语补》研究的集大成之作。《世说笺本》刻本于文政丙戌年间(即道光六年)发表，为日本学者秦鼎(士铉)父子针对《世说新语补》而作的笺注书。

本论文重点研究的是明人王世贞删定的《世说新语补》，1586年(万历丙戌，据陈文烛序)刻本(未署刊刻地)，哈佛大学汉和图书馆和韩国精神文化研究院均有藏本。下文简称这个本子为"补本1"[②]，见图(1)：

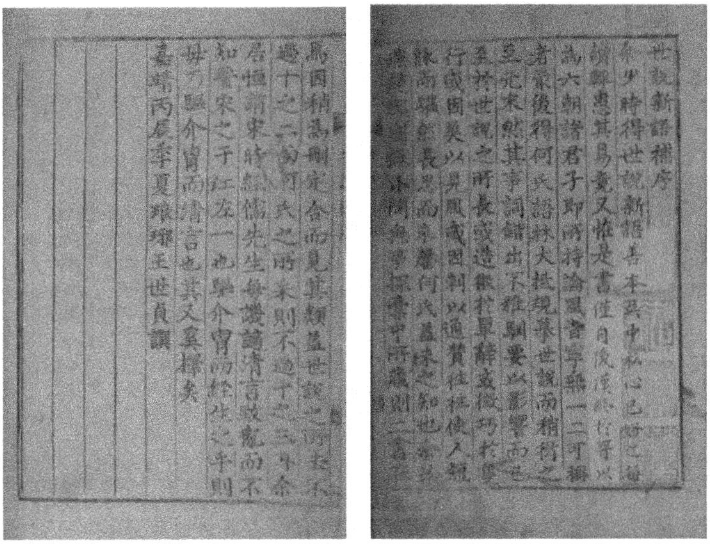

图(1)　王世贞《世说新语补序》书影

① 马兴国：《〈世说新语〉在日本的流传及影响》，《东北师大学报》(哲社版)1989年第3期，第81页。

② 国家社科基金重大项目"《王世贞全集》整理与研究"课题组成员曾于2015年5月、8月先后访查美、韩图书馆，查到并复制了此二书文本。

用来与《世说新语补》对勘阅读的是署名日人秦鼎校读[①]的《世说笺本》刻本，1826年（日本文政丙戌年）日本桥路本石町问屋发行，哈佛大学藏书，见图（2）：

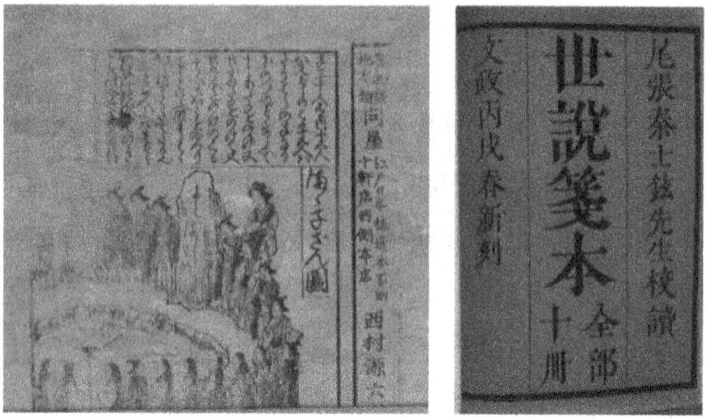


图（2） 日人秦士铉校读《世说笺本》书影，哈佛大学图书馆藏书

《世说新语补》与《世说笺本》是配套的，可以用后者对勘前者以考察相关问题。二书内容的对应，可参图（3）和图（4）：

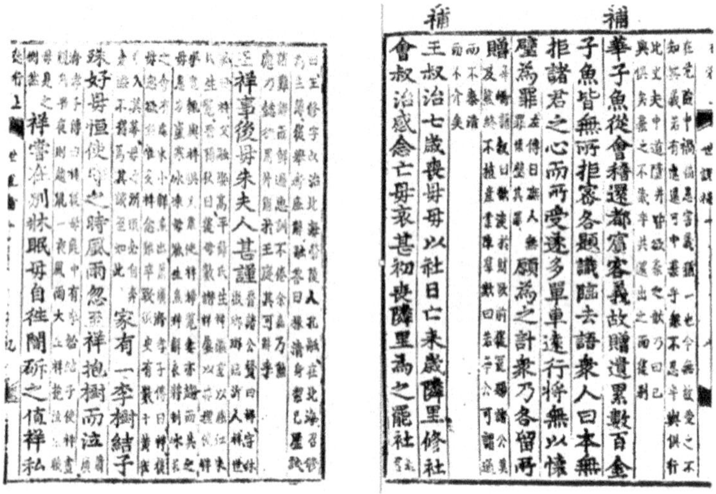

王祥事後母朱夫人甚謹家有一李樹結子殊好母恒使守之時風雨忽至祥抱樹而泣祥嘗在別牀眠母自往闇斫之值祥私

華子魚從會稽還都賓客義故贈遺累數百金子魚皆無所拒客各題識臨去語衆人曰本無拒諸君之心而所受遂多單車遠行將無以懷璧為罪……顧為之計衆乃各留所贈

王叔治七歲喪母母以社日亡來歲鄰里修社會叔治感念亡母哀甚初喪鄰里為之罷社

图（3） 《世说新语补序》“德行上·王叔治”篇

① 《世说笺本》的实际作者当为秦鼎与其子无疆父子二人，此由韩国藏本书前的源诲辅序而知：“吾师沧浪先生尝标笺《世说新语》，未卒业而有梁坏之叹矣。其嗣无疆君克继其志，而《笺本》成矣。先生尝嘱序于予，予今为之。无由复质之地下，因援《四库全书》中论《世说新语》者，揭之卷首，以代予序云。……天保己未秋七月，东都石庵主人源诲辅识。”

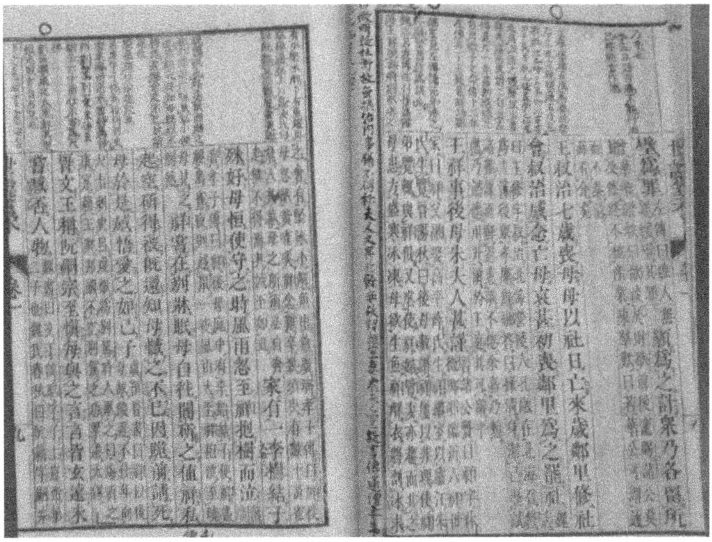

图(4)《世说笺本》“德行上·王叔治”篇

如图(3)和(4)所示,《世说新语补》与《世说笺本》是配套的,除了增加了一个眉批栏,《世说笺本》的正文内容,即所录的《世说新语补》(简称“补本 2”)与补本 1 是对应的:从右数第六纵行开始,补本 1 中从“璧为罪”开始的内容与《世说笺本》书页的第一行对应。所不同者,二书排版不同,所以对应内容在页面上的显示有先后的错位。这里所举的两个页面,是二书“德行上·王叔治篇”中的内容。

## 二、确定以《世说笺本》为《世说新语补》的对勘本

逐字逐句对勘补本 2 与补本 1,可以发现其文本内容略有出入。比如补本 2 也录入王世懋等人的评语,而补本 1 不录入,以下由“陆机诣王武子”见之:

陆机诣王武子。(《晋阳秋》曰:机字士衡,吴郡人。祖逊,吴丞相。父抗,大司马。机与弟云并有俊才。司空张华见而说之,曰:平吴之利,在获二俊。机别传曰:博学善属文,非礼不动。入晋,仕著作郎,至平原内史。)武子前置数斛羊酪,指以示陆,曰:卿江东何敌此?陆云:有千里莼羹,但未下盐豉耳。(刘辰翁云:最得应对之妙。言外谓下盐豉后尚未止此。第语深约,可以味得,难以俊赏耳。王世懋云:千里,湖名也。顾惇量按:据此则以未下为末下,亦作地名解者。非矣。笺:湖在溧阳,产美莼。)

上面涂为背景色的刘辰翁、王世懋的评注，和所加笺语“湖在溧阳，产美莼。”是补本2独有的，补本1无。

又如：“谢灵运好戴曲柄笠”一则：

> 谢灵运好戴曲柄笠。（邱渊之《新集录》曰：灵运，陈郡阳夏人。祖玄，车骑将军。父瑍，秘书郎。灵运袭封康乐公，历秘书监、侍中、临川内史。以罪伏诛。沈约《宋书》曰：灵运少好学，博览群书，文章之美，江左莫逮。）孔隐士（孔淳之，别见）谓曰：卿欲希心高远，何不能遗曲盖之貌。谢答曰：将不畏影者，未能忘怀。（《庄子》云：渔父谓孔子曰：人有畏影恶迹而去之走者，举足愈数而迹[1]愈多，走愈疾而影不离。自以尚迟，疾走不休，绝力而死。不知处阴以休影，处静以息迹，愚亦甚矣。子修心守真，还以物与人，则无累矣。不修身而求之人，不亦外事者乎？刘辰翁曰：将不，犹将无也。）

上文补本2所录的评注“刘辰翁曰：将不犹将无也”不见于补本1。

导致补本1和补本2的这种不同，有两种可能的原因，一为二者所据《世说新语补》版本不同，二为《世说笺本》有意将点评掺入文后。不过，本论文不考察补本2的评语部分，所以这种不同姑且搁置，不做详细考察。

再经反复核对和考察，《世说笺本》确有较高的校勘学价值，其作为日本江户时代《世说》研究的集大成之之，赞誉不虚。《世说笺本》的校勘工作之一是列出了版本的异文、脱文或衍文。核查笺本的这些校勘工作可以发现，其皆出处明确，并各有可取之处。比如，“赵孝以父田禾将军”篇，其曰“白，本传作自。”查于《后汉书》赵孝本传，“白”确为“自”[2]。又如，“皇甫谧有从姑子梁柳为城阳太守”篇，其曰“鲁，鲁钝也。本传‘鲁’下有‘钝’字。”查于《晋书》皇甫谧本传，“鲁”下确有“钝”字[3]。再如，“范史云遭党锢”篇，其曰“襍同雜，一作[illegible]，非。”查于《后汉书》范史云本传，不见载有范史云遣儿拾麦之事。不过这段遣儿拾麦的故事出现

---

① 《世说笺本》原文中行文用“迹”和“迹”并存，本论文录入时一仍其旧，不做改动。

② （宋）范晔撰、（唐）李贤等注：《后汉书》卷三十九《刘赵淳于江刘周赵列传》，北京：中华书局，1965年5月第1版，第5册第1299页。

③ （唐）房玄龄等撰《晋书》卷五十一《皇甫谧传》，北京：中华书局，1974年11月第1版，第5册第1409页。

在“捃拾自资”后的注文中：“袁山松书曰：冉去官，尝使儿捃麦，得五斛。邻人尹台遗之一斛，嘱儿莫道。冉后知，即令并送六斛，言麦已雜矣，遂誓不敢受”①，这里用“雜”字，则笺注可取。而对于有些版本不同，《世说笺本》则明列其情，以供参考。比如，“何平叔云服五石散非唯治病”篇，其曰“承祖一作丞相。”又如，“明山宾初临青州”篇，其曰“珥金，金翠首饰，紫绶也。珥，一作摄。则金，金印也。”笺本中所录原注为“摄金拖紫”，但是查看哈佛藏书《世说新语补》注文为“珥金拖紫”，可见注文有版本之异。笺注将这一版本差异做了明确的注释。

既然《世说笺本》精于校勘，是理想的校勘版本，下文就以其所录补本2与朝鲜活字本补本1对照，查看二书之异同，尤其二书在用字方面的同异。以下为补本1的文本，它与补本2不同的用字依照原样截图而出。引文格式：正文后的()为《世说新语补》原注，个别出现的[ ]为《世说笺本》之笺注：

(1)殷仲文(《续晋阳秋》曰：仲文字仲文，陈郡人。祖融，太常。父康，吴兴太守。仲文为桓玄咨议参军。时王谧见礼而不亲，卞范之被亲而少礼，其宠遇隆重兼于王、卞矣。玄篡位，以佐命亲贵，舆马器服，穷极绮丽，妓妾数千，絲竹不绝音。性甚贪吝，多纳贿赂。家累千金，常若不足。玄败，先投义军，迁侍中尚书，以罪伏诛。)勸宋武帝畜妓，帝曰：“我不解声。”仲文曰：“但畜自解。”帝曰：“畏解，故不畜。”(《宋书》曰：帝姓刘氏讳裕，受晋禅。清简寡欲，未尝视珠玉舆马之饰，后庭无纨綺丝竹之音，在位三年。)

上文中的截图字，均为补本1所用之字。它们既与补本2不同，也与通行的楷书汉字不同，此将它们与楷书字列为成组字例：

融—融；隆—隆；器—器；絲—絲；勸—勸；綺—綺。

(2)戴仲若春日携双柑斗酒，人问何之？答曰：“往聽黄鹂声，此俗耳针砭，诗肠鼓吹。”(《宋书》曰：“戴顒字仲若，譙郡铚人，戴逵子也。”)

---

① (宋)范晔撰、(唐)李贤等注：《后汉书》卷八十一《独行列传，北京：中华书局，1965年5月第1版，第9册第2689—2690页。

上文可以析出的成组字例：戴—戴；鼓—皷；顒—顒；譙—譙。

(3)宋世祖(《宋书》曰：帝名骏，文帝第三子。)尝赐谢中書寳剑，(《宋书》曰：谢庄字希逸，陈郡阳夏人，太常弘微子也。七嵗能属文，仕至光禄大夫。卒，谥宪子。《南史》曰：庄韶令美风仪，宋文帝见而异之，曰："蓝田生玉岂虚也𢦏?")谢以与鲁豫州送别。(《宋书》曰："鲁爽小名女生，扶风郿人，祖宗之，父轨。爽少有武艺，世祖以为左军将军都督、豫州诸军事。与南郡王义宣作逆，薛安都临阵刺爽，传首京都。)后鲁作逆，世祖尝因宴集问剑所在，谢曰："昔与鲁爽别，竊为陛下杜郵之赐。"世祖大悦。(《史记》曰："秦攻赵邯郸，武安君不肯行，于是免武安君为士伍，迁之阴密。至杜邮，使使者赐之剑自裁。)

上文可以析出的成组字例：書—書；寶—寳；歲—嵗；哉—𢦏；竊—竊；郵—郵；秦—秦；杜—杜。

(4)谢孺子特善声律，(《南史》曰：孺子，陈郡阳夏人。祖景仁，左仆射。父恂，鄱阳太守。孺子少与族兄庄齐名，多艺能，尤善声律。家贫，求为西阳太守。)与王车骑张宴桐臺，孺子吹笙，王自起舞，既而叹曰："真使人飘飖有伊洛间意。"(《南史》曰：王彧字景文，与明帝讳同，故以字行。祖穆，司徒谧之长兄。父僧朗，尚书。景文美风姿，好言理，少与谢庄齐名，为从叔球所知。)

上文可以析出的成组字例：族—族；尤—尤；臺—臺；起—起；既—既。

(5)萧引书法遒逸(《南史》曰：萧引字叔休，南兰陵人。曾祖思话，祖惠休，父介，并有名。引方正有器度，聪敏博学，善属文。仕梁，位西昌侯主簿。侯景之亂，南奔岭表。北还，拜尚书金部侍郎。)陈宣帝尝指其署名语诸人曰：此字筆勢翩翩似鸟之欲飞。引答曰：此乃陛下假其羽毛。

上文可以析出的成组字例：逸—逸；惠—惠；侯—侯；亂—亂；部—部。

(6)时周子隐答曰……(虞预《晋书》曰：周处字子隐，……处入晋为御史中丞，多所弹[illegible]，不避强御。)[强御，强梁御善者，见《诗经》，此言有权势者。]

上文可以析出成组字例：糾—[illegible]。

(7)时周子隐答曰……(虞预《晋书》曰：周处字子隐，……齐万年反，以建威将军西征，[illegible]阵慷慨，奋不顾命，遂死于战。)

上文可以析出成组字例：臨—[illegible]。

(8)傅茂远泊然静处，不妄交游。袁司徒每经其户，辄叹曰："经其户，寂若無人。披其帷，其人斯在。岂得非名贤?"[易豐卦上六：窥其户，阒其旡人。]

上文可以析出成组字例：無—旡。

以上截图字例，显示出补本1较为显著的用字特点：这31组字例为数不算少，它们是不同于通行楷体字的写法。

## 三、朝鲜活字本《世说新语补》多用异体字

补本1的用字与通行楷体字不同，那么它们在汉字字形总体中的状况如何？是补本1用字有误，还是它使用了异体字？以下对照徐乃昌校勘的《世说新语补》①、中国异体字大系②、韩国异形字典③、《语林》④等文献，罗列并考察如下：

(1)融，补本1作融，右半字形与清赵之谦《楷书南唐四百九十六字册》中融

---

① 徐乃昌校勘《世说新语补》，版心有"昆山唐周刻"字样，内有朱批，北京图书馆藏书。

② 臧克和、郭瑞主编：《中国异体字大系·隶书编》，上海：上海书画出版社，2010年。

③ 吕浩编：《韩国汉文古文献异形字研究之异形字典》，上海：上海大学出版社，2011年。

④ (明)何良俊撰：《语林》卷四《言语》，《四库全书》，上海：上海古籍出版社，1987年，第1041册第498页。

一致，但二字左下角不同，一从冂，一从丽。《语林》、徐本非此形，而作“融”。此字形是否有本，未详。

（2）隆，补本1作隆，为异体字隆。韩国汉字有此字形。《语林》非此形，而作“隆”。

（3）器，补本1作器，字形中部从六，与杨孝恭碑字形器一致。韩国汉字有此字形。《语林》非此形，而作“器”，字形中部从“太”。

（4）丝，补本1作絲，右半字2形上多一撇，与唐张颜墓志字形絲一致。韩国汉字有此字形。《语林》作絲，与补本1字形左半不同，但右半同。①

（5）绮，补本1作綺，是异体字綺。与北齐法懃塔铭字形綺右旁一致，与隋尔朱敞墓志字形綺一致。该字右半所从之奇在补本中为通用字形，是奇的异体字竒。韩国汉字有此竒字字形。《语林》同此字形。

（6）戴，补本1作戴，与汉《曹全碑》字形戴一致，形旁之“異”田字中间竖画下拉，直至下面的共字中。《语林》作“戴”，与此字形基本一致。

（7）鼓，补本1作皷，为异体字皷，与东汉造土牛碑皷字形一致。《语林》非此形，而用“鼓”。

（8）颙，补本1作顒，左下角写作冂。《语林》非此形，而用“颙”。此字形是否有本，未详。

（9）谯，补本1作譙，上下结构。《语林》用此字形②。同从焦旁的樵字在明王铎《草书诗卷》中写作樵，元赵孟頫《前后赤壁赋》中写作樵，均为上下结构。韩国汉字有此樵字写作上下结构的字形。《广韵》：譙。

（10）书，补本1作書。褚遂良书法中已见字形書，黄庭坚《庞居士寒山子诗》中也有字形書，均将上半字形从聿变为从王。韩国汉字有此形字。《语林》非此形，而作“书”。③

（11）宝，补本1作寳，同《语林》。东汉石门颂字形寳从尔，为字形寳。韩国汉字有此形字。

① 《语林》卷四《言语》，《四库全书》第1041册第498页。

② 《语林》卷一《德行》，《四库全书》第1041册第457页。

③ 《语林》卷四《言语》，《四库全书》第1041册第500页。

(12)岁，补本1作，左下角从，与《语林》字形同。与隋智永《真草千字文》字形一致。韩国汉字有此形字。

(13)哉，补本1作，左下角从。与隋智永《真草千字文》字形一致。这个异体字“”在书法中常见。韩国汉字有此形字。《语林》非此形，而作“哉”

(14)窃，补本1作，与《字汇》所收俗字左半下字形一致，但右下半不同。唐怀仁《集王羲之圣教序》字形左下半字形近似于耒。韩国汉字有此形字。《语林》非此形。

(15)邮，补本1作，与东汉曹全碑字形一致。韩国汉字有此字形。《语林》同此字形。

(16)秦，补本1作，与隋萧瑾墓志字形近似，与唐张延赏残碑字形一致。韩国汉字有此形字。《语林》非此形。

(17)杜，补本1作，字形右上多出一点。《语林》未见此段注释。徐本字形有同此作“”者。

(18)族，补本1作，右上角写作。与唐柳公权《玄秘塔碑》字形一致。韩国汉字有此形字。《语林》非此形，而作“族”①。

(19)尤，补本1作，与隋王荣及妻志字形一致。韩国汉字有此形字。《语林》非此形，而作“尤”。

(20)台，补本1作，与西汉马老甲字形上半近似，与隋李元墓志字形一致。《语林》非此形，而作“台”。

(21)起，补本1作，台湾、香港、旧字形均为此形。韩国汉字有此形字。《语林》亦同此形。与曹全碑字形和张迁碑字形一致。

(22)既，补本1作，与汉张迁碑字形、汉曹全碑字形、元赵孟俯《仇锷墓志铭》字形一致。韩国汉字有此形字。《语林》亦同此字形。

(23)逸，补本1作，与隋智永《真草千字文》字形、唐颜真卿《颜勤礼碑》一致。韩国汉字有此形字。《语林》亦同此字。

(24)惠，补本1作，亦作 00852，与隋智永《真草千字文》字形一致。韩国汉字有此形字。《语林》亦同此字形。

① 《语林》卷四《言语》之“谢孺子特善声律”篇，《四库全书》第1041册第500页。

(25)侯，补本1作侯，右上角从工。徐本“侯”字作“侯”[1]或“侯”[2]，亦不从“工”；但徐本有“候”字字形“候”[3]，右上角从“工”。再查笺本他处，有从“工”者为“侯”，见于“范巨卿为荆州刺史”篇注文中。《语林》非此形，而作“侯”。

(26)乱，补本1作亂。此字形是否有本，未详。《语林》均非此形，而作“亂”；徐本作“亂”。

(27)部，补本1作部，与东汉西死驹字形部一致。《语林》非此形，而作“部”。

(28)笔，补本1作筆，与宋张即之《双松图歌卷》字形筆基本一致。《语林》非此形，而作“笔”。

(29)势，补本1作勢，与宋吴琚《行草书寿父帖页》字形勢一致。韩国汉字有此形字。《语林》同此字形。

(30)纠，补本1作糾，“糾”字从“斗”不从“丩”。斜，音陡，意思是丝黄色。《康熙字典》“纠”字条下曰：“《正字通》俗从斗作斜，非。”也即，补本1使用了俗字“斜”，徐本同此“斜”。韩国汉字有此“斜”字形。《语林》非此形，而作“纠”。

(31)临，补本1作“臨”“臨”。“臨”从“目”不从“臣”，《语林》同此字形。[4] 徐本不从目。“臨”之左半，可看作“臣”的草写。

(32)无，补本2有文“无人”，笺注时引“易丰卦上六：窥其户，阒其无人”，则以“无人”释“无人”。此“无”字形体，与北齐泰山经石峪字形无似近。《宋元以来俗字谱》收有此“无”为“无”之俗字。

总结以上32组字例，除了亂、臨、无三字所本未详，暂不加断语外，补本1和补本2所用其他29字之形均有所本，多与碑刻、书法等所用异体字一致，并非用字错误。

## 四、《世说新语补》异体字与汉字取象及理据

上文所列32组字例大多为异体字，那么从造字取象及其理据保持的角度

① 见“皇甫谧有从姑子”条下。本文所截图字，凡属补本1或补本2的，拟有全部异体字的整理表，并标注出处，故下文不再一一标注。

② “王浑平吴之日”篇注文中。

③ “管幼安在辽东”篇。

④ 《语林》卷四《言语》，《四库全书》第1041册第494页。

看，它们与通行楷体字谁更接近汉字原貌呢？或曰哪类字体较好地保留了取象造字的理据呢？下面逐字考察：

（1）融　《说文》籀文：。案：融，以义类法①取象，从鬲表炊气上出，虫省声。补本1字形“”未详所本，补本2字形保留取象理据。

（2）隆　《说文》小篆：。《隶辨》：（华山亭碑）。案：隆，以义类法取象，从生，降声。补本1字形为讹变异体字，补本2字形保留取象形旁。

（3）器　金文：。案：以物形法兼顺递法取象，从四个口表器之口，此为物形法。从犬以守之，犬与口需顺递而组合表意，故为顺递法。补本1所从为讹变字形，补本2仍从犬，保留取象理据。

（4）丝　甲骨文：。案：丝，古文字以并峙法取象，从二纟而表丝之多。补本2所从之字下半有一个“小”，与补本1所从之字下半有两个“小”，均非大小之“小”，而为丝之部分形体。繁体之“絲”已然令人忘记取象，简化字更不易明“小”非大小之意矣。

（5）绮　案：绮，从纟奇声，以义类法取象。绮从奇。

（6）奇　《说文》小篆：；娄寿碑：。案：“立”之甲骨文为，“大”之甲骨文为“。古文字“大”与“立”均从人形取象。奇，异也，从大从可，以义类法取象；从立从奇者，有解为单腿立者，踦之古字，义类法取象。故“奇”“竒”虽字形有异，但皆有取象。

（7）戴　案：戴，从异𢦏声，意为分物而得增益，义类法取象。戴从异。

（8）异　补本1作。甲骨文：；金文：。《字汇》：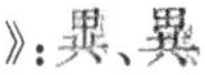。案：古文字的“異”无论解为人举手以自翼蔽形，还是解为人头上戴物，两手奉之之形，均有比划上下贯通和上下断开两形，《字汇》中两字字形亦中间有通有断，可见“異”之补本1字形和补本2字形没有取象上的差异。《说文》解“異”：分也。从廾，从畀。畀，予也。異，以顺递法取象。无论“人举手以自翼蔽形”，还是“人头上戴物，两手奉之之形”，均需将两个字素顺次组合而表意的顺递取象法。

（9）鼓　补本1作，为异体字皷。甲骨文：。案：甲骨文“鼓”字从壴从支，象以手击之而出音。壴为恺之古字，军乐之意。所以鼓为以顺递法取象。异

① 关于取象造字之法，本文承袭《王筠汉字学思想述论》的成说，分为物形法、意形法、比象法、借代法、顺递法、并峙法、义类法等。

体字皷从皮，以鼓之材质为皮而取象，则以借代法取象，即用材质而指称其物。

（10）颙　补本1作，左下角写作。案：颙，从页禺声，大头的意思，以义类法取象。颙从禺。

（11）禺　金文：。《说文》小篆：。兽名，猴属，以物形法取象。补本1字形失去原本取象。

（12）谯　补本1作，上下结构。《说文》小篆：。案：谯，从言焦声，意为讥诮。以义类法取象。补本1字形与《广韵》字形相同，均将鸟下之火（讹变为四点水）移为全字下半，使取象不明矣。谯从焦。

（13）焦　金文：。《说文》：火所伤也，从火雥声，或省。案：焦由上隹下火组合而成，以顺递法取象。讹变为四点水后，取象意失。

（14）书　补本1作，上半字形从变为从。《说文》：书，从聿者声。书写、记载之意。案：书，以笔写，从而表示书写，记载，乃以工具代指其事，以借代法取象。书从聿。

（15）聿　笔。甲骨文字形为，字形象以手持笔而书，以物形法取象，为平视执笔侧面之形；兼顺递法，因为“又”及所持之笔，需依次顺递组合取象。

（16）宝　补本1作。甲骨文字形为，《说文》小篆字形从缶不从尔。金文：。案：金文宝从宀下有玉、贝、缶等宝贝，所以，从缶之宝字以顺递法取象，保留了古文字的取象。从尔之宝当为将缶讹变为尔，取象之意失。

（17）岁　补本1作，左下角从小。案：歲，《说文》解为从步戌声，本义为歲星，即木星。以人之步伐行进而喻歲星运行，此以比象法取象。歲从步。

（18）步　古文字字形从二止：、，所以补本1岁字左下角似为“小”形，补本2似为“少”形，均有所本，均为止字。以顺递法取象。

（19）哉　补本1作，左下角从。《说文》：哉，言之闲也，从口声。案：哉本从口，以义类法取象。之口已讹变，取象之意失。

（20）窃　补本1作，与异体字“竊”左半下字形一致，但右下半不同。《说文》小篆：。案：盗自中出曰竊。竊之古文字字形不从耒而从米从穴，以离、廿为声符，以顺递法取象。俗字讹变，取象之意失。

（21）邮　补本1作。《说文》小篆：，从邑垂，驿站意。案：邮的古文字从邑垂，意为由城邑到达远边的驿站，以顺递法取象。垂从土，所以讹变后的左下角从“山”形的字形取象意失。郵从垂。

(22)垂　《说文》小篆:。从土,声,表远边,以借代法取象。

(23)秦　补本1作。金文:。案:按《说文》之解,伯益之后所封国为秦,地宜禾。秦从禾,舂省。则秦为以借代法取象,以地所宜之禾而指其国。徐锴《系传》则曰“舂禾为秦”,则以顺递法取象。下从示之字形讹变,取象意失。秦从禾。

(24)禾　甲骨文:,以物形法取象。

(25)杜　补本1作,字形右上多出一点。金文:。《隶辨》:。案:杜之古文字从木土声,甘棠意,以义类法取象。杜从土。

(26)土　甲骨文:。石经:,多出一点。考虑到“土”之物形,这个点无论在上在下,均合于物形法取象之意。

(27)族　补本1作,右上角写作。甲骨文:。案:族即镞,《说文》解为矢锋之意,毛传解为聚貌。此取毛传释义,族从㫃从矢,表众矢集于㫃下,以顺递法取象。补本1字形讹变,将㫃之右半字形写误,取象之意失。族从㫃。

(28)㫃　甲骨文为,意为旌旗之游,独体字,以物性法取象,乃平视侧面之形。

(29)尤　补本1作。金文:。案:朱芳圃解“尤”之古文字为赘肬,从又、一。又为手,一指事手上之肬,则该字以物形法取象,平视侧面之形。近亦有将“尤”考证为“拇”者,取象法未变。补本1字形将指事之点下挪,所指有误,取象之意失。

(30)台　补本1作。金文:。案:台,意思是四方而高的台观,其古文字从至,从高省,表示至高台而止,故以顺递法取象。补本1字形上半为“高”字省,是原字取象。补本2与今日繁体字上从“吉”形,亦为台观之象形,非吉利之“吉”。臺从高。

(31)高　甲骨文为,绎山碑为,以物形法取象于台观之高。

(32)起　补本1作。古文字:。案:起,以义类法取象,走与起同为动词。从走巳声;巳,声兼意。补本1用取象本字,补本2用异体字,通行楷字沿用异体字。

(33)既　补本1作。甲骨文:。案:既,以义类法取象,皀为食器,既意食既。从皀旡声。补本用异体字,补本2用取象本字,通行楷字沿用取象本字。

(34)逸　补本1作。《说文》:。案:逸,失也。从兔、辵,表像善逃的兔子一样逃脱,以比象法取象;兼顺递法取象,需兔、辵顺递组合成意。辵,乍行乍止。补本1字形丢掉了表示兔子尾巴的一点,取象意失。

(35)惠　补本1作。金文:。案:惠,仁也。从心从叀,惠者心专也,以顺递法取象。补本1之字形省略了叀的下部字形,取象之意有失。惠从叀。

(36)叀　甲骨文为,以物形法取象于纺砖形,纺砖是古代收丝的一种器具。

(37)侯　补本1作,右上角从工。甲骨文:。小篆:。曹全碑:。案:侯,古时射礼所用射布;箭靶。小篆字形从人;从厂,象张布;矢在其下。这个字形表人以矢射向厂,以顺递法取象。曹全碑与补本字形均将表示围布的厂讹变为“工”,取象之意失。补本2与通行字“侯”右上角字形亦有讹变。

(38)乱　补本1作。诅楚文:。三体石经:。案:“乱”字形保留了古文字的取象,左半字形上从爪下从又,以顺递法取象。补本1字形讹变,取象意失。乱从𤔔。

(39)𤔔　古文字“乱”,从爪从又,爪和又都是手,中间为丝,表一手持丝一手收丝以理之,以顺递法取象。

(40)部　补本1作。古文字:。案:部本从邑音声,天水狄部之称或分署意,以义类法取象。补本1字形将所从之“邑”讹变,取象意失。

(41)笔　补本1作。《说文》小篆:。案:聿,甲骨文字形为,字形象以手持笔而书,以物形法和顺递法取象。笔,从聿从竹,因制笔之材料为竹而以借代法取象。补本1“笔”字所从之“聿”上半之手形讹变,取象意失。

(42)势,补本1作。案:势,盛力,权力,从力执声,以义类法取象。势从执。

(43)执　执罪人。甲骨文:,从丮从㚔,㚔亦声。丮,持也,㚔为刑具,以刑具拘执罪人,则执以顺递法取象。“執”之形较为接近该字原本的取象,字形左半讹变为上下各两个“土”,已失取象之意。则补本1之“”字较补本2“勢”字更接近原本之取象。執从㚔。

(44)㚔　甲骨文:,一种刑具,以物形法取象。

(45)纠　补本1作[illegible]。《说文》小篆：[illegible]。案：糾从糸从丩，意为相绞合，相纠缠，是丩的后起字。后起字加糸以重复表意，可解读为“像糸一样纠缠”，则以比象法取象。糾从丩。

(46)丩　甲骨文：[illegible]，意为相纠缭，以物形法取象。

(47)临，补本1作“[illegible]”。“[illegible]”从“目”不从“臣”。甲骨文：[illegible]。毛公鼎：[illegible]。案：临之古文字取象于人俯视众物形，人从上俯视，物类被视而在下，此为顺递法取象。补本之“[illegible]”将所从之弯腰而竖目之“臣”字写为“目”，取象之意失。臨从臣。

(48)臣　金文：[illegible]，取象于人俯首而竖目之形，表屈服，有战俘、奴仆等义。以物形法取象。

(49)無/无　补本1和补本2均用“無”，但笺注时以“无”解之。《说文》收二形，解“[illegible]”(无)为“無”之古文奇字。王育说：天屈西北为无。案：笺注所用“无”，音寄，意为饮食逆气不得息也，并非“無”之异体字。若取王育之说，则“无”以意形法取象。

(50)旡　甲骨文：[illegible]，取象于人扭头向后，表示吃饱饭了。以物形法取象造字。《世说笺本》的笺注用为有无之无，即日本汉字用“旡”为“无”。

总结以上8篇文本异体字及其偏旁字素，总计50例，其取象情况可以列为下表：

| 通用楷字繁体 | 偏旁楷字 | 取象法（或取象法之存失） | 补本2/所本 | 补本1/所本 | 补本1取象理据 | | |
|---|---|---|---|---|---|---|---|
| | | | | | 失 | 存 | 更 |
| 融 | | 义类法 | 融 | [illegible]/未详 | 失 | | |
| 隆 | | 义类法 | 隆 | [illegible]/碑刻等 | 失 | | |
| 器 | | 物形法/顺递法 | 器 | [illegible]/碑刻等 | 失 | | |
| 絲 | | 并峙法 | 絲 | [illegible]/碑刻等 | 失 | | |
| 綺 | | 义类法 | 綺 | [illegible]/碑刻等 | | 存 | |
| | 奇 | 义类法 | | 竒/碑刻等 | | 存 | |
| 戴 | | 义类法 | 戴 | [illegible]/碑刻等 | | 存 | |
| | 异 | 顺递法 | | [illegible]/《字汇》等 | | 存 | |
| 鼓 | | 顺递法 | 鼓 | [illegible]/碑刻等 | | | 借代法 |
| 顛 | | 义类法 | 顛 | [illegible]/未详 | 失 | | |

| | | | | | | | |
|---|---|---|---|---|---|---|---|
| | 禺 | 物形法 | | /金文、小篆 | 失 | | |
| 譙 | | 义类法 | 譙 | /草书等 | 失 | | |
| | 焦 | 顺递法 | | /金文 | 失 | | |
| 書 | | 义类法 | 書 | /书法等 | 失 | | |
| | 聿 | 物形法/顺递法 | | /甲骨文 | | 存 | |
| 寳 | | 顺递法 | 寳 | /石刻文 | 失 | | |
| 歲 | | 比象法 | 歲 | /真草文 | 失 | | |
| | 步 | 顺递法 | | /甲骨文、简文 | | 存 | |
| 哉 | | 义类法 | 哉 | /草书 | 失 | | |
| 竊 | | 顺递法 | 竊 | /书法、俗字 | 失 | | |
| 郵 | | 顺递法 | 郵 | /碑刻 | 失 | | |
| | 垂 | 借代法 | | /《说文》小篆 | 失 | | |
| 秦 | | 借代法/顺递法 | 秦 | /碑刻 | 失 | | |
| | 禾 | 物形法 | | /甲骨文 | | 存 | |
| 杜 | | 义类法 | 杜 | /未详 | 失 | | |
| | 土 | 物形法 | | /甲骨文 | | 存 | |
| 族 | | 顺递法 | 族 | /书法、碑刻 | 失 | | |
| | 㫃 | 物形法 | | /甲骨文 | | 存 | |
| 尤 | | 物形法 | 尤 | /碑刻 | 失 | | |
| 臺 | | 顺递法 | 臺 | /碑刻 | | 存 | |
| | 高 | 物形法 | | /甲骨文、碑刻 | | 存 | |
| 起 | | 失 | 起/失 | /古鉥文 | 义类法 | 存 | |
| 既 | | 义类法 | 既 | /碑刻字 | 失 | | |
| 逸 | | 比象法/顺递法 | 逸 | /真草文 | 失 | | |
| 惠 | | 顺递法 | 惠 | /真草文 | 失 | | |
| | 叀 | 物形法 | | /甲骨文 | | 存 | |
| 侯 | | 顺递法 | 侯 | /小篆、碑刻 | 失 | | |
| 亂 | | 顺递法 | 亂 | /石刻文 | 失 | | |
| | 蜀 | 顺递法 | | /石经文 | | 存 | |
| 部 | | 义类法 | 部 | /小篆 | 失 | | |
| 筆 | | 借代法 | 筆 | /小篆 | 失 | | |

| | | | | | | | |
|---|---|---|---|---|---|---|---|
| 勢 | | 失 | 勢/失 | /行草 | 义类法 | | |
| | 执 | 顺递法 | | /甲骨文 | | 存 | |
| | 㚔 | 物形法 | | /甲骨文 | | 存 | |
| 糾 | | 比象法 | 糾 | 斜/俗字 | 失 | | |
| | 丩 | 物形法 | | /甲骨文 | | 存 | |
| 臨 | | 顺递法 | 臨 | /未详 | 失 | | |
| | 臣 | 物形法 | | /金文 | | 存 | |
| 無(无) | | 意形法 | 无 | 無()/古文奇字 | | 存 | |
| | 无 | 物形法 | 无(笺注)/未详 | /甲骨文 | | 存 | |
| 合计 | | 48 取象法/2 失 | 2 失<br>1 未详 | | 28 | 20 | 1 |

## 五、结论与价值

从上文分析和上表可以直观看到如下规律：

(1)补本 1 更喜用异体字；

(2)补本 1 之异体字有 28 例因字形讹变而失去取象原意及理据，占总字数的一半以上；

(3)补本 1 之异体字也有保留取象原意及理据的，或者更换为另一个种取象或理据的；

(4)补本 1 之异体字多与碑刻、书法、古玺类字形一致，因省笔、简笔，或结构变化而成。

(5)补本 2 基本与通用楷字(繁体)一致，取象原意或构形理据保留较好。

(6)《世说笺本》笺注中有 1 例使用了俗字。

(7)通行楷书正字(繁体)仅有 2 例取象理据丢失者；楷字中有 1 例古文奇字；除此而外，全部 47 例楷书正字均较好地保留了取象理据。

**结论：**

(1)补本 1，即朝鲜活字本《世说新语补》喜用异体字，并多与碑刻、书法、古玺等古文字字形一致。

(2)补本 2，即日本刻本《世说笺本》所录《世说新语补》多用楷字正体，与我国通行楷书正体保持一致。

(3)包括补本1文本在内的《世说笺本》所代表的日本汉字，仅有1例使用了俗字，其他均为楷书正体。

(4)从造字取象及构形理据保持上看，我国通行楷书正体字(繁体)多保留了原有的取象或理据，朝鲜活字本所用异体字失去理据者多，日本汉字有1例俗字有悖于理据。虽然朝鲜活字本多使用异体字，但这些异体字也多有所本，所以，如果将它们视为汉字演变与流传中的“流变”现象，则“流变”的本源在我国，而对这些异体字的接受和使用则是“流变”的中朝文化交流特色。

此“流变”的中朝文化交流特色究竟基于怎样的历史情形？皆为由中国流传海外的明清汉籍，为何日本汉字很少用异体字？这一问题有待进一步发掘研究。

**价值：**

(一)《世说新语补》和《世说笺本》及其所存录的《世说新语补》的整理可以填补相关领域研究的空白。本论文所研究的朝鲜活字本《世说新语补》和日本刻本《世说笺本》均为海外汉籍明清善本，到目前为止尚未见有专门整理和研究者。对此二书做文献学、训诂学等方面的整理均具有开创性价值，可以补充相关研究领域，包括“《世说》学”、中外汉语文献及文化交流研究等领域的空白。① 限于篇幅，此不复述。

另外，谨就本文所着重考察的异体字及其取象或理据保持情况来说，二书也具有相应的研究空间和价值。目前，学界已有一些力量在域外汉籍整理方面用功、用力，呈现出国内外学术交流日益繁盛的局面和成果。不过整体浏览下来，本论文所重点研究的两种文献，尚未见有专攻者，所以希望本论题能为相关研究添砖加瓦。本文研究的两种文献可以为已有的研究成果作补充，比如前文“未详所本”的两个补本1所用字形与《中国异体字大系》所收字形情况如下表：

如对照表所示，补本1除了也使用通用楷字“融”(第1个0768)外，也使用另外两个异体字(第2个0768和0796)。补本1除了使用基本与“临”字形接近的字形(1174)外，也使用偏旁“臣”字字形变化较大的字形(0803)和基本由“臣”

---

① 关于《世说新语补》和《世说笺本》的文献价值和训诂学价值，请参拙文《〈世说笺本〉的训诂特点及价值》、《〈世说笺本〉的训诂内容及价值》、《从训诂方法角度看〈世说笺本〉的文献价值》等，将刊出。

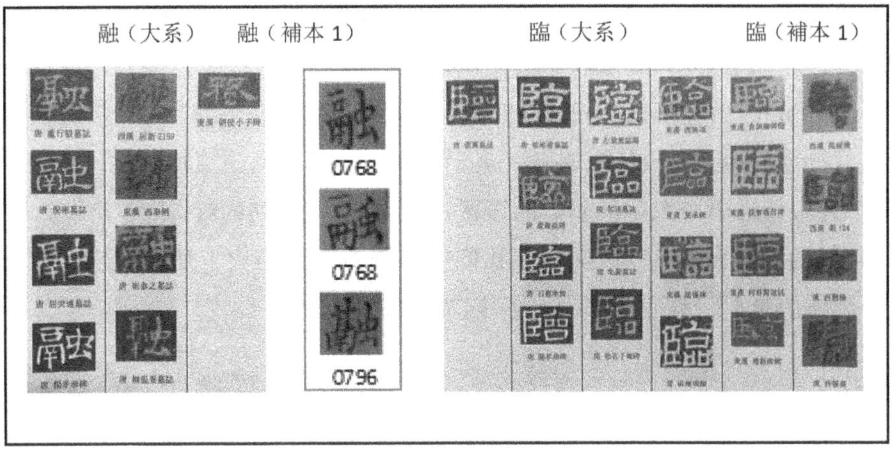


变为"目"的字形(803)。与《大系》作比较后可以发现,《大系》收入"融"字 9 形,但未见补本 1 的 2 形。《大系》收入"临"字 21 形,但未见补本 1 的 2 形。

查于《韩国汉文古文献异形字研究之异形字典》,其中也未收入补本 1 的融、临二字的异体字字形。

再查于臧克和《汉魏六朝隋唐五代字形表》,其收入补本 1 的"融 0796"字形[①],但仍未收入第二个"融 0768";仍未见收入补本 1 的两个异体"临"字。

再查于《敦煌汉文写卷俗字及其现象》收有"(S.610)"[②],与补本 1""近似。

总结以上,则目前仍没有在异体字字典中找到的两个字形为:融—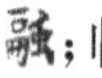;临—。

鉴于补本 1 虽多用异体字,但五十分之二均有所本的情况,我们不能妄断补本 1 的"融"和"临"是用字之误。而且就其行文总体规律看,往往是同一篇章同一书页内,同一个字的两个形体前后交错使用;全书之内,两个字形均反复出现。这种情况说明,融、临二字本身就有两个异体字的活字字模,用以在排版时同时使用,它们是朝鲜当时行用汉字字库常用字。

所以,如果我们将与"融""临"二字同类的异体字全部整理出来,无疑可以增补上述及其同类类异体字字典收字的欠缺。

(二)对朝鲜活字本《世说新语补》的初步鉴定

① 臧克和主编:《汉魏六朝隋唐五代字形表》,广州:南方日报出版社,2011 年,第 1169 页。

② 蔡忠霖:《敦煌汉文写卷俗字及其现象》,台北:文津出版社有限公司,2002 年,第 436 页。

本文行文将所研究的补本1称为“朝鲜活字本”《世说新语补》，而未言“明刻原本”，此非随意妄说，而是基于以下考辨。

朝鲜研究《世说新语补》的顶峰时期是朝鲜王朝时期（1392—1910），因为明朝流行的《世说新语补》传入朝鲜。鉴于补本1本身系韩国精神文化研究院、韩国藏书阁、韩国国民大学等多处的馆藏古籍，且本文所列的近50种字形又多见于韩国汉字表，所以这种情况提醒我们应当查对韩国历史上所用的汉字情况。关于韩国历史上朝鲜活字本的用字，闵宽东曰：

> 《世说新语》是在朝鲜时代肃宗三十四年（1708）用原文出版的，其书名为《世说新语补》（20卷6册，20卷7册）。特异的是以显宗实录字（朝鲜显宗：1659—1674年在位）出版，这证明了是官刻出版的事实。由此我们可以推知当时非常重视《世说新语》。①

据此，我们是否可以推测补本1为韩国翻刻本，而非从中国传入的原本《世说新语补》呢？是否补本1为朝鲜时期刻本呢？

再核于闵宽东所叙述的朝鲜1708年刻本正文前的书名情况为：

> 刘义庆（宋）撰，刘孝标（梁）注，刘辰翁（宋）批，何良俊（明）增，王世贞（明）删定，王世懋（明）批释，钟惺（明）批点，张文柱（明）校注，总20卷7册，版式为左右双边，31×20cm，半郭22.8×15.6cm，10行18字，有界，注双行，内向黑鱼尾。序文中有嘉靖丙辰（1556年）……王世贞撰，万历庚辰（1580年）……王世懋撰，乙酉（1585年）王世懋再识，万历丙戌（1586年）秋日沔阳陈文烛玉叔撰的记录。纸质是朝鲜楮纸。

这些信息与补本1相合。由此可推测：补本1有可能为朝鲜时代肃宗三十四年（1708）官方刻本。

朝鲜王朝《世说新语补》研究除了研究明朝传入本，也有朝鲜学者的独创和发明，成果之一为《世说新语姓汇韵分》（下文简称《世说姓韵》）。此书为朝鲜学

① 闵宽东：《中国古典小说在韩国的传播》，上海：学林出版社2010年版，第66页。

者原创，正文前有“世说新语姓汇韵分凡例”、“王世贞世说新语补序”、“袁褧旧序”、“世说新语姓汇韵分目录”等。正文共十二卷，韩国精神文化研究院藏书。见图(5)。

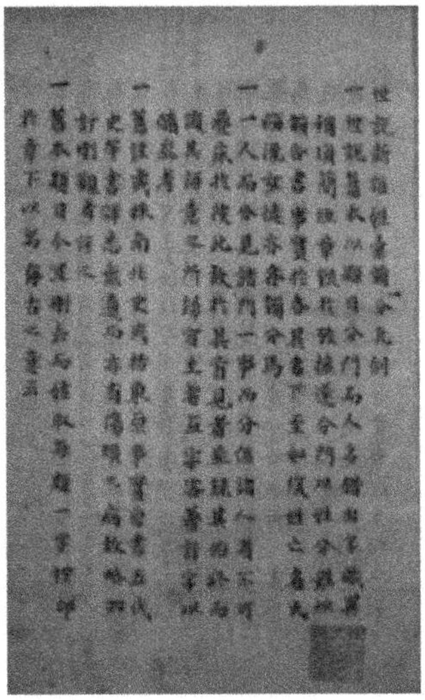

图(5) 《世说新语姓汇韵分》

将这部朝鲜学者所作《世说姓韵》与补本1对照查看可以发现，二书的用字有一个共同点，就是一书之内，一个字的写法不尽相同。以下6组字例分别从补本1和《世说姓韵》中截图出来，破折号前边的字来自补本1，破折号后的字形来自《世说姓韵》：

1.於於——於於；2.晉晉——晉晉晉；

3.思思——思思；4.亂亂——亂亂亂亂亂

5.書書——書書；6.往往——往往；

上面这些字，除了有的字字形不同，比如“於”字有从“扌”者，有从“才”者，又如“晉”的上半部分有从二“口”者，有从两个三角形者，还有从两竖两点者之外，大部分字的笔形构件一样而写出来的笔势略有不同，大小、肥瘦等有所差异。这样的情况使我们知道，此二书的用字均为手写的，所以存在手写性的差异。再联系前面所引闵宽东的描述，我们可以断定补本1为朝鲜活字本。朝鲜活字本的特点是：手写单字的反字字模有很多，排版时随需而取，排在备好的板框内，之后覆纸压印而成书页。同一个字的手写字模有很多，均为手写板书的，所以表现在印好的书页上，也呈现不同的笔势和形态。

鉴于《世说姓韵》为朝鲜本土学者所作，所用为朝鲜汉字体系，与之笔势笔意如出一辙的补本1也可以断定出自朝鲜学者，并且是朝鲜活字本古籍。

因此，针对朝鲜活字本《世说新语补》的整理和研究，将有补于汉字海外传播及取象流变、《世说》学、域外汉籍整理等相关课题的研究。

## 六、《世说笺本》词语辨正与补释

《世说新语》的通俗读本很多，因为喜爱它的当代读者很多。《世说新语补》尚未见重新校勘出版，更加不可能有普及读本的行世。而以上文所述价值来看，只要研究工作做得好，注释工作做得到位，能将《世说新语补》精华的一面展现出来，该书也一定会受到广大读者的喜爱。——这一点是可以预期的。而想要整理好《世说新语补》的学术文本，或将其可读性好的普及读本拿出来，《世说笺本》就是第一位的参考文献。

《近代国语文之训诂研究示例》又名《"巴"字十义及其复合词和成语》，是黎锦熙先生对所倡近代汉语进行训诂的举例性实践，以下也秉此精神，对《世说笺本》之训诂材料试做辨正，补释工作。辨正指辨别，纠正原文的错误。补释指在原来笺注基础上进一步解释，并给出依据。

> [1]余幼而酷嗜此书，中年弥甚，恒着巾箱，铅椠数易，韦编欲绝。（王世懋《世说新语补序》）[戴填鼠璞曰：今之刊印小册谓之巾箱本。于南齐，衡阳王手写《五经》置巾箱中。胡三省注曰：所以藏要文书，便于寻阅。]

辨正：应将"戴填鼠璞"之"填"改为"埴"，然后标点为"戴埴《鼠璞》"。"戴埴"为作者，音 zhí。"《鼠璞》"为书名。据清末四大藏书家之一陆心源所著《仪顾堂题跋》卷八《鼠璞跋》，戴埴为南宋人："埴，鄞县人……新修《鄞县志》……而不知即著《鼠璞》之戴埴。《进士表》既无其名，《艺文志》亦无此书，亦缺典也。"①戴埴为《鼠璞》作者之辨可参余嘉锡《四库提要辩正二》。

补释："鼠璞"本义为未腊制的鼠。语本《尹文子·大道下》："郑人谓玉未理

① 余嘉锡：《四库提要辩正》二，长沙：湖南教育出版社，2009，第766页。

者为璞,周人谓鼠未腊者为璞。周人怀璞谓郑贾曰:‘欲买璞乎?’郑贾曰:‘欲之。’出其璞视之,乃鼠也。因谢不取。”后多用来指低劣的有名无实的人或物。

巾箱,本义为古时放置头巾的小箱子,后引申为放置重要文书的容器,再引申为家学著述。本义,如《南史·列传第四十七》:“江祏求云女婚姻,酒酣,巾箱中取剪刀与云曰:‘且以为娉。’云笑受之。”引申义,如上文“恒着巾箱”。再引申义,如:陆游《冬夜读书》诗:“小儿可付巾箱业,未用逢人叹不遇。”

铅椠,本指书写文字的工具。铅,铅粉笔;椠,木板片。这里指放在巾箱里的书。椠,音欠,形声字,从木,斩声。本义指古代没有书写过的素牍。《西京杂记》:“怀铅握椠。”也指刻工,如:椠工、椠匠。也表示书的刻本,如宋椠本、元椠本。

韦编,用来编缀竹简的熟牛皮绳。韦编三绝,孔子读《周易》,多次翻断了编缀竹简的牛皮绳。后用以比喻读书勤奋。

[2]梁伯鸾少孤,……(范晔《后汉书》曰:“…鸿曰:“吾欲裘褐之人,可与俱隐深山者。今衣绮缟,傅粉墨,岂鸿所愿哉?”,[黑,黛。]

辨正:笺注中“黑”,当为“墨”。

[3]傅茂远泊然静处,不妄交游。袁司徒每经其户,辄叹曰:“经其户,寂若无人。披其帷,其人斯在。岂得非名贤?”[易豊卦上六:窥其户,阒其旡人。]

辨正:笺注中“旡”当为“无”,形近而误,或为日本汉字,待考。
补释:阒,音去,寂静无人。

[4]梁伯鸾少孤,……(范晔《后汉书》曰:“梁鸿字伯鸾,……同县孟氏有女,肥丑而黑,力举石臼,择对不嫁。……始以装饰入门,七日而鸿不答。)……[对,婿也。答,礼也。]

补释:对,本义和常用义有遂、答,扬等。《尔雅·释言》:“对,遂也。”《广韵》:

“答也。”《增韵》：“扬也。”这里释为“婿”，是引申义，当从“配”义而来。《诗·大雅·皇矣》有“帝作邦作对。”注曰：“对，配也。”今有双音节词“配对”等与此义同。

答，直接释为“礼”略显跳脱，当补足为“以礼应对”。因“答”本义为“对答”，并无“礼”，如《诗·小雅·雨无止》：“听言则答。”《仪礼·乡射礼·记》：“既发则答君而俟。”

[5]梁伯鸾少孤，……（范晔《后汉书》曰：“梁鸿字伯鸾……肃宗闻而非之。乃易姓名，居齐鲁之间。）[本传：乃改姓运期，名耀，字侯光。]

辨正：查《后汉书·梁鸿传》，梁鸿作《五噫歌》后：“肃宗闻而非之，求鸿不得。乃易姓运期，名耀，字侯光，与妻子居齐鲁之间。”①从这个原文理解，应该是梁鸿将自己的名字改为姓运期，名耀，字侯光，并携妻子居住在齐鲁之间。这样的文意也符合上下文意：为了避《五噫歌》之祸，梁鸿本人改易姓名，以利隐居。而梁鸿的妻子自然也会跟随丈夫改姓，这个自不必说了。但是若依《世说笺本》之注和笺，即上面()中和[]中的文字，则成为这样的文字：“乃改姓运期，名耀，字侯光，居齐鲁之间。”这句话中没有“与妻子”三字，导致语焉不详，容易使读者联想到前文梁鸿给妻子起的名字“字之曰德曜，名孟光”，误以为梁鸿又给妻子改了名字。可见，《世说新语补》注引《后汉书》不全，《世说笺本》笺疏亦有不备。

[6]梁伯鸾少孤，……（范晔《后汉书》……至吴，依皋伯通，居庑下，为人赁舂。妻具食，举案齐眉。）[庑，堂下周屋也。案：食卓也。一说古谓俎曰案。《钞撮》：“古者食皆独卓，其制不大。”]

补释：庑，指堂下周围的廊屋。堂，《说文》：殿也。从土尚声。《段注》：许以殿释堂者，以今释古也。古曰堂，汉以后曰殿。古上下皆称堂，汉上下皆称殿。至唐以后，人臣无有偁殿者矣。《初学记》谓殿之名，起于始皇纪曰作前殿。

赁舂，受人雇佣，舂米。舂，把东西放在石臼或钵里捣去皮壳或捣碎。《说

① （宋）范晔撰、（唐）李贤等注：《后汉书》卷八十三《逸民列传》，北京：中华书局，1965年5月第1版，第10册第2767页。

文》:稻粟也。赁,受人雇佣。《段注》:赁,庸也。庸者今之佣字。《广韵》曰:佣,余封切。佣,赁也。凡雇僦皆曰庸,曰赁。

举案齐眉,将食桌举至齐眉处,以进呈对方。案,形声字,从木,安声。古为食桌。例如:《史记·田叔列传》:“赵王张敖自持案进食。”鲍照《拟行路难》:“对案不能食,拔剑击柱长叹息。”案的形制为木制,《考工记》所载长十二寸,有边围,有足。《说文》:“案,几属,从木安声。”《段注》引《考工记》、《仪礼注》等曰:“以案承枣栗,宜有四周。汉制小方案局足,此亦宜有足。按:许云几属,则有足明矣。今之上食木盘近似,惟无足耳。……《方言》曰:案,陈、楚、宋、魏之闲谓之棺,自关而东谓之案。后世谓所凭之几为案,古今之变也。”

食卓,即食桌。古人食桌形制不大,一人可举。一般一人独自一桌。《广韵》:桌与卓同。《正字通》:俗呼几案曰桌。

[7]管幼安在辽东,邻人有牛暴幼安田。幼安牵牛着凉处,自与饮食,过于牛主。牛主得牛大惭,若犯严刑。(《魏志》曰:“宁与华歆、邴原俱游学,天下乱,闻公孙度令行海外,与原及王烈至辽东,度虚馆候之。)[馆,宾馆。闻三人将至,设馆待之。]

补释:宾馆,从古沿用至今,是招待宾客住宿的地方。《礼记·杂记下》:“夫大飨既飨,卷三牲之俎,归于宾馆。”

[8]范史云遭党锢……推鹿车,载妻子,以捃拾自资。[鹿车窄小,裁容一鹿也。无牛马而能行,独一人所致耳。诗以遗秉滞穗为寡妇之利。是谓捃拾遗穗以自资也。]

补释:“鹿车窄小,裁容一鹿也”当出自[汉]应劭《风俗通》。“捃拾”之释,出自《诗·小雅·大田》:“彼有遗秉,此有滞穗。”毛传:“秉,把也。”孔颖达疏:“彼处有遗余之秉把,此处有滞漏之禾穗。”以上笺注解释“鹿车”、“捃拾”,同时也传递了句子背后更丰富的意思。

寡妇:这里可以翻译成“无依无靠的女子”。与今天通用的义项相比,古汉语中的“寡妇”含义更宽泛。包括丧夫的女子称寡妇在内,至少有以下4种含义:

(1)老而无夫的女子。《孟子·梁惠王下》:“老而无妻曰鳏,老而无夫曰寡,老而无子曰独,幼而无父曰孤;此四者,天下之穷民而无告者。”(2)独居而守候丈夫的妻子。[汉]陈琳《饮马长城窟行》:“边城多健少,内舍多寡妇。作书与内舍,便嫁莫留住!”(3)丧夫的女子。《史记·司马相如传》:“卓王孙有女文君,新寡。”(4)指离开夫家的女子(相当于今天的离婚妇女)。[元]无名氏《渔樵记》第二折:“你既与了我休书,我和你便是各别世人。你知道么,疾风暴雨,不入寡妇之门,你若再上我门来,我揕了你这厮脸。”

[9]梁伯鸾少孤,……(范晔《后汉书》……鸿大喜曰:“此真梁鸿妻也。”字之曰德曜,名孟光。居有顷,妻曰:“常闻夫子欲隐居避患,今何为默默?无乃欲低头就之乎?”,[就之,就势要人也。]

补释:笺注为何将“就之”解释为“就势要人也”?“之”所代指的“隐居避患”的“患”怎么是“势要人”呢?这里需要更透彻的解释,可以从“就”的本义说起。《段注》:“《广韵》曰:就,成也,迎也,即也。皆其引伸之义也。从京、尤。尤,异于凡也,说从尤之意。京者,高也,高则异于凡。”即,从《段注》之解,“就”的本义是“就高以居”,“就高”。另外,上文所说的“避患”是魏晋名士通常所避的乱世的政要权阀,所以“就势要人”就是攀附有势和居要位者。

[10]《易》称书不尽言,言不尽意。然则书者言之余响,而言者意之景测也。(王世懋《世说新语补序》)[景测,《周礼》曰:“以土圭之法测土深,正日景,以求地中。”]

补释:“景测”本义为测土深,正日影。笺注所释即此意。但句中非用此意,而是以比喻之法表义。“然则书者言之余响,而言者意之景测也”可以译为:像以土圭之法测土深正日影一样,言语也是一种工具,是作者意思的测度性表达。

[11]沐德信少以清介名……(《魏略》曰:并豫作终制,戒其子曰:……由斯观之,阳虎玙璠,甚于暴骨;桓魋石椁,不如速朽。此言儒教拨乱反正,鸣鼓矫俗之大义,未是穷理尽性、陶冶变化之实论也。如能原始要终,以天地

为一区，万物为刍狗。该览玄通，求形景之宗。同祸福之素，一死生之命，吾有慕于道矣。夫道之为物，惟怳惟忽。寿为欺魄，夭为凫没。身沦有无，与神消息。含悦阴阳，甘梦太极。奚以棺椁为牢，衣裳为缠。尸系地下，长幽桎梏，岂不哀哉！昔庄周闳达，无所适莫；又杨王孙裸体，至夫末世缘生。怨死之徒含珠鳞柙，玉床象衽。杀人以殉圹穴之内，锢以纻絮，藉以蜃炭。千载僵燥，托类神仙。于是大教陵迟，竞于厚葬。谓庄子维放荡，以王孙为戮尸。岂复识古有衣薪之鬼，而野有狐狸之嵛哉！吾以材质滓浊污清流，今年过耳顺，奄忽无常。得获没，即以吾身袭于王孙矣。上以赎市朝之逋罪，下以亲道化之灵祖。顾尔幼昏，未知臧否。若将逐俗，抑废吾志。为弃父之命，谁或矜之？使死而有知，吾将尸视。")[《左传·定五年》：季平子卒，欲以玙璠敛。玙璠，宝玉也。"桓魋、石椁"见《礼记·檀弓》。"拨乱反正"见《公羊传》。"穷理尽性"、"原始要终"，《易》语。"万物刍狗"、"该览玄通"、"惟怳惟惚"，《老子》语。"形景"，《庄子》注：罔两待景，景待形，形待杂物者。《列子》"果如欺魄焉"，言虽有魄而似亡也。曹植《七启》"溅然凫没"。甘梦，甘瞑也，见《庄子》。牢，固也。适莫，亲疏厚薄也。庄子言"蝼蚁乌鸢，任其所食，在我无所适莫。"前汉杨王孙生时富厚，死而裸体。曰："反吾其真。"其友曰："是戮尸地下。"含珠，含，死者口以珠玉也。鳞柙，《西京杂记》"汉帝之葬，用珠糯玉匣，形如铠甲，连以金缕"，葢鳞柙即玉匣。……鳞谓王之鳞次也。《史记》：以北山石为椁，用纻絮、陈絮漆其间，岂可动哉？蜃圹炭，《左传》注：烧蛤为炭以瘗圹。僵谓尸也。《毛诗·序》：礼义陵迟。《系辞传》：古之葬者，厚衣之，以薪葬之中野。]

补释：以上"沐德信"为人清介的故事，注中讲到《魏略》所载的并豫临死时诫子之言，笺则详加解释。总结起来是对世俗的厚葬文化与老庄还归大造的裸葬文化的对比解释。以下补充笺注中未能尽释的生僻词语：

终制，临死时的规定、诫命。

玙璠，音于烦，宝玉。

魋，音颓，桓魋为春秋时期宋国司马，掌控宋国兵权，喜聚敛财宝，死有厚葬。

椁，音果。石椁，石头做的外棺。外椁用以盛放内棺，内棺是木制的。这样的内棺外椁可以防止木制棺材的腐烂，从而保护尸体。

皷，鼓的异体字。

一区：一团。刍狗：祭祀时用草扎成的狗。《老子》："天地不仁，以万物为刍狗；圣人不仁，以百姓为刍狗。"《庄子・天运》："夫刍狗之未陈也，盛以箧衍，巾以文绣，尸祝齐戒以将之；及其已陈也，行者践其首脊，苏者取而爨之而已。"结草为狗，用以祭祀。祭祀结束，则被弃置，或者被践踏，或者被拿来烧火。所以，后用来指微贱无用的事物或言论。濈，音急。濈然，迅速的样子。

欺魄：古代用以求雨的土偶。

凫：野鸭子。

踈，疏的异体字。亲踈厚薄即亲疏厚薄。

戮尸，陈尸示众，以示羞辱。

纻，音住，麻属，细者为絟，粗者为纻。纻絮即麻絮。

漆，在"以北山石为椁，用纻絮、陈絮漆其间，岂可动哉"中应为塞、挤的意思。

圹，音况，墓穴。

蜃，蛤蜊。《国语・晋语》注："小曰蛤，大曰蜃。皆介物，蚌类也。"

瘗，音艺，埋葬。蜃圹炭，墓穴中填充烧蛤蜊而成的炭，用以吸湿，避虫，因而长保尸体干燥不腐。

陵迟，衰败。礼义陵迟即礼义衰败。《诗・王风・大车序》："《大车》刺周大夫也。礼义陵迟，男女淫奔，故陈古以刺今。"孔颖达疏：陵迟，"言礼义废坏之意也。"

胔，音自，带腐肉的尸骨。

所以，从上文概括出来两种丧葬文化的内容分别为：以阳虎、桓魋为代表的厚葬文化，死者口内含珠玉，身着绫罗绮缎，躺在玉床之上，尸体放置在木棺石椁之中。所用玉匣形如铠甲，连以金缕。所用棺椁，以象牙连缀。以纻絮、陈絮等填塞椁内，稳固牢靠。用蛤蜊烧成的炭置于墓中，由此保持尸首不湿，不被虫咬，从而干燥不坏，以希冀升天成仙。与厚葬文化相对应的是并豫所推崇的老庄哲学、还归大造的文化：人之生死，本与天地浑然一团。长寿还是夭折，都与神明同休同息。应该乐对阴阳变化，甘心地安瞑太极。所以，上述种种物质的东西都不需要，人死之后裸体才对，鸟兽蝼蚁啄食也没什么，这才是返璞归真了。以厚葬文化看来，这分明是一种陈尸取辱的行为。但裸葬者却认为衣裳才是累赘，棺椁就是牢狱，厚葬在地下的死人等于遭受了永久的桎梏和幽禁。

[12]王叔治七岁丧母,母以社日亡。来岁邻里修社会,叔治感念亡母,哀甚。初丧,邻里为之罢社。[立春后逢五戊为春社,祭后土也。立秋后逢五戊为秋社。社,土神,主万物。以古有功于民者配之,使民祭之祈农。]

补释:古人之“社”即土神:《诗·小雅》“以社以方”疏曰:社,五土之神,能生万物者,以古之有大功者配之。共工氏有子句龙为后土,能平九州岛岛,故祀以为社。”社,就是土神。后土,共工氏的儿子,因能平九州岛岛而被当作土神。社会,祭祀土神的地方,祭祀土神的集会。五戊,第五个戊日。立春后第五个戊日为春社,立秋后第五个戊日为秋社。社又分大社、王社、国社、侯社、置社等:王为群姓立社曰大社,王自为立社曰王社,诸侯为百姓立社曰国社,诸侯自为立社曰侯社,大夫以下成群立社曰置社。

王叔治七岁时,母丧于社日。第二年社日,王叔治因思母而极度哀伤。是为孝。邻里感念王叔治的孝心,为其罢社,是为矜幼。王叔治故事既见母子亲恩,也见古时民风互助。

[13]王伟元门生为本县所役,求属令为脱。……伟元乃下道至土牛傍……[《月令》:出土牛以送寒气。《后汉书·礼仪志》:季冬之月,立土牛六头于国都城外丑地,以送寒气。《孟华录》:立春造土牛,官吏击之者三,以示勤耕。]

补释:王伟元这则故事中有“土牛”一词,注中没有解释。笺引《月令》、《后汉书》、《孟华录》等之记载,解释了这个重点词。土牛是古代农耕文化的产物。原本在阴历十二月,造六头土牛,放到城外,以驱寒气。后来立春造土牛,并由官吏击打三下,以象征勤耕。

## 参考文献

[1](明)王世贞删定,(南朝宋)刘义庆撰,(南朝梁)刘孝标注,(宋)刘辰翁批,(明)何良俊增,(明)王世贞删定,(明)王世懋批释,(明)钟惺批点,(明)张文柱校注. 世说新语补[M]. 韩国精神文化研究院藏书,1586 年(万历丙戌,据陈文烛序).

[2][日]秦鼎校读. 世说笺本[M]. 江户:日本桥路本石町问屋,哈佛大学藏书 1826(日本

文政丙戌年，即道光六年）.

[3][日]秦鼎，无疆校读；石庵主人源诲辅序. 世说笺本[M]. 江户：大阪书林，冈田群玉堂制本，韩国高丽大学藏书 1831(日本天保己未年).

[4]马兴国.《世说新语》在日本的流传及影响[J]. 东北师大学报(哲学社会科学版)，1989(3).

[5]王能宪.《世说新语》在日本的流传与研究[J]. 文学遗产，1992(2).

[6](明)何良俊着. 语林[M]，《钦定四库全书》第 1041 册，上海：上海古籍出版社，1987.

[7](宋)范晔撰，(唐)李贤等注. 后汉书[M]. 第 5 册，卷三十九 刘赵淳于江刘周赵列传第二十九，北京：中华书局，1965.

[8](唐)房玄龄等撰. 晋书[M]. 第 5 册，卷五十一列传第二十一 皇甫谧传，北京：中华书局，1974.

[9]徐乃昌校勘《世说新语补[M]. 北京图书馆藏书.

[10]张玉梅. 王筠汉字学思想述论[M]. 上海交通大学出版社，2009.

[11](韩)世说新语姓汇韵分[M]. 韩国精神文化研究院藏书.

[12]臧克和，郭瑞主编. 中国异体字大系・隶书编[M]. 上海：上海书画出版社，2010.

[13]臧克和主编. 汉魏六朝隋唐五代字形表[M]. 广州：南方日报出版社，2011.

[14]蔡忠霖. 儒林选萃 22 敦煌汉文写卷俗字及其现象[M]. 台北：文津出版社有限公司，2002.

[15]吕浩编. 韩国汉文古文献异形字研究之异形字典[M]. 上海：上海大学出版社，2011.

# 王世贞家族的戏曲活动和家族兴衰

周巩平
（上海艺术研究所，上海，200002）

**[内容摘要]**明、清两代，太仓有两个著名的王氏家族，一为琅琊王氏（即王世贞家族），另一为太原王氏（即王锡爵家族），两个都是累世簪缨，历代仕宦的望族。在文学和艺术方面，这两个家族也代有人才，俊彦辈出，他们是簪缨世家，文学世家，也是丹青世家与曲学世家。本文所述，即其中的琅琊王氏。该家族的王世贞，为明嘉靖二十六年（1547）进士，万历间南刑部尚书，明文坛“后七子”之一，独步一时的文坛领袖，在戏曲理论方面，他也卓有贡献。除王世贞外，这个家族的王世贞弟王世懋、子王士骕也是活跃一时曲评家和戏曲活动家，家族几代人的戏曲活动，对于整个江南地区的政治、经济、文化活动都产生过一定影响。因此，有必要对这个家族几代人的戏曲活动及家族的兴衰历史做一个梳理。

**[关 键 词]**王世贞家族；戏曲活动

由于向来正史对戏曲活动记载较少，所以本文叙述主要采用了家谱、郡邑文献及一些杂著的资料，在此基础上，再与正史及诗文记载进行核对印证，展开讨论。

先从清初太仓当地的一部私人撰著说起。清初太仓沙溪镇佚名人氏所著《研堂见闻杂录》，是一部据个人见闻记载时事的实录性杂著，书中对太仓琅琊王氏家族兴衰有如下描述：

娄东鼎盛，无如琅琊、太原：琅琊自王倬起家少司马，子忬亦少司马，被法，忬子世贞、世懋，一为南司寇，一为南奉常。世贞子士骐，为铨曹主事，四代甲科。士骐子庆常，则习为侈汰，姿声色，先世业荡尽无余。子最繁，号圆照名鉴者，袭荫为廉州太守，精绘事，粗持名检。余皆落拓无生产，有入沙门者，其季两人，为优，以歌舞自活，余亲见其登场，大为时赏，而司寇之德泽尽矣。世懋子士騄，以孝廉为宪幕。子瑞国，亦孝廉能守家声。其子景，字明先，即以狎邪为不法，几破家，狱经年不解，受榜笞无数，摈之远郊，不列士类。其余别后(疑有脱误)如昊，字惟夏，为诸生有声，亦以钱粮事受祸，而奉常之德泽亦衰矣。①

书中所说的"娄东"，即指太仓，因太仓地处娄水之东，魏晋时曾名东仓，故称"娄东"，这也是明清文献对太仓地名的一种习称。据载可知，该书作者不仅是两个王氏家族人士的同乡，也是两个家族人士的朋友。此书后面记载"吴下钱粮之事"(即清初"江南奏销案")时，还有"吾友王惟夏……同日捕至府"等语，可见作者与王惟夏(即王昊，王瑞国侄，王世贞之弟王世懋重孙)曾是交往密切的朋友，他对王世贞家族的情况也比较熟悉，家族发生的许多事件作者都曾亲眼目睹。据该书内容和"书后"题跋，又知该书一大特点，就是"所载明季朝野轶闻及清初太仓兵燹事，皆直书无所隐"。这种不避忌讳，直言陈述的精神，恰是一些正史与正统诗文所不及的。因此，我们可以沿着这本书提供的线索，进一步去探明真相。据《研堂见闻杂录》记录，可知明中叶直到清初的150多年，太仓这个琅琊王氏家族曾有过连续四、五代科甲兴盛的历史，是江南一带累世簪缨，历代仕宦的望族。核之太仓府志、镇洋县志、《娄东耆旧传》、《娄水文存》及一系列地方文献，可知确为事实。然而，该书又说，到了明末清初，琅琊王氏家族完全败落，家族子孙"落拓无生产"，甚至迷恋戏曲，沉溺而不能自拔，结果"为优，以歌舞自活"，这个家族前辈"德泽"丧尽，终于破败了。这些情况未见正史和方志记载，由于这些事情牵涉到家族的戏曲活动和家族兴衰，有必要进行梳理和总结，以形成历史结论和历史经验，因此，我们就根据家谱、郡邑文献和稗史杂著、笔记等资料蒐集所得，对上述记载进行稽核验证。

## 一、家族的历史及明中叶以来的兴盛

先看家谱。娄东(太仓)琅琊王氏家族家谱，现存唯见南京图书馆所藏一部光绪年间重辑抄稿本，存一册，未署编纂者姓名。其编纂时间约在清光绪年间，全谱使用"太仓州镇阳县志稿"红格纸。抄本内容从第一世起，分别记载每一世

① 见《研堂见闻杂录》上海神州国光社1936排印本第299页。《研堂见闻杂录》无刻本流传，仅存清代抄本，不题著者姓氏。1936年上海神州国光社编辑出版《中国内乱外祸历史丛书》，根据清抄本校点出版，书题"明·佚名撰"。据编辑丛书的太仓冯超先生考证，该书的作者，基本可以断定是明末清初太仓沙溪镇人王家祯，又评介此书："所载明季朝野轶闻及清初太仓兵燹事，皆直书无所隐，传钞者因略涉忌讳，不著作者姓氏"。参见该书"书后"。

人的姓名、子嗣情况。迁太仓之前，从一世起记至六十六世；从第六十六世迁昆始祖王梦声另起，为太仓第一世，太仓支则记至第二十二世，共录琅琊王氏八十八世人姓名和子嗣，其内容相当于一个简略的世系谱。

据家谱与《明史》、《太仓州志》、《镇洋县志》等史志核验，与清初佚名氏《研堂见闻录》、清乾隆年间程穆衡所撰《娄东耆旧传》等郡邑文献核验，与王氏家族的王世贞、王世懋、王士骐等人的诗文集核验，综合起来，可大致勾勒这个家族的族源、迁徙、发展、迁至太仓后演变等整个家族发展的历史轮廓。

据谱，明代娄东（太仓）琅琊王氏家族人种之源，为数千年前周灵王太子姬晋，晋因直谏而被废为庶民，因本王子，故世人称其家为"王"家，后便以"王"为姓，是为其族得姓之始，故家谱记载，标晋为一世，为王姓始祖。晋二十一世孙元，因避乱迁山东琅琊，是为王姓琅琊之始。周朝末至汉，王氏家族均为琅琊望族，三十三世王祥，王览兄弟，为正史所载著名人物，二十四孝王祥卧冰故事，即取材王祥事迹。西晋末，王祥弟王览之嫡孙王导（三十五世）率族人随司马睿移居江左，辅助司马氏建立和巩固东晋政权，成为握有军政大权的一代重臣。南渡后，王氏成南方侨姓巨族，因其郡望琅琊，故沿称琅琊王氏。从东晋到隋唐，家族代有高官，地位显赫，为中古第一豪门。延至五代，门阀制度衰落，琅琊王氏后裔散处各地，其裔孙第五十七世王仁稿出仕吴越王钱缪镇海节度衙推，是为琅琊王迁越之始。至宋朝，王仁稿弟王仁礼曾孙王缙（六十世），曾官至司谏左中大夫。至元朝至正年间，王缙裔孙王梦声（六十六世）被征辟为昆山学政，任职四十余年，遂定居昆山，是琅琊王氏迁吴之始。此后昆山又部分割隶太仓，王梦声子孙繁衍，遂演变为太仓（娄东）琅琊王氏家族。因此谱中从王梦声起又另辟太仓一世。所有这些情况，在这部家谱中都有记录，每一代（每一世）人物的血缘世系关系也清晰可查。核之其他文献记载，基本与之相合。如王世贞所撰《亡弟中顺大夫太常寺少卿敬美行状》（为其亡弟王世懋所撰行状）一文中说：

> 吾王之先自即邱子讳览，诸孙文献公讳导，传其子讳某，世世贵显。至五季而有讳仁稿者为吴越王镇海节度衙推，居严之分水，遂为分水人。世孙宋左司谏讳缙，有名臣称焉。传至讳梦声，薄元德不肯取□仕，仅应行省辟为吾吴之昆山州学正，几四十年，遂为昆山人。后割隶太仓州，徙为昆山人。[①]

---

① （明）王世贞：《亡弟中顺大夫太常寺少卿敬美行状》，《弇州续稿》卷一百四十一，台湾：台湾商务印书馆影印《文渊阁四库全书》本，第1284册，1985年，第47—48页。

文中所言家族源流和历史演变情况与家谱记载基本吻合，其他文献记载也大致如此。记载显示：琅琊王氏自迁太仓后，最兴旺的时期是明嘉靖、隆庆、万历三朝，而家族戏曲活动的兴盛也紧随这个时期。王梦声（太仓一世，琅琊王氏总系六十六世）迁昆之初，家族并无出仕高官，也无文化名人，曾连续几代默默无闻。而至明朝成化以后，情况就发生了变化。成化十一年（1475），八世王侨（王世贞伯祖父）中进士，成化十四年（1478），八世王倬（王世贞祖父）又中进士，兄弟俩先后进士及第，王侨官至工部郎中，而王倬则累官至南京兵部右侍郎，娄东琅琊王氏名声大振，家族由此开始崛起。随着家族政治地位的提高，便开始攫取获得了各种经济上的利益和其他各种利益，家族势力由是渐渐形成。这也就是许多地方文献记载所谓的“琅琊自王倬起家少司马”（兵部侍郎俗称“少司马”）的说法。此后，该家族又连续几代有人进士及第，位居高官。至第九世，王倬子王忬（王世贞父亲）中嘉靖二十年（1541）进士，“官至兵部侍郎，都察院右佥都御史，□□蓟辽三边总制，赠兵部尚书”（兵部尚书俗称“大司马”，故记载中也常以大司马称呼王忬），“赐蟒玉尚方剑”，“为娄中第一显官”[①]，这个家族的兴旺也到达了顶点。延至十世，王世贞中嘉靖二十六年（1547）进士，万历年官至南刑部尚书；其弟王世懋中明嘉靖三十八年（1559）进士，任南太常寺卿，此时该家族已成太仓首屈一指的官僚巨族，被人称为“三世为九卿八座巨富[②]”。万历十七年（1589）王世贞64岁时，其子十一世王士骐又进士及第[③]，至此，该家族已经连续“四代甲科”，成就了令人羡慕的进士四世蝉联纪录，家族的兴旺也到了最后高峰。从成化十一年（1475）到万历十七年（1589），这个家族持续了差不多120年的辉煌。而这种情况至自万历十七年（1589）之后便嘎然中止。十一世后，王世贞、王世懋后裔中，十二世、十三世连续两代不再有人中进士，十二世仅王瑞章和王瑞国（均王世懋孙）两人中举，王瑞国仕至增城知县，而十三世人所得功名主要为荫袭，如王鉴（王世贞曾孙）仕广东廉州府知府。时值明亡入清，王氏纷纷隐居，或为僧道，很少再有人积极通过科举出仕，仅王昊（王世懋曾孙）后受荐举为博学鸿儒，授内阁中书（亡故未任），后代人士的官位与功名、文化影响与

---

① 《研堂见闻杂录》，上海神州国光社1936排印本第287页。

② （明）李维桢：《弇州集序》，见《大泌山房集》卷十一，山东：齐鲁书社，1997年版《四库全书存目丛书》影印北师大藏明万历三十九年刻本，集部150册，第526页。

③ （清）钱谦益：《列朝诗集小传》丁集，《王尚书世贞传》所附之《王司勋士骐传》，上海：上海古籍出版社，1982年校点本，第437页。

八世的王倬、九世的王忬、十世的王世贞等前辈已不可同日而语，琅琊王氏的辉煌也就此终结。材料梳理的结果表明：明代娄东琅琊王氏家族的兴盛，主要原因是从明成化十一年(1475)起开始有几代人连续科举中式，仕至朝廷高官，而家族的衰落，则主要是因为自万历十七年(1589)之后的一个阶段族中无人再能通过科举仕至朝廷高官，造成家族政治地位的下滑，诸业的萧条。以上这便是这个家族从默默无闻到兴盛直到盛极转衰的大致历程。

## 二、家族的戏曲活动和戏曲家

该家族的戏曲活动，据蒐集资料的梳理，可知是基本紧随着家族政治经济地位的兴衰而变化的，大约最早兴起于家族第九世人的时代，时间约在明朝的弘治、正德年间，而至明代嘉靖、隆庆、万历年间，家族第十世、十一世人的时代，戏曲活动进入了繁盛期，曲家辈出，一直延续到清朝的康熙年间家族的第十三世，戏曲活动才逐渐消歇。细数下来，族中有九世王愔、十世王世望、王世贞、十一世王士骕、十三世王昊等近十位出色的曲家，历代人士参与戏曲活动的情况，可以大致串联出家族戏曲活动的一个历史线索。

最早见于记载的，就是王世贞伯父的王愔的戏曲活动。王愔，九世人(指太仓九世，琅琊王氏从六十六世王梦声迁昆起，为太仓一世)，王倬长子，王忬长兄。《家谱》九世记载："愔，字民服，号静庵。配龚氏，二子。妾朱、陆、张氏，二子。"其生卒年记载不详，但我们可以大致做个推导：其父王倬生于明英宗正统十二年(1447)年，卒于明正德十六年(1521)；其幼弟王抒生于明正德二年(1507)，是其父六十岁垂暮之年所得最后一子。王愔是王倬长子王抒长兄，那么，其年龄应最起码长王抒十岁或以上。若王倬二十岁得第一子，则王愔当生于明成化三年(1467)，若最晚五十岁得第一子，则王愔也应当生于(1497)明弘治十年。也就是说，他应当出生在 1467——1497 这三十年间。尽管其父王倬成化年间中了进士，官至兵部侍郎，改变了家族的面貌，家族从此兴盛，但是，他的四个儿子并不是个个都能读书做官，尤其这个长子，不仅不喜欢念书，还特别出格，嗜好听歌赏曲。据程穆衡《娄东耆旧传》卷二《王愔传》记载：

愔……少以赀入太学，性谨无他好。独好授新声童子，使其具粉黛为优戏，昼夜视之无厌。又好构华屋，叠山凿池，多莳花木，以至挫产弗顾也。

……胸次坦洞无城府，卒年七十有八。①

这个“传”，提供了传主王愔生平活动的一些重要信息：其一、他“制举业”没天赋，捐资为太学生修习儒业，也未通过考试进入仕途。其二、王愔把主要精力放在“新声”和“优戏”方面，能“授新声童子”，不仅本人唱曲度曲，拍板按歌，还教家僮装扮演出。这些行为都非常专业，已接近于操办一个家庭戏班了。对此，他迷恋到了“昼夜视之无厌”的地步。需要指出的是，王愔迷恋的所谓“新声”，可能还是当时昆山、太仓一带正在酝酿创制过程中尚未流行的昆腔。王愔放弃制举业而独好新声，差不多是从他青少年时代开始，若当时他二十岁左右，也至少是在明正德十二年(1517)之前。众所周知，魏良辅等人创制成昆曲新声要到嘉靖、隆庆年间才最终成型，渐次流行。而王愔的授曲(“新声”)、教童子搬演的艺术实践，则要早于新昆腔的出现。应该说，他的活动也是类似魏良辅等人对老昆曲进行改革、“创制新声”的一种艺术尝试和实践。其三、他“构华屋，叠山凿池，多莳花木”，大兴土木建造园林。这些建园工程使他耗尽了家产。总之，王愔一生干了两件事，一是迷恋“新声”“优戏”，二是耗资建园。由于他迷恋“新声”“优戏”，开创了整个家族喜爱填词度曲、观剧赏优的风气，对家族子孙后裔的文化行为产生了重要影响。他是开家族戏曲活动风气的人物，他迷恋“新声”“优戏”，耗资建园，也耗费了大量的家产。尽管，王愔这些作为便是后来文献记载的所谓“败家”行为，但是，在那个时期，他们家族欣欣向荣，根本没有出现败亡迹象，家族发达的趋势也不因为他的行为而有任何衰减，其幼弟王忬不久中进士，仕至高官，又把家族的兴旺推到了顶峰。

再看第十世曲家：王世望，王愔幼子，字瞻美，也是个酷爱戏曲的人士。《家谱》十世记载：“世望，字瞻美，号临峰。配周氏，妾陈、潘、袁氏。生一子，士騊。授太医院吏目。”程穆衡《娄东耆旧传》卷二《王愔传》附带说到王愔的四个儿子，曰：“子四人，……少子世望有父风”。也就是说，王世望全面继承了父亲喜爱新声优戏，糜费造园的习气，有父亲遗风。王世望的堂兄弟王世懋(其叔父王忬子，王世贞弟)在叙述王世望生平事迹时也说：“伯父静庵公(王愔)生四子，……季为瞻美兄，……少任侠好施，游以酒人而侈事其母。”②可以看出，王世望受父亲影

① (清)程穆衡：《娄东耆旧传》卷二《王愔传》，上海图书馆古籍善本室藏清抄本。

② (明)王世懋：《王奉常集》卷三《寿从母陆太孺人八袠序》，山东：齐鲁书社 1997 年 7 月《四库全书存目丛书》影印首都图书馆藏明万历刊本，集部 133 册，第 258 页。

响，其性情是"好客乐施"、"游以酒人"，并"侈事其母"。由此可见，王世望的性格就是好"靡费"，而且爱酒、爱新声。王愔、王世望连续两代人喜爱新声优戏，这个家庭便几十年如一日，戏曲演出不曾间断。但是，由于家族当时有较高的政治地位，经济上也不拮据，所以王愔——王世望两代人的戏曲活动，也就成了家族兴旺的一种点缀。

十世中重要的戏曲家还有王世贞。王世贞父亲王忬是朝廷重臣，也是王愔的幼弟，兄长酷爱戏曲，自然会对幼弟王忬家的文化活动发生影响，虽然王忬因政事繁忙，戏曲活动很少见到记载，然其子王世贞、王世懋的戏曲活动却有不少记载。王世贞是娄东琅琊王氏家族最为杰出的人物，生于明嘉靖五年(1526)，卒于万历十八年(1590)。《家谱》十世记载："世贞，字元美，号凤洲。配魏氏，妾高氏、李氏，三子。进士，官至南京刑部尚书，太子少保。"王世贞戏曲活动受其伯父和家族影响非常明显，他特别喜爱观剧赏曲。但作为一代文坛领袖，他行事自有独特风格。友人屠隆所撰《大司寇王公传》曰：

> 王公讳世贞……好宾客，文酒淋漓，流连觞咏而绝不近声伎。听丝竹，每当燕笑懽噱时，人或谈及忠孝节烈，则慷慨而扬眉。①

记载表明，王世贞酷爱观剧赏曲，文中提及的"丝"与"竹"都是昆曲演出时的伴奏乐器。但是，王世贞与伯父王愔及堂兄弟王世望不同，他虽爱"新声"和"丝竹"，但绝不沉溺其中，且始终与伶人保持着距离，家中也不蓄养戏班。他看戏赏戏，重视的是戏曲故事里的忠孝节烈内容，并欣赏戏曲的音乐。这说明，王世贞始终是把读书做官看作人生头等大事，而听歌赏曲，只是他休闲或交际的一种方式而已。这也可从方志记载中得到证实。《太仓州志》之《王世贞传》说："世贞性自好，当路相引重，不肯应。故正位六卿，闲退日多。……家无姬侍，藏获百指，无一晓声律。"②也就是说，王世贞的戏曲爱好是以不影响他对仕途的追求为前提的。王世贞还与许多文人曲家有过来往，如张凤翼、郑若庸、梅鼎祚、李开先、

---

① (明)屠隆：《大司寇王公传》，附录于王士骐撰《王凤洲先生行状》后，有明万历末刻本，藏上海图书馆善本室。

② (明末清初)张采等纂：《太仓州志》卷十三《人物志·王世贞传》，清康熙十七年刻本，上海图书馆藏。

梁辰鱼、何良俊、顾大典、王稚登、汪道昆、屠隆等等，这些曲家或官僚，或布衣。他们之间互访、偕游、一起饮酒赋诗，交往过程往往包含了许多观剧赏曲、品评剧作的活动，并因此留下了不少相关诗文书信。笔者注意到的，从诗文书信的内容看，文人曲家与王世贞结交，不少人有借助他文坛领袖的声望，来提高自己身价的意图与想法。王世贞对作品的品题，往往能够提高人与作品的知名度。正如《明史》所说，“世贞始与李攀龙狎主文盟，攀龙殁，独操柄二十年。才最高，地望最显，声华意气笼盖海内。一时士大夫及山人、词客、衲子、羽流，莫不奔走门下。片言褒奖，声价骤起。”[①]比如，王世贞曾为梁辰鱼作《古乐府序》(见《弇州山人续稿》卷四十二)说“自伯龙之为南音，……其愪竖遊女皆能习而咏之。而伯龙意不怿，曰：是焉足以名我。……于是稍取建安六代之什而拟之，得若干首。”序中肯定梁辰鱼将昆曲新腔引入文人传奇创作，使得传奇剧本随昆曲新腔而里巷流传，四方传唱的贡献，同时又强调梁氏的胸襟远大，擅长传奇新腔只是他的“才子余技”，说他还能在古诗乐府方面有更大成就。序文对梁辰鱼的形象进行了拔高。由于王世贞的竭力抬举，增加了梁辰鱼在文人群体中的名声。后世读戏曲史、昆曲史者都熟悉“吴阊白面遊冶儿，争唱梁郎雪艳词”这两句诗，认为这是概括昆腔初兴时期梁辰鱼对昆曲新腔推广和流传所起作用的恰当历史评价。而这两句诗，恰恰是王世贞随意玩笑时赠给梁辰鱼的，原诗题为《嘲梁伯龙》，见王世贞《弇州山人诗集》卷四十七。可见王世贞的评价，对梁辰鱼在曲坛的地位和声望起到了多么重要的作用。又比如，李开先撰写了《宝剑记》，也曾请王世贞观剧并评价。王世贞《艺苑卮言》中有专门论曲的文字，后被人辑出作为单种刊行，题名《曲藻》，这部《曲藻》中记载了此事，曰：

> 北人自王、康后，推山东李伯华，……所为南剧《宝剑》、《登坛》记，亦是改其乡先辈之作。二记余见之，尚在《拜月》、《琵琶》之下耳，而自负不浅。一日问余，何如《琵琶记》乎？余谓：公辞之美不必言，第令吴中教师十人唱过，随腔改字，妥，乃可传耳。李怫然不乐而罢。

李开先本欲请王世贞品题提高《宝剑记》的身价，不料王世贞对《宝剑记》的

---

① 《明史》卷二百八十七，北京：中华书局，1974年标点本，第24册第7381页。

评价并不高，这使李开先大感失望。在《曲藻》这部曲论著作里，被王世贞提及或品评的曲家曲目还有许多，不仅有明初南戏剧目《琵琶记》、《拜月亭记》、《荆钗记》，还有属于当时"新声"作品的张凤翼《红拂记》、梁辰鱼《吴越春秋》等等，在行文中，王世贞本人也以懂音律、明源流而自命，并对曲的源流发展提出了一套自己的见解，说：

> 三百篇亡后有骚赋，骚赋难入乐而后有古乐府，古乐府不入俗而后以唐绝句为乐府，绝句少宛转而后有词，词不快北耳而后有北曲，北曲不协南耳而后有南曲。

这是一段非常有名的，也是被后世曲论家常常引用的话，尽管在论述中，王世贞把南戏与元曲形成的先后顺序说颠倒了(南戏的出现和形成其实要早于元杂剧)，但是，王世贞论述的高屋建瓴，对文体变化脉络总体把握的宏大气势也确实令人折服，这段论述对后人论曲也产生了巨大影响。《曲藻》中，他还提出：南戏《拜月》、《琵琶》、《荆钗》三者相较，应以《琵琶记》为第一，《拜月亭》第二，《荆钗记》第三。并提出剧本要有"词家大学问"、有"风情"、"裨风教"、"动人"以及"曲演终场"要"使人堕泪"[①]等等观点，因为王世贞文坛盟主的身份，这些论述也在后世文人的评曲论曲中过程中引起了激烈争论，并引发了"什么是衡量剧本艺术水平主要标准"的广泛讨论，对我国曲学理论的发展有很深远的影响。

关于王世贞的戏曲作品，各种史料记载很不一致。分歧主要就在王世贞有没有撰写过《鸣凤记》传奇：有曰《鸣凤记》为"王世贞作"(《传奇汇考标目》)，有曰王世贞"只作散曲，不作传奇"(吕天成《曲品》)；此外还有《鸣凤记》"王世贞门人作"(焦循《剧说》)、"唐凤仪作"(民国《太仓州志》)等记载。今人研究，虽对这些纷乱记载进行了梳理，但迄今未有一致的结论。部分学者推断《鸣凤记》为嘉、隆、万历间一位"无名氏"作，"王世贞作"的可能性不大，[②]也有学者认为根据剧

---

① 上述王世贞《曲藻》引文，参见中国戏剧出版社 1959 年出版《中国古典戏曲论著集成》本第四册，第 27 页—第 37 页。

② 参见苏寰中《关于鸣凤记的作者问题》一文，载《中山大学学报》哲学社会科学版 1980 年第三期，徐扶明《鸣凤记非王世贞作》文，收入浙江古籍出版社 1986 年出版的论文集《元明清戏曲探索》。

本内容和风格判断，不能排除王世贞创作《鸣凤记》的可能性。[①] 笔者以为，虽然《鸣凤记》作者未能定论，但无论哪种说法，都无法排除《鸣凤记》创作确实与王世贞生平经历有关。若《鸣凤记》果真为无名氏或其他人所作，那么，《鸣凤记》的创作过程，也完全有王世贞某种程度的帮助和参与的可能；至少，剧本肯定是采用了王世贞亲身经历中的一些事件作为题材的。如传奇中描写杨继盛冒死弹劾严嵩，即剧中《灯前修本》、《杨公劾奸》、《夫妇死节》这几出情节，细节生动如绘，似作者身临其境。而这些内容，恰恰都是王世贞的亲身经历。王世贞与杨继盛是同年进士与好友，杨弹劾严嵩，王世贞有同感；杨继盛下狱，王世贞曾去探望；杨妻为救丈夫上书，王世贞亲为修改润色；直至杨继盛被害，王世贞还冒险为其收尸营葬，料理后事，等等。这些事情，均见于正史和明人别集记载，言之凿凿。[②] 所以，笔者的观点是：即便撇开《鸣凤记》作者是否王世贞的争论，把《鸣凤记》视为王世贞文化活动影响的一部分，也是顺理成章的。

概言之，王世贞应该算得上是这个家族在曲坛上最有影响的人物了。

再看十一世。王士骕，王世贞次子。《家谱》十一世记载："士骕，字三常，号房仲。庠生，配潘氏，无子，守节。以兄士骐次子嗣。"生卒不详。王士骕幼年时颇有慧质，王世贞极其钟爱。《娄东耆旧传》卷二言"士骕，字房仲，少才隽，自喜有夙慧，经史过目若素习。弇州公奇爱之。以父三品荫入太学。"王士骕一生也酷爱观剧赏曲，并经常发表自己的论曲见解。其好友沈德符《野获编》卷二五《词曲·拜月亭》中记载说：

> 何元朗谓《拜月亭》胜《琵琶记》，而王弇州力争，以为不然，此是王识见未到处。……《拜月》……〈走雨〉、〈错认〉、〈拜月〉诸折，俱问答往来，不用宾白，固为高手；即旦儿【髻云堆】小曲，模拟闺秀娇憨情态，活托逼真，《琵琶》

---

① 参见上海辞书出版社《明清传奇鉴赏词典》蒋星煜先生《序言》，山西教育出版社2000年出版《六十种曲》之《鸣凤记评注》。

② 《明史·王世贞传》说："杨继盛下吏，（王世贞）时进汤药；其妻讼夫冤，代为草；既死，复棺殓之。嵩大恨。"陈继儒《王元美先生墓志铭》说："会杨椒山（继盛）当论报，密使人告急，且以孤相托。……公又为杨夫人削稿请代，上之。寻椒山受辟之次日，又出宣武门泣奠，津遣嫠弱。"孙七政《松韵堂集》卷一也有《伤杨椒山且闻王元美往哭其尸》诗，王世贞给李春芳的信中有："乙卯（嘉靖三十四年）冬，仲芳（杨继盛）兄且论报，世贞不自揣，托所知为严氏解救，不遂。已，见其嫂代死疏辞戆，少为笔削。就义后，躬视含殓，经纪其丧。"等等。

〈咽糠〉、〈描真〉亦佳，终不及也。向曾与王房仲谈此曲，渠亦谓乃翁持论未确，且云："不特别词之佳，即如聂古、陀满争迁都，俱是两人胸臆见解，绝无奏疏套子，亦非今人所解。"余深服其言。①

前面已述，王世贞在《曲藻》中提出了南戏《拜月》、《琵琶》、《荆钗》三者优劣，当以《琵琶》为第一，《拜月》第二，《荆钗》第三；而与何良俊《拜月》排名第一、《琵琶》第二的见解不同，由此引发了后世诸多曲家不同观点的争论。而在后人的争论中，其子王士骕却没有站在父亲一边，反与其父王世贞观点相左，认为父亲王世贞的说法有些偏颇。他细致分析了《拜月亭》填词的许多高明之处，认为它确实远在《琵琶记》之上。他的见解令当时一些曲家包括沈德符等人"深服其言"。王士骕也算得上当时一位比较懂行并有影响的曲论家。但也就是他，后来因为使用《拜月亭》的词语而莫名其妙地获罪下狱，此事在曲坛引也起了不小的震动，也是该家族因戏曲活动而遭致政治打击的一个重要事件，对家族的此后兴衰有一定影响，此事后文详述。

十一世宸章，《研堂见闻杂录》记载了一位号"宸章"的王忬孙辈（即十一世王世贞子侄辈）人物：

吾娄王大司马（王忬）……有一孙，号宸章者，习俳优，善为新声。②

据载，这位号"宸章"的公子"习俳优，善为新声"，是一位曲家，最后又干脆投身这一行，成了一位以演戏为职业的优伶。此事亦后文详叙。

综合来看，十一世时，王氏家族已经开始明显衰败，但戏曲活动却仍很活跃。

再看十二世。王瑞庭，王士骐长子，王世贞长孙。字庆常（或避明光宗朱常洛讳而写作庆长）。据《家谱》太仓十二世王士骐子一栏记载："瑞庭，字庆长，号畸庵。庠生，以子鉴贵赠詹事府录事刑部郎中。配潘氏，子三，妾十五人，子二十余人。"《研堂见闻杂录》记载（即本文最初的那段引文）与家谱所载基本吻合，曰：

① （明）沈德符：《野获编》卷二十五《词曲·拜月亭》条，清同治八年钱塘姚德恒重校刊补扶荔山房本，上海：上海古籍出版社《续修四库全书》影印第 1174 册，1995 年，第 591 页。

② 见《研堂见闻杂录》，上海神州国光社 1936 排印本，第 287 页—288 页。

"士骐子庆常，则习为侈汰，姿声色，先世业荡尽无余。子最繁。"①这里特别提到他"习为侈汰，姿声色"。也就是说他是个恣意新声歌舞，沉湎于戏曲歌舞，狎昵伶人的公子哥，对家族破败造成的后果最为严重。

十三世：王鉴(1598——1677)，王瑞庭次子，王士骐孙，王世贞曾孙。《家谱》十三世记载："鉴，字玄照，号湘碧。配薄氏，一子(浚)。官生。仕至广东廉州府知府。"据家谱和各种文献记载综合梳理可知：王鉴曾祖王世贞有三子，惟长子王士骐有后，共三人：王瑞庭、王瑞家、王瑞穀，也就是说王世贞共有三个孙子；王世贞次子王士骕与幼子王士骏均无子嗣。据族规及惯例，王士骐次子王瑞家为王士骕嗣，王士骐三子王瑞穀为王士骏嗣。再下一代，即王世贞曾孙辈，则以王士骐长子王瑞庭子嗣最繁，"配潘氏，子三，妾十五人，子二十余人"，王鉴就是潘氏所生第二子，但是，王士骕嗣子王瑞家"未娶夭"，为不使王士骕这一支绝后，又以"以瑞庭次子嗣"。因此，在谱系图中，王鉴就被列为王瑞家之后，王士骕孙。其实，王士骕没有子孙，王家瑞也没有儿子。所以家谱系图就在王士骕处注明："无子，以兄士骐次子嗣"，而在王家瑞处注明"未娶夭，以兄瑞庭次子嗣"，在王鉴生父王瑞庭处亦注明："以子鉴贵赠詹事府录事刑部郎中"。那么，这些人士在世系图中就表达为：王世贞——王士骐——王瑞庭——王鉴，和王世贞——王士骕——王瑞家(嗣子)——王鉴(嗣子)这两条线。过去学界曾为王鉴究竟为谁子，是王世贞孙、还是王世贞曾孙的问题争论不休，根据家谱记载的梳理，已有清晰的结论：王鉴为王世贞曾孙、王士骐孙、王瑞庭次子；是王士骕嗣孙、王家瑞嗣子。《娄东耆旧传》卷二《王鉴传》曰：

> 鉴，字玄照，号碧湘。由恩荫历部曹，出知廉州府。……居二岁，拂袖归。……初凤洲公构弇园，历岁久且转售人，至公时一卷石、一蒉土，皆零鬻之矣。惟弇山堂为转施南广寺为天王殿，然取材无几。公乃于弇园故址筑室曰染香，日临摹其中。吴梅村歌画中九友，以匹董元宰。……康熙丁巳年八十卒。遗命以黄冠道衣殓。

据传可知，王鉴在明崇祯末曾仕至廉州知府，很快就"拂袖归"。他回乡时，

① 见《研堂见闻杂录》，上海神州国光社1936排印本，第299页。

曾祖王世贞留下的族产——江南著名园林弇园，已被其父王瑞庭大部分卖给了别人，他就在仅剩的弇园故址建起了自己简陋的小屋，取名“染香庵”，定居于此。萧然世外，沉浸于书画与戏曲之中。其画“以董源、巨然为宗，沉雄古逸，后学尊之，与时敏匹。”(《清史稿》卷五百三)是清初画坛著名“四王”之一。除了书画之外，王鉴也颇嗜戏曲，居处常有戏曲活动。其族弟王昊(王世懋曾孙)顺治九年(1652)曾到弇园故地重游，写下了七律《弇园四首》，其三有“山堂图史已烟销，歌舞新来也寂寥。……独喜文漪清玩在，好从书画认前朝。”等句，并注：文漪，堂名，玄照家兄所居。[①] 可见那年王昊专门拜访王鉴，顺便寻访弇园旧时遗迹。而他所见，弇园故址(即王鉴居处)仍不断有“歌舞新来”，因为玄照(即王鉴)兄的文漪堂还坚守园中，顽强地延续琅琊王氏祖先的传统和遗风。太原王氏家族王时敏第五子王忭在其自撰年谱《王巢松年谱》的“康熙十四年”中也记录到：

> 余欲将李文饶事，谱一传奇，盖专为任子吐气也。湘碧知之，特约余至染香庵，同惟次并老优林星岩商酌，间架已定，因家中为病魔所缠，几及半载，遂至不能握管，束之高阁，直待次年始成。

年谱中所说的李文饶事传奇，指的就是以唐代李德裕故事为题材的《筹边楼》传奇。居住在弇园故址染香庵的王鉴(号湘碧)知道此事后，因为与他身世相类似，他也曾因祖上功德而荫官，后仕至廉州太守。因此很感兴趣，就“特约”王忭至“其染香庵”，和他一起讨论如何撰写这部传奇，并在剧本填词制曲过程中邀请资深老伶一起参酌，对剧本进行反复推敲，希望能在剧本完成后特别适宜搬演，演唱美听。可见王鉴对戏曲艺术是倾注了较多热情，并且非常懂行的。总之，王鉴不仅是清初一位著名的画家，也是清初一位出色的戏曲家。

十三世王昊、王曜升兄弟：王昊，王瑞璋长子，王士骃孙，王世懋曾孙。王曜升，王瑞璋次子，王昊弟。《太仓王氏家谱》十三世记载：“昊，字义白，又字惟夏，号硕园。廪生，荐举博学鸿儒，授内阁中书。配顾氏，妾钱氏。生六子。”又记载：“曜升，字次谷，号荼(茶)庵。廪生，配李氏，生一子。”《娄东耆旧传》卷二《王昊传》附《王曜升》传：

---

① (清)王昊：《硕园编年诗选》“顺治九年壬辰”《弇园四首》，清抄本，上海图书馆藏。

昊,字维夏,号硕园。幼颖异博学,弱岁作古文,胚胎家法。……顺治庚子江南奏销大案,公为嘉定株累,逮系入京。明年奉世祖遗诏得释,遂灰心仕宦。……戊午以博学鸿词徵,……明年三月就御试已病喘,天子念其疾笃,特授内阁中书舍人,已不及拜命矣。公少时奕奕有飞扬之气……既以田赋株连,尽丧世遗,浩然无萦于人世。……乐府传奇尤豪宕,不传。

弟曜升,字次谷。与兄齐名,名俱在娄东十子列。性豪迈,有脱略公卿,跌宕文史之致。亦以奏销案罣惧,悒悒不自得,出游四方,不计道里,遇酒辄醉,或歌或哭,用以消块垒。晓音律,当筵顾曲不失累黍。暮年游京师,卒。有茶庵诗稿。

传中特别提到王昊“乐府传奇尤豪宕”,但是没有流传,由此可以断定他是位出色的曲家。传中说,王曜升不仅“性豪迈”,而且“晓音律,当筵顾曲不失累黍”,可见,王昊、王曜升兄弟均为当时手精通曲韵曲律并有影响的曲家无疑。王昊和王曜升兄弟两人均以诗文知名,在清初诗坛“娄东十子”之列,因生“末世”,两人均没能有所作为。明亡入清之初,兄弟尚能逍遥山林。可到了顺治十七年(1660),清政府借奏销案打击和压制不服新政的江南士绅,王昊、王曜升兄弟均不幸卷入,被逮下狱,王昊还被千里解送进京,由刑部议处。第二年遇大赦得归,“遂灰心仕宦”,在家筑宅,饮酒高歌,吟啸山水间以度余年。直到康熙十七年(1678),才被徵召博学鸿词科,廷试授内阁中书舍人。但是“命下而昊已先数日卒矣”①。

综合文献记载,可知娄东琅琊王氏家族戏曲活动延续了家族的九世、十世、十一世、十二世、十三世连续五代人,这连续五代曲家可以串联出一张曲家的血缘世系关系图。

## 三、同族曲家间的血缘世系关系

如前所述,娄东琅琊王氏家族从第九世王愔起,第十世、十一世、十二世、十

① (清)王昶等纂:《直隶太仓州志》卷三十六《王昊传》,清嘉庆三年纂修本,上海图书馆藏。

三世连续五代出现曲家，据家谱中各位曲家血缘世系的记载进行串联拼接，绘出血缘世系关系图（其中曲家以黑体字标出）如下：

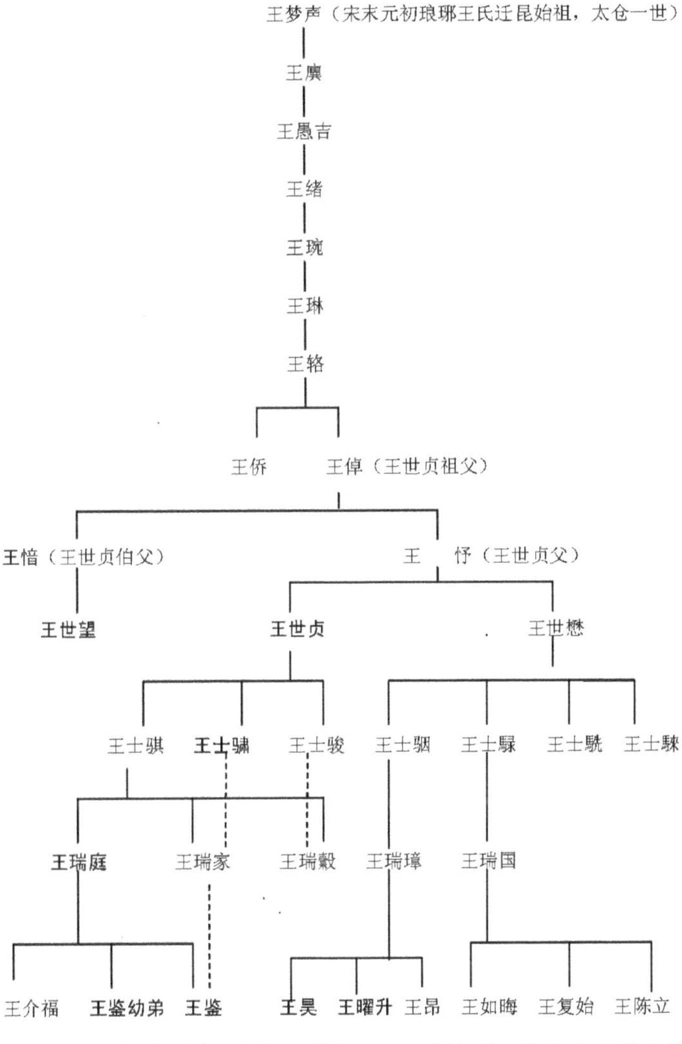


图中，以竖直实线标示亲生的父——子关系；以竖直虚线标示继嗣的父——子关系。其中，十二世王瑞庭、王瑞家、王瑞縠三人都是王士骐亲生子，因为王士骐弟王士骕配潘夫人无子，王士骕去世她“守节，以兄士骐次子（瑞家）为嗣”；王士骐幼弟王士骏配严氏亦无子，士骏故后严氏亦“守节，以兄士骐子为嗣”，因此，图中王士骐与王瑞家间就以竖直实线连结，表示二人的亲父——子血缘关系，而王士骕与王瑞家间以竖直虚线连接，表示他们的父——嗣子关系；王士骐与王瑞

瑴间也以竖直实线连接，而王士骏与王瑞瑴间则以竖直虚线连接。十三世王鉴为王瑞庭次子，因为王瑞庭之弟王瑞家“未娶夭。以兄瑞庭次子(鉴)嗣。”所以图中王瑞庭与王鉴之间以竖直实线连接，表示父——子血缘关系；王瑞家与王鉴之间则以虚线连接，表示两人的父——嗣子关系。

需要说明的是：图中以黑体字标出的曲家仅九位，涉及了该家族的五代人。但是，娄东琅琊王氏家族的曲家其实远远不止这么些人士！如前所述，十一世那位与王士骕同辈、号“宸章”的曲家，因无法确定是这一辈七人中的哪一位，所以无法标出。而十三世曲家图中仅标出“王鉴幼弟”一位，其实，王瑞庭之子(即王鉴的兄弟)共二十余人，据载“其季两人，为优，以歌舞自活”，也就是说，至少有两个最年幼的兄弟成了专业唱曲演剧者，其余还有多少人成为唱曲者还未点明。此外，王世贞之弟王世懋、王世懋子王士騄、孙王瑞国等人，都极有可能是有过戏曲散曲作品的曲家，但文献记载亦未能点明，因此未在图中贸然标出。

概言之，娄东琅琊王氏家族戏曲活动延续了第九世、十世、十一世、十二世、十三世五代人。从时间上观察，则起于明弘治、正德年间，至清康熙年间才渐衰退，大约延续了150年。这个家族充满了戏曲文化的氛围，而且曲家辈出，群星灿烂，不乏名家，确实是对南方曲坛、对地域文化发展产生过重要影响的一个家族。

## 四、戏曲活动与家族衰败的关联

娄东琅琊王氏家族的兴盛大约到万历十七年(1589)后渐渐终止，持续了近120年，而戏曲活动的活跃则又延续到清康熙年间，大约持续了150年，从资料梳理的情况看，戏曲活动虽与家族兴衰密切相关，但戏曲活动的衰落却远比家族政治经济地位的衰落要晚，大约整整晚了几十年。因此，两者的关系从时间顺序上讲，应当是家族政治经济的衰落在前为因，而戏曲活动的衰落在后是果，而不是相反。但是，为什么文献记载会有王氏家族子孙迷恋戏曲，“为优，以歌舞自活”，把家族前辈“德泽”丧尽，乃至造成败家的说法呢？为了弄清这些问题，我们须重点关注一下历代王氏们“迷恋戏曲”与家族衰败的具体关联，从而判断文献所言王氏子孙“迷恋戏曲”导致败家的说法是否恰当。

据现有材料梳理，已知娄东琅琊王氏家族历代子孙迷恋戏曲者有：九世王倬、十世王世望、十一世王士骕、号“宸章”者、十二世王瑞庭、十三世王鉴幼弟等人，他们对家庭家族兴衰所造成影响也各不相同，以下逐一叙次。

九世王愔，前引《娄东耆旧传》言其："独好授新声童子"，"为优戏"，"昼夜视之无厌"，是个不愿读书，被文献记载确认是个不求上进，无理想抱负，一生只迷恋戏曲的人士。他开创了这个家族迷恋戏曲的风气，而且，他的行为也确实对家庭的经济生活造成了一定影响。《娄东耆旧传》说他"又好构华屋，叠山凿池，多莳花木，以至挫产弗顾也。""挫产弗顾"，就是说他迷恋戏曲花费金钱，营造园林费资，自己没挣钱攥产本事，却耗掉了祖上许多积攥，使家庭生活水平有所下降，但他还是不管不顾。按理说，这种"败家"行为应该会造成家庭家族的不幸和衰败。然而，事实却是：当时的娄东王氏家族不仅没有衰落，反而更加兴旺发达了。原因就在于不久其弟王忬（王世贞父亲）中了进士（嘉靖二十年 1541 进士），在其父王倬中进士仕至兵部侍郎之后，家族又有第二代人仕至兵部侍郎，王忬还因受皇上信任，任"都察院右都御史，历督抚蓟辽诸军更六大镇"，"赐蟒玉尚方剑"，"赠兵部尚书"、"为娄中第一显官"，随着他政治地位的提高，整个家庭家族也不断获得各种社会的、经济的利益，在地方上成了显赫一时的家族。

到了王愔儿子十世王世望这一代，情况没有变化。王世望"有父风"，不仅没能读书做官，且还延续父亲沉迷新声优戏的习惯嗜好，在父亲耗费不少祖产的基础上，继续过着奢靡的生活，连续两代人的迷恋戏曲，不治生产，家庭政治地位自然是不会有所提高的，经济上也承受着巨大压力，因此家庭生活不如过去富裕了，但是，这个家庭仍不至破败，而对整个家族来说，他们的活动和消耗尚属有限。因为堂兄弟王世贞、王世懋（其叔王抒之子）先后考中进士，王世贞官至南京刑部尚书，太子少保；而王世懋则官至南京太常寺少卿。这个家族形成了"三世为九卿八座巨富"的局面，一副"鲜花着锦，烈火烹油"兴旺景象。而居高官之位的王世贞、王世懋兄弟也非常喜欢观剧赏曲，整个家族爱好戏曲之风益发炽盛，对整个剧坛和文坛都产生了影响，在当时，基本上看不出任何家族衰败的迹象。也就是说，娄东琅琊王氏家族第九世、第十世人士生活的时代，尽管沉迷戏曲人士非常之多，但家却是族十分兴旺的时期。

情况发生变化和转折是在第十一世人的时代，也就是王世贞去之后（王世贞去世于万历十八年）。王世贞的儿子王士骕继续迷恋戏曲，结果就招致了家族的灾难。

王士骕为王世贞次子，也是族中出名的"迷恋戏曲"人士，如前所引沈德符的

《野获编》记载他对《琵琶记》、《拜月亭》的评价，曾令许多行家都折服，在曲界颇有影响。《娄东耆旧传》卷二言其“有夙慧，……弇州公奇爱之。”也就是说，王士骕极受父亲王世贞的宠爱。问题就在于，王世骕仗着父亲的宠爱与庇护，行为张狂，不知检点，做了许多出格的事。而这一切，王世贞在世时均无大碍，但一旦王世贞去世，情况就会发生变化。沈德符《万历野获编》卷二十五《词曲・拜月亭》有以下记载：

> 往年癸巳，吴中诸公子习武，为江南抚臣朱鉴塘所讦，谓诸公子且反，其赠答诗云“君实有心追季布，蓬门无计托朱家”，实谋反确证。给事中赵完璧因据以上闻。时三相皆吴、越人，恐上遂信为实，急疏，请行抚、按会勘虚实。会朱已去任，有代解者曰：“此《拜月亭》曲中陀满兴福投蒋世隆，蒋因有此句答赠，非创作者。”因取坊间刻本证，果然，诸公子狱始渐解。王房仲亦诸公子中一人也。

记载说，万历二十一年左右，江南苏松一带兴起习武之风，原因是闽浙沿海常有倭寇袭扰，苏松乡绅为自保而组织乡勇习武，带头是吴中一带的世家公子。巡抚朱鸿谟(鉴塘)却认为这些世家公子是组织民间武装打算谋反，便向朝廷奏本，说江南世家公子在组织民间习武，招降纳叛，赠答诗有“君实有心追季布，蓬门无计托朱家”，袒露了明显的造反意图。并且告知，为首的王士骕(房仲)已被逮捕，其他公子也被抓获，按律当斩，①请朝廷准奏。此时，距当朝曾任南刑部尚书王世贞的去世(万历十八年 1590)也才两年多。突然有人奏本说他儿子起兵造反，朝臣均感愕然，料必有隐情，就力主复查，于是此案发回重审。案件重审时，恰逢朱鸿谟调离，会勘有人提出“季布”、“朱家”是《拜月亭》曲词，非王士骕创作，不能算作“反诗”，寻到坊间刻本比对，果然如此。再经一系列调查、讯问，表明事情性质不是谋反，于是急案变缓，王士骕免于一死。

清初谈迁《枣林杂俎》和清乾隆年间程穆衡《娄东耆旧传》，对此事也都有记载，叙述与《野获编》基本吻合。《枣林杂俎》说：

---

① 《御制大明律》卷第十八《刑律・谋反大逆》条曰：“凡谋反及大逆，但共谋者，不分首从皆凌迟处死。”1995 年上海古籍出版社《续修四库全书》影印北京图书馆藏嘉靖范永銮重刊刻本，史部第 862 册，第 540 页。

> 朱鸿谟开府吴中时，关白多警。太仓王士騄(应作骕)等群习弓矢，或讦其反。收捕手札"君实有心缀季布，蓬门无计作朱家"为左据。鸿谟奏上，事下兵部，兵部□□□□□伍袁萃，告尚书石星曰："此《拜月亭》传奇中语，何得作反案?"出坊本示之，尚书释然。①

《娄东耆旧传》卷二说：

> 士骕，字房仲。……巡抚朱洪谟号鑑塘，檄捕，且闻于朝。疏悖语有"君实有心追季布，蓬门无计作朱家"句，兵部伍袁萃言于本兵石星："二语，《幽闺记》文耳，何治为!"翰林冯梦祯、礼部黄汝亨亦争言其冤，下抚按鞫，无实，时万历乙未年也。②

所有材料都证明，王士骕等组织乡勇习武是为了抗倭和保护家乡，却遭他人诬陷和攻讦。可是，地方官府却不问青红皂白地将他抓捕入狱。至于"季布"、"朱家"这一联词，本是在查抄王士骕的家时，在王士骕手札中发现的。巡抚武断地认为这就是王士骕写的"反诗"，并将其作为立案证据。但经复勘，才发现所谓的"反诗"，其实是剧本《幽闺记》中的曲词，王士骕只是个"戏迷"，在书信中使用了"戏词"而已，此案终明。尽管如此，王士骕也"坐胥靡，斥荫籍"，即被流放服劳役，革除"以父三品荫入太学"的学籍资格，弄得家破人亡了。总之，各种材料都说明：王士骕之所以获罪下狱，主要就是巡抚怀疑他组织民间武装想"谋反"，而《拜月亭》"季布"、"朱家"这一联词是当时兴狱的一个重要证据。因此，有不少记载就说他的下狱是因曲词而起，进而又引申说他因沉迷戏曲而导致家破人亡。其实，曲词作为兴狱证据只是办案主官不识剧本，不知"季布"、"朱家"这联曲词的出处，又急于立案才弄出的结果，最后事件水落石出后，还免了王士骕死罪，并不是他获罪的真正原因。王士骕下狱主要的原因，就是因为他的行为过于张狂，不知检点，不懂政治，不了解官场，做了许多出格的事，得罪了乡邻又得罪了官府，而此时家族的政治势力又开始衰退，无力庇护，才使他遭受了政治打击。当

---

① (清)谈迁撰，罗仲辉、胡明校点：《枣林杂俎》和集，北京：中华书局，2006年，第580页。

② (清)程穆衡：《娄东耆旧传》卷二，上海图书馆善本室藏清抄本。

时的各类笔记杂著，对此案缘由的记载还是清晰的，细细翻检便可弄清眉目。如时任苏州府长洲县令的湖广人江盈科，在其《雪涛小说》中就记载说：

当乙未岁，吴人以关白未靖，不时传警，在位者皆谨备之，而元美季子士骕、耀弟秦灯、懋敬子相，俱自负贵介，……适遇海警，尽攘臂起，曰："我且制倭，我且侯，我且立无前功者。"其时奸人赵州平窜身诸公子间，与纳交，引以自重。每佩剑游酒楼博场，皆与诸公子俱，一时无不知有赵州平者也。乃泛泛投刺富人大家，曰："吾曹欲首事靖岛寇，贷君家千金为饷。"……诸富人见其交诸公子，又常佩剑出入，以为必且帅其党鱼肉我，夺我金也，轰言赵州平、王、秦、乔诸公子将为叛。事闻巡抚朱鉴塘，檄有司分擒之，闻于朝，曰："是将叛。"又曰："是为妖言"。然鞫之皆无实。其后，论赵州平、秦灯死，士骕戍，乔配。已而江南人言其无实，以为冤，竟成疑狱，久系。①

《雪涛小说》是江盈科任职期间据亲身经历和见闻所写的笔记，王士骕下狱那年，江恰在长洲县任上，事情就发生在临近的太仓，故其所言当为江氏亲历亲闻。江氏称，王士骕、秦灯、乔相等世家公子"攘臂起"组织抗倭，本是好事。但倡义时，市井无赖赵州平等"窜身诸公子间"，借机敲诈，使众人以为他们"必且帅其党鱼肉我，夺我金也"。可见，王世骕平日所交非人，多有地痞流氓，而这批无赖则用世家公子的名义到处招摇撞骗，打着抗倭旗号在民间进行敲诈勒索，实行盘剥，搞得人人自危，于是王士骕他们这些世家公子就成了一时舆论的焦点，这也是他们引起地方官府的注意和怀疑，引火烧身的直接原因。江盈科的记载还说：

士骕家有厮养名胡忠者，善说平话。元美酒酣，辄命说解客颐。忠每说明皇、宋太祖、我朝武宗，辄自称朕，称寡人，称人卿等，以为常，然直戏耳。士骕每携忠酒楼，胡作此等语，座客皆大笑，而闾阎乍闻者，辄亦曰："彼且天子自为?"以是并为骕罪，至收之，囹圄之。②

---

① （明）江盈科：《雪涛小说》，上海古籍出版社，2000 年 5 月出版《明清小品丛刊》标点本，第 26 页。

② 同上。

程穆衡《娄东耆旧传》卷二也有类似记载。也就是说，王士骕当时被控告的另一个罪状，就是“且天子自为”。王士骕个人的行为平时就不够检点，常有出格之处，他家有一位老仆名叫胡忠，擅说平话。王世贞在世时就常命其陪侍喝酒，酒酣之余为客人表演助兴。而这个胡忠为了使故事生动，常在讲演之际模仿历代帝王口吻，自称“朕”等等。这本是平话艺术表演的一种需要，而非真实的政治动机和行为，如记载所说：“然直戏耳”。王世贞在世时，仅让胡忠在家宴中演出，并不敢带他去公共场合。但是，到了他儿子王士骕这一代，就没有任何忌讳了，王士骕居然携胡忠到酒楼喝酒，当众表演，张扬到了极点。胡忠表演时，喝酒的“座客”“皆大笑”，不以为然。但是，平头百姓见到这种表演却大惊失色，心中疑惑“彼且天子自为?”一传十，十传百，终于传到了官府那里，结果被判断定成有“谋反”意图，王士骕平时的张狂也就得到了报应。此外，他一向傲慢无礼，得罪了许多官府胥吏而不自知，这些人虽平时奈何他不得，但在关键时刻就暗使绊子了。沈德符《野获编》卷十八《江南讹传》条曰：

> 壬辰癸巳间，关白事起，娄江有士大夫为桑梓计，厚募拳勇，习骑射，……一时子弟俱佻达少年，……巡抚朱中丞鉴塘名鸿谟者……与幕丁、偏裨辈谋之。此曹积为诸公子所轻侮，务张大其说，且谓变在旦夕，不先发则江左必不保。朱遽露章言之朝，直云连结倭奴，反形已具，而先搜捕诸公子。时余友王房仲（士骕）首罹其祸。王为弇州爱子，受桎梏如俘囚，意且非时见法。①

也就是说，事件初起，官府虽得到各种消息，但决策者巡抚却不能确定这算不算谋反，但是他身边那些“幕丁、偏裨”，“积为诸公子所轻侮，务张大其说”，想借此机会落井下石，把谋反罪名按到他们头上，整死他们。在这批屑小的一再鼓噪下，终使巡抚下了决心，认定这就是所谓的“谋反”。这也是世家公子平日里过于傲慢，得罪了胥吏小官所造成的恶果。

总而言之，王士骕下狱，虽有文献记载他是因词曲惹祸，因沉迷戏曲而导致

① 见(明)沈德符撰《万历野获编》卷十八《刑部·江南讹传》条，1995年上海古籍出版社《续修四库全书》影印清同治八年钱塘姚德恒重校刊补扶荔山房本，第1174册，第469页。

家破人亡，但究其真实的原因，却是王世骕自己的狂妄无知，做了恶事。更关键的是，此时钟爱他的父亲王世贞已经去世，家族势力消退，无法给他犯事之后再作庇护了。虽然他的长兄王士骐已中进士，后来还曾官至太仆寺卿，但毕竟官位太低，朝中无甚影响，与前辈祖父王忬、父亲王世贞的政治势力不能相比。案发时，事情还牵连到王士骐，他自顾尚且不暇，哪有精力能耐再解救背上谋反罪名的兄弟！因此，王士骕罹祸下狱，家被查抄，实际上就是整个娄东琅琊王氏家族政治势力由盛转衰的一个标志和转折点。从此，家族就开始走下坡路了。此后，家族的戏曲活动，也就开始发生一系列的变化，出现的情况也令人瞠目结舌。

《研堂见闻杂录》记载了一位号"宸章"王忬之孙（王世贞子侄辈，与王士骕同辈）的第十一世人物事迹：

> 吾娄王大司马（王忬赠兵部尚书，俗称兵部尚书为大司马）……有一孙，号宸章者，习俳优，善为新声。家业既破，僦一小屋，日与伶人狎。吾镇周将军（恒祁），承幕府檄，治兵沙溪。一日开宴，呼伶人祇候，宸章即厕身其间，捧板而歌，与鲍老参军之属，共为狡狯变幻。时周将军与里中客，岸然上座。而宸章则氍毹旋舞不羞也。有观者叹曰："是故大司马文孙也。"使大司马在，且奔走匍匐，叩头恐后，固无敢仰视腰玉贵人。即宸章贵公子，敢一涕唾其旁！而今且傲睨行爵自如，宸章不过在羯鼓琵琶队中，博座间一笑，图酒肉一犒而已。嗟呼！沧桑陵谷，近在十年，人安可不自立！①

据载，那位号"宸章"的人士，与王士骕同族同辈、是"王大司马孙"中的一位，他沉迷戏曲，后来却变成了优伶！据《家谱》，"王大司马"共有二子七孙：长子王世贞、次子王世懋；长孙王士骐、次王士骕、王士骏（以上为王世贞三子）、王士骃、王士騄、王士駪、王士騋（以上为王世懋四子）。七孙中，士骐字冏伯，号淡生；士骕字三常，号房仲；士騄字闲仲，号房和；余士骏、士骃、士駪、士騋未知哪个号"宸章"？反正就是这个号"宸章"的孙子，在其祖父王忬去世后的几十年里，把祖上留给他的家业全部败光了，沦落到只身一人，无田无产也无居处的地步，景况惨不忍睹，栖身之所仅一间租赁的小屋。但他不改积习，"日与伶人狎"，结果干脆

① 见《研堂见闻杂录》，上海神州国光社 1936 排印本，第 287 页—288 页。

就以演戏为业，以此为糊口谋生的手段，成了一个真正的社会底层的伶人。他们家族祖辈几代人喜欢戏曲，迷恋戏曲，但从来没有人走到要靠演戏来混饭吃的境地。“宸章”的这种行为，对于一个几世簪缨，诸多高官的望族来说，简直丢尽脸面！但是，自王士骕下狱，家被查抄，家族衰落之后，这些事情也确实地在他们家族发生了。现在，那些小官吏们在台下趾高气扬地看戏，“大司马文孙”宸章却在“羯鼓琵琶队中，博座间一笑，图酒肉一犒”，九泉之下的祖先们情何以堪？但似乎整个家族对此也无能为力，这只能说明：这个家族在政治上、在社会地位方面确实已无可挽回地衰落了。

若家族仅在政治上衰落，但经济上还有实力，仓廪充实，田产广有，金银钱财富足，子孙能节俭自持，则守成亦有望，可以默默等待重新崛起的时机，家族不至彻底败落。但悲剧就在于：十一世以后，王大司马的嫡系子孙们不仅不思上进，而且在经济上也更挥霍无度，这就使本已捉襟见肘的家族经济雪上加霜，不肖子孙们蚀尽了家族的最后一根支柱，终使整个家族的大厦轰然倒塌。而这诸多败家行为中又多少糅杂了一些与沉迷戏曲相关的活动，于是，又被记录时事者视为沉迷戏曲而败家的证据，进行谴责，似乎就是他们沉迷戏曲而败家了的。最典型的就是十二世人王瑞庭的事例。

王瑞庭，王士骐长子，王世贞长孙，王忬长曾孙，字庆常（或避明光宗朱常洛讳而写作庆长）。《家谱》记载：“瑞庭，字庆长，号畸庵。庠生，以子鉴贵赠詹事府录事刑部郎中。配潘氏，子三，妾十五人，子二十余人。”可见，王瑞庭对家族最大的贡献，就是生养了二十几个儿子。能有这么多儿子，原因就在于他娶了一妻十五妾，可见他的生活是多么放荡与无节制！王瑞庭祖父王世贞是一代名臣，文坛领袖，父亲王士骐是世贞长子，也是家族这一辈人中唯一的科举进士，“四代甲科”的最后一人。依理说，王瑞庭肩负着接续家族香火传统，光大家族门楣的重任。王世贞去世后不久，由于发生“世家公子谋反”案，他们琅琊王氏家族遭受重创，其叔父王士骕家几陷灭顶之灾，牵连了整个家族走向衰落。但王瑞庭的父王士骐是王士骕长兄，中了进士后还在朝为官，幸运躲过一劫，家庭财产还得以保全，似乎还维系着簪缨世家最后的颜面。应该说，作为长房长子长孙的王瑞庭，劫难过后，应该汲取教训，发奋图强，改变上一代出现的颓势，如祖辈一样走科举求仕之路，肩负起家道复兴的重任，这也是家族崛起的最后希望了。遗憾的是，这个王瑞庭却更荒淫无度，成了家族败亡的最后掘墓人。《家谱》中，王瑞庭事迹的具体记载很少，我们可以参考一下其他著作。本文开头所引《研堂见闻杂录》的那条材料中，就专门提到了王瑞庭(字庆常)说：

士骐子庆常，则习为侈汰，姿声色，先世业荡尽无余。子最繁，号圜照名鉴者，袭荫为廉州太守。”①

记载说他“习为侈汰，姿声色，先世业荡尽无余”。也就是说，作为王世贞长孙的王瑞庭，就是个恣意新声歌舞，狎昵伶人的浪荡公子，他把整个“先世业荡尽无余”，把家族最后一点辉煌也断送了，却不负责任地留下了一大堆儿子。记载谴责他“姿声色”，即迷恋歌舞声伎，荒淫无度地断送家业。至于他具体怎么荒淫，怎么挥霍无度，怎么断送家业的，我们还可以再参看一下清初太仓人顾师栻、顾思义编撰《梅村先生年谱》“康熙八年”条注中关于著名园林——琅琊贲园的文字记载，曰：

王书城(瑞国)为(士骐)传云：性喜多费，兴作无虚日。然考是园不为侈，廓然堂则其长子庆长瑞庭俗呼大痴者为之。庆长性似父而汰尤甚，创廓然，既构矣，不当意立命拽毁之，再构之然，至三始成。有杨某者，度其不能继也，乃窃量堂之规模，构一楼于己宅，觊王急则购以移焉。阅二十余年，王果败，而杨亦破家，是堂及园遂为吴有，然楼犹属杨也。……今堂与楼皆为瓦砾场矣。②

这条记载较形象地叙述了王瑞庭败家的过程。据载可知，王瑞庭败家的最主要原因就是——耗巨资修筑园林！王世贞在世时曾建造了江南名园——弇园；王世贞长子王士骐，即王瑞庭父亲，也“性喜多费，兴作无虚日”，在此基础上再造贲园；王士骐长子王瑞庭，则更是一位被乡邻们称为“大痴”的败家子，花钱不知算计，他在贲园基础上再建廓然堂，比父亲有过之无而不及。他建廓然堂的举动，恰恰是在家族经历了“世家公子谋反案”劫难之后的事。这个王世贞的长

① 《研堂见闻杂录》，上海神州国光社1936排印本，第299页。

② 《梅村家藏稿》附录(清)顾师轼、顾思义《梅村先生年谱》卷四，1995年上海古籍出版社出版《续修四库全书》影印华师大藏宣统三年武进董氏诵芬室刊本，集部1396册，335页。

房长孙不知警醒，贪图自己一时欲念和脸面，拼命地建造园林。要知道，那个年代，建造私家园林可算得上投资最大、耗费最巨的工程了，王瑞庭对此有一股令人难以理解的"痴"劲，"创廓然，既构矣，不当意立命拽毁之，再构之然"。即在建园过程中，反反复复地改变原先的构想设计，推到重来。他经常随时命令工匠把已建成和未建成的建筑全部拽毁拆除，另起炉灶重建。重建了，看着不顺眼，突然又下令全部拆除，再推到重来，就这样建——拆——建——拆——建，反复多次折腾，要知道每次拆、建，都意味着大量金钱的花费！他这样流水般无节制地消耗，便几乎倾尽了所有家产，最终虽建成廓然堂，却把偌大家业蛀成了空壳。旁人明眼者早就"度其不能继也"，果然，没多久，这个家族就在经济上无法维持了，辛辛苦苦建成的园林也守不住了，只能忍痛出售转让，王瑞庭一家被迫迁出居住了几代人、建有弇园、贲园和廓然堂等名胜的祖地，彻底扫地出门。该园此后数度易主，转到吴伟业（梅村）手里，吴梅村曾重新修缮，至顾氏为吴梅村撰注年谱时，王瑞庭建造的廓然堂和楼宇已"皆为瓦砾场"了。这个充满名胜故迹的园林的命运，差不多就是娄东琅琊王氏家族最终衰败的一个缩影。王瑞庭也就是这个家族兴盛时代的最后终结者。王瑞庭"子最繁"，但财产耗尽，几十个儿子无法生活，"食尽飞鸟各投林"，四处星散寻找活命之地，所有儿子只有王鉴（字玄照）一人此后还坚持走读书出仕之路，入清易代后成为一位著名画家。其余均"落拓无生产"，既无功名，也无财产；有的儿子因对前途感到绝望，干脆遁入空门；而最年幼的两个儿子则干脆"为优，以歌舞自活"，又有一代人成了优伶。一个偌大的家，就这样散架了。王瑞庭儿子这辈十三世人的结局大都比较悲惨，而这一切都是这个"大痴"王瑞庭造成的。

综上述，文献记载王氏家族子孙于家族败落时期仍迷恋戏曲，甚至索性成为优伶的情况，均为事实。但是，该家族的败亡，从记载来分析，却实在不是他们迷恋戏曲造成的。历代王氏迷恋戏曲，都没能导致家族败亡，反而是家族败亡后王氏子孙们仍在迷恋戏曲。而且，戏曲活动还给那些没有谋生技能的王氏子孙提供了赖以糊口，养活自己的机会。家族败亡了，居处没有了，他们只能随着戏班唱着戏，慢慢地回忆自己过去锦衣玉食的日子。这大概就是那些时事记载者认为的是"商女不知亡国恨，隔江犹唱后庭花"的行为吧。

至于造成娄东琅琊王氏家族败亡，子孙流离失所，家族文化传承中断，戏曲活动渐渐消亡的真正原因，应该主要有二：一是家族政治地位衰落，二是家族经济崩溃。就家族政治地位的衰落而言，细说则原因亦有二：其一是从万历十七年以后王氏子孙无人再通过科举出仕成为朝廷高官，获得政治权势以保持家族地位与声望；其二则是万历二十一年王世驌被疑谋反而遭政治打击，下狱家被抄，牵连了整个家族，使家族地位一落千丈。而就家族经济的崩溃而言，细说则原因亦有二：一是王世驌被抄家，失去巨额财产；更主要的原因则是整个家族延续了百余年耗资建园林的习惯始终没有改变，而且越发没有节制，最终导致了耗尽家产的结果。而这一切，追根朔源，都可以说是家族文化传承和家族教育的失误造成的。而这些失误，应该说也是他们家族文化中的一贯缺陷，而对子孙教育特别放松，放纵不加约束，从文献记载来看，则主要在家族第十世王世贞这代人，而王世贞本人负有不可推却的责任。正如《研堂见闻杂录》所言："吾娄王大司马……居官，无墨行，即居乡，亦不甚作恶。然碌碌无短长。而其诸子皆不善绳束，纵之作奸犯科，为虐人事不少。[①] 也就是说，直到王世贞的父亲王忬（王大司马）这一代，虽然王忬是家族中取得官位最高的人，但是他对自己言行还是颇知约束的，在乡里没有大的恶名。但是，到他儿子王世贞。王世懋这一代就不同了，"皆不善绳束"。尤其是王世贞，因他本人是个才华横溢诗文受天下敬仰的文坛领袖，而且向来性格放荡不羁，重才情而不喜约束，因此他对儿子王士驌，也只看重"有夙慧"，"才隽"，"经史过目若素习"的才气，"奇爱之"，却完全忽略了对他在品行、举止、社会公德等方面的各种规矩教育，由于王世贞的放纵，王士驌就干出许多政治上、道德上、行为上出格的事而浑然不知，其恶果却在王世贞去世后表现出来，最终是将儿子送进了监狱，搞得家破人亡，家族政治地位一落千丈。而对于长子王士骐，王世贞也只注重对他的经史制义能力的培养引导，而忽略了处理各种社会事务能力和当家理财能力的培养，（尽管王世贞本人极有挣产理财的本领，此不赘）。因此虽然王士骐高中进士，但当官不久后陷入朝廷派系纷争，去官回乡，回家之后他就只知道挥霍财产了。记载说他"性喜多费，兴作无虚日"，也就是大兴土木建造园林。而嗜好建园则是他们家族的风尚习惯。从明正德十二年(1517)第九世王愔（王世贞大伯）二十岁左右就开始"构华屋，叠山凿池，多莳花木"建园林，"至挫产弗顾"；到了第十世人王世贞，因为家族财产富足，更是大兴土木，建造了江南的著名园林——弇园，王世贞去世后，王士骐在弇园基础上

① 《研堂见闻杂录》，上海神州国光社 1936 排印本，第 288 页。

在费巨资又建贲园，其实这已是非常不理智的“性喜多费”的行为了，而且，此时江南谋反案已发生，其弟王士骕下狱抄家，王士骐仍完成了建园，但家产的耗费也自然可以想见的。更关键的是，王世贞、王士骐连续两代人耗巨资建园的举动，影响和刺激了再下一代人王瑞庭，王世贞、王士骐去世后，王瑞庭读书做官不成，挣产经营无能，却立志要模仿祖父、父亲，建一个超越旧园的新楼阁，于是就把精力财力全部发泄于此，发疯地耗资，拼命地改建，最终结果却是破产和败家。祖父、父亲乃至祖上先辈们影响他走上了这条路，却又没有告诫他应当如何节制和约束，最终却害了他，也害了整个家族，导致了家族的败亡。

总结娄东琅琊王氏家族的戏曲活动的历史和整个家族兴衰的历史，我们可以得出一个结论：就是一个家族的几代兴旺，就在于家族文化传承中有积极向上文化因子，如鼓励孩子发愤读书，努力上进，科举求仕，治国齐家平天下。而家族的衰落，却往往在于家族兴旺时人们没有危机感，自恃门第高贵，忘了修身的重要，没有及时约束限制子孙的放荡行为，没有及时消除家族文化传承中消极的因素，只重能力培养而忽视全面素质的培养，最后由于放纵子孙的作恶与靡费，导致民怨沸腾，家族经济陷入困境，最终败亡。

清康熙年间太仓州人张采在其采编《太仓州志》的历代进士举人名录下写了一段按语，说；

> 举人进士尚矣。所尚任天下，次乡邑，最下身家。此著论也。……曰姓名章章，即善恶难掩。且举人进士，为善也易易，引之，恶复多途。见有瘠人而不必肥者，家儿难调三四，人奴孽五六也。语有之，后视今，犹今视昔，慎毋使人咎地脉哉。①

清乾隆年间太仓人士程穆衡撰写的《娄东耆旧传》之《王士骐、王士骕、王士驷传》也留下了一段评论：

> 昔马援有言，无效季良，柳玭有言，无恃门第，语其常则然。若琅琊仲子

① （清）康熙钱肃乐等修，张采等编纂：《太仓州志》卷六《选举志》，清康熙十七年刊本，上海图书馆藏。

之无妄，宁承籍门荫失其道哉？①

这些古人的留言和评论，算是对这些历代进士举人、历代簪缨家族善恶兴衰的一个总结，也算是对这些望族子孙不要自恃门第，注意修身立本的一种告诫吧。

① (清)程穆衡:《娄东耆旧传》卷二《琅琊》，清抄本，上海图书馆善本室藏。

# 王世贞的戏曲“宗元”理念

高　岩
（黑龙江大学文学院，哈尔滨，152000）

明嘉靖、万历年间随着传奇体制逐渐兴起，戏曲理论的探讨也随之兴盛起来，在争论不断的明代戏曲评论史上，王世贞（1526—1590）是较早展开戏曲综合研究的文学家，他作为“后七子”的领袖人物，主柄文坛二十年之久，在文坛波及深远，更为重要的是，在“祖宗开国，尊崇儒术，士大夫耻留心词曲。杂剧与旧戏文本皆不传，世人不得尽见”的文化氛围中，诗文大家王世贞对戏曲发展颇为关注，并深入研究其机理，为提升戏曲文体地位和理论的发展起到了重大的推动作用，在传奇文体生长期，文体源流、舞台表演、戏曲语言等好多问题因王世贞的提出而得到争鸣，更为重要的是，王世贞以文坛领袖的身份涉足戏曲创作和理论研究，足以说明王世贞的曲学崇尚，尤其是他对元曲艺术的崇尚，开了戏曲“宗元”理论的先河。

## 一、宗元曲：一代有一代之文学的戏曲史观

王世贞的戏曲理论集中表现在他的著作《艺苑卮言》中，嘉靖四十四年（1565）的王世贞，对诗文的见解已经十分精深，“文必秦汉，诗必盛唐”也更为客观的体悟。随着王世贞文学观念的逐渐成熟，增益了《艺苑卮言》正文两卷、附录四卷，代表其戏曲理论成就的《曲藻》则在其中。嘉靖四十四年（1565）至隆庆六年（1572）正是王世贞的文学主张产生改变的重要时期，李攀龙的去世，让王世贞重新思考复古的真正内涵，重拾文学发展的生命力，戏曲研究在这样的心态中进入了王世贞的视野。

明清传奇发展的整个过程，评论家多将目光聚焦到了元代戏曲的辉煌成就上，王世贞是较早关注名家名剧在戏曲发展史上的作用的文学家。在王世贞著名的戏曲著作《曲藻》中，文字不多，但用大量的篇幅推举《西厢记》的语言艺术美和元剧作家的才情，以及《中原音韵》的经典性。“金、元人呼北戏为杂剧，南戏为

戏文。近代人杂剧以王实甫之《西厢记》，戏文以高则诚之《琵琶记》为绝唱。”①很显然王世贞是以敏锐的文学视野认识到了元曲的“绝唱”地位。自此，明清戏曲界关于名家名剧的争论进入戏曲发展的视野中，在历次的讨论中，曲学界逐渐形成共识，“剧尚元，元诸句尚《西厢》，尽人知之。”②“自古迄今，凡填词家咸以《琵琶》为祖，《西厢》为宗，更无有等而上之者。”③“《琵琶》为南曲之宗，《西厢》乃北调之祖，调高辞美，各极其妙。”④沈璟是明代格律派的代表作家，沈德符说：“沈工韵谱，每制曲必遵《中原音韵》《太和正音》诸书，欲与金、元名家争长。”⑤

作为嘉靖进士，王世贞一生致力于史学的研读和思考，以通变发展的史学眼光，对元曲兴盛的现象颇为关注，“曲者，词之变。自金、元入主中国，所用胡乐，嘈杂凑紧，缓急之间，词不能按，乃更为新声以媚之。而诸君如贯酸斋、马东篱、王实甫、关汉卿、张可久、乔梦符、郑德辉、宫大用、白仁甫辈，咸富有才情，兼喜声律，以故遂擅一代之长。所谓宋词、元曲，殆不虚也。”作为文坛领袖，王世贞从曲由词变的角度认可了元曲的一代文学之地位，认为其中“有才情”“喜音律”的名家所做的贡献功不可没。

“三百篇亡而后有骚赋，骚赋难入乐而后有古乐府，古乐府不入俗而后以唐绝句为乐府，绝句少宛转而后有词，词不快北耳而后有北曲，北曲不谐南耳而后有南曲。”此后吕天成《曲品》、王骥德《曲律》、沈德符《顾曲杂言》、沈宠绥《度曲须知》等重要的戏曲理论专著多受此影响，张琦的《衡曲麈谈》将王世贞关于文学发展的这段文字原文转录，足见王世贞曲源说的重要。因为是历史的把握，所以尤其要表现出发展过程的源承和流变，这是王世贞曲源说的成功之处，也是王氏作为史学家的思维特色和习惯，于是也就出现了“北曲不谐南耳而后有南曲”的主

① （明）何良俊：《四友斋丛说》，俞为民、孙蓉蓉编：《历代曲话汇编（明代编）》第一集，合肥：黄山书社，2009年，第463页。

② （明）朱朝鼎：《新校注古本西厢记》，俞为民、孙蓉蓉编：《历代曲话汇编（明代编）》第一集，合肥：黄山书社，2009年，第732页。

③ （清）刘廷玑：《在园杂志》，俞为民、孙蓉蓉编：《历代曲话汇编（清代编）》第一集，合肥：黄山书社，2008年，第728页。

④ （清）黄图珌：《看山阁集闲笔》，俞为民、孙蓉蓉编：《历代曲话汇编（清代编）》第二集，合肥：黄山书社，2008年，第94页。

⑤ （明）沈德符：《顾曲杂言》，俞为民、孙蓉蓉编：《历代曲话汇编（明代编）》第三集，合肥：黄山书社，2009年，第65页。

观臆测，对此，戏曲评论家多有批评“南戏始于宋光宗朝(十二世纪末)，…号曰永嘉杂剧，又曰鹘伶声嗽。”同样，许多历史资料也证明南、北曲俱起源于民间，南曲的出现甚至可能早于北曲，但至少并非由北曲而生，而王世贞用文学史发展流变的视野审视北曲，指出了北曲兴盛过后而有南曲的兴盛，其眼光也是精准的，这也反映了王世贞以北曲为宗尚发展南曲的戏曲理念。

在戏曲史上最先指出南北曲区别的是康海“南词主激越，其变也流丽；北曲主慷慨，其变也朴实。”①王世贞的史学家思维使其在戏曲批评中表现出宏阔的视野，将南北曲的区别阐释得更为深刻，得到了后世的认可和推崇。“大江以北，渐染胡语，时时采入，而沈约四声遂阙其一。东南之士，未尽顾曲之周郎；逢掖之间，又稀辨挝之王应。稍稍复变新体，号为‘南曲’。高拭则成，遂掩前后。大抵北主劲切雄丽，南主清峭柔远，虽本才情，务谐俚俗。”“凡曲，北字多而调促，促处见筋；南字少而调缓，缓处见眼。北则辞情多而声情少，南则辞情少而声情多。北力在弦，南力在板。北宜和歌，南宜独奏。北气易粗，南气易弱。此吾论曲三昧语。”

作为史学家和文学家的王世贞，在一代又一代文学的视域内，认定戏曲是文学史发展中的重要一环，并有着独特的艺术表现力，提升了戏曲的认知水平，并确认了戏曲的重要地位。

## 二、宗《西厢》：“北曲故当以《西厢》压卷”

“操文章之柄”而“号令一世”的王世贞论曲简要，但颇能切中肯綮，从曲词规范上称赞“北曲故当以《西厢》压卷”“他传奇不能及”，准确地判断出《西厢记》的名剧价值，已见明清戏曲在成长过程中模仿、学习、借鉴元曲优长的“宗元”风尚。列举“雪浪拍长空，天际秋云卷，竹索缆浮桥，水上苍龙偃”等十五个曲句为“曲中语”，他评第一折【赚煞】是“影在目前，神离世外”；评第十六折【新水令】是“景外观景，情处伤情”②。以评价诗歌的标准，认为“只此数条，他传奇不能及。”王世贞以论诗的思维方式评价戏曲创作，引起了曲论界的争鸣，凌濛初认为这类骈俪琢句之曲是“芜中一种恶套”，指出“元美于《西厢》而止取其‘雪浪拍长空’、‘东风

① (明)康海：《东乐府序》，《康对山先生全集》，清康熙五十一年古郃贻穀堂刻本。

② 《元本出相北西厢记》评语。

摇曳垂杨线'等句，其所尚可知已。"王骥德批评"《艺苑卮言》谈诗谈文，具有可采，而谈曲多不中窾"，因此提出了"当行"说以改变文坛的这种趋向，"曲与诗原是两肠，故近时才士辈出，而一搦管作曲，便非当家……弇州曲不多见，特《四部稿》中有一【塞鸿秋】、两【画眉序】，用韵既杂，亦词家语，非当行曲。"对"当行说"徐复祚明确表示："王弇州取《西厢》'雪浪拍长空'诸语，亦直取其华艳耳，神髓不在是也。语其神，则字字当行，言言本色。"可见，王世贞对《西厢记》的逐句散评，引起了戏曲界关于"本色"的艺术争鸣，以及对戏曲名剧的思考和定位。文辞与当行自王世贞的《西厢》评价始，逐渐发酵蔓延开来，把明代嘉靖后大多数著名戏曲学家和创作家都号召起来，其意义远远超出了几句曲辞美的内涵。

王世贞逐句品评的戏曲批评方式影响到明末重要的戏曲作家孟称舜，孟称舜《古今名剧合选》是孟称舜编选的元、明杂剧选集，共收录杂剧五十六种，按风格不同，分为《柳枝集》与《酹江集》，并附有评语。孟称舜在总结明代戏曲三百年的发展时是颇为失意的，认为明代戏曲未尽元曲之妙，"元人高处，在佳语、秀语、雕刻语络绎间出，而不伤浑厚之意。王系国初人，所以风气相类，若后则俊而薄矣，虽汤若士未免此病也。"(《误入桃源》评语)"凡作曲用险韵，须韵险而语俊，又极稳妥为妙。西厢之【不礼梁王忏】，及【回文织锦】，何语不俊！何韵不妥！此曲全用廉织、监咸、侵寻、桓欢四韵，最难押，却最稳俏，故是能手。近见作诗词者，好用险韵，而平通趁插，聊取叶韵而止，此乃愈见其拙耳。""【风欠】，正言其酸也，故西厢有【风欠酸丁】之谓。"(《萧淑兰》评语)"美逊于元"，孟称舜将元曲与唐诗、宋词放到"同工"的视域里，肯定其语语本色、真率尽情艺术之美，与元曲创作之盛。这种"宗元"思想在整个明末剧坛多有表现。

"北曲故当以《西厢》压卷"，还影响到了明末的思想家李贽，李贽以受到当时颇为流行的"王学"影响，以蔑视传统偏见，抨击程朱理学和一切假道学而闻名于世。世以"异端"目之，李贽也就以"异端"自居，"今世俗子弟与一切假道学，共以异端目我，我谓不如遂为异端，免彼等以虚名加我。"①在异端的人生叙事下，李贽的文艺思想核心是"童心"，对王世贞所提倡的"文必秦汉，诗必盛唐"大加斥责，对王世贞赞扬的《西厢记》则是倍加推崇："龙洞山农叙西厢，末语云：'知者勿谓我尚有童心可也。'"认定《西厢》是表现"真心""童心"的"古今至文"。《李卓吾

① (明)李贽：《焚书》卷一《答焦漪园》。

先生批评北西厢记》第十一折总批："写画两人光景，莺之娇态，张之怯状，千古如见。"第一折总批"摹出多娇态度，照出狂痴行径"①，基于发展的文艺眼光，继王世贞之后再次指出一代有一代之文学特色，把《西厢记》称为"古今至文"，可谓振聋发聩。"此记关目极好，说得好，曲亦好，真元人手笔也。首似散漫，终致奇绝，以配西厢，不妨相追逐也，自当与天地相始终，有此世界，即离不得此传奇。"②李贽在王世贞单句评论基础上，将《西厢记》的认知又向曲学经典推进了一步，"论曲，当看其全体力量如何"，"结构第一"的曲学观念在此基础上逐渐形成。

在曲学家的反复推扬中得以确立，同时也生成了巨大的《西厢》艺术语境。借题发挥，以此张目，成为明中后期戏曲叙事的一种常态，其最终是以探索元曲"本色"创作规律为旨归。臧懋循对明清戏曲史发展的最大贡献是编纂了《元曲选》，使元曲这种艺术样式得以固化和规范，其深层的曲学观念是对元曲的推重。

《元曲选》以"选刻之富，无逾此"、"搜选之勤，多从秘本中遴出""搜奇萃涣，典型斯备"③"精通律吕，妙解音声"④的优势，自问世之初就得到戏曲评论界、创作界、演出界的广泛认可，成为曲学界认知元曲参照的底本，针对明曲曲白、骈偶过多运用，典故、类书大量出现，臧懋循明确指出自己的编选目的，"今南曲盛行于世，无不人人自谓作者，而不知其去元人远也。"⑤"予故选杂剧百种，以尽元曲之妙，且使今之为南者，知有所取则云尔。"元曲名剧范式自此真正形成。

## 三、王世贞崇尚元曲的后世影响

在明前期政治话语干预戏曲创作的导向下，出现了《五伦全备记》和《香囊记》这样的剧本，产生了以丘濬和邵璨为代表的戏曲界的"道学"与"时文"的审美风尚，这是必然的，这种风尚在整个戏曲史上濡染了近百年，其对戏曲史的戕害

---

① （清）吴仪一辑《吴吴山三妇合评〈西厢记〉》引。

② （明）李贽：《李氏焚书》，俞为民、孙蓉蓉编：《历代曲话汇编（明代编）》第一集，合肥：黄山书社，2009年，第542页。

③ （明）王骥德：《曲律》，俞为民、孙蓉蓉编：《历代曲话汇编（明代编）》第二集，合肥：黄山书社，2009年，第130页。

④ （清）张大复：《寒山堂曲话》，俞为民、孙蓉蓉编：《历代曲话汇编（清代编）》第一集，合肥：黄山书社，2008年，第15页。

⑤ （明）臧懋循：《元曲选·自序二》，蔡毅：《中国古典戏曲序跋汇编》，济南：齐鲁书社，1989年．第439页。

可想而知，出现了道学家派和时文家派的创作群体和戏曲作品。嘉靖年间许多著名的戏曲理论家和创作家围绕《西厢记》提出“本色当行”的口号加以抵制，王世贞也参加到了这场关于戏曲发展方向的争论中，批评《五伦全备记》“不免腐烂”，批评《香囊记》“近雅而不动人”。在创作领域相呼应，万历年间“沈汤之争”的源头可以上溯至此。

明中后期“七子”的复古观念，在反对明初台阁体、性气诗的流弊上功不可没。明初戏曲创作重视文辞和理学，为戏曲创作代表的教化剧盛行，遭到曲坛的一片谴责，戏曲发展走向了歧途，急需一种有说服力的理论匡正，元代戏曲的辉煌，明初朱权、朱有燉的推扬，明嘉靖至万历间戏曲家、批评家都将目光聚集到了元代戏曲名剧上，主张“本色”“当行”“自然”等曲学风尚。

王世贞参与到《西厢记》和《琵琶记》高下的论争中，嘉靖、隆庆时期重要的戏曲理论家的何良俊认为“盖《西厢》全带脂粉，《琵琶》专弄学问，其本色语少。盖填词须用本色语，方是作家。”“乃知今元人之词，往往有出于二家之上者”[①]，王世贞以自己敏锐的文学眼光，不同意何良俊的说法，“北曲故当以《西厢》压卷，而南曲中自以《琵琶记》冠绝诸剧”。明清戏曲史上《西厢记》的经典地位逐渐确立，印证了王世贞远见卓识的戏曲鉴赏力。

“诗以陶写性灵”[②]、“有真我而后有真诗”[③]，对通俗文学与文人才情的并重，形成了王世贞兼容并包的文学史观，在戏曲领域则是以才情批评戏曲，王世贞以诗文品评标准，品评《西厢记》，在俗文学中渗透了雅文学的主张，也为明清戏曲的文人雅化产生了重要影响。重视才情，后来明清戏曲中加入了好多文人雅集赋诗情节关目，印证了文人雅化，与王世贞的品评不无关联。同时，关注俗文学的俚趣，由于对乐府诗的认真学习与大量创作，使得王世贞成为明中期最为重要的乐府诗人，现实主义创作精神的注入使他最终能从复古派名为复古、实则泥古的窠臼中摆脱出来，成为一代文学大家。

---

① (明)何良俊：《曲论》，《中国古典戏曲论著集成》第四册，北京：中国戏曲出版社，1959年，第6页。

② 王世贞：《题刘松年大历十才子图》，《弇州山人续稿》，上海：上海古籍出版社，1993年，第428页。

③ 王世贞：《邹黄州鹪鹩集序》，《弇州山人续稿》，上海：上海古籍出版社，1993年，第663页。

《曲藻》成书于王世贞文学思想渐趋成熟的中年，这时的王世贞已有了相对宏阔的文学史观，因此在雅文学和史学的思维体系中，论述戏曲理论，自谓的曲家三昧，无疑体现了这位诗文大家、大史学家先进的曲学观念，而其在名家名剧上的远见卓识，其对元曲一代文学的确认，其对元曲大家“才情”的推举，其对元曲《西厢记》的首肯。在戏曲发展的关键时期，为明清戏曲发展指明了方向，一些与戏曲史相关联的问题也因王世贞的提出而被唤起。《曲藻》后世多有诟病，如缺乏系统性，重视骈俪而轻视本色，以句论曲等，王世贞的戏曲理论虽不成熟、不系统，逐条散论中还略显矛盾，但其在明清戏曲发展史上以元曲为崇尚的明确意识，却是筚路蓝缕的，因此，王世贞在戏曲史上的价值不容小觑。

# 《弇山堂别集》所收《中官考》史料来源考辨
## ——兼论与《金瓶梅词话》之关系

霍现俊　李　静

（河北师范大学文学院 河北石家庄 050024；
石家庄幼儿师范高等专科学校 河北石家庄 050228）

**[内容摘要]**王世贞《弇山堂别集》所收《中官考》共十一卷，是其为撰写《宦官传》所收集的史料，记事始于吴元年，终于穆宗隆庆六年，其《自序》说皆录自于《圣政记》，然比对现存《圣政记》与《中官考》文字殊不符，而与诸朝“实录”基本或完全相同，其材料当抄自“实录”。《金瓶梅》所涉明代史实及明代真实历史人物亦来自于“实录”，两者有很多相同处，从而推断《金瓶梅》的作者大体还是王世贞。

**[关 键 词]**《弇山堂别集》；《中官考》；《圣政记》；《金瓶梅》；史料来源；关系考辨

## 一、有关《圣政记》的基本文献梳理

王世贞（1526—1590），字元美，号凤洲，又号弇州山人，祖籍今江苏太仓。他不仅是明代著名的文学家，同时也是著名的史学家。其史学著作《弇山堂别集》共100卷，是其为修明史所做的史料搜集与考证，大体由“述”“表”“考”组成。此书名曰《别集》，但并非为王世贞的诗文集，而是一部史学著作。王世贞自己为此曾做过解释：“名之别集者何？内之无当于经术政体，即雕虫之技亦弗与焉，故曰别集也。”①陈文烛《弇山堂别集序》亦做过相应的解释：“《弇山堂别集》者，大司寇王元美先生著也。其称别集者，盖元美诗文有《弇山堂正集》，而此则国朝典故，比一代实录云。”②尽管如此，也免不了遭人讥刺，如清人周中孚在《郑堂读书

① （明）王世贞：《弇山堂别集小序》，北京：中华书局，1985年，第4页。
② （明）陈文烛：《弇山堂别集序》，北京：中华书局，1985年，第1页。

记》中就指责王世贞"盖不知诗文之当称别集也"。然细校之,"恐怕不是事实,以王世贞之博雅,不会这一点也不知道。"①

《弇山堂别集》卷九十到卷一OO为"中官考",这十一卷是王世贞为撰写"宦官传"而搜集的史料,其记事始于吴元年,终于穆宗隆庆六年,所涉中官事,皆按时间顺序叙述,清晰可循。

而据其前《小序》交待,"传未成,而今所存者,皆从《圣政记》录出之,不为一字增损,以备异日史氏去取耳。"②

王世贞明确交待《中官考》十一卷"皆从《圣政记》录出",如上文所述,《中官考》记事从太祖吴元年始至穆宗六年止,显见明代诸帝不少都是有《圣政记》的。综考有关明史诸书目,如《明史·艺文志》、黄虞稷《千顷堂书目》、《四库全书总目提要》等,其涉及"圣政记"者有洪武、永乐、洪熙三朝:

《洪武圣政记》二卷,不署撰人。

《永乐圣政记》三卷,不署撰人。

《高庙圣政记》二十四卷,唐志大。

以上见《明史》卷九十七《艺文志二》"正史类"。

《高庙圣政记》二十四卷,唐志大,注云:字士迪,上海人,嘉靖辛丑进士,南京行人司左司副,其书于元明之际,考据事实尤详。

《皇明圣政记》十卷,不署撰人。

《洪武圣政记》三十二卷,赵琦美。

以上见《千顷堂书目》卷五"别史类"。

《洪武圣政记》二卷,宋濂,见《四库全书总目》卷五二,史部杂史类存目一。

《别本洪武圣政记》十二卷,不署撰人,见《四库全书总目》卷五三,史部杂史类存目二。

《仁庙圣政记》二卷,不署撰人,见《丛书集成续编本》,上海书店出版社1994年版。

以上"圣政记"大多已散佚,故所存者不多。现存如宋濂《洪武圣政记》、无名氏《别本洪武圣政记》等,其记事体例不同。宋濂的《洪武圣政记》为分类记述,

① 魏连科:《弇山堂别集·点校说明》,北京:中华书局,1985年,第1页。

② (明)王世贞:《弇山堂别集》,北京:中华书局,1985年,第1721页。

《四库全书总目提要》云：

> 明宋濂撰。……是书略仿《贞观政要》之例，标题分记，分《严祀事》、《正大本》、《肃军政》、《绝幸位》、《定民志》、《新旧俗》六类，而《新旧俗》下又分《申禁令》……九子目。濂自为《序》，见所作《文宪集》中。盖当时奏御之书也。梅纯《损斋备忘录》曰："本朝文章近臣，在洪武初则学士宋濂，其所记当时盛美，有《洪武圣政记》。自永乐以后，则少师杨士奇有《三朝圣谕录》，至天顺改元，则少保李贤有《天顺日录》《二录》，皆近有印本，而《圣政记》独亡，仅见其序文，惜哉。据其所云，则此书在成化间已无传本，不知何以得存于今？然勘验文义，实非赝托，或纯偶未见，遽以为佚欤？然是书之不行于明代，亦可见矣。①

笔者细校两者文字，几不相同，显见《中官考》并非来自于宋濂的《洪武圣政记》，这点则毋庸置疑。

无名氏十二卷本《别本洪武圣政记》为编年体，其叙事体例与"实录"同。《四库全书总目》做了这样的介绍：

> 其书与宋濂《洪武圣政记》同名，而载至太祖之末。又有成祖时夏元吉等进《太祖实录》表文。卷端有浙江丁敬题语数行。称其缮写古雅，疑出永乐时沈度诸人手。检连江陈氏所藏只四卷。绛云楼所藏亦只八卷。此得一十二卷，真秘册也云云。然其文皆抄撮《实录》，别无异闻。其缮写亦抄胥俗书，未见所谓古雅者。疑书与跋语皆书贾赝托耳。②

《总目》谓"其文皆抄撮实录，别无异闻"，这个评价是很准确的，笔者亦仔细比对过《别本洪武圣政记》与《明太祖实录》重叠部分，除个别语句稍有不同外，其文字全部抄自《实录》，举证如下：

《明太祖实录》卷二十四，吴元年六月：

---

① 《四库全书总目》，北京：中华书局，1965年，第474页。

② 《四库全书总目》，北京：中华书局，1965年，第476页。

己酉，张士诚被围既久，欲突围决战，觇城左方，见军阵严整，不敢犯，乃遣徐义、潘元绍潜出西门，欲掩袭我军，转至阊门，将奔常遇春营，遇春觉其至，分兵北濠，截其兵后，遣兵与斗，战良久未决，士诚复遣参政黄哈剌把都率兵千余人助之，又自出兵山塘为援，塘路狭塞不可进，麾令稍却。遇春抚王弼背曰："军中皆称尔为猛将，能为我取此乎？"弼应曰："诺。"即驰铁骑、挥双刀往击之。敌众小却。遇春因率众乘之。士诚兵大败，人马溺死沙盆潭甚众。①

《别本洪武圣政记》卷之二，吴元年六月：

己酉，张士诚被围既久，欲突围决战，觇城左方，见阵严整，不敢犯，欲掩袭我军，转至阊门，将奔常遇春营，遇春觉其至，分兵北濠，截其兵后，遣兵与斗战，良久未决，士诚复遣参将黄哈剌八都率兵千余人击之，又自出兵山塘为援，塘路狭塞不可进，麾令稍却。遇春抚王弼背曰："军中皆称尔为猛将，能为我取此乎？"弼应曰："诺。"即驰铁骑、挥双刀往击之。敌众小却。遇春因率众乘之。士诚兵大败，人马溺死沙盆潭甚众。②

而《弇山堂别集》卷九十一《中官考》"吴元年九月丁亥、十二月丙寅"、"洪武二年六月己巳"、"洪武三年八月甲辰"等所记中官事，《别本洪武圣政记》皆缺载。经核查，但凡《明太祖实录》中凡涉及到"中官事"的材料，《别本》几乎都阙而不录。

再检校《中官考》其他各卷文字，几乎与诸朝"实录"全相同。现在的问题已很清楚，《弇山堂别集》中所收十一卷《中官考》，皆来自于《实录》而不是《圣政记》。退一步说，即使《中官考》抄录自《圣政记》，但《圣政记》也是抄自《实录》的，尽管某朝的《圣政记》已经散佚，我们无法看到其真实面貌，但是否可以做出这样的判断——凡某朝《圣政记》文字与"实录"完全相同者，都应是抄自"实录"，似不大可能是《实录》去抄《圣政记》。

① 《明太祖实录》卷二十四，中研院历史语言研究所校印本，第0341页。

② 《圣政记》卷之二，《四库全书存目丛书》，山东：齐鲁书社，1996年，第519页。

## 二、《中官考》与“明实录”文字之比较

如上文所述，明代诸帝有《圣政记》者，只见于太祖、太宗、仁宗三朝，宣宗后至穆宗似都没有。而《弇山堂别集》虽止笔于万历十七年（1589年），但其《中官考》记事却止于隆庆末。在此之前“明实录”已成书的有《明太祖实录》、《明太宗实录》、《明仁宗实录》、《明宣宗实录》、《明英宗实录》、《明宪宗实录》、《明孝宗实录》、《明武宗实录》、《明世宗实录》和《明穆宗实录》共十部。

为证实此问题，笔者将《弇山堂别集》所收《中官考》十一卷与“明实录”进行了仔细比勘后发现其文字除个别地方稍有改动外，几乎是完全相同的，一可证《中官考》完全抄自于“明实录”。举证如下：

《弇山堂别集》卷九十，吴元年九月：

> 丁亥，置内使监，秩正四品，设监令正四品，丞正五品，奉御从五品，内使正七品，典薄正八品，皇门官秩正五品，设皇门使正五品，副从五品。后改置内使监、御用监，秩皆正三品，各设令一人正三品，丞二人从三品，奉御正六品，典簿正七品，皇门官秩正四品，门正正四品，副从四品，春宫门官正副同。御马司秩正五品，司正正五品，副从五品，尚宝兼守殿、尚冠、尚衣、尚佩、尚履、尚药、纪事等奉御，秩俱正六品。①

《明太祖实录》卷二十五，吴元年九月：

> 丁亥，置内使监，秩正四品，设监令正四品，丞正五品，奉御从五品，内使正七品，典薄正八品，皇门官秩正五品，设皇门使正五品，副从五品。后改置内使监、御用监，秩皆正三品，各设令一人正三品，丞二人从三品，奉御正六品，典簿正七品，皇门官秩正四品，门正正四品，副从四品，春宫门官正副同。御马司秩正五品，司正正五品，副从五品，尚宝兼守殿、尚冠、尚衣、尚佩、尚履、尚药、纪事等奉御，秩俱正六品。②

---

① 《弇山堂别集》卷九十，北京：中华书局，1985年，第1721页。

② 《明太祖实录》卷二十五，中研院历史语言研究所校印本，第0365—0366页。

又,《弇山堂别集》凡涉及明太祖洪武、明成祖永乐、明仁宗洪熙三朝"中官"之事,与"实录"文字相校,皆基本或完全同。即使宣宗、英宗(包括景泰)、宪宗、孝宗、武宗、世宗、穆宗诸朝无《圣政记》者,其《中官考》所述文字与"实录"也是大体相同的,甚至是一字不差。试比较如下:

《弇山堂别集》卷九十四:

正德元年:巡抚真定都御史王璟请革皇庄,未有俞旨。其在真定等府、宁乡等县者,太监夏绶请岁加苇场之税,又欲勿听小民争讼。其在永清、隆平等县者,少监傅琢等请遣官履亩核实,以便管理。小河之在宁静庄前,太监张峻等又欲税往来客货,皆从之。时又以庄田之故,赍驾帖逮捕民鲁堂等二百余人。①

《明武宗实录》卷十,正德元年二月:

巡抚都御史王璟请革皇庄,未有俞旨。其在真定等府、宁晋等县者,太监夏绶请岁加苇场之税,又欲勿听小民争讼。其在静海、永清、隆平等县者,少监傅琢等请遣官履亩核实,以便管理。小河之在宁静庄前者,太监张峻等又欲税往来客货,皆从之。时又以庄田之故,差官校赍驾帖逮捕民鲁堂等二百余人。②

《弇山堂别集》卷九十八:

命上林苑监内臣照弘治间员额存留,其占种地土草场,悉令改正,养牲种果蔬人户,除供应正役外,一切科扰,通行查革。从户部请也。永乐初,设上林苑监于京师,取山西平阳、泽、潞之民充之,使蕃育树艺,以供上用品物。时止设文官,职专进送,于民无扰。后增设内臣九员,至弘治间渐增一十八员。正德间添设总督、佥书、监工等名至九十九员。于是科扰百出,擅将牲

① 《弇山堂别集》卷九十四,北京:中华书局,1985 年,第 1788 页。

② 《明武宗实录》卷十,中研院历史语言研究所校印本,第 0304 页。

地草场征派子粒，占用伴当御牢名目，逼索月钱。节年通计，诛求至银三十五万余两，逼死人命数多。上登极，诏汰革之，止存一十九员，民始称便。未几，又传奉添设至六十二员，弊复滋甚。至是，户部以旧额及节添员数并占种场地顷亩开奏，请如旧额厘革。上是之。①

《明世宗实录》卷十四，嘉靖元年五月：

丁未，命上林苑监内臣照弘治间员额存留，其占种地土草场，悉令改正，养牲种果蔬人户，除供应正役外，一切科扰，通行查革。从户部请也。永乐初，设上林苑监于京师，取山西平阳、泽、潞之民充之，使蕃育树艺，以供上用品物。时止设文官，职专进送，于民无扰。后增设内臣九员，至弘治间渐增一十八员。正德间添设总督、佥书、监工等名至九十九员。于是科扰百出，擅将牲地草场征派子粒，占用伴当御牢名目，逼索月钱。节年通计，诛求至银三十五万余两，逼死人命数多。上登极，诏汰革之，止存一十九员，民始称便。未几，又传奉添设至六十二员，弊复滋甚。至是，户部以旧额及节添员数并占种场地顷亩开奏，请如旧额厘革。上是之。②

《弇山堂别集》卷一百：

（隆庆元年）五月：先是司礼监太监黄锦当荫弟侄为锦衣卫指挥，乃奏辞新命，而为其侄黄浦乞复都督衔，仍佥书锦衣卫。事下兵部议，会锦死，事遂寝。已而太监滕祥等复为浦奏，且乞授其族人黄保等六人为锦衣卫官，为锦守墓，仍令黄斌等三十人充御马监勇士，以示存恤。上皆许之。至是，给事中严用和、管大勋，御史陈联芳、张櫕等交章言："浦前以不职罢，不当复叙，而保等欲借口守墓，冒授官职，斌等以厮卒欲借勇士之名，以糜廪饩，皆不宜听许。惟陛下为国家爱惜名器，慎重法纪，悉收回成命，仍予以应得恩荫。"兵部覆请，上从之。③

---

① 《弇山堂别集》卷九十八，北京：中华书局，1985 年，第 1857—1858 页。

② 《明世宗实录》卷十四，校印本，第 0471—0472 页。

③ 《弇山堂别集》卷一百，北京：中华书局，1985 年，第 1902 页。

《明穆宗实录》卷八，隆庆元年五月：

先是，司礼监太监黄锦当荫弟侄为锦衣卫指挥，乃奏辞新命，而为其侄黄浦乞复都督衔，仍佥书锦衣卫。事下兵部议，会锦死，事遂寝。已而太监滕祥等复为浦奏，且乞授其族人黄保等六人为锦衣卫官，为锦衣卫守墓，仍令黄斌等三十人充御马监勇士，以示存恤。上皆许之。至是，给事中严用和、管大勋，御史陈联芳、张槚等交章言："浦等前已不职罢，不当复叙，而保等欲借守墓，冒授官职，斌等以厮欲借勇士之名縻廪饩，皆不宜听许。惟陛下为国家爱惜名器，慎重法纪，悉收回成命，仍予以应得恩荫。"兵部覆请，从之。①

《弇山堂别集》卷一百：

隆庆六年二月，诏遣内臣往苏、杭织造龙袍翟服绒锦鸾带，都给事中陈行健、御史侯居艮(应为"良")疏请停止，不允。于是工部言："苏、杭自倭患之后，疮痍未起，加以水旱流移，府库虚竭，而织造之费甚巨，势必加派，民困难支。请大加减免，或去其半。至于差官，尤宜慎重，择忠谨之人，安静行事，庶地方不扰，而民获更生。"上可其奏，令会同该局择最要者先行进造，所遣官务宜安静，毋得扰民。②

《明穆宗实录》卷六十六，隆庆六年二月：

诏遣内臣往苏杭织造龙袍翟服绒锦鸾带都给事中陈行健御史侯居良疏请停止，上不允。于是工部言："苏、杭自倭患之后，疮痍未起，加以水旱流移，府库虚竭，而织造之费甚钜。势必加派，民困难支，请大加减免，或去其半。至于差官，尤宜慎重，择忠谨之人，安静行事，庶地方不扰，而民获更生。"上可其奏，令会同该局择最要者先行造进，所遣官务宜安静，毋得

① 《明穆宗实录》卷八，校印本，第0238—0239页。
② 《弇山堂别集》卷一百，北京：中华书局，1985年，第1910页。

扰民。①

现在的问题已很清楚,《弇山堂别集》中所收《中官考》基本上都是抄自《明实录》而非来自于《圣政记》。②

## 三、《弇山堂别集》与《金瓶梅词话》之关系

根据笔者多年的研究,《金瓶梅词话》所写的内容、故事情节(事件)、人物、地名等,与《明武宗实录》、《明世宗实录》有许许多多相同的地方,也就是说,《金瓶梅》中所涉及到的明代史实基本上来自于《明武宗实录》和《明世宗实录》,它是武宗正德朝、世宗嘉靖朝历史的真实反映。从这一角度推断,王世贞是《金瓶梅》的作者,大体上不会错。③

有一个问题是值得我们深思的,即王世贞在做《中官考》时为什么要完全照抄《实录》呢?凭他的才学,他完全可以不这么做。又,《弇山堂别集》中不仅《中官考》,其他各卷中的许多文字,如卷七十六等,都与《实录》相同。这是否意味着王世贞要告知世人这样一个信息,你若认真阅读《实录》和我的《别集》,就会发现里面有许多相同的地方。在《金瓶梅》和《别集》里面,我隐藏着很多密码符号,你若细心,就会发现,千万别辜负了我的良苦用心。这只不过是笔者的一个推断。事实上,在《金瓶梅》和《别集》里面,确实隐藏着许多密码符号。兹举一例,以就正于方家。

从上面所引的几段文字来看,《别集》里面的专有名词,如人名、官名等,与《实录》完全相同,王世贞不做任何改动。但有一处却是一个例外。

《弇山堂别集》卷九十九《中官考九》:

---

① 《明穆宗实录》卷六十六,校印本,第1601—1602页。

② 笔者按:《明实录》共2909卷,系明代历朝官修之编年体史料长编,自明太祖至明熹宗共15朝13部。按明制,《实录》修成后,誊录正副二本进呈,正本藏内府,嘉靖后贮于皇史宬。副本藏内阁,严禁外传。但万历以后,为修史之需要,抄本始流传于外,得以传世。又,王世贞通过宰相徐阶的关系,曾看过《明实录》,故在其《弇山堂别集》中抄了大量《实录》中的文字。

③ 可参看拙著《金瓶梅发微》,北京:中国社会科学出版社,2002年;《金瓶梅人名解诂》,河北:河北人民出版社,2005年。

初，湖广镇守太监李景儒岁进鱼鲊，巡按御史沈俊、武昌府知府王鸾各疏请罢之。①

武昌府知府王鸾的"鸾"字，在《明世宗实录》和《明史》中，不作"鸾"，而作"銮"。

《明世宗实录》卷三六：

初，湖广镇守太监李景儒岁进鱼鲊，巡按御史沈俊、武昌府知府王銮各疏请罢之。②

《明史》卷一百八十八：

王銮，字廷和，大庾人。正德三年进士。……嘉靖初，迁武昌知府。镇守中官李景儒岁进鱼鲊多科率，銮疏请罢之。③

在《实录》中，名曰"某銮"的人的确不少，如"翟銮"、"廖銮"等，《弇山堂别集》与《实录》同，"銮"不作"鸾"。但惟有这位武昌知府"王銮"独独是割例外，而且，作者还把这个人物写进了《金瓶梅》之中：

那地方保甲见人死了，又不敢向前捉武二，只得慢慢挨近上来收笼他，那里肯放松；连酒保王鸾，并两个粉头包氏、牛氏都拴了，竟投县衙里来见知县。④

《金瓶梅词话》第十回，这个酒保的名字又两见，一作"王銮"，一作"王鸾"。《词话》前十回的大半故事系改写《水浒传》而来，但《水浒传》第二十六回只写到酒保，并没有具体姓名：

① 《弇山堂别集》卷九十八，北京：中华书局，1985 年，第 1869 页。
② 《明世宗实录》卷三六，校印本，第 0909 页。
③ 《明史》卷一百八十八，中华书局简体字本，2000 年，第 3322—3323 页。
④ 《金瓶梅词话》，台湾：台湾天一出版社景影本，第九回。

且说武松径奔到狮子桥下酒楼前，便问酒保道："西门庆大郎和甚人吃酒？"酒保道："和一个一般的财主，在楼上边街阁儿里吃酒。"①

《金瓶梅》为什么要给酒保取一个具体的名字，为什么把嘉靖时的真人写进作品中去，其用意是，字作"銮"符合"实录"；改写为"鸾"，暗含《金瓶梅》是谁之著撰，具体分析可参考拙著《金瓶梅发微》第七章。

又，《弇山堂别集》的纪事方法多有不同于其他史书者，有些极为独特，可谓其一大特色。如卷十六"大臣姓名同"就记载不少明代同名同姓的人物，如"四王纶"条说："俱正德，俱有才名。其二人同岁为副都御史，一抚湖广，一抚大同；一以御史迁按察副使，一至江西右参政，名甚盛，而为宁王伪尚书，伏法。"②这种独特的纪事手法，其他史书似不多见。而《金瓶梅》中就插入了10多个明代同名同姓的真实历史人物，如王玉、王宣、王经、李铭等，这是《金瓶梅》不同于其他小说的最突出的特色之一，也成为判定《金瓶梅》所反映时代的重要证据。③ 试想，一个人不管他有多少种不同的著作，但其独特的不同于他人的"艺术个性"在其作品中总会体现出来，"同名同姓人物"即为《弇山堂别集》和《金瓶梅》共有的"叙事个性"，虽然这不能成为王世贞为《金瓶梅》作者的直接证据，但无疑也应是重要的佐证。

① 《水浒全传》，上海：上海人民出版社，1975年，第329—330页。

② 《弇山堂别集》卷十六，北京：中华书局，1985年，第291页。

③ 参见拙著《金瓶梅艺术论要》，天津：天津古籍出版社，2010年。

# 《金瓶梅》与“三言”之文本关联及相关悬疑破解

李桂奎

（上海财经大学人文学院，上海，200433）

[内容摘要]《金瓶梅》与“三言”大致是同生共长于明末同一历史时空的两种世态人情小说，彼此之间存在着选材影响和文本渗透等问题。由于它们诞生的年代上下相差不超过一二十年，大致同处共时语境，因而我们在讨论二者之文本关联时不宜过于拘泥于以刊刻时间先后论定谁影响谁或谁不可能影响谁。通过诸多相似雷同的文段、文墨以及评语比对，我们深深感到《金瓶梅》大批量地吸收了“三言”文本，这表明它们之间存在血脉相连问题。这种紧密的“互文性”必然有一个前提，即《金瓶梅》诞生前后，“三言”已经基本定稿或者成竹在胸。《金瓶梅》与“三言”之所以发生“互文性”应该与生活于江南文化语境的王世贞以及冯梦龙有关。

[关 键 词]互文性；冯梦龙；共时视角；抄引；评改；悬疑破解

在与《金瓶梅》发生错综复杂关联的难以数计的小说中，冯梦龙编订的“三言”（即《喻世明言》、《醒世恒言》、《警世通言》）可谓“过从甚密”。它们不仅大致共同诞生于晚明这段特殊历史时期，一起摹写世态人情，而且还交互参用了许多故事情节、叙述文法乃至遣词造句。借助当今风行的“互文性”理论，兼顾“历时性”与“共时性”视角，①重新系统梳理一下《金瓶梅》与“三言”之文本关联，并加以审视，可以进一步破解《金瓶梅》“作者学”、“文本学”乃至整个“金学”研究中的

① 现代西方文论家们针对先后或同时周围文学文本之间的互渗互涉等现象，提出并阐发了一套颇具影响力的“互文性”理论体系。所谓“互文性”，又译为“文本间性”、“文本互涉”，指的是文本之间互相指涉、互相渗透的性质。其拉丁语词源是“intertexto”，意为纺织时线与线的交织与混合。此概念最早由上世纪六十年代法国著名文学理论家、女性主义批评家朱丽娅·克里斯蒂娃（JuliaKristeva）提出。

诸多学术悬疑与迷案。①

## 一、《金瓶梅》与“三言”同年生并肩长

《金瓶梅》与“三言”到底有着怎样的关联？对此问题，人们的回答向来是非常审慎的。从现存版本情况看，“三言”刊刻的年代介于《新刻金瓶梅词话》（简称“词话本”，因刊行于明代万历年间，故又称“万历本”）与《新刻绣像批评原本金瓶梅》（简称“绣像本”，因刊行于崇祯年间，故又称“崇祯本”）二者之间。② 它们之间的关联貌似是清晰的，其实颇含悬疑。③ 按照时序常理，词话本可能会影响“三言”，而“三言”则又有可能影响及绣像本。对此，以往研究大多将其纳入《金瓶梅》之“作者研究”与“素材渊源研究”中，基本上采取文献记载与文本比对法进行。然而，如此单向的“传承影响”研究并不能揭示《金瓶梅》与“三言”文本关联之错综复杂。除此之外，我们还必须看到它们传播的历史时空几乎相同。对此，

① 关于《金瓶梅》这部奇书的悬案与迷案，人们进行过多次考证、探讨与总结，推出许多成果，主要有刘辉、杨扬《金瓶梅之谜》（书目文献出版社1989年版），马征《金瓶梅悬案解读》（四川人民出版社2004年版）、《金瓶梅之谜》（中国广播电视出版社2006年版），张丹、天舒《金瓶梅中的历史谜团与悬案》（大众文艺出版社1999年版），管曙光《金瓶梅之谜》（中州古籍出版社2000年版）、霍现俊《金瓶梅发微》（中国社会科学出版社2002年版）、许建平《许建平解说金瓶梅》（东方出版社2010年版）等，除了个别流于猎奇，均各有建树。尤其是吴敢《〈金瓶梅〉研究的悬案与论争》（载《金瓶梅与临清》，齐鲁书社2008年版）从十个方面对《金瓶梅》研究的“悬案”与“论争”进行了较为系统的清理与总结。未来的“金学”研究将继续探讨并努力破解谁为作者之迷、是否个人独创之迷、有无影射之迷等诸多悬疑性的迷题。

② 关于《金瓶梅》两大版本系统的刊行情况，黄霖先生《〈金瓶梅〉词话本与崇祯本刊印的几个问题》（载《河南大学学报》2006年第1期）根据书中用字避讳，对其来龙去脉作了这样的勾勒：“假如这100回的大书从万历四十五年（1617）由东吴弄珠客作序而牙雕的话，刻到第57回时泰昌帝朱常洛还未登基，刻到第62回时，天启帝朱由校已经接位，故在以后的各回中均避‘由’字讳，而第95、97回中的‘吴巡检’尚未避崇祯帝朱由检的讳，故可确证这部《金瓶梅词话》刊印于天启年间。”万历后期《金瓶梅词话》以初始面貌问世，继而刊刻者因感觉草率，加工为崇祯本再版。

③ 关于词话本与崇祯本的关系，王汝梅说得较在理：“大量版本资料说明，崇祯本是以万历本为底本进行改写的，词话本刊印在前，崇祯本刊印在后。崇祯本与词话本是母子关系，而不是兄弟关系……按合理的推测是，设计刊刻十卷词话本与统筹改写二十卷本，大约是同步进行的。可能在刊印词话本之时即进行改写，在词话本刊印之后，以刊印的词话本为底本完成改写本定稿工作，于崇祯初年刊印《新刻绣像批评金瓶梅》。”王汝梅：《王汝梅解读金瓶梅》，长春：时代文艺出版社，2015年版，第169页。

我们可套用传统小说经常使用的一句熟语来说，即“同年生，并肩长”。这是二者发生文本关联的基本前提。运用这种眼光审视，《金瓶梅》与“三言”之“互文性”以及由此造成的悬案或许能够更多地浮出水面。

长此以往，人们乐此不疲地对《金瓶梅》与其他小说之文本关联问题进行过各种索解。为理出头绪，此姑且先作一简要追溯。在小说传播伊始，题名“欣欣子”者曾作《金瓶梅词话序》，谈到《金瓶梅》文本所涉及的九种“互文”对象，即《剪灯新话》、《莺莺传》、《效颦集》、《水浒传》、《钟情丽集》、《怀春雅集》、《秉烛清谈》、《如意传》、《于湖记》，只是尚未涉及“三言”中的话本小说。上世纪三十年代，《金瓶梅》“词话本”的发现激起一代学人钩稽和考察这部小说素材来源的兴趣，人们陆续指出其与“三言”之多重关联。如赵景深于四十年代所作的《〈喻世明言〉的来源和影响》指出，《金瓶梅词话》第九十八回及九十九回本自《新桥市韩五卖春情》，第三十四回引用了《闲云庵阮三偿冤债》故事，第七十三回引了《明悟禅师赶五戒》的佛曲。[①] 五十年代的主要研究成果是毕晓普的《〈金瓶梅〉中的白话短篇小说》。六十年代，谭正璧的《三言两拍资料》在考察各篇小说的本事时，也自然将赵景深所提到的《金瓶梅词话》中的相关段落录出，并对“三言”故事之源流进行了更为细致的追索。[②] 继而，美国著名汉学家韩南在其博士论文《金瓶梅的写作和素材来源研究》的基础上撰成《〈金瓶梅〉的版本》和《〈金瓶梅〉素材来源》等论文发表(分别载1962、1963年的《大亚细亚》杂志)，对《金瓶梅》所引用之小说、话本、戏曲、史书等前人作品进行了较为系统的溯源。除了将文言色情短篇小说《如意君传》以及《百家公案全传》之《港口渔翁》列为“素材”之源，还将《刎颈鸳鸯会》、《志诚张主管》、《戒指儿记》、《西山一窟鬼》、《五戒禅师私红莲记》、《杨温拦路虎传》、《新桥市韩五卖春情》等七种小说列入《金瓶梅》借用的对象，并一一与《金瓶梅》文本中的相关情节进行了比对分析。[③] 这不仅为此后的相关研究提供了线索，而且也成为我们而今运用“互文性”理论展开深入研究的基础。随之，国内周钧韬热衷于这一研究，他先后撰有《〈金瓶梅〉抄引〈水浒传〉考探》、《〈金瓶梅〉抄引戏曲考探》、《〈金瓶梅〉抄引话本小说考探》等论文，并汇成《金瓶梅素材

---

① 赵景深：《中国小说丛考》，齐鲁书社，1980年版，第324—330页。

② 谭正璧：《三言两拍资料》，上海古籍出版社，1980年版，第19—27页、第28页。

③ [美]韩南：《〈金瓶梅〉探源》，参见《韩南小说论集》，北京大学出版社，2008年版，第223—245页。

来源》(中州古籍出版社 1991 年版)一书。其中,《〈金瓶梅〉抄引话本小说考探》一文重点对《金瓶梅》“抄引”《刎颈鸳鸯会》、《戒指儿记》、《五戒禅师私红莲记》、《志诚张主管》、《新桥市韩五卖春情》等 5 篇前人话本小说的情形进行了分析,指出:“《金瓶梅》抄引了许多话本、戏曲中的情节和人物的形象,但这些话本、戏曲没有哪一部是讲金瓶梅故事的。”“只是金瓶梅作者在创作时,受这些话本、戏曲的人物形象和故事情节的启示,因此择其有用者改头换面、移花接木地抄借到《金瓶梅》之中。”①这里历数《金瓶梅》“抄引”前人话本等文学作品,虽然旨在说明此书非“集体创作”,但所谓“改头换面、移花接木地抄借”云云正是而今我们所谓的“互文性”。后来的一系列研究大致沿承这一路数进行下去,所论及的对象也主要集中于以上几种话本小说。

大致说,以往有关《金瓶梅》“素材来源”以及“成书方式”研究大多置于“历时性”视角下,每涉及《金瓶梅》与话本小说之关联问题,往往拿较早出版的《清平山堂话本》或所谓“影元人写本”的《京本通俗小说》中的小说文本进行比照。即使涉及“三言”中的作品,人们也定要列举其中诸如《宋四公大闹禁魂张》等“宋元旧作”进行比对,以示其合乎情理,而不敢贸然择取“三言”中其他作品来与《金瓶梅》的两个主要版本来对照,以免惹出时代错乱之讥。这无形之中限制了对《金瓶梅》与“三言”文本互涉复杂性与双向性的认知与考察。事实上,以往学人在探讨《金瓶梅》素材渊源时所重点论及的《刎颈鸳鸯会》、《志诚张主管》、《戒指儿记》、《西山一窟鬼》、《五戒禅师私红莲记》、《新桥市韩五卖春情》七篇话本小说,有六篇被收辑到“三言”中(仅《杨温拦路虎传》不见于“三言”),相应为《警世通言》第三十八卷《蒋淑真刎颈鸳鸯会》、《警世通言》第十六卷《张主管志诚脱奇祸》(又称《小夫人金钱赠年少》)、《喻世明言》第四卷《闲云庵阮三偿冤债》、《警世通言》第十四卷《一窟鬼癞道人除怪》、《喻世明言》第三十卷《明悟禅师赶五戒》、《喻世明言》第三卷《新桥市韩五卖春情》。“三言”中的六篇话本小说与《金瓶梅词话》文本关联情况大致如下表:

| “三言” | 《金瓶梅词话》 |
|---|---|
| 《喻世明言》第三卷《新桥市韩五卖春情》 | 第一回、第九十八回、第九十九回 |

① 周钧韬:《〈金瓶梅〉抄引话本小说考探》,《苏州大学学报》1988 年第 1 期,第 72 页。

| | |
|---|---|
| 《喻世明言》第四卷《闲云庵阮三偿冤债》 | 第三十四回、第五十一回 |
| 《喻世明言》第三十卷《明悟禅师赶五戒》 | 第七十三回 |
| 《警世通言》第十六卷《小夫人金钱赠年少》(《张主管志诚脱奇祸》) | 第一至二回、第一百回 |
| 《喻世明言》第三十六回《宋四公大闹禁魂张》 | 第八十九回、第九十八回 |
| 《警世通言》第三十八卷《蒋淑真刎颈鸳鸯会》 | 第一回 |

其中,《新桥市韩五卖春情》现存最早文本仅见于《喻世明言》,如果定要依据其成书于《金瓶梅》之后,那只能得出它“当有宋元旧作”的推断。另外,如果依据前人研究将《京本通俗小说》视为伪书,那么,《警世通言》之《张主管志诚脱奇祸》以及《一窟鬼癞道人除怪》也该是直接与《金瓶梅》发生“互文性”链接的小说。为说明问题,且比照一下如下两段文字:

| 《警世通言》第十六卷《张主管志诚脱奇祸》(《小夫人金钱赠年少》) | 《金瓶梅词话》第一百回《韩爱姐路遇二捣鬼 普静师幻度孝哥儿》 |
|---|---|
| 张主管闲坐半晌,安排歇宿,忽听得有人来敲门。张主管听得,问道:“是谁?”应道:“你则开门,却说与你!”张主管开了房门,那人跄将入来,闪身已在灯光背后。张主管看时,是个妇人。张主管吃了一惊,慌忙道:“小娘子,你这早晚来有甚事?”那妇人应道:“我不是私来,早间与你物事的教我来。”张主管道:“小夫人与我十文金钱,想是教你来讨还?”那妇女道:“你不理会得,李主管得的是银钱。如今小夫人又教把一件物来与你。”只见那妇人背上取下一包衣服,打开来看道:“这几件把与你穿的,又有几件妇女的衣服把与你娘。”只见妇女留下衣服,作别出门,复回身道:“还有件要紧的到忘了。”又向衣袖里取出一锭五十两大银,撇了自去。当夜张胜无故得了许多东西,不明不白,一夜不曾睡着。 | 一日,冬月天气,李安正在班房内上宿,忽听有人敲后门,忙问道:“是谁?”只闻叫道:“你开门则个。”李安连忙开了房门,却见一个人抢入来,闪身在灯光背后。李安看时,却认得是养娘金匮。李安道:“养娘,你这咱晚来有甚事?”金匮道:“不是我私来,里边奶奶差出我来的。”李安道:“奶奶叫你来怎么?”金匮笑道:“你好不理会得。看你睡了不曾,教我把一件物事来与你。”向背上取下一包衣服,“把与你,包内又有几件妇女衣服与你娘。前日多累你押解老爷行李车辆,又救得奶奶一命,不然也吃张胜那厮杀了。”说毕,留下衣服,出门走了两步,又回身道:“还有一件要紧的。”又取出一锭五十两大元宝来,撇与李安自去了。 |

通过文字比对,我们不难发现以上两段文字的相似性非常明显。进而考察,我们还会得出结论:《金瓶梅》直接抄引《警世通言》而非《京本通俗小说》。因为《京本通俗小说》“应道”下的原文是:“你快开门,却说与你。”而《警世通言》中的“你则开门”显然与《金瓶梅》之“你开门则个”更相近。这意味着,尽管“三言”较《金瓶梅》“词话本”晚出数年,但我们不要忽视二者基本上处于一个共时的话语

空间之中，况且出版时间的前后并不绝对代表创作或编辑时间的先后，而且某单位时间内的文学共时创作本身也容易造成双向渗透。① 若运用“共时”眼光看问题，我们便发现《金瓶梅》与“三言”发生“互文性”的小说不仅上面提到的几篇“宋元旧作”，而是还有很多，且其关联也是多重的。

以往关于文学的“传承影响”研究通常带着“历时”意识，而《金瓶梅》与“三言”之“互文性”却超越了这种观念。非但《金瓶梅》词话本与绣像本出版与修改几乎同时进行，而且“三言”的编辑与出版也大致与之同步；如果说《金瓶梅》的两个版本是父子关系，那么它们与“三言”则算是兄弟姊妹关系。它们的孕育与生养有赖一个人，即冯梦龙。从编撰与出版时序看，与《金瓶梅》发生关联的话本小说大多直接来自冯梦龙编撰的“三言”，而很少牵扯其他所谓的早期话本小说集。冯梦龙与其友人兰陵笑笑生相互消磨故事与揣摩字句，使得“三言”基本与《金瓶梅》“同时生，并肩长”，从而导致二者之“互文性”层出不穷。当然，《金瓶梅》在海纳百川地接受其他文本时，也完全有可能、有条件凭着自身的渗透力，向“同年生，并肩长”的“三言”中的小说进行回馈和反哺，使得它们在明末几十年时间里形成共时双向式的“互文性”奇观。

## 二、《金瓶梅》与“三言”命相依脉相连

《金瓶梅》与“三言”血脉相连，拥有多重“互文性”。对此，我们不妨借用赵孟頫之妻管道升的爱情词《我侬词》之言来概括，即“你中有我，我中有你”。

首先，我们还可以对前人提到的“三言”中的六篇话本小说进一步考察，以发现其与《金瓶梅》发生“互文性”关联的更多形迹。如《蒋淑真刎颈鸳鸯会》与《金瓶梅》的重叠就不限于其词话本第一回开始的抄引，更有一些行文用语的借鉴。前者有这么几句文字：“本妇便害些木边之目，田下之心。”后者有两处类似笔墨：

① 《金瓶梅》这部小说首次被提到的时间是万历十八年(1590)，生于1574年的冯梦龙当时已成年。现存《新刻金瓶梅词话》最早刊本刊刻于万历四十五年(1617年)，冯梦龙时年44岁；《新刻绣像批评金瓶梅》刊于崇祯年间(1627—1644)。《喻世明言》又名《古今小说》、《全像古今小说》，大约成书于明朝泰昌、天启年间(1621)，有天许斋刊本；《警世通言》初版本是成书于天启甲子(1624)的金陵兼善堂刊本；《醒世恒言》有天启丁卯年(1627)的金阊叶敬池刊本。“三言”问世时，冯梦龙50岁左右。现存《金瓶梅》两个版本与“三言”刊刻年代相差仅十年左右，《金瓶梅》“词话本”稍早于“三言”，而“绣像本”则略晚于“三言”，均在冯梦龙精力旺盛的壮年。

第八十二回写道:“未免害些木边之目,田下之心,脂粉懒匀,茶饭顿减,带围宽腿,恹恹瘦损。”第九十八回写道:“这韩爱姐儿见济一去数十日不见来,心中思想,挨一日似三秋,盼一夜如半夏。未免害木边之目,田下之心。”除了用拆字法来道出“相思”二字,《金瓶梅》还沿用“三言”写女性害相思后让人去找寻男性下落这一故事套路。即如《金瓶梅词话》第一回对《蒋淑真刎颈鸳鸯会》抄引而言,除了开头那段说教几乎直接搬用,还表现在关于潘金莲亮第一次出场的描写中:“这潘金莲,却是南门外潘裁的女儿,排行六姐。因他自幼生得有些颜色,缠得一双好小脚儿,因此小名金莲。父亲死了,做娘的因度日不过,从九岁卖在王招宣府里,习学弹唱,就会描眉画眼,傅粉施朱,梳一个缠髻儿,着一件扣身衫子,做张做致,乔模乔样。”试比较《蒋淑真刎颈鸳鸯会》这样一段:“况这蒋家女儿如此容貌,如此伶俐,缘何豪门巨族,王孙公子,文士富商,不行求聘?却这女儿心性有些跷蹊,描眉画眼,傅粉施朱,梳个纵鬓头儿,着件叩身衫子,做张做势,乔模乔样。或倚槛凝神,或临街献笑,因此闾里皆鄙之。”二者写女性化妆、穿着、作态之用语基本雷同。由此可见,《金瓶梅》与“三言”之“互文性”是多么细密!

不仅如此,除了前人所提到的六篇小说,“三言”其他更多小说文本也与《金瓶梅》构成雷同性的“互文性”关联,或叙述文本挪用,或移花接木,改头换面,或脱胎换骨,点铁成金……就整体构思和命意而言,《金瓶梅》似乎与《喻世明言》第一卷《蒋兴哥重会珍珠衫》存在密切的“互文性”关联。前者的“绣像本”宣称“只这酒、色、财、气四件中,惟有‘财色’二者更为利害”。后者起笔便劝告世人“休逞少年狂荡,莫贪花酒便宜”、“莫为酒、色、财、气四字,损却精神,亏了行止。求快活时非快活,得便宜处失便宜。说起那四字中,总道不得那‘色’字利害。”非但传达了相同观念,而且表述语也很相似。再说,“词话本”之题名“欣欣子”的《金瓶梅序》说:“至于淫人妻子,妻子淫人,祸因恶积,福缘善庆,种种皆不出循环之机。”而《蒋兴哥重会珍珠衫》也有言:“人心或可昧,天道不差移。我不淫人妇,人不淫我妻。”从二者所叙故事的走势来看,《金瓶梅》叙述西门庆死后,其妻妾各奔东西,另择高枝,尤其是第二十二回“西门庆私淫来旺妇”一节写西门庆与来旺媳妇宋惠莲勾搭,而第九十回写来旺重温旧情,前来西门府盗拐西门庆之妾孙雪娥,孙雪娥也甘愿携财跟来旺私奔(尽管未能成功,孙雪娥被拘捕而官卖周守备府)。这岂不是“淫人妻者,其妻遭人淫”逻辑的推演?相对而言,《蒋兴哥重会珍珠衫》所叙之事所包孕的“果报不爽”气息更为突出,具体表现为奸占蒋兴哥之妻王三巧的陈商之妻平氏最终竟然改嫁到蒋兴哥门下。这种冥冥之中注定的“天理昭彰”、“一报还一报”令当事人都“好怕人也”、“毛骨悚然”。如此构思传达了怎样的信息？是前者生发了后者，还是相反？抑或是因秉持同样的叙事理念不谋而合？无论如何，由这种观念的相似，我们可以推知“欣欣子”似乎带有冯梦龙的影子。况且，这两篇（部）小说中的“勾搭成奸”情节和人物设置，尤其是媒婆王婆与薛婆贪财谋划，女主角潘金莲和王三巧之落入圈套，也存在惊人的相似。可见，创始于《水浒传》而又经《金瓶梅》发挥的“王婆贪贿说风情”与话本小说《蒋兴哥重会珍珠衫》中的“薛婆贪贿说风情”，叙事形式与叙事功能如出一辙。就连某些叙述用语也很是雷同，比如写男主人公图谋所思慕的女性，《蒋兴哥重会珍珠衫》说：“眼望捷旌旗，耳听好消息。”这与《金瓶梅》第四回写西门庆期盼勾引潘金莲之语相仿佛。词话本的用语是：“眼望旌节至，耳听好消息。”另一处用语是：“眼望旌节旗，耳听好消息。”绣像本的用语是：“眼望旌捷旗，耳听好消息。”显然存在互相抄袭的问题。还有一些细节特别能说明问题。如《蒋兴哥重会珍珠衫》写薛婆接触王三巧并将其诱惑的时间是雨天；《金瓶梅》第六回写“王婆帮闲遇雨”的时间同样是雨天。二者都借助写雨天来铺垫渲染“云情雨意”、“尤云殢雨”，显然均是由宋玉《高唐赋》、《神女赋》中的“朝云暮雨”等意象生发而来。此外，甚至具体细节和字句也多有谋和，如《蒋兴哥重会珍珠衫》写薛婆向王三巧讲述“再造处女方”时用了这样几句话：“我的老娘也晓得些影像，生怕出丑，教我一个童女方，用石榴皮、生矾两味，煎汤洗过，那东西就揪疮紧了。我只做张做势的叫疼，就遮过了。”而绣像本《金瓶梅》第五十四回也叙述了应伯爵所讲的这样一个荤话：“一个小娘，因那话宽了，有人教道他：‘你把生矾一块，塞在里边，敢就紧了。’”用如此雷同笔墨写一个处女方，恐怕并非偶然所致。可见，“三言”与两个版本的《金瓶梅》均发生了多重的“互文性”。

尤为值得注意的是，许多互相启发的相似段落层出不穷。这里通过举两组关于“打人”情景的叙述文字，来看看《金瓶梅》与“三言”之“互文性”状态。先看第一组：词话本《金瓶梅》第八回写潘金莲打武大原配生的女儿迎儿：“于是不由分说，把这小妮子跣剥去了身上衣服，拏马鞭子下手打了二三十下，打的妮子杀猪也似叫。”《喻世明言》第三十五卷《简帖僧巧骗皇甫妻》写皇甫松听信诬陷，拷问妻子的丫鬟：“皇甫殿直拿起箭簳子竹，去妮子腿下便摔，摔得妮子杀猪也似叫。”用语颇为相似。再看第二组：“词话本”与“绣像本”《金瓶梅》第八十六回所叙"雪娥唆打陈经济"一段与《喻世明言》第二十七卷"金玉奴棒打薄情郎"也似乎存在某种"互文性"关联。兹录原文对比如下：

| "词话本"《金瓶梅》之"雪娥唆打陈经济" | 《喻世明言》第二十七卷"金玉奴棒打薄情郎" |
|---|---|
| 月娘埋伏下丫鬟媳妇七八个人，各拿短棍棒槌。使小厮来安儿请进陈经济来后边只推说话。把仪门关了，教他当面跪着，问他："你知罪么？"那陈经济也不跪，还似每常脸儿高扬……当下月娘率领雪娥，并来兴儿媳妇、来昭妻一丈青、中秋儿、小玉、绣春众妇人，七手八脚，按在地下，拿棒槌短棍打了一顿。 | (莫稽)才跨进房门，忽然两边门侧里，走出七八个老妪、丫鬟，一个个手执篱竹细棒，劈头劈脑打将下来，把纱帽都打脱了，肩背上棒如雨下，打得叫喊不迭，正没想一头处。莫司户被打，慌做一堆蹭倒，只得叫声："丈人，丈母，救命！"只听房中娇声宛转，分付道："休打杀薄情郎，且唤来相见。"众人方才住手。七八个老妪、丫鬟，扯耳朵，拽胳膊，好似六贼戏弥陀一般，脚不点地，拥到新人面前。司户口中还说道："下官何罪？" |

这两段文字有较大相似度。另如，以往人们只关注到《警世通言》第十四卷《一窟鬼癞道人除怪》中的两首赞词与《金瓶梅》第六十二回所用的两首赞词相同，殊不知更大的文本叙述雷同还出现在第一百回《韩爱姐路遇二捣鬼 普静师幻度孝哥儿》的叙事话语借鉴中。

附带提及的是，论赞性的诗词、俗语、熟语、套话的交互引用。尽管因为小说家对此可以从流行口语中信手拈来，而不必依托某种文本去抄录，对考证小说文本的"互文性"难以为据，但也能表明《金瓶梅》与"三言"之间关联的多重性与紧密性。从事理看，某些语句的雷同似乎是历史传承的结果。如词话本《金瓶梅》第八回与第三十一卷《郑节使立功神臂弓》均有这样两句诗："金勒马嘶芳草地，玉楼人醉杏花天。"而这两句诗又见于《水浒传》、《西湖三塔记》，似乎形成时间已久，流播场域也广，超越了《金瓶梅》与"三言"得以发生"互文性"的时空。再如，《喻世明言》第三十六回《宋四公大闹禁魂张》有一首诗与《金瓶梅》互见，而这首诗也见于《水浒传》第三回。该诗是："风拂烟笼锦旆扬，太平时节日初长。能添壮士英雄胆，善解佳人愁闷肠。三尺晓垂杨柳外，一竿斜插杏花傍。男儿未遂平生志，且乐高歌入醉乡。"常理告诉我们，既然《宋四公大闹禁魂张》向来被认为是"宋元旧作"，那么根据时序推测，三者之间的"互文性"关系应该是：《水浒传》抄改于《宋四公大闹禁魂张》，而《金瓶梅》又抄改于《水浒传》。而就事实来讲，这种"历时性"抄引事理其实完全可以坐实为《金瓶梅》与"三言"之间的两相关联。况且，这种两相关联更有其他例子可证。如《喻世明言》第三十五卷《简帖僧巧骗皇甫妻》与《金瓶梅》第八十三回都引用了“淡画眉儿斜插梳”一词。还有,《喻世明言》三十八卷《任孝子烈性为神》与《金瓶梅》词话本、崇祯本第五回起首都用了这样的诗句:“参透风流二字禅,好姻缘作恶姻缘。痴心做处人人爱,冷眼观时个个嫌。闲花野草且休拈,赢得身安心自然。山妻本是(稚子)家常饭,不害相思不费钱。”另如,词话本、绣像本《金瓶梅》第八十六回“雪娥唆打陈敬济 金莲解渴王潮儿” 用到这样一首诗:“云淡淡天边鸾凤,水沉沉波底鸳鸯。写成今世不休书,结下来生欢喜带。”《醒世恒言》第三十卷《李汧公穷邸遇侠客》文本中也有几乎相同的诗,只是改“波底”二字为“交颈”。如果将这种诗词互用纳入“互文性”审视,那么,《金瓶梅》与“三言”二者之发生“互文性”的详情实景就更昭昭然了。

当然,从宗教态度及其表达来看,《金瓶梅》与“三言”都将佛教世俗化,这也是二者发生“互文性”的表现。《喻世明言》第三十卷《明悟禅师赶五戒》叙述了明悟禅师与五戒禅师同去涅槃的前世今生,融入了平凡百姓世俗性解读。同书第三十七卷《梁武帝累修归极乐》也以修行的和尚身分来经历轮回过程,终于觉悟而圆寂,重视佛教轮回业报。这种思想格调同样见诸《金瓶梅》。难怪有人猜测《金瓶梅》写西门庆意在影射明武宗。就性观念及其描写而言,《金瓶梅》与“三言”皆善于大胆夸饰,著名的文学家郑振铎先生认为《金主亮荒淫》(《醒世恒言》第二十三卷《金海陵纵欲亡身》)和《金瓶梅》“或竟是出于一个作家的笔下”。二者不仅色情描写露骨,而且有类似情节和语句。如前者这样写一场性交:“一头说,一头就抱了贵哥走进厢房。恰好有旧椅子一张靠着壁,海陵就那椅子上,与贵哥行事。”后者第五十二回也有如许描写:“穿着大红素缎白绫高底鞋儿,妆花金栏膝裤,腿儿用绿线带扎着,抱到一张椅子上,两个就干起来了。”仔细比照“三言”与《金瓶梅》,像如此这般的雷同叙事单元当有不少。《喻世明言》第十二卷所写“众名妓春风吊柳七”与《金瓶梅》第八十九回所写“清明节寡妇上新坟”,均写清明时节多名女性祭奠一名男性,有很大可比性;《玉堂春落难逢夫》所写玉堂春被卖与《金瓶梅》所写潘金莲、庞春梅被卖,均传达出古代女性如同物品可以随便买卖的命运。

《金瓶梅》中的“互文性”文本之所以带有复杂性乃至双向性,主要是因为那个年代的文学文本之生成环境和传播时空带有共时多元互动特点。总体而言,“三言”与《金瓶梅》“词话本”、“绣像本”这两个主要版本之间的关联尽管“剪不断,理还乱”,但其文本血脉相依是天然。

## 三、《金瓶梅》与“三言”剪不断理还乱

借助文本比对发现雷同或抄引，只能确定《金瓶梅》“互文性”的广度与密度，而不能完全凭此作为鉴定其作者为谁的“内证”。否则，便会招致“可怜无补费精神”之讥。根据“互文性”并非“原创性”原则，不能仅仅凭文本求同将冯梦龙、李开先、汤显祖、徐渭、李渔等论定为《金瓶梅》的作者。可以说，若剔除错把“互文性”当“内证”的考证，关于《金瓶梅》作者的五六十候选人将去其大半。通过研究《金瓶梅》与“三言”所存在的多重关联这个话题，一系列衍生话题，诸如冯梦龙在《金瓶梅》成书中到底扮演了什么角色？由他编订的“三言”与《金瓶梅》到底发生了怎样的关联？即可昭然若揭。

关于冯梦龙与《金瓶梅》之关系问题，学界曾提出过两种看法：一是索性认定冯梦龙是《金瓶梅》的作者，这一说法由陈昌恒先生率先在其《〈金瓶梅〉作者冯梦龙考述》一文提出，该文从考索冯梦龙的名号入手，得出“东吴弄珠客”、“兰陵笑笑生”、“欣欣子”等“都是冯梦龙的化名”这样的结论，认为《金瓶梅》的三篇序跋，署名、尾语不同，但实为一文，倘排比研究，则构成一篇完整的《金瓶梅》研究论文，并进而论证冯氏创作《金瓶梅》的三个阶段。① 二是将冯梦龙视为崇祯本《金瓶梅》的评改者，认为“东吴弄珠客”即是冯梦龙的化名。姚灵犀《瓶外卮言》、小野忍《金瓶梅解说》等早就曾怀疑为《金瓶梅》作序的“东吴弄珠客”即是冯梦龙。后来，台湾魏子云认为，在冯梦龙所编写的《魏忠贤小说斥奸书》的“凡例”中有“金陵游客”冯梦龙写《头巾赋》的记录，再比照《开卷一笑》和冯梦龙的《古今谈概》、《古今笑林》、《智囊补》等著作后的文句，“不惟有其语态雷同处，且有引言惯用语”，因而便可以“肯定《金瓶梅词话》是冯梦龙参与的改写本，连‘欣欣子’与‘东吴弄珠客’都是冯梦龙的化名”。② 对此，黄霖先生也进行过这样一番推测：“写序的人很可能就是冯梦龙。中国民间历来有‘龙戏珠’或‘二龙戏珠’等传说。出身于苏州的名梦龙、字犹龙、别署龙子犹的冯梦龙用‘东吴弄珠客’为号不是顺理成章吗？沈德符《万历野获编》说冯梦龙见到《金瓶梅》抄本后十分‘惊喜’，并‘怂恿书坊以重价购刻’。沈德符当时不愿将自己的书拿出去付刊，但书坊还是从别处购到了一部抄本《金瓶梅词话》。在付刊前，请曾经为之‘惊喜’并怂恿书坊

① 陈昌恒：《〈金瓶梅〉作者冯梦龙考述》，《华中师范大学学报》1988 年第 3 期。

② 魏子云：《金瓶梅探原》，台北：巨流图书公司，1979 年版，第 178 页。

刊刻的冯梦龙作序,也在情理之中。于是,这篇东吴弄珠客序及同时请人作的廿公跋明显与欣欣子序有所不同。当《新刻金瓶梅词话》出版后,书坊主觉得书中问题多多,很可能即商之于冯梦龙,将词话本进行修改与评点,于是就有了'崇祯本'。"①联系当年沈德符《万历野获编》卷二十五所言:"丙午,遇中郎京邸,问曾有全帙否?曰:第睹数卷,甚奇快。……又三年,小修上公车,已携有其书,因与借抄挈归。吴友冯犹龙见之惊喜,怂恿书坊以重价购刻。马仲良时榷吴关,亦劝予应梓人之求,可以疗饥。予曰:此等书必遂有人板行,但一刻则家传户到,坏人心术,他日阎罗究诘始祸,何辞置对,吾岂以刀锥博泥犁哉?仲良大以为然,遂固箧之。未几时,而吴中悬之国门矣。"②据有人考定,这段文字提及的马仲良"榷吴关"的时间是万历四十一年癸丑(1613),此时冯梦龙已开始提议书坊刊印,结果"未几时"就在"吴中悬之国门"。在这段为期不长的历史时期里,冯梦龙对《金瓶梅》的早期传播和成书起到了关键作用。题名"欣欣子"的序言中称《金瓶梅》的作者"兰陵笑笑生"为"吾友",这不该是通过语言游戏制造迷障。无论是"欣欣子",还是"笑笑生"辈分应该高于冯梦龙。作为晚辈的冯梦龙扮演的是一个热心的评改者和推动刊行的角色。通过"东吴弄珠客"的身影以及《金瓶梅》与"三言"文本及其有关评点进行比对而求得的较高重合度,将"崇祯本"的评改乃至"词话本"的加工改定功绩归到冯梦龙名下,合乎情理。由此推演开来,遮挡我们探究《金瓶梅》与"三言"之"互文性"视线的重重迷雾就会渐渐散去。

关于冯梦龙与《金瓶梅》的不解之缘还有一点容易被人们熟视无睹,即从现存文献考察,最早将《三国演义》、《水浒传》、《西游记》、《金瓶梅》称之为"四大奇书"者也是这位大名鼎鼎的明代通俗文学家冯梦龙。而这一点却又是通过清初大文豪李渔之口讲出来的。李渔在写《三国演义》序言的时候,把冯梦龙拉出来作证,说冯梦龙曾经非常赏识《三国演义》、《水浒传》、《西游记》和《金瓶梅》"四大奇书",于是"四大奇书"之说随即形成。③ 按理,凭着李渔的影响力,他似乎无需"拉大旗扯虎皮",他的言论应基于冯梦龙与"四大奇书"的不解之缘这一桩固有

---

① 黄霖:《〈金瓶梅〉词话本与崇祯本刊印的几个问题》,《河南大学学报》2006年第1期。

② (明)沈德符:《万历野获编》,北京:中华书局,1959年版,第652页。

③ 康熙十八年,李渔《古本三国志序》说:"冯犹龙亦有四大奇书之目:曰《三国》也,《水浒》也,《西游》与《金瓶梅》也。两人之论各异。愚谓书之奇,当从其类。《水浒》在小说家,与经史不类。《西厢》系词曲,与小说又不类。今将从其类以配其奇,则冯说为近是。"丁锡根:《中国历代小说序跋集》(中),人民文学出版社,1996年版,第899页。

事实。总之,从《金瓶梅》与“三言”之“互文性”,我们可以感受到冯梦龙对二者的同步贡献。

前人在论定“三言”之“叙”是冯梦龙本人的托名之作时,所采用的方法是“跨文本比对”法。台湾学者胡万川曾将“三言”的批语与冯梦龙编的《太平广记钞》、《情史》的批语进行对照,发现相同和相似的多达十几条,指出这绝非偶然的巧合,应同出一人之手,都是冯梦龙。后来,陆树仑《三言序的作者问题》在论证三篇序言均出冯梦龙之手时又提出了五点理由,其一便是:“三言中有些作品,其故事复见冯梦龙同时编纂的《古今谭概》、《太平广记钞》、《智囊》、《情史》,其间评语,颇多相同之处。”①而今,一如论定“三言”之三篇序言同为冯梦龙所使用的“跨文本比对”方法,论定《金瓶梅》崇祯本的评点者为冯梦龙,则可拿它的批语与“三言”批语进行比照。经过这一对照,结果着实令人大吃一惊。《喻世明言》第一卷《蒋兴哥重会珍珠衫》评“薛婆助陈商诱骗王三巧”一段文字,连续五次用“婆子妙算,不得不坠其术中”、“堕其计了”等评语。结合《金瓶梅》崇祯本第八十四回针对“泰山碧霞宫道士石伯才诱骗吴月娘”一节的眉批来看:“又使势,又摊眼,又奉承,语语绵里裹针,妇女稍不见惯,未有不堕其术中者。”表述语和口气又是何其雷同!必当出于同一人。关于《蒋兴哥重会珍珠衫》的评语尚有“点缀得妙”、“又点缀得妙”等,《金瓶梅》绣像本第十回也有诸如这样的眉批:“劈空点缀,令人绝倒。”第八十二回也曾运用过这样的眉批:“八回中便有此簪,只以为点缀之妙,孰知其伏冷脉,至此始绍,高文绝无穿凿之迹。”第二卷《陈御史巧勘金钗钿》与《金瓶梅》第九十七回分别用“绝妙关目”四字作眉批与夹批。同样可以见出二者在“点缀”、“关目”等概念使用上的类似。另外,“三言”评点,多有诸如“可怜”、“可叹”、“恶甚”等寄予情感的批语,这类批语同样在崇祯本评点中亦复出现不少。如此评批,当系同一人所为,此人即是冯梦龙。

概而言之,经过《金瓶梅》与“三言”之“互文性”研究及相关问题梳理,透过“共时”视角,不再舍近求远,困惑学术界的一系列悬疑问题变得更为清晰起来。从时间逻辑上看,“东吴弄珠客”当为冯梦龙,“欣欣子”也即是冯梦龙。“兰陵笑笑生”则是生活于明代中后期的江南人。② “笑笑生”凭着挪移、镶嵌、接榫以及

① 陆树仑:《三言序的作者问题》,《中华文史论丛》1985 年第 4 期。

② 这位冯梦龙熟知的“兰陵笑笑生”当为江南人,如果是年长一些的,有可能是王世贞。如果与冯梦龙是同辈,则必定曾受教于王世贞。

移花接木等本领，完成了《金瓶梅》词话本。继而冯梦龙又单独行动，将其评改为绣像本。在“兰陵笑笑生”主笔《金瓶梅词话》之后，冯梦龙正在编撰“三言”，顺便将某些文本与其共享。

# 《金瓶梅词话》作者争议之我见

董国炎

(扬州大学文学院,江苏扬州,225000)

**[内容摘要]**《金瓶梅词话》作者问题素有激烈争议,一种意见认为作者是王世贞一类文人;另一种意见认为作者是说书艺人。近些年来后一种意见似乎更占上风。

本文从一个特殊角度——说书艺人书场实践角度出发,返回头检验《金瓶梅词话》文本,运用关子、扣子、书胆、书筋等等书场规律,也运用书目传承规律,共同检验《金瓶梅词话》的性质。尽管充分考虑文本可能出现的演变,但是根据《金瓶梅词话》叙事一系列基本特征,本文认为此书不可能是书场说书的产物,作者不可能是说书艺人。

**[关 键 词]**作者争议;书场规律;传承规律

## 一、《金瓶梅词话》与书目承传规律

《金瓶梅词话》是何人原创,一直是研究的难点热点。“词话本”的性质是说书底本还是文人原创,是争论焦点。虽然“词话本”问世在前,但是崇祯本以后,特别张竹坡评点本流传以后,“词话本”长时间销声匿迹,直到20世纪30年代初才被偶然发现。当时适逢“五四”之后重视民间文艺的新思潮盛行,于是“词话本”被很多研究者看作说书艺人的创作,或者由说书艺人原创而下层文人整理之作,其性质属于说书作品。这样《金瓶梅词话》的创作权应该归于民间艺人。这种观点一直存在,近年来影响更大。具体来讲,可能有这样两个重要推动力:首先梅节先生二十多年三次校勘整理《金瓶梅词话》,文献整理方面收获极丰。2005年4月7日《光明日报》有陈诏先生文章隆重介绍和赞扬。这篇文章对词话本文字情况,由部分现象归纳上升为全局性认识,对《金瓶梅词话》全书文本作出这样的评价:“由于用说书人口语写成,有大量简笔字、生造字、谐音字、错别字的《词话》底本实在讹误太甚。”“它的原始底本是民间艺人的说唱材料”。由于人们对梅节先生的仰慕和认可,《金瓶梅词话》作者问题的争议好像随之顺利解决。另一个重要推动力,是学者型官员陈东有先生的大力推动。陈先生近年出版的"金学"著作影响很大,他联系现实剖析人生、警诫人生的鉴赏解读研究模式本来联系大众,身为大学党委书记、省委宣传部常务副部长,在媒体方面反响非常大,他关于《金瓶梅词话》原是说书人底本的说法,传播很快影响很大。

笔者从说唱文学发展传播角度考察这个问题,觉得《金瓶梅词话》原是"说书底本"这种说法有一个重要疏忽,既然研究这样一个特定问题,为什么不从说书行业或者说书艺人的角度进行考察呢?中国的说书行业历史,主要是口传历史,师徒传授、门派传授是主要形式。所谓人过留名、雁过留声,在这个行业表现的特别明显。说书门派不断增多是常见现象。即便同一部书目,也会出现很多门派,出现很多独特说法。张岱的《陶庵梦忆》就很有兴趣地记载柳敬亭说《水浒传》武松打虎故事的独特之处。而后来扬州评话发展中,个性化说法不断出现,于是又有邓光斗"跳打水浒",有马派水浒,王派水浒等等。如果有哪个地区哪个门派说过这部书,势必在这个门派有反馈消息。这一类情况在文人笔记或其他材料中,常有不同程度的记载。例如晚清石玉昆在北京说《龙图公案》,曾得到笔记、子弟书等多种记载,当时还有文人作诗咏叹。

实际上关注记载说书行业情况的文人都是当时比较悠闲放达的人,一般是混迹城市的下层文人。以这些人的兴趣来分析,如果能听到《金瓶梅词话》中那些男女风情故事,很容易刺激他们的兴趣,从而记载下来。然而中国说书史上,不论南方评话北方评书,不论弹词鼓词,迄今没有发现说书艺人曾经演说过长篇《金瓶梅词话》。中国说书有一个规律,长篇书目都是在艺人和门派间传播,也会出现扩散,都是长期发展积累、逐渐成熟的。说书艺人处于社会下层,文化程度不高,这决定了书目发展的累积性和长期性。比较其它著名书目的成书过程,可能有助于分析《金瓶梅词话》的性质。《三侠五义》经历宋元话本、元杂剧、成化词话、《包公案》、《龙图公案》等累积,又经过天才艺人石玉昆的充实完善才定型,但是石玉昆的说唱仍然须要《龙图耳录》之记录,再经过入迷道人等下层文人整理加工,才最后完成《三侠五义》小说。扬州评话"王派水浒"的《武十回》等书目,发展历程同样很久。从《大宋宣和遗事》到《水浒传》小说可以看作一个阶段;从明末柳敬亭到现代王少堂又是一个阶段。明末清初柳敬亭说水浒有著名文人张岱记载;乾隆时期王德山说《水浒传》,李斗《扬州画舫录》称为当时绝技书目;咸丰同治时期邓光斗以“跳打水浒”闻名，此人是“王派水浒”祖师爷；王少堂继承伯父王金章、父亲王玉堂的水浒书目，而他本人对武松故事的加工增删，实际都有记载有痕迹可以追索。说书艺人从事一种特殊行业，很讲门派，很重传承，说书人都要起一个艺名。王玉堂、王少堂、王筱堂、王丽堂；康国华、康又华、康重华，在父子祖孙间如此起名字，与世俗习惯大不相同。艺名如此，就是要突出师承门派。然而《金瓶梅词话》说书，何人开创，传于何人，是哪个门派，在什么地方传播，又如何发展演变形成文本，实在找不到一点痕迹一点消息。

从说书艺人的口头故事到小说变成文字，形成完整文本，通常是一个很烦难也很漫长的过程。“王派水浒”名气和影响很大，但是一直没有文本。直到20世纪50年代，在政府部门主持下，文本整理工作才正式启动。具体过程时间很长。这项工作最早动手是1953年，至1959年9月江苏人民出版社出版《武松》第一版。署名是：“王少堂口述　扬州评话研究小组整理”。这个扬州评话研究小组由党政领导挂帅，具体工作由两位专门人才承担，这两人是孙佳讯和孙龙父。孙佳讯1908年生人，20年代末就以考证《镜花缘》作者而显露才华，他当时与胡适的学术通信收在《胡适文存》中。他一直勤奋著述并创作，有学术研究著作和文学创作多种。1980年代他以江苏省社科院文学所研究员身份，白发苍苍还完成《〈镜花缘〉公案辩疑》，由齐鲁书社出版。孙龙父1917年生人，是扬州师范学院中文系古代文学教研室教师，可谓笔者的同组前辈同事。他是才子型文人，书法篆刻成名很早，在江苏书法界与林散之、高二适、费新我齐名。扬州瘦西湖大门匾额“瘦西湖”三个大字就是他的墨迹，浑厚大气又显清秀苍润。其书法作品广为流传，因书法署名常用字号，人们经常称呼其字，久之遂以字行。孙龙父帮助王少堂整理评话很认真，每天下午准时到王少堂家。王少堂知道孙龙父的造诣和份量，因为孙龙父泰州人，泰州古名海陵，他常称孙龙父是“海陵才子”。两位如此高水平的文人帮助说书艺人王少堂整理文本，而且非常重视。他们二人署名的后记写得很长，从中可以看出他们反复推敲文字，斟酌取舍细节，形成文本绝非易事。

王少堂另一部著名书目《宋江》的整理者是孙龙父和陈达祚，他们从1961年开始工作，本来在文革前可以出版，但受政治气候影响而耽搁，致使《宋江》出版于文革后。总体而言，书场上著名书目转变为案头读物并非易事，《三国演义》、隋唐故事、杨家将、岳家将等书目形成文本，都历时很久历经多人。《施公案》书目形成文本较快，其本事在康熙年间，而嘉庆三年可能已经出现刊本，道光刊本有多种，但是初刻本故事不全，刊行后出现续书，且连续续书9次，直至光绪后期才形成全书文本。而实际遍及南北的《施公案》说书实践中，全书文本出版后，书目的发展变化仍然继续，内容变化有很多，差别也很大。扬州评话“大清传”系列的《施公案》、《万年青》，与北方评书的《五女七贞》简直就如同两部书。而且南北方说书中都有不少情节和人物是以往没有的，也是对方没有的。假如北方评书中少了书筋人物小脑瓜赵璧，无法想象这书目还怎么说。各著名书目形成文本之后，说书艺人仍然不断加工创新，即使是王少堂这部《武松》，他的孙女王丽堂也仍然不停加工修订。已经成熟的书目不断修改提高之外，说书艺人还编创续书，实际是新书，如《施公案》之后，很快有《彭公案》、《三侠剑》；《三侠五义》之后，很快有《小五义》、《续小五义》。说书实践总是不停地创新变革，有固定文本作为比较，说书实践的变化很容易被发现。然而《金瓶梅词话》全然不同，一直找不到一点证明材料，能反映这部书目经历过书场洗礼和变化发展。此书出自说书艺人的说法令人怀疑。虽然此书以《水浒传》西门庆潘金莲故事为切入点，而西门庆潘金莲故事确实传播于书场，但是《金瓶梅词话》全书绝大部分内容是另外创作的，难以证明这是书场的产物。

《金瓶梅词话》出版后，曾经引起袁宏道等多人关注议论，如果这是说书的产物，那么其书场活动也必然引起人们的关注和记载，然而没有一点文献材料可以证明。如果说此书文本出版之后，说书活动自然停止了，那显然不符合说书艺术规律。市场规律决定说书活动必须不断创新变化，才能生存。书场说书与小说名著之间，不是互相取代、互相压制的关系，而是互相促进互相提携的关系。犹如小说名著拍成电影，电影会受到更多关注，小说销售也得到促进。《金瓶梅词话》各方面状况都不能反映它是说书的产物。

## 二、《金瓶梅》与书场演出规律

《金瓶梅词话》的文本，对说书形式的运用可谓纯熟，每一回开始的引首诗、结尾的散场诗俱备。正文中穿插的诗词歌曲很多是代言体，部分属于说书人歌咏，大都摇曳有趣，符合人物身份，符合描写的内容。描写市井生活的很多歌曲，生活气息浓郁，别具一种真实感。很多歌曲小调可能原本流行于市井，书中拈来，运用得当之作，堪称当行本色。《金瓶梅词话》大量运用说书行话，自称说书的，使用话说、却说、正是、有道是、端的是、有分叫、但见、却见、怎见得、诗曰、词曰、有诗为证、有词为证、欲知后事如何，且听下回分解之类，很熟练很自然，确实给人这是说书艺人所创作的感觉。

但是，形式的东西相对容易模仿，而文学作品内在的艺术品味却难以移植。中国书场说书的受众是社会大众，宋代以来勾栏瓦肆中长期形成的艺术趣味，书场经营盈利的基本原则，都会贯注到书目的情节结构、人物塑造、叙述方法中。在这方面，《金瓶梅词话》文本与书场作品其实很不相同。书场中讲述的故事情节，一定要清晰明白，线索分明，头绪不乱，遇到头绪转换的时候，很多时候说书人还要声明“花开两朵，先表一枝”。尽管线索非常清晰，而且受众的倾向性通常容易形成，如同苏东坡所记载的，一群青少年听三国故事，听说刘备获胜就欢欣鼓舞，听说刘备失败就悲哀沮丧。倾向性会引导听众主动关注故事进程和人物命运，增强故事吸引力。在这种情况下，说书人还不断利用直接评说和诗咏赋赞来加强倾向性。培养倾向性是说书人抓住听众、引导听众的武器。相反，如果听众对事件和人物缺少倾向性，其实也是对整个故事缺少兴趣。从阅读角度看《金瓶梅词话》，可读性无可挑剔，但是若与典型书场书目相比，《金瓶梅词话》可能显得故事头绪多，人物面目和人物关系经常不清晰，有些听众可能理不清头绪，不习惯书中叙事节奏，也就不容易形成特别关注，不容易形成共鸣。

书场说书离不开悬念的运用，特别上下两回的衔接，大多设置紧张悬念，一定要调动听众接着听的兴趣。这样做其实与书场收费办法直接相关。书场中都按时间段收费，经常在两回故事之间停留一下，说书人此刻喝水抽烟休息片刻，实际这个空闲时段书场人员抓紧时间收费。书场是开放的，听书者也是茶客，入场离场是自由的。书场如果一次收一场书也即大半个下午的书费，那么晚来的人就不用再交费了，这对书场是个损失。来得早的人如果中途有事情走开，已经一次交费也不好再退。所以按时段多次小额收费符合书场的实际情况。说书人努力防止听众在中间离开，为此运用能吸引人的悬念留住听众。所谓卖关子，设扣子，根本原因就在于此。惊心动魄的热扣，疑窦重重的悬扣，蔓子扣，连环扣，环环相扣，甚至先解扣之后还要再加倒解扣。无扣不成书，扣书即扣人，使听众欲罢不能，欲走不舍，是说书人苦心经营的生存诀窍。然而这一类说书人苦心经营的制造悬疑手段，各种关子扣子，《金瓶梅词话》中基本看不到，上下回衔接之处，通常不设置悬念。书场说书，绝不能让一个故事的结束，同一场书的结束同步。但是《金瓶梅词话》各回结尾之处，一个事件恰好结束的情况却不少；即便事件没有结束，作者也并不留意设置悬念。举例说，第五回紧张惊险的情节很多，包括武大捉奸被西门庆踢伤；潘金莲下毒灌药、用被子蒙住头，压住被子闷死武大；潘金莲面对呲牙瞪眼的死尸很害怕，敲墙喊来王婆帮助处理尸体。但是《金瓶梅词话》却不在这类紧张恐怖之处设置悬念结束第五回，而是把这些紧张情节都写完。最后用了小小一段，写第二天早晨西门庆来了，掏钱给王婆，让她买棺材，还表示自己有把握让验尸仵作何九听话。第五回就在这里结束。按照书场规律，第五回这样结尾实在让人气愤，让听众丧失了继续听的愿望。因为第二天早晨这一小段冲淡了紧张气氛和关注愿望，只是显出西门庆气定神闲的得意状态。听众至此只会觉得黯然灰心，也没有什么新的关注点，不再听下去倒是很正常。再如第六十二回的结尾，情节是著名的李瓶儿之死，写李瓶儿弥留之际夫妻诀别的话语行为，李瓶儿死后西门庆伤心绝望不肯吃饭等表现。对西门庆伤心欲绝的表现，特别他不肯吃饭一事，吴月娘率领众妻妾酸溜溜地焦虑议论成为一种背景渲染。但是这一回结尾处又用一小段，写应伯爵劝说之下，西门庆想通了，开始吃饭。这种写法放在一般小说中也还正常，但是若在书场中，这样结尾又会让听众觉得黯然扫兴。叙事不追求紧张刺激，结尾处不扣人心弦，不符合书场规律。不讲究扣子和关目运用，没有悬念可言的叙事，如何在书场生存。

如果扩大到故事类型来看，适用于评话评书的小说类别主要是历史演义、英雄传奇、侠义公案和神魔小说几类。按说书表演分类，称之为袍带书刀马书、短打书、神魔书。当然南北说书都分别有世情小说的发展，评书中有说《聊斋》的，其作品风范和说法可以看作世情小说与神魔小说相结合，所以能在书场立足。扬州评话有《皮五辣子》这种说书艺人新创的市井故事，而且发展成为扬州最负盛名的书目。皮五辣子是个市井泼皮无赖，有时候也带些侠气。他周旋市井百态的故事富于传奇色彩、地方生活风情和喜剧气氛，异常热辣，笑料不绝，才受到听众欢迎。《金瓶梅词话》这种头绪纷繁细密的家庭生活故事，与书场表演取向很不相容，说书场中不说长篇《红楼梦》和《金瓶梅词话》，其实是故事特点和听众特点共同决定的。

从人物塑造来说，说书通常讲究四梁八柱说法，所谓书胆、书筋、书柱人物分工配合，再有书领、书贼等等各类型人物整体配合，整个故事叙述与人物塑造才能完成，应有艺术效果才能达到。书场中描述人物讲究亮相，人物登场通常有一篇诗词赋赞类韵文，铿锵有力甚至褒贬鲜明的韵文语言，强调人物善恶忠奸、粗豪谨慎之类特点，给听众深刻印象，才能尽快把人物立起来。类似的叙述方法在民间叙事中具有普遍性，美国学者帕里和洛德总结的口头故事程式理论也即“帕里—洛德理论”，指出民间叙事通常有套路和程式，形成一种特定艺术风范。这种艺术风范与中国说书不谋而合。《金瓶梅词话》明显不符合这种套路化程式化艺术规律。《金瓶梅词话》中人物类型经常不分明，犹如戏台上不讲生旦净末丑，这样在说书场上，听众可能感觉沉闷又吃力。作为文学写作来讲，《金瓶梅词话》的人物描写摆脱夸张和类型化特点，是文学的进步，但是若在书场上面对普遍听众，脱离说书艺术特有的规范，最终可能导致沉闷冗长不热闹不刺激不叫座，甚至很难长期说下去。

《金瓶梅词话》的语言是纯熟的白话，人物语言生动丰富，有些人物的语言高度个性化。但是作品的叙事语言显得平淡，有时候比较沉闷。这种叙事风格不是书场中说书人叙事风格，缺少书场中那种张扬明快、那种趣味性和常有的铿锵音节。其实说书人对叙事话语特别重视，因为故事中的人物语言属于代言体，说书人替故事中人物说话，就要服从故事和人物性格逻辑制约，不能想说什么就说什么。在书场中替别人说话，如果随意发挥，说得太“不像”，听众会当场哄笑。在文学创作中让古代历史人物说出现代语言和现代革命理论，也曾经受到批评。对于说书人来讲，个人见识和口才如何，更多表现在说书人的叙事部分。很多老听众对书目烂熟于心，甚至自己也能复述故事，他们最爱听故事正文之外说书人叙事部分的“小帽”之类。说书人现抓哏，叙事中联系社会现实，联系敏感新闻，让听众回味无穷。或者借书场中某位听众作引子，“现插花”造噱头，让听众开怀大笑中又觉得有回味，这都是最能抓住听众的地方。当然，“现插花”只能当场制造快乐，如果书目整理出版，这类“现插花”很难保留到文本中。最高明的说书人，能把“现插花”与“肉里噱”结合起来。民国时期有扬州评话艺人说《西游记》，猪八戒偷看盘丝洞女妖精洗澡的情节，叙事语言描述女妖精全身赤裸，除那个地方有块“中央裆布”之外，全身上下一丝不挂，猪八戒还哼哼唧唧说不要这块中央裆布。这样描述固然艺术品位不高，但是利用谐音公然讽刺中央党部，胆子很大，书场中欢乐气氛被调动起来，演出效果火暴轰动。有些说书人享有盛名，其书目故事本身与其他艺人没有多少差别，但是善于在叙事中即兴发挥，听众想不笑都难。说书人叙事中联系当下社会现实、众生百态，妙语连珠，还能即兴编出顺口溜，押韵好记又有趣，还不乏深刻性。说书人的联想比喻能力，词语的选择、韵语的编排，说话音调速度，节奏的把握诸多方面。都可以自行发挥，显示才华。说书人叙事中还特别重视声音模仿，战马嘶鸣、炮声鼓声、刀枪碰撞声，马蹄声车轮声，雷声风声雨声，兽吼声鸟叫声，各种模仿数不胜数，堪比口技。案头读物却没有这些特点。阅读类纯文学作品，与书场中服务于听众的说书，其实有不同的艺术取向，不同的规律。把这些规律与《金瓶梅词话》联系起来，多角度分析，《金瓶梅词话》不可能是书场产物。

# 《金瓶梅》中的吴音字
## ——以词话本为例并与张鸿魁先生商榷

褚半农
(上海闵行区莘庄镇镇志办公室,上海,201199)

[**内容提要**]从语音角度分析《金瓶梅词话》,可看到书中有好多组字,因为在吴语中是同音,作者常常将它们混用而致错。混用的吴音字有"黄、王","多、都","石、着","水、四"等,甚至"何、胡、河、湖"都混用。另有"买、卖","人、层"等也都因不分而混用。"拣"、"扯"、"长大"等也须从吴语音的角度分析、理解其词义。

[**关 键 词**]《金瓶梅词话》;语音;吴音字;同音字混用

《金瓶梅词话》中究竟使用了何种方言?或者说文本中有几种方言?研究者各有研究成果,归纳起来大致有山东方言说,吴方言说等,其中书中的吴方言一直是学者关注和研究的一个重点。

也有不同意见。如山东学者张鸿魁先生在第七届(峄城)全国金瓶梅学术研讨会论文中提出的"排除吴语说"。原文是:"有人把我归入'山东作者说'派的。我承认有倾向性,但不是铁杆粉丝,因为我还有太多的疑问。准确点说,我应该是'排除吴语说'派的。"①实际上,张先生早在1987年就有论文,对《金瓶梅词话》的方音特征作了分析后,也得出结论:作者"不可能是操吴语的南人"。②

从方言词语角度去考察《金瓶梅》,这里除了有复旦大学黄霖教授指出的书中因"镶嵌"其他作品内容而使问题特别复杂外,还有个词语的"今籍"和"祖籍"问题,即当今方言中存在的词语,与《金瓶梅》创作时是否一致,分清它们难度较大;也有因模糊不清而莫衷一是,甚至似是而非的,因而出现了各地都能在书中

---

① 张鸿魁:《〈金瓶梅词话〉研究的两点意见》,王平、程冠军主编《金瓶梅文化研究》第五辑,北京:群言出版社,2007年,第290页。

② 张鸿魁:《〈金瓶梅〉的方音特点》,《中国语文》1987年2月号。

找到各自方言的现象;当然也有相一致的。但如果从语音角度分析的话,情况可能会两样。正如张先生大作中所说的“要注意方言读音。方言最明显的差别在读音”。① 语音诚然也会发生变化,但比起词语来,变化要少得多、慢得多,有的甚至几百年来没有发生过变化。不少语音现象文献中还有记载、说明,这为我们的研究、辨别提供了方便。

## 一

《金瓶梅词话》中有好多组吴音字,因为是同音,作者经常把它们混用。这些特殊的语言现象,在官话里是不可能出现的。

**一、“黄、王”不分,且看例句:**

1. 宋御史索求八仙鼎 吴月娘听宣王氏卷(第74回回目。例句引自万历本,下同)

2. 我头里旋叫他使小沙弥请了《黄氏女卷》来宣。(第74回)

3. 这薛姑子展开《黄氏女卷》,高声演说道……(第74回)

很明显,第74回中的“王氏卷”和“黄氏女卷”指的是同一本书。之所以出现两种写法,原因就是“黄、王”同音所致。

王经,是西门庆相好王六儿的兄弟。第71回中这个名字共出现了8次。在万历本中,前3次作者把他写成“黄经”,后面全部写成“王经”,两个“黄(王)经”实际是同一个人:

4.(西门庆)解衣就寝。黄经、玳安打发脱了靴袜,合了灯烛,自往下边暖炕被褥歇去了。……欲待要呼王经进来陪他睡,忽然听得窗外有妇人语声甚低。(第71回)

例句中的“黄经”名字在此回中是第3次出现,之前两个也都写作“黄经”,接

---

① 张鸿魁:《〈金瓶梅词话〉研究的两点意见》,王平、程冠军主编《金瓶梅文化研究》第五辑,北京:群言出版社,2007年,第289页。

下来作者就把他写作“王经”了。从“黄经”转写为“王经”，中间仅相隔 100 来个字，而且下面出现这个人名时，作者又一律写作“王经”，一共 5 次。在作者的读音里，“黄”、“王”是同音的，“黄经”就是“王经”，或者说“王经”就是“黄经”，故不分“黄王”，写来非常顺手。

《金瓶梅词话》中出现的“黄、王”不分的吴地语音现象，在明朝其他著作中已有记载，而且就是吴地作者的著作。如在京城做过官的陆容，是江苏太仓人，他在《菽园杂记》卷四中就这样记载：“如吴语黄王不分，北人每笑之”。① 从小讲吴语的笔者至今把这两个发音不同的字读成同一个音，一开口就“黄、王”不分。如非要分清，那就得借助于拼音，这可能就是常说的“一方水土养一方人”、乡音难改的缘故吧。

**二、“多、都”不分，先看例句：**

1. 空中半雨半雪下来，落在衣服上，多化了。（第 38 回）
2. 这封五十两，你多拿了使去，省的我又拆开他。（第 67 回）

例 1 的“多化了”，应为“都化了”，例 2 的“多拿了使去”，实为“都拿了使去”。《词话》中“多、都”不分的语音现象可以说是随处可见，我粗粗统计一下，在十回中就有 11 例之多。它们分别出现在第 1、8、23、32、38、39、40、67、68、94 回中。有把“多”作“都”用的，如“（西门庆）一面与妇人多起来，穿上衣服”（第 8 回），“说了一回，各人多睡了”（第 40 回）。也有把“都”作“多”用的，如“月娘道，你爹来家都大回了？”（第 23 回）“（张胜）又问，你今年都大年纪？经济道，廿四岁了。”（第 94 回）

多，应念 duō；都，应念 dōu。在吴语中，这两个字都念 $tu^{53}$ 音，与官话有较大差别，明朝时是这样，到清朝时还是这样。清初苏州人褚人获著《坚瓠集》一书，因其多明代资料向被学者看重，此书里也有关于“多、都”不分的记载，用的就是苏州人的例子：“苏人语曰：‘徒多为人所憎恶耳。’吴语‘多’为‘都’，‘徒多’云‘屠都’也”。② 看来方音的改变是很困难的，吴地人学好普通话，至今仍常要为分清

① （明）陆容：《菽园杂记》卷四，北京：中华书局，1985 年，第 41 页。

② （清）褚人获：《坚瓠集》壬集卷之四，《清代笔记小说大观》（二），上海：上海古籍出版社，2007 年，第 1437 页。

这两个读音而感到吃力。

**三、"石、着"不分,"绑石鬼"就是"绑着鬼":**

1. 谁教你惹他来!我倒替你捏两把汗。若不是我在跟前劝着,绑石鬼也有几下子打在身上。(第43回)

可在其他两回里,却写作"绑着鬼"了:

2. 不然,绑着鬼只是俺这屋里丫头和奶子。(第44回)

3. 我今胡乱与他一二十两银子满纂,绑着鬼也落他多一半养家。(第87回)

石,音shi,而"着"则音zhao,发音完全不同的两个字,怎么也会被作者混用致错呢?原因十分简单,这两个字在吴语里都音zaʔ[11],如石头之"石",和着实之"着",都发这同一个音。

**四、"何、胡","河、湖"不分。**

这4个字的读音可分he和hu两组,互相之间相差极大,在官话中是无论如何不会用错的,但在《金瓶梅词话》中却被混用了。且看下面例句:

1. 这厮何说!你岂不认的他是县中皂隶,想必别有缘故。(第10回)

2. 你和何秀在船上等着纳税。(第81回)

3. 来保打发胡秀房里睡去不题。(第81回)

例1中的"何说"应为"胡说";例2、例3的"何秀"和"胡秀"是同一个人,《金瓶梅》梅节排印本已统一为"胡秀"。其实,早在第6回中就出现一个何九,他是个"验尸"的仵作,原是小说《水浒传》中的人物。到这回时,武大已被害死,从王婆他们商议去请何九为武大"验尸"、西门庆半路拦住他请吃酒,一直到"验尸"完毕,全过程中他的名字共出现19次,连第6回的回目中也写作为"何九",但其中1次却写成了"胡九",这就是此回正文开始第一句话第8个字。作者一上来就把“何九”写成了“胡九”，原文是“却说西门庆便对胡九说去了”。

从把“何九”写成“胡九”，到“胡说”写成“何说”，最后把“胡秀”写成“何秀”，在《金瓶梅词话》作者的读音里，“何”、“胡”是同音的。从他把“何”写成“胡”来看，可得知“何”音 hu[$ɦu^{24}$]而不读 he，同“胡”同音，这同吴语的读音完全一致。

《金瓶梅词话》还有“河、湖”不分的语音现象。第 3 回中，西门庆道：“便得一片橘皮吃，切莫忘了洞庭河”。到第 4 回中，又出现这两句话，西门庆道：“但得一片橘皮吃，且莫忘了洞庭湖”。很明显，把“洞庭湖”写成“洞庭河”是错的，作者又一次将 he 音和 hu 音搞混了。“河”和“湖”的发音相差太大了，在官话中怎么也不会发生混淆的。它们在吴语中却是同音，也都发 hu[$ɦu^{24}$]音，这就是用错字的原因。

从上面分析可得出结论，在《金瓶梅词话》中，何、胡、河、湖这 4 个字同音，都发 hu[$ɦu^{24}$]音。这正是吴语语音的特点，它们至今仍是同音字。清上海县《法华乡志》记述嘉庆年间一事中就有“何河同音”的记载，原句是：“一日，何小之女指棍，曰此余家也。询其父名，曰何小。回禀邑令，大悟曰：何，与河同音；挤于两岸，因河小也”；①清吴语小说《商界现形记》中也有记载：“人可何改做口天吴，或是古月胡”。② 从这些记载可知道，在吴地，何、河；何、吴、胡一直是同音字，都发 hu 音。明朝时是这样，清朝时是这样，直到今朝仍是这样。上海闵行区莘庄镇有个“西河浜”的自然村（生产队），可我在区文书档案中，数次看到被写成“西湖浜”③，因为在当地，“河”“湖”同音。这同明清文献记载的读音相同。

《金瓶梅词话》中还有“水、四”不分的语音现象。如第 4 回是“两道水鬓描画的长长的”，可在第 11、28 回里却两次写作“四鬓”。其实“四鬓”就是“水鬓”。“水、四”在吴语中音[$sɿ^{44}$]，两者读音不分又是吴语语音的特点，这在吴地地方志中居然也有记载，如民国初期《嘉定疁东志》（嘉定县明朝时属太仓州，清朝时属苏州府，1958 年划归上海）卷四“方言”：“水，读若四”，④又同《词话》中的语音现

① （清）王钟原撰，（民国）胡人凤续辑：《法华乡志》，《上海乡镇旧志丛书》第 12 册，上海：上海社会科学院出版社，2006 年，第 348 页。

② （清）天赘生：《商界现形记》，上海：上海古籍出版社，1991 年，第 93 页。

③ 上海闵行区档 2—1—171、80—1—20、80—2—56、80—2—60。

④ （民国）吕舜祥、武嘏纯：《嘉定疁东志》，《上海乡镇旧志丛书》第 1 册，上海：上海社会科学院出版社，2004 年，第 71 页。

象完全一致。

这种吴语同音字混用的现象,《金瓶梅词话》中还有好几组,如"买、卖"不分,"卖份礼"实为"买份礼"(第 75 回);"人、层"不分,如第 75 回中吴月娘对西门庆说的话:"老婆是墙上泥坯,去了一层又一层",用"层"谐音"人",因为这两个字在吴语中也是同音。它们被混用、出错的原因很简单,都是因为在吴语中是同音。

## 二

《金瓶梅词话》中还有个"拣"字的音、义,也值得注意。拣,《现代汉语字典》的释义是:挑选。《词话》中除了有表示这个词义的"拣"(如第 5、53 回等)外,还有另一类"拣"字,它要表达的不是挑选之意。如:

1. 李瓶儿连忙叫绣春斟酒,他便取拣碟儿,拣了一碟猪头肉递与惠莲,说道:"你自造的,你试尝尝。"(第 23 回)

在这一回中,惠莲用一根长柴把猪头肉烧得又酥又烂,潘金莲叫她烧好后拿到李瓶儿房中让她们吃。例 1 中李瓶儿想到应该让惠莲也吃一点,就"拣"了一碟递与惠莲。问题是惠莲送上来的只有一样菜,即猪头肉,李瓶儿要拿点给她的,也是这一种猪头肉,是用不到挑选的,怎么也用"拣"字呢? 这类不表示挑选的"拣"字例句,书中还有很多,如:

2. 迎春连忙放桌儿,拿菜儿。如意儿道:"姐,你揭开盒子,等我拣两样儿与爹下酒。"于是灯下拣了一碟鸭子肉,一碟鸽子雏儿,一碗银丝鲊,一碟掐的银苗豆芽菜,一碟黄芽韭和的海蛰,一碟烧脏肉酿肠儿,一碟黄炒的银鱼,一碟春不老炒冬笋,两眼春槅。(第 75 回)

3. 绣春在旁边炕上坐的,共五人坐,把酒来斟。春梅护衣碟儿内每样拣出递与娃娃吃……(第 78 回)

从其在《词话》语境中的功能和词义看,笔者认为它是个十足的吴音字,或者说是吴语动词。在吴语中,"拣"的读音是"减"( $kɛ^{34}$ )。尽管它们在官话中也同音(jiǎn),但与吴语发音完全不同,要表达的词义也不同。许宝华教授等主编的

《汉语方言大词典》中“拣”字的第一个义项就是:“〈动〉用筷子夹”,并在后面特地注明了是“吴语”。① 有趣的是,大词典选用的书证就是《金瓶梅词话》第34回中的例句:“李瓶儿把各种嗄饭,拣在一个碟儿里,教他吃。”“拣”在这里是用筷子把菜从一个盆(碗)中搛到另一个盆(碗)中,但没有“挑选”之意,例句1、2、3中的“拣”也都是这个意思。而且,全书在十一回中共用了13个不表示挑选之意的“拣”字。在普通话中,这个动作也可称“搛”,可“搛”的吴语读音是“结”,词义也稍有差别。因此,在上述语境中,用“拣”字确实要比用其他字准确得多。“拣”在原江苏松江府方言中,至今还是这个读音、这样使用的。

《上海通志》方言卷中也收了表示此意思的这个字,它用了个同音字:减(kɛ34)。义项有二:①从总体中去掉一部分。/②从碗中拨出去。② 方言卷作者原注:斜线前为上海话与普通话共用的义项,后为上海话等吴方言特有的义项。斜线前的原注与此无关,可不议。从斜线后的原注中,可见“减”(或“拣”)是一个道地的吴语字(词)。

历代吴地作者在用到这个动词时,也有写作“减”的。如清末天虚我生(即陈蝶仙)的小说《泪珠缘》第92回中就用“减”字:

4. 教珠儿也替素馨盛饭上来。素馨也说多了,便用箸子也向蘧仙碗里减来。蘧仙忙道:“我也吃不下呢。”素馨便缩住了手,把饭都减在空盆子里去了。③

在此前后不到四百字(连标点)的文字里,共出现了表示这一意思的7个“减”字,这些“减”明显就是上述金瓶梅例句1、2、3中用的那个“拣”,语境相同,动作相同,词义相同。更重要的是,这两个字的吴语读音相同。

在江苏无锡的传统地方戏《打面缸》(常锡剧)中也用“拣”字:

---

① 许宝华等主编:《汉语方言大辞典》(第三卷),北京:中华书局,1999年,第3206页。

② 《上海通志》,上海人民出版社、上海社会科学院出版社,2005年,第5676页。附注:表示这个意思的动作用“拣”还是“减”字,文献资料上用字并不统一,但在上海方言词典中都用“减”字。就是说,《金瓶梅词话》用的是同音字。

③ (清)天虚我生:《泪珠缘》,江西:百花洲文艺出版社,1991年,第636页。

5. 知县：晓得人家不便，老爷带在身边，碗盏傢伙，一应俱全，热酒一壶，小菜一碟，用杯子喝，用筷子拣。①

不仅知县的“拣”与例句1、2、3中的“拣”字相同，都是同一个内容的动作，4.5两个例句中的“減”或“拣”动作的意思，也全都不表示“挑选”之意。

综上所述，结论如下：一、拣，或是个有音无字之字。根据吴地读音（kɛ³⁴），它可以写成“拣”，也可以写成“減”。二、拣，有几个义项，其中一个是“从总体中去掉一部分”或“从碗中拨出去”。三、它是个吴语字，在明朝时就有了，至今还在吴地使用。四、《金瓶梅词话》中大量出现的这个语境下的“拣”字，其读音和词义与吴语中的这个“拣”或“減”完全一致。

## 三

《金瓶梅词话》中有好多“扯”字，也必须从吴语音的角度分析，才能准确理解其词义。扯，普通话中的读音是chě，可它在吴语中的读音是“cā(差)”，是个常用特色动词，词义、用法与普通话中的“扯”有很多不同，如“升旗”，在吴语中却说成是“扯旗”。它的另一词义是“拉”，但在不同语境里，“拉”的动作、语义也稍有不同，如“拉二胡”在吴语中称“扯二胡”。“扯”在吴语中基本有三个义项，这在金瓶梅中都可找到例句：

1.（月娘）告诉西门庆说道：“……他使性儿，把袍儿上身扯了个大口子，吃我大吆喝和他骂嚷，嚷嚷着就醒了，不想都是南柯一梦”（第79回）

2. 妇人还扯上封门，说道：“爹请里边纸门内坐罢。”（第77回）

3. 绣春道：“我看见娘包放在箱坐橱里。”扯开坐橱子寻，还有一大包，都是新鞋。（第62回）

如果说例1中的“扯”字，在其他方言区也会出现的话，那么例2、3中的“扯”使用范围是极小的，有明显的地域特色。

---

① 季彦辉整理：《打面缸》，《华东地方戏曲丛刊》第24集，上海：新文艺出版社，1955年，第33页。

例 1 中的动作适用范围较广，词义也容易理解，即指把衣服拉（也即撕）开了一个大口子。这个义项的例句，在金瓶梅中有好多，如潘金莲上前“把老婆的头发扯住”（第 72 回），“身上衣服都扯碎了”（第 94 回）等。第 79 回中这个动作的词义，在原江苏松江府方言中还可说成“扯碎”或“扯脱”，“扯”字读音是“cà（差）”。

例 2 是指拉上封门，从这个动作可得知这扇封门只能左右拉动而不能前后开启。在吴语中，凡这类只能左右移动而不能前后开启的门、窗称作“扯门”、“扯窗”（现在开始也被称作“移门”“移窗”）。打开它们，称“扯开”、“扯开来”，而关上这种门、窗就叫“扯上门”、“扯上窗”或把门“扯上”、把窗“扯上”。“扯”字读音也全是“cà（差）”。

例 3 这个“扯”的动作，是指将器物不离地（或稍离地）而前后左右拉着近距离移动。这个动作不特殊，特殊在对这个动作的叫法上，在上海原江苏松江府方言中，这个动作除了可以叫“拉”、“拖”外，大量的是被称作“扯”或“扯开”。从例 3“扯开”这个动作可得知那些丫环是先把“坐橱子”拉过一边后才找到鞋的。这个义项的例句，在金瓶梅中还有，如“（何千户）一面扯公座椅儿，都是麈皮坐褥，分宾主坐下”（第 70 回），也是指拖着移动。

如果说例 1 中的“扯”字，在其他方言区也会出现的话，那么例 2、例 3 中的“扯”使用范围是极小的，或者说，吴地特色很浓。需要指出的是，例 2 例 3 义项的“扯”字，各种金瓶梅词典均未列为词条，也就是说，尚未进入研究者的视线。

这个语境下的“扯”字，在吴语文献中的例句还有很多，如：

4.（杜伏威）与众好汉扯开床来，果见吴恢和一美妾，躲在床下。（《禅真逸史》第 35 回）①

5.船头上觉得有人撑船，扯开水窗望望，已撑到那边南溟庄口沿塘岸。”（《人海潮》第 6 回）②

6.黄家媎见把台子扯好，一样叫相帮起手巾，大家坐下去碰……（《海上繁华梦·后集》第 21 回）③

---

① （明）清溪道人：《禅真逸史》，上海：上海古籍出版社，1990 年，第 413 页。

② （民国）网蛛生：《人海潮》，上海：上海古籍出版社，1991 年，第 109 页。

③ （民国）海上漱石生：《海上繁华梦·后集》，上海：上海古籍出版社，1991 年，第 931 页。

例句 4 中明写把床“扯开”，和例句 6 中把台子“扯好”同金瓶梅第 62 回中“扯开坐橱子”、第 70 回中“扯公座椅儿”的“扯”，动作相同，词义相同，读音也相同。例句 5 船上的“水窗”是只能向两边移动的“扯窗”，所以他的动作一定是“扯开”，同第 77 回中的“扯上封门”的“扯”也同义，只是一个是“扯开”，一个是“扯上”。我手头还有更多明清文献中这个语境下“扯”字的书证，这里不引用了。

有研究者提出另外的观点①，他认为第 77 回中“封门”的一边可能是“铰链”，“扯”就是把门打开，像打开别的门一样。呵呵，如真是这样，那自然是理想、圆满的设想，也可驳倒我了。但持论者恰恰忘了一个基本事实，门上的铰链什么时候在中国出现的？因为铰链的出现还必和螺丝钉有关。有专家如美国的李约瑟考证后认为，螺丝钉是十七世纪才由耶稣会传教士带入中国的，那应该是清朝的事，离明万历年间已过很久了吧。而且，即使传进来后也不会马上用到门上的，要有一个较长的时间过程，不知持论者有没有其他足够证据来推翻李约瑟在《中国科学技术史》中的结论。我倒可以从金瓶梅中提供一例内证，证明书中的门上用的绝不是铰链，而是另一样东西。这东西吴语中叫“摇梗”(即门、窗的一侧高度超过门[窗]框的突出部分，上部突出约六七公分，下部突出约一公分，可装入上下门臼，门、窗靠摇梗转动才能开启或关闭。参见本节例句 7)，如第 33 回中写的“众人一齐进去，掇开房门”，闯进韩道国家“捉奸”，就可知道这门也是用摇梗和门臼的。如果是装了两块或三块“铰链”的门(里面还可上闩)，它把门与门框紧紧连牢在一起，用再大的力也是掇不开的。一定要打开的话，必须首先要把门上的铰链用螺丝刀卸下，但这又要涉及到明朝时的西门庆家里有没有螺丝刀的问题，好像书中从没有提到，明代众多小说或其他文献中似乎也未提到过。而只有装“摇梗”的门、窗，即使里面上了闩，也能让“摇梗”从上下门臼中掇开。我就曾好几次掇开过自家关上的门，十分清楚“摇梗”的门和“铰链”的门的不同之处。我还可以从同为明朝小说的《禅真后史》第 46 回里提供一例外证，再次证明那时门上装的不是铰链，而是“摇梗”，只是在那本小说里根据其样子称它为“门笋”：潘三将门“望上一耸，左首门笋已离枢寸余”②，“望上一耸”，是让“门

① 甘振波：《与褚半农先生商榷〈金瓶梅词话〉中的吴语问题》，《徐州工程学院学报》(社科版)2009 年第三期。

② (明)清溪道人：《禅真后史》，上海：上海古籍出版社，1996 年，第 245 页。

笋(按:即摇梗)"从下面的门臼中脱离,于是"门笋已离枢寸余",是说已脱离"门臼"了,门便可"掇开"了。小说里把门去掉的整个过程,就是金瓶梅第33回里写的"掇门",只是它写得更详尽。民国时上海的社会小说中出现有"摇梗"二字,也出现类似的动作,对象是窗,但同"掇门"一样,需要先将"摇梗"向上掇起,让它脱离"门臼",才能将窗打开,这个过程自然就可称为"掇窗":

7.(萧怀策)用力把窗往上略抬,使摇梗也不致咿哑作声,始慢慢的推了开来。(《海上繁华梦·续海上繁华梦》2集第11回)①

一个"扯"字看似难词,如用吴词语音、吴词语义来解释,就一通百通了。

## 四

《金瓶梅词话》中还有一些词语,它们的读音如用官话来读,要末读不通,要末读通了也无法解释词义,而用吴语读音,既能读得通,也能理解其词义。比如"长大"一词,如果按官话读成 zhǎng dà,那么它的词义就是生长、成长,作动词,如"小孩长大了"等。在《金瓶梅》中,有的例句中的"长大"可以读成 zhǎng dà,如孟玉楼心里想:"虽故大娘孩儿,到明日长大了,各肉儿各疼归他娘去了"(第91回),此例中的"长大"是指吴月娘的儿子以后长大了怎么样怎么样。可下面例句中的"长大"就不能读做 zhǎng dà 了:

1.(明悟)年二十九岁,生得头圆耳大,面阔口方,身体长大,貌类罗汉,俗姓王。(第73回)

2.(那妇人)又见武松在外,出落得长大,身材胖了,比昔时又会说话儿……(第87回)

如果把上述两个例句中的"长大"读成 zhǎng dà,作动词"生长、成长"解,句意就无法解释。这里的"长大"都应该念 chāng dū(即吴语音"常杜"),意思是人

① (民国)海上漱石生:《海上繁华梦·续海上繁华梦》,上海:上海古籍出版社,1991年,第1609页。

长得高大或长得很高大。“chāng dū(常杜)”这个读音的词语至今还是原松江府农村当地人的常用词,如“阿芳找拉个朋友,人蛮长大个”(阿芳找的男朋友,个子长得很高大的)。

《金瓶梅》中另有“长长大大”这个词,如:

3. 那日正值晴明天气,果然好殡!但见:……热热闹闹采莲船,撒科打浑;长长大大高橇汉,贯甲顶盔……(第 65 回)

例句 3 中“长长大大”如果也从官话读成 zhǎngzhǎng dà dà,既不符合汉语规范,又不知其所云。那又应怎么读呢?和例句 1、2 中的“长大”读音一样,应该读成 chāng chāng dūdū(即吴语音“常常杜杜”),它是说送葬队伍中的那些高橇汉个个都是很高大的。“长长大大”是“长大”这一语义的加强。“长长大大”在原松江府农村至今也是个常用词,如“侬一个长长大大(chāng chāng dūdū“常常杜杜”)的男子汉,气脉比女人还要小”(你一个又高又大的男子汉,气量比女人还要小)。而且,官话中“长大”(zhǎng dà)是动词,而吴音字(词)“长大” (chāng dū)和“长长大大”( chāngchāng dū dū)却都是形容词。

“长大”在《金瓶梅词话》中共出现 14 次,其中 7 次应读作 chāng dū(常杜),且必须要用原松江府吴语音来读,意思才是指人长得高大。另外 7 次应读作 zhǎng dà,和官话里的读音、语义、用法一致。“长长大大”在《词话》中出现 3 次,除了例 2 第 65 回中的外,还有在第 70 回、第 71 回:“须臾一对蓝旗过来,夹着一对青衣节级上,一个个长长大大”,“镇殿将军,一个个长长大大赛天神”。这两个例句中的“长长大大”,读音也都应是 chāng chāng dūdū(“常常杜杜”)。

“长大(chāng dū)”和“长长大大(chāng chāng dūdū)”在吴语文献中时有记载:

4. 内中坐了有七八十个大汉,尽是青红绿黑五色面皮,都是长大身材……(《绿牡丹》第 23 回)①

① 文岂几标点:《绿牡丹》,上海:上海古籍出版社,1993 年,第 91 页。

5. 胸中虽只平平，人物倒长得长长大大，象个才人。(《赛红丝》第 4 回)①

6. 那里要拖牢一个长长大大清清秀秀年少风流客……(《三笑新编》第 5 回)②

需要指出的是，在 7 次应该从官话读成“长大”(zhǎng dà)的例句中，53—57 回中就占了 4 处，如“月娘把手接住，抱起道：‘我的儿，恁地乖觉。长大来定是聪明伶俐的。’”(第 57 回)而读作 chāng dū(常杜)，chāng chāng dūdū(常常杜杜)的例句一句也没有。

## 五

当然，“黄、王”不分而混用的个别语言现象，其他方言里可能也有，但如此多的其他吴音字及吴语字混用同时出现在这部小说里，那只能是吴地语言现象了。《词话》中吴语同音字和同音字混用等些现象，张惠英先生等曾提到过，我在有关论文中也提到过，只是都没有集中作分析，故也没有引起研究者的足够注意罢了。不少研究者强调《金瓶梅词话》中的“山东方言”，进而推论出作者为山东籍，如此，必先要将书中那么多的吴音字及吴音字混用现象解释清楚，或者说用充足的论据排除掉，不然，推论是无法成立的。从书中那么多的吴音字及吴音字混用现象的事实，我们是不是可以用来推测作者的地域身份、生活经历？他应该是个吴地人，即使原籍不是吴地，至少也应是在吴地生活较长时间的人，也可说他是个非常熟悉吴语、受吴语影响很深的人。这个吴地，就是苏南地区，亦即原江苏苏州府、松江府(松江府各县于 1958 年划归上海)这一地域。不然，那么多的吴音字及吴音字混用现象的出现就无法理解、无法解释。从这个角度去研究《金瓶梅词话》的语言现象，张鸿魁先生“排除吴语说”恐怕是不能成立的。

① (明)佚名：《赛红丝》，辽宁：春风文艺出版社，1981 年，第 34 页。

② (清)吴毓昌：《三笑新编》，上海：上海古籍出版社，1990 年，第 76 页。

# 《金瓶梅》的文本引用及其作者问题

## ——以《金瓶梅》作者“王世贞说”为中心

杨　彬

（东华大学，上海，201620）

[内容摘要]《金瓶梅》作者乃是大名士的说法，自其诞生之际即有流传，甚至被指实为当时的著名文人王世贞等人。在对《金瓶梅》的文本进行细读的时候，我们注意到，它在仿拟、引用“雅文学”如诗词等素材的时候，并不是根据第一手的材料，而是根据引述这些诗词的其他通俗文艺作品进行仿拟、引用。《金瓶梅》的作者对于正统诗词等“雅文学”（以及真正的上层社会）的陌生，和他对于通俗文艺作品（包括中低层市民生活）的熟悉，使我们有理由质疑长期以来流传的所谓“大名士说”或“王世贞说”，尽管这丝毫也无损于王世贞作为文化英雄的伟大。

[关 键 词]金瓶梅；雅文学；大名士；王世贞；引用

自从明人沈德符在他的《万历野获编》提到《金瓶梅》①的时候，说他“闻此为嘉靖间大名士手笔”，就引来了后世无穷的猜测，而此前此后“绍兴老儒”（见袁中道《游居柿录》）、“巨公”（见《金瓶梅》廿公跋）等等的类似说法，到清人宋起凤那里就被指实为了明代嘉靖年间的文坛领袖，“大名士”王世贞。② 此后，顾公燮、李慈铭③等学者都倾向认可王世贞的作者身份。流传一时的王世贞为报严嵩父子杀父之仇，而写作《金瓶梅》并在页脚抹毒，最终毒杀世蕃的精彩故事，正出于顾氏之手。但尽管这些学者各享盛名，但其学各有所专，且大多数意见并非经由

---

① 我们相信，沈德符提到的《金瓶梅》，乃是今天我们称为“词话本”的《金瓶梅词话》。虽然词话本与崇祯本文本的差异不小，但在本文的讨论范围内，基本上不涉及二者的差异之处。故为了行文方便，下文径称为《金瓶梅》，只在强调词话本的时候，才使用《金瓶梅词话》。

② 宋起凤《稗说》卷三：“世知《四部稿》为弇州先生生平著作，而不知《金瓶梅》一书也先生中年笔也。”

③ 分见顾氏《销夏闲记摘抄》卷上、李氏《越缦堂读书记》。

严谨的考证得出，因此也并未能有很强的说服力，影响也有限，再经上世纪初鲁迅、郑振铎等老一辈小说研究者们明确反对，尤其是吴晗那篇著名的论文《〈金瓶梅〉的著作时代及其社会背景》（载《文学季刊》1933 年 10 月 10 号创刊号）发表，最终给王世贞说最沉重的一击，才几乎终结了这一影响深远的说法。1979 年，朱星重拾此说，许建平、霍现俊等金学界的知名学者也都从几个方面重新论证，“王世贞说”才在沉寂几十年后重又获得《金瓶梅》作者诸说名单上位居前列的地位。然而，如果我们把目光聚焦到《金瓶梅》文本内部，有许多问题仍然困扰着包括“王世贞说”在内的“大名士说”。虽然这并不妨碍王世贞文学巨匠、文化全才的崇高地位，但总体而言，《金瓶梅》的作者是“大名士”或者有较高文学修养的高阶层文人如王世贞的说法还不宜被轻易认定。

## 一

让我们从《金瓶梅》中的一首引诗谈起。

第十一回，西门庆梳笼李桂姐，在其家留连饮酒，小说写道：

有诗为证：

> 瑠璃锺，琥珀浓，小槽酒滴珍珠红。烹龙炮凤玉脂泣，罗帏绣幙围香风。吹龙笛，击鼍鼓。皓齿歌，细腰舞。况是青春莫虚度，银缸掩映娇娥语，酒不到刘伶坟上去。①

此诗原作当为唐代诗人李贺的《将进酒》。原诗作：

> 琉璃钟，琥珀浓，小槽酒滴真珠红。烹龙炮凤玉脂泣，罗屏绣幕围香风。吹龙笛，击鼍鼓。皓齿歌，细腰舞。况是青春日将暮，桃花乱落如红雨。劝君终日酩酊醉，酒不到刘伶坟上土。②

与原诗对比，除了我们引诗时并未统一的繁简字体或者皆可通用的字如“瑠

① 古佚小说刊行会影印《金瓶梅词话》。

② 《全唐诗》卷三九三。

璃锺”和“琉璃钟”、“真珠”和“珍珠”、“幙”与“幕”等不论，显然有几个明显的异辞。这些异辞集中出现在原诗最后四句，准确地说，是从“青春”开始，四句全异，《金瓶梅》甚至比之原作少了一句“劝君终日酩酊醉”，只剩三句。而最后一句，《金瓶梅》把原诗的“土”，改为了“去”。一望而知是形近而讹。而另外两句，“况是青春莫虚度，银釭掩映娇娥语”，考其句意，则原诗那种佳日无多，红颜凋敝，故劝君更进一杯酒之意，几乎就被改成了青春励志之辞。还不要说第一句明显有欠通顺。显然，《金瓶梅词话》此处所引，应非李贺原诗。

那么，这段文字出在何处？

初步的考察表明，《金瓶梅》里的许多此类诗词，都是间接引用（我们把它称为间接仿拟）。也就是说，它不是引用的第一手材料，而是从第二手、第三手甚至更等而下之辗转抄引的材料当中引得，并且几乎都是来自其他通俗文艺作品的引用。在查证此段间接引用文字时，同样引用了此诗的《宣和遗事》引起了我们的注意。后者记徽宗私访李师师家，显露身份重开筵席后，有如下一段描写：

> 师师进酒，别唱新词。天子甚喜，畅怀而饮。正是：
>
> 瑠璃钟，琥珀浓，小槽酒滴真珠红。烹龙炮凤玉脂泣，罗帏绣幕围香风。吹龙笛，击鼍鼓，皓齿歌，细腰舞；况是青春日将暮，桃花乱落如红雨。劝君终日酩酊醉，酒不到刘伶坟上土。①

很显然，《宣和遗事》中的文字与李贺的原诗更加接近，而《金瓶梅》的引用，却改动了最后四句，而所做改动也并没有更加贴切其情节，融入其自身当中，甚至还出现了从句法到诗意的可笑的错误。这让我们十分困惑。不过，当我们翻开上引标称“重刊宋本”的“士礼居丛书”本的《宣和遗事》时，似乎找到了答案，一下子豁然开朗。

原来，《宣和遗事》中在“青春”的“春”字开始处换页，将“青”与“春”字隔在了两页。（参附图一、二）

一个合理的推测，应该是《金瓶梅》所抄引的李贺诗，乃正是抄自《宣和遗

---

① 复旦大学图书馆藏士礼居丛书本《宣和遗事》，上海古籍出版社《古本小说集成》影印。

事》，而由于换页，“春”以下的文字或因原书版残缺，或因“春”以下漫漶不清，总之本行仅剩下了最后一句“酒不到刘伶坟上土”，故《金瓶梅词话》的作者只得自行补足。而这一补，就见出了与原作的差异——不仅是文字修养上的差异，句意几乎已经与原作相反。这与“大名士”、“巨公”们的手笔的差距可真不是一点点大。复经过细心的查找，我们发现这两句的句意与《金瓶梅》第四十六回李铭、王柱应西门庆要求所唱的一段“东风料峭”《好事近》的〔尾聲〕部分颇为相近：“醉教酩酊眠芳草，高把银灯花下烧。韶光易老，休把春光虚度了。”退一步说，即使《金瓶梅词话》的抄引错误并非如我们所推测的那样（平心而论，“土”字误为“去”字更有可能是手民之误或者其他的原因），但看上去对李贺原诗一无所知，而仅通过二手材料引用，还将原诗的四句省减了一句且改动后的诗意正相反，无论如何不会是“大名士”、“巨公”甚至“老儒”的作派，当然也不可能出之于王世贞的手笔。

在普遍缺乏可信的文献资料的前提下，我们从内部考察出来的这样的文本差异，给基本上是从外证入手而认定的所谓“大名士”创作了《金瓶梅》观点，制造了不少论证上的困难。

类似上述的文本内证远非一例。在历代学人的考述下，《金瓶梅》各回所引诗词曲赋等的来源，正在被逐一挖掘出来。这其中，周钧韬先生的《金瓶梅素材来源》一书，是一部集大成的著作，逐回详细考证其素材来源，让我们得以窥见《金瓶梅》以仿拟、改造素材而成书的写作方式，也给我们提供了许多立论的材料。其对《金瓶梅》第一回卷首词的考辨，就让我们对于作者的身份问题再次产生了疑问。

《金瓶梅词话》卷首词“丈夫只手把吴钩”，据考证是宋人卓田的《眼儿媚·题吴小楼》。而周钧韬《金瓶梅素材来源》的考索则说明，《金瓶梅》是“抄于《清平山堂话本》卷三《刎颈鸳鸯会》”而非后者所引卓田原词。他论证说：“1。《金》引词与卓田原词有六字之差，而与《刎》引词只二字之差；2。卓原词用辞准确，如‘尝观项籍与刘季’，表示追忆甚恰，而《刎》改为‘君看’近似，而与‘尝观’，差之甚；3。卓词‘一怒世人愁’，表示项刘乃盖世英雄，甚恰，而《刎》改为‘一以使人愁’，原意失且文理不通。《金》改为‘一拟使人愁’，承袭《刎》篇之迹十分明显。由此可见，《金》抄《刎》而非抄卓原词。甚至可以推断，《金》作者根本未见卓原词，否则不会错得如此离奇。此还可见出，《金》作者于诗词之道，并不十分精通，书中不少诗作很不高明，可证笔者推断之不误。”①

这与上述引用李贺诗词的情形一样，都不是直接引用原诗词，而是用引用引用了原诗词的其他通俗小说，并且根本不知原诗（词），对其原意也远未真正理解，只能囫囵吞枣，似是而非。此外，周书在对《金瓶梅》的第六回所引《水浒传》诗词之改动也发表了同样意见。在那里，一首被《金瓶梅》辗转从《水浒传》引来的《鹧鸪天》，居然不辨词、诗，改为七律而仍沿用其词牌名。② 这同样“可证笔者推断之不误”。

“大名士”当不至于粗疏不学如此吧。

## 二

《金瓶梅》仿拟、引用③其他文艺作品的现象当然不局限于上述几回，其表现手法也是多种多样。但就其仿拟、引用的对象而论，则有一个共同的特点，就是它所仿拟、引用的对象，基本都是通俗文艺作品。这从弁于卷首的《欣欣子序》里罗列的“前代骚人”及其作品的名单即可见一斑：“卢景晖之《剪灯新话》、元徽（微）之之《莺莺传》、赵君弼之《效颦集》、罗贯中之《水浒传》、丘琼山之《钟情丽集》、卢梅湖之《怀春雅集》、周静轩之《秉烛清谈》，其后《如意传》、《于湖记》……”当然，在这样一部几乎描绘了当时社会的全景图像的大书而言，既有“奴佁之稽唇淬语”，也免不了“朝野之政务，官私之晋接”（谢肇淛语）的官场语言，作者要如实刻画这些场面，尤其是接待蔡状元、廷参朱太尉等情境中，自然也少不了对于“雅文学”的仿拟和引用。众所周知，《金瓶梅》从内容到叙述语言，都是典型的通俗文学。其大量使用的山东方言（即使有论者力辩其中含有、甚至主要是吴语或其他方言，终究也还是地方土白，与书面语雅俗有别）、俚语等白话口语，正是它被人啧啧称奇之处。但在这些白话之中，却也偶尔会有文绉绉的以雅言——文言诗词或者雅词丽句——为主体的叙述语言掺入其中。只是细观其文，却又会

① 周钧韬：《金瓶梅素材来源》，郑州：中州古籍出版社，1991年，第3页。

② 周钧韬：《金瓶梅素材来源》，郑州：中州古籍出版社，1991年，第42—43页。

③ 本文对于“仿拟”和“引用”的界定分别是：前者是指在适应小说自身情节构架的前提下，对前代或当代文艺作品中的相关对象——包括诗词歌赋、语言表达、情节段落、人物形象等——加以变形、改造，以产生新的情节构架，甚至新的文本意义；后者则仅是对一篇特定文艺产品（如诗词、小曲）等的照抄使用，如同叙述语言中的“直接引语”，它经常与情节无关。

令人忍俊不止，因为这些“雅言”，几乎无一例外是仿拟、引用的其他通俗文艺作品，并且生硬地插入其自身文本中，颇让人有“水土不服”的感觉。

《金瓶梅词话》第二十七回“金莲大闹葡萄架”的一段淫秽描写，被普遍认为乃是仿拟《如意君传》的一段情节而来。在不厌其详地记述了潘金莲在与西门庆狂暴的性爱活动之后，一向满口俚语村言（尽管这些语言是那么的生动活泼，又富于生活情趣）的潘金莲居然对西门庆如此告诫并抱怨说：“今后再不可这般所为，不是要处，我如今头目森森然，莫知所之矣。”（着重号为笔者所加）在这里，《金瓶梅》完整保留了《如意君传》的语言，而在全篇泼辣生动的白话体的人物语言中，金莲口中残留的文言却显得十分刺目。

第五十九回，西门庆初会郑爱月，作者极尽刻画郑爱月的房内陈设：

> 但见瑶窗素纱罩，淡月半浸；绣幕以夜明悬，伴光高灿。正面黑漆镂金床，床上帐悬捍锦，褥隐华裀；旁设褪红小几，博山小篆霭沉檀；楼鼻壁上，文锦囊象窑瓶，插紫笋其中。床前设两张绣甸矮椅，旁边放对鲛绡锦帨。云母屏，模写淡浓之笔；鸳鸯榻，高阁古今之书。西门庆坐下，但觉异香袭人，极其清雅，真所谓神仙洞府，人迹不可到者也。

在古代的文学作品当中，这样的房间恐怕只有崔莺莺等相府小姐们才适合居住吧，而《金瓶梅》里，在“这人迹不可到者”的房间里住着的，却偏偏是一个以“弃旧迎新为本，趋炎附势为强”的“院里”的妓女！用这样的丽辞（虽然也摆脱不了通俗的身份）来形容郑爱月这样的一个“女娘”，谈不上“唐突佳人”，反倒一不小心就唐突丽句了。

上述充斥着套语和卖弄的文辞雅言，与全篇俚俗而生动的风格似乎格格不入，其来历也颇可令人生疑。梅节先生的考述表明，原来其出处就是出现在明代中前期、在欣欣子序里被称为卢梅湖所作的《怀春雅集》，而在仿拟上述作品的时候，《金瓶梅》中还出现了不少的异文。这段文字，连同第七十七回，西门庆踏雪访爱月的时候，在爱月房中墙上看到的那幅《爱月美人图》，上面赫然题写着的三泉先生的题词——“有美人兮迥出群”的七言诗，也都是自《怀春雅集》中仿拟得来。只是，相对于原作中才子佳人的怀春情事，较之恶俗得多的嫖客与妓女之间的肮脏生意，与这样的雅言实在是风马牛不相及了。

《金瓶梅》中偶见的“雅”，当然更多还是对于诗词的仿拟和引用。晏几道的词《鹧鸪天》“今宵剩把银釭照，犹恐相逢在梦中”，在《金瓶梅》中被窜改使用于西门庆和李瓶儿偷情的不堪之事：“情浓胸紧凑，款洽臂轻笼。剩把银釭照，犹疑是梦中。”简直像是粪里插花，不伦不类。对于上述这部《怀春雅集》，《金瓶梅》也没有放过充斥其间的那些并不高明的诗词，但并不忠实的引用和与自身情节系统并不契合的仿拟，让《金瓶梅》并没能真正有向“雅”的提升，反倒是留下了更多的把柄，让我们更清楚地认识到仿拟者——《金瓶梅》作者的文化底子。

梅节先生对于《金瓶梅词话》仿拟的《怀春雅集》的全部二十一首诗都做了认真的校勘，并且从“生硬代入 比拟不伦”、“不解原书 随意窜改”、“其他引诗 过失相同”、“腹笥不丰 随意引用”等几个方面数说了《金瓶梅》在仿拟、引用这些诗词时的粗疏鄙陋、不伦不类之处，对作者的身份也作出了这样的推测：“这种连续引用同一作品的现象，反映词话作者对雅文学即正统文学，似乎腹笥不丰，未能博览广采，择最贴切的引用，而是逮着南瓜吃南瓜，逮着茄子吃茄子。”①《怀春雅集》、《钟情丽集》等等文言小说是否可称为“雅文学”，概念上尚需要进一步讨论，②但即使对这些接近于“通俗”的文言小说，《金瓶梅》的作者都显得“腹笥不广”，那么即使我们并不认同梅先生视《金瓶梅》作者为“‘打谈的’（说书人）”，也怀疑梅先生能否仅凭《金瓶梅词话》大量“袭用、窜改《怀春雅集》的诗文”，就能达到“证明词话作者不可能是钜公大名士”③的目的，但《金瓶梅》作者那难以确指的“大名士”的身份，至少可以再次受到合理的质疑了。

## 三

与《金瓶梅》仿拟、引用“雅文学”的情形恰成对照的是，小说在引述通俗文艺作品的时候，却是显得游刃有余，得心应手。固然，在对诸如《雍熙乐府》、《词林摘艳》里所记载的散套、小令的引用，《金瓶梅》也时有讹误，时见异文，但对于情节发展、人物形象刻画、叙述语言等等，都不构成不和谐的影响，并不像它对雅文

① 梅节：《从套用窜改〈怀春雅集〉诗文看〈金瓶梅词话〉的作者》，载梅节：《瓶梅闲笔砚——梅节金学文存》，北京：北京图书馆出版社，2008年，第71页。

② 明人高儒《百川书志》就鄙称它“不为庄人所取”，显然在当时就不被视为“雅文学”。

③ 梅节：《从套用窜改〈怀春雅集〉诗文看〈金瓶梅词话〉的作者》，载梅节：《瓶梅闲笔砚——梅节金学文存》，北京：北京图书馆出版社，2008年，第74页。

学的引用所造成的结果那样。而它在仿拟或引用这些通俗文体时的使用范围也是极广：有的以之抒情(像充斥其中的回前诗词等等)；有的以之反讽(如第八十回，应伯爵等一干“兄弟”请水秀才为西门庆所作的祭文，全篇以西门庆之阳物为祭奠对象，明显是对传统祭文的“戏拟”)；有的严肃而痛心(如李瓶儿痛失官哥后所唱的《山坡羊》)；有些却意在调节气氛，如同戏曲作品中的“蒜酪”，甚至不惜破坏全书那种悲剧气息(如赵太医、接生婆蔡老娘等的出场白，比较准确地仿拟自李开先《宝剑记》，完全是插科打诨的闹剧风格)；还有的只是“以曲代言”，如同戏曲作品那样，以曲词代替小说中的人物语言(大量出现于后二十回中，如第八十二回金莲与经济苟合之后二人互唱小曲，第八十九回吴月娘与孟玉楼给西门庆上坟时之哭诉，以及第九十三回陈经济在冷铺中对众花子自述身世时所唱的《粉蝶儿》套曲等等皆是)。而全书中最精彩的引述，莫过于第五十二回因应伯爵不断插科打诨而变异了的李桂姐演唱的那段曲词：

笑了一回，桂姐慢慢才拿起琵琶，横担膝上，启朱唇，露皓齿，唱了个《伊州三台令》：

“思量你好辜恩，便忘了誓盟，遇花朝月夕良辰，好交我虚度了青春。闷恹恹，把栏杆凭倚，疑望他怎生全无个音信？几回自将，多应是我薄缘轻。”

〔黄莺儿〕

“谁想有这一种，(伯爵道：“阳沟里翻了船，后十年也不知道。”)减香肌，憔瘦损；(伯爵道：“爱好贪他，闪在人水里。”)镜鸾尘锁，无心整。脂粉轻匀，花枝又懒簪；空教黛眉蹙破春山恨。(伯爵道：“你记的说，接客千个，情在一人，无言对镜长吁气，半是思君半恨昔。你两个当初好，如今就为他耽些惊怕儿也罢，不抱怨了！”桂姐道：“汗邪了你，怎的胡说！”)最难禁，(伯爵道：“你难禁，别人却怎样禁的？”)樵楼上画角，吹彻了断肠声！(伯爵道：“肠子倒没断，这一回来，提你的断了线，你两个休提了。”被桂姐尽力打了一下，骂道：“贼们攮的，今日汗歪了你，只鬼混人的！”)

〔集贤宾〕

“幽窗静悄月又明，恨独倚帏屏。蓦听的孤鸿只在楼外鸣，把万愁又还题醒。更长漏永，早不觉灯昏香尽眠未成，他那里睡得安稳？”(伯爵道：“傻小淫妇儿，他怎的睡不安稳？又没拿了他去，落合的在家里睡觉儿里。你便在人家躲着，逐日怀着羊皮儿，直等东京人来，一块石头方落地。”桂姐被他说急了，便道：“爹，你看应花子来！不知怎的，只发讪缠我！”伯爵道：“你这回才认得爹了？”桂姐不理他，弹着琵琶又唱。）

〔双声韵〕

“思量起，思量起，怎不上心。（伯爵道：“揉着你那痒痒处，不由你不上心。”）无人处，无人处，泪珠儿暗倾。”（伯爵道：“一个人惯溺床，那一日，他娘死了，守孝，打铺在灵前睡，晚了，不想又溺下了。人进来看见褥子湿，问：‘怎的来？’那人没的回答，只说：‘你不知，我夜间眼泪打肚里流出来了。’就和你一般，为他声说不的，只好背地哭罢了。”桂姐道：“没羞的孩儿，你看见来？汗邪了你哩！”）“我怨他，我怨他，说他不尽；（伯爵道：“我又一件说，你怎的不怨天，赤道得了他多少钱？见今日躲在人家，把买卖都悮了！说他不尽，是左门神白脸子，极古来子。不知道甚么儿的，好哄他。”）谁知道这里先走滚。（伯爵道：“可知拿着到手中，还飞了哩！”）自恨我当初，不合地认真！”（伯爵道：“傻小淫妇儿，如今年程在这里，小岁小孩儿出来，也哄不过，何况风月中子弟，你和他认真？你且住了，等我唱个《南枝儿》你听：‘风月事，我说与你听，如今年程，论不的假真，个个人古怪精灵，个个人久惯老诚。倒将计活埋，他瞎缸暗顶。老虔婆只要图财，小淫妇儿少不的拽着脖子往前挣！苦似投河，愁如觅声。几时得把业罐子填完，就变驴变马也不干这个营生！’”当下把桂姐说的哭起来了。被西门庆向伯爵头打了一扇子，笑骂道：“你这断了肠子的狗材，生生儿吃你把人就欧杀了！”因叫桂姐：“你唱，不要理他。”谢希大道：“应二哥，你好没趣，今日左来右去，只欺负我这干女儿！你再言语，口上生个大疔疮！”那桂姐半日拿起琵琶又唱。）

〔簇御林〕

“人都道他志诚，（伯爵才待言语，被希大把口按了，说道：“桂姐，你唱，休理他！”李桂姐又唱道。）却原来厮勾引，眼睁睁，心口不相应。（希大放了手，伯爵又说：“相应倒好了，弄不出此事来了。心口里不相应，如今虎口里倒相应。不多，也只两三炷儿。”桂姐道：“白眉赤眼，你看见来？”伯爵道：”“我没看见？在乐星堂儿里不是？”连西门庆，众人都笑起来了。）山誓海盟，说假道真，险些儿不为他错害了相思病！（伯爵道：“好保虫儿，只有错买了的,没有错卖了的。你院中人,肯把病儿错害了?”)负人心,看伊家做作,如何交我有前程?”(伯爵道:“前程也不敢指望他,到明日,少不了他个招宣袭了罢!”)

〔琥珀猫儿〕

“日疏日远,再相逢,枉了奴痴心宁耐等。(伯爵道:“等到几日? 到明日东京了毕事,再回炉也是不迟。”)想巫山云雨梦难成,薄情,猛拆今生,和你凤折鸾,凤折鸾!”

〔尾声〕

“冤家下得忒薄幸,割捨的將人孤另,那世里恩情,番成做话饼!”①

括号中都是应伯爵等人在演唱过程中的插话。李桂姐所唱的这首《伊州三台令》,本是抄自于明代曲选集《词林摘艳》,但作者却一改其他段落里对现成曲词大段抄录的习惯(其中异文也自不少),而是抓住人物形象与心理,对曲词本身及演唱过程进行了艺术的再创造,把这段唱词及其演唱过程融入了故事情节的进展中,成为作者构思情节的一个有效方式。原本不到400字的散曲,由于应伯爵的插科打诨,竟然衍为1500多字,当然也把演唱时间拖长了几倍,增加了情节的延展性,更生动地表现出应伯爵的帮闲天赋——他如“肚里蛔虫”一般知晓西门庆对桂姐瞒着他接客王三官深怀不满,才会如此滥言无忌。结合唱者听者的不同反映,小说同时刻画出了几个人物的形象,并深探到他们各自的内心世界。而从整段情节的发展来看,作者写来也是极尽变化,不呆不板。应伯爵接着李桂姐的唱词打岔,有时是歪解词意,有时是讲个笑话,甚至还止住李桂姐的演唱,自己插入另一支小曲,说中了李桂姐的心事,让她不由得哭了起来。一段小小的曲词演唱,不是平铺直叙地写出,而是枝节横生,千变万化,让读者读来意趣盎然,而不会感觉单调乏味。这在大量引用、抄录诗词、散曲的中国古代小说中还不多见。虽然在《金瓶梅》中也不过仅此一见,但作者那巧妙的引用和运用仿拟材料的娴熟、高妙手法,还是给我们留下深刻的印象,出色地表现出他对于通俗文艺作品是如何熟悉且善于把握的特点——特别是看到他在引用“雅文学”的笨拙之后。

① 古佚小说刊行会影印《金瓶梅词话》。

以上所论，多少有些像我们刚刚对梅节先生的论断所作出的判断，仅仅凭着《金瓶梅》的作者对“雅文学”的不精审甚至不伦不类的引述，以及对俗文学如鱼得水得心应手的运用，就断言作者绝非“钜公大名士”，多少有些草率。但反向而论，若不忽略这些问题，而试图论证作者就是某“钜公大名士”，也非易事。事实上，除此之外，《金瓶梅》的文本中还包含有许多的证据，对本文所论提供着有力的支撑，给“钜公大名士”之说设置了更多的障碍。

比如，从小说对于宴会食单的描写上，似乎可以见出作者的寒酸：在西门院内，或者在如王六儿等“小户人家”的宴席上，对于酒水菜肴的描写不厌其详，举不胜举。随手摘引小说第三十四回所记的一次普通午餐：“先放了四碟菜果，然后又放了四碟案鲜：红邓邓的泰州鸭蛋，曲弯弯王瓜拌辽东金虾，香喷喷油炸的烧骨，秃肥肥干蒸的劈晒鸡。第二道又是四碗嗄饭：一瓯儿滤蒸的烧鸭，一瓯儿水晶膀蹄，一瓯儿白炸猪肉，一瓯儿炮炒的腰子。最后才是里外青花白地磁盘，盛着一盘红馥馥柳蒸的糟鲥鱼，馨香美味，入口即化，骨刺皆消。”可谓形色兼备，不厌其详；而一旦涉及到皇宫贵族的筵宴甚至写到西门庆入京之后所经的宴席，对那食单就只能是泛泛而论，与前者之细密翔实有着明显的不同。仅在第七十回写西门庆进京“庭参朱太尉”的过程中，就有翟谦、何太监、何千户三次宴请西门庆的描写，但饮食描写则简略至约等于无，像“不一时，安放桌席端正，就是大盘大碗，汤饭点心一齐拿上来，都是光禄烹炮美味，极品无加。”“桌上许多汤饭肴品，拿盏箸儿来安下。”“何千户又是预备饭食，头脑小席，大盘小碗，齐齐整整……”这哪还有一点此前描写的生动、逼真？一旦走出清河县城，涉及到对于真正上层社会的摹写，就显出了作者的寒酸，似乎不知从何落笔。黄霖先生曾举《红楼梦》与《金瓶梅》关于宴会食单描写的“雅”和“俗”，力证二书品格的雅和俗，在我们看来，其根本原因乃是二书作者出身的社会阶层不同：曹雪芹出自豪门贵族，自幼鼎鸣玉食，饫甘餍肥，其所经历，自是普通大众所不能及，故其笔下食饮如螃蟹鲞不仅令刘姥姥叹为观止，一般读者读之也顿觉眼界大开；而地位远非“大名士”之高的《金瓶梅》作者则与普通大众所见相同，对真实的富豪家居生活并不甚了了，反映在小说中，其所描写仅止蜻蜓点水，浮泛简略，根因就在于他本来就不具有他要描绘的生活经验而已。

类似的问题其实还有很多，但限于论题，我们不便多所展开，正面的立论只能留待另文再加详释。

# 结束语

《金瓶梅》的作者问题，可谓中国小说史上最难最大的一桩悬案。而遍观世界文坛，类似这样在作者问题上聚讼纷纭的公案尚有可资比对者。比如西方文学的源头，《荷马史诗》，这两部题名即昭示出作者乃是荷马的史诗——包含《伊利亚特》和《奥德赛》——却围绕着荷马之有无，在西方世界引起了长时期的争论。而了解他们对于这一相似问题的处理，或会成为我们解释中国小说史上斯芬克斯之谜的“他山之石”。

西方文学史对于荷马之身份——像我们对于《金瓶梅》的作者究竟是“大名士”，还是其他——历来有两派意见：一派以荷马为不同时期的多个人，荷马史诗则是由多个不同时期形成的诗篇片段连缀而成，这被称为“分辨派”(Analysts)，或者“小歌派”(Unitarians)；另一派以荷马为单一天才作者的，同时认为荷马史诗出于一人之手的，史称“统一派”。[①] 不难看出，前者类似《金瓶梅》的“集体累积创作成书说”，后者则是“个人创作说”的荷马史诗版本。上世纪30年代，哈佛大学的古典学者米尔曼·帕里(M。Parry，1902—1935)和他的学生和合作者艾伯特·洛德(A。B。Lord，1912—1991)，共同开创了“帕里—洛德学说”(也叫“口头程式理论”)。他们对于荷马史诗问题的讨论和结论对于类似《金瓶梅》等古代小说的形成、成书过程有着积极的借鉴意义。根据朝戈金先生对这一学说的展开及其对荷马身份研究过程的描述，我们了解到，他们(帕里和洛德)通过精心设计的田野调查手段和方法，得出许多意味深长的结论，其核心是：“堪称巨制的荷马史诗也就不可能是个别天才诗人灵感的产物，而是一个伟大的民间口头演述传统的产物。”他们的后继者，同为哈佛大学的格雷戈里·纳吉(Gregory Nagy 1942—)在《荷马诸问题》(Homeric Questions)也说道：“在创编、演述和流布的演进过程中，史诗的荷马传统按其自身的再创编模式，呈现出流变性越来越弱而稳定性越来越强的特征，随时间的推移而缓慢地向前发展，直至一个相对静止的阶段。我们可以将这一相对稳定的阶段归结为一个史诗吟诵人的时代(an

① 参见《欧洲文学史》第一卷，李赋宁主编，北京：商务印书馆1999年版，第11页。又见朝戈金：《译者导言》，载[美]约翰·迈尔斯·弗里著，朝戈金译：《口头诗学：帕里—洛德理论》，北京：社会科学文献出版社2000年版，第14页。

era of rhapsōidoí)。(148—149 页)”①对《荷马史诗》这样极具文化与文学重要价值和意义的作品，洛德断言：“荷马史诗的创作者是一位口头诗人。”②

诚然，几位令人尊敬的古典学者作出这样“不近人情”的研究结论，是他们自己也难以遽然接受的。正如纳吉在其书第三章结尾所传递出来的那种凄然之感：

> 从演进的角度来看，有关荷马的这一想象性视野可能会给我们中的一些人留下一种令人心碎的虚空感。这就犹如我们突然间失去了一位珍爱的作者，我们总是会钦羡他无与伦比的成就——《伊利亚特》和《奥德赛》。……我们可能已经失去了一位我们无论如何也无从知晓的历史上的作者，但是我们在这一进程中却重新获得了一位想象中的作者，他不仅仅只是一位作者，他是 Hómēros，希腊精神的文化英雄，所有希腊人最珍爱的一位老师，伴随着《伊利亚特》和《奥德赛》那每一次崭新的演述，他都会重新获得生命的活力。③

《金瓶梅》也是这样。虽然我们无法认同其作者的“大名士说”，甚至得出“王世贞说”为不可能的结论(虽然我们同样并不认为它是说书人长期积累、共同完成的作品，就像《三国演义》、《水浒传》一样)，这让我们失去了一位有着明确身份的伟大作家，在王世贞的故乡忍受着与他视同陌路的痛苦，但他的荣光并不因此有所消磨，他的英名也并不因此而有丝毫贬损，作为一个文化英雄，他的名字仍将在长时期内与《金瓶梅》同在，也将在超越《金瓶梅》的文学世界中继续闪耀光芒。

---

① 朝戈金：《从“荷马问题”到“荷马诸问题”》，《中华读书报》2009 年 3 月 11 日，第 9 版

② [美]洛德著，尹虎彬译。《故事的歌手》，北京：中华书局。2004 年，第 204 页

③ [匈牙利]格雷戈利·纳吉著，巴莫曲布嫫译：《荷马诸问题》，广西师范大学出版社，2008 年，第 151—152 页。

**附图一**

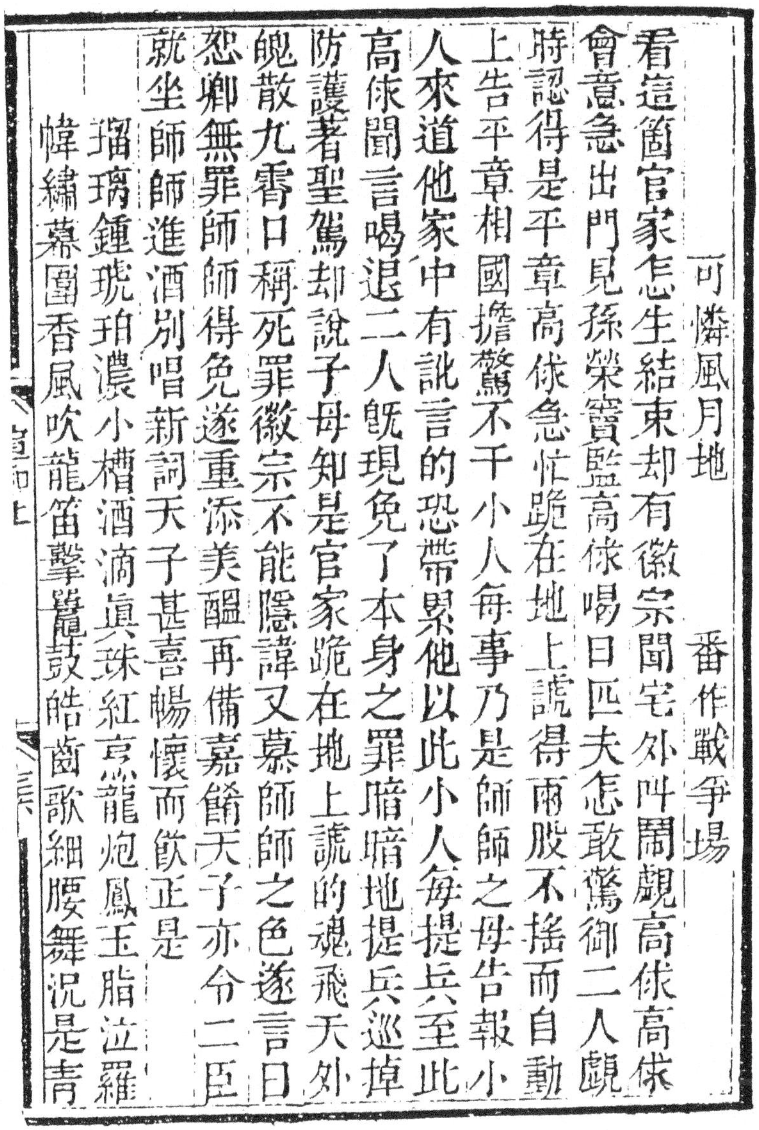
可憐風月地　番作戰爭場
看這箇官家怎生結束却有徽宗聞宅外叫鬧覷高俅高俅
會意急出門見孫榮竇監高俅喝曰匹夫怎敢驚御二人覷
時認得是平章高俅急忙跪在地上謊得兩股不搖而自動
上告平章相國擔驚不干小人每事乃是師師之母告報小
人來道他家中有訛言的恐帶累他以此小人每提兵至此
高俅聞言喝退二人既現免了本身之罪暗暗地提兵巡掉
防護著聖駕却說子母知是官家跪在地上謊的魂飛天外
魄散九霄口稱死罪徽宗不能隱諱又慕師師之色遂言曰
恕卿無罪師師得免遂重添美醖再備嘉餚天子亦令二臣
就坐師師進酒別唱新詞天子甚喜暢懷而飲正是
瑠璃鍾琥珀濃小槽酒滴眞珠紅烹龍炮鳳玉脂泣羅
幃繡幕圍香風吹龍笛擊鼉鼓皓齒歌細腰舞況是青

**附图二**

春日將暮桃花亂落如紅雨勸君終日酩酊醉酒不到
劉伶墳上土
飲多時也天子帶酒觀師師之貌越越地風韻俄不覺的天
色漸晚則見
詩曰 窗外日光彈指過　席前花影座間移
一杯未盡笙歌送　階下辰牌又報時
是時紅輪西墜玉兔東生江上魚翁罷釣佳人秉燭歸房酒
闌宴罷天子共師師就寢高俅楊戩宿于小閤
古來貪色荒淫主　那肯平康宿妓家
徽宗伴師師共寢楊戩高俅別一處眠睡不覺銅壺催漏盡
畫角報更殘驚覺高俅楊戩二人急起穿了衣服走至師師
臥房前款紗窗下高俅低低地奏曰陛下天色明也若班部
來朝不見文武察知看相我王不好天子聞之急起穿了衣

# 王世贞与金瓶梅服饰文化

黄　强

（徐州工程学院人文学院，徐州，221008）

[**内容摘要**]金瓶梅反映的是明中叶社会市井生活，王世贞也生活在这个时期，王世贞与《金瓶梅》有绕不过去的关系。《金瓶梅》中服饰描写极为丰富，人物所着服饰色彩艳丽，表现出明中叶奢侈浮华之风已深入市民生活。《金瓶梅》所处的时代是一个开放的时代，人们放纵情欲，体现在服饰上就是风气开放，穿着暴露。《金瓶梅》中的人物已经意识到服饰传递的性感信息，以此作为斗艳、争宠的砝码，爱欲搏杀的武器。

[**关 键 词**]王世贞；明中叶；金瓶梅；服饰文化

## 一、王世贞与金瓶梅

《金瓶梅》的作者兰陵笑笑生刻意隐瞒他的真实身份，至今我们无法确定这个“笑笑生”究竟是何许人也？但是围绕《金瓶梅》却有沈德符、袁中道、李日华、张竹坡、文龙等很多知名人物，其中王世贞是一个绕不过的人物，有学者指出《金瓶梅》的作者是王世贞，也有学者否认。是不是作者是一回事，与《金瓶梅》有没有关系又有一码事，王世贞注定与《金瓶梅》有关。

说王世贞是《金瓶梅》作者始于屠本畯的《山林经济籍》，朱星、周钧韬、许建平等人都主张此说。① 王世贞是否可以确实是《金瓶梅》作者，尚待商榷。但是王世贞生活的年代，则是《金瓶梅》诞生的时期，这是可以肯定的。

对于《金瓶梅》的时代背景有正德说、嘉靖说、隆庆说、万历说等说法。②

《金瓶梅》成书年代也有多种说法。吴晗认为成书年代大约在万历十年至三

① 许建平：《金学考论》，石家庄：河北教育出版社，1999年12月。

② 主张正德说的有黄强、霍现俊等；主张嘉靖说的有朱星、刘辉、周钧韬等；主张万历说的吴晗、魏子云等。

十年(1582—1602),退一步说,最早也不能过隆庆二年(1568),最晚也不能后于万历三十四年(1606)。魏子云认为金瓶梅全稿最早出现于万历四十三年(1615),《金瓶梅》成书,当在万历末年,绝对不能在万历中期。徐朔方认为成书在嘉靖二十六年(1547)至万历元年(1573)。周均韬认为成书在隆庆朝前后,上限不过嘉靖四十年(1561),下限不过万历十一年(1583)。笔者认为《金瓶梅》成书年代的上限不过嘉靖七年(1528),下限在嘉靖末年,最迟不过万历二十三年(1595)。总体来说,大框框划定《金瓶梅》成书在嘉靖至万历年间。①

王世贞,出生于嘉靖五年(1526),卒于万历十八年(1590)。嘉靖二十六年(1547)考取进士,在京师刑部任职;嘉靖三十五年(1556)起,出任山东按察使副使、兵备青州,生平活动经历嘉靖、隆庆、万历三朝,就生平而言,与《金瓶梅》成书时间是有交集的,尽管各学者提出了不同的时代背景、成书年代,但是大致的范围与王世贞的生活时期明中叶是吻合王世贞的,换言之,王世贞所处的时代正是诞生《金瓶梅》的时期。

## 二、金瓶梅的时尚追求与审美取向

究竟王世贞与《金瓶梅》有何种关系,王世贞是否就是《金瓶梅》作者,已经有很多论述说及,本文不再赘言。既然王世贞是明中叶的大名士,《金瓶梅》的作者是嘉靖时期的大名士,《金瓶梅》又折射出明中叶的经济生活,那么王世贞所处的时代的穿戴,与《金瓶梅》所反映的服饰文化,也处在同一时期,这就有了一比。以前作者、版本、艺术、思想一直是金学研究关注的重点,但是在新材料没有发现的当下,要从作者何许人的老调重弹中提炼出新观点,难度确实很大,因此《金瓶梅》的文化研究就受到研究者的关注。确实如许建平先生所言:“许多以往不被重视的问题渐渐引起越来越多人的关注,如方言、服饰、饮酒、地理位置等等。”②

那么,王世贞的时代与《金瓶梅》中的服饰,究竟反映出明中叶社会的怎样一种时尚追求、生活习惯与审美取向?

《金瓶梅》中人物的服饰是极为华丽的,表现出明中叶奢侈浮华之风已深入市民生活,明人顾炎武指出:“宏治年间,妇女衣衫,仅掩裙腰,富者用罗纱绢纺织

① 黄强:《金瓶梅成书年代考》,收入王平、李志刚、张廷兴主编《金瓶梅文化研究》第3集,北京:华艺出版社,2000年9月。

② 许建平:《金学考论》,石家庄:河北教育出版社,1999年12月。

金彩，通袖裙用金彩膝襕。"[1]正德间，衣衫渐大，裙褶渐多，衫惟用金彩补子。"明人顾起元也说："正德前后，妇女的服装由朴素而华丽。"[2]《金瓶梅》中的服饰款式的多样化和五颜六色的描绘，正展示了这种时代特征和审美倾向。

西门庆一家妻妾相聚时，"潘金莲上穿了沉香色潞紬雁衔芦花样对襟袄儿，白绫竖领，妆花眉子，溜金蜂赶菊纽扣儿。下着一尺宽海马潮云羊金沿边挑线裙子，大红缎子白绫高底鞋，妆花膝裤，青宝石坠子，珠子箍。与孟玉楼一样打扮。惟月娘是大红缎子袄，青素绫披袄，沙绿紬裙，头上带着䯼髻，貂鼠卧兔儿。玉楼在席上，看见金莲艳抹浓妆，鬓嘴边撇着一根金寿字簪儿，从外摇摆将来。"宋惠莲也"换了一套绿闪红缎子对衿衫儿，白挑线裙子。又用一方红绡金汗巾搭着头，额角上贴着飞金并面花儿，金灯笼坠耳，出来跟着众人走百媚儿。月光下，恍若仙娥，都是白绫袄儿，遍地金比甲。"(第14回)描述的是一派富丽豪华景象。

商人逐利是本性使然，商业经营就是积累财富，不赚钱不盈利，那就不是商人，也不是成功的商业机构。但是如果社会过于重视金钱，人们都喜爱孔方兄，做任何事情都要计算成本，比较利重利轻，那就陷入了唯利是图的漩涡，那是社会的可悲。《金瓶梅》所处的时代传统的观点被逐渐打破，人们开始追求奢侈生活，明人张翰《松窗梦语》说："代变风移，人皆志于尊崇富侈，不复知有明禁，群相蹈之。……男子服锦绮，女子服金珠，是皆僭拟无涯，逾国家之禁者也。"山东《博平县志》也记载："至正德嘉靖间古风渐渺。过去乡社村保无酒肆，亦无游民，由嘉靖中叶以来以抵于今，流风愈趋愈下，惯习骄吝，互尚荒佚，以欢宴放纵为豁达，以珍味艳色为盛礼。其流至于市井贩鬻厮皂走卒，亦多缨帽缃鞋，纱裙细袴，酒庐茶肆，异调新声，汩汩浸淫，靡焉不振。甚至娇声充溢于乡曲，别号下延于乞丐，逐末游食，相率成风。"《金瓶梅》诞生在这个时代，必然也受到这种社会思潮的影响，服饰的艳丽、攀比，这是这种生活的折射。

## 三、金瓶梅服饰与王世贞所处的时代

上述描写涉及到"金比甲"、"妆花"等服饰品种，织金服饰与妆花都是明清时期专供皇室使用的云锦中的品种，其中妆花是云锦中织造工艺最复杂的品种，始

① (明)顾炎武著，黄汝成集释：《日知录集释》，郑州：中州古籍出版社，1990年12月。

② (明)顾起元：《客座赘语》，北京：中华书局，1987年4月。

见于明代《天水冰山录》。妆花服饰在《金瓶梅》中有很多，并不是这一处。例如还有大红遍地锦五彩妆花通袖袄、沉香色妆花补子遍地锦罗袄儿，大红五彩通袖妆花锦鸡段子袍儿，妆花罗缎衣服等。

这段服饰的记述传递着两个信息：

一是西门府生活极尽奢华，说明当时的社会与人们都在追求奢侈的生活与贵族般的享受，与社会的潮流、时代的趣味是吻合的。奢华并不局限于服饰方面，在饮食、府邸方面也有涉及，本文只说服饰。

二是西门府上使用的妆花服饰，与严嵩有关了。妆花类服饰，明代大多在皇宫，或者在负责生产的江宁织造局。① 还有一种特殊的情况，就是被有权势、图谋不轨的高官收藏，妄图篡权。奸相严嵩被抄家时，没收的财产中就有大量的妆花服饰，如妆花缎、妆花罗、妆花纱、妆花鹃、妆花锦等。《天水冰山录》记录：大红妆花五爪云龙过肩缎二匹、大红织金妆花蟒龙缎一百四十五匹、大红妆花过肩云蟒缎一百零九匹、大红遍地金过肩云蟒缎六匹、大红妆花飞鱼云缎四匹、大红织金飞鱼补缎一十三匹、大红妆花过肩斗牛缎五匹……青织金妆花凤通袖缎一十四匹、青织金妆花斗牛云缎四十六匹、青织金妆花斗牛补缎四十四匹、青织金孔雀云缎一百一十匹。②

这严嵩(1480—1567)、严世蕃(1513—1565)父子又与王忬(1507—1560)、王世贞(1526—1590)父子有关系了。《金瓶梅》作者有太仓人王世贞一说，并有故事说王世贞父亲死于严嵩的陷害，王世贞为了报仇，写了《金瓶梅》一书。许建平先生写有《王忬"伪画致祸"真伪考辨》一文，对嘉靖年间王忬因向严嵩进献古画赝品，惹祸严氏父子致使祸害的原委做了分析。③ 王世贞与严嵩都是同一时期的人物，《金瓶梅》中服饰与严嵩有关，自然也与王世贞所处的时代有关。

类似的服饰奢华与僭越在《金瓶梅》中比比皆是，而且不惟西门庆一家，连伙计韩道国的婆娘王六儿也是浓妆艳抹，虽不及西门庆妻妾穿戴富丽堂皇，却也是

---

① 黄强：《金瓶梅妆花服饰考》，收入黄霖、杜明德主编《金瓶梅与临清》，齐鲁书社，2008年6月。

② (明)无名氏：《天水冰山录》，见(明)陆深等著《明太祖平湖录》(外七种)，北京：北京古籍出版社，2002年9月。

③ 许建平：《王忬"伪画致祸"真伪考辨》，收入陈益源主编《2012台湾金瓶梅国际学术研讨会论文集》，台北：里仁书局，2013年4月。

绸缎满身。本来服饰到了明代制度性、程式性更加严明。庶民的服饰无非布衣布衫，《万历新昌县志》记载：“小民简啬，惟粗布白衣而已。至无丧亦服孝衣帽，盈巷满街，即帽铺亦惟制白巾帽，绝不见有青色者，人皆买之。”[①]但是《金瓶梅》所处的时代，突破了界限，因为这是个逾礼越制，打破传统桎梏的时代。僭越不治罪，而且社会对此行为颇为推崇。[②]

## 四、金瓶梅服饰传递的性感信息

《金瓶梅》所处的时代是一个开放的时代，一个不以纵谈房帏之事为耻的时代，表示出世纪末最为荒唐的社会景象。人们纵情情欲，春药盛行，体现在服饰上就是风气开放，穿着暴露。《金瓶梅》中有很多这样的事例。明代妇女的服装，主要有衫、袄、霞披、背子、比甲、裙子等，女子的下衣仍以裙为主，很少穿裤子，但是常在裙内穿膝裤，膝裤从膝部垂及脚面。根据不同的社会地位，分为命妇服装和一般妇女服装。一般妇女的服装，除了法令规定的禁忌外，如礼服只能用紫絁（一种次于罗绢，类似于布的衣料），不准用金绣；袍衫只能用紫、绿、桃红等浅淡颜色，不许用大红、鸦青、黄色等；带则用蓝绢布。但是《金瓶梅》中的人物，尤其是女性，僭越服饰非普遍，这是时代礼仪、社会秩序的混乱。

潘金莲穿紧身扣子是一例颇能说明时代风尚的例子。第 1 回潘金莲“从九岁卖在王招宣府里，习学弹唱，就会描眉画眼，傅粉施朱，梳一个缠髻儿，着一件扣身衫子，做张做势，乔模乔样。”扣身衫子是一种女子贴身穿的小衫，属于内衣的一种，而内衣在古代属于亵衣，闺房穿着，不能示人。然而潘氏则穿着性感、突显身体曲线的紧身扣子，登场，不回避。南宋以降，“存天理，去人欲”思想牢牢地禁锢着人们的观念，日常生活中，女性的身体必须严密遮挡，不能暴露在众人眼前，否则就是一种违背礼教的行为。社会倡导的是“万恶淫为首”，女性展曲线露身体都是坚决制止的。社会思维定势认为“扣身衫儿”就是淫荡、邪恶。

到了潘金莲时代，她无所顾忌，尽情展示。因为时代变了，风尚变了，明中叶时期不再限制身体的展露，甚至鼓励这种以前属于逾礼仵制的行为，这才有了潘金莲等人的展露。于是床边功夫比娼妓尤甚的潘金莲，开始利用自己的身体本

---

① 黄强：《服饰礼仪》，南京：南京大学出版社，2015 年 8 月。

② 黄强：《从服饰看金瓶梅反映的时代背景》，刊《江苏教育学院学报》1993 年第 2 期，转刊于《复印报刊资料：中国古代近代文学研究》1993 年第 11 期。

钱，施展魅惑。身体的本钱，施展，一是向她仰慕的打虎英雄武松示爱，以博英雄的垂青。“那夫人一径将酥胸微露，云鬟半躺，脸上堆下笑。”（第1回）可惜不懂怜爱的武二郎不爱这一壶，不领潘金莲的风情。①

二是在嫁入西门府中之后，潘金莲以开放的服饰为武器，与西门庆宠爱的几个女人争风吃醋，屡试屡胜。“却说西门庆在房里，把眼看那夫人，云鬟半躺，酥胸微露，粉面上显出红白来，一径把壶来斟酒，劝那夫人酒。一回推害热，脱了身上绿纱褶子。”（第4回）话说西门庆扶妇人（指潘金莲）到房中“脱去上下衣裳，着薄纩短襦，赤着身体，妇人上着红抹胸儿……两个并肩叠股而坐……西门庆一手搂着她的粉颈，一递一口和她吃酒，极尽温存之态。睨视夫人云鬟斜躺，酥胸半露，妖眼乜斜，犹如沉醉杨妃一般。”（第28回）出水芙蓉的身姿，妩媚动人的媚态，性感撩人的衣着，充分显露潘金莲的魅惑，让西门庆欲罢不能，乖乖听从潘氏的安排。在爱欲的搏杀中，潘金莲凭借穿着与媚态，添加了自己的筹码，让胜利的天平向着自己倾斜。②

明中叶“吴中妇人，尚有穿大脚开裆裤者。独浦城妇人皆不穿袴，此尤淫风薄俗。而广西土官妇女亦不着袴，乃着裙五六层，后曳地四五尺，此又蛮夷之习也。”③这时代造就了淫风薄俗，时代培养了这样的审美倾向。

王世贞虽是士大夫，位居高官，他也改变不了社会的时尚潮流，民风民俗；他左右不了明中叶皇帝们的荒唐、荒淫。而社会影响着他，改变着他，让他接受逾礼仵制的服饰潮流。无论王世贞是不是《金瓶梅》的作者，《金瓶梅》中的人物就这样穿衣打扮了，就这样出位僭越了，《金瓶梅》客观地记录了时代的服饰，社会的时尚。

## 五、色彩之美美不胜收

《金瓶梅》中服饰不仅反映了明中叶的服饰生活，同样传递时代的审美倾向。潘金莲等人物喜欢穿艳丽服饰，妆花、织金等高档面料制作的服装，她们喜欢穿金戴银，用金银首饰装扮自己。潘金莲就曾一手戴了好几个戒指，孟玉楼有镌刻字符的金簪子，冯妈妈一方旧汗巾里包着四对金寿字簪儿。

---

① 黄强：《另一只眼看金瓶梅》，北京：中国文学出版社，2006年9月。

② 黄强：《中国服饰画史》，天津：百花文艺出版社，2007年8月。

③ （明）田艺蘅：《留青日札》，上海：上海古籍出版社，1992年11月。

元宵节，西门庆妻妾赏灯，簇拥去赏花灯，这群美艳的女人们，穿着中意的服饰，展示她们的风情。“吴月娘穿着大红妆花通袖袄儿，娇绿缎裙，貂鼠皮袄。李娇儿、孟玉楼、潘金莲都是白绫袄儿，蓝缎裙。李娇儿是沉香色遍地金比甲，孟玉楼是绿遍地金比甲，潘金莲是大红遍地金比甲，头上珠翠堆盈，凤钗半卸，鬓后挑着许多各色灯笼儿。”(第15回)“遍地金比甲”、“绿遍地金比甲”、“大红遍地金比甲”，“蓝缎裙”、“白绫袄”，红、黄、蓝、绿、白，各种颜色都有，搭配在一起，色彩斑斓，争奇斗艳。这是奢侈的生活，也是色彩的世界，抛开奢华，就其色彩与款式而言，难道给我们的不是美感吗？

服饰之美，在于遇搭配，在于和谐。李渔在《闲情偶寄》中就说到：“妇人之衣，不贵精而贵洁，不贵丽而贵雅，不贵与家相称，而贵与貌相宜。……红紫深艳之色，违时失尚，反不若浅淡之合宜，所谓贵雅不贵丽也。贵人之妇，宜披文采，寒俭之家，当衣缟素，所谓与人相称也。然人有生成之面，面有相配之衣，衣有相配之色，皆一定而不可移者……使贵人之妇之面色不宜文采，而宜缟素，必欲去缟素而就文采，不几与面为仇乎？故曰不贵与家相称，而贵与貌相宜。大约面色之最白最嫩，与体态之最轻盈者，斯无往而不宜；色之浅者显其淡，色之深者愈显其淡；衣之精者形其娇，衣服之粗者愈形其娇。”①

服饰当“与人相称”、“与貌相宜”，和谐生美。《金瓶梅》中服饰描写，体现了相配，相宜，和谐之美。元宵节赏灯，即是看花灯，也是赏美人。抛开西门府女人的性格不说，单就服饰、美色而言，个个有个性，颜值都很高。说李瓶儿、潘金莲，她们美艳动人，风情万种，也未尝不可。否则她们怎么能迷倒西门大官人？她们靠什么来撩拨，争宠？女人的武器除了身体、颜值以外，还有服饰、仪容、妆饰，而后面的几个都与服饰有关。

再看李桂姐的出场：“挽着一窝丝杭州攒，金累丝钗，翠梅花钿儿，珠子箍儿，金笼坠儿；上穿插白绫对衿袄儿，妆花眉子，绿遍地金掏袖，下着红色裙带子。”这身打扮，分为两部分，一是服饰穿戴，二是首饰佩戴。服饰上身里面穿着白色小袄，外面罩绿遍地金掏袖，绿底色金搭配，下身红色裙子，红花绿叶配，金色与绿色混搭，减低了绿色的纯度，与红色的裙子搭配就调和起来了。红、绿、白、金(黄)的四种色彩，使得服色很丰富，很抢眼。头上的发型、金钗、耳坠、珠宝箍，属

① (清)李渔：《闲情偶寄》，北京：作家出版社，1995年7月。

于黑白金搭配；妆容也颇具特色，妆花眉与翠梅花钿，非常漂亮。

妓女在中国尽管是社会的玩物，但是她们却是时尚的弄潮儿，她们最先感知时尚潮流，她们以身体验，率先实践，成为社会时尚的风向标。从《金瓶梅》中妓女与官家家眷的穿戴衣着，我们不难看出她们都爱美，她们都追求时尚，她们都享受时尚潮流带给她们的身心愉悦。

以此来评论王世贞所处时代诞生的《金瓶梅》中穿戴，我们不难看出身材、服饰、色彩搭配的美与丑，以及由此产生的美感。“服饰史上这种流行色彩，流行款式的追求，是有一个传递变无穷的流动过程，又是一种趋同与变异的矛盾运动过程。”①

① 黄强：《李渔研究》，杭州：浙江古籍出版社，1996年2月。

# 杰出的晚明文坛领袖王世贞及其文艺观述论①

周锡山
(上海戏剧学院,上海,200040)

**[内容摘要]**王世贞是晚明的杰出文坛领袖,王世贞在文艺理论领域有很大的建树,他的系列性的文艺观点,涵盖诗文、戏曲、小说和书画,即晚明所有重要的文艺领域,发表众多独创性与权威性兼具的宏论高见,并以其文坛领袖的崇高地位和得风气之先的精辟观点,引领当时的理论建设和文艺创作,影响巨大。其"奖护后进"的作用,更可贵的是表现在当时最杰出的戏曲小说之诞生或挺立,甚至医学巨著《本草纲目》的问世,都与他有关。如果没有王世贞,就没有晚明先进文艺思潮。

王世贞强调取法乎上,以秦汉文章和盛唐诗歌作为学习创作之楷模,但并不独尊秦汉与盛唐,尤其在《艺苑卮言》这部诗文简评史中,对秦汉至他自己所处的晚明时代的诗文都有评论,表达了一系列的精彩见解。他纠正前后七子中其他人的偏颇,在对整个中国文学史做了全面、深入、公正的评价的基础上,对著名的"文笔秦汉、诗必盛唐"说,做了总结性的全面而深入的论说,完善了这个重要的观点和论说。

王世贞重视和高度评价戏曲小说,与当时的众多戏曲作家交往密切。他亲自编纂文言小说集,撰写传奇剧本。王世贞的戏曲研究名著《曲藻》中的许多重要论点,颇为深刻地总结了戏曲艺术的美学特点和创作标准。王世贞和受其影响的茅一相是"一代有一代之文学"著名观点及其相关论说的首创者。王世贞不仅梳理诗词曲的发展过程,还提出北曲发展到南曲的原因,精彩地总结了北曲和南曲的不同艺术风格。王世贞评论马致远为元人散曲第一,《西厢记》为北杂剧第一,《琵琶记》是南戏第一,成为定论而影响后世。王世贞对戏曲经典和名著的精当和极高的评价,作为《鸣凤记》的作者更以其亲身的创作实践作为有力

① 本文受"上海高校高峰高原学科建设计划"资助。

的表率，极大地提高了戏曲在当时文坛、在整个中国文学史和文化史上的地位，对戏曲的发展起了很大的推动作用，功勋卓著。

对书画理论也深有研究和见解，其喜用的"古雅"这个重要的美学概念，由王国维创立了"古雅说"，而王世贞则是最早提出者之一。

[关 键 词]王世贞；晚明；文坛领袖；进步文艺思潮；文艺观

王世贞作为一代文学大家，《四库全书总目提要》评价他的文学创作说："世贞才学富赡，规模终大。"其《艺苑卮言》是著名诗话和文艺评论著作，也有这个特点。丁福保《历代诗话续编》收录此书，并在题注中评论说："其论诗独抒已见，能道人所不敢道"，"其魄力直可谓前无古人，后无来者"。评价极高，也非常正确。王世贞的其他著作和书信等，都有文艺评论，颇多精深见解。因此王世贞在文艺理论领域也有很大建树，理应受到很高评价。可是 20 世纪以来，关于王世贞文艺思想的研究成果颇多，但对其整体评价不足。本文在前人研究的基础上，选择一些具体问题，略抒己见。

在整个中国文学史上，除了唐代的韩愈、柳宗元和宋代的欧阳修，被公认为当时的文坛领袖之外，就是晚明清初的王世贞、钱谦益、吴伟业和王士禛（号渔洋）四人。其中王世贞，过去都仅作为后七子的领袖或诗坛领袖，并不作为整个文坛的领袖看待。本文首先确立王世贞是晚明文坛的杰出领袖，然后简论其文艺观，并从其文艺理论的杰出成就及其影响角度，论述他对晚明文坛的领袖作用和巨大而深远的影响。

## 一、杰出的晚明文坛领袖王世贞

王世贞是杰出的晚明文坛领袖，他的系列性的文艺观点，涵盖诗文、戏曲、小说和书画，即晚明所有的文艺领域，并以其文坛领袖的崇高地位和得风气之先的精辟观点，引领当时的理论建设和文艺创作，影响巨大。陈建华先生指出："没有王世贞，就没有晚明先进文艺思潮。"①而其全面的得时代风气之先的领先性的观点和晚明文坛的巨大而深远的影响，使其成为晚明杰出的文坛领袖。

① 陈建华先生的这个观点是他在上海交通大学文学院举办的 2015 · 太仓 · 王世贞与晚明文化国际研讨会上读了本文后向本文作者发表的观感。这是一个重要的观点，因此本文特作引用。

笔者曾撰《杰出的文坛领袖王渔洋》和《杰出的文坛领袖王渔洋及其重大影响》①,论述王渔洋(王士禛)的诗歌、小说创作和诗歌理论成就,倡导神韵说与清平淡远的神韵派诗歌的重大而深远的影响,对戏曲小说的优秀之作给以高度评价,团结、指导和帮助年轻后学包括洪昇、孔尚任和蒲松龄等戏曲小说家,使其成为清初杰出的文坛领袖。王世贞和王士禛之间的钱谦益和吴伟业只对诗坛有影响,吴伟业虽有戏曲作品,但他们在诗歌理论和戏曲小说理论方面没有重要贡献,因此没有成为影响整个文艺领域的文坛领袖,王世贞和王士禛则成为前后相继的影响很大的杰出文坛领袖。

王世贞是著名的晚明文坛领袖,《明史》本传说:"世贞始与李攀龙狎主文盟,攀龙殁,独操柄二十年。才最高,地望最显,声华意气笼盖海内。一时士大夫及山人、词客、衲子、羽流,莫不奔走门下。片言褒奖,声价骤起。"②评价极高而公允,但其仅指正统文坛,即诗坛,而未及王世贞是涵盖戏曲小说与书画诸多领域的文坛领袖。

王世贞是著名文学家、史学家和艺术理论家。作为史学家,王世贞是著名的六经皆史说的重要倡导者,在史学研究上取得了颇高成就。古时文史相通,其史学成就可与文学成就交相辉映和相得益彰,更可增加其在文坛的分量和声望。作为文学家,其在晚明文坛的创作地位和领袖地位,首先是靠著作宏富,卓有成就,且能够驾驭众多体裁,驰骋自如。其同时的著名学者胡应麟评论说:"弇州王先生巍然崛起东海之上,以一人奄古今制作而有之。先生灵异夙根,神颖天发,环质绝抱,八斗五车,眇不足言。弱冠登朝,横行坫坛,首建旗鼓,华夏耳目固已一新。"(胡应麟《少室山房类稿》卷十八)清初著名学者、文学家朱彝尊(1629—1709)在其名著《静志居诗话》中评论王世贞在晚明的创作地位、成就和影响:"嘉靖七子中,元美才气,十倍于鳞。""乐府变,奇奇正正,易陈为新,远非于鳞生吞活剥者比。七律高华,七绝典丽,亦未遽出攀龙下也。当日名虽七子,实则一雄。"

① 周锡山:《杰出的文坛领袖王渔洋》,《山西师大学报》1991年第2期,中国人民大学报刊资料中心《中国古代、近代文学研究》1991年第8期;周锡山:《杰出的文坛领袖王渔洋及其重大影响》,山东省社会科学文学研究所承担的国家社科基金项目《齐鲁文学演变与地域文化》最终成果之一,北京:人民出版社,2010年。

② 《明史》(卷二百八十七,列传第一百七十五,文苑三)第24册,北京:中华书局,1974年,第7381页。

《四库全书总目提要》指出："才学富赡，规模终大。譬诸五部列肆，百货具陈。且曰：考自古文集之富，未有过于世贞者。"其"谙习掌故，则后七子不及，前七子亦不及，无论广续诸子也。"

王世贞在当时文坛的巨大影响，其同时的文化大家陈继儒说："但知公气笼百代，意若无可一世，而不知公之奖护后进，衣食寒士，惓惓如若己出。"(《陈眉公杂著见闻录》卷五)胡应麟说当时其为众望所归，故"一时诗流，皆望其品题"(出处同上)。而《四库全书总目提要》则曰："自世贞之集出，学者遂剽窃世贞。故艾南英《天佣子集》有曰：后生小子不必读书，不必作文，但架上有前后《四部稿》，每遇应酬，顷刻裁割，便可成篇。"从正反两方面王世贞在当时文坛的重要影响。

王世贞的文艺批评"气笼百代"、涵盖所有文艺体裁作品，晚清陈田(1850—1922)《明诗纪事·己签序》赞誉："弇州负博一世之才，下笔千言，波谲云诡，而又尚论古人，博综掌故，下逮书、画、词、曲、博、弈之属，无所不通。"王世贞发表众多独创性与权威性兼具的宏论高见，因此能"奖护后进"，更可贵的是，其在世时的晚明最杰出的戏曲小说之诞生或挺立，甚至医学巨著《本草纲目》的问世，都与他有关。

王世贞作为正统诗坛的领袖，非常赞赏和重视戏曲小说，起了极好的表率作用。他"好宾客，文酒淋漓，流连觞咏而绝不近声伎。听丝竹，每当燕笑懽噱时，人或谈及忠孝节烈，则慷慨而扬眉。"(屠隆《大司寇王公传》)他和众多著名文人曲家有着密切的来往，如李开先、郑若庸、梅鼎祚、梁辰鱼、张凤翼、何良俊、顾大典、汪道昆、屠隆等，与他们互访、互通书信、相聚偕游或饮酒赋诗，一起听曲或支持他们的戏曲创作活动。例如李开先为其戏曲名作《宝剑记》向其求序，他为梁辰鱼作《古乐府序》(《弇州山人续稿》卷四十二)，并支持和赞誉《浣纱记》等等。

王世贞亲纂文言传奇小说集《艳异编》三十五卷，后有约天启年间玉若堂刊本，增入署名汤若士(显祖)《玉茗堂批评续艳异编》十九卷。今传四十卷本《艳异编》分星、神、水神、龙神、仙、官掖、戚里、幽期、冥感、梦游、义侠、徂异、幻术、妓女、男宠、妖怪、鬼等十七门，收文三百六十一篇；《续艳异编》分神、龙神、鸿象、宫掖、幽期、情感、妓女、义快、幻术、鳞介、器具、珍宝、禽、昆虫、兽、鬼、徂异、定数、冥迹、冤报、草木等二十二门，收文一百六十三篇。书中从历代笔记传奇、史传杂记中撷取爱情与怪异两类故事，合为一帙。自汉魏至明代间此两类小说名篇，网罗殆尽。其中少数作品较为稀见，如《姚花仕女》等。

王世贞亲纂文言小说，有着重要的示范和榜样作用。清初文坛领袖、大诗人、历任高官多职的王士禛创作了多种文言笔记小说集，赞赏、鼓励和亲自评论《聊斋志异》，可视为王世贞影响的结果。

在王世贞的时代，当时最杰出的戏曲作品是首部昆曲剧作《浣纱记》和时事剧的首创之作、昆剧杰作《鸣凤记》，当时最杰出的小说是长篇巨著《金瓶梅》。《浣纱记》问世后，颇受批评，因王世贞的支持而屹立于文坛剧坛。《鸣凤记》的作者，传为王世贞所作①；《金瓶梅》传为王世贞或其门生、门人所作，当代学者虽已提供多个作者人选并争论不休，但王世贞或其门生、门人说乃历史最长、至今依旧呼声最高的一种论说。

王世贞的时代，“一时诗流，皆望其品题”，连李时珍也向王世贞为其《本草纲目》求序。李时珍历经艰难而成书后无力刻印，请王世贞作序，欲借其威望落实出版。王世贞听其介绍全书之内容和撰书之艰巨后，立即答应，临别时还赠诗一首以示勉励和赞誉：“李叟维肖直塘树，便睹仙真跨龙去。却出青囊肘后书，似求玄晏先生序。华阳真隐临欲仙，误注本草迟十年。何如但附贤郎舄，羊角横抟上九天。”当时已身患重病，且右目失明的王世贞，认真审读《本草纲目》，凭着文化大家和批评大家的卓越眼光，在序中赞誉此书：“如入金谷之园，种色夺目；如登龙君之宫，宝藏悉陈；如对冰壶之鉴，毛发可指数也。博而不繁，详而有要，综核究竟，直窥渊海，兹岂仅以医书观哉？实理性之精微，格物之通典，帝王之秘录，臣民之重宝。”给以最高和最正确的评价。还在文中介绍李时珍的形象和风貌：体型瘦高，精神饱满，言谈不凡，可称“北斗以南一人”，即天下少有的奇才。有了王世贞此序，南京书商胡承龙应允承印《本草纲目》，终致此书问世。王世贞完成此序不久，即于当年逝世。

王世贞与《牡丹亭》的关系，颇为奇特。其好友太仓王锡爵辞官家居时，女儿王焘贞因自幼迷恋佛道二教，曾梦见观音大士，又修练内丹辟谷见到仙人朱真君，事近神异，成为名扬江南，哄传海内、瞻仰者云集的青年女仙。王世贞在与她见面论道之后，深表佩服，带领其弟子与昙阳子之父、首辅王锡爵及屠隆、沈懋

① 《六十种曲》本《鸣凤记》署王世贞著。明清至今王骥德、傅惜华、庄一拂、黄裳和蒋星煜等皆认为是王世贞作。蒋星煜有具体分析，见《明清传奇鉴赏辞典·序》，上海辞书出版社，2007年，第4页；延保全《鸣凤记评注》有具体论证，见《六十种曲评注》第4册，吉林人民出版社，2001年，第765—786页。

学、王敬美、冯梦龙等众多名士名家，皆投入昙阳门下，离家修道。不宁唯是，王世贞还为其专作《昙阳大师传》长文，与远在浙江的徐渭所做《昙大师传略》相互呼应，以儒释道三教合一的观点，记述和诠释这位女子十几岁得道、二十二岁升仙的经历。正因王世贞在当时的巨大影响和昙阳子的婚姻经历，当时即传说汤显祖的《牡丹亭》是以昙阳子为原型而创作的。

还有明末李玉的传奇名作“一人永占”中名列第一的《一捧雪》，剧中人物名声显赫，其中权相严嵩、总镇戚继光、锦衣卫陆炳等历史人物都是真名实姓，而主角莫怀古是虚构人物，时人以为他是据王忬、王世贞的人物原型和经历所创作。因戚继光是王忬、王世贞父子的好友，严嵩曾经阻拦王世贞的前程，王忬、王世贞父子受权贵迫害的有关传说，给了戏曲大家李玉艺术素材和灵感，人们才会有此戏主角与王氏父子的这个流行看法。

王世贞的杰出创作成就和对文坛的巨大影响，使其成为晚明的文坛领袖。而由于王世贞的崇高威望和重大影响，因此晚明最重要的戏曲、小说著作，甚至李时珍《本草纲目》都与王世贞有关，晚明文坛将《鸣凤记》、《金瓶梅》都归到王世贞名下，反过来可见其当时影响之巨大。

王世贞的以上表现和其肯定和重视新兴戏曲小说的进步文艺观，推动了晚明戏曲小说的发展和繁荣，引领了晚明先进的文艺思潮，这一切使王世贞成为晚明杰出的文坛领袖、中国文学史上可与王士禛并列的最杰出的文坛领袖。

## 二、“文必秦汉，诗必盛唐”论述的总结者和完善者

丁福保《历代诗话续编》的题注说《艺苑卮言》“推崇汉、魏，唐以下蔑视也”，后来的评论者也多做如是评。实际情况不是这样。从《艺苑卮言》中论述的历代诗歌、戏曲等，其视野宽宏，眼光高远，评价通达公允、深刻醒目。综观其完整的有关论述，可知，王世贞“文必秦汉，诗必盛唐”的真意是秦汉文章和盛唐诗歌的艺术成就最高，作家应该认真学习汉唐文学的精神和其高度艺术成就，以此为典范，提高自己的欣赏和写作水平。

王世贞对于秦汉文章和盛唐诗歌的伟大艺术成就，评论正确而深刻。例如：

鲁迅的名著《汉文学史纲要》的“第十篇司马相如与司马迁”，论述司马相如时，肯定其高度成就，并引王世贞的观点作为论据：“然其专长，终在辞赋，制作虽甚迟缓，而不师故辙，自摅妙才，广博闳丽，卓绝汉代，明王世贞评《子虚》《上林》，

以为材极富，辞极丽，运笔极古雅，精神极流动，长沙有其意而无其材，班张潘有其材而无其笔，子云有其笔而不得其精神流动之处云云，其为历代评骘家所倾倒，可谓至矣。”①

鲁迅强调司马相如赋所取得“不师故辙，自摅妙才，广博闳丽，卓绝汉代”的极高成就，“其为历代评骘家所倾倒，可谓至矣”，而“历代评骘家”的论点只引用了王世贞一家。他引了王世贞《艺苑卮言》卷二的一条观点：“《子虚》、《上林》，材极富，辞极丽，而运笔极古雅，精神极流动，意极高，所以不可及也。长沙有其意而无其材，班、张、潘有其材而无其笔，子云有其笔而不得其精神流动处。”

鲁迅高度认可王世贞对司马相如的评价，而且认为他的评价水平最高，故特予单独引用。此可见王世贞文艺评论的识见之高。

但是，王世贞对于汉唐大家并不一味肯定和歌颂，他也指出其缺点并毫不留情地给以严厉批评。

例如司马迁《史记》是史学和文学顶锋式的经典。对于《史记》的写作艺术成就，王世贞是非常赞赏的：

> 太史公之文，有数端焉。帝王纪，以己释《尚书》者也，又多引图纬子家言，其文衍而虚；春秋诸世家，以己损益诸史者也，其文畅而杂；仪秦鞅睢诸传，以己损益《战国策》者也，其文雄而肆；刘项《纪》、信越诸《传》，志所闻也，其文宏而壮；《河渠》、《平准》诸书，志所见也，其文核而详，婉而多风；《刺客游侠》、《货殖》诸传，发所寄也，其文精严而工笃，磊落而多感慨。

王世贞对于《史记》的史学成就给以高度评价的同时也批评其不足。例如其《蔺相如完璧归赵论》这篇有名的史论，其对《史记》记载和描写完璧归赵这件千古闻名的事件，发表异见。文章开首即批驳司马迁说：“蔺相如之完璧，人皆称之，予未敢以为信也。”

接着分析当时的形势：“夫秦以十五城之空名，诈赵而胁其璧。是时言取璧者情(实情、本意)也，非欲以窥赵也。赵得其情则弗予，不得其情则予；得其情而

① 鲁迅：《鲁迅全集》第九卷《汉文学史纲要·第十篇　司马相如与司马迁》，北京：人民文学出版社，2005年，第433页。

畏之则予，得其情而弗畏之则弗予。（赵国如知晓这个实情就不给它，不知这个实情就给它。知晓这个实情而害怕秦国就给它，知道这个实情而不害怕秦国就不给它。）此两言决耳，奈之何既畏而复挑其怒也？”

这个分析符合“弱国无外交”的真理，指出了蔺相如违背这个真理而做出的进退失据的错误处置。接着再仔细分析此事正常发展的必然结果，显示了王世贞令人信服的高明史识：

且夫秦欲璧，赵弗予璧，两无所曲直也（双方无所谓曲直是非）。入璧而秦弗予城，曲在秦；秦出城而璧归，曲在赵。欲使曲在秦，则莫如弃璧；畏弃璧，则莫如弗予。夫秦王既按图以予城，又设九宾，斋而受璧，其势不得不予城。璧入而城弗予，相如则前请曰：“臣固知大王之弗予城也。夫璧非赵璧乎？而十五城秦宝也。今使大王以璧故而亡其十五城，十五城之子弟，皆厚怨大王以弃我如草芥也。大王弗予城而绐赵璧，以一璧故而失信于天下，臣请就死于国，以明大王之失信。”秦王未必不返璧也。今奈何使舍人怀而逃之，而归直于秦？是时秦意未欲与赵绝耳。令秦王怒，而僇相如于市，武安君十万众压邯郸，而责璧与信，一胜而相如族（灭族），再胜而璧终入秦矣。吾故曰：“蔺相如之获全于璧也，天也！”

最后的结论是：“若其劲渑池，柔廉颇，则愈出而愈妙于用。所以能完赵者，天固曲全之哉！”

此文在史学研究上，学者们高度肯定王世贞从当时的形势大局着眼，分析从秦赵两国强弱关系，指摘蔺相如看似高明实则智短而失策，其侥幸成功，带有极大的偶然性。此文开始即抓住和氏璧事件的本质方面，撇开令人眼花缭乱的具体过程，不牵涉蔺相如个人品德优劣，根据当时的实际形势，分析并推出论断。此因颇有人批评蔺相如的僶池会是不自量力地以赵王为赌注，孤注一掷，博得自己的声名，从道德角度给以批评，而钱锺书也颇为赞成此论并作了严厉的批评；

赵王与秦王会于渑池一节，历世流传，以为美谈，至谱入传奇。使情节果若所写，则樽俎折冲真同儿戏，抑岂人事原如逢场串剧耶？武亿《授堂文钞》卷四《蔺相如渑池之会》深为赵王危之，有曰“殆哉！此以其君为试也！”

又曰:“乃匹夫能无惧者之所为,适以成之,而后遂啧然叹为奇也!”其论事理甚当,然窃恐为马迁所弄而枉替古人担忧耳。司马光《涑水纪闻》卷六记澶渊之役,王钦若谮于宋真宗曰:“寇准以陛下为孤注与虏搏耳!”武氏斥如行险侥幸,即亦以其君为“孤注”之意矣。①

王世贞则不用事后旁观者清的认识去苛求古人,而是允许赵国对秦的实情本意有“得”与“不得”的两种选择;对秦的威胁有“畏”与“弗畏”的不同反应。又分析赵国的“得”与“不得”,“畏”与“弗畏”都无可非议,批评蔺相如“既畏之而复挑其怒”的自相矛盾的做法。又推断无论蔺相如如何智勇,而做出可能招致“武安君十万众压邯郸”的事,也是不足取法的。作者以严密的逻辑推理与卓越的史识做翻案文章。

以上是学者们从历史真实角度给王世贞的批评做出公允肯定的评价。从文学角度看,我认为此文批评司马迁在违反历史真实的同时,也违反了生活真实,违反了人物关系的真实,展示了王世贞追求和重视文学真实性的文艺观。

《史记》研究在明代形成第一个高峰,众多学者给《史记》以至高无上的评价,取得了很大的成绩。王世贞对这个研究高峰的形成和发展,作了颇大贡献;但是他不仅极度赞誉《史记》的伟大艺术成就,而且对其不足,作了严厉而公正的批评。前人指出《史记》的失误往往是具体细节上的疏漏,而王世贞批评《史记》经典篇章的重大失误,则在《史记》研究史上有首创作用。受其影响,近现代曾国藩、朱东润、钱锺书等都对《史记》中的一些经典篇章,发表了严厉的批评,为学术界和广大读者正确、全面和深入理解和评价《史记》,提供了不同的角度和眼光。

而对司马迁观赏汉赋的眼光,王世贞又给以批评:

太史公千秋轶才,而不晓作赋。其载《子虚》《上林》,亦以文辞宏丽,为世所珍而已,非真能赏咏之也。观其推重贾生诸赋可知。贾畅达用世之才耳,所为赋自是一家。太史公亦自有《士不遇赋》,绝不成文理。荀卿《成相》诸篇,便是千古恶道。

① 钱锺书:《管锥篇》第一册,北京:中华书局,1986年,第319—320页。

说司马迁并不真正懂赋体艺术，司马迁不会做赋，这个批评是非常严厉的。

对盛唐大诗人王维和杜甫，王世贞也是既做高度肯定，也有批评：

> 摩诘七言律，自《应制》《早朝》诸篇外，往往不拘常调。至"酌酒与君"一篇，四联皆用仄法，此是初盛唐所无，尤不可学。凡为摩诘体者，必以意兴发端，神情傅合，浑融疏秀，不见穿凿之迹，顿挫抑扬，自出宫商之表可耳。虽老杜以歌行入律，亦是变风，不宜多作，作则伤境。（卷四）

他指出王维和杜甫不可学、不宜多作的具体缺点。

可见王世贞"文必秦汉和诗必盛唐"不仅不是片面地全盘肯定和提倡只学汉唐，而且对汉唐大家能正确分析和评论其不足之处。同时也鲜明地表示了王世贞并无独尊秦汉和盛唐之意。

同时，王世贞还说：

> 李献吉劝人勿读唐以后文，吾始甚狭之，今乃信其然耳。记闻既杂，下笔之际，自然於笔端搅扰，驱斥为难。若模拟一篇，则易於驱斥，又觉局促，痕迹宛露，非斫轮手。自今而後，拟以纯灰三斛，细涤其肠，日取《六经》、《周礼》、《孟子》、《老》、《庄》、《列》、《荀》、《国语》、《左传》、《战国策》、《韩非子》、《离骚》、《吕氏春秋》、《淮南子》、《史记》、班氏《汉书》，西京以还至六朝及韩柳，便须铨择佳者，熟读涵泳之，令其渐渍汪洋。遇有操觚，一师心匠，气从意畅，神与境合，分途策驭，默受指挥，台阁山林，绝迹大漠，岂不快哉！世亦有知是古非今者，然使招之而後来，麾之而後却，已落第二义矣。

前面强调取法乎上，必须努力学习秦汉文章，最后提醒读者，具有"熟读涵泳"，"渐渍汪洋"的根底之后，"遇有操觚，一师心匠，气从意畅，神与境合"。"是古非今者"，"已落第二义矣"。这是他主张的"剽窃模拟，诗之大病"（卷五），倡导独创和创新的一个重要阐发。

综上所述，王世贞对著名的"文必秦汉、诗必盛唐"说，纠正前后七子中其他人的偏颇，做了总结性的全面而深入的论说，完善了这个重要的观点和论说。

## 三、《艺苑卮言》的宽宏眼光和独到见解

《艺苑卮言》是一部诗文简评史，对秦汉至他自己所处的晚明时代的诗文都有评论，表达了一系列的精彩见解。

对自西汉高祖到明朝皇帝的诗文和船夫棹歌、妓女好诗都有高度评价。

例如他评论汉高祖、汉武帝的诗歌说：

> 《大风》三言，气笼宇宙，张千古帝王赤帜，高帝哉？汉武故是词人，《秋风》一章，几於《九歌》矣。《思李夫人赋》，长卿下，子云上，是耶？非耶？三言精绝，落叶哀蝉，疑是赝作。幽兰、秀簟，的为傅语。
>
> “《大风》安不忘危，其霸心之存乎？《秋风》乐极悲来，其悔心之萌乎？”文中子（王通）赞二帝语，去孔子不远。
>
> 《垓下歌》正不必以“虞兮”为嫌，悲壮乌咽，与《大风》各自描写帝王兴衰气象。千载而下，惟曹公“山不厌高”，“老骥伏枥”，司马仲达“天地开辟”、“日月重光”语，差可嗣响。

以上三段言论都评论了《大风歌》。《大风歌》意气高扬，胸襟开阔，历来受到史学家、文学家和美学家的极高评价。例如刘勰的权威美学著作《文心雕龙·时序》评《大风歌》和《鸿鹄歌》两首为“天纵之英作”：

> 爰至有汉，运接燔书；高祖尚武，戏儒简学。虽礼律草创，《诗》、《书》未遑，然《大风》、《鸿鹄》之歌，亦天纵之英作也。

天纵：天所放纵，即天所赋予，这是古人对文艺作品最高的评价。《论语·子罕》：“固天纵之将圣，又多能也。”刘勰此论引用《论语》的赞词，给刘邦的文艺天才以极高的评价。

明末清初的哲学家、史学家、美学家王夫之《古诗评选》卷一评汉高帝《大风歌》：“神韵所不待论。三句三意，不须承转。一比一赋，脱然自致，绝不入文士映带，岂亦非天授也哉！”

刘勰和王夫之的评论稍显抽象，重点都在赞誉汉高祖的天才，而王世贞则具

体而实在，尤其“安不忘危”一语，抓住西汉自高祖到宣帝诸君的用心所在，西汉能保持长期发展、繁荣，居安思危是重要原因之一。

另如当世著名诗人、文学家杨慎(1488—1559)，中过状元，受过重用，可是他不怕得罪荒淫皇帝，上疏抗谏，耿直忠贞，受过廷杖，他最后谪戌和终老云南。他特立卓行，为世俗所讥评。王世贞则理解其心胸和心理，分析说：

> 用脩在泸州，尝醉，胡粉傅面，作双丫髻插花，门生舁之，诸伎捧觞，游行城市，了不为怍。人谓此君故自汙，非也。一措大裹赭衣，何所可忌？特是壮心不堪牢落，故耗磨之耳。(卷六)

他的评诗眼光，还顾及底层，包括妓女：

> 正德间有妓女，失其名，於客所分咏，以骰子为题，妓应声曰：“一片寒微骨，翻成面面心。自从遭点汙，抛掷到如今。”极清切感慨可喜。又一妓得一联云：“故国五更蝴蝶梦，异乡千里子规民。”亦自成语。(卷七)

妓女极为沉痛的自感身世之诗，王世贞说“极清切感慨”，评诗眼光精切深入，而“可喜”两字，虽是他热情肯定此女才华的有分量的赞词，但也是他作为高官，对妓女自伤身世的凄惨，有着隔岸看火的重大局限。这是古代诗人作家的共同局限。

除了具体分析和评论了秦汉至晚明的所有重要作家和诗人的同时，他也有总论性的简介。例如他区分盛唐和中晚唐诗歌的区别说：

> 七言绝句，盛唐主气，气完而意不尽工；中晚唐主意，意工而气不甚完。然各有至者，未可以时代优劣也。

清代叶燮的杰出诗学名著《原诗》引用此句，并赞扬这个观点：“斯言为能持平。”王世贞并不独尊盛唐，对中晚唐的评价很公正。气、意的论述，是中国古代文论擅长和独特的美学观念，王世贞此论也作出了贡献。

王世贞作为诗人和正统文坛的领袖，爱好戏曲小说，并给以极高评价。清初李渔《古本三国志序》开首即云:“昔弇州先生有宇宙四大奇书之目:曰《史记》也,《南华》也,《水浒》与《西厢》也。”

王世贞将《史记》、《庄子》与《水浒》、《西厢记》相提并论,有首创作用。与他同时的李贽在万历初年(1573)曾提出一个重要的观点说:“宇宙有五大部文章——汉有司马子长《史记》,唐有《杜子美集》,宋有《苏子瞻集》,元有施耐庵《水浒传》,明有《李献吉集》。”①将《水浒传》与《史记》、杜甫、苏轼并列,颇有眼光;而将李梦阳的文集放入,则颇为失衡。

此后李贽《焚书·童心说》(1590)又说,“天下之至文”自先秦起,“变而为近体,为杂剧,为《西厢记》《水浒传》,为今之举子业。皆古今之至文,不可得而时势先后论也”。将杂剧、《西厢记》、《水浒传》和八股文都并列为“古今之至文”,即最高的文学作品,颇为恰当。但是其具体的名单则详后而略前,不算完整。

明末金圣叹在他们的基础上,提出《庄子》《离骚》《史记》杜诗《水浒传》和《西厢记》是“六才子书”,即六种文学体裁的最高典范之作,比王世贞增加了两种,更为全面。

他们都打破戏曲、小说是小道、不登大雅之堂的通俗文艺的观点,抬高其地位,开了时代的风气,而王世贞的首创性作用,显示了文坛领袖的领先风范。

王世贞还提出了“鬼神于文”的重要观点:

> 《檀弓》、《考工记》、《孟子》、左氏、《战国策》、司马迁,圣于文者乎?其叙事则化工之肖物。班氏,贤于文者乎?人巧极,天工错。庄生、《列子》、《楞严》、《维摩诘》,鬼神于文者乎?其达见,峡决而河溃也,窈冥变幻而莫知其端倪也。(《艺苑卮言》卷三)

古人认为文艺杰作是通鬼神的产物。王世贞说“鬼神于文”,形容作品的出神入化,虽可解释为“通鬼神”,也可看作为比喻。古人关于诗文创作通鬼神,早有涉及。例如:

刘知几《史通》评论《左传》说:“若斯才也,殆将工侔造化,思涉鬼神,著述罕

① 参见许建平《万历初年李贽文学思想论——从“宇宙有五大部文章”说起》,《上海财经大学学报》2006年第2期。

闻，古今卓绝。”[1]杜甫也多有论及，最著名的的一句话是：“下笔如有神。”

而晚明清初董其昌、金圣叹和李渔诸家则直接说“通鬼神”。

董其昌说：

> 作文要得解悟……妙悟只在题目腔子里，思之思之，思之不已，鬼神将通之。到此将通时，才唤做解悟。了得解时，只在信手拈来，头头是道，自是文中有神。动人心窍，理义原悦人心。我合着他，自是合着人心。（《画禅室随笔》卷三评文）

董其昌借用《管子》的部分原话：“思之思之，又重思之。思之而不通，鬼神将通之。非鬼神之力也，精气之极也。”（《管子·内业》、《官子·心木丁》）继承其思想和观点。董其昌之后，明末清初的金圣叹于此论述很多。例如金圣叹指导读者：焚香读书，以期鬼神通之也：

> 《西厢记》，必须焚香读之。焚香读之者，致其恭敬，以期鬼神之通之也。（《贯华堂第六才子书西厢记》读法六十二）[2]

“通鬼神”不仅针对读书，尤其也针对写作，是读书、写作的高级境界。金圣甚至认为杰出的作家比鬼神还要高明（《贯华堂第六才子书西厢记·寺惊》第四节批语）。[3]

在评论张生用激将法敦请惠明杀出重围外送书信的描写，圣叹评论为“通篇神彩。此乃真正神助之笔，须反覆读之”。这里的“神助之笔”，是“通鬼神”的结果，因“通鬼神”，故而得到“神助”。早在《金批水浒》中，金圣叹即指出《水浒传》这样具有最高艺术成就的伟大之作，是得到“鬼神来助”之文（《贯华堂第五才子

---

① （唐）刘知幾：《史通·杂说上》，《史通通释》（浦起龙释），上海：上海古籍出版社，1978年，第451页。

② 周锡山：《金圣叹全集》第三册，江苏：江苏古籍出版社，1985年，第19、81页；辽宁：万卷出版公司，2009年，第18、105页。

③ 周锡山：《金圣叹全集》第三册，江苏：江苏古籍出版社，1985年，第19、81页；辽宁：万卷出版公司，2009年，第18、105页。

书水浒传》第四十一回总评)。①

以上"神助之笔"、"鬼神来助"等语,在今人文中常常是作为比喻,比喻文笔的高妙杰出。在金圣叹和古人那里,有时是真用,有时兼有比喻和真用,但这种比喻也以信其实有为基础。

著名戏曲家、小说家和戏曲理论大家李渔在评论金圣叹时说:

> 圣叹之评《西厢》,……而笔使之然,若有鬼物主持期间者,此等文字,尚可谓之有意乎哉。文章一道,实实通神,非欺人语。千古奇文,非人为之,神为之,鬼为之,神所附者耳(李渔《闲情偶寄》卷三词曲部,格局第六《填词余论》)。

清代史学大家章学诚认为自己思维活跃,读古人文字,"神解精识,乃能窥及前人所未到处",原因在于"若天授神指""(章学诚《文史通义》外篇三《家书三》)。

"通鬼神"是灵感论的一个重要论题,是当时美学家研究的最为精深的问题。②

综上所述,《艺苑卮言》虽是王世贞的少作,其对具体作品的评价,具有宽宏眼光和独到见解;而其文艺评论的精彩观点,与当时最高水平的美学家达到同样的高度,得到当时和后世最高水平的美学家的认同或引用。

## 四、《曲藻》的戏曲评论及其杰出成就

王世贞非常喜欢戏曲,非常重视戏曲的研究和评论,《艺苑卮言》最后特附一卷,此卷后以《曲藻》为名,单独刻印,成为戏曲理论的一部重要著作。

《曲藻》既有引述前人曲论观点,更有自己的创新性观点。其对前人或他人的观点之肯定或驳难,都精当地为自己观点的推进和形成,起了对比作用。

---

① 周锡山:《金圣叹全集》第二册,江苏:江苏古籍出版社,1985年,第108页;辽宁:万卷出版公司,2009年,第591页。

② 参见拙文《南北宗·神韵说·灵感论》,中国古代文学理论学会第十九届年会暨学术研讨会论文,中国古代文学理论会会刊。《古代文学理论研究》第39辑,华东师范大学出版社,2014年;按此文为上海市社科规划项目《上海美术史》第十二章《文人画与南北宗》,发表时略作删节和改动。

王世贞颇为深刻地总结了戏曲艺术的美学特点:“不唯其琢句之工,使事之美”,关键尤在于“体贴人情,委曲必尽;描写物态,仿佛如生;问答之际,了不见扭造,所以佳耳。至于腔调微有未谐,譬如见锺、王迹,不得其合处,当精思以求诣,不当执末以议本也。”他的这些要求,归结为“动人”,作为戏曲成功与否的明确而具体的衡量标准,有力地指导了戏曲创作的实践。并可作为评论标准,例如他称赏《荆钗记》“近俗而时动人”,批评《香囊记》“近雅而不动人”。

《曲藻》的许多重要论点,成为权威性的意见。例如,他在《曲藻序》中提出了曲由词发展而来:

> 曲者,词之变。自金、元入主中国,所用胡乐,嘈杂凄紧,缓急之间,词不能按,乃更为新声以媚之。而诸君如贯酸斋、马东篱、王实甫、关汉卿、张可久、乔梦符、郑德辉、宫大用、白仁甫辈,咸富有才情,兼喜声律,以故遂擅一代之长。所谓“宋词、元曲”,殆不虚也。

古代研究家公认,词由诗发展而来,词是诗余。王世贞提出“曲者,词之变”,正确指出曲在文学上的来历。他所说的曲,兼指元代散曲和杂剧中的曲,并首创性地将元曲与宋词一样,并列为“一代之长”。

在王世贞的启示下,茅一相《题词评曲藻后》说:“夫一代之兴,必生妙才;一代之才,必有绝艺:春秋之辞命,战国之纵横,以至汉之文,晋之字,唐之诗,宋之词,元之曲,是皆独擅其美而不得相兼,垂之千古而不可泯灭者。”

当今学术界一致认为“一代有一代之文学”是王国维《宋元戏曲考》提出的重要观点,后来又补充说王国维是引用清焦循提出的观点。从《曲藻》及其所附的茅一相《题词评曲藻后》可知,最早提出这个重要观点的是王世贞和受到王世贞影响的茅一相。

在《曲藻》中,王世贞更为全面地梳理了诗、词、曲的发展过程:

> 三百篇亡而后有骚、赋,骚、赋难入乐而后有古乐府,古乐府不入俗而后以唐绝句为乐府,绝句少宛转而后有词,词不快北耳而后有北曲,北曲不谐南耳而后有南曲。

王世贞又曾说:“词兴而乐府亡矣,曲兴而词亡矣。非乐府与词之亡,其调亡也。”强调诗词本是唱的,具有专门的曲调,是曲调亡,最后造成诗词失去音乐的生命力,于是曲代词而兴,才导致了曲的产生。这个眼光是独特而正确的。

王世贞不仅梳理诗词曲的发展过程,还提出北曲发展到南曲的原因。他在序中也谈到其原因:

但大江以北,渐染胡语,时时采入,而沈约四声遂阙其一。东南之士未尽顾曲之周郎,逢掖之间,又稀辨挝之王应。稍稍复变新体,号为“南曲”。高拭则成,遂掩前后。大抵北主劲切雄丽,南主清峭柔远,虽本才情,务谐俚俗。譬之同一师承,而顿、渐分教;俱为国臣,而文、武异科。今谈曲者往往合而举之,良可笑也。

这里还精彩地总结了北曲和南曲的不同艺术风格:“大抵北主劲切雄丽,南主清峭柔远”。在《曲藻》中进一步具体区分说:

凡曲:北字多而调促,促处见筋;南字少而调缓,缓处见眼。北则辞情多而声情少,南则辞情少而声情多。北力在弦,南力在板。北宜和歌,南宜独奏。北气易粗,南气易弱。此吾论曲三昧语。

康海曾说:“南词主激越,其变也流丽;北曲主慷慨,其变也朴实。”(《看山阁集闲笔·东乐府序》)区别了南北风格的基本区别,但言简而义约,属于感觉性鉴别,而非理论性叙述。王世贞则在区分其不同艺术风格之同时,还分析其各有优长和弱点。

王世贞则做全面的理论分析,故而在论述南北曲风格之不同时,还特地补充其原因:“譬之同一师承,而顿、渐分教;俱为国臣,而文、武异科。”晚明的禅学兴盛的时代,绘画分南北宗而崇南宗;诗学开始兴起神韵说,重南宗顿悟,推崇平淡闲远的山水诗。王世贞紧随时代潮流,精确指出南北曲风格之异的美学背景是北曲是北宗渐悟的产物,而南曲的风格与南宗顿悟及其同时代的绘画、诗歌风格相一致。这是一个非常精辟的观点。

王世贞南北曲风格的比较分析,论点精辟,用语警新,与同时代的徐渭赞誉昆曲“流丽悠远”(《南词叙录》)等著名论说一样,深得学界赞同,王国维《宋元戏曲考》等皆引用。而且“这对于戏曲创作在艺术实践中全面利用南北曲的特点,用以丰富戏曲的表现力,是有好处的”。

在具体评论作家和作品时,他认为马致远的散曲为第一:

> 马致远“百岁光阴”,放逸宏丽,而不离本色。押韵尤妙。长句如:“红尘不向门前惹,绿树偏宜屋角遮,青山正补墙东缺。”又如:“和露摘黄花,带霜烹紫蟹,煮酒烧红叶。”俱入妙境。小令语如:“上床与鞋履相别。”大是名言。结尤疏俊可咏。元人称为第一。真不虚也。

从其所引的例句,皆是散曲中的佳句,可知他评论马致远为元人第一,指的是元代散曲第一;这个评价是恰当的,而不是不少学者误会的,他将马致远评为元杂剧第一。

《曲藻》此条之后,紧接着即评论《西厢记》为北曲即北杂剧第一:

> 北曲故当以《西厢》压卷。如曲中语:“雪浪拍长空,天际秋云卷,竹索缆浮桥,水上苍龙偃。”“滋洛阳千种花,润梁园万顷田。”“东风摇曳垂杨线,游丝牵惹桃花片,珠帘掩映芙蓉面。”“法鼓金铙,二月春雷响殿角;钟声佛号,半天风雨洒松梢。”“不近喧哗,嫩绿池塘藏睡鸭;自然幽雅,淡黄杨柳带栖鸦。”是骈俪中景语。“手掌儿里奇擎,心坎儿里温存,眼皮儿上供养。”“哭声儿似莺啭乔林,泪珠儿似露滴花梢。”“系春心情短柳丝长,隔花阴人远天涯近。”“香消了六朝金粉,瘦减了三楚精神。”“玉容寂寞梨花朵,胭脂浅淡樱桃颗。”是骈俪中情语。“他做了影儿里情郎,我做了画儿里爱宠。”“拄著拐帮闲钻懒,缝合唇送暖偷寒。”“昨夜个热脸儿对面抢白,今日个冷句儿将人厮侵。”“半推半就,又惊又爱。”是骈俪中诨语。“落红满地胭脂冷,梦里成双觉后单。”是单语中佳语。只此数条,他传奇不能及。

评论《西厢记》是北杂剧和戏曲第一的,早就有不少戏曲研究家说过,也是公认的观点。王世贞也赞成这样的观点,因其文坛领袖和政坛高官的身份,更得到当时人的重视。他所罗列的佳句和评论，是权威性的意见，经常为后世研究家所引用。

《曲藻》评《琵琶记》冠绝诸剧，为南戏第一：

> 则成所以冠绝诸剧者，不唯其琢句之工、使事之美而已，其体贴人情，委曲必尽，描写物态，仿佛如生；问答之际，了不见扭造：所以佳耳。至于腔调微有未谐，譬如见锺、王迹，不得其合处，当精思以求谐，不当执末以议本也。

晚明曲坛在嘉靖至隆庆年间关于《西厢记》、《琵琶记》、《拜月亭》和本色、文采之高下，展开了热烈而持久的讨论和争议，时间长达半个多世纪。王世贞参与这场论证，发表了一言九鼎式的高明观点，成为定论。

前已言及，王世贞与当时众多著名戏曲家结为好友，梁辰鱼为其中之一。其《浣纱记》在当时颇多否定性批评，凌濛初的批评，是有偏见的。张大复《梅花草堂集》卷一和《皇明昆山人物传》卷八都记载，王世贞与好友戚继光一起访问梁辰鱼，梁辰鱼正坐在楼船里，顾自仰天啸歌。王世贞有诗《嘲梁伯龙》云："吴阊白面冶游儿，争唱梁郎雪艳词。"这是他以其卓越的艺术眼光，支持和赞赏新出的昆曲第一部剧作和杰作《浣纱记》。如凌濛初批评说：

> 自梁伯龙出，而始为工丽之滥觞，一时词名赫然。盖其生嘉隆间，正七子雄长之会，崇尚华靡。弇州公以维桑之谊，盛为吹嘘，且其实与此道不深，以为词如是观止矣，而不知其非当行也。以故吴音一派，兢为剿袭。（凌濛初《谭曲杂札》）

王世贞对戏曲的极高评价，有重大影响。作为文坛领袖提倡和赞赏戏曲，他对《西厢记》《琵琶记》《浣纱记》的评价，具有很大的权威性，产生了很大的影响。王世贞对戏曲经典和名著的精当和极高的评价，作为《鸣凤记》的作者更以其亲身的创作实践作为有力的表率，极大地提高了戏曲在当时文坛、在整个中国文学史和文化史上的地位，对戏曲的发展起了很大的推动作用，功勋卓著。

## 五、王世贞的美术评论

王世贞除了能书，同时对书画理论也深有研究和见解，是卓有建树的书画评论家，著有《王氏书苑》、《画苑》、《弇州山人题跋》、《弇州墨刻跋》、《三吴楷法跋》等。

王世贞对绘画和书法的评论也很有影响。明人詹景凤说："元美虽不以字名，顾吴中诸书家，唯元美一人知法古人。"这既是对他的书法所做的评论，也可移作为对他的书法评论的评价。

王世贞的书法和他的文学主张一样，不师唐以后之人。其《淳化阁帖十跋》说："书法至魏、晋极矣，纵复赝品、临摹者，三四割石，犹足压倒余子。诗一涉建安、文一涉西京，便是无尘世风，吾于书亦云。"（《弇州山人四部稿》卷一三三）因此明人有曰："世贞书学虽非当家，而议论翩翩，笔法古雅。"

"古雅"二字，正是王世贞平常论书的标准之一。王国维美学体系中有一个重要的独创性的理论，即"古雅说"[①]，而"古雅"这个美学概念，王世贞则是最早提出者之一。

犹可道者，王世贞的重孙王鉴（1598－1677）为清初"四王"之一。王世贞富收藏，尔雅楼中藏书万卷，书画文物无数，家藏古今名迹甚富，使王鉴自幼即受到良好的文化教养和艺术熏陶，为王鉴学习临摹历代名画真迹提供了良好的条件。王鉴师承和继承董其昌的神韵派南宗画，明末已为著名画家。他在明亡后坚决不出仕，坚持了王世贞刚正的政治品质。入清后，作为明朝遗民，他和王时敏一起，并列为四王和清六家（"四王吴恽"）之首，是清初正统派绘画的领袖之一，成为中国美术史上成就卓越、影响深远的一代大家。其绘画主张和创作实践，是其曾祖父王世贞的文艺创作理想的袅袅余音。

① 周锡山：《王国维美学思想研究》第三章"美学总论"第二节"古雅说"，北京：中国社会科学出版社，1992年，第61—75页。（增订本由中国社会科学院"精品工程"项目资助，将在2016年重版）。

# 王世贞与园林艺术

夏咸淳
（上海社会科学院文学研究所，上海，200052）

## 一、王氏家族之园林癖好

王世贞(1526—1590)，字元美，号凤洲，又号弇州山人、天弢居士，苏州太仓人。二十二岁举嘉靖二十六年(1547)进士，授刑部主事，出为山东青州兵备副使，隆庆间迁浙江右参政，山西、湖广按察使，万历二年(1574)以右副都御使督治郧阳(今湖北襄阳)，官至南京刑部尚书，三疏乞归，二十一年卒于家。著述之富，时称第一，有《弇州四部稿》、《弇州续稿》等。

世贞学问博洽，涉猎经史百家佛道二藏，尤深于史学。为嘉靖后期及隆万间文坛宗匠、七子领袖，声华意气笼盖海内。他不但是大文学家、大学问家，而且是园林鉴赏家、理论家和史学家，是明代园林发展史上承前启后、贡献甚大的重要人物，因其文名籍甚，而园林艺术成就遂被掩盖，有关论述甚少。世贞雅好山水，宦辙所至，遇名山胜水辄游，游历颇广，纪游尤详。如《游云门山记》、《海游记》、《游张公洞记》、《游善泉洞记》、《游太山记》、《历三关记》、《历黄榆马岭记》、《泛太湖游洞庭两山记》、《游东林天池记》等等，游武当山凡四记，《适晋纪行》与《江行纪事》各长三四千字，这些游记表现了王世贞模山范水的非凡手段和高旷超脱的胸襟。世贞盛赞友人、同年进士处州(今浙江丽水)人何镗胸怀“旷朗宏博，纵心世外”，性好游，“足迹几天下半”，“遇佳山水必游，游必有咏歌叙述之类”，又选汉唐迄明游记，编为《古今游名山记》十七卷凡五十余万言(一说七十万言)。又谓自己与何君有同好，但足迹不若友人之广，“余固尝仕宦，踯躅于燕、齐、晋、楚、吴、越间，然其迹尚不能当君之半，自岱宗、太行、匡庐、篸岭、两洞庭、张公、善权、桐庐外，其胜不能得君之十三”①。另一位朋友归安(今属湖州)人慎蒙也是旅游家、游记家，改编何镗《名山记》而为《天下名山诸胜一览记》凡十六卷。世贞之弟

① 《弇州四部稿》卷六九《游名山记序》。

世懋也好游，著有《名山游记》一卷。王氏昆仲手足情深，有相同的兴趣爱好，均嗜山水与园林，非唯王氏兄弟，其时士流大率皆然。与山水结缘者，又大都雅尚园林。山水泉石是园林建筑的基本构成要素，构园者必须足涉山川，胸有丘壑，善于因借自然山水，巧于堆叠假山，凿池引流，以人工模仿再造自然山水，以满足居园者、游园者的山水审美需要，弥补因各种条件限制而不能远游、常与山水为伴的缺憾。

王世贞好园殊深，自称“癖迂”，置家“计必先园而后居第，以为居第足以适吾体，而不能适吾耳目”①。在他看来，精神的愉悦重于身体的享乐，故先园林而后宅第。世贞在青少年时代已经体尝到园林的乐趣。其家族为太仓巨室，富甲一方。祖父倬，成化进士，仕至南京兵部右侍郎，父忬，嘉靖进士，累官兵部右侍郎。伯父王愔，字民服，号西庵，未几更静庵。受父之托，王愔长期居家理财督耕，精明能干，田产益拓，尝出为山东布政司都事，既受即归，归而极意园亭：

> 公故豪，有园亭声色之奉，至是益发舒，于居第后种竹万余竿，长松半之，他奇卉异木复半之。筑山凿池，列峙洞庭、锦川、斧劈诸峰，间以亭榭桥道，宛转向背，恍若有神，窈窕深靓，非复人境。春时，游者舄屦相啮，衫珥狼籍。②

园主静庵公亲自参与规划设计，“其所规擘匠缔，旦损夕益，往往出人意表，以故丽甲东南，虽夙称名园者逊弗能抗”。王世贞年十七八为诸生，常陪伯父游园，春夏之交，但见苍翠满眼，繁花霞铺，百鸟啁啾，“纵屐游目，靡匪趣会”，“爽沁脾腑”③，其乐无穷。静安公性好客，故园门常开，每当春日，游园者踵接，其所殊好他人难及，“为园主人者亦逊莫与静庵公抗”④。还有“乐施予赴人之急”、慷慨好客的性格，视人生如寄，“自少至老无一日不乐”的人生态度，对少年时代的王世贞都有潜移默化的作用。

王世贞出仕后，营造过两座园林——离薋园与弇山园。离薋园在太仓城西

---

① 《弇州续稿》卷六〇《太仓诸园小记》。

② 《弇州续稿》卷一〇一《明故承事郎山东承宣布政使司都事静安王公墓志铭》。

③ 《弇州四部稿》卷七四《先伯父静安公山园记》。

④ 《弇州四部稿》卷七四《先伯父静安公山园记》。

鹦哥桥左，宛宛通官河。原为里人朱氏菜地，东西长十余丈，南北宽仅三丈余，面积狭小。然而建筑有亭台屋室楼轩之类及庖湢浴室设施，“碧梧数株，骎骎欲干云”，“种竹千余竿，露翠风篁”，“复有老梅玉蝶、绿萼各一”。叠石为山，涧洞岭梁皆具，山俯小池，中蓄金鱼，轩后池较大，种白莲百本，榜曰“芙蓉沼”。小圃前植立太湖石、锦川石、斧劈石。具体而微，小巧玲珑。园名“离薋”取之《离骚》“薋菉葹以盈室兮，判独离而不服”。“薋菉葹”，皆恶草；“离”，弃去。时世贞遭家难，父王忬为奸佞构陷致死，居家服丧，及服除，“乃请于太夫人（母郁氏）以创兹圃”。时在嘉靖四十二年（1563），世贞三十八岁①。弇山园，又名弇州园，俗称“王家山”，在隆福寺西。隆福寺全称隆福教寺，原名报思院，梁天监四年（505）建，北宋大中祥符改今额。寺在太仓城内武陵桥北②。此园占地七十余亩，规模宏大，建构精丽，名播东南，非复离薋所可比拟。主人记云：

> 园之中，为山者三，为岭者一，为佛阁者二，为堂者三，为书室者四，为轩者一，为亭者十，为修廊者一，为桥之石者二，木者六，为石梁者五，为洞者、为滩若濑者各四，为流杯者二。诸岩磴涧壑不可以指计，竹木卉草香药之类不可以勾股计。此吾园之有也。园亩七十而赢，土石得十之四，水三之，室庐二之，竹树一之。此吾园之概也。③

园分三大景区，即东弇、中弇、西弇，三弇各具特色。主持设计、营造者，西与中二弇为“张生”，东弇为“吴生”，二生皆“山师”，又称“园师”，即今园林建筑工程师。张生就是声名籍籍的上海人张南阳，俗呼小溪子，后更号卧石生，王世贞弇园、潘允端豫园及三吴诸缙绅家名园多出其手。事详陈所蕴《张山人卧石传》，而所谓“吴生”者已不可考。世贞论中、东二弇景观之胜与张、吴二生技艺之长：“大抵中弇以石胜，而东弇以目境胜；东弇之石不能当中弇十二，而目境乃蓰之；中弇尽人巧，而东弇时见天趣；人巧皆中擪，而天趣多外拓。”人巧与天趣，各擅胜场。尤可贵者，以人巧取胜而能内敛，否则便故弄其巧；以天趣见长而能充分表露，否则便现拘禁而不合其天。论艺观景，细微精湛。世贞好道书神仙家言，览《山海

① 见郑利华：《王世贞年谱》，复旦大学出版社1993年版，第143页。

② 民国《镇洋县志》卷一《封域》。

③ 《弇州续稿》卷五九《弇山园记》。

经》、《庄子》、《穆天子传》诸书关于仙山弇州传说，“不觉爽然而神飞”，因以名其园，“以寄其思”。由兹园命名与主人别号皆取“弇州”，可以窥见王世贞对于道家道教玄妙神奇境界的神往。嘉靖四十二年(1563)，离賮园告成，而园与州衙邻，“旦夕闻敲朴声，恶之”，另求得隆福寺之右方耕地，颇僻静，建一小阁，奉佛经，“前种美篠环草亭，后有隙地若岛，杂莳花木”，名曰“小祇园”①。此即中弇“小祇林”之前身，与《弇山园记二》所记“始之辟是地也，中建一阁，以奉佛经耳，小祇林所由名也”正相印合。又于经阁西购得邻人隙地，欲筑一土冈未果，而构书屋三间，周植竹柏果蔬。及万历元年(1573)出任湖广按察使，产业悉付仆人政某，“其人有力用而侈”，明年，自楚迁太仆寺卿，“则所谓土冈者皆为石，而延袤之，倍中弇再矣”。四年(1576)，“自太仆领郧镇迁南廷尉以归，则东弇与西岭之胜忽出”，“崇甍杰构”，巍然大观矣。中弇先成，东弇、西弇继之，始于小祇园，经营十余年，“盖园成而后，问橐则已若洗”②。为了建造这座江南名园，园主人几乎花光了所有积蓄，岂非“癖”与“迂”乎？世贞之弟世懋，字敬美，嘉靖三十八年(1559)进士，仕至南京太常寺少卿，手创淡圃。世贞长子士骐，字冏伯，万历十七年(1589)进士，由礼部主事，改吏部稽勋司员外郎，依王氏旧居改建为小园曰约圃。士骐尝比较王氏三园，谓其父弇园“以泉石奇丽甲郡国”；其叔淡圃名为淡而实“宏垲饶名材卉”；而其约圃“广袤不能当其十一，足不待疲而竟，目不待瞬而息，执役不二丁，葺费不倾橐，以此名约，盖真约也”③。士骐又有泌园，与其父弇园也有比较：“先人弇山园，叠石架峰，以堆积为工。吾为泌园，土山竹树，与池水映带，取空旷自然而已。”父子构园异趣，治学有别，钱谦益笑问士骐：“兄殆以园喻家学乎？”骐亦“笑而不答”④。观乎太仓王世贞家族，谓之簪缨世家诚可，谓之学术、文苑、园林世家亦可。这个家族所以能作出这样的文化贡献，孕育出王世贞这样的文化巨子，营造出弇山园这样的名园杰构，原因固多，而系于王氏家族历史文化传承与积淀甚重。

王世贞历览南北名园，江南园林最多。早年在北京刑部任职数岁，曾游韦园、宁园、崔都尉庄、谢司徒庄、朱锦衣别墅等，多为宦官中贵园林。后调山东青

① 《弇州续稿》卷一六〇《题弇园八记后》。

② 《弇州续稿》卷一六〇《题弇园八记后》。

③ 《弇州续稿》卷六〇《约圃记》。

④ 《列朝诗集小传》丁集上《王司勋士骐》。

州兵备使，至济南谒德王府，观珍珠泉。任浙江参政，至湖州访沈园遗迹，至南浔访礼部尚书董份园，至杭州访刑部尚书洪锺之孙二园。晚年为南京刑部长官，“唯是职务稀简，得侍群公燕游于栖霞、献花、燕矶、灵谷之胜，约略尽之，既而复染指名园”①。郡城苏州及所属州县名园往游者尤多。年十九即过吴门拜谒艺苑名宿泰斗文征明于停云馆，文先生时年七十有五②。后多次拜访，世贞自言：“余向者东还时，一再侍文先生。”③“东还时”指嘉靖三十二年(1553)以刑部员外郎奉使江南，便道归里，遇倭患，奉母避吴门，旋获朝命返京，行前再登停云馆拜别文先生，先生作七律一首送之，末句云：“风云壮志输年少，看取骅骝万里程。”④八十四岁的老先生对二十八岁的年轻才俊王元美充满了期待。文征明不但是吴门书画大师，也是一个“园癖”，一生与园为伴，深谙造园之道，以园林为题材创作的诗文图画琳琅满目，他对王世贞的园林情趣思致也有很大影响。苏州周边地区名园，如无锡王氏园、安氏园，华亭顾正心园，上海潘允端豫园、顾名世露香园、顾名儒水竹清居，等等，都作了寻访、游览和考察。而于桑梓太仓诸园游赏殆遍。

明代中叶自成化以迄嘉靖，百年间历经四朝，园林发展庶几与文化学术同步，逐渐走出洪、永以来也近百年的萧条沉寂期，呈现出蒸蒸日上的气象。其时南北园林并兴，江南特别是苏州园林更盛，真适园、怡老园主人大学士王鏊，东庄主人礼部尚书吴宽，薜荔园主人礼部侍郎徐缙，亭云馆、玉磬山房主人书画巨匠文征明，拙政园主人御史王献臣等，便是苏州士大夫中诸多“园癖”的典型。世贞伯父静庵公王愔生当其时，也耗巨资积岁年而成麋泾园，“精丽甲于东南”。在时代风尚、文化心理和家庭环境的影响下，王世贞好园之深，投入之大，园记创作之多，园林美学理论之丰富和精湛，实不逊于前辈名士，并给予明代万历以来园林创作和园林美学以有力推助。这是王世贞所创造的巨大文化财富的一部分，应与他对文学史、书画史、史学史、学术思想史的贡献同样受到重视。园林与文学、书画、史学、思想学术有着密切关系。王世贞知音、忘年交陈继儒有祭文云：“公

① 《弇州续稿》卷六四《游金陵诸园记》。

② 见周道振辑校：《文征明集》附录三《文征明年表》。

③ 《弇州四部稿》卷八三《文先生传》。

④ 《文征明集》补辑卷九《送王元美主事奉使还朝》。

拥弇州，得大自在。”①主人坐拥丽园杰构，优游其间，表现了王世贞神思的飞扬，对个性自由的追求。

## 二、园林之乐当与人人共之

营造一座园林尤其是精美的名园，需要投入巨大的财力、物力和人力，汇集众人的劳力和智力，包括园主的心血和智慧。一园既成，园主每每浩叹钱袋几空。上海豫园主人潘允端经营“垂二十年”，“家业为虚”，如此“嗜好成癖，无所于悔”，因为园林能给人带来丰足的精神愉悦，审美享受，浮沉宦海多年业已退休的官僚尤其渴求泉石园池之乐，“亦足以送流景而乐余年矣”。潘氏对这份庞大宝贵的文化资产唯一的担心是，子孙不能继承保有，而为他姓所得，故谆谆告诫：“若余子孙，惟永戒前车之辙，无培一土植一木，则善矣。”②这是园主们的普遍忧虑，由来已久，成了一种历史心结。唐朝宰相李德裕在东都洛阳伊阙南置平泉别墅，卉木台榭，若造仙府，特作记以诫子孙：“留此林居，贻厥后代。鬻吾平泉者，非吾子孙也。以平泉一树一石与人者，非佳子弟也。吾百年后，为权势所夺，则以先人所命，泣而告之。此吾志也。”③潘允端作《豫园记》给子孙留下嘱托，正是效法李德裕的作为，不过没有讲得唐贤那么悲凉直截，“无培一土植一木”云云，语气缓和，多从正面诱导，以避不祥之忏。

但是，严酷的现实是，自晋宋私家园林兴起以来，如晋代石崇之金谷园早已灰飞烟灭，唐代诸公名园别墅如王维之辋川别业、白居易之履道里园池、裴度午桥庄别墅、李德裕伊阙平泉山居等，也都没于荒野草丛，或有遗迹残存，只能供后人凭吊罢了。宋李格非《洛阳名园记》感叹：“方唐贞观、开元之间，公卿贵戚开馆列第于东都者，号千有余邸，及其乱离，继以五季之酷，其池塘竹树，兵车蹂践，废而为丘墟，高亭大榭，烟火焚燎，化而为灰烬，与唐共灭而俱亡者，无余处矣。”虽有孑遗，已数易其姓，早就不属原主了。李格非以松岛园为例，“在唐为袁象先园，本朝属李文定公丞相，今为吴氏园，传三氏矣”。白居易履道里园后为寺庙，称大字寺园，“今张氏得其半，为会隐园”，“寺中乐天石刻存者尚多”，而白氏所称其某堂某亭者，“无复仿佛矣”。李格非进而诘问园林难成易废的原因，“岂因于

---

① 《白石樵真稿》卷八《祭王元美大司寇》，民国二十四年《中国文学珍本丛书》本。

② 清《（乾隆）上海县志》潘允端《豫园记》。

③ 《全唐文》卷七〇八《平泉山居诫子孙记》。

天理者可久，而成于人力者不可恃耶?”园林“成于人力”，故易废不可恃。宋人笃信天理以至绝对化，若问天理与人力是否绝对不能相容，二者有无同一性，李格非没有回答也回答不出。但他指出“万物之无常”，古今亭馆园池在不长的时间内甚至瞬间废为丘墟，或偶有存者而数数易姓的情形，还是符合历史现实的。

园亭池馆易废难久的现实与园林主人希求长有的心理正好相悖反，难以消弭。于是退而求其次，虽不能奢望子孙世世代代承家业，永保其园，还是可以延长保有的时间，如三代数世，在现实中也确有这样的家族。有人认为是由于其家能积善积德，否则便速易其主，或至荒废。明初诸臣多作如是观。永乐间大学士金幼孜云:“《易》曰‘积善之家必有余庆’，积善与此而庆流于彼，此自然之理也。彼积之不至，培养之无素，忽焉而赫奕，俄焉而销歇者，以无其本故也。”①并以此赞美江西文江世家大族萧氏，百年之间自曾祖而下五代人“敦本务实”，“入孝出弟”，以故“田园日绕”、“门第益盛”，而能长有其庄园及静深之堂。其后，宣德间国子监祭酒李时勉则称江西安成刘氏葛溪别业，“父子祖孙三皆贤，相继守之不失。”又引唐李德裕之平泉庄与宋初名臣王祐之三槐居的史例，进一步申明园池久暂系于主人贤达与否的思想:“昔李德裕平泉之胜，最极侈靡，不一再传，遂成丘墟;而王祐三槐之居，累世相承不绝。”②这些言论不无道理，但是园林的盛衰受制于多种因素，不仅仅决定于园主及其后代的贤不肖，虽贤者也未必能世有其园。如苏州状元、礼部尚书吴宽，家有名园东庄，创自其父孟融，宽长子奭、次子奂能继世业，名公俊彦记咏纷然。吴氏三代人俱以贤良称，至嘉靖间东庄已归徐廷裸，世称“徐参议园”，吴氏园也仅传三世。

王世贞对古今园林变迁史研究有素，知之甚详，曾向其从弟瞻美(王愔少子)叙说汉唐以来河南洛阳一带名园兴废大概:

> 子不闻宛洛天地之中，古所称至巨丽伟观哉，彼远无论，铜池、金谷、丝障、钱埒之地，不终属梁、窦、崇、恺。夫大历、会昌中，平泉、绿野、奇章之石，履道之竹，皆足以吞兹园(指王愔麋泾园)八九不芥蒂。而宋时李文叔(李格非字文叔)之所记，无一为其子孙有者。文叔所记园几二十年不旋踵而中金

① 《金文靖集》卷八《静深堂记》。

② 《古廉文集》卷四《葛溪别墅诗序》。

人，宁独旧主不可问，而遗丘故池潴夷为一瓯脱，亦焉能仿佛指道哉？①

当代之世，名园旧墅急速荒芜、几易其主的事也屡见不鲜，远者无论，至亲如世贞伯父静庵公园，昔称“精丽甲东南”，及主人离世，其子无力无暇守护，静庵公三年丧满，世贞从诸兄弟行园，但见一派荒凉，“则向之所谓松柏屏障鹤鹿及他栏楯，荡然无一存，石亦多倾圮，卉草杂树十去五六，亭馆十去三四……至于弦管之地，松飙骤涛，篁水相应，恍若旧游之在耳，而寻之不可复竟矣。”②不胜今昔凄怆之感。王世贞清醒地认识到，主人欲其家世守其园是守不住的，徒增许多忧愁和烦恼，如果不打消这种奢望、私念，则潜藏于心中的纠结也是社会的心理积块永远无法化解。他提出了一个有悖于传统观念的大胆主张：与其让没有能力的子孙消极地去看守家园，甚至不闻不问，坐待芳林华园废为荒草颓垣，不如尽早出售给能够爱护又善管理园林的殷实之家。这是出于对天物（包括自然资源和人力资源）的爱惜，而非斤斤于一家一族之利与名。他对自家弇园日后的处理，对王氏子孙的嘱托，全然有别于李德裕对其平泉庄的期望：

李文饶达士也。为相位所愚，至远谴朱崖（即珠崖，今属海南省），身既不能常有平泉之胜，而谆谆焉诫其子孙以毋轻鬻人，且云百年后为权势所夺，则以先人治命泣而告之。呜呼！是又为平泉愚也。吾兹与子孙约：能守则守之，不能守则速以售豪有力者，庶几善护持，不至损天物性，鞠为茂草耳。③

精美的园林是用黄金堆积起来的，凝结着众人的劳动和智巧，主人身后，园林当由其子孙继承，然而事实上许多继承人又偏偏承担不了保护和管理的责任，遇到这种情况，就应该将园林转让出去，以售他人；谁善于“护持”，妥善保全“物性”，就归谁，以使这份历史遗产、文化财富保存更长的时间，而不致一朝废圮。李德裕和一般园林主人计较的是本家族对于园林私产的永久所有权，王世贞考虑的是文化遗产的妥善保护和社会传承，对于园林归属问题的两种观念和态度，

① 《弇州四部稿》卷七四《先伯父静庵公山园记》。

② 《弇州四部稿》卷七四《先伯父静庵公山园记》。

③ 《弇州续稿》卷一六〇《题弇园八记后》。

一智一愚，判然有别。

王世贞还认为，居第与园林二者功能不同。居第是人的基本生活保障，使身体安适，“以适吾体”，园林建筑是一种特殊的综合艺术，以满足人的审美需要，“适吾耳目”。居第带有独享性、家族性、私秘性，“私之一身及子孙，而不及人”①，而园林是可以对外开放的。王世贞伯父静庵公麋泾园豪华精丽，每逢春日游人如织，“舄屦相啮，衫珥狼藉”。世贞弇山园名扬海内，游人更盛，来者不拒，宣示弇园“当与人人共之”：

> 余以山水花木之胜，人人乐之，业已成，则当与人人共之。故尽发前后扃，不复拒游者，幅巾杖屦，与客屐时相错，间遇一红粉，则谨趋避之而已。客既客目我，余亦不自知其非客与相忘，游者日益狎，弇山园之名益著。②

游园者不仅有朋友邻里，还有不相识的人，包括一些妇女，弇园对他们都予开放，前后门都是敞开的。人们喜好游园，主要为了观赏园中“山水花木之胜”，这种审美需要具有共同性，普遍性，“人人乐之”。因此园主理应满足大众的山水花木审美需要，向他们敞开园门，又合乎古圣贤台池鸟兽与民同乐的理想。他对有些园主以高墙铁锁防止宾客游人观览其园的做法，大不以为然。太仓吴氏其祖辈父辈就是这种心胸狭隘的人，其家“赀倾州邑”，园最“整丽”，“然不晓有客至”，“大抵楼高于山，墙高于楼，不令内外有所骋目，而又严其鐍，无敢闯而入者。”③

在王世贞看来，人的园林之好，山水之乐，人皆有之，或爱之深，好之癖，应予肯定，唯不可太执着，以致陷溺其中而不能出脱，应抱以超然的态度。园林有大有小，有奢有俭，有精有粗，有华有朴，有浓有淡，各随其适即可。园可以留，亦可去，可以久住，亦可暂居，要在快心自适。人之所好，应不为外物外境所牵制、困扰，始有心灵的自在，真乐趣，否则便生许多烦恼。“夫无累于外境，而取足于内，则夫大鹏之搏扶摇羊角而上九万里，尺鷃之旦莫决于榆枋，其为逍遥一也。”④人

① 《弇州续稿》卷六〇《太仓诸园小记》。

② 《弇州续稿》卷一六〇《题弇园八记后》。

③ 《弇州续稿》卷六〇《太仓诸园小记》。

④ 《弇州四部稿》卷七五《日涉园记》。

对园林的态度贵在无待无累，逍遥自在。诗云："尺鷃与云鹏，逍遥不相倍。有待终愧烦，无营乃为贵。"①有待无待之辨，即"境天之辨"，"夫有待者境也，无待者天也"。② 所谓"境"指外界境象，如园林等等，都有局限性，故曰"有待"。所谓"天"指人的天性，非天地之天，人的天性、心灵是自由的，故曰"无待"。能以天观境，则亦无待、无累，如居小小园林而具大心胸，包大世界，"夫芥子也，而纳须弥，所谓无待者也"。除庄学外，王世贞又吸取大乘佛教"性空幻有"、"山河大地皆幻"的学说，以表明自己无累无系于园的观念：

> 夫志大乘者，不贪帝释宫苑，藉令从穆满以登弇山之巅，吾且一寓目而过之，而况区区数十亩宫也。且吾向者有百乐不能胜一苦，而今者幸而并苦与乐而尽付之乌有之乡，我又何系也？③

对于自家以巨丽闻名的弇园，主人爱而不贪，私而能公，有而若幻。通过剖析王世贞的园林理论，可以窥见他那超迈豁达的思想境界。

## 三、园墅之胜因文而存

王世贞夙好史学，晚而未改，自云："王子弱冠登朝，即好访问朝家故典，与阀阅琬琰之详，盖三十年一日矣。晚而从故相徐公所得尽窥金匮石室之藏，窃亦欲藉薜萝之日，一从事于龙门、兰台遗响，庶几昭代之盛不至忞忞。"④于本朝史料的蒐求与辑纂用力尤勤，著有《弇山堂别集》一百卷，《弇山史料》前集三十卷，后集七十卷。他对书画史也有浓厚的兴趣，尝博采历代关于书画的论述，分别编成《古今法书苑》与《古今名画苑》，自谓"吾于此二端，虽不能得之手，而尚能得之于目，又雅好其说"⑤。他认为书法功用广大，《法书苑》开宗明义便道，"羲画八方，人文所由萌"，"以察百官，以治兆氓，赫赫六经，是凭是征"⑥。又谈画之功用：

① 《弇州续稿》卷五《凌大夫且适园》。
② 《弇州续稿》卷六〇《约圃记》。
③ 《弇州续稿》卷五九《弇山园记一》。
④ 《弇州续稿》卷五四《弇山堂别集小序》。
⑤ 《弇州四部稿》卷七一《古今名画苑序》。
⑥ 《弇州四部稿》卷七一《古今法书苑序》。

“故夫画之用饶，才情者以为无声之诗，而爱纪述者以为无文之史，良有意也。”①书与画皆可足征历史文献。王世贞对书法绘画和历代书论画论的爱好，透露了他思想观念中史学意识之深笃。他的园林美学思想也渗透着史学意识。

世贞详考秦汉魏晋唐宋历代园林兴衰史，发现倾刻易姓，毁废在旦夕之间，虽其颓垣断壁、片石碎瓦也难寻觅，因而常常发出盛衰无常、大地山河皆幻的历史慨叹。如云：

> 晋公之堂曰“绿野”者，太尉之花木竹石于“平泉”者，其宏丽奇壮瑰怪甲天下，亦何尝不祝其长为两家守。然不再易世而堂冒他氏，花木竹石不胫而趣贵人之垣，而卒不能有也。②

贤如唐代裴度之绿野堂、李德裕之平泉庄，尚不免于速归他氏以至败毁的命运，更何况富豪骄奢惭德之辈？千千万万个历史名园既已毁废，幸好后世尚可借助昔人记载、题咏想见当时园墅胜概，使它在世代人的记忆里长存下去——记住这份凝结着巨大财富和艺术智慧的特殊文化遗产。王世贞对用文字记录古今名园的意义有深切的认识：

> 若夫园墅，不转盼而能易姓，不易世而能使其遗踪逸迹泯没于荒烟夕照间，亡但绿野、平泉而已，所谓上林、甘泉、昆明、太液者，今安在也？后之君子，苟有谈园墅之胜，使人目营然若有睹，足跃然而思欲陟者，何自得之？得之辞而已，甚哉辞之不可已也！③

人们通过观览文字记载（包括记、志、赋、序、诗歌诸体），可以间接欣赏古今园林，神游其境，文辞能令世人长留对于园林的美好历史记忆，对于保存、延续园林这份珍贵的中华历史文化遗产非常重要，不可或缺。

出于对园林历史文化建筑的爱护，对天物（自然财富于社会财富，物质财富与文化财富）的珍惜，对园林文化的文字载体的重视，仿照何镗《古今游名山记》

① 《弇州续稿》卷五四《重刻古画苑选小序》。
② 《弇州四部稿》卷七五《菉竹堂记》。
③ 《弇州续稿》卷四六《古今园墅编序》。

的体例①，辑纂而成《古今名园墅编》，世贞自为序，序云："纠集古今之为园者，记、志、赋、序几百首，诗古体、近体几百千首，而别墅之依于山水者亦附焉。"这是一部园林史料汇编性质的著作，时间贯穿古今，文体兼采诗文，洋洋洒洒，蔚为大观，惜乎未见其书，又未见诸家书录，或是未成之书，或是业已亡佚，不得而知。上溯王世贞之前，下探王世贞之后以至清末，似乎还没有发现此类中国园林史料汇编著作，亦可见王氏学术眼光之睿敏，学术气魄之远大，他还留心征集、收藏当时名士好友为自己的离賨园所作诗歌书画，"若李于鳞、徐子与、彭孔嘉、皇甫子循辈，为人者三十而赢，为古、近体者四十而奇，凡两卷皆满，钱叔宝、尤子求各为之图，而王禄之、周公瑕又各以小篆题额。噫噫！为兹园者亦幸矣。"②离賨园规模狭小，"园故里人朱氏菜壤，东西不能十余丈，南北三 之"，然而结构精巧，景境幽秀，七子之徒，书画名家，所作甚多，主人已有裒集。后来倾囊筑弇山园，占地七十余亩，有题名的景点盖不下百处，而以巨丽闻江南。游园名士络绎不绝，加之主人大名远扬，名人所作诗文书画远远超出离賨园。《弇山园记》对题额和图画大都随文记录，唯对诗文作家作品没有交代，其数量一定很多，园记作者也不便赘录。或许另有所图，也像离賨园那样将关于弇山园的诗文书画裒集分卷装册，以成一编，但工作量远大于离賨园作品的结集，又年迫暮景，诸事身不由己，这未竟的心愿或著述只有留给后人去完成了。

王世贞修史尤其重视当代史的编纂，他考察园林史也重视当代园林的记述，非止于一部《古今名园墅编》而已，粗略估计，其所作园林记约近三十篇，所载当世名园或详或略，多至五六十座。所涉地域除南北二京外，又及苏州、常州、松江、杭州、湖州、金华、温州、徽州、济南、江陵乃至桂林诸府。其园记作品之丰，所载园林之多，涉及地区之广，自明开国以来作家未之或先。又其所作大多得之实历亲游，仅有数篇得之耳闻，然亦必详悉其事，而后著录。其体有总揽海内园墅者，如《古今名园墅编序》，有综述数府县诸园者，如《游练川云间松陵诸园记》，有分记一府一州名园者，如《游金陵诸园记》、《太仓诸园小记》，而以独记某家私园为多，如《先伯父静庵公山园记》、《越溪庄图记》、《安氏西林记》、《石亭山居记》、《游吴城徐少参园记》等等。作者对诸园空间布局、景观胜致、名人书画、园主性

① 何镗，字振卿，号滨岩，括苍（今浙江丽水）人。嘉靖二十六年(1547)进士，授江西进贤令，历任江西、广东、云南、河南诸省地方官，好游，穷览名山胜水。

② 《弇州续稿》卷六〇《离賨园记》。

格以及园林兴衰变迁等都有描述，笔墨重点则在园林本体之实景真境，按之可游可考。其间评赏关乎园林美学和造园实践，彰显成就，也指出瑕疵，偶尔提出修葺的意见，非精于构园之道者莫能道。这些园林记是研究明代园林史、美学史的重要文献材料，又因为文笔优雅，可当作美文来欣赏，也是探讨王世贞文学创作和明代散文流变的应读之作。其中最精彩最有代表性的作品莫过于《弇山园记》了。

《弇山园记》凡八篇，七千余字，加之后来补记与题后《小祇林藏经阁记》、《疏白莲沼筑芳素记》、《来玉阁记》、《题弇园八记后》四篇，将近万言了。以七千余言而记一园之胜，此前鲜见；此后，间有标举景点名目逐个缕述者，如明季祁彪佳之《寓山注》、清初高士奇之《江村草堂记》，篇幅都比《弇山园记》长，但其节段之间的连接并不严密，顺序可以调换，甚至删去其中一两段也无伤大体。《弇山园记》虽分八篇，却是一个有机整体，不可割裂颠倒，一篇也不能删。八记有分有合，环环相扣，勾连呼应，脉络显藏，都含章法。全文以西弇、中弇、东弇三大景区为主轴，串联其他景区共约百个景点，组合装成巨幅长卷，有主有从，有详有略，逐步展现出弇园大观胜概。其间峰峦洞峡之奇，溪涧谭池之清，磴道石径之曲折，竹树草卉之茂盛，楼台亭阁之巧构，令读记者如行山阴道上应接不暇。而文字之雅丽有如散珠屑玉，的皪璀灿，洒落篇章之间。或造秀整之句，或出随兴之词，轻灵之笔，有妙语，有趣语，有谐语。记八总绾全篇，以为弇山之胜在山水，尤奇在水，在月，奇之奇则在水月相映。水光月色，花香树影，鸟鸣声，鱼跃声，棹歌鼓吹之声，交叠错组，烘托出一片绚丽美妙如梦如幻的境界。状难描之景如在目前，抒幽独之情信腕直寄，脱去模拟，无复依傍，王世贞晚年所作诸多园林记已隐藏着由模拟秦汉古文向独抒性灵的小品文过渡的契机。

《弇山园八记》是王世贞散文之力作，大作，也是得意之作，华滋四溢，精彩八面。为何在他晚年业已博取功名，享有隆誉，又经历人生忧患，心境归于平淡之后，还要尽心勉力结撰此绮语历落之长篇巨制呢？其中有何深意？知世贞者莫若其胞弟世懋。世懋论弇山园诸记创作动机：

逮晚而获遘上真，团焦斗室，凡诸奇胜之好，一切罢遣，而仅余其成风之腕自随。则斯园之不为元美有，而更为游人有，宜其置不复道，而犹缕缕焉以妍辞记之。缩万象于笔端，实幻境于片楮，抑何若斯之丽也！於戏！其纪梦耶？其为游人纪耶？其为耳而未游者纪耶？①

据王世懋揣度，其兄晚岁所以铺陈妍辞丽语累累不休撰此园记，一是为了自己重温繁华旧梦。毕竟过去为营造弇园倾其积蓄，“中更数岁，用力最勤，而最有名”，终于完成了一件宏丽的艺术杰构。今日视之，如烟如梦，但仍值得纪念。二是为了曾经足涉弇园的游人。他们不可能经常来游，或仅此一遭，通过阅读把玩弇园记，可以重温旧游。三是为了耳闻弇园其名而无缘览其境的广大游客，使其于“片楮”获观幻丽景色。要之，此记于己于人，于满足世人山水园林之审美需要不可不作，作而不可不翔实，不可没有文采。世贞深知，自己百年之后，弇园废圮之日，将与此记共存而不泯。用心良苦。对于古代园林记的义法和价值，当代园林艺术大家陈从周先生曾有精辟的议论：

> 而往哲园林记，又时时助我遐思，深叹园与记不可分也。园所以兴游，文所以记事，两者相得益彰。第念历代名园，其存也暂，其毁也速，得以传者胥赖于文。李格非记洛阳名园，千百园记之极则。故园虽荡然，而实存也。余尝谓造园固难，而记尤不易，盖以辞绘园，首在情景，情景交融，境界自出，故究造园之学，必通园记。园记者，有史，有法，有述，有论，其重要可知矣。②

四百年前，王世贞就提出园以文存，“辞之不可已”的论点，近人能承昔贤之说，对园与记的关系，园记之体例法则，作深入阐述且有发明者，当首推陈从周先生。以先生“情景交融”、“有史有法有述有论”的观点来衡量王世贞《弇山园记》及其他诸园记，不仅符合要求，也可以推为园林记中佳作范文。

综观王世贞一生，自少及老，爱好园林，以至“癖迂”。他游园、咏园、记园，指导营建自家私园——离薋园与弇山园，为此耗费了许多积蓄、时光和精力。园林是他文化生涯和艺术生命不可或缺的重要部分，他是一个大文学家、大学问家，也是一个卓有建树的园林家，对中国园林艺术有很大贡献。他参与创建了以巨

① 《王奉常集》卷四九《书山园诸记后》。

② 见陈植、张公驰：《中国历代名园记选注》卷前序文，安徽科学技术出版社，1993 年版。

丽闻名江南的杰构——弇山园，它是明代苏州园林标志性建筑之一；他以亲见亲闻和优美文字真实而生动地记述了当时南北各地尤其是江南名园胜概，为后世考察明代园林艺术成就提供了可靠鲜活的史料；他破天荒地编纂了中国第一部通代园林史汇编——《古今名园墅编》，其书稿虽已亡佚，但意义深远，幸存序言一篇；他还探讨了一系列园林美学问题，丰富了造园理论和美学思想，这是一般园林记作者所不具备的。王世贞的园林观与其文学观、美学观、历史观等等有着密切联系，唯有统观互察其文化创造之方方面面，方能认识这位巨匠全人。

# 王世贞的书法理论及其价值刍议

熊沛军

（曲阜师范大学，山东曲阜，273165）

王世贞(1526—1590)，字元美，又号弇州山人，南直隶苏州府太仓州(今江苏太仓)人。明嘉靖二十六年(1547)进士，累官至南京刑部尚书。他博通经史，擅长诗文，在文学、史学、书画理论方面都取得了很高的成就。他是“后七子”文学复古运动的集大成者，主盟文坛二十年；史学与杨慎并著，俱为清代考据学近源，撰《弇山堂别集》一百卷，为世所称道。王世贞不以书名，或为其诗文、史学名声所掩，世人不以其书为重。但王世贞却是有明一代最出色的书法理论家之一，他昌言“吴中书法”，提倡书法的人生价值，标举“格”与“才”，对晚明书法影响深远。

## 一、书法与人生不朽

王世贞一生的主要志趣在于以文章垂名不朽，他亦将绝大部分时间投入到了更能使其实现人生不朽愿望的文学中。但这并不能说明王世贞在主观上就轻视书法，他曾在《文先生传中》说：

> 夫艺诚无所重文先生，而文先生独能废艺哉？造物柄者，不以星辰之贵而薄雨露，卒亦不以百谷之用而绝百卉，盖兼所重也。①

王世贞明确指出，大自然并不贵星辰而薄雨露，也未用百穀而弃百卉，所以人们也不应该轻视作为“艺”的书法。实际上，王世贞虽选择文学复古为自己的终身事业，但他从不认为书法于一个人的价值就不如文学，如果仔细阅读王世贞的诗文论，我们会发现，他总是将书法与文学的置于同一价值高度的。在《题祝京兆真迹》中，他说将祝允明的书法与李梦阳的诗、沈周的画相提并论：“祝京兆

---

① 周道振辑校：《文征明集》，上海古籍出版社，第1624页。

隶奕奕绝世，唯李献吉诗、沈启南画可以配之。”①说明对人生意义而言，书画与诗文并无高下之分。在《吴公宴沙头古梅下诗序》中，王世贞又说：“嗟夫，质脆候道，物长人短，桓司马所以泫然，庾开府因之抒叹。然夹池之修竹，无复遗青；兰亭之茂林，仅存荒址。考全树于上林，求遗卉于金谷，依稀落照之际，芜没寒烟之表。而邹、枚、司马，组绣其舌颊；太傅、右军，金石其手指。春秋云迈，览者惊其若新；陵陆已迁，诵之意当尚在。”②将钟繇、王羲之与枚乘、司马相如并举，可见王世贞认为书法对人生的价值并不比文学低。

王世贞在判断前人书法的收藏价值时，也是从文与书两个方面来考察：

赋中有苏长公《前后赤壁赋》，余尝谓如文中之有漆园，书中之有飞白，画中之有董巨，要不可用湘累蜀赘招摭诘曲例之。今王子裕先生乃能纵笔以飞白写其辞，遒逸劲迅，神彩飞动，真可谓两合作也。③

《夫子庙堂记》，程浩撰，而僧梦英追书之。浩文是唐人中之沓拖者，英书是柳法中之蹶张者，不足存也。④

右寺碑在大梁，为翰林承旨宋白撰，待诏吴郢书，完好若新立者。白亦颇有文学名，而辞芜杂不工，不敢与江总持作奴，何论简栖？郢虽不能脱祗候习，颇遒劲自赏，殆类诚悬集书，聊为存之。⑤

王子裕所书东坡《赤壁赋》，文章与书法俱佳，王世贞将之称为“合作”，自然最值得珍藏，《夫子庙堂记》文与书俱无可观，故不足存，而《大相国寺碑铭》文辞不工，却因书颇遒劲而具有了保存的价值。由此亦可窥见，至少在主观上王世贞是将书法与文章一视同仁的。

由书法与文章价值相埒的观念出发，王世贞已不再视书法为小技，而是将其作为人生受用之重要途径。为此他在《有明三吴楷法序》中说：“结绳不返畴，能

① 王世贞：《弇州四部稿》，文渊阁四库全书本，卷一百三十二。
② 王世贞：《弇州四部稿》，文渊阁四库全书本，卷六十五。
③ 王世贞：《弇州续稿》，文渊阁四库全书本，卷一百六十七。
④ 王世贞：《弇州续稿》，文渊阁四库全书本，卷一百六十七。
⑤ 王世贞《弇州四部稿》，文渊阁四库全书本，卷一百三十六。

舍楷曰小道乎哉？我未之前闻也。”[1]在为怀素《千字文》题跋时，王世贞又表现出与欧阳修不同的书法思想：“六一居士……跋语所谓后人弃百事而以学书为事业，至终老穷年、疲敝精神，不以为苦者，是真可笑也。意大是不满素师。盖公方在两府，刺促西厅掌故，或无暇究八法也……藉令素师不办此行径，荼毗秃颅后，草木腐矣，六一何自知之，为之一笑。”[2]不过王世贞否认欧阳视书法为末技小道，却又不同于倡书法“纪纲人伦，显明君父，尊严分别而爱敬尽礼，长幼班列而上下有序，是以大道行焉”[3]的张怀瓘，王世贞虽深受儒家思想影响，至死也没能完全看破人世间的观念与规则，却未蹈宋儒书以害道或书以载道的旧辙。他之高视书法，在于艺精者即可成为声名流传不灭之人。可知他已视书法为实现人生不朽的重要方法之一。

欧阳修不满怀素“弃百事而以学书为事业”，确实让人产生挑错了对象的感觉，王世贞对他的反击亦是简捷有力：百年之后，化为一堆枯骨，世人谁会知道有一个名叫怀素的和尚曾在这世界上走过一遭呢？数百年后的杨慎对王羲之的批评就显得有力得多，杨慎认为王羲之本有济世之才，但为书名所掩，于是叹息：“后世但以翰墨称之，艺之为累大哉！”[4]对此，王世贞说：“昔人谓右军才行甚高，有远识，惜不究其用，以书掩之。此非公言也。令右军而用，不过作先始兴、谢文靖耳。千载之下，孰有艳羡珍异若此者乎？张长史与颜尚书同学隶，不胜，去而为草；吴道子与张同学草，不胜，去而为画；杨惠之与吴同学画，不胜，去而为塑。彼其所就则已卑，然而就其专也。古之人志于传也。如此，右军可无惜矣！”[5]王羲之是否有王导或谢安一样的济世之才，王世贞是表示怀疑的，更何况就算王羲之能象王、谢一样出将入相，也做不到千载之后“艳羡珍异若此者”，所以，王世贞认为，正如同张旭于草书、吴道子于画、杨惠之于雕塑一样，书法是唯一适宜王羲之施展其才能的领域。

书法能使人扬名，王世贞具有这样的思想丝毫不值得奇怪。自觉地追求书名并希望借书名而使人生不朽的意识在魏晋时即已产生，魏晋文人于艺术中发

---

① 王世贞：《弇州续稿》，文渊阁四库全书本，卷五十。

② 王世贞：《弇州四部稿》，文渊阁四库全书本，卷一百三十。

③ 《历代书法论文选》，上海书画出版社，1979 年，第 209 页。

④ 杨慎：《升庵集》，文渊阁四库全书本，卷四十九。

⑤ 王世贞：《弇州四部稿》，文渊阁四库全书本，卷一百三十二。

现了另一个生命之岛：可以寄托生命，放飞心灵，提升价值，即“不假良史之辞，不托飞驰之势，而声名自传于后”。① 也就是发现了一种生命安顿的方式：通过艺术手段来延长生命价值之存在。学界也往往把这一时期称为“文艺的自觉时代”。曾经是“小学”附庸的书法，也随之成为士人们博取名声、获得不朽的一种重要方式。王廙曾对王羲之说：“吾诸事不足法，惟书画可法”，②又子敬尝笺与简文(帝)十许纸，题最后云：“民此书甚合，愿存之”，③以书名流传后世的想法昭然若揭。王世贞说的“古之人志于传也”，正是对这一时期士人心态的准确把握。

作为琅琊王氏后裔，王世贞的以书名世的思想显然与其先祖于书法上所取得的巨大成就有着密切关系，他在《琅琊法书摹迹集序》中说：“以至书法，一技耳，然亦以是冠今古，而北则司徒浚冲、太尉夷甫，经逮少司空子渊。江左故创自丞相而妙穷于右军、大令。所谓群从子姓后先临池之隽不下四十人，当是时，太子詹事元礼有云：崔氏雕龙，不过父子两三世耳，未尝七叶之中名德相继，人各有集如吾门者也。信哉！”④

晚明士风的影响也是王世贞以书名世思想形成的原因之一。历史进入晚明，有很多士大夫对传统的道德、事功、文章“三不朽”已经冷漠了。他们发现，实现人生的价值并非只有科举一条狭窄的道路。而且他们中的相当于一部分人的兴趣已经不在科举入仕上面了，他们发现文艺也能使人成名，使人不朽。与王世贞同时而稍后的袁宏道论当日的“时尚”说：“古今好尚不同，薄技小器，皆得著名。铸铜如玉吉、姜娘子，琢琴如哥窑、董窑，漆器如张成、杨茂、彭君宝，经历几世，士大夫宝玩欣赏，与诗画并重。当时文人墨士、名公巨卿，炫赫一时者，不知湮没多少，而诸匠之名，顾得不朽。所谓五谷不熟，不如稊稗者也。”⑤作为“技”之一种的书法，更得到文人们的青睐，书画成为不少文人主要的生活内容。钱元抑曾劝文征明放弃书画，以为书画无益于道，文氏委婉回答说：“人有能有不能，各从其志可也。”⑥祝允明为唐寅撰《梦墨亭记》，曾幽默地谈到自己与唐寅在未

① 《全上古三代秦汉三国六朝文》，中华书局，1987年，第1098页。
② 李绰：《尚书故实》，中华书局，1985年，第5页。
③ 张彦远：《法书要录》，文渊阁四库全书本，卷二。
④ 王世贞：《弇州续稿》，文渊阁四库全书本，卷四十四。
⑤ 《袁宏道集笺校》卷二十，上海古籍出版社，1981年，第731页。
⑥ 周道振辑校：《文征明集》，上海古籍出版社，第707页。

来会在哪一领域获名的问题:"往者,王子安常梦墨而以文章名,余亦常梦墨,未知以何名?审子畏之梦墨,其果以画名哉?墨之用,独画哉?"①文、祝、唐等均已意识到自己将以书或画垂名后世的可能性,但他们并不为上而后悔,反有一种志得意满的感觉。

王世贞既身处如此思想潮流之中,有那么多渴求以书名世的前辈与时贤,则他具有高视书法,认为书法给人带来的声名不亚于任何其它名声的思想,实在不足为怪。然而这并不意味着王世贞人格心态就可与其同时代人等而视之。由于他的禀赋、出身及遭遇具有不可重复的独特性,非但构成其独特的人格,也形成其独特复杂的文化心态。

## 二、"格"与"才"

在赵壹反对学习草书时,曾认为字写得好,纯粹是天才,学也学不来,就象人长得美或丑一样,是无法改变的。但王世贞认为书法本质上是一种技艺,各种书法作品不是任意涂抹刻画出来的,而是按照一定的方法和规则创作出来的。因此王世贞十分关注作品对形式法则的遵守,而对"格"的重视正是王世贞所提倡的形式法则的主要组成部分。

王世贞在《真逸集序》中曾说:"余之所谓格者,若器之有格也,又止也,言物至此而止也。"②可知"格"在此即规范的意思。既然"格"是一种要求人们依从的规范,那么王世贞自然对这种规范有一定品味(品位)、品质、质量上的要求。王世贞曾评胡应麟的诗歌,称赞其"格调高秀,声响宏朗,而入字入事皆古雅"。③ 可见王世贞对"格"的要求是近于"古雅",虽是就诗歌而发,但实可说是对"格"的一种总体上的要求。王世贞在其书论中多次提到"古雅"一词,频率之高,在书史上绝无仅有。然而,"古雅"的含义该如何理解呢?首先是"古",中国美学所说的"古",其含义主要有两种:一是就时间的悠长久远而言,意指古代;一是就意蕴的深厚、高妙而言,意指古朴高远的艺术境界。"古雅"之"古",应是两种含义兼而有之。就艺术境界而言,王世贞常用古澹、古朴、古拙、苍古、高古、亘古等词来描述书法的神态,如:

---

① 祝允明:《怀星堂集》,文渊阁四库全书本,卷二十七。

② 王世贞:《弇州续稿》,文渊阁四库全书本,卷四十二。

③ 王世贞:《弇州续稿》,文渊阁四库全书本,卷二百六。

陈太学道复，长洲人，一律四绝，语平平耳，而散草极古澹，在怀素、林藻间，是得意笔也。[①]

余不识书，窃以为此铭(《瘗鹤铭》)古拙奇峭，雄伟飞逸，固书家之雄。[②]

(扇卷)皆杂山水，夏木寒林、清泉白石，或题诗，或止押名，而苍古秀润，妙有胜国诸公遗意。[③]

其次是"雅"，其中包含性情之雅、风格之雅与体制之雅。所谓性情之雅，是指书法作品要符合儒家"直而温，宽而栗"，"乐而不淫，哀而不伤"，"主文而谲谏"的传统艺术精神。王世贞在评苏轼《醉翁丰乐二亭记》时说："坡公所书《醉翁丰乐二亭记》擘窠书法出颜尚书、徐吏侍，结体虽小散缓而遒伟俊迈，自是当家。《醉翁》一记偶创新矱，翩翩动人，无取大雅。"[④]又评黄庭坚《范文正道服赞跋》说："鲁直此书，极精妍端雅，不作险侧态。岂见正人书后所谓心正笔亦正耶?"[⑤]王世贞在这里从形态风貌上要求书法作品不涉险怪而趋于曲雅平和，而从"大雅"、"心正笔亦正"等字眼来看，王氏所要求的更是性情之雅。所谓风格之雅，是指书法的风格应当以清新刚健、古朴深厚的阳刚之美为主，不应该过分追求柔曼绮靡的阴柔之美。从王世贞对"遒"、"骨"这一类概念的喜爱就可看出这一点，在《弇州四部稿》和《弇州续稿》的各类书迹题跋中，"遒"出现有160次之多，"骨"出现也有130次之多。如评赵孟頫书："文敏书此记遒劲匀整，肉不隐骨，晚年最妙笔。"[⑥]又如评徐有贞书："人谓翁(指徐有贞)书由米颠来，非也。其遒放波险，全得长沙面目，神彩风骨，亦自琅琅，惜结体少疏耳。"[⑦]王世贞有时还会将"遒"、"骨"与"格"结合起来使用，从而使"格"具体化，如："余尝评颜鲁公《家庙碑》，以为今隶中之有玉筋体者，风华骨格。庄密挺秀，真书家至宝。"[⑧]

至于体制之雅，是指王世贞在他的书论中，立场坚定地捍卫体裁的规范性，

---

① 王世贞：《弇州续稿》，文渊阁四库全书本，卷一百六十三。

② 王世贞：《弇州四部稿》，文渊阁四库全书本，卷一百三十四。

③ 王世贞：《弇州四部稿》，文渊阁四库全书本，卷一百三十八。

④ 王世贞：《弇州四部稿》，文渊阁四库全书本，卷一百三十六。

⑤ 王世贞：《弇州四部稿》，文渊阁四库全书本，卷一百三十。

⑥ 王世贞：《弇州四部稿》，文渊阁四库全书本，卷一百三十一。

⑦ 王世贞：《弇州四部稿》，文渊阁四库全书本，卷一百三十一。

⑧ 王世贞：《弇州续稿》，文渊阁四库全书本，卷一百六十七。

始终把一种书体的极盛期的代表作品所体现的风格视为“第一义”，不得逾越。然而，由于艺术品味的不同，不同人心目中的代表作也不同，所欣赏的艺术风格也大相径庭。故王世贞重“格”必然强调辨体。王世贞书论中辨体的例子很多，如：

飞白即古隶、今隶，萧子云颇作篆，皆大书，用帚笔轻拂过，或有带行者，其体若白而势若飞，今亦不传矣。后世有以草书作双丝下中露白者为飞白，极可笑。吾三十时为余定州作飞白歌，盖从俗之语也。

八分则汉隶之未有挑剔者，比秦隶则易识，比汉隶则微似篆，若用篆笔作汉隶则得之矣。由此而言，则次仲所成八分恐存隶八分，就篆二分也。①

论文体者，常执着于“设文之体有常”，而把体视为最基本的规范性要求，反对“失体成怪”，王世贞论书同样如此，如他批评解缙的草书失体：“解大绅……狂草名一时，然纵荡无法，又多恶笔，杨用修目为镇宅符。”②王世贞的辨体思想还体现在他对能于今体中融入古体笔法的赞赏。如：

颜鲁公《家庙碑》，今隶中之有小篆笔者；欧阳兰台《道因碑》，今隶中之有古隶笔者；皇象《天发碑》，分篆中之有章法者；《瘗鹤铭》，行书中之有古隶者。③

余尝谓皇象《文武(帖)》、索靖《载妖帖》，章草中鸟迹笔者；颜真卿《家庙(碑)》、《茅山碑》，正书中玉筋笔者；兰台《道因碑》，正书中八分笔者。此未易为俗人言也。④

一般认为，楷、行、草为今体，而篆、隶、分、籀等为古体。书法的各种体制，“一体自有一格”，古体笔法章法都贵在自由，今体则皆带较严法度。王世贞主张今体中融入古体笔法，是说以厚朴进入规矩、工巧，其意是使今体更接近自然。

---

① 王世贞：《弇州四部稿》，文渊阁四库全书本，卷一百五十三。
② 王世贞：《弇州四部稿》，文渊阁四库全书本，卷一百五十四。
③ 王世贞：《弇州四部稿》，文渊阁四库全书本，卷一百五十三。
④ 王世贞：《弇州四部稿》，文渊阁四库全书本，卷一百三十五。

王世贞在论古今体诗歌时曾说:“古乐府、选体歌行有可入律者,有不可入律者,句法、字法皆然,惟近体必不可入古耳。”①他虽未明言古体中不能混入今体笔法,但从他对唐玄宗隶书的多次批评中亦可朦胧感觉到这正是其题中之义。沈德潜说:“写篆、八分不得入楷法,写楷书宜入篆、八分法”②这样的思想在王世贞这里已经初步形成了。

王世贞追求书法的“格”,将书体的时代性与其盛衰发展结合考虑,自然有它的合理性。但推崇典范与高标,容易落入悬一格以求的境地,而千姿百态、纷呈繁盛的风貌和质文代变、欣欣不已的发展常常有被忽视的危险。王世贞也明显意识到了这一点。于是,在提倡“格”的同时,他力图突出“才”来避免格套。《弇州四部稿》卷一百四十四在说明“格”、“调”与“才”之间关系时说:

才生思,思生调,调生格。思即才之用,调即思之境,格即调之界。

所谓“才生思,思生调,调生格”,表明才思与格调有着密切的关联,才思是格调生成的基础。也即“出之自才,止之自格”。③ 从这个意义上说,才力的高下,会直接影响到“格”的高下,“材不能高,故其格下也”。④ 王世贞曾联系前七子及其追随者的诗歌创作对“格”进行认真的反思,他考虑的是摆正“格”与“才”之关系:“此曹子方寸间先有它人,而后有我,是用于格者也,非能用格者也。……盖有真我,而后有真诗,其习之者,不以为达夫、摩诘,则亦钱、刘。……古之善治诗者,莫若钟嵘、严仪,谓某诗某格某代某人,诗出某人法,乃今而悟其不尽然。”⑤先有他人而后有我,被他人的“格”所支配,丧失的作者的主体精神,自然无法写出好诗;以真实的自我为先导,而又能利用前人的规范,才能写出感情真挚、格调不凡的诗篇。如此,王世贞就在人我之间,在格调与才情之间清楚地界定了主次地位。而作为真我的直接表现,就是体现在作品中的才情。为此,王世贞要求正视作者的才赋,他在对格调派创作进行反思时提出:“护格者虞藻,护藻者虞格,

① 王世贞:《弇州四部稿》,文渊阁四库全书本,卷一百四十四。
② 沈德潜:《说诗晬语》,人民文学出版社,1979 年,第 244 页。
③ 王世贞:《弇州续稿》,文渊阁四库全书本,卷四十五。
④ 王世贞:《弇州四部稿》,文渊阁四库全书本,卷一百四十四。
⑤ 王世贞:《弇州续稿》,文渊阁四库全书本,卷五十一。

当心者倍耳，谐耳者戾心，信乎其难兼矣。虽然，非诗之难，所以兼之者难，其所以难，盖难才也。”①之所以“才”与“格”难兼，就因为诗人的才赋不足。书法亦然，如他说丰坊因才不高而导致书法格调卑下：

丰考功……其书自古钟鼎籀篆及小楷行草凡十余种，种各有法，而以笔滞，故不能无利钝。吾所谓丰氏有书学而无书才者，此亦一征也。②

王世贞强调在作品中体现书家的才情，为此他又提出了“离而合”和“悟”的理论，作为指导学习古人、掌握古法的原则和手段，他在《弇州四部稿》卷一百四十四说：“故法合者，必穷力而自运；法离者，必凝神而并归。合而离，离而合，有悟存焉。”“离合”一词，语本何景明《与李空同论诗书》，但含义已有发展变化。“离而合”指不死守古人法度，似离而实合；“合而离”指太拘执古人法度，似合而实离。这是王世贞提出的学习古人、掌握古法的原则。就法规而言，有“离”有“合”，然应如何适当地调剂“离”“合”，何时应“自运”，何时应“并归”，则不是从法规中所能获得，必须由学习者自行体会，不拘泥于一般的规范，必须以“悟”达成。在这个状态下，汉字书写将可脱离因指涉性过强所产生的单薄意味，而产生更强大的视觉冲击力。所谓“有意无间之间”的妙境不仅是审美意味上的超脱，也是解除文字体系宰制性的一种表现，所谓“笔尽而意无尽”③正是此一境界的呈现。

## 三、“吴中书法”说

王世贞对吴中书法的评价极高，将其视为明代书法崛起的标志与最高境界，在讨论明代书法的演变时，有一段很概括的论述：“我明书法，国初尚亦有人，以胜国之习，颇工临池故耳。嗣后雷同，影响未见轶尘。吴中一振，腕指神助，鸾虬奋舞，为世珍美，而它方遂绝响矣。”在《艺苑卮言》中他说：“天下法书归吾吴，而祝京兆允明为最，文待诏征明、王贡士宠次之。”《弇州四部稿》卷一百三十一又说：“国朝书法尽三吴。”那么，王世贞所说的“吴中书法”有何特质呢？概言之，即“全美”——多家风格并擅；“兼善”——各种书体兼工。

---

① 王世贞：《弇州续稿》，文渊阁四库全书本，卷四十四。
② 王世贞：《弇州四部稿》，文渊阁四库全书本，卷一百三十六。
③ 王世贞：《弇州四部稿》，文渊阁四库全书本，卷一百五十四。

由于教育的普及和仕途的拥挤，明中叶的许多文人已无法获得官衔。一些科场失意的文人，转而发展他们的艺术才能，逐渐成为以书画为生的职业艺术家，他们的书写技巧也逐渐多样化。弘治、正德年间的吴门书家最能反映这个趋势。如文征明，擅长篆、隶、真、草四种字体，且一种字体能出几种面貌，其大行书有黄庭坚和米芾的风格因素；其小行书则由王羲之、赵孟頫优雅的书风衍变而成。被王世贞誉为有明书法第一的祝允明更是擅长多家风格，并好炫耀其技巧。正如文征明之子文彭所说："我朝善书者不可胜数，而人各一家，家各一意。惟祝京兆为集众长。盖其少时于书无所不学，学亦无所不精。"王世贞在总结了吴门书家的理论与实践后，概括为"全美兼善"，并将其视为明代书家学习晋唐、超越晋唐的有效办法。

王世贞所说的全美，首先是指书法作品的整体美。王氏认为，书家在创作时，应兼顾书写形式与文字内容，要根据所书写的文辞来选择一种书法风格以相匹配。如：

> 白学士《(长恨)歌》绵丽详缛，宛然开元宫中韶景。履吉以行草书之，艳冶之极，并得玉真情态。
>
> 俞仲蔚……漫书《世说新语》数十条。余尝谓："与仲蔚坐，便似晋人周旋；得仲蔚数行，便似晋人赤牍。"今以晋人笔笔晋人语，其快又何如也。

王世贞认为王宠以"艳冶之极"的行草书写《长恨歌》，正可将杨贵妃的神情姿态展现于字里行间；而记载潇洒飘逸的魏晋风度的《世说新语》也须以俊逸流畅的晋人书法书写出来，才可以称为是完美之作。线是书法艺术唯一的形式手段，对一件书法作品来说，相对于线条营造之"境"，文辞所刻画的境界，当然处于次要的、从属的地位，但是由于它与书者情感、作品形式的默契成为构成意境时必不可少的前提，文辞作为联系书者主观世界与形式的媒介，在书法艺术中具有不可忽视的意义。书史上的经典作品，如《兰亭序》、《祭侄稿》等，文辞之"境"无不与作品线条之"境"密合无间。可以说，在要求书家创作时兼顾书写形式与文字内容、使二者契合统一这个问题上，王世贞表现出了超越常人的观察力和领悟力。

其次，全美与兼善还指书家能折衷诸家，调剂众美，探寻更高的创作和审美境界。其功夫的着眼处在于“剂”，什么是“剂”呢？王世贞在《吴明卿先生集序》中说：“文故有极哉！极者则也。扬之则高其响，直上而不能沉；抑之则卑其分，小减而不能企；纵之则傍溢而无所底；敛之则郁塞而不能畅。等之于乐，其轻重弗调，弗成奏也；于味，其秾淡弗剂，弗成饗也。”指出文之典则有“扬”、“抑”、“纵”、“敛”各种表现，但不能执其一端以为文，须能剂之于四者之间，如音乐之轻重节奏须相互调和，如熟食浓淡之味之相剂。这是一种和谐之美，即把本来相对立的元素如“扬”与“抑”、“纵”与“敛”相互协调补充，把各种特色融冶于一炉，而呈现出一种新的圆融周全之美。换言之，所谓“剂”，就是以调和众美，从而产生新的审美内涵之手段。由于“剂”的作用在于调剂各种不同美感元素，因此在书法创作中同样适用，《玉板兰亭叙、麻姑仙坛记》中说：“盖山阴之圆，剂鲁郡之方，而后集大成，如夷清和惠，不相胜而相用可也。”以王羲之之“圆”剂颜真卿之“方”，兼合二美，王世贞在这里表现出他的“集大成”思想。而实现“剂”的具体途径是在各种不同风格之间取长补短，调和众美，因此其根基必然建立于博学，其目的则是集古今之大成，达到更高的境界。在这点上，王世贞认为祝允明最堪典范：“京兆少年楷法自元常、二王、永师、秘监、率更、河南、吴兴；行草则大令、永师、河南、狂素、颠旭、北海、眉山、豫章、襄阳，靡不临写工绝。晚节变化出入，不可端倪，风骨烂漫，天真纵逸，直足上配吴兴，它所不论也。”“变化出入”、“不可端倪”、“风骨烂漫”、“天真纵逸”等评语，都集于祝允明身上，可见王世贞是以他作为明代书家的最佳榜样。

再次，“全美兼善”还包括一个书家对各种书体的熟稔和擅长。王世贞认为，二王之后，只有赵孟頫和文征明能兼精诸体，因此他对二人都推崇备至：“文待诏……千文四体，楷法绝精工，有《黄庭》、《遗教》笔意。行体苍润，可称《玉版》、《圣教》。隶亦妙得《受禅》三昧，篆书斤斤阳冰门风，而皆有小法，尤可宝也。自兴嗣成此文后，独元时赵承旨及待诏能备此众体，惜少章草耳。”历代著录都曾有赵孟頫书四体、五体、六体《千字文》的记载。但从王世贞的书画评论来看，他似乎并没有见过，所以他对赵、文二人不擅章草颇感遗憾。但这并不影响王世贞对二人的高度评价，在《书赵松雪集后》中仍不忘对赵、文二人极力推崇一番：“吴兴赵文敏公孟頫风流才艺，惟吾郡文待诏征明可以当之……。”

## 四、王世贞书法理论的价值

王世贞书法理论的意义，首先在于他担当了吴门书派理论总结者的角色，具有无以取代的地位。马克思说过:“批判的武器当然不能代替武器的批判。”[①]在这里,“武器的批判”指的就是理论的批评,也就是鲁迅所说的“文艺必须有批评”[②]的含义。以祝允明、文征明、王宠等为代表的吴中书家以高蹈的姿态及大量的书法创作实践,适应了当时市民文化的审美需要,一扫明初台阁体的庸俗风气,成为明代中期书法发展中的主流,并将以北京宫廷书家为代表的书坛中心转移到了江南。但作为一个书法流派,如果缺乏文艺理论批评上的支持,其运动本身无疑是有缺憾的。王世贞在《艺苑卮言》论书法的结尾时说:“吾王氏墨池一派,为乌衣马粪夺尽,今遂奄然,庶几可望者,吾季耳。吾眼中有笔,故不敢不任识书,腕中有鬼,故不任书。”[③]可见《艺苑卮言》的出现,正担当了吴门书派书法运动中“武器的批判”的角色。

王世贞书法思想在明代书学嬗变中也起着非常重要的作用。晚明思潮的特点是远离政治,追求放达生活或自我超越,尤其倾心于个人生活的赏心乐事。王世贞不仅是这一时期的士林风标,而且还以豪富之资为不少山人及贫困者提供“快活”。与性格刚直的早年不同,王世贞晚年心态平和,以优游求自得,闲适旷达。这一方面是因为他远离污浊政局,生活条件较为优裕,另一方面是因为他与其他晚明士人一样,受着佛道思想的熏陶。王世贞关于书法批评的文字大部分都产生于他晚年闲居吴中这一段时间,这使得他的书法思想较其文学更具有性灵说的意味。黄惇注意到在《艺苑卮言》的书论中,没有见到如其文论中“文必西汉,诗必盛唐”似的极端的主张,感到有些不可思议。[④] 其实原因就在于晚年的吴中生活冲刷了他锐意范古的人生理念和文艺思想,使他进入无牵无累之境,生活态度的感性色彩转而得到加强,形成了优游自适的人生趣味。这种生活态度决定了其书法思想的面貌。王世贞反复强调“书法之妙在有意无意之间”,即是一种近于性灵说的主张。这种无意说深受佛道思想的影响,主张书写的自然,重视心物相触,并由此引出“悟”的说法。

王世贞去世后,吴门书派也走向衰落,而苏州近邻的松江正掀起了一场声势浩大的书学振兴运动,其代表人物便是董其昌。董其昌论书贬抑吴中派,在艺术

---

① 《马克思恩格斯选集》第一册,人民出版社,1972年,第9页。

② 《鲁迅全集》第五卷,人民文学出版社,1998年,第444页。

③ 王世贞:《弇州四部稿》,文渊阁四库全书本,卷一百五十四。

④ 黄惇:《中国书法史·元明卷》,江苏教育出版社,2001年,第411页。

思想方面亦鲜明地站在反对以王世贞为代表的前后七子的立场上，陈继儒在《容台集序》中曾云："往王长公（王世贞）主盟艺坛，李本宁（李攀龙）与之艺谊声调甚合，董公与诸生岳岳不肯下，曰：神仙自能拔宅，何事傍人门户间。"董其昌强调创新，将禅宗的思辩哲学引入他的书论，以禅喻书阐发出"顿悟说"、"淡说"；在艺术风格上，追求"率意"和"平淡"。董其昌一呼百应，松江书派迅速崛起。我们当然佩服董其昌突破旧传统势力的束缚，从陈陈相因的营垒中冲杀出来的勇气与决心，也叹赏其书法思想中显露出来的深刻性与趣味性，但必须看到，他的胜利是水到渠成的结果，不能排除祝允明、王世贞等吴中复古派书家、书论家的功劳。尤其应该看到，董其昌书论中的许多观点在王世贞的书论中已经有所阐述，如"顿悟"的思想，"生"与"熟"之间关系的辨证，对"率意"的追求。应该说，如果没有王世贞的探索，董其昌的书法思想不会有如此圆融与成熟。当然，过于夸大王世贞的贡献也是不恰当的，他也是受着时代风气的影响，书法思想转变的根本原因是社会历史的演进。从性灵说的角度看，王世贞与董其昌还有一点距离。他毕竟宿习太深，拘束了手脚，时时不能忘记古雅雄浑的书法审美境界，不能忘记书法复古。应该说，王世贞超越了格调说，但还没有进入性灵说的殿堂，他的理论还处于蜕变未尽的过渡状态。

王世贞书法理论的意义，还在于他以自己的批评实践，为扭转"书为小道"的观念作出了贡献。虽然"书"在西周时即与"射"、"御"等一同并列为"六艺"之一，但书法在中国古代士人心目中的地位却一直很低。宋代以来，随着学界对"道"的强调阐发及理学风气的滋长，对书法的贬抑越来越厉害，苏轼曾评价王献之一生"无过人事业"①；理学大师程颐则认为，作为一个有志之士，对书法的研习必须保持一定距离，否则将会妨害对"道"这一更高境界的追求。轻视书法的思想在吴门书派这里开始得到扭转，吴中人士有很多是以善书而被征入朝廷。如刘铉、李应祯在为官初期即是以善书选入朝廷的，并均担任过中书舍人一职，金问则因此长技而荐为正字。又如，娶祝允明之姑的汤瑄是以善书援例授鸿胪寺序班，王鏊长子王延哲、吴愈（文征明岳父）次子吴南等均是以能书而官于中书的。士人也以善书获俸而感到自豪。至沈周、文征明辈，更是将出卖书画作为获取生活资料的主要手段，而对于这种新的生活方式，他们表现出了一种怡然自得的心

① 苏轼：《苏轼文集》，中华书局，1986年，第2173页。

理，文征明曾对自己创作书画的情况有过说明："吾生溪壑心，苦受尘氛累。时从笔墨间，涂抹聊尔耳。"①又云："吾子适吾适"，②显然是把书画视为人生受用之重要途径，这与后来傅山不得不以书画为生却又牢骚满腹的态度是截然不同的。王世贞对书法的看法承文征明等吴中书家而来，其态度是严肃而认真的。他认为书法是一种不朽的事业，不应以雕虫小技视之。所以他为从事书法的人树立了一个崇高理想——于个人而言，要成为一个大家；于时代而言，要将明代书法引领到盛世。这结合到明代澎湃的复古思潮，于是古代书法盛世，便成为最好的模范，成为致力的目标；"古"变成理想的象征，而王世贞就为着这个理想，撰写书论，建立了一套完整的书法复古理论。王氏以赫赫声望来对书法作评论，则毋庸置疑地影响着同时及后来的文人，对扭转当时重道轻书了局面，提高书法的地位，起到别人无法代替的作用。

① 周道振辑校：《文征明集》，上海古籍出版社，第 6 页。

② 周道振辑校：《文征明集》，上海古籍出版社，第 11 页。

# 王世贞“书牍”观之探析①

贾　飞

（南通大学文学院，江苏南通，226019）

**[内容摘要]**在王世贞的文学理论著作《艺苑卮言》中，几乎没有涉及书牍这种文体的相关理论，其实王世贞不仅进行了大量的书牍写作实践，在《艺苑卮言》之外，还有着自身的理论总结。在王世贞看来，书牍有利于内心言语的表达，并发挥着交际工具的作用，其价值也高于其它诸如序、传等文体，书牍甚至还承载着王世贞文学有用于世的创作信念，备受王世贞重视。

**[关 键 词]**王世贞；文体；书牍；文学观

《艺苑卮言》是王世贞的文学理论著作，其中探讨了诸多文体，如乐府、五言、七言、赋等等，却没有对书牍这种文体进行评价和论述。这当然不是王世贞不重视书牍，在《艺苑卮言》之外，他对书牍的创作十分注重，如在《弇州山人四部稿》中书牍有12卷，在《弇州山人续稿》中有36卷，他还亲自编撰了《尺牍清裁》一书，多达60卷。因此，单单地通过《艺苑卮言》，我们不能发现王世贞的书牍观，也无法了解王世贞对书牍的具体态度和观念。另外，王世贞“文部”创作的文体众多，如传、记、跋、铭等文体，限于论文体例，不能一一道明，在此独选书牍一体加以阐述，一来固然是王世贞对书牍这种文体的重视，二来是在王世贞看来，书牍这种文体是远在其它文体之上，是“最他文也”②，三来是此种文体承载着王世贞文之有用于世的文学价值观。因此，了解王世贞的书牍观，能更好的认知其文学思想。

## 一、先秦两汉“最称笃古矣”

书，是指古代臣子向皇帝进言所写的公文以及亲朋好友之间往来的私人信

① 基金项目：南通大学人文社科类博士启动基金。

② 王世贞：《弇州山人四部稿》卷六十八《凌玄旻赫蹏书序》，明刻本。

件的统称。在实际的运用中,前者一般称之为奏书或者上书,后者称之为书牍、书札、书简。吴讷在《文章辨体》中曾论及:"按昔臣僚敷奏,朋旧往复,皆总曰'书'[①]。近世臣僚上言,名为'表奏',惟朋旧之间,则曰'书'而已。"故而"书"是古代书信的总名,根据写作材料的不同,其具体名称也有所不同,如写在竹简或木板上的称简、札、牍,写在木简或者绢帛上的称尺牍、尺素、尺翰,又因为传递书信时常常用封套加以包装,又有"函"之称。

对于尺牍一名,王世贞进行了考证,如他论述道:

> 王子曰:盖余尝为吴兴凌大夫叙书牍,云居数岁而复为大夫,孙玄旻序所谓赫蹏书者,何以称赫蹏也,按班史《赵后传》,箧有裹药二枚赫蹏,应劭释曰:"薄小纸也。"玄旻之为书大者,数百千言矣,称赫蹏示抑也。[②]
>
> 用修初名赤牍,无所据,或以古尺赤通用耳。考唯汉,西岳石阙铭,内高二丈二赤,然亦僻矣,且汉所称尚书下尺一,又天子遗匈奴以尺一牍,匈奴报以尺二牍,皆尺也,故改从尺牍,复缀数语于末,以俟夫谋野之士采焉。[③]

其中赫蹏即指用以书写的小幅绢帛。通过历史考证,王世贞探究了尺牍来源,并委婉的批判的杨用修之"赤牍说"。再如《后汉书・北海靖王兴传》记载道:"及寝病,帝驿马令作草书尺牍十首。"[④]后人注解道:"'牍,书版也。'盖长一尺,因取名焉。"[⑤]这些史料也印证了王世贞的说法。

需要说明的是,在王世贞的文集中,尺牍和书牍这两个名称杂用,在其所编订的《弇州山人四部稿》和《弇州山人续稿》中,涉及诸多文体,有书牍一体,却没有尺牍一体,再者,书牍和尺牍二者文体的功能和用途一致,具有可合性。为了方便,行文在进行论述时,主要采用书牍一名。

在通信设备不发达的古代社会,书牍作为人与人之间交际的工具,其产生是很早的。作为一种独立的文体时,它又与其它的文体一样,具有一个演变和发展

---

① 吴讷:《文章辨体序说》,人民文学出版社,1982年,第41页。

② 王世贞:《弇州山人四部稿》卷六十八《凌玄旻赫蹏书序》,明刻本。

③ 王世贞:《弇州山人四部稿》卷六十四《重刻尺牍清裁小序》,明刻本。

④ 范晔撰、李贤等注:《后汉书》卷十四《宗室四王三侯列传》,中华书局,1999年,第370页。

⑤ 王筠:《说文解字句读》卷七上,清刻本。

的历史过程，在这个过程中，它得到不断完善，逐渐走向成熟。

姚鼐曾在将书牍的产生追溯到《君奭》篇，他认为："书说类者，昔周公之告召公，有《君奭》篇。"①可是《君奭》篇乃史官记载的周公对召公的劝勉之辞，如"君！予不惠若兹多诰，予惟用闵于天越民。"②这还不是严格意义上的书信。褚斌杰先生则认为"我国最早的书牍文，当产生于春秋战国时期"③。诸如《左传》中的《子产与范宣子书》、《郑子家与赵子宣书》、《巫臣遗子反书》等书牍文章。

在随后书牍演变和发展的历史中，各个时代有着不尽一样的特征，王世贞对此进行了详尽阐述，如他论及道：

> 所谓春秋之世，寄文行人者，惜其婉孅娴雅，亦略载之。夫其取指太巧，措法若规，得非盲史，为之润色邪。先秦两汉质不累藻，华不掩情，盖最称笃古矣，东京宛尔，具体三邦，亦其滥觞，稍涉繁文，微伤谄语。晋氏长于吻而短于笔，间获一二佳者，余多茂先不解之。恨齐梁而下，大好缠绵，或涉俳偶，苟从管斑可窥豹彩，必取全锦更伤斐然。隋唐以还，滔滔信腕，不知所以裁之，迩岁诸贤，稍有名能复古者，亦未卓然正始。④

在王世贞看来，书牍的发展可以分为五个阶段，即春秋—先秦两汉—晋—齐梁—隋唐以还，而春秋之际的书牍有"婉孅娴雅"、"取指太巧"之弊，东京之时的书牍有"微伤讇语"之弊，魏晋南北朝时期的书牍则过于注重排偶、辞藻，隋唐以后的书牍更是"滔滔信腕"，不足取，王世贞甚至认为"杨用修採尺牍不及唐明，唐以后无尺牍也"。只有先秦两汉的书牍创作能够达到"质不累藻，华不掩情"，使行文整体达到彬彬之态，是王世贞所最推崇的，"最称笃古矣"。

王世贞于书牍取法先秦两汉，这固然与其倡导复古时期的取法对象不谋而合，如王世贞曾对西京时文章的创作大加赞赏，认为："汉兴治马上，而自柏梁以来，词赋称西京无偶者，贾谊、司马相如、子卿、虞丘寿、王褒、雄，诸大夫东西南北

---

① 郑福照：《姚惜抱先生年谱》，清同治七年桐城姚浚昌刻本。

② 孔安国：《尚书》卷十《君奭》，《四部丛刊》景宋本。

③ 褚斌杰：《中国古代文体概论》，北京大学出版社，1990 年，389 页。

④ 王世贞：《弇州山人四部稿》卷六十四《重刻尺牍清裁小序》，明刻本。

人也。”①并在评定文章创作高低时阐述道：“余窃谓天下以文名家者，未易屈指数，然大要不过二三端。高者，探先秦，摭西京，挟建安，俯大历，次乃沿六季华靡之好，以饾饤组绣相豪倾，其下始托于理，务于简俭以逃拙。”②可见，虽然王世贞的创作取法对象没有局限于秦汉，对大历、六朝之佳作也有所肯定，但是在他心目中，先秦、西京的文章才是“高者”，才是值得取法的。

然而，王世贞并不是囿于文章创作的取法对象而将书牍之“最称笃古矣”限定为先秦两汉。首先，书牍属于“文”的一种文体，附属于“文”，而就“文”的发展历程来看，春秋之际是雏形时期，各种文体相互混杂，没有明晰的法则，到了秦汉时期，各种文体得到发展，汉大赋风靡一时。而到了魏晋南北朝，文章创作之时追求行文的辞藻色彩，骈偶对仗，有利于文章之“文”而有损于文章之“质”。宋元两朝，韩愈、柳宗元等唐宋八大家提倡古文运动，“文以载道”，文章创作被“道”所束缚。明清两代，文网极严，八股取士，文章创作大不如前，处于汇总时期。所以相对于文质并举的秦汉时期，魏晋南北朝、宋元、明清都有所不足，明朝前后七子的文学复古运动更是师法秦汉为文章最高者。

其次，就书牍本身的演变和发展而言，也是直取先秦两汉，如战国时期荀卿的《与春申君书》、李斯的《谏逐客书》、司马迁的《报任安书》、马援的《诫兄子严敦书》，都是先秦两汉书牍文的代表作，也意味着书牍文已成为个人情感交流的工具，作者的真性情也得以披露。试看司马迁的《报任安书》：

> 太史公牛马走司马迁再拜言。少卿足下：曩者辱赐书，教以慎于接物，推贤进士为务，意气勤勤恳恳，若望仆不相师，而用流俗人之言。仆非敢如此也。虽罢驽，亦尝侧闻长者遗风矣。顾自以为身残处秽，动而见尤，欲益反损，是以抑郁而无谁语。……且负下未易居，上流多谤议。仆以口语遇遭此祸，重为乡党戮笑，以污辱先人，亦何面目复上父母之丘墓乎？虽累百世，垢弥甚耳！是以肠一日而九回，居则忽忽若有所亡，出则不知其所往。每念斯耻，汗未尝不发背沾衣也！身直为闺閤之臣，宁得自引深藏于岩穴邪！故

① 王世贞：《弇州山人四部稿》卷五十七《赠李于鳞视关中学政序》，明刻本。
② 王世贞：《弇州山人续稿》卷四十《袁鲁望集序》，明刻本。

且从俗浮沉，与时俯仰，以通其狂惑。①

这是武帝太始四年司马迁写给朋友任安的一封长信，是一篇叙述自己不幸遭遇、刺世疾邪的书牍文，在文中，司马迁将自己因李陵之祸而受腐刑后的屈辱、愤懑之情以及发愤著书的理想尽袒而出，甚至是喊出了"以污辱先人，亦何面目复上父母之丘墓乎"的哀声。通观《报任安书》全文，行文没有过于华丽的辞藻，没有特意讲究的骈偶对仗，唯有朴实的言语，真挚的情感，庄重之风油然而生，却将作者个人人生和性格特征表现得淋漓尽致，并且紧扣社会政治、生活，体现其当下的意义。

也正因为以上缘由，王世贞才肯定先秦两汉的书牍文是"质不累藻，华不掩情，盖最称笃古矣"。

## 二、书牍，以最他文

书牍是一种常用的应用文，是我国古代文章中的重要文体，历朝历代的文人士大夫们都非常注重书牍的写作。王世贞认为"文至尺牍，斯称小道，有物有则，才者难之，况其他哉"②。相对于传、赋、序等传统文体，以及其它"表""启""笺"等"书"体，书牍只能称之为"小道"，然而这"小道"却有其自身特色，王世贞则从书牍文的特色出发，称赞书牍"最他文也"，他还进行了专门的论述：

夫书牍何？以最他文也。人固有隔千里异胡越，大之不能抒丹素，细之不能讯暄凉矣，得尺一之札而若觏，是以笔为面也。有卒然讷于口，不能以辞通矣，归而假尺一之札上之，而若契，是以笔为口也。故夫他文之为用方，而书牍之用圆也。意不尽则文尽，则止繁简，因浓淡而摹，而不务强其所未至。故夫它文之为体方，而书牍之体圆也，书牍之所称最他文，有以也。③

从中我们可以知道王世贞将书牍视为"最他文也"的理由有以下几个方面：

① 司马迁：《报任安书》，见殷正林等《中国书信经典》，山东大学出版社，2008年，第21—23页。

② 王世贞：《弇州山人四部稿》卷六十四《重刻尺牍清裁小序》，明刻本。

③ 王世贞：《弇州山人四部稿》卷六十八《凌玄旻赫蹏书序》，明刻本。

其一，以笔为面。书牍与其它文体之不同，在于他比一般文体更加带有私人的色彩，古人在创作书牍时，往往具有一定的目的和需要，其写作的对象也是自己所熟知的人物。再者，受时间、地域以及交通方式等多方面限制，"人固有隔千里异胡越"，人与人之间直接面谈的时机有限，而书牍作为人与人之间的交际工具，无疑代表着人与人之间的间接交谈，故素有"尺牍书疏，千里面目"，"见信如见人"之说。如鲍照的《登大雷岸与妹书》，是鲍照远赴江州任所时，途中给自己妹妹写的一封家信。鲍照将自己的所见所感告知于妹，并嘱咐妹妹自己平时多多保重，自己路途艰辛，但很快可以到达目的地，也让妹妹放心自己。这是兄妹之间相隔千里不能相见，而托书牍为之交流，以笔为面。再如胡应麟钦佩王世贞，并悉心请教，王世贞对晚辈胡应麟也是赞不绝口，认为其《诗薮》独步古今，但是二人面对面交流的机会甚少，王世贞与胡应麟的诗文交流也主要是通过书牍。

其二，以笔为口。刘勰曾在《文心雕龙·书记》篇中云："详总书体，本在尽言，言以散郁陶，托风采，故宜条畅以任气，优柔以怿怀；文明从容，亦心声之献酬也。"①意即书牍在于尽言，作者借用书牍将自己的情感诉诸于纸上，甚至是有千言万语要诉说而讷于口，"不能以辞通矣，归而假尺一之札上之"，从而把自己的"心声"清楚的传递给对方，使对方知晓，以达到交流的目的。而对于他人借书牍以笔为口，王世贞有着进一步的论述，他认为："夫尺牍，以通彼而达己意者也，意有所不达，则务造其语，语有所不能文，则务裁其意，大要如是足也。"②即书牍的创作最主要的是在于"辞达"，辞能达意而已矣。他还论及道："孔子曰：'辞达而已矣。'又曰：'修辞立其诚。'盖辞无所不修，而意则主于达。"③王世贞意在通过"辞达"来限定他人在书写书牍时情感泛滥而无节制，过于追求辞藻的华丽而有损于文章内容，要"意不尽则文尽，则止繁简，因浓淡而摹，而不务强其所未至"。以笔为口，不是一味的宣泄，主要在于通过书牍来达内心之意，所以王世贞推崇先秦两汉之书牍，认为："书牍自东京而上之，其大者宏设广譬，畅利遒达，往往足以明志，细至于单辞片情，亦靡不宛然丽尔，彬彬称文质也。"④

其三，创作灵活。书牍和其它文体一样，也是"有物有则"，如在写作时要根据

① 刘勰著、詹锳义证：《文心雕龙义证》，上海古籍出版社，1989年，第933页。

② 王世贞：《弇州山人四部稿》卷六十五《凤笙阁简抄序》，明刻本。

③ 王世贞：《艺苑卮言》卷一，明刻本。

④ 王世贞：《弇州山人四部稿》卷六十五《凤笙阁简抄序》，明刻本。

不同的对象而注重言辞的得体与否，在古代社会中，高低贵贱之分是十分严格的，影响着书牍的写法、款式和语气。但是书牍又有其它文体所不具备的灵活性，如书牍根植于人与人之间的交流，因此在书写的内容上，无论是推举自荐，讨论诗文，评议人物，还是探讨政治，军国大事，个人生活等，都可以进入书牍。另外，在具体的表达方式上，也是最灵活的。书牍可以是说理，可以是言情，可以是叙事，也可以是夹叙夹议，或者情理并至；在行文字数上，“数百言不为多，细者仅数十言不为寡，详而切，简而腴，庶几彬彬文质君子哉”①，这样的彬彬文质是其它文体所不能比拟的，“故夫它文之为体方，而书牍之体圆也”。他文之体方，有着严格的创作法则，如曹丕认为“奏议宜雅，书论宜理，铭诔尚实，诗赋欲丽”②，刘勰进一步深化，曾云：“章表奏议，则准的乎典雅；赋颂歌诗，则羽仪乎清丽；符檄书移，则楷式于明断；史论序注，则师范于核要；箴铭碑诔，则体制于宏深；连珠七辞，则从事于巧艳。”③而书牍的创作完全看作者的需要而定，较少受文体本身功能和创作体制的制约。

王世贞的书牍观还体现在其它文章之中，他认为书牍相对于其它文体，更具真实性。因为书牍的创作在于交流，希望在思想感情上引起对方的共鸣，再加上其创作的私人性，我们可以从书牍中看到作者更加真实的生活和情感。如王世贞在分析柳宗元的文学创作时，说道：“柳子才秀于韩而气不及，金石之文亦峭丽，与韩相争长，而大篇则瞠乎后矣。《封建论》之胜《原道》，非文胜也，论事易长，论理易短，故耳。其他驳辨之类，尤更破的。《永州》诸记峭拔紧洁，其小语之冠乎，独所行诸书牍，叙述艰苦，酸鼻之辞，似不胜楚，摇尾之状，似不胜屈，至于他篇，非掊击则夸毗。”④王世贞认为柳宗元《永州记》等作品有可取之处，但这不是柳宗元内心世界的真实写照，唯有书牍，才可以使柳宗元的真性情得到尽情宣泄，“叙述艰苦，酸鼻之辞”，这才是真实的柳宗元。鲁迅也曾对书牍文的这一特点进行了阐述，他认为书牍“究竟较近于真实，所以从作家的日记或尺牍上，往往能得到比看他的作品更加明晰的意见，也就是他自己的简洁的注释”⑤，这“自己

---

① 王世贞，《弇州山人四部稿》卷六十五《凤笙阁简抄序》，明刻本。

② 萧统编、李善注：《文选》卷五十二《典论·论文》，上海古籍出版社，2011 年，第 2271 页。

③ 刘勰著、詹锳义证：《文心雕龙义证》，上海古籍出版社，1989 年，第 1125 页。

④ 王世贞：《读书后》卷三《书柳文后》，明刻本。

⑤ 鲁迅：《鲁迅全集》卷六《孔另境编〈当代文人尺牍钞〉序》，人民文学出版社，2005 年，第 428 页。

的简洁的注释”即肯定了书牍的真实性。

王世贞对书牍的注重，也使书牍的创作成为评价他人文学成就的标准之一。如王世贞在评论凌元旻时说道：“当其为古文辞，务出于人所不能道，陵险诣绝以为功，而其于尺牍小语则益精，霏霏若吐玉屑，又若坐晋人，而与之清言也。”①即肯定凌元旻于古文辞创作的成就，但是给予他更大的肯定则是因为其书牍小语之精。王世贞还称赞“刘清惠、元瑞与履吉尺牍甚佳”②。

## 三、书牍创作之于世用

“太上立德，其次立功，其次立言”，古人苦苦寻求立德、立功、立言的渠道，以求能够不朽于历史长河之中。而受家族传统的影响，“立功”以求不朽的观念深根于王世贞的脑海之中，王世贞曾详考明朝“三代司马中丞”的家族，颇自豪于唯太仓王氏一家，祖父（王倬）、父亲（王忬）以及自己都当过兵部侍郎一职，他自己也感慨道：“王氏世以政求显。”③然而残酷的政治博弈，特别是其父亲王忬蒙冤被杀害给他带来的沉痛教训，让王世贞认清了社会现实，王世贞曾自言道：“京师且十载，所目睹乃大谬不然者”，并“不幸与用事者忤驯，致大变”④，其年轻时尚怀有“庶几铅刀之割，以少吐文士气”⑤的梦想，也随着自己对现实的日益清醒而逐渐消褪。在立言与立功这二者无法共同实现时，王世贞还是选择了可以自力为之的立言。如在与刘子成的书信中，王世贞就说到：“仆则既私喜且幸矣，因于足下窃效微规古人业，鲜两至名成，在专不朽之业，唯此一举，可以自力，其他大半由天、由人。”⑥即立功以求不朽，不是光靠自己努力就可以获得的，还在于天意和他人的帮助，只有立言以求不朽是可以凭借自己的能力去达到的。王世贞也越来越信奉曹丕认为文章“经国之大业，不朽之盛事”之说，如他论述道：“魏文帝雄主也，威无所不加，贵富无所不极，而独慨然于文章之一端，曰经世大业，不朽盛事。丰儒从而笑之，此未可笑也，必恃理而不朽，安能续六经哉。且夫出世

① 王世贞：《弇州山人续稿》卷九十二《凌元旻墓志铭》，明刻本。

② 王世贞：《弇州山人续稿》卷一百六十三《续名贤遗墨卷》，明刻本。

③ 王世贞：《弇州山人四部稿》卷七十一《王氏金虎集序》，明刻本。

④ 王世贞：《弇州山人四部稿》卷七十一《王氏金虎集序》，明刻本。

⑤ 王世贞：《弇州山人四部稿》卷一百十九《汪伯玉》，明刻本。

⑥ 王世贞：《弇州山人四部稿》卷一百二十五《刘子成》，明刻本。

之不得，则思所以垂世亦恒也。”①所以，“出世之不得”，唯有托立言以求不朽也。

再者，在一定程度上而言，文士是有用于天下的，如同立功之将士一般，能够为社会做出应有的贡献。王世贞说道：“县官不以一障尺刃畀之，而遂诿曰：‘文士无用者。’宁不冤也，吾虽孱弱不自立，然不敢信文士无用于天下，则于汪伯子征焉，伯子束发而修古文辞，精于《坟典》、《丘索》，先秦、两京诸子，其操颐颏擘，指腕词组尺蹶，无非雅娴者，拟以不习吏，而伯子初试令，即为良墨绶进郡太守，即为良二千石郎。”②

王世贞的这种文之有用于世的观念，在其书牍观中得到完美的体现。如他所云：

> 夫书者，辞命之流也。昔在春秋，游旌接谷，矢扬刃飞之下，不废酬往，娴婉可餐，故草创润色，既匪一人，谋野禔邦，以为首务，然而出疆断割，因变为规，寄文行人之口，无取载函之笔，离是而还，书郁乎盛矣，用亦大焉。故嫩箭聊城，则百雉自摧，奏章秦庭，则千橐尽返，少卿纾鬱于毳帐，子长扬泯于蚕宫，良以畅人，我之怀发。今囊之緼，或扬扢沉冥，或掊折疑务，或诱趋启蔽，或释诅通媾，走仪秦于寸管，组丘倚于尺一，思则川至泉涌，辨乃云蒸电燿，其盛矣哉。然皆春容大雅，汪洋菀翰。③

在此，王世贞肯定的是书牍在战事中国与国之间相互交往的交际功能，及个人之间的寄情功能。刘勰也认为“三代政暇，文翰颇疏；春秋聘繁，书介弥盛”，战事中，书牍不废，其功能也得到扩大。春秋战国之际，各个诸侯国为争夺各自利益而导致天下战事不断，有战争就有立功以求不朽的机会，冲锋陷阵的战士固然值得称赞，但与此同时，文人之书牍创作也参与战事，“矢扬刃飞之下，不废酬往”，其功用在某些方面甚至是大过将士们直接的攻城略地，书牍之用大矣，“故嫩箭聊城，则百雉自摧，奏章秦庭，则千橐尽返”。而“少卿纾鬱于毳帐，子长扬泯于蚕宫”，则是书牍在战乱中寄情功能的体现。李维桢对全篇文章评点道：“书之

① 王世贞：《弇州山人续稿》卷四十五《张伯起集序》，明刻本。

② 王世贞：《弇州山人四部稿》卷六十二《少司马公汪伯子五十叙》，明刻本。

③ 王世贞：《弇州山人四部稿》卷六十四《尺牍清裁序》，明刻本。

不可废，书之用大兴。夫千里寄情，皆在于书中言。”①

在春秋战国之际，书牍的作用确实是很大，大至关乎国计民生、治国方针，是“经国之大业”。如李斯的《谏逐客书》：

> 臣闻地广者粟多，国大者人众，兵强者士勇。是以泰山不让士壤，故能成其大；河海不择细流，故能就其深；王者不却众庶，故能明其德。是以地无四方，民无异国，四时充美，鬼神降福。此五帝、三王之所以无敌也。今乃弃黔首以资敌国，却宾客以业诸侯，使天下之士退而不敢西向，裹足不入秦，此所谓“藉寇兵而赍盗粮”者也。夫物不产于秦，可宝者多；士不产于秦，而愿忠者众。今逐客以资敌国，损民以益雠，内自虚而外树怨于诸侯，求国无危，不可得也。②

国家的强盛与否，归根结底在于人才的多寡，秦王的逐客令无疑让人才赶往他国，不利于自身的发展。李斯写作《谏逐客令》虽然有为自己利益考虑的动机，但是其向秦王陈述的利弊得失，使秦王改变了治国理念，为日后的强大打下了坚实基础，这是千军万马所不能比拟的。

由上述可知，书牍之于其它传统文体，堪称“小道”，但它在创作内容上无所不包，在创作形式上灵活多样，既是他人情感的载体，又是人与人之间交流的工具，深受文人喜爱。王世贞大力从事书牍创作，考证尺牍名字缘由，辨析书牍演变和发展的历史特点，并在理论上，对书牍的特点进行详尽阐述。书牍，是王世贞文学创作的重要组成部分，其对书牍的重视与其文学观念一脉相承，书牍是王世贞文学主张的重要载体。

---

① 王世贞撰，李维桢注：《重锲凤洲王先生文抄注释》，明刻本。
② 司马迁：《史记》卷八十七《李斯列传》，中华书局，2007年，第522页。

# 张汝瑚《王弇州集》评点研究

姚大勇

（上海交通大学人文学院，上海，200240）

**[内容摘要]**清初张汝瑚选编、评点明代王世贞的文章，成《王弇州集》二十卷。张氏在此书中于王氏古文不仅探讨义理，鉴赏辞章，分析结构，还注重考察渊源，揭示王氏和唐宋古文，特别是和宋代文坛大家苏轼的联系，实有助于深化和匡正后人对王世贞文学创作以及明代文坛复古思潮的认识。另外，张氏在评点文章时，于历史事实多有考辨，对明代后期官场风气也予以评骘，从中不仅可见张氏的史识与史才，也反映出明清鼎革后人们对明朝覆亡的反思。

**[关 键 词]**王世贞；张汝瑚；《王弇州集》；评点；笔法

身为有明一代诗文大家，主盟文坛二十余年的风云人物，王世贞（1526—1590）一生著述宏富，通行者即有《弇州山人四部稿》174 卷、《弇州山人续稿》207 卷和《弇山堂别集》100 卷，诚如四库馆臣在《四部稿》和《续稿》提要中所言："考自古文集之富，未有过于世贞者。"①明末清初著名选家张汝瑚，曾编选并评点王氏文章，成《王弇州集》二十卷。张氏不仅对王氏著作撷芳选粹，对王文的评点也精当深刻，于王氏文章研究及明清文学批评皆有裨益。本文将《王弇州集》中的评点文字试予阐述，以彰显其价值与地位。

张汝瑚，字夏钟，号匏野，福建晋江人②，据《道光晋江县志》卷四五《人物志》，张氏为明崇祯十五年（1642）举人，入清后于顺治初授山西清源县令，在任上革除弊政，兴修水利，颇有政绩，后因故报罢，复起补湖北安陆通判，为官清廉，告

① 《四库全书总目》下册，北京：中华书局，1965 年，第 1508 页。

② 杨廷福、杨同甫：《清代人物室名别称字号索引》下册，上海古籍出版社，1988 年，第 1307 页。

老以归[1]，传世著作有《匏野文集》二十卷[2]。张氏擅操选政，曾先后选编、评点明宋濂、李梦阳、王世贞等大家文章，成《明五大家集》、《明六名家集》、《明八大家文集》、《明十一大家集》等多种选集。其所录人选，各集皆有不同，现据《中国古籍总目》[3]列表如下(标“○”者表示收录人选)：

| | 五大家集 | 六名家集 | 八大家文集 | 十一大家集 |
|---|---|---|---|---|
| 宋濂 | ○ | | ○ | ○ |
| 方孝孺 | ○ | | ○ | ○ |
| 唐顺之 | ○ | | ○ | ○ |
| 王慎中 | ○ | | ○ | ○ |
| 归有光 | ○ | | ○ | ○ |
| 刘基 | | ○ | ○ | ○ |
| 李梦阳 | | ○ | | ○ |
| 茅坤 | | ○ | ○ | ○ |
| 王世贞 | | ○ | | |
| 李攀龙 | | ○ | | ○ |
| 汪道昆 | | ○ | | |
| 王阳明 | | | ○ | |

王世贞文章入选张汝瑚所编《明六名家集》，名《王弇州集》，书前有张汝瑚所撰《序》，题“时康熙壬戌仲夏晋江张汝瑚夏钟甫书于汉滨舟次”，康熙壬戌即康熙二十一年(1682)，据此可知此书应为张汝瑚在湖北安陆任上编纂。书中一般每篇文章后皆有张氏所撰总评，有时文中句旁也有点评，张氏对王文的赏鉴和批评尽萃其中。

## 一、文心探寻

行文之要，首重立意，张汝瑚评点王世贞文章时，即注重揭出文章的“主意”，点明作者的用心与着力之处。如王氏《寿李于鳞母太夫人序》(《王弇州集》卷七。

① 《中国地方志集成·福建府县志辑》第25册，上海书店，2000年，第712页。

② 李灵年、杨钟：《清人别集总目》中册，合肥：安徽教育出版社，2000年，第1142页。

③ 《中国古籍总目·集部》第6册，中华书局，上海古籍出版社，2012年，第2885—2886页。

本文所引文字，凡未注明出处者，均引自张汝瑚《王弇州集》中的点评。以下省略书名，径称卷数）一文中言及："且私以识太夫人砺节和行，顺拂而甘，若有丈夫气焉。"张氏认为"一篇主意在此三字"（笔者按，即"丈夫气"三字），谓整篇文章系就"丈夫气"三字生发；王氏《太保刘文安公荣哀录序》（卷四）一文中有句云"夫刘公诚贤，司农君则诚孝"，张氏认为此二句是"一篇主意"，全篇是围绕着"贤"、"孝"二字来行文；《送浙江右布政使华亭莫公予告序》（卷五）文中谓："公非专于难进易退者也，公纯乎为人臣子者也。"张氏也认为"通篇主意，在此二句"，谓全文重在说明华亭莫公不关心一己之进退，而执着于尽人臣之道。"主意"既明，张氏进而拈出王氏文的着力之处。如《送郭侍御子静左迁永安令序》（卷五）一文，张氏于文后总评中认为此文是"通篇以'利害'两字立议论……以组织杂叙事，固是弇州长技。"点明此文的主旨与结构，并指出善于围绕文章主旨组织复杂题材，这正是王氏为文的长处。又如王氏《陆氏伯仲集序》（卷四）文中，于"以自致其知于世而欲凉凉焉，求千百岁已，藏之山川而发之"一句下，张氏评云："通篇把一'知'字翻衍议论，自觉意味隽永。"说明此文是以"知"字为主线，贯穿全篇，文章也自觉意味深长。张氏眼力精准，对文章立意主旨的揭示，不仅指明了全篇关键，也为探析作者运笔行文的用意匠心提供了线索。

张汝瑚评王世贞文章，不仅注重主旨的揭示，还致力于总体上的把握，常是寥寥数语，精炼传神。如对于王氏《皇明盛事述序》（卷八），评曰"典丽"；对于《游张公洞记》（卷九），谓是"刻画灵奇，不减郦道元《水经注》"；对于《梁园集序》（卷四），则称云"悲壮之怀，着纸欲飞"；王氏《愁赋》（卷一）一文，将虚幻之愁描绘得真实可见，张氏评是："无一语不可愁，无事不可愁，是善于画愁者。"张氏点评这些文章时，都是取其风神，一语中的。张氏评文，还注重作品的整体气势。如王氏《赠太参张儆庵公寿七十三进阶通议大夫序》（卷七）一文，张氏谓是："泰山乔岳之象，长江大河之势，此以全篇为文，不以一句一字为文者，先生续集中多有此。"不仅点明此文气势雄伟壮观，而且进一步指出王氏之文不是在一字一句上争新斗艳，而是在整体上出奇制胜。王氏《游云门山记》（卷九）一文，张氏也认为其特点是："全于眺望处见奇，不必实写云门如何，而气象已万千矣，此文家所谓远神远体也。"揭出了王文在此处描绘山中景物时，从远处写起，自然具备万千气象，构思精巧，气势也自显宏大。经张氏细致评析，王文的笔法特征可谓历历在目，可览可辨。

在评点王文时，对于文中的生动文句，精警辞章，张氏多予采撷，细加品鉴。王文工于摹写，绘景如画，张氏对之大为称赏，如王氏《历黄榆马岭记》（卷九）一文，写在山谷中所见景观是“得日若琼，得空若琉璃”，以琉璃、美玉（琼）比喻天与日，写出山谷中景观之奇丽，可谓出人意表，张氏谓此数语：“写得灵变不测。”点出王氏为文不拘常规，创新出奇的特征。对于此文全篇，张氏也评曰：“或得其句，或得其字，零雕残削，片毫只楮，拾之竞以为胜。”谓其零章散语，皆有佳致，如落英缤纷，俯拾即是。王氏《海游记》（卷九）文中，记海上波澜不惊、一碧万顷的景象：“轻云蒙笼，风师不惊，文沦若縠，容裔滉瀁，与天下上，俄而东南雄虹起，亘空若银桥，蜿蜒而下饮於海。”张氏评此是：“极状海云奇幻，可骇可愕，使人应接不暇。”不仅点出王氏对当时海上风平浪静、雄虹亘天景象的描绘逼真传神，而且从读者角度展示这段文字给人的艺术震撼。与此文所记相反，王氏于《李于鳞》（卷一四）信中，叙经天津时所见，却又是另一番光景：“近天津，迅雨乍过，波涛人立，远不见天，茫茫尽白。”寥寥数语，勾勒出当时巨浪排空，海天浩茫的景象，宛在人目。张氏谓此是：“境奇人奇，又挟奇文欣赏之，故其奇益甚。”连用数“奇”字，尽显王文之超尘脱俗。王国维《人间词话》中云：“大家之作，其言情也必沁人心脾，其写景也必豁人耳目。”①各处景观不同，王氏见真知深，将其描绘得各有千秋，张氏评点也都切中肯綮，拈出各自“奇”之所在。不惟对于王文中的景物描写，就是对于王文叙事写人时的生动之处，张氏也给予置评。李攀龙为王世贞挚友，王氏在为李母所作寿文《寿李于鳞母太夫人序》（卷七）中，记述李母含辛茹苦抚育子女的情景，极为感人：“我太夫人日夜抱诸孤泣曰：‘天乎，吾乃爱旦日命哉？’”张氏于此批曰：“此篇叙述太夫人情事言语，历历如画。”张氏另认为此文的“一篇主意”，即在于“丈夫气”三字，并在篇后的总评中云：“此篇大意言太夫人贫苦有丈夫气……先生于太夫人犹子也，故其文只道家常话，真挚蔼恻，一字一泪，此为至文。”指出此文所写李太夫人虽为一介女子，实具丈夫气概，同时也指出这篇文章虽只是言平常事，叙家常话，但是一字一泪，感人至深。正是由于张氏的精心寻绎与阐释，王氏之文心得以发抉，其文章的精彩之处也得以彰显。

① 王国维原著、佛雏校辑：《新订〈人间词话〉广〈人间词话〉》，上海：华东师范大学出版社，1990年，第88页。

## 二、结构分析

文章要注重构思，讲究笔法，张氏也注重对王氏文章笔法的探索，线索的寻绎。王氏为亡友宗臣所作的《宗子相集序》（卷四），张氏评云："子相诗若文，不欲自贬奇，亦未尝自废法，一路说来，语气未歇。忽接不假年以歿，若不相蒙，妙有羅摧柱折、援他琴以续之意。末又美其经济才，不当以文士目之，崎嶔历落，言有尽而意无穷。"据《明史》卷二八七《宗臣传》，宗臣既有文才，又富武略，于福建提学副使任上御倭有功，卒时"士民皆哭"①。王氏这篇序文，毋宁说是祭文，文中既尊重宗臣诗文高才，也叹惜其偃蹇命运，还称美其经邦济世之才。张氏揭出这篇序文文思曲折，"崎嶔历落"，真正地是跌荡起伏，意味无穷。又如对于王氏《永慕堂诗叙》（卷三），张氏指出："从永慕引出舜，从舜生出子张、伯鱼，又生出季路，层层有意义，沁人心脾。"当时昆山县令何渭因思念双亲而榜其所居之所曰"永慕堂"，王氏此文由此着笔，层层深入，引出古人的为孝之行，并申及为政之道，可谓匠心独运。张氏对此文的构思笔法一一列出，细细品味，也是慧眼独具。再如《俞仲蔚集序》（卷四），张氏评云："篇意言仲蔚恬淡甘贫，自托古文辞特甚，不轻与少年，以故少年背之而仲蔚终不肯改步也。末又言古鼎难辨（辨），以况古文不易识，益见仲蔚之特立，意深长而势联络，节节入妙。"指出王氏此文中称赞俞允文（仲蔚）甘于贫贱，而篇末又以古鼎难辨为喻，从而益发显出俞氏的特立杰出。如此行文，既富含深意，又前后联属，"节节入妙"。值得注意的是，张氏在这些地方分析王文结构时，最终皆归结于"意"，既显出张氏对文意的重视（见前节），同时也说明精巧的构思对表达文意的重要。

评点王氏文章，探索其结构时，张氏尤为注重对文章首尾的分析。如王氏《赠袁抑之给事迁福建按察佥事序》（卷六）一文，其开篇即云："父老称孝皇帝朝，每给事御史上殿，则大臣色惴惴，重足立。"张氏称赏这篇文章，认为其"起句具壁立千仞气概"。此文开篇并未直接言作者所要赠别的袁抑之如何，而是先借父老之言，从弘治（孝皇）时朝中大臣对给事御史（谏官）的敬畏写起，未多点染，而机杼自出。沈德潜《说诗晬语》卷上云诗歌"起手贵突兀，王右丞'风劲角弓鸣'，杜工部'莽莽万重山'、'带甲满天地'，岑嘉州'送客飞鸟外'等篇，直疑高山坠石，不

① 《明史》第 24 册，北京：中华书局，2011 年，第 7383 页。

知其来，令人惊绝。”[①]此文起笔也堪称突兀，一扫常规，确有“高山坠石”、“壁立千仞”的气势。张氏论文章结构时，常将首尾合于一处，对比而言。嘉靖四十五年(1506)，王氏应友人之邀游览太湖[②]，作《汎太湖游洞庭两山记》(卷九)，此文起笔即道出太湖的地理方位：“太湖踞吴郡之北，晋陵而南，吴兴三方者五百里中，为山大小七十二，两洞庭者冠之。”张氏评曰：“开局数语，已括太湖之胜。”而对于此文的结语：“回首盼西山隐隐云际，吐色弄晴，若相殢者。”张氏云是：“结得瞻恋低徊不同，兴尽而返。”林纾《春觉斋论文·用收笔》中云：“大家之文，于文之去路，不惟能发异光，而且长留余味”[③]，王氏此文的结尾也确实如湖上烟波，余味无穷，张氏也总评此文是：“清新妙丽，奇峭精工，不知是画是记。跋语风流感慨，俛仰今古，眼前高兴绝倒。”谓此篇不仅有精思妙理，曲折波澜，而且其结尾更是蕴藉深远，让人回味不尽。张氏于王文的评点，常在对起与合分析的基础上，自然带出对全篇的总结，可谓水到渠成，而构思之于全文的重要性亦不言自明。

张氏评点时，不仅注重文章首尾，有时还不厌其烦地指出文中的起承转合。王葆心《古文辞通义》卷九《文之作法》中称，“笔之所以妙者，惟在熟于开合，使断续纵擒无不如志而已”[④]，王氏之文确是熟于开合，纵擒有致，张氏对其笔法与结构的分析也是细致入微。如《送王员外新甫视广西学政序》(卷五)一文，张氏对于文中“乃新甫自若，盖尚书倚之左右手也”一句，指出是“呼”；“于是尚书不得复借新甫”，指出是“应”；“新甫其亦示之道乎”，指出是“承上起下”；对于全篇，张氏更总结为：“首言新甫老于吏，又老于文，竖局矫健；中又将法吏文事彼此相形，立个议论；末言粤尚丕变，欲新甫示之以道，勿如子厚所为。一唱三叹，意法深老。”对于此文的开篇、过渡与结束的笔法、意旨，可谓条说分明。又如《赠大都督玉江杨公五十序》(卷七)一文，系王氏隆庆四年(1570)为抗倭有功而坎壈不遇的杨尚英将军所作[⑤]，开篇即引春秋时烛之武之言，并致慨叹：“烛之武有云：‘臣之少也，尚不如人，今老矣。’余未尝不三复而叹其言。”张氏对此评曰：“一起具大感慨，有辟易千人之勇。”接下来张氏对于此文中每段均有说明，以揭示其意旨与妙

① 沈德潜：《说诗晬语》，北京：人民文学出版社，1979年，第213页。

② 郑利华：《王世贞年谱》，上海：复旦大学出版社，1993年，第158页。

③ 王水照：《历代文话》第7册，上海：复旦大学出版社，2007年，第6425页。

④ 王水照：《历代文话》第7册，上海：复旦大学出版社，2007年，第7489—7490页。

⑤ 郑利华：《王世贞年谱》，上海：复旦大学出版社，1993年，第203页。

处，最后总结此文云："通篇借烛之武一'老'字形容叹息，到底末又生出杨公谢答一段说话，更妙。"精譬地指出王氏此文全篇是以"老"字来做文章，悲叹杨公之不遇，张氏也可说是借评析此文，为一代名将的坎坷命运一洒同情之泪。王骥德《曲律》卷二《论章法》中谓："作曲，犹造宫室者然。……以何意起，何意接，何意作中段敷衍，何意作后段收煞，整整在目，而后可施结撰。此法，从古之为文，为辞赋，为歌诗者皆然。"①作曲如此，为文亦然。王氏为文的精思苦心，在文章的首尾设置、起承转合中体现出来，也经张氏的点拨发抉而愈益彰显。

## 三、渊源追溯

在对王文总体把握的基础上，张氏更进一步探析了王氏的文学渊源。明前后七子倡言文主秦汉，张氏在评点中也多处指出王世贞之文与秦汉文章的契合，如王氏《祈雨文》(卷一七)，张氏谓是"西京人毛笔"；《送恽比部光世擢湖广佥事序》(卷五)一文，张氏指出其："古雅之气，流动行押间，此先生拟西汉之篇，不特形似，而且神似矣。"；《送陆大夫子韶守南昌序》(卷六)一文，张氏谓是："古色班剥，置身秦汉之间。"都是说明这些作品有秦汉文的遗风。张氏不仅指出王文与秦汉文，尤其是与西汉文的联系，还特别指出与司马迁文的渊源。在评王氏《卢次楩集序》(卷四)一文时，张氏指出王氏有的作品，其行文的收放曲折，都类似于太史公："世常说司马子长不易到，先生此等文，吞吐行押，无非子长矣。"张氏有时更直接指出王世贞之文与司马迁之作相似的具体作品，如谓王氏的《金虎集序》(卷四)是："气悲骨傲，颇似迁史《报任安书》。"《剑侠传小序》(卷四)是："抑扬顿挫，迁史风神，即以此序，作《刺客传赞》可也。"《答汪伯玉》(卷一四)是："文气仿佛迁史《报任安》、李陵《答苏武》两书。"张氏指出王文取法秦汉，颇类迁史，适显出他对王文的推重。

后世一般认为明代的前后七子崇尚秦汉文章，而与唐宋古文无涉。张氏则通过对王氏具体作品的辨析，釐清了这一成见，肯定了王文与唐宋古文的渊源。王氏集中多送别友朋之作，张氏以王氏《送孙元之明府之新淦序》(卷六)一文为例，指出"先生赠送文多拟韩、柳者"，直接道出王氏之文与韩、柳古文的联系。王氏《吴明卿》(卷一四)一信，张氏谓"颇似柳州诸书"，认为其风格与柳宗元同类作

① 俞为民、孙蓉蓉：《历代曲话汇编·明代编》第2集，合肥：黄山书社，2009年，第81页。

品相近。张氏也称王氏《东白草堂集序》(卷四)一文是:“俯仰今古,历落有远神,此种文亦在欧、曾之间,谁谓先生文不宋耶?”指出不仅这篇文章出众超尘,王氏此类作品还有宋代欧、曾的风神。《明史》卷二八七《王世贞传》谓王氏持论:“文必西汉,诗必盛唐,大历以后书勿读。”①张氏则通过具体篇章,证明王氏古文实有唐宋人遗风,可谓是对世俗成见的有力反诘。

张氏不惟指明王文与唐宋古文的渊源,更特别明确了王世贞与唐宋古文代表大家苏轼的联系。张氏对王氏的推重,其中一个重要原因也就是他认为王文上继苏文。张氏评王氏的《与陆浚明先生书》(卷一三)一文如“水中之月,空中之相”,是文章家的“飞仙境界”,而“吾求之古,惟得一大苏先生,后人皆掇拾古人糟粕耳,能臻此者有几乎?”张氏推重王氏,将其与苏氏比肩,认为二人之作前后辉映,光耀千古。他也一再论及二人之间的相似性,如谓王氏的《竹里馆记》(卷一〇)是:“风神萧洒,飘然欲仙,绝似长公文字。”《吴明卿》(卷一四)是:“宛似坡公小品。”《赠侍御洛阳董公还朝序》(卷五)是:“纯是眉山气概。”《题包参定军东游稿后》(卷一六)是:“风神潇洒,飘然欲仙,极似坡仙海外文字。”对于王文与苏文的渊源,予以明确肯定,而对于王氏的《日涉园记》(卷一〇),张氏则更是直接点出此文“章法从长公《醉白堂记》脱化来”。通过具体例证,王文对苏文的继承昭然若揭,而张氏在为此选集所撰《序》中更明言:“大抵先生之文,气脉从子瞻来,稍润饰以庄、韩、贾、马,更杂以六朝,自谓得之《国策》,正是子瞻所祖耳。”指出苏、王二人古文师法对象相同,宜其文气脉相通。以实际例证明确王氏之文与唐宋古文,特别是与苏轼之文的渊源,这实有助于消除后人对以王世贞为代表的明前后七子的成见。张氏此书虽为选编评点之作,然于文学史和批评史研究却实有纠谬正讹之效。

## 四、学术识见

评点文章时,张汝瑚并不仅仅局限于艺术上的分析,有时也从学术上予以考察。如对于屈原,张氏满怀推重,在对王氏《楚辞序》(卷二)一文的总评中云:“中垒(刘向)尊《离骚》为经,腐史(司马迁)悲其忠与日月争光。孔子而遇屈氏,必采而列之楚风,何者?可以怨也。苟无其忠,则不可以怨。后人动辄拟《骚》,不知《骚》可拟,怨与忠亦可拟乎?余谓轻拟之失与轻诋同。”《诗经》中本无楚风,张氏

---

① 《明史》第24册,北京:中华书局,2011年,第7381页。

于此则大胆假设：若孔子遇到屈原，必收屈原作品列入“楚风”，为何？因为张氏认为屈原之作，合于儒家“诗可以怨”之旨，而且屈原之“怨”，正是建立在其本人“忠”的基础上，若无其“忠”，则不可以“怨”。忠与怨合一，这是张氏对屈原的认识，也是他将屈原作品与儒家诗教联系起来的理论依据，从中亦可见张氏对屈原作品与人格的高度推崇。张氏在对王氏《古今诗删序》（卷三）一文的总评中，也附带言及自己对诗与史关系的认识：“古诗三千，孔子十删其九，郑、卫淫诗不删，后儒纷纷其说，不知诗亦史也。史有褒贬，诗有美刺；史载乱贼，诗存淫奔：均之垂戒。淫诗出刺者之口，孔子不得已存之，何惑焉？余读此文，附识于此。”孔子“删诗”而存郑卫之诗，后世对此颇有非议。张氏则认为，“诗亦史也”，即诗与史原本相通，史书上有褒贬，诗歌中也有美刺；史中载乱臣贼子，诗中存淫奔之诗：都是为了垂诫后世。张氏在此提出“诗亦史”的主张，且据之而为《诗经》中的郑卫之风作了合理的解释。除此之外，张氏还在王氏《重刻晋书序》（卷二）总评中，对所谓的“汉以后无史”之说予以辨析；在王氏《合刻管子韩非子序》（卷二）总评中，通过对比管子与韩非子的遭遇，说明“士之遇不遇，视乎时”的道理，这些论述均持之有故，显示出其论人议事的历史眼光和通达态度。

对于历史上的人物与其事迹，张氏于评点时也多有辩白。王氏为兴汉功臣淮阴侯韩信辩诬，作《淮阴侯不反辩》（卷一五），张氏在评点时与王氏一起合力为韩信辩诬，也是为历史上负屈衔冤的功臣良将鸣不平。在《重刻吕氏春秋序》（卷二）一文的总评中，张氏又由《吕氏春秋》而言及吕不韦：“始皇不好士，不韦聚士以千计；始皇恶书，不韦采精录异，以成一家言。吁，不韦何为若此者也？不韦固贾人子，要亦其雄哉！”张氏不因吕不韦是贾人之子而对其轻视，而是指出了其在聚士与撰书两事上与秦始皇的不同，“要亦其雄哉”，肯定了其能力与功绩。另王氏在《读秦本纪》（卷一五）一文中一开始就言：“秦始之恶极矣，然其创制立法可纪也”，张氏批云：“始皇之罪在当世，其功在万世，不可不知。”对“先王之法，有道穷而不得不变者，封建也”一句，张氏谓是：“通达国体之言，拘儒不识。”张氏另在此文的总评中云：“世儒动斥秦皇汉武，抑知其功过自不相掩也。得此平反，祖龙目瞑矣。读史恶可以无识哉？”他不满迂儒的短见，公开为秦始皇平反，可谓震聋发聩。刘熙载《艺概·文概》中云“叙事要有法，然无识则法亦虚；论事要有识，然无法则识亦晦。”①

① 刘熙载：《刘熙载文集》，南京：江苏古籍出版社，2000年，第89页。

在这些地方，张氏叙事论史，都简而有法，也集中体现了他作为史家的识见。张氏多方考索，勇于立论，为学术发展贡献了睿智卓识，也使其评点更具学术价值。

身经明清鼎革之变，张氏在评点王氏文章时对明亡清兴的历史也有所回溯。王氏在《与岑给事》(卷一三)一文中，曾揭出当时朝中大臣的弊病："大抵今之称大臣者，类多内顾之念，而不肯为国家任事。"张氏也深有同感，认为王氏此语："说尽当时病痛。"并在为此文所作总评中言："大臣多内顾之念，而不肯为国家任事，谏官欲自靖其志，而不肯为国家惜才，此二者正明季诸贤膏肓之病，驯至不可救药，读启、祯两朝录，尤堪太息也。"张氏赞同王氏之言，认为明末大臣只醉心于争权夺利，而全然不恤国事，对之叹息痛心不已。他在对《丁元父》(卷一四)一信的总评中也云："公与王山阴书云朝野横议蠭起蝟发，堂上奇兵不在小人而在君子。盖明中叶国是无定，率由于言官议论之多也，'立名易，持大体难'二语，深中膏肓之病矣。"对王氏所揭露的明中后期朝臣的"立名易，持大体难"弊端，张氏感同身受，也肯定这是"深中膏肓之病"。明末政坛病入膏肓，张氏对之也是痛入骨髓。另王氏在《送山东按察使朱公迁山西右辖序》(卷五)中言："盖是时荐绅大夫以岁计，而今以日计。"痛批当时的缙绅士大夫们鼠目寸光，蝇营狗苟，张氏也认为这是"切中时弊"之言，对之深表赞同。从这些看似与文章评点无关的言语中，分明流露出张氏对山河变色，舆图换稿的反思与叹惜。甚至可以说，他某种程度上是借对明代诸家文章的选评，来总结明亡的历史教训，寄托其故国之思。

## 结语

作为一部精心结撰的选编兼评点类著作，《王弇州集》既有助于王世贞文章的阅读与流传，也有助于深化对王世贞文学创作和明代文学思潮的认识和研究。同时，作为张汝瑚选评明代文章大家系列著作中的一种，它又可和张氏其它同类著作一起，据以考察张氏的批评思想，以及其在文学评点及文学批评史上的地位，也可借以窥见明末清初的社会转型和当时人对明亡清兴的复杂感情。现在学界对张氏此书及其它同类著作的研究尚不多见，本文对张氏此书价值的论述也多有疏漏，尚祈方家批评指正，并期待能有更多的研究成果出现，以让王世贞之文与张汝瑚选本的价值和功用更充分地体现并发挥出来。

# 中国经学与守正创新
## ——经学的发展衍变及其文化精神

杨庆存

（上海交通大学人文学院，上海，200240）

［内容摘要］中国经学是中华民族历史实践和文化创造的智慧结晶，是实现民族复兴的重要智力资源和人类共有的文化财富。经学这一最具民族特色的学术文化表现形式，实际上是一个开放性很强的动态知识系统和综合性很强的古代文化信息库，保存了大量珍贵文化史料，蕴含着丰富深刻的思想。经学以人文教化、安邦治国为宗旨，与时俱进，始终坚持守正创新，凝聚正能量，在人才培养、文化传承、理论创新和推进社会文明等方面发挥了重大作用。经学发展经过了漫长的孕育、诞生、传播、检验、认知和不断衍化丰富的历史进程，四库全书首提“学凡六变”说，但此前尚有“发轫期”、“定型期”，其后则有“动荡期”，实际经历了九大阶段。经学是一部中华民族思想意识和价值观念不断创新、不断发展的学术演变史、文化发展史和人文教育史。经学只所以成为中国古代的主流文化而盛行数千年，迄今依然显示着旺盛的文化生命力，关键在于“有根、有用、有效”，在经世致用、人文传承、勇于创新、弘扬正气等许多方面都有出色表现。中国经学创造了人类文明发展史上最富民族特色的文化传承模式，体现着对前代历史和民族文化的高度珍视和自觉传承，体现着中华民族以人为本的文化精神和尊重知识的优良传统。目前传统经学的概念、内涵与范围已不断被新的研究成果所突破，21世纪“新经学”正在悄然酝酿中。

［关 键 词］中国经学；文化精神；知识体系；信息库

中国经学是中华民族历史实践和文化创造的智慧结晶。在中华民族发展的历史长河中，经学对中华文化的创新、民族精神的形成和传统文化的弘扬，发挥了重要作用。由此，经学不仅走过了数千年的辉煌历程，为中国古代的文化发展、文明发展和社会进步做出了重要贡献，而且馨香远播海外，对促进人类文明健康发展产生了积极影响。近代以来，中国经学在时代变革与世界动荡的大背景中经受了强烈冲击，特别是上世纪20年代“五四”运动和70年代“文革”浩劫，使中国经学在其发祥地一蹶不振，似乎再无复兴之望！

然而，正如老子所言“反者道之动”①，物极则必返。中国“文革”之后的“改革开放”国策，让知识匮乏的年青国人燃起了学习传统文化的强烈欲望。于是，“经学”之元典与中国古代诸多名著一起，迅速成为人们学习阅读和开展研究的热点，文化学术界也逐渐透出经学复兴的气息与生机。人类进入21世纪，众多远见卓识的有志之士，更是深刻认识到包括经学在内的中华民族优秀传统文化蕴含的深刻人类意义与巨大当代价值。“经学”与中国古代众多优秀文化成果，被视为中华民族珍贵的精神财富和重要的思想资源。在“文化强国”成为实现民族复兴之梦的重大战略举措之时，继承和弘扬民族优秀传统文化也成为国人的普遍共识。

智力资源是一个国家、一个民族最宝贵的资源。建设中华民族优秀文化传承体系，建设社会主义核心价值体系，建设中国特色社会主义新文化，让中国优秀文化走向世界，让世界人民深入了解中国，成为实现民族复兴、实现中华之梦的重要内容。新世纪新时期中国的经济、政治和文化与世界发展一体化的大环境、大趋势，也急切需要博大精深的传统文化提供思想资源与智力支撑，所有这些都为经学复兴与创新发展提供了良好机遇。

## 一、“诂经之说”与“学凡六变”

中国经学是最具民族特色的学术文化表现形式，更是中国传统文化的动态知识体系和古代文化信息库。应当指出，“经学”概念实际上有广义、狭义之分。广义经学，可以泛指研究各种经典学说要义及经典文本著作的学问；而狭义经学则往往专指研究、注解和诠释儒家经典文本著作的学问，比如汉代郑玄《三礼注》与《毛诗传笺》、唐代孔颖达《五经注疏》、宋代朱熹《诗集传》之类都是狭义经学代表性著作。本文关于经学的讨论即立足于儒家经典的研究、注解与诠释。

① （晋）王弼注：《老子道德经注》下篇第四十章，《诸子集成》第3册，中华书局2010年版，第25页。

现代学界一般以研究儒家经典的文字传世文本为依据，认为中国经学始于汉代，特别是始于汉武帝“推明孔氏”①、倡扬儒术之后。其实，从发生学角度讲，中国经学从元典生成之日起即已开始了其波澜壮阔的文化生命之旅。而中国传统经学至少从孔子杏坛讲学即已开始显露端倪。且不说孔子对于经典的整理，仅从《论语》中的文字记载来看，就有很多讨论儒家经典的内容，诸如大家耳熟能详的“不学诗，无以言”、“不学礼，无以立”②、“诗可以兴、可以观、可以群，可以怨，迩之事父，远之事君，多识于鸟兽草木之名”③之类的结论性表达，无一不是建立在深入研究、深刻思考和深切体验的基础上。

就目前传世的经学研究著述看，传统经学着眼于“教化”，“因事以寓教”，旨在化育人文，培养人才，影响社会，教化百姓。经学家们立足于建立、阐释和丰富儒家“内圣外王”、“淑世济世”的思想体系，构筑“格物、致知、诚意、正心、修身、齐家、治国、平天下”④的个体理论修养和社会实践路径，实现“安邦治国”的理想，所谓“圣人觉世牖民，大抵因事以寓教。《诗》寓于风谣，《礼》寓于节文，《尚书》、《春秋》寓于史，而《易》则寓於卜筮。”⑤但在经学发展衍化的过程中，经学家们的学术成果一方面体现为繁琐细碎的字词注解和章句诠释，一方面表现出内容解读偏离真实原意而多有牵强附会，以至《四库全书总目提要·经部总叙》称其“诂经之说而已”⑥。当然，“诂经”依据基本史实和文化现象而自成风貌，含纳着浓厚的书卷气和学问味，但“诂经”只是“经学”内容的一部分，或者说是传统“经学”的主体部分，而决绝不是“经学”的全部。我们不能、也不可以忽略“诂经”现象内含的巨量文化信息和人才培养与文化传承的重大作用。而“诂经”著述更是不容轻觑的重要历史文化成果，仅《四库全书》与《续修四库全书总目提要》就收录经学著作三千六百余部、三万二千多卷，，其中保存了大量珍贵的文化史料，蕴藏着丰富深刻的学术思想，这是人类共同拥有的巨大智力资源和精神财富。而这仅仅是经学著作的一部分。

---

① (汉)班固:《汉书》卷五十六《董仲舒传》,中华书局 1962 年版,第 8 册第 2525 页。

② (清)刘宝楠:《论语正义》卷十九《季氏》,中华书局 2010 年版,第 1 册第 363 页。

③ (清)刘宝楠:《论语正义》卷二十《阳货》,中华书局 2010 年版,第 1 册第 374 页。

④ (宋)朱熹:《四书章句集注·大学章句》,《新编诸子集成》本,中华书局,1983 年版,第 3 页。

⑤ 《四库全书总目提要·经部总叙》卷一《经部一·易类一》,四库全书影印本第一册。

⑥ 《四库全书总目提要·经部总叙》卷一《经部一·易类一》,四库全书影印本第一册。

清代学人纪昀等在《四库全书总目提要·经部总叙》中，曾回顾和总结经学发展的历史，并提出“学凡六变”说。《总叙》认为经学起于汉代，而“自汉京以后垂二千年，儒者沿波，学凡六变”①，即经过了六大发展变化阶段，而每个时期都各有创造发明，也各有偏颇弊病。《总叙》指出，经学首变于汉代，经学家们“专门授受，递禀师承，非惟诂训相传，莫敢同异，即篇章字句，亦恪守所闻，其学笃实谨严，及其弊也‘拘’”。“笃实谨严”的学风是这一时期的突出特点，而其弊端在于拘泥于“师承”，不敢突破师门局限而博采众家之长，即所谓“莫敢同异”，学术视野不开阔，影响了经学研究更好水平的发挥。

此后再变于魏晋王弼、王肃而延宕至北宋前期孙复、刘敞。此即所谓“王弼、王肃稍持异议，流风所扇，或信或疑，越孔(颖达)、贾(公彦)、啖(助)、赵(匡)以及北宋孙复、刘敞等，各自论说，不相统摄，及其弊也‘杂’”。这一阶段由魏晋而越唐入宋，跨时长而流派多，经学家们各自标旌树帜，而弊端在于“疑古惑经”，竞相发挥己意，各家独自树立，“不相统摄”，造成了博广杂乱的局面。经学三变于北宋中期程颢、程颐至南宋中期朱熹。这是一个思想大解放、理论大提升的非常时期，“洛、闽继起，道学大昌，摆落汉唐，独研义理，凡经师旧说，俱排斥以为不足信，其学务别是非，及其弊也“悍”。这一阶段实际上是经学大发展、理论大突破的阶段，经学家们以“独研义理”为特色，创新理论，形成宋代“理学”，而其弊端在于部分经学家时有率意攻驳经文或擅自删改元典的现象。

经学四变于宋末明初。这一阶段的突出特点是“学脉旁分，攀缘日众，驱除异己，务定一尊，自宋末以逮明初，其学见异不迁，及其弊也‘党’”。“学脉旁分”与“务定一尊”的竞争态势促进了经学的繁荣，但同时也出现了一些为维护自家门户声誉而庇护和回避其短的不良学术倾向，如《论语集注》误引包咸夏瑚商琏之说而张存中《四书通证》即阙此一条以讳其误，王柏删《国风》三十二篇，许谦疑之而吴师道反以为非，都是典型的例子。

经学五变于明代正德、嘉靖以后。其时学人“主持太过，势有所偏，才辨聪明，激而横决，自明正德、嘉靖以後，其学各抒心得，及其弊也‘肆’”。这与当时“独抒性灵、不拘格套”②的文化思潮相一致，此一时期的突出特点是“各抒心

① 《四库全书总目提要·经部总叙》卷一《经部一·易类一》，四库全书影印本第一册。

② (明)袁宏道:《叙小修诗》。

得”，而由此出现的弊病就是过度的随意性，如王守仁之末派皆以狂禅解经，游离本意甚远。经学六变于清初。其时经学家们“空谈臆断，考证必疏，于是博雅之儒引古义以抵其隙，国初诸家，其学征实不诬，及其弊也‘琐’”。“考证必疏”与“征实不诬”是第六阶段的突出特征，而弊端在于细碎、繁琐与冗长，如一字音训动辄辨晰标注文字数百言之多。

可以看出，《四库全书总目提要·经部总叙》的作者是立足经学发展变化的实际情形并参酌了历史时代划分的界限，对这六个时期的变化分别进行宏观审视和概括分析，在此基础上提出了自己的看法。他们认为，由汉至清两千多年的经学发展，“汉学”与“宋学”两家成就最为突出，且各有特点，不能轻予轩轾，所谓“要其归宿，则不过汉学、宋学两家互为胜负。夫汉学具有根柢，讲学者以浅陋轻之，不足服汉儒也。宋学具有精微，读书者以空疏薄之，亦不足服宋儒也。”①《四库全书总目提要·经部总叙》作者认为，“经者非他，即天下之公理而已”②，因此主张“消融门户之见而各取所长，则私心祛而公理出，公理出而经义明矣。”③此说甚是。

“学凡六变”总结的经学发展演变轨迹与伴随出现的六大弊端，其科学性和严谨性暂且不论，却从另外一个独特的视角说明中国传统“经学”，实际上是一个开放性很强的动态知识体系和综合性很强的文化谱系，是一门“究天人之际、通古今之变”、“致广大而尽精微”的“大学问”。这一文化谱系和知识体系，既跨学科、跨领域，哲学、历史，文学、文字，天文、地理，农、林、工、医，几乎无所不包，专业性要求很高，综合性特点鲜明。同时，中国传统“经学”又是具有很强实践性和深刻社会性的“大学问”，体现着普遍的生活日用引导性和个体行为的指导性，普及化元素很浓。因此，“经学”又是一个最能反映中国古代文化发展实际、最能体现鲜明民族特色的历史概念，影响大、流传广、地位高，中国古代文化发展史上传统的图书分类采用“经、史、子、集”四分法，而“经”冠诸首。

## 二、“经学发轫”与“经典定型”

中国传统“经学”的形成，实际上是一个文化发展和学术创新的历史过程。从素材凝练到元典生成，再由元典演进为“经”，进而由“经”发展成专门的学问

① 《四库全书总目提要·经部总叙》卷一《经部一·易类一》，四库全书影印本第一册。
② 《四库全书总目提要·经部总叙》卷一《经部一·易类一》，四库全书影印本第一册。
③ 《四库全书总目提要·经部总叙》卷一《经部一·易类一》，四库全书影印本第一册。

“经学”，这是一个极其漫长的孕育、诞生、传播、检验、认知和不断丰富发展的历史进程。上面所述纪昀等四库馆臣总结概括的“学凡六变”，乃是“经”已成“学”之后的事情，其实在此之前还有经学的“发轫期”与元典的“定型期”。

先说经书元典的“定型期”。“经”之“元典”定型，这是经学形成的根本基础和重要标志。“经学”乃是研究阐发儒家经典而形成的专门学问，所以前人一般认为“经学”形成于公元前六世纪至公元前五世纪的儒家创始人孔子时期。的确，很多文献史料的文字记载，给予这种观点以有力支持。司马迁《史记·孔子世家》中就有十多处记载孔子整理、研究、撰述与教授“六经”的相关内容。如“孔子不仕，退而修《诗》《书》《礼》《乐》，弟子弥众，至自远方，莫不受业焉”①；“孔子之时，周室微而《礼》《乐》废、《诗》《书》缺。追迹三代之礼，序《书传》，上纪唐、虞之际，下至秦缪，编次其事。”②孔子本人也有“吾自卫反鲁，然后《乐》正，《雅》、《颂》各得其所”③的说法。至于《春秋》之作，则有“吾道不行矣，吾何以自见于后世哉？乃因史记作《春秋》”的文字记述。如此等等。清末著名学者皮锡瑞在其《经学历史》一书中认为，“经学”肇始于孔子对《书》、《诗》、《礼》、《乐》、《易》、《春秋》“六经”编订和整理④，这种观点颇具代表性。然而，对于“六经”的整理和编订，更精准的表述应当是“经”之“元典定型”，这是“经学”形成的一个重要表现和基础环节。

再说经学之“发轫期”。如果说经书元典定型是经学形成的主要标志，那么经书元典定型之前的孕育酝酿，都可以看作是经学的“发轫期”。众所周知，学术研究的一个重要规则就是“考镜源流”⑤，既要知“流”，更要知“源”。照此规则可以推知，“经学”实际上包括着“经”与“经学”两个层面，而且是两个虽然紧密相联但本质与内涵都根本不同的概念。“经”是“元典”，即上面所言“六经”之著作；而“经学”理应既包括“元典”及产生，又包括对“元典”的研究、注疏以及相关领域的考察。因此，“经学”的范围与内容，实际上包括着“经”之元典的产生及其相关内容，换言之，“经学”发轫于“经”的产生，最早可以追溯到《诗》《书》《礼》《乐》

① (汉)司马迁:《史记》卷四十七《孔子世家》，中华书局，2011年版，第6册，第1914页。
② (汉)司马迁:《史记》卷四十七《孔子世家》，中华书局，2011年版，第6册，第1935页。
③ (汉)司马迁:《史记》卷四十七《孔子世家》，中华书局，2011年版，第6册，第1927页。
④ 皮锡瑞著、周予同注:《经学历史》，中华书局，1959年版。
⑤ (清)章学诚:《校雠通义》，《章氏丛书》本。

《易》《春秋》记载和描述的事件发生时期，而其形成则在孔子时期，其后绵延发展创新数千年，成中华文化发展之大观。

经书元典定型，实际上也是一个不断调整变化的历史过程。其初次定型于孔子编订的“六经”。其后，伴随时代变迁与王朝更替，“经”之元典的界定、数量与内容也不断变化，由六经而五经、七经、九经、十二经，最后至十三经而凝定。

孔子对六经的编订已如上述。而目前见到的传世典籍中，最早使用“六经”一词的是《庄子》，其《外篇・天运》①云：

孔子谓老聃曰：“丘治《诗》《书》《礼》《乐》《易》《春秋》六经，自以为久矣，孰知其故矣，以奸者七十二君，论先王之道而明周、召之迹，一君无所钩用。甚矣！夫人之难说也？道之难明邪？”老子曰：“幸矣，子之不遇治世之君！夫六经，先王之陈迹也，岂其所以迹哉！今子之所言，犹迹也。夫迹，履之所出，而迹岂履哉！”

由此我们至少可以推知三点：一是“六经”概念实际上创自孔子，老子只是复述而已；二是孔子自称“丘治”“六经”，则“六经”确为孔子编定；三是“六经”“论先王之道而明周、召之迹”，意在于“用”，但当时“一君无所钩用”的局面让孔子十分尴尬而疑惑不解。

至西汉初年，“六经”之《乐》经失传而遂有“五经”之说。汉武帝从维护国家长期统治需要又“推明孔氏”②，“表章《六经》”③，由此把儒家学说推向中华文化的核心与正统，而“经学”也自然地成为中华文化最重要的代表。迨至东汉，在“五经”基础上增加《孝经》与《论语》，遂成“七经”④。皮锡瑞认为“经学盛于汉”⑤，这是其中的一个重要依据。魏晋时期玄学兴而经学淡。唐代儒、释、道三家并用，而经学进一步深化。唐人先是参考沿用汉代郑玄《三礼注》，将《礼》拆为《仪礼》、《周礼》与《礼记》，而将《春秋》拆做《左传》、《公羊传》与《谷梁传》，共成“九经”；唐文宗开成年间，将《周易》《尚书》《诗经》《周礼》《仪礼》《礼记》《春秋左传》《春秋公羊传》《春秋谷梁传》《孝经》《论语》《尔雅》等 12 种儒家经书并刻于

---

① (清)郭庆藩：《庄子集释・外篇・天运》，《诸子集成》第 3 册，中华书局 2010 年版，第 234 页。

② (汉)班固：《汉书》卷五十六《董仲舒传》，中华书局 1962 年版，第 8 册，第 2525 页。

③ (汉)班固：《汉书》卷六《武帝纪》，中华书局 1962 年版，第 1 册，第 212 页。

④ (南朝宋)范晔：《后汉书》卷三五《张纯传》李贤注，中华书局 2011 年版，第 5 册，第 1196 页。

⑤ 皮锡瑞著、周予同注：《经学历史》，中华书局 1959 年版，第 141 页。

石，史称“开成十二经”。宋代则将《孟子》升格为经，与“开成石经”合做《十三经》。至此儒家经典“十三经”最后凝定。经书之元典的变化调整及其内含的文化背景，自然也是经学研究不可忽视的重要内容。

## 三、文化集成与族群智慧

如上所述，中国传统“经学”是一个开放性很强的动态知识体系和综合性很强的文化信息库。在中华传统文化中，儒、释、道三家学说是互济互补的三大支柱，而儒家学说是历史最为久远的本土文化，也是中国古代数千年封建社会中的主流文化。从某种角度说，经学是中华民族传统文化的基石与轴心，是民族智慧的重要载体和民族精神的集中体现，特色鲜明，成果丰富①，世界影响深广。

以“经”名书，旨在突出强调其深厚的思想意义与巨大的文化价值，突出强调其在社会生活中的行为指导性，而这在人们的思想观念中早已是约定俗成。称“易”“书”“诗”为“易经”、“书经”、“诗经”，又有“五经”、“六经”、“七经”、“九经”、“十二经”、“十三经”之说，这正如人们称“圣经”、“佛经”一样，充满敬重、神圣和玄密。那么，人们为什么选定“经”字来表达而不用其他呢？其实，这与中国农耕文化人们基本生活常识的认知有着密不可分的直接关系。

“经”，其本意与“纬”相对，是古代织布时预先在织布机上纵向安放的织线，是纬线交织时的依附支撑，也是织成布帛的基础。汉代许慎《说文解字》训为“织也”②，清代段玉裁《说文解字注》进一步释为“纵线”③。而人们根据“经”在布帛生产中的重要支撑作用，赋予引申义，用来比喻重要书籍、重要典籍，不仅增强了形象性和生动性，丰富了其内涵，而且将人类历史实践的物质生产与精神生产联系越来，耐人寻味。由此可知，“经”者，既是“经线”之“经”、“经纬”之“经”，又是“经典”之“经”、“圣经”之“经”，强调的是书籍本身内容的重要性。而研究“经”书的“经学”，不仅发展为专门的学问，而且对推动文化的发展、社会的进步和人类

① 《四库全书》经部收录经学著作1773部、20427卷，《续修四库全书总目提要·经部》（中华书局1993年出版）收录经学著作1928部。

② （汉）许慎：《说文解字》卷十三。

③ 段玉裁以“纵线”引申为穿订书册的线，进而指书籍，此又是可商榷斟酌处，从中国古代书籍制度形成衍变的历史来考察，欠缺严谨和说服力。汉代班固《汉书·孙宝传》“著于经典”、南朝·宋·范晔《后汉书·皇后纪上·和熹邓皇后》“暮诵经典”都以“经”称书，而那时尚无册页书籍。

的文明发挥着积极作用。

的确,"经学"著作蕴藏了丰富而深刻的思想,也保存了大量珍贵的史料,不仅成为儒家学说的核心载体,而且也是中华民族人类胸怀与人文品格的集中体现。经学的形成、发展与影响,是中华民族对人类文化发展和人类文明进步作出的重大贡献。它既是中华民族历史实践和社会生活的智慧结晶,是中国传统文化的重要代表,又是全世界人民共同拥有的精神财富和弥足珍贵的思想资源。经学对维护中华民族数千年相对稳定的持续发展发挥了重要作用,使中华民族成为人类发展历史长河中五大文明古国唯一持续至今不曾间断者①。可以预见,以中国传统"经学"为代表的中华文化,其重要的思想观念,如以人为本、天人合一、天下为公、公平正义之类以及其蕴含的人类意识、家国情怀、和谐秩序、个体修养等等,在今后相当长的历史时期内,将继续对人类健康发展和文明推进产生积极影响。这是由经学的思想内容、思维方式、自身特点和价值取向所决定的。

中国传统经学发展史,从某种意义上说,就是一部中华民族思想意识和价值观念不断创新发展的学术演变史、文化发展史和人文教育史。中国古代特别是中国封建社会的发展历史证明,一方面大的历史环境和综合条件影响着经学的发展态势,另一方面,经学的发展变化又往往成为决定文化发展、社会发展和文明发展的重要因素,从先秦的"百家争鸣"到汉代的"推明孔氏"②、"表章《六经》"③,从唐朝"三教互补"的融合到赵宋"程朱理学"的盛行,从明代的"阳明心学"到清代的"乾嘉朴学",都是典型的案例与标志。

20世纪前期的上海交通大学老校长、著名国学大师唐文治先生曾经指出:"吾国十三经,如日月之丽天、江河之行地,万古不磨,所谓国宝是也。"④又说:"通经者,非徒通其句读也,当论世而知其通,得经之意焉耳。"⑤在文化成为国家

① 美国·威廉·麦克高希《世界文明史》称"古巴比伦、古埃及、古印度、中国、古希腊是世界上的五大文明发源地"。另有"四大文明古国"说,分别是古埃及、古巴比伦、古印度和中国。四大文明古国实际上对应着世界四大发源地,文明分别指两河流域、古埃及、古印度、古中国这四个大型人类文明最早诞生的地区,而同一时期的爱琴海文明未被包含其中。

② (汉)班固:《汉书》卷五十六《董仲舒传》,中华书局1962年版,第8册第2525页。

③ (汉)班固:《汉书》卷六《武帝纪》,中华书局1962年版,第1册第212页。

④ 唐文治:《无锡国学专修馆学规》。

⑤ 唐文治:《礼记提纲》。

综合实力重要方面的当今时代，深入研究传统经学，继承和弘扬经学创造的文化精神，是建设新文化、创造新理论和增强国家文化软实力的必然要求。

## 四、“有根、有用、有效”

任何一门学问的产生都有其历史的必然性，而其发展与成长情形，除了必要的外部条件和社会环境之外，主要的则是由其内部机制的生命力来决定。中国传统经学只所以成为中国古代的主流文化而盛行数千年之久，迄今依然显示着旺盛的文化生命力，主要是因为经学“有根、有用、有效”，在经世致用、人文传承、勇于创新、弘扬正气、树立学风、铸造民族精神等许多方面都有着出色表现。

一是“有根”。“根”即根源，是文化产品获得鲜活生命力的基础。经学元典之产生根源于历史实践，根源于社会生活，根源于宇宙自然。儒家以“入世”著称，以人为本，关注现实，关心社会，关切民生，儒家经典也都具有这样的特色。《十三经》既不同于以形象思维为主要特征的文学作品，又不同于以抽象逻辑为主要表现方式的哲学著作，而是记言、记行、记事、记物的“记实”文字。其思想内容无不植根于历史史实和现实生活实践，所以庄子认为“夫六经，先王之陈迹也”①。被誉为“群经之首”的《周易》“人更三圣，世历三古”②，而伏羲画卦，“仰则观象于天，俯则观法于地。观鸟兽之文与地之宜，近取诸身，远取诸物，于是始作八卦，以通神明之德，以类万物之情。”③中国古代第一部文章总集《尚书》乃“ 人君辞诰之典，右史记言之策。古之王者事总万机，发号出令，义非一揆：或设教以驭下，或展礼以事上，或宣威以肃震曜，或敷和而散风雨，得之则百度惟贞，失之则千里斯谬。枢机之发，荣辱之主，丝纶之动，不可不慎。所以辞不苟出，君举必书，欲其昭法诫、慎言行也。其泉源所渐，基于出震之君；黼藻斯彰，郁乎如云之后。勋、华揖让而典、谟起，汤、武革命而誓、诰兴。”④由此可知，《书》的内容和来源不仅源于生活和实践，而且都是历史史实的真实记录。汉代班固曾考察并分析《论语》成书说：“《论语》者，孔子

① （清）郭庆藩：《庄子集释·外篇·天运》，《诸子集成》第3册，中华书局2010年版，第234页。

② （汉）班固：《汉书》卷三十《艺文志》，中华书局2010年版，第6册第1704页。

③ （唐）孔颖达：《周易正义》卷八《系辞下》，《十三经注疏》第1册，中华书局2009年版，第179页。

④ （唐）孔颖达：《尚书正义》卷一《尚书正义序》，《十三经注疏》第1册，中华书局2009年版，第233页。

应答弟子、时人，及弟子相与言而接闻於夫子之语也。当时弟子各有所记，夫子既卒，门人相与辑而论纂，故谓之《论语》。"①至于《三礼》、《孟子》、《春秋》等，其产生渊源与内容背景之"根"更是无需赘言。

二是"有用"。"经世致用"是中华文化的优秀传统，也是中国古代志士仁人追求的人生目标。文化学术，"有用则盛，无用则衰"②。中国传统经学只所以能够成为古代主流文化而数千年不衰，关键正在于其巨大的"有用"性。"经学"元典大都旨在"垂型万世"③，经邦治国，立德树人，化育百姓，纯朴民俗，推进文明。《四库全书总目提要·经部·易类一·序》称"《易》道广大，无所不包，旁及天文、地理、乐律、兵法、韵学、算术以逮方外之炉火，皆可援《易》以为说"。《尚书正义》之作"庶对扬於圣范，冀有益於童稚"④，而《诗经》之《关雎》"先王以是经夫妇，成孝敬，厚人伦，美教化，移风俗"，"所以风天下而正夫妇也。故用之乡人焉，用之邦国焉。"⑤至"《尔雅》者，先儒授教之术，后进索隐之方，诚传注之滥觞，为经籍之枢要者也。"⑥《四库全书总目提要·集部总叙》称"夫学者研理于经，可以正天下之是非；征事于史，可以明古今之成败"，是亦着眼于"用"。可知儒家经典皆"有用"、"大用"之书。司马迁《史记·孔子世家》记载了孔子作《春秋》的故事：

> 子曰："弗乎弗乎，君子病没世而名不称焉。吾道不行矣，吾何以自见于后世哉?"乃因史记作春秋，上至隐公，下讫哀公十四年，十二公。据鲁，亲周，故殷，运之三代。约其文辞而指博。故吴楚之君自称王，而春秋贬之曰"子"；践土之会实召周天子，而春秋讳之曰"天王狩于河阳"：推此类以绳当世。贬损之义，后有王者举而开之。春秋之义行，则天下乱臣贼子惧焉。

由这段文字我们可以看到，孔子作《春秋》至少有两个目的：一是要让儒家推

---

① (汉)班固《汉书》卷三十《艺文志》，中华书局2010年版，第6册第1717页。

② (清)皮锡瑞：《经学历史》。

③ (清)纪昀等：《四库全书总目提要·经部总叙》卷一《经部一·易类一》，四库全书影印本第一册。。

④ (唐)孔颖达：《尚书正义》卷一《尚书正义序》，《十三经注疏》第1册，中华书局2009年版，第233页。

⑤ (汉)毛苌：《毛诗序》。

⑥ (宋)邢昺：《尔雅注疏》。

行的“仁礼”之道“名实相符”；二是要通过“贬损之义”来“以绳当世”。而其效果则是“春秋之义行，则天下乱臣贼子惧焉”，显然是达到了设想的初衷。关于经学的“有用”性，宋代张载概括的最精彩、最精辟，即“为天地立心，为生民立命，为往圣继绝学，为万世开太平”①，冯友兰先生称此为“横渠四句”②。当然，“用”又有形式之别、大小之异、层次之分。

三是“有效”。“有效”主要是指经学产生的积极影响和发挥的重要作用。经学的“有效”可以在意识形态领域和社会生活方面得到验证。经学有三个突出鲜明的特点值得注意：一是经学“主干”元典一直都是作为全国通用教材而存在，不论是在“以吏为师”时期还是在“私学”兴起之后，都是如此，不仅以多种材质载体制作教材课本，而且刻成“石经”颁于学府；不仅讲授传习，而且密切关联仕途科举。二是经学一直是以学术研究的形式在不断地深化、细化，不断地拓展、创新，不断地系统化和理论化，不仅成就了历代一批一批的经学大师、文化名家，而且留下了汗牛充栋的著述成果。三是由于经学内容源于社会生活，具有很强的实践性，经学的发展也始终呈现出理论与实践密切结合的特点，指导着人们的思想和行为，提升了全民族的文明素质。这三大特点反映在中国古代不同的历史时期重点虽有差异，而在学术发展、文化传承、社会风气、制度文明等方面，在人的观念意识、风操节守、思想品格、综合素质等方面，则都显示出巨大影响力。特别是经学在人才培养、文化建设和创新理论方面表现出持久强大的生命力，在维护社会秩序、维护封建统治方面表现出非同寻常、无可替代的作用。所有这些都充分展现出经学内蕴的巨大能量和“有效”性。

## 五、经学传承与开拓创新

中国传统经学创造了人类文明发展史上最富民族特色的文化传承模式。“经学”的发展兴盛，体现着中华民族对前代历史和民族文化的高度尊重、高度珍视和自觉传承，体现着中华民族尊重历史、尊重知识、尊重人才一以贯之的优良传统。历代经学家们一方面表现出不畏艰难、刻苦严谨的治学精神和敢于探索、勇于创新的气魄胆识，一方面表现出“斯文自任”的历史使命意识、责任担当精神

① （宋）张载：《横渠语录》，《张子全书》。

② 冯友兰：《中国哲学简史》，北京大学出版社2010年版。

和文化自觉、文明自信的创新能力。所有这些都给我们以深刻的当代启示。

在20世纪人类遭受战争磨难和遭遇各种文化思潮碰撞之时，中国经学发展虽然在大陆遭遇重大挫折，但是依然以各种形态和方式在全世界顽强倔强地发展，不仅中国的大陆、台湾、香港涌现出一批卓有影响的经学家，而且在海外、境外的世界各地涌现出很多中国经学的专家学者和学术成果。特别是地下考古重大材料的新发现，如银雀山汉墓竹简（1972）、马王堆汉墓简帛（1972—1974）、郭店楚简（1993）、清华大学藏战国竹简（2008）之类，也为经学研究的深入提供了支撑。至于世界诺贝尔奖获得者"人类要生存下去，就必须回到二十五个世纪以前，去汲取孔子的智慧"①的建议，则是中国经学影响的又一典型例证。

进入新世纪以来，伴随中国经济的迅速崛起和国家综合实力的不断提升，中国传统经学的研究呈现令人欣喜的新态势。一方面是国家重视程度越来越高，政策支持力度越来越大，一方面是研究队伍迅速成长，研究方法和成果形式丰富多彩，世界影响越来越深广。比如，山东大学与中华书局共同策划组织的《〈十三经注疏〉汇校》引起学界的高度关注，其第一项成果《尚书注疏汇校》完成后，也获得专家好评；由国学网、首都师范大学电子文献研究所联合北京师范大学易学文化研究院共同组织的《中华易学全书》②编纂工程，将点校整理《四库全书》所收易学典籍183种，1839卷，3500余万字，分为64册，另有2000余幅易学图，学界高度期待。国家社会科学基金近二十年来还资助支持了一大批经学研究的重大项目、重点项目和相关课题，如《易经研究》、《诗经研究》、《尚书研究》等等。此外也有一批经学研究的重要成果入选国家社会科学优秀成果文库，如《周易经传研究》、《两汉〈尚书〉学研究》等等。

目前经学研究呈现着令人欣喜的新态势。比如，经学研究文献资料搜集的全球化、最新考古材料使用的科学化、研究方法的现代化、高新科技手段的信息化，等等，这些都大大提高了经学研究的水平、质量和效率。尤其是国家对中华民族优秀传统文化积极思想资源研究发掘的引导支持，使"国学热"持续升温，成规模的大型古籍整理与研究成为国家文化建设的基础工程，世界学习了解中国

① 1988年1月在巴黎召开的主题为"面向二十一世纪"的第一届诺贝尔奖获得者国际大会上，75名参会者经过4天的讨论得出的结论之一。见1981年1月24日《坎培拉时报》(Canberra Times)，作者帕特里克·曼汉姆。

② 参见《人民网》2015年04月20日《〈中华易学全书〉将于年内陆续出版》。

古代文化的需求和期待也越来越强烈。在这种大的时代背景下，经学研究正在发生变化，传统经学的概念、内涵与范围已经不断被突破，诸如《道德经》已经成为《圣经》之后全世界外译版本最多的中国典籍，《孙子兵法》之类的“武经”、《黄帝内经》之类的“医经”也都成为人们倾注更大热情的热点，这说明21世纪的“新经学”正在悄悄酝酿中。

人类的发展与民族的振兴需要学界做出更大的成绩、更多的贡献。我们理应自觉地以前贤圣哲为榜样，自觉继承和大力弘扬中国传统经学的治学精神、创新勇气和历史担当。为建设中华民族优秀文化传承体系建设、社会主义核心价值体系和中国特色社会主义新文化，为推进中国文化与世界文化的交流、交融与创新，贡献力量和智慧。特别是要有创建当代“新经学”的勇气和胆量。中国传统经学虽然走过了数千年的历程，创造了属于他们那个时代的辉煌，但同时也给后人留下了巨大的发展空间。时代的进步和高新科学技术的发明，为我们提供了研究手段的极大便利，同时也为理论创新提出了更高的要求。树立人类意识、强化国家观念，立足现实、着眼长远，发扬光大前人创建汉学、宋学、朴学的精神，创造属于当今时代的经学研究新新体系，已经成为学人义不容辞的历史责任。

2015年11月10日拟于闵行

# 儒家学者与金丹方士：以共享中国的根本方式来理解人类和自我修养

高保罗①

（加拿大西蒙弗雷泽大学人文科学系，V6B 5K3）

**[内容摘要]**本文考察现代学者所提出的关于儒家道学与金丹术之间的分工差别。有关这种分工的论述通常是根据西方的“哲学”与“宗教”的分类概念，这在中国文化的脉络里则有方枘圆凿之弊。如果我们依赖这些外来的非中国的分类概念，就无法理解儒家道学与金丹术之间的关系。本文评估这些分类概念的实用性，并演示儒家学者与金丹方士是如何以共享中国的根本方式来理解人类本性和自我修养。本文的观点论述皆以中文原始资料为依据。

**[关 键 词]**金丹；儒道学；宗教；哲学；中国文化

## Dao Learning and the Golden Elixir Shared Paths to Perfection

**Paul Crowe**

**(Dept of Humanities, Canada, Simon Fraser University, V6B 5K3)**

**Abstract:** This article examines assumptions made by modern academics concerning the division or differences between Ru literati (儒道学) and Gold Elixir 金丹 teachers. The division often depends on Western categories of "philosophy" and "religion," Both categories are deeply problematic in the context of Chinese culture. We cannot understand the relationship between 儒道学 and 金丹 if we depend on

① 作者简介：[加拿大]高保罗，出生于1963年，男，英国人，宗教学、哲学博士，任职于加拿大西蒙弗雷泽大学(SFU)人文科学系，现为该系副教授。主要从事基于10—13世纪道教、佛教和儒道学文本的修身传统研究，也研究加拿大和香港当代中国文化机构的性质和历史，特别关注佛教的修身和道教的扶乩。

these imported non-Chinese categories. This article evaluates the usefulness of these categories and demonstrates how Daoxue and Golden Elixir teachers shared a fundamentally Chinese approach to understanding human nature and self-cultivation. This argument is supported by references to classical Chinese sources.

**Keywords**: Golden Elixir; Ru Dao learning; religion; philosophy; Chinese culture

How are we to situate the Confucian "Learning of the Way" (Ru daoxue) approach to cultivation in relation to that of Daoist adepts of the golden elixir (jindan)? In reading jindan texts there is an assumption that much is shared. One sees this evidenced in quotations from and allusions to the "Four Books" (Sishu 四书): Lunyu 论语 (Analects), Mengzi 孟子 (Mencius), Zhongyong 中庸 (Equilibrium Amid Ordinary Affairs), and Daxue 大学 (Great Learning). On the other hand, when reading Ru accounts we witness the rhetoric of identity at work in ways that either create or amplify distinctions. What I attempt here is a stepping back from the rhetoric of both to simply ponder how we might characterize their relationship on a wider cultural plane.

As a point of departure, discussion commences by considering two attempts to use religion, first as a lens through which to shed light on a convergence ofjindan (or neidan 内丹) and Ru approaches to cultivation, and second, to provide a more complete picture of Zhu Xi's 朱熹 (1130—1200) daoxue 道学 (Learning of the Way). Discussion continues by acknowledging the general advantages of such recommendations, while also considering drawbacks associated with an approach that tacitly validates the usefulness of "religion" versus "philosophy" as categories for organizing our thoughts about and interpretations of both jindan and daoxue texts.

The second half of the discussion" turns tojindan and daoxue texts to draw attention to some basic shared assumptions about the nature of cultivation and the process of learning necessary for its advancement. References avoid specific reflections by the writers on what they see as continuities or discontinuities, and instead look to more neutral observations that lie on the periphery of such interested rhetorical concerns. The passages cited are related to the general conceptualization of human beings in relation to a larger order and to how the process of learning is understood.

**Jindan and Ru through the Lens of Religion**

Two academic works separated by twenty years will serve as points of departure and as foils for the discussion that follows. These two texts were, and indeed still are, valuable contributions to our present thinking-through of the relationship between jindan and daoxue accounts of personal cultivation. The first is a forward-looking article by Judith Berling (1979) in which she discussed what she saw as a convergence between neidan 内丹 (inner alchemy) and Ru approaches that becomes more apparent when they are considered from within a religious framework.

Similarly, the second work, a meticulous book-length study by Julia Ching, examined Zhu Xi's approach to cultivation by looking at its religious dimensions (Ching 2000). One can see Ching's work as an answer to Berling's suggestion that we ought to "pay increasing attention to the spiritual dimensions of Neo-Confucianism" (Berling 1979, 124). Ching's book takes Zhu Xi as its focus and is useful in the present context for two reasons: First, anyone who has read jindan texts composed or compiled during the Song (960—1279), Yuan (1271—1368) or later dynastic periods is well aware of the pervasive influence Zhu Xi's ideas had on these texts. Thus, a book that considers the cultivational dimension of his work commends itself to scholars who study jindan texts. Second, the discussion is valuable on a methodological level as it shows promising directions for interpretation of "intellectual" history more generally, while at the same time importing somewhat problematic assumptions into the discussion that need to be foregrounded for the purpose of critical reconsideration.

**Seeking Common Ground**

The general recommendation that we approach the reading of both daoxue and jindan texts through the lens of religion is useful, in principle, because it shifts the register of discussion to matters of praxis and shared ideals related to achieving human perfection or at least profound improvement. In this way it readily provides a common, historically located, ground for their mutual consideration. Conversely, while the recommendation of such a shift is helpful it also has its shortcomings: In consciously reframing the reading of such texts in the light of religion, the categories of "philosophy" and "religion" are implicitly reified, validated and re-inscribed. By "reified" I do not refer to the much-debated sui-generis view of religion (see, e. g. , McCutcheon 1997). Instead, the reification here refers to effectively discrete categories of "religion" versus "philosophy," a binary that serves well the present institutional differentiation of academics and their respective departments at their colleges and universities, but into which the texts, rites, bodily practices and soteriological efforts of Ru and alchemists do not fall without doing violence to the basic cultural assumptions informing what they have said and done.

Judith Berling looks at two approaches to cultivation—in her terms, that of inner alchemists and Neo-Confucians—and ponders how we might conceptualize the relationship between them. She dismisses, as largely unhistorical, contemporary attempts to understand the relationship through the assumption that influence was due to the sophisticated Neo-Confucians' appreciations of classical and Neo-Taoist philosophers representing "the apogee of Taoist philosophical subtlety" (Berling 1989, 123), which would, we can suppose, have been more palatable to their metaphysical predilections. Instead, she suggests, we would be better off considering the nature of influence as something arising out of historical context, as the above approach "ignores the fact that influence tends to arise from confluence, the convergence of concerns and questions in response to a specific historical and social setting" (Berling 1989, 123). Her claim that "Daoism" and "Confucianism" experienced a profound religious or spiritual crisis during the Song dynasty may be problematic for various reasons[①] but some key

① How, for example, do abstract nouns experience crisis and what constitutes content for the essentializing placeholders "Daoism" and "Confucianism"?

observations are very helpful.

First that a convergence of concerns took place, which is evident in the consonance of language injindan and the daoxue 道学 (Dao-learning) texts of the Ru during the Song and Yuan dynasties; secondly, this convergence took form as a shared way of structuring personal cultivation amid the efforts of those who, in diverse ways, promoted Daojiao 道教 (teachings of the Dao), ① Teachings of the Buddha (Fojiao 佛教), or those of the varied Ru "family" (Rujia 儒家) who valued, and continually reinterpreted and re-imagined, the classical corpus. ② The constituent purveyors of these "ways" directed their efforts in service to finding a means "by which to achieve the full potential of the unsullied human mind and spirit" (Berling 1989, 124). Berling sees this avenue of exploration as creating a frame for discussing shared ideals in a way that effectively circumvents differences described by her as a "philosophical gulf." ③ To her mind, the religious plane, defined as a concern for transcendence and the way to achieve it, provides a more fruitful avenue of exploration to that of the philosophical.

Ching too, is keen to situate her exploration of Zhu Xi's religious dimensions within the broader context of his times, though the strategy employed in her book is directed to different ends; she wishes to shed light on the religious dimension of his thought in order to address what she perceives as a major gap④ in the scholarly treatment of Zhu Xi, who has often been represented as a rationalist philosopher (Ching 2000, 5). ⑤ As with Berling's suggestions vis-*à*-

① Daojiao here refers to its use by individuals who were writing about jindan during the Song dynasty and later, and is not intended to refer to the deeply problematic ahistorical binary of Daojia versus Daojiao.

② The present discussion concerning the degree to which there is a shared repertoire of praxis and language is focused only on the Daojiao and Rujia.

③ Much more will be said on the nature of this gulf later in this section.

④ Earlier efforts in this regard, made by Wing-tsit Chan, Du Wei-Ming, William Theodore DeBary and Liu Shu-hsien, are acknowledged (Ching 2000, 264, note 8).

⑤ Ching has in mind Jesuit missionaries frustrated by the lack of theistic focus in Zhu Xi's thought. Ching mentions Stanislas Le Gall's (1858—1916) accusation that Zhu Xi imposed a detestable materialist hermeneutic on Chinese scholars for centuries (LeGall 1894, 5).

vis the religious dimension of inner alchemists and Neo-Confucians, the broader project is aimed at disclosing the "mystical dimensions" of Zhu Xi's writings in order to reveal an individual whose cultivation, through study and praxis, was "a quest for an ultimate or absolute" (Ching 2000, viii). If this dimension can be revealed and appreciated it will follow that the continuities between the "three teachings" will become more recognizable while, at the same time, a more subtle perspective on their divergences can emerge. ①

These efforts to rethink the discussion in terms of religion hold the promise of creating a shared domain of discourse, that of personal cultivation and the attendant quest for realizing the highest potential of an individual human being's life. Texts describing these two trajectories of cultivation, jindan and daoxue, seem beyond comparison until one assumes this recommended perspective. So what is to be made of how the perceived differences are constructed? Religion, and more precisely, personal cultivation, spans a divide, which Berling describes in the following terms:

This relationship has remained virtually untouched because of the philosophical gulf between these two schools. Inner Alchemy Taoism is an arcane, mystical system of meditation based on an elaborate and highly technical symbology. Neo-Confucianism is a broad rational, ethical system grounded in a sophisticated metaphysics and cosmology. (Berling 1989, 124)

The difference, it seems, is philosophical. Concerning these two "schools," daoxue is preoccupied with morality and is both rational and sophisticated in its metaphysics and account of the universe while "Alchemy Taoism" is characterized as mysterious and mystical in approach and described in elaborate technical language.

We find a similar binary at work in Ching's book. Zhu Xi is characterized as "basically a rationalist" (Ching 2000, 155) and he has a tendency to "trans-

① These matters are given sustained consideration in chapters eight and nine of Ching's book.

form religious beliefs into philosophical concepts" (152). When, for example, meditation is considered, this binary forms the backdrop for its characterization. Thus, based on observations found in the Zhongyong 中庸, for "the Confucian," meditation is directed, in a practical manner, to achieving a state of "transformed wei-fa or yi-fa."① Such contemplative efforts are directed to a moral end in the form of habitually well-regulated thought and conduct (Ching 2000, 121). For "the Taoist," on the other hand, "meditation usually begins and ends with visualizing light in the cosmos, while the practice is of the inner elixir" (Ching 2000, 117). "The Confucian" is at once engaged in practical ways with the world, and is rational, and intellectual. "The Daoist" is reclusive, mystical and otherworldly. Despite this, Ching does not equate a mystical turn, on the part of Zhu Xi, with Daoist escapism; she sees Zhu Xi both as a rational, practical philosopher and as a mystic:

> It is my belief that Chu Hsi's doctrine of personal cultivation belongs to the realm of practical moral philosophy while also going beyond it to embrace a spiritual and ascetic doctrine with mystical implications. It is also firmly grounded in the more speculative parts of his philosophy, namely, in his metaphysics of human nature, especially in his view of the human being as the microcosm of the universe, participating in the cosmic process and assisting in the perfection of the universe through efforts of self-perfection. (Ching 2000, 113)

The single person of Zhu Xi must be seen to embrace two modes of functioning and being: "religious" and "philosophical" though despite the focus on the religious dimension one gets a strong sense that the philosophical is paramount. For both Berling and Ching the challenge is to demonstrate the usefulness of looking at the Ru through the lens of religion in order to perceive and to demonstrate how this brings to light continuities that a purely philosophical examination would leave opaque or perhaps invisible. Thus, we have the dividing-lines.

---

① These terms are central to the Zhongyong. Weifa 未发 (not yet come forth) refers to the state prior to manifestation of the emotions while yifa 已发 (already come forth) refers to the state in which emotions have taken form.

**Reflections on the Dividing Lines**

In some ways it is unfair to take up critical reflections on an article more than three decades after its publication, though perhaps less so in the case of a work published a dozen years ago. So much has happened in the intervening years and, doubtless, scholars of Berling's or Ching's standing will have considered these, as we all do, in continually striving to find more useful ways of situating the texts and individuals we study. It needs also to be reiterated that both took innovative steps in urging a different perspective from which to interpret the relationship between Ru and jindan—or, for Ching, Ru, Daoist and Buddhist ways of cultivation. The principal motivation for looking more closely at the language of these scholars is as a point of departure for thinking through the suggestion that there is indeed a shared frame of reference within which to read and relate Ru ideas in jindan texts, but to consider how this may be differently conceived.

What of the general project of assuming common ground, and what of the terminological and categorical fault-lines dividing thejindan writers and practitioners from the Ru? I would argue that both Berling and Ching are helpful in urging a move beyond the "philosophical" plane of analysis and interpretation but that their recommendations could go further. It is more helpful to abandon these categories altogether and get on with the work of describing the common ground without the terms "philosophy" and "religion." Both have their uses in many contexts but they are more trouble than they are worth when reading or describing jindan texts or when considering the historical relationship of daoxue and jindan approaches to becoming better people. Even "Daoist" can be a knotty term fraught with unwarranted assumptions and, as Peter Bol has pointed out, "The use of 'Confucian' and 'Confucianism' as general terms for the Chinese political elite and their values obscures distinctions among men and changes over time"(Bol 1994, 15).

**Religion**

Concerning "religion" I find myself in agreement with an observation made by Wm. Clarke Hudson: "In studying Chinese religions, the emphasis should not always be put on religions, but instead it may often be better put upon traditions, practices, discourses, or repertoires, which may cut across the boundaries of various religions" (Hudson 2007, 21).

This is excellent advice because it suggests inquiry be directed to the provisional and fleeting—to the contingent and continually renegotiated fields of identity, affiliation and cultivation approaches or methods. Given this, what of cutting across boundaries between "various religions?" I am not entirely convinced that "religions" is a useful term for sorting out the shifting domain of approaches to cultivation in China during the period in which daoxue and jindan teachers were developing novel ways of framing their various paths to sagehood and transcendence. What would we lose if we dropped the term at this point? Might we simply say that practices, discourses, or repertoires may cut across texts, ritual performances and associated claimed affiliations and identities? Thus, we are not obliged to label Chen Zhixu 陈致虚(1290—1343) or Li Daochun 李道纯 as "prototypical" Daoists or even as Daoists at all if we can find no evidence that they identified themselves as such; this, it seems, can be instructive.

The adjective, "religious", can be applied to a negotiable subset of human activity and we can debate the legitimacy of its application in any given case based largely on context. The more concrete and yet still abstract noun, "religion," is more problematic. By its very nature the term tends to be viewed as logically prior to the participants situated under its categorical presumptions and rigidities. Thus, for example, Chen Zhixu may be designated, by a twenty-first century European or North American scholar, as a member of the "Daoist religion," but what does that really tell us? Given the bewildering diversity of activity, institutions, texts, ritual (or lack of ritual), diet, meditative practices, claimed allegiances and lineages and so on, I would argue, not very much. In considering the matter of how we might define Daoism, Hudson notes Nathan Sivin's suggestion that we would be better off not trying to find a singular definition but instead be very specific about what we mean by the term in a given context (Hudson 2007, 19). ① He goes on to describe his carefully considered polythetic, family resemblance approach to defining the term:

The set of elements by which we define Daoism includes the figure of the saint andqi-cosmology …a discourse on [sic] 道 (sometimes 道 means "the Dao," sometimes [sic] "a dao") a discourse privileging life, physical transcendence or immortality, self-cultivation, salvation of ancestors, correspondences between micro- and macrocosm or corporeal and celestial spirits, rituals for communicating with a celestial bureaucracy, and more. (Hudson 2007, 20)

In the final section of this paper I will try to show why many of the lines of division drawn between cultivation, as expressed injindan and Ru daoxue texts, should be erased, or at least rendered very faint, partly because a significant number of the features listed above could be applied quite convincingly to both. If they share significant metaphors that generate the contours of their respective terminology and approaches, and if basic assumptions about the place of the body and its qi 气 in relation to the larger world and emotional states is largely congruent, then the question might be not how to describe their convergence but rather, what strategies do they use in the service of differentiation?

Absent the totalizing, deceptively tidy and culturally incongruent② concept of "a religion," the fact that Chen Zhixu self-identifies as a Daoist only once would come as no surprise. A brief aside concerning that lone example: The one example in which he may claim Daoist identity is said to be the following:

---

① Nathan Sivin's now-classic article "On the Word 'Taoist' as a Source of Perplexity" (1978) is the locus for this comment.

② As Campany points out, it does not follow from the mere fact that a language does not include a word for "religion" that we are not at liberty to apply it as a second-order conceptual tool (2003, 289). My point here is that, at times, it is more useful to suspend application of that term when it may obscure the possibility that an individual may identify, not with "a religion," but rather with a master and a circle of students or fellow seekers. In such cases background assumptions concerning to which religion they might belong are neither useful nor interesting.

何不反思吾教之学何也，translated as "Why don't they reflect on what it is that we study in our religion"? (Hudson 2007, 52n36). Jiao 教 is translated as "religion" based on Campany's observation that in medieval China jiao 教 could be used synecdochically and nominally to denote an entire religion (Campany 2003, 299). My reading of the same section of the article is as a set of cautious observations about the translation gap between jiao 教 and any given "ism" or religion. Concerning compounds formed with the character jiao 教 (teaching) Campany says:

Only with extreme rarity do such compounds seem to gather up and nominalize everything that one might mean in Euro-American discourse by a term such as "Buddhism," and even when one does find such cases, the ambiguity of the syntax usually permits other, nonreifying readings. (Campany 2003, 307)

The word "nonreifying" is very important here. It is, as Campany notes throughout his article, quite easy for "isms" to take on a life of their own. They can easily become abstract nouns possessed of agency and identity divorced from the particularities of context. As such they can be wielded to make sweeping statements that not only leave out details, but also positively reconfigure the field of discourse in ways that can lead to very nearly willful misreading.① Thus, "our religion" (wu jiao 吾教) could reflect the flux and contingency of the historical situation so carefully detailed by Hudson if it were rendered simply as "our teaching." That is, the solidarity we as a group share through association with this body of teachings linked to a shared claimed lineage. Given this I would argue that even the lone example of self-identification with "a religion" is worth reconsidering.②

① See Campany 2003, 307, for a clear example of where reading can be led off track by the baggage of our categories and the expectations they import.

② In my reading of various texts by Li Daochun and his circle of followers I too have been hard-pressed to find a single unambiguous case of self-identification as a "Daoist" or, more generally, with "Daoism." This tells us a lot about how to characterize his religiosity and the limits of that term's applicability.

**Philosophy**

The term "philosophy" has long been used by Western academics in conjunction with "religion" to manufacture more or less distinct cultural domains in China. As with "religion" it is not a term native to the language of those who discussed, described and engaged in self-cultivation during the period in which jindan and daoxue ideas took shape and were promoted. Indeed it did not become a part of the Chinese lexicon until the nineteenth century by way of the Japanese neologism tetsugaku 哲学. "Philosophy" (zhexue 哲学) was used in conjunction with that other late neologism "religion" (zongjiao 宗教) to establish a hierarchical binary that supported a division between the more base elements of culture associated with religion and those loftier, more pristine and rational elements designated as philosophy (see also Crowe 2012). An early expression of this binary at work in describing "the Daoist religion" is found in a source that served as a textbook in my undergraduate introduction to "world religions." Huston Smith lamented the fall from pristine philosophy, represented by the Daode jing, to the mire of popular Daoist religion: "To pass from the lofty heights of the Tao Te Ching to the priestcraft of Popular Taoism is like passing from a crystal mountain spring to the thick, fetid waters of a stagnant canal" (Smith 1958, 107). While it is now easy, from our present vantage point, to see the shortcomings of such a crude and fundamentally flawed hierarchy, the divisions of philosophy and religion continue to be in play.

This split personality was reflected in two publications on Chinese "philosophy," the importance of which for future generations of scholars is hard to overstate. Both Fung Yu-lan and Wing Tsit-chan produced impressive works that lay before non-readers of Chinese a rich assortment of literature that they considered worthy of gathering together between the covers of their respective books: A History of Chinese Philosophy (Fung 1952) and A Sourcebook of Chinese Philosophy (Chan 1963). What they crafted shaped conceptions of Daoism and Confucianism by what was absent. While it is not possible to include more than a representative sample in such works, it is unfortunate that of nearly fifteen hundred works in the Daoist Canon only two are represented, the Daode jing 道德经 and the Zhuangzi 庄子; and, as Russell Kirkland has contended, it may be more accurate not to regard them as Daoist texts at all given that during the period they were written there were no Daoists (Kirkland 2004, 73).

The works of Fung and Chan were intended as contributions to world-philosophy; they held up examples of Chinese thought that could rightfully stand alongside the great philosophers of ancient Greece, Europe and the Middle East. Thus, matters-religious were left to one side and a tacit assumption made that the rational domain of Chinese thought could best be presented as philosophy. One can still find mention, even in recent work, of two species of Daoism: so-called "religious" and "philosophical."① Though certainly not applied in this way, both Berling and Ching do appear to rely on the divisions of philosophical and religious though do not invest them with any (Berling) or at least not a pronounced (Ching) hierarchical bias. This is obvious given the great value they both see in bringing to light what they conceive of as the religious side of neo-Confucian cultivation.

In the second half of this paper I will try to make a case for looking past this binary, which is implied by bridging Ru andjindan modes of cultivation through use of the religious lens. Instead, I will suggest that any confluence of approach to self-cultivation is a matter of shared basic metaphors and of shared assumptions informing attempts to become a better human being. This shared repertoire does not result from selecting an alternative lens so much as from dropping assumptions based on categories that function to obscure what is already evident.

Shared Assumptions

① Perhaps Russell Kirkland was prematurely optimistic in 1997 when he observed: "I believe it is safe today to state that most scholars around the world who specialize in Taoist studies no longer see the fundamental historical issue as being a differentiation between 'tao-jia' and 'tao-jiao,' or between 'philosophical Taoism' and 'religious Taoism'. In the West, virtually all specialists stepped beyond that issue in the 1980s" (Kirkland 1997, 58).

What follows is a description of root-assumptions shared byjindan and Ru writers, teachers and practitioners that shaped their respective approaches to self-cultivation. It is hoped this will demonstrate a strong continuity between the two while demonstrating the lack of any need to rely on the categories "religion" and "philosophy."

Looking at the broad contours of soteriology we see a shared assumption at work: That the process of cultivation is framed in terms of reconnection or reunion between human beings and the larger process within which they function, expressed as "Tian" or "Dao." These two terms frequently function as synonyms in both daoxue and jindan texts, evoking the larger process within which human beings are subsumed.

**Daoxue**

Reconnection is described as resulting in a natural, spontaneous way of conduct that accords with the larger indefinable force at work beyond the particularities of daily life. Already, in the Mengzi, we see evidence of this perspective:

Exhausting① one's heart is knowing one's inner nature. If one knows inner nature then one knows Tian. Maintaining one's heart and nourishing one's inner nature is the means for serving Tian. 尽其心者,知其性也. 知其性,则知天矣. 存其心,养其性,所以事天也. (ICS Mengzi, 1/67/15; 7A. 1)

The inner nature is conceived of as coextensive with the larger order, in which each person functions like a conduit through which activity can be directed. The key is to exhaustively (jin 尽) plumb the depths of one's heart rather than dealing superficially with daily affairs. There is a sense in which the indi-

① Jin 尽, which literally means to use up or exhaust, when used here refers to exhaustive attention to one's heart or perhaps attending fully to the heart so as to plumb its depths where-in one's Inner Nature resides. D. C. Lau renders the first phrase as "For a man to give full realization to his heart" (Lau 2004, 145).

vidual cedes control to Tian.

This dynamic is anticipated in theLunyu 论语 when Kongzi 孔子(Confucius) reflects on how, having understood the commands of Tian (zhi tianming 知天命), by the age of seventy he had internalized learning to such a degree that he could permit his heart free rein without it going astray (2. 4/3/1). Again, we find Kongzi praising the sage-king Shun 舜 for his ability to affect government through non-intentional action (wuwei 无为) (15. 5/42/9). The function of the rites (li 礼) too, as presented in the Lunyu, can be understood as a way of mitigating headstrong agency in favor of a greater awareness of social context and an attitude of deferral. As such, the emphasis is on a mode of social action finely attuned to a continually shifting nexus of social interconnections and multiple obligations grounded in an individual's multiple and simultaneous societal roles. Excellence (de 德)① is expressed by those who are virtuosic② in their well-attuned social sensibilities and able to accord with them in the interest of contributing to the integrity of their social network. The source of the excellence one aims to express, by being free of the constraints of bias, desires and selfish intent, is Tian. ③This basic theme of the need to recognize a link between individuals and Tian is later amplified in the oft-cited opening line of the Zhongyong:

The commands of Tian we call inner nature. Following this inner nature is

① I have not qualified this excellence as "moral" because I believe it is beside the point. The Lunyu does not provide a moral theory. Rather it provides descriptions of practices, perspectives and suggestions concerning how one might approach embodying all of the noble qualities, abilities and habits required of the sagely ideal.

② "Virtuosic" is how Roger Ames and Henry Rosemont Jr. characterize the sage (shengren 圣人). This also hearkens back to the work of Herbert Fingarette whose contributions they acknowledge (Ames and Rosemont 1998, 62).

③ Joseph Adler draws attention to this in a brief article on the religiosity of Confucianism citing Lunyu 7. 20, part of which he translates as "Heaven gave birth to the virtue [de 德] in me" (Adler 2010, 11). See Lunyu 7. 23/16/21.

called Dao. Cultivating the Dao is called the teaching (52. 1a).

天命之谓性,率性之谓道,修道之谓教.

The requisite precondition for Tian's successful expression is equilibrium (zhong 中) of the heart throughout one's ordinary daily affairs (yong 庸). Application of the teaching is described in terms of maintaining equilibrium among four principal emotional states of happiness (xi 喜), anger (nu 怒), grief (ai 哀) and pleasure (le 乐) before they emerge, and maintaining their harmonious accord (he 和) after they emerge. If this equilibrium can be maintained then it serves as "the great root of everything under the sky" (天下之大本也; Zhongyong, 52. 1b). Thus, a reciprocal relationship is asserted between human beings and their larger world-context. This assumption extends back to the Shang period (ca. 1600-ca. 1046), in which it was already assumed that human actions affected the highest power, Shangdi 上帝, just as Shangdi affected the fates of the Shang people through influence on rain and storms.

This assumption that such a connection could and should be achieved was given systematic expression by Zhu Xi, who made extensive use of the three texts mentioned above. Quoting Cheng Yi 程颐 (1033—1107), he echoes the Zhongyong:

Thus, a person of realization restrains his emotions, causing them to unite with equilibrium to rectify the heart and nourish inner nature"(52). 是故,觉者约其情,使合于中,正其心,养其性. (JSL, 52)

Zhu Xi equated inner nature withtaiji 太极 (supreme ultimate), and taiji comprised the grand unity of all pattern (li 理) inherent in and defining particular things. He also expressed this relationship in terms of Dao, which he identified unequivocally with an individual's inner nature.

Dao namely is inner nature and inner nature namely is Dao. Certainly and simply, they are one thing (ZZYL, 5. 1b). [1]

道即性，性即道，固只是一物.

Zhu Xi, like many before him, understood the process of cultivation in terms of achieving the realization of, and reconnection with, our inner natures, identified with Dao or Tian. The result of such a connection would be transformation of one's heart and conduct.

This connection between the human heart and Tian or Dao as source (ti 体) of its actions (yong 用) is predicated on maintaining stability (ding 定), but this goes beyond ordinary conceptions of the term. Zhu Xi provides an account that underscores his preference for unity when considering the highest levels of cultivation. His perspective is expressed with reference to the words of Cheng Hao 程颢 (1032—85). The passage opens by considering a question posed to Cheng Hao by Zhang Zai 张载(1020—77):

Inner nature that is stable is unable not to move because it is still tied to external things; what do you think? 定性未能不动，犹累于外物，何如? (JSL, 55)

Cheng Hao replies:

As for what I call "stability," when in motion it is stable and when still it is stable; it is without sending off[2] or welcoming, without inner or outer. If you take external things as external and, dragging yourself along, follow them, this is to take one's own inner nature as having inner and outer. 所谓定者，动亦定，静亦定，无将迎，无内外. 苟以外物为外，牵己而从之，是以己性为有内外也. (JSL, 55)

---

① As an aside it is perhaps worth noting the following phrase in Chongyang zhenren Danyang ershisi jue (CYESSJ) 重阳真人授丹阳二十四诀(Twenty-four Explanations Offered by True Man Chongyang to Danyang; HY 1149, CT 1158): 心本是道，道即是心 (4b).

② I follow Zhang Jinghua's gloss of jiang 将 as song 送 (JSL, 56, note 2) and agree with Wing Tsit-chan's interpretation that jiangying 将迎(or songying 送迎) implies not being pulled from one's stable position: "One does not lean forward or backward to accommodate things" (Chan 1967, 39).

What Cheng Hao proposes here is a level of stability that operates outside the usual distinctions of motion and stillness. Zhu Xi appears to view this higher-order stability as the place from which sages respond to the world around them. Since actions issue from one's inner nature and Zhu Xi, later in life, wished to avoid assuming a duality within one's inner nature, this account of stability outside motion and stillness makes good sense. Adler suggests that this relationship of stillness (wei fa 未发) and motion (yi fa 已发) is best thought of as "interpenetration."

Activity in the midst of stillness can be understood in the sense that in a practice such as quiet-sitting, or even in sleep, one is nourishing one's Heaven-endowed moral potential. An example of this would be Mencius' description of the restorative effects of the "morning qi" in his famous Ox Mountain allegory (Mengzi 6A8). (Adler 2008, 65)

Zhu Xi's cultivation practice combining meditation and study yielded the all-important disposition of attentive reverence (jing 敬), which at once embodies stillness and motion at an existential, experiential level. An individual who can maintain this disposition is able to take action in a manner directed by inner nature and thus by Dao or Tian.

In the fourth section ofJinsi lu 近思录 (Reflections on Things at Hand), Zhu Xi provides additional insight into the experiential process involved in moving closer to the level of a sage:

Someone asked: "Sagehood, can I learn this?" Master Lian Xi① said: "You can. " "Is there something essential?" "There is." "May I please ask how so?" "Unity②

① Lian Xi 濂溪 is the name of a stream that inspired Zhou Dunyi 周敦颐 (1017—73) and a name by which he became known.

② In a section of the ZZYL where the Taiji tushuo 太极图说 (An Explanation Concerning the Diagram of the Supreme Ultimate) is discussed in relation to learning to become a sage, Zhu Xi provides a definition of "unity" (yi 一) as follows: "Unity is simply what I call the Supreme Ultimate" (一即所谓太极; ZZYL, 94. 66b).

is essential." As for unity, it is a lack of desires. If you lack desires then, in stillness, you will be empty (jing xu)① and in motion you are direct (dong zhi). ② If you are still and empty you will be bright (intelligent) and if you are bright you will be penetrating. If in motion you are direct then you will be impartial. Being impartial you will be vast. Bright, penetrating, impartial, vast—nearly there! (Trans. Wing-tsit Chan)或问:圣可学乎.濂溪先生曰:可.有要乎?曰:有.请问焉,曰:一要.一者,无欲也.无欲则静虚动直.静虚则明,明则通.动直则公,公则溥.明通公溥庶几乎!(JSL,217)

While sages act within the world, their intentions, rooted as they are in fundamental unity—unity of inner nature with/as Tian or Dao—are beyond the fray of worldly motivations. Hence the frequent mention of lessening desires as a means to equilibrium. The basic path to sagehood is not so remote from that of the jindan adept. The Buddhist lotus metaphor for immanent transcendence could well be applied to both. The next section considers how these ideas are expressed in jindan texts.

Jindan

Thejindan approach to, and ultimate aims of, self-cultivation are much closer than is generally supposed. Further, there is little need to invoke the characterizations of one as predominantly philosophical in outlook while the other is best understood in terms of religion. This adds no explanatory value, imposing artificial and wholly superfluous categories on universes of discourse whose relationship is better understood by parting with the conceptual constraints they impose.

As with the Ru orientation to cultivation, jindan practitioners shared an assumption that personal transformation is linked to the ideal of unity; reconnecting with Dao or Tian is supported by the absence of emotional turmoil and

---

① Jing xu 静虚 is described in relation to equilibrium: If equilibrium rules then there is emptiness (中有主则虚) (ZZYL,94.65b)

② Dong zhi 动直 is defined as motion that is unimpeded (ZZYL,94.65b—66a).

bias. The following passage from the eleventh-century Wuzhen pian 悟真篇 (Chapters on Awakening to the Real; HY 263, CT 263) provides an illustration of this point:

Grief and joy, gain and loss; admiration and insult, danger and ease;

My mind does not see in a dual way; peaceful, it is unified in its considerations.

Not bringing about the start of fortune, nor the beginning of calamity; Affected, I respond; compelled, again, I rise. Since I do not fear sharp knives; why dread the tiger and rhinoceros? 哀乐得丧,钦侮险易. 心无两睹,坦然一揆. 不为福先,不为祸始. 感而后应,迫则复起. 不畏锋刀,焉怕虎兕. (30. 9b)

While this passage evokes section fifty of theDaode jing, in which weapons, tigers or rhinos do not threaten "companions of life" (sheng zhi tu 生之徒), it also emphasizes non-duality with reference to the nature and function of mind. The mind is responsive to shifting circumstances, but from an abiding still-point. While it is easy to play up the "quietist" dimensions of the Daode jing and the Zhuangzi, they also recommend how to take action. The well-known account of Cook Ding's efficiency in slicing up oxen for many years, without dulling his blade, is attributed to fluid, decisive gestures made possible by his union with Dao:

What I care about is the Way, which goes beyond skill. When I first began cutting up oxen, all I could see was the ox itself. After three years I no longer saw the whole ox. And now—now I go at it by spirit and don't look with my eyes. Perception and understanding have come to a stop and spirit moves where it wants. I go along with the natural makeup, strike in the big hollows, guide the knife through the big openings, and follow things as they are. (Watson 1996, 46)臣之所好者道也,进乎技矣. 始臣之解牛之时,所见无非牛者. 三年之后,未尝见全牛也. 方今之时,臣以神遇,而不以目视,官知止而神欲行. 依乎天

理，批大却，导大窾，因其固然.（ICS Zhuangzi，3/8/4）

Evident here is a disposition of deferral to a level of order ordinarily inaccessible to a mind filled with uncertainties of gain, loss, doubts and fears. Burton Watson's translation, itself a remarkable literary work, mutes the presence of a perspective that anticipates later developments represented by thinkers of Zhu Xi's time. He renders yi hu tianli 依乎天理 as "I go along with the natural makeup." Yi 依 could easily be read as "to place one's trust in something" or "to depend on something." This brings to light the shared notion of deferral to something beyond the ordinary constraints of human agency. "Natural makeup" is one way to read tianli 天理 but it obscures a significant term. Cook Ding is deferring and attuning himself to Tian's pattern.① Cook Ding's success in motion is predicated on stillness, which permits access to the pattern of Tian; knowing, for example, comes to a halt (zhi zhi 知止). Motion and stillness figure in Li Daochun's texts where they are reconciled, so that neither predominates, making possible motion in stillness and stillness in motion:

Integrity, clarity, quiet, and stability are the foundation of Dao.

Movement and stillness cause each other and in no case are they not the same.

If you daily employ, without wavering, the preservation of unified uprightness

Spontaneously the influence of the pattern of Tian will penetrate.

诚明静定道之宗，
动静相因罔不同.
日用平常存一正，
自然天理感而通.（QAYCZ，6. 21b）

① There are other significant uses of li 理 (pattern) elsewhere in the Zhuangzi that underscore its significance to the vision of sagehood in that text. See for example ICS Zhuangzi, 17/44/32, and ICS Zhuangzi, 17/45/13.

Li distinguishes two types of mind, one that is illuminating (zhao 照) and one that is deluded (wang 妄). The former gains its illuminative capacity through integrating motion and stillness in such a way that even when in motion the mind is still. A diagram provides a schematic overview of this relationship, though here, the translation is offered in conventional verse form.

Diagram of Illumination
and Delusion
The illuminating mind is
constantly still.
If it moves then it responds
to the myriad
transformations.
Although it moves its
fundamental substance is
constant stillness.
The deluded mind is
constantly moving. Even if
it still there arise myriad
thoughts.

Although still, its
fundamental substance is
constant movement.
(Zhonghe ji, 1. 8b)

This verse, in diagrammatic form, assumes a binary of motion and stillness, yet also assumes the possibility of higher-order stillness ever-present in daily activities. This approach of resolving the binary of motion and stillness is very close to the unity Zhu Xi sought between the two as described in the previous section. The challenge, as he saw it, was to find a connection between complete stillness and the movement required in the course of our daily lives.

Zhu Xi's answer, as already noted above, was reverent attentiveness (jing 敬), a disposition of stillness that made possible spontaneous, effective and, of course, appropriate action.

The notion of ceding agency to Tian or Dao is given clear expression through the metaphor of marionette and puppeteer in theZhonghe ji 中和集 (Anthology on Equilibrium and Harmony; HY 249, CT 249). The metaphor is used to answer a question posed by a disciple to Li Daochun, concerning the Mysterious Pass (xuanguan 玄关):

All elixir scriptures say: "Concerning the wonders (of the work of cultivation), the essentials lie in the Mysterious Pass." I do not know this Mysterious Pass; exactly where is it located? 诸丹经云:用工之妙要在玄关,不知玄关正在何处. (Zhonghe ji, 3. 3a)

Li responds by discounting the possibility that the Mysterious Pass could be located on the body or indeed, anywhere. He then proceeds to explain in metaphorical terms:

I will now set forth a metaphor to make it easy for you to understand. Now it is like a marionette; the movements of hands and feet in a hundred kinds of dances are located at the top of the string connected to the twisting, which in reality issues from the master (puppeteer) who causes it. 余今设一譬喻,令汝易于晓会. 且如傀儡,手足举动,百般舞蹈,在乎线上关捩,实由主人使之. (Zhonghe ji, 3. 3a)

The way of cultivation outlined in theZhonghe ji and the Qing'an yingchan zi yulu 清庵莹蟾子语录(Dialogic Treatise of Master Qingan Yingchan) locates the Mysterious Pass (the strings) in an intermediary position on a metaphorical axis, with the Supreme Ultimate (the puppeteer) occupying the top position and human activity (the marionette) occupying the bottom position. Recognition and preservation of the Mysterious Pass, which can be equated with cleaving to equilibrium (zhizhong 执中), makes possible a unity of the Supreme Ultimate (equated in this context with inner nature) with the individual as the point of origin for activity in the world.

The Process of Learning

What was the basic orientation toward gaining understanding necessary for realizing reunification, the ultimate end for the Ru and for those who pursued the path ofjindan? We might fall back on general characterizations such as the intellectual, active Ru and the mystical, reclusive inner alchemist; one placing high value on literacy and refined expression while the other retreats from language and values simplicity. Concerning meditation we might view the Ru reliance on this practice as aimed at practical ends while that of the alchemist is to treat the same practice as an end in itself (Ching 2000, 120). Once again, if we take time to look at each more closely we find the differences are less pronounced than might be assumed.

Book-learning

Jindan texts have a somewhat ambiguous relationship to language. Words evoke symbolic relationships intended to provide a general frame of reference for somatic and mental experiences that are inherently illusive. The ultimate end into which one creatively transforms (zaohua 造化) is indescribable. Thus:

The real matter is not found on paper. This is analogous to a boat crossing over a river. Having ferried the people across, once they step onto the other shore, the boat is useless. A former worthy (Zhuangzi) said: "Once you have got the rabbit forget the snare. Once you have the fish, forget the trap" [ch. 26]. This is what I am saying. Moreover, concerning this, my present anthology, you must not cling to what is on the paper.

其事却不在纸上.譬如过河之舟,济渡斯民,既登彼岸则舟船无用矣.前贤云:得兔忘蹄,得鱼忘筌.此之谓也.且余今之此集,却不可执在纸上.(QAYCZ, 6.8b—9a)

Again, in the Wuzhen pian, a passage from a verse praising the Zhouyi cantong qi 周易参同契 (The Seal of the Unity of the Three According to the Book of Changes; HY 996, CT 999)① states:

For those who understand it is simple and easy, [but] for those who are deluded as doubts increase, complexities increase. Therefore the scholar who cultivates the real, and reads the Seal of the Unity of the Three, does not dwell on muddy signs nor cling to the written-word. 达者惟简惟易,迷者愈惑愈繁.故之修真之士,读参同契者,不在乎泥像执文.(Wuzhen pian, 29. 19a)

If we look directly to the Zhouyi cantong qi 周易参同契, quoted frequently by generations of jindan adepts, we find the following observations in a set of verses under the title "Erroneous alchemical methods:"

In this world there are many learned men, Eminent, wondrous, and of excellent talent. Unless they suddenly have the unexpected encounter, They squander their fire and in vain waste their wealth.

Relying on opinion and written words,

They foolishly act as they like;

Their principles have no foundation,

And their attitude lacks firmness. (Pregadio 2011, 86; 274) ②世间多学士,高妙负良材.邂逅不遭遇,耗火亡资财.据按依文说,妄以意为之.端绪无因缘,度量失操持.

Obviously, the point in each of these cases is not to eschew the written word. After all, highly literate individuals wrote these texts. However, they

① Numerous versions of the Cantong qi with various commentaries are found in the Daozang 道藏. Ten are listed in sequence: HY 996—1005, CT 999—1008.

② For the sake of correlating the translation with the Chinese text I have included the text as it is found in the appendix of Pregadio's translation. Note that Pregadio added verse titles for ease of reference (67).

understood the function of written and spoken words in terms of provisional means to deeper understanding based on direct experience. Suspicion of language was reserved for what they perceived as an unproductive and even dangerous tendency to substitute formalism and imitation for true understanding.

Wang Zhe 王嚞 (1113—70) provided advice on how to read books in the second of his fifteen verses in Chongyang lijiao shiwu lun (CYSWL) 重阳立教十五论 (Chongyang's Fifteen Verses Setting Forth his Teaching; HY 1223, CT 1233). There he cautions:

Concerning the way (dao) to study books, one must not look to formal literary style, which will confuse the eyes.

学书之道,不可寻文而乱目. (CYSWL, 1b)

Instead one should pluck out the inner pattern (cai li 采理) of the text in order to fully merge the meaning with one's mind. Further, to engage only in superficial formal reading:

Merely to remember much and be widely read so as to chatter and talk in front of people, boasting and astounding them with your talent and intelligence, this is of no use for cultivation and will cause injury to your spirit and qi. 只欲记多念广,人前谈说,夸讶才俊,无益于修行,有伤于神气. (CYSWL, 2a; also in Yao 1980, 73—85; 1984—85, 41—54)

This same cautious attitude to texts is reflected among Ru of the Song and Yuan dynasties whose reaction to formalism was quite similar. Bol (1992) describes a sweeping transition away from the approach of literati during the Tang (618—907). During Tang times there was a shift in how wen 文 was to be understood. It meant a corpus of classical texts associated in various ways with the hand of Confucius. These texts held within them a normative cultural pattern (including writing, governance, and behavior) and they were understood in terms continuous with Sky and Earth (Tian Di 天地) or the natural order. The job of the educated elite was to preserve and perpetuate this cultural pattern. Through the Northern Song those who promoted daoxue challenged this. They sought to internalize the way of the Sage in the form of cosmic order linked to inner nature. They rejected the idea of a normative and cumulative cultural tradition opting for a moral pattern innate in the world and in individuals (Bol 1992,3).

We see this general disposition in some of Zhu Xi's observations and in his recorded sayings of otherdaoxue teachers. In the above passage Wang Zhe cautions that superficial reading damages the spirit and qi. Here Zhu Xi records Cheng Yi's caution that such an approach damages the Dao. Of the sages he says:

Their words embrace all the principles of the world; they are very simple. People of today, however, give their first attention to literary composition when they pick up a book. In their lifetime they are more active than sages. But what they do contributes nothing to the world… Not only is it useless; as it misses the essential, it departs from truth and becomes incorrect, and thus will surely damage the Way. (Chan 1967,42)然其包涵尽天下之理,亦甚约也.后之人始执卷则以文章为先,平生所为动多于圣人.然有之无所补,无之靡所阙,乃无用之赘言也.不止赘而已,既不得其要,则离真失正,反害于道必矣.(JSL,59)

Again, disapproval is expressed toward those who look to books for purposes associated with literary formalism:

The Dao of the sages enters through the ear, and is preserved in the heart. Stored up there it becomes excellence in one's actions. Acted upon it becomes our various undertakings. As for those who take up literary compositions and nothing more, they are vulgar people. (Chan 1967)圣人之道,入乎耳,存乎心.蕴之为德行,行之为事业.彼以文辞而已者陋矣.(JSL,51)

Thus, the whole point of reading and study in general is to make possible the embodying of Dao in one's conduct. To do this one must see and go beyond the words and allow the text to resonate with one's heart/mind.

Again, it seems the general attitude of Zhu Xi and his precursors to books and to study is not so dissimilar in spirit to that of Zhang Boduan 张伯端 (d. 1082), Wang Zhe or Li Daochun. Obviously their specific aims and perspectives differ but they do not approach study in ways that might be distinguished as more or less rational or as inherently religious as opposed to philosophical.

**Meditation and Ultimate Aims**

Zhu Xi's interest in meditation is, according to Ching, linked to his need to cultivate an abiding attitude of reverence throughout daily affairs (Ching 2000, 120). This is a "practical teaching," not to be mistaken as a means to a more mystical end: "Chu continues to teach the usefulness of quiet-sitting, or meditation, but only for contemplating the mind-and-heart rather than for achieving any mystical breakthrough" (Ching 2000, 120). This characterization is intended to reflect Zhu Xi's determination to distinguish his mode of self-cultivation from that of Buddhists, whom he viewed as dishonoring the Han tradition of family loyalties and disregarding wider social obligations. To a lesser extent this was also an attempt to differentiate his practice from that of Daoists who, like the Buddhists, view meditation as an "exercise by which the mind concentrates upon itself to the exclusion of all distracting thoughts and for the sake of achieving unity with one's innermost self" (Ching 2000, 120).

I wholeheartedly agree with and laud Ching's careful attempt to see more than the so-called practical dimensions of Zhu Xi's teachings. That said, in what follows I will provide reasons to allow that his motivations for meditative practice may be much more consonant with those of jindan practitioners. First we can consider the "practical," this-worldly dimension of jindan meditation and the nature of the ultimate end to such practice. Secondly, we can consider the "mystical" orientation of Zhu Xi's recommended course of cultivation. By way of such an approach we might arrive at a middle-ground shared by both, while once again avoiding talk of religion and philosophy.

It is not possible to argue that all who practiced jindan shared the same outlook. It may indeed be that some embraced the hope of spirit-flight beyond the travails of human life and that others elected to hide in mountain retreats. Such individuals would provide a compelling contrast to Zhu Xi, though he seems to have lived much of his life as a quiet scholar outside the bustle of court life and official intrigue. We do though have important examples supporting the claim that jindan could well be practiced without an escapist emphasis or one focused on living forever.

Zhu Xi understood meditation as supporting reverence (jing 敬) throughout one's daily affairs. It was not to be used of a means of escape but as a preparation for life. The same could be said of meditation among jindan adepts. Wang Zhe makes a helpful observation in a verse titled "Lun dazuo 论打坐" (A Discourse on Meditating):

Generally, the practice of meditation ought not to be described simply as the body being correctly positioned and the eyes closed. This is false meditation. Concerning true meditation, throughout the twelve double-hours of the day, whether standing, walking, sitting or reclining, in all cases amid movement and stillness, one's mind should be like Mt. Tai.

凡打坐者，非言形体端然，瞑目合眼，此是假坐也.真坐者，须按十二时辰，住行坐卧，一切动静中间，心如泰山.(CYSWL,3b)

Once again, resonating with Zhu Xi's interpenetrating motion and stillness and the still-point of reverence (jing 敬) ever-present, we see here the binary of motion and stillness in daily life, but in a context that allows for the stillness of Mt. Tai in their midst. The intention here is to transform daily activity in such a way that stillness abides in all affairs.

Meditation need not be taken as an end in itself, or as a denial of daily life. Even in the Wuzhen pian, a basic reference for jindan practitioners, we find a repudiation of those who go looking for herbs or giving up grains in their diet. All they do is leave themselves with empty stomachs (Wuzhen pian, 26. 31b). Concerning retreat from family and the idea that some have of divorcing their wives, it is said to simply lead to dishonor and the separation of yin and yang (Wuzhen pian, 26. 30b).

Related to this, we can consider Wang Zhe's definition of leaving the household (chujia 出家), a Buddhist term synonymous with a monastic life. Certainly Wang and his senior followers embraced a monastic life as did following generations, but they also popularized the Quanzhen Dao 全真道 (Way of Complete Perfection) beyond the confines of monastic institutions. Thus, chujia is defined, not with specific reference to the family, but in relation to cultivation of the heart or mind. In the Chongyang zhenren Danyang ershisi jue (CYESSJ) 重阳真人授丹阳二十四诀 (Twenty-four Explanations Offered by True Man Chongyang to Danyang; HY 1149, CT 1158) Wang's disciple, Ma Danyang 马丹阳, inquires:

Danyang again asked: "What is it we refer to as 'leaving the household?' The Master answered saying: "Concerning 'leaving the household,' it means the myriad conditions do not cause anxiety to one's numinous intelligence; this is leaving the household." 丹阳又问:何者名为出家? 祖师答曰:出家者万缘不挂自己灵明,乃是出家. (CYESSJ, 2a)

Ma poses the same question later in the same text, and his teacher answers by quoting theTaishang laojun shuo qingjing jing 太上老君说清静经 (Scripture on Clarity and Stillness Spoken by the Most High Lord Lao; HY 754, CT 755; also HY 755—58, CT 756—59):

Lord Lao says: If people are able to be constant in their clarity and stillness, sky and earth will in all cases be restored. Having meritorious conduct and cultivating the excellence of the genuine is leaving the household. 老君曰:

人能常清静，天地悉皆归. 有功、行、修真之德者，为出家.（CYESSJ，3b）

What we see in these approaches to definition is a space that is opened to a more universal language of cultivation not so far removed from that ofdaoxue teachers. This tendency to move beyond talk of mysterious points on or within the body and various herbs, minerals and compounds is a defining trait of jindan as a process of cultivation.

Li Daochun takes pains to elaborate on the divisions between higher and lower grades of cultivation (see also Pregadio 2012). He relegates people preoccupied with material remedies, exercises and numerous other practices to the lower levels, while describing the higher levels in terms more abstract and closer to the language of daoxue texts. In all he lists nine inferior grades divided into three groups; then he describes the higher grades of cultivation, before finally providing his account of the most high vehicle (zuishang yisheng 最上一乘) (Zhonghe ji, 2. 12b—17a). Within this category he redefines jindan terminology in relation to their ultimate referents. Thus, for example, the foundation of the cinnabar is "clarity and stillness" (qingjing wei danji 清静为丹基), while the "mother of the cinnabar" is non-purposive action (wuwei wei danmu 无为为丹母) (Zhonghe ji, 2. 16b). The same approach is taken to "lead and mercury," "fire and water" and the "merging of metal and wood."

Concerning the centrality of long life or immortality, a few words are warranted. While it is reasonable to consider the pursuit of good health as a basic stage of self-cultivation among jindan practitioners (as I would argue it was with daoxue followers), it would be a mistake to see it as the primary and certainly sole motivation for the practice. Again Ma Danyang asks his teacher what "extending life and no death" (changsheng busi 长生不死) means. Wang Zhe explains that it refers to the true inner nature being free from turmoil and the anxieties of the myriad conditions (CYESSJ, 2a-b). In the same vein, Wang Zhe explains the ultimate aim of his teaching:

As for leaving the ordinary world, it is not a bodily departure; it refers to the ground of mind. The body is like a lotus root while the mind is like the lotus flower. The root is in the mud while the flower is in emptiness. A person who attains Dao, their body is in the ordinary world yet their mind dwells in the realm of the sages. Concerning people today who desire eternal life and no death and departure from the ordinary world, they are great idiots who do not understand the pattern of the Dao. 离凡世者,非身离也,言心地也. 身如藕根,心似莲花,根在泥而花在虚空矣. 得道之人,身在凡而心在圣境矣. 今之人,欲永不死而离凡世者,大愚不达道理也. (CYSWL, 5b-6a)

One would be hard-pressed to find a more blunt and unequivocal declaration concerning the immanent nature of the transcendence Wang has in mind. What he seeks in his path of cultivation is the same as Zhu Xi, Cheng Yi or Cheng Hao, insofar as he aims for personal transformation while living in the ordinary world, and that transformation entails a reunion with Dao through cultivation of his inner nature.

Zhu Xi hopes to realize a reconnection at an existential level with Tian or Dao through achieving an abiding stillness, from which he can be both active and still at different moments of his daily life. I would agree with Ching that this is a fundamentally religious orientation, but I also believe that this is how his entire system of cultivation should be understood. Further, there is ample evidence his way of framing cultivation is not essentially divergent from that of jindan practitioners. At the level of metaphors, motion, stillness, and reunion/reconnection shape the contours of his path in very much the same general way.

**Conclusion**

I have tried to make a case for characterizing the relationship ofdaoxue and jindan in ways that see them sharing a broad cultural domain of discourse and, to a lesser extent, praxis. This shared domain belies relevance of the categories "religion" and "philosophy." Their basic presuppositions and metaphors are shared. The language they use points to agreement on the general nature of their shared problematic. Human beings, in order to improve themselves, must find a way to reconnect with the larger world process within which they are subsumed. That process (Tian 天/Dao 道) is a pattern (li 理), underlying and defining the particularities experienced in and constituting daily life through the cycle of seasons reflected in trees, grass and flowers, celestial events and the birth, growth and aging of human beings.

Both conceive of the need to be open to the guidance of the larger process. This is achieved by muting, or at least lessening, the background interference associated with the distractions of emotional turmoil, intellectual confusions and preoccupations, and an overriding concern for securing personal advantage.

Through the process of human development each expresses some caution concerning the lure of formalism associated with study. Both sets of examples also reveal a shared concern for not mistaking praxis with the ideal toward which personal cultivation is directed. Thus meditation is never an end in itself but a way to transcendence. Transcendence, in both cases, clearly remains immanent and is well represented by the stock metaphor of the lotus with its roots in the mud and its flower in the sunlight.

These few textual examples are intended only to problematize easy distinctions and to reflect on a need to consider a wider and shared cultural space, as a point of departure when reading daoxue or jindan texts. This is a space of shared language, metaphors and basic assumptions. One still meets those who prefer to study Daoist philosophy rather than Daoist religion. This article suggests that such a preference represents a fundamental misunderstanding, with considerable methodological implications, of the subject of study. It says more about our intellectual tastes than it does about the texts, rituals, and music of the people we elect to call Daoists or Confucians.

I have tried to make this case by drawing attention to some specific observations made by daoxue and jindan proponents. This was done in the hope that seeing them side by side may shed light on how they shared a basic perspective on becoming fully human that had little to do with European categories of "rational" versus "mystical" or "religion" versus "philosophy."

**Bibliography**

[1]Adler, Joseph A. 2010. "Confucianism as Religion / Religious Tradition / Neither: Still Hazy After all these Years." Minzu: Minzu University of China. Online publication: http://www2.kenyon.edu/Depts/Religion/Fac/Adler /Writings.

[2]Adler, Joseph A. 2008. "Zhu Xi's Spiritual Practice as the Basis of His Central Philosophical Concepts." Dao 7:57—79.

[3]Ames, Roger T., and Henry Rosemont Jr. 1998. The Analects of Confucius: A Philosophical Translation. New York: Ballantine.

[4]Berling, Judith. 1979. "Paths of Convergence: Interactions of Inner Alchemy Taoism and Neo-Confucianism." Journal of Chinese Philosophy 6:123—47.

[5]Bol, Peter K. 1994. "This Culture of Ours": Intellectual Transitions in T'ang and Sung China. Stanford: Stanford University Press.

[6]Campany, Robert Ford. 2003. "On the Very Idea of Religions (In the Modern West and in Early Medieval China)." History of Religions 42.4:287—319.

[7]Chan, Wing-tsit. 1967. Reflections on Things at Hand. New York: Columbia University Press.

[8]Ching, Julia. 2000. The Religious Thought of Chu Hsi. Oxford: Oxford University Press.

[9]Crowe, Paul. 2012. Response to Armour's Article: "Thoughts on the Idea of a World Humanities." Journal of Chinese Philosophy 39.4:571—79.

[10]Crowe, Paul. 2010. "Nature, Motion, and Stillness: Li Daochun's Vision of the Three Teachings." Journal of Daoist Studies 5:61—88.

[11]Csikszentmihalyi, Mark. 2004. Material Virtue: Ethics and the Body in Early China. Leiden: Brill.

[12]Hua, Jingzhang 华京张. 2005. Jinsi lu xinzhang 新译近思录 (Reflections on things at Hand: A New Translation). Hong Kong: Haixiao chuban shiye youxian gongsi 海啸出版事业有限公司.

[13]Hudson, Wm. Clarke. 2007. "Spreading the Dao, Managing Mastership, and Performing Salvation: The Life and Alchemical Teaching of Chen Zhixu." Ph. D. Diss., Indiana University.

[14]Kirkland,Russell. 1997. "The Historical Contours of Taoism in China: Thoughts on Issues of Classification and Terminology." Journal of Chinese Religions 25:57—82.

[15]Lau,D. C. ,Ho Che Wah,and Chen Fong Ching,eds. 1995a. A Concordance to the Mengzi (孟子逐字索引),ICS series. Hong Kong: Commercial Press.

[16]Lau,D. C. Ho Che Wah and Chen Fong Ching,eds. 1995b. A Concordance to the Lunyu (论语逐字索引),ICS series. Hong Kong: Commercial Press.

[17]Lau,D. C. 2004. Mencius. Edmonds,Suffolk: Penguin Classics.

[18]McCutcheon,Russell T. 1997. Manufacturing Religion: The Discourse on Sui Generis Religion and the Politics of Nostalgia. Oxford: Oxford University Press.

[19]Pregadio,Fabrizio. 2011. The Seal of the Unity of the Three: A Study and Translation of the Cantong qi,the Source of the Taoist Way of the Golden Elixir. Mountain View, California: Golden Elixir Press.

[20]Pregadio,Fabrizio 2012. "Grading the Way: Daoist Internal Alchemy and Its Relation to Self-Cultivation Practices." Paper read at the Workshop "Drawing the Boundary: Interreligious Demarcation and Resistance in East Asia," Bochum,July 12—13.

[21]Reiter,Florian C. 1984—85. "Ch'ung-yang Sets Forth His Teachings in Fifteen Discourses: A Concise Introduction to the Taoist Way of Life of Wang Che." Monumenta Serica 36:33—54.

[22]Schipper,Kristofer M. ,and Franciscus Verellen,eds. 2004. The Taoist Canon: A Historical Companion to the Daozang. Chicago: University of Chicago Press.

[23]Sivin,Nathan. 1978. "On the Word 'Taoist' as a Source of Perplexity. With Special Reference to the Relations of Science and Religion in Traditional China." History of Religions 17. 3—4:303—30.

[24]Smith,Huston. 1958. The Religions of Man. New York: Harper.

[25]Smith,Kidder. 2003. "Sima Tan and the Invention of Daoism,'Legalism,' 'et cetera.'" The Journal of Asian Studies 62. 1:129—56.

[26]Watson,Burton. 1996. Chuang Tzu: Basic Writings. New York: Columbia University Press.

[27]Yao,Tao-chung. 1980. "Ch'üan-chen: A New Taoist Sect in North China During the Twelfth and Thirteenth Centuries." Ph. D. Diss. ,The University of Arizona.

注:本文原载于 Journal of Daoist Studies(道教研究),2014 年第 7 期。

# 《周易外传》撷要

王俊龙
（《高等学校文科学术文摘》杂志社，上海，200234）

**[内容摘要]**《周易外传》是一部重要的易学论著，其中几乎涉及易学中所有重要的观点和思想。本文从《易》有太极、太极与阴阳、《易》与卦象、太极是"一"、太极是○、《易》与有无、天下惟器、何者最大、太极为无、太极为 0 等方面撷取其中的主要思想加以评述。

**[关 键 词]**《周易外传》；太极；阴阳；器

《周易外传》是重要的易学论著，其中反映了王夫之的主要易学思想及其哲学观点。本文拟撷取其主要观点试作述评，对王氏的易学思想作一个简明的揭示。

## 一、《易》有太极

《系辞》曰："是故《易》有太极，是生两仪。两仪生四象。四象生八卦。"

"《易》有太极"，固有之也，同有之也。太极生两仪，两仪生四象，四象生八卦，固有之则生，同有之则俱生矣。故曰"是生"。"是生"者，立于此而生，非待推于彼而生之，则明魄同轮而源流一水也。

是故乾纯阳而非无阴，乾有太极也；坤纯阴而非无阳，坤有太极也。剥不阳孤，夬不阴虚，姤不阴弱，复不阳寡，无所变而无太极也。卦成于八，往来于六十四，动于三百八十四，之于四千九十六，而皆有太极。策备于五十，用于四十九，揲于七八九六，变于十有八，各尽于百九十六，而皆有太极。故曰"《易》有太极"，不谓"太极有《易》"也。惟《易》有太极，故太极有《易》。

所自生者肇生，所已生者成所生。无子之叟，不名为父也。性情以动静异几，始终以循环异时，体用以德业异迹，浑沦皆备，不漏不劳，固合两仪、四象、八卦而为太极。其非别有一太极，以为仪、象、卦、爻之父，明矣。①

① 王夫之：《周易外传》，北京：中华书局，1977 年，第 199 页。

其中,“固合两仪、四象、八卦而为太极”表示两仪之合、四象之合和八卦之合而各成一太极。

> 是故《易》有太极,无极而太极。无所不极,无可循之以为极,故曰无极。往来于十二位之中也。消长者,消长于六阴、六阳之内也。于乾坤皆备也,于六子皆备也。于泰、否、临、观、剥、复、遁、大壮、夬、姤皆备也,于八错之卦皆备也,于二十八综之卦皆备也。错之综之,两卦而一成,浑沦摩荡于太极之全;合而见其纯焉,分而见其杂焉,纯有杂而杂不失纯,孰有知其始终者乎? 故曰:太极无端,阴阳无始。①

其中,“太极之全”表示太极有大全的性质;“太极无端”表示太极有原始的性质。

《系辞》曰:“大衍之数五十,其用四十有九。分而为二以象两,挂一以象三,揲之以四以象四时,归奇于扐以象闰;五岁再闰,故再扐而后挂。天数五,地数五。五位相得而各有合,天数二十有五,地数三十,凡天地之数五十有五,此所以成变化而行鬼神也。”

> 合一而为一者,太极混沦周遍之体,而非动而倚数,于五十之中立一以为一矣。立一以为一,而谓之太极,韩康伯之臆说也。立一于数外,与四十九参立,乃自外来而为之君,此老氏之所谓一也。《易》固不曰“挂一以象太极”,太极不可与阴阳析处而并列也。由是而变矣,则数以测象矣。②

其中,“立一于数外,与四十九参立,乃自外来而为之君,此老氏之所谓一也。”表明王夫子反对老子“无中生有”之立论。王夫子将老子的“无”理解为外在于万物的存在。

> 乾凿度曰:“有太易,有太初,有太始,有太素”,危构四级于无形之先。哀哉! 其日习太极而不察也!
>
> 故不知其固有,则绌有以崇无;不知其同有,则将无以治有。无不可崇,

---

① 王夫之:《周易外传》,北京:中华书局,1977年,第284页。

② 同上,第194页。

有不待治。故曰“太极有于《易》以为《易》”，不相为离之谓也。①

其中，“无不可崇，有不待治”表明王夫子反对绌有而崇“无”、以“无”治有的观点。

## 二、太极与阴阳

《系辞》曰：“一阴一阳之谓道。”

易曰：“一阴一阳之谓道。”或曰，抟聚而合之一也；或曰，分析而各一之也。呜乎！此微言所以绝也。②

夫阳一阴二，一翕二辟。翕者极于变而所致恒一；辟则自二以往，支分派别，累万而终不可得合。③

其中，“一翕二辟”包含一分为二和合二为一的对立统一思想。

故太极之于河图，未有象也，于易未有数也，于筮未有策也，于卦未有占也。象皆其象，数皆其数，策皆其策，占皆其占。有于易以有易，莫得而先后之。④

以为抟聚而合之一者，谓阴阳皆偶合者也，同即异，总即别，成即毁，而道函其外。则以阴以阳而皆非道，而道统为摄，于是而释氏之说起矣。阴还于阴，阳还于阳，则阴阳退处，而道为大圆矣。⑤

其中，“道为大圆矣”包含太极(道)为○的内涵。

阴阳之外无物，则阴阳之外无道。⑥

① 王夫之：《周易外传》，北京：中华书局，1977年，第200页。
② 同上，第177页。
③ 同上，第54页。
④ 同上，第199页。
⑤ 同上，第177页。
⑥ 同上，第286页。

说明阴阳是太极(道)为〇的全部内涵。

> 阴阳之生,一太极之动静也。①
>
> 太极之动,奇⚊偶⚋而已。②

其中,奇⚊为阳,偶⚋为阴。⚊为阳爻,⚊为阴爻。

## 三、《易》与卦象

> 乾坤首建,位极于定,道极于纯,十二位阴阳具足,为六子五十六卦阖辟显徽之宗。乾见则坤隐,坤见则乾隐。隐者非无也,时之所乘,数之所用,其道在彼不在此也。以其隐而未著,疑乎其无,故方建乾而即建坤,以见阴阳之均备。故《周易》首乾坤,而非首乾也。③

其中,"建乾而即建坤,以见阴阳之均备"反映王夫子的乾坤并建思想。

> 雷霆、风雨相偕以并作,则震巽合矣。日月、寒暑相资而流行,则坎离合矣。男女相偶以正位而衍其生,则艮兑合矣。④
>
> 泰、否者,乾坤之大机;随、蛊、渐、归妹者,雷风山泽之殊用;既济、未济者,坎离之极致。随、蛊从乎乾坤,雷风山泽之承天地也;渐、归妹之际乎震艮、巽兑,从其类也。⑤

其中,视震巽、坎离、艮兑为三对和合关系。

从卦画结构看,乾☰和坤☷、坎☵和离☲、震☳和巽☴、艮☶和兑☱,这四对卦皆同位爻符呈阴阳相错关系。

但是,八卦是八个逻辑范式(公式)。八卦中包含四对互补关系:乾☰和坤☷、坎☵和离☲、震☳和艮☶、巽☴和兑☱,其中乾☰和坤☷、坎☵和离☲是相错关系,而震☳和艮☶、巽☴和兑☱是倒覆关系。因此,从卦义上看,乾(天)坤(地)相

① 王夫之:《周易外传》,北京:中华书局,1977年,第178页。

② 同上,第196页。

③ 同上,第270页。

④ 同上,第161页。

⑤ 同上,第277页。

合与坎(水)离(火)相合是说对的,但是,接下来说震(动)艮(止)相合、巽(入)兑(脱)相合才是对的。①

> 坎离,小过中孚,合其错而阴阳各六,视乾坤矣。六十四卦向背颠倒而象皆合错,象三十六,其不可综者八,凡综之象二十八,其可综者固可错也。合四卦而一纯,则六阴六阳之全再备矣。错者捷错,综者捷综,两卦合用,四卦合体,体有各见而用必同轴。②

其中,“象三十六,其不可综者八,凡综之象二十八”是说六十四卦中有八个正看反看其卦象是一样的,这八个卦叫八个自综卦:乾、坤;坎、离;颐、大过;中孚、小过。余下的五十六卦正看反看其卦象是不同的。若正看是不同的二十八个卦,则反过来看也是不同的二十八个卦。正看反看不同两卦组成一对综卦。如同人卦和大有卦相综,前者是乾上离下,后者离上乾下。

此即邵雍所谓“重卦之象不易者八,反易者二十八,以三十六变而成六十四卦。”③

> 故二卦相综,名义有相反者,如剥复、家人睽之类;有相合者,如屯蒙、咸恒之类;抑有以错而相反者,如需晋、剥夬之类;有因错而相合者,如蒙(萃)[革]、师同人之类;抑有于错于综,名义绝不相涉者,如小畜与履、谦于豫之类。盖卦次但因阴阳往来消长之象,天之所以成化也。名义后起于有象之余,人之所以承天,初非一致也。④

其中,指出二卦相综并非一定意义相反,而是名义有相反者亦有相合者。还有以相错相反者或相合者。甚至相错相综在名义上都不相涉者。

> 中孚象离,小过象坎。⑤

---

① 王俊龙:《论八卦是八个逻辑范式》,《周易研究》2012 年第 3 期。
② 王夫之:《周易外传》,北京:中华书局,1977 年,第 268 页。
③ 邵雍:《皇极经世书》,黄畿注,郑州:中州古籍出版社,1993 年,第 327 页。
④ 王夫之:《周易外传》,北京:中华书局,1977 年,第 278 页。
⑤ 同上,第 145 页。

> 中孚、小过外象乾坤，中含坎离之理，其致用者一坎离之交也。①

其中，“中孚象乾，小过象坤”本于邵雍“中孚肖乾，小过肖坤”。②

> 抑邵子之图《易》，谓自伏羲来者，亦有异焉。太极立而渐分，因渐变而成乾坤，则疑夫乾坤之先有太极矣。如实言之，则太极者乾坤之合撰，健则极健，顺则极顺，无不极而无专极者也。无极，则太极未有位矣。未有位，而孰者为乾坤之所资以生乎？③

其中，“无极，则太极未有位矣。未有位，而孰者为乾坤之所资以生乎？”对邵雍的先天图制作依据提出疑问。

## 四、太极是“一”

> 今夫物之未生，方之未立，一而已矣。④

其中，“一”是万物未生未立之先在者。

> 一者，保合和同而秩然相节者也。……是故始于一，中于万，终于一。始于一，故曰“一本而万殊”；终于一而以始，故曰“同归而殊途”。
>
> 夫惟其一也，故殊形绝质而不可离也，强刑弱害而不可舍也。……舍之离之，因万化之繁然者，见其殊绝之刑德，而分以为二。既已分之，则披纷解散，而又忧其不合，乃抑矫揉销归以强之同，则将始于二，成于一。故曰，异端二本而无分。
>
> 老氏析负抱阴阳[负阴抱阳]之旨，而欲复归于一；释氏建八还之义，而欲通之以圆。盖率以道之中于万者以为大始，而昧其本。
>
> 夫同者所以统异也，异者所以贞同也，是以君子善其交而不畏其争。今夫天地，则阴阳判矣；雷风、山泽、水火，则刚柔分矣；是皆其异焉者也。而君

---

① 王夫之：《周易外传》，北京：中华书局，1977 年，第 277 页。

② 邵雍：《皇极经世书》，黄畿注，郑州：中州古籍出版社，1993 年，第 326 页。

③ 王夫之：《周易外传》，北京：中华书局，1977 年，第 164 页。

④ 同上，第 155 页。

子必乐其同,此岂有所强哉?①

其中,"一"是始终如一的,是保合和同的和合者。"一"为万殊之本始又为万物殊途之归宿。

## 五、太极是〇(大圆)

生数止于五,成数尽于十者,从太极测之而固有之也,太极〇之实有也。②

"太极〇之实有"说明太极非空,不是空无所有。

太极之在两间,无初无终而不可间也,无彼无此而不可破也,自大至细而象皆其象,自一至万而数皆其数。故空不流而实不窒,灵不私而顽不遗,亦静不先而动不后矣。夫惟从无至有者,先静后动而静非其静;从有益有,则无有先后而动要以先。……要此太极者混沦皆备,不可析也,不可聚也。以其成天下之聚,不可析也;以其入天下之析,不可聚也。③

其测以数者奈何?太极之一〇也,所以冒天下之数也,而恶乎测之?测之者因其所生。④

王夫之所谓〇与数学上的0相通。"太极混沦皆备"即太极是绝对全集。因此,对于绝对的太极之〇,任何具体的数都不能测度之。而一切可测者因为太极而生。

夫太极〇之生元气,(阴阳者,元气之阖辟也。)直而展之,极乎数之盛而为九,(九者数之极,十则仍归乎一矣。)⑤

"太极〇之生元气"说明太极〇之是生成万物的根本,阴阳是元气的分合所

① 王夫之:《周易外传》,北京:中华书局,1977年,第154页。
② 同上,第192页。
③ 同上,第191页。
④ 同上,第191页。
⑤ 同上,第158页。

形成。

## 六、《易》与有无

形而上者，非无形之谓。①

无形无涯，有形有涯。无涯生有涯，有涯息无涯。无形入有形，有形止无形。②

“有涯息无涯”是有涯息于无涯，“有形止无形”是有形止于无形。

天、地、人，三始者也。无有天而无地，无有天地而无人，无有道而无天地。故道以阴阳为体，阴阳以道为体，交与为体，终无虚县(悬)孤致之道。③

说圣人者曰：“与太虚同体。”夫所谓“太虚”者，有象乎？无象乎？其无象也，耳目心思之所穷，是非得失之所废，明暗枉直之所不施，亲疏厚薄之所不设，将毋其为圣人者，无形无色，无仁无义，无礼无学，流散澌灭，而别有以为“涤除玄览”乎？若夫其有象者，气成而天，形成而地，火有其热，水有其濡，草木有其根茎，人物有其父子，所统者为之君，所合者为之类，有是故有非，有欲斯有理，仁有其泽，义有其制，礼有其经，学有其效，则固不可以“太虚”名之者也。④

认为“无”是虚悬者。否定形而上者是“无”，或否定“无”是形而上者。论说实有之外无“太虚”之境。

夫有则者，因器而无定则；无心者，万物皆见其心；则是惝怳者不足以遇之，希夷者尤不足以君之也。岂彼一技一理，足以与其大哉？然而乐广之言，犹曰“《易》以无为体”，是益求虚而限于滞矣。⑤

有所谓为体者，即困《易》于体之中；有所谓无者，又立于《易》之外。无不给有，天下无需于《易》而《易》废；体非其用，圣人用《易》而与《易》相违乎！

---

① 王夫之：《周易外传》，北京：中华书局，1977年，第203页。

② 同上，第68页。

③ 同上，第77页。

④ 同上，第56—57页。

⑤ 同上，第176页。

……故托《玄》《老》以窃《易》，覆使《易》有体而滞焉。善言《易》者，合天地以皆备，穷幽明物理以见心，其得辄立一体以拟之哉？①

否定《易》以“无”为体，认为“无”是立于《易》之外的虚悬之设。

## 七、天下惟器

“谓之”者，从其谓而立之名也。“上下”者，初无定界，从乎所拟议而施之谓也。然则上下无殊畛，而道器无易体，明矣。天下惟器之道，器者不可谓之道之器也。

无其道则无其器，人类能言之。虽然，苟有其器矣，岂患无道哉？君子之所不知，而圣人知之；圣人之所不能，而匹夫匹妇能之。人或昧于其道者，其器不成，不成非无器也。

无其器则无其道，人鲜能言之，而固其诚然者也。……故无其器则无其道，诚然之言也，而人特未之察耳。

故古之圣人，能治器而不能治道。治器者则谓之道，道得则谓之德，器成则谓之行，器用之广则谓之变通，器效之著则谓之事业。

故《易》有象，象者像器者也；卦有爻，爻者效器者也；爻有辞，辞者辨器者也。故圣人者，善治器而已矣。自其治而言之，而上之名立焉。上之名立，而下之名亦立焉。上下皆名也，非有涯量之可别者也。

形而上者，非无形之谓。既有形矣！有形而后有形而上。无形之上，亘古今，通万变，穷天穷地，穷人穷物，皆所未有者也。②

提出“天下惟器”的唯物论。其中“有形在先，形而上在后”之论与“无在先，有在后”的无中生有之论相反。

故聪明者耳目也，睿知者心思也，仁者人也，义者事也，中和者礼乐也，大公至正者刑赏也，利用者水火金木也，厚生者谷蓏丝麻也，正德者君臣父子也。如其舍此而求诸未有器之先，亘古今，通万变，穷天穷地，穷人穷物，而不能为之名，而况得有其实乎？

① 王夫之：《周易外传》，北京：中华书局，1977年，第176—177页。

② 同上，第202—203页。

> 老氏瞀于此，而曰道在虚，虚亦器之虚也。释氏瞀于此，而曰道在寂，寂亦器之寂也。淫词炙輠，而不能离乎器，然且标离器之名以自神，将谁欺乎？①

其中处处以感观之实在为立论，反对老子和佛教中的虚无观。其实，观之全者则无，观之缺者则有。有形有象而可观者皆为不全之存在，无形无象而不可观的“无”则是整体之存在。

耳目之所及必不全也，全者则耳目必不可尽知。将客观实在寄托在感观能及之范围内，以为不可感知即不可能存在者。实际上是唯感观是真，而没有认识到感观的局限性。因此，否定“无”的存在以不可感知为前提是不充分的。

## 八、何者至大？

惠施曰：“至大无外，谓之大一。至小无内，谓之小一。”②

> “悉备”者，大全统乎一端，而一端领乎大全也。③
>
> “法象莫大乎乾坤。”法皆其法，象皆其象，故曰“大”也。资始资生而万物之数皆备，易知简能而天下之理皆得，是尽天下之象而无以当之。④
>
> 是故《易》者，谋天下之疑也。谋天下之疑，道恒不一。不一，故大。大，故百物备焉。⑤

王夫之认识到“大”者存在，却不认为“大”者为无。其实，“大”者必为“无”。首先，“大”者唯一，若不唯一，则必有二。有二则无所适从。其次，“大”者必非器，若“大”者为器，则必需更大之器存之。再者，“大”者无形，若有形则必有更大之形容之。

> 天地之间大矣，其始终亦不息矣。盈然皆备而咸保其太和，则所谓“同归”而“一致”者矣。既非本大而末小，亦非本小而末大。故此往彼来，互相

---

① 王夫之：《周易外传》，北京：中华书局，1977年，第204页。

② 陈鼓应：《庄子今注今译》（下），北京：中华书局，2009年第2版，第942页。

③ 王夫之：《周易外传》，北京：中华书局，1977年，第238页。

④ 同上，第210页。

⑤ 同上，第242页。

经纬而不碍。夫道，则必与天地相称也。彼之言曰“世界如腰鼓颡”矣，抑以道为两端小而中大，则是天地之两端有余，而道之中央无顿舍也，其亦不相揜(掩)以相称也。①

其中“世界如腰鼓颡”是王夫子认同的世界模型。在其心目中，盈万物者皆器，世界亦为一器而已。

中立于两，一无可执，于彼于此，道义之门。……一事之极致，一物之情状，固有两涂(途)以合中，迹有异而功无殊。两中者，尽事物而贞其至变者也。故合天地之撰而用其盈，则中之位不立；辨悉乾坤之德而各极其致，则中之位可并设而惟所择。故曰：三才之道，大全统乎一端，而一端领乎大全也。非达于天人之际者，无以喻其深矣。②

其中“两中”与“两一”并不完全相同。“两一”是矛盾双方及其统一。两中是两者之中。这里的“中”等同于统一吗？否。

“中”者不偏不倚，“中”既不是左也不是右。“中”就是中间？若“中”是介乎左右之间者，则“中”怎么能包含左右两方面？左右相敌相争，持“中”者何能调和左右双方？若左右皆听命于“中”，则左从于“中”，右亦从于“中”。若左右皆属于“中”，则此“中”非左右之间者，而必是左右之统合者。

王夫子所谓“两中”者实为“两一”之谓。“两中”既包含“两一”之义亦包含中庸之义。中庸者以统合两端为常也。

## 九、太极为“无”

尝论之曰：道者，物所众著而共由者也。物之所著，惟其有可见之实也；物之所由，惟其甚可循之恒也。既盈两间而无不可见，盈两间而无不可循，故盈两间皆道也。可见者其象也，可循者其形也。出乎象，入乎形；出乎形，入乎象。两间皆形象，则两间皆阴阳也。两间皆阴阳，两间皆道。夫惟留余地以授之虚而使游，谁复为大圆者以函之而转之乎？其际无间，不可以游。其外无涯，不可以函。

① 王夫之：《周易外传》，北京：中华书局，1977年，第224页。

② 同上，第240页。

> 虽然，此阴阳者，恶乎其著而由之，以皆备而各得邪？《易》固曰："一阴一阳之谓道。"一之一之云者，盖以言夫主持而分剂之也。①

"两间皆形象，则两间皆阴阳也。两间皆阴阳，两间皆道。"这是正确的。不过，"夫惟留余地以授之虚而使游，谁复为大圆者以函之而转之乎？其际无间，不可以游。其外无涯，不可以函。"这样说是站不住脚的。因为，阴阳合为太极，太极为大一。大一，至大无外；大一即"无"。故太极为"无"。

> 有实而无乎处者，宇也。有长而无本剽（標）者，宙也。有乎生，有乎死，有乎出，有乎入，入出而无见其形，是谓天门。天门者，无有也，万物出乎无有。有不能以有为有，必出乎无有，而无有一无有。圣人藏乎是。②

在《庄子》中即有"无中生有"的证明："有不能以有为有，必出乎无有，而无有一无有。"或许王夫子不能相信这样的语言思辨式的证明。

《老子》第 40 章曰："天下万物生于有，有生于无。"

王弼注曰："天下之物，皆以有为生。有之所始，以无为本。欲将全有，必反于无也。"③

王弼是在全有的意义上理解《老子》中的无的，而王夫子或许是在空的意义上理解"无"的吧。

> 以为本无，则乾坤加于数外矣。以为本有，则余卦宿于象中矣。以为一有而一无，一多而一寡，则无本藏，离合起灭于两间，亦妖眚之不数见，而痎疟之时去来矣。④

王夫之不能接受一个凌驾于万数万物之上的超然存在。

《系辞上》曰："是故易有太极是生两仪。"王弼注曰："夫有必始于无，故太极

① 王夫之：《周易外传》，北京：中华书局，1977 年，第 176 页。

② 陈鼓应：《庄子今注今译》下册，北京：中华书局，2009 年第 2 版，第 653—654 页。

③ 《老子道德经注》，王弼注，楼宇烈校注，北京：中华书局，2011 年，第 113 页。

④ 王夫之：《周易外传》，北京：中华书局，1977 年，第 230 页。

生两仪也。太极者，无之称，不可得而名，取有之所极，况之大极者也。”①

朱伯崑曰：“他（指王弼）以道为‘无’，就易学说，即以‘无’为太极。其注‘易有太极，是生两仪’说：‘夫有必始于无，故太极生两仪也。太极者，无之称，不可得而名，取有之所极，况之大极者也。’”“‘两仪’，就其哲学意义说，指天地或阴阳二气。认为两仪属于有形的世界，但来于无形即形而上的太极，所以道或太极，总是在有形之物的穷尽处，方显示出始生天地万物的功用，此即‘必有之用极，而无之功显’。”②

《系辞上》曰：“一阴一阳之谓道。”韩康伯曰：“道者何？无之称也。无不通也，无不由也。况之曰道，寂然无体，不可为象。必有之用极，而无之功显，故至乎神无方而易无体，而道可见矣，故穷变以尽神，因神以明道。阴阳虽殊，无一以待之。在阴为无阴，阴以之生；在阳为无阳，阳以之成，故曰一阴一阳也。”③

朱伯崑曰：“就其（指韩康伯）理论思维说，不外两点：其一，其所谓‘无’，并非数学上的零，乃虚无实体。所谓‘寂然无体’，是说，无固定的体制，超越万有之上，为万有之始，此是取王弼义。其二，此虚无实体，虽无形象，却是一切有形有象之物的根本。”④

## 十、太极为 0

0 是无在数学上的反映。太极代数证明：太极为 0。

$$\begin{cases} \S 1'' + \S -1'' = \S 0'' \\ \S 1'' \S -1'' = \S -0'' \end{cases}$$

其中，§1″表示阳，§−1″表示阴，§0″表示无，§−0″表示空。⑤

广义太极代数进一步证明：太极为 0。

$$\begin{cases} \S x'' + \S -x'' = \S 0'' \\ \S x'' \S -x'' = \S -0'' \end{cases}$$

---

① 王弼注，陆德明音义，孔颖达疏：《周易注疏》，郑万耕主编：《易学精华》上册，北京出版社，1996 年，第 204 页。

② 朱伯崑：《易学哲学史》，北京：华夏出版社，1995 年，第 314 页。

③ 李鼎祚：《周易集解》，文渊阁本《四库全书》影印本，上海：上海古籍出版社，1989 年，第 212 页。

④ 朱伯崑：《易学哲学史》，北京：华夏出版社，1995 年，第 315 页。

⑤ 王俊龙：《论太极代数及其辩证内涵》，《湖南师范大学社会科学学报》2009 年第 3 期。

其中，§ x″表示正实数，§ −x″表示负实数，§ 0″表示无，§ −0″表示空。①

“太极”就是“太一”，也就是指万数所生之源。这是由自然数列启发出的一个观念。

由一生二、二生四而四生八的过程，此可以看成是涉指混沌（老子称之为元德或道）分化为阴阳的过程。由于易生太极，所生阴阳又可再生阴阳以至无穷，这一宇宙发生论既是数的一种展开，又是象的一种展开；故是数象交融的。②

## 余论、为什么最大者是无？

为什么最大者是“无”？我用数学为例加以说明。当你认为 9 最大，就有人认为 10 更大。那怕你认为无穷大∞最大，那么，$\infty+1$ 更大。照这么比下去，永远得不到最大的数。因此，你必须放弃这么数下去找最大数的做法。

现在假设：数 $V$ 是最大数，没有比 $V$ 更大的数。即 $V+1=V$，这个公式表示数到极限 $V$。这样你就会发现，$V$ 本身是无量的（不是实在的量），而且任何数都将淹没于无量之中。比如，设 $n$ 是非空数，那么，$V+n=V$。

（注意：公式 $V+n=V$ 是逻辑公式，因为普通算式运算中，若 $n$ 非空，则算术变量 $V+n\neq V$。）

既有最大数 $V$，就有最小数 $-V$；同时，$V+(-V)=V$。如果 $n$ 是任一有量的数，那么，$-V+n=n$。现在你一定发现：$-V$ 是加法单位元。换言之，$-V$ 是空元（或空集）。

考虑普通算式 $n+(-n)=0$，若以 $V$ 替换 $n$，得到 $V+(-V)=0$。而前述 $V+(-V)=V$，因此，$V=0$。这样就得到 0 是最大数。从逻辑上讲，0 是全集。

0 是“无”在数学上的反映，倒过来推理，0 为最大数反映“无”是最大者。有最大者必有最小者。0 是“无”，“无”最大；−0 是“空”，“空”最小。

---

① 王俊龙：《广义太极代数：R 上的逻辑代数》，《湖南师范大学自然科学学报》2014 年第 5 期。

② 成中英：《易学本体论》，北京：北京大学出版社，2006 年，第 67 页。

# 作为"教材"的明清小说是对儒家经典的有力挑战吗？

司马涛

（上海理工大学，上海，200093）

**[内容摘要]**很多明清小说和小说前言一再强调小说阅读的教育意义。无疑，这种做法通常是为了规避作品审查。但另一方面，将小说提升为"社会教材"的做法也有可能是试图表达对儒家教育经典的一种质疑。本人的报告旨在以长篇小说《歧路灯》等作品为例阐明，这些作品赋予从生活实践中学习（所谓"活学"）何等重要性，以及它们对待传统经典的态度。

**[关 键 词]**明清小说；教材；儒家；挑战

数千年里，儒学对于中国社会和文化的影响无疑是巨大的。

主要由于儒学的影响，中国文学内部形成了这样一种价值观：总的来说，史书和诗词由于其正统地位和美学水平，地位高于被认为主要用于"低级娱乐"、接近口语的文学形式。最晚在汉朝以后用来称呼众多文学形式的"小说"这个术语就体现了这种价值观。

这种对被敬仰重视、广泛流传的文学与对小说类文学的区别对待有一个很现实的后果：除了某几个时间段（我在此不展开论述）以外，既没有人承认自己写小说，也没有人承认自己读小说。与正统文学作品不同，小说罕有正式付印传播的，也极少被选入必读文选，因此极易流失。可以这样说：儒学和小说多年来关系颇为紧张。

十六世纪明末以后小说的兴起一定有诸多原因，我在这里只讲一下当时中国社会的一些变化和对新的文学表达形式的需求。当时儒学所处的特殊形势应该也是一个重要原因。

小说从一开始就是一种边缘化的文体，不受正统文人的重视，基本上在民间以说唱形式缓慢传播。随着说话艺术的繁荣，文人对通俗小说的态度也发生了根本的变化。简单易懂的通俗小说就成为教化"愚夫愚妇"的有力工具。像冯梦龙等当时和小说发展有关的人甚至认为小说可以比《孝经》、《论语》更能感动人。

当然，小说的地位仍然长期没有根本性变化，因此难怪小说作者和编者千方百计地为小说争取更多的认可和接受，比如说引述小说的传统渊源，或者像《读法》的诸位作者那样强调小说的特殊艺术性，发现其独特的美学意义。

我认为，要更好地理解“小说”这个复杂的概念，关键在于更加仔细地研究小说在相关时代的地位。总的来说，小说在中国正统文人眼中长期居于从属地位，尤其是明朝初期对文字加强审查，更加使人担心遭到镇压。为了避免与国家机器和官场发生冲突，作者常常隐姓埋名，对作品进行自审。相应的证据在很早的时代就能找到，例如《剪灯新话》的编者瞿佑(1341—1427)在落款于1378年的序言中写道，该书内容淫秽，不宜外传，应妥善收藏。

瞿佑去世后没几年，该书果然遭禁，理由是瞿为“俗儒”，该书内容荒谬怪异，蛊惑人心。为审查机关这些措施撑腰的是1412年的一道上谕。上谕容许敬神赞圣劝善尤其是讴歌节妇孝子的歌曲戏剧，但是明确规定收藏或编撰诬蔑皇帝、祖宗和圣人的文学戏剧的人将被处死。

恰恰就在对小说历来持保留态度的中国，事实证明必须考虑某些为小说类文学提供重要土壤的、社会和哲学领域的发展情况。我们先来谈谈这些情况。

我无意面面俱到地评价十六世纪中国错综复杂的社会、艺术、文化和政治状况，但是我希望，在这个我们重视的问题领域中，至少提到几个重要的方面，并用“精神内转”或像蒲安迪(Andrew H. Plaks)所说的“意识流动”和“艺术偏移”等概念来对它们进行分析。这些概念的核心是与正统的信仰和艺术观点的冲突。

据此，考虑到社会发展，完全可以把小说的出现理解为一种对综合形式的需求，即对此前所有文化经历进行全面的重新评价，旨在适应新的发展趋势。也就是说，继宋朝新儒学兴起后，在崇尚整体世界观、反复强调个性之弊端的中国，小说出现的时机成熟了。

明末小说地位提高的原因之一肯定在于，世人想到了某些关于文学之作用的儒学传统观念，其中有一个核心观念是旌善惩恶。视文学为道德观表达手段的观点一般被认为出自周敦颐(1017—1073)的“文以载道”和朱熹(1130—1200)的“道者，文之根本”，连当时的许多色情作品都常常提到小说的示范和教育作用。

明朝的社会发展趋势对于小说艺术的兴起至关重要。当然，自“心学”创始人王阳明(1472—1529)开始对“个性”(用现代术语来说)的强调自始至终有一个短处：反抗传统儒学伦理和社会观念的出发点正是这些观念本身，这些观念虽然受到质疑但是无法完全摆脱。这一点在王阳明身上就能看出来：他接受了儒家伦理尤其是有关人际关系的部分。不过，除了背离传统不彻底之外，个人主义兴起的主要困难可能也在于缺乏捍卫其目标的机构，因为以经商为主的新兴中产阶级仍然只是一个通往仕途的过渡阶段，缺乏知识分子的广泛支持。继王阳明之后兴起的各种学说关注此前被正统思想忽视的凡俗生活和肉体欢娱，由此产生了一种对于复杂生活的新观念，而特别关注这些话题的正是小说。对此表达最为生动的莫过于李贽(1527—1602)，他声称“人必有私而后其心乃见”，“情者，天地万物之真机”，将明朝关于个性解放的讨论推向高潮，同时他还点评并出版了《水浒传》等数部明朝重要小说，着力帮助小说得到进一步的认可，他在《童心说》中有意将小说与传统经典对立起来，为小说创造了脱离传统的机会，赋予其新的诗学基础。

李贽认为伪道学不值得重视，纯真的“本心”才是最高境界，“本心”指以“情”为主的各种心理因素，小说及其文学架构的产生也与此相关。有些作者和名编者就出版了以此为主题的作品，比如冯梦龙编纂的《情史》收集了大量描绘妒、恨、爱等情感的故事。书中许多章节表明了冯梦龙摒弃儒学核心内容的决心。

以上我们主要探讨了儒学传统和十六世纪出现的反儒学传统。若是我们将视野拓展到中国的另外两种思想和信仰——道教和佛教，我们会发现，正是在小说界，存在一种很明显的、将这三种学说统一起来的努力。将三教合一的根本目的在于找到用佛教和道教补充儒学的方法。儒学的某些重要内容被视为尤其对于治理国家不可或缺。正是由于这个缘故，明朝的许多思想家才倾心于佛道，因为他们认为佛道两教有助于深化内心世界、克服错误思想。

上述内容表明：十六世纪中国的社会和艺术环境似乎有利于小说的兴起，不过不能忘记，当时的整体形势或许要比能在报告中描述的复杂得多。但有一点是肯定的：不管如何强调这种“偏移”，它们始终只是拥有官方支持、坚持正统的主流文学旁边的小支流。

从某些生活在十六世纪末十七世纪初的人士的说法中，可以推测出当时民间文学的传播令人瞩目，尽管这些说法也须谨慎对待。与袁宏道(1568—1610)同时代的某个人的观点很有意思，他认为，小说的读者是喜好读书的市井小民。

从广义上来讲这是个教育问题，从狭义上来讲则与识字普及率有关。针对普通民众的学校至少在当时很可能的确不存在，而在国家设立的教育机构中研究小说这种异端文学是不可想象的。至少在宗族和家庭办的私塾中，经典著作或其节选的白话简写本可能普遍被用作教材。

在长篇小说《歧路灯》中，可以找到一个有趣的特例：一名塾师偏偏采用小说授课。

根据传统儒学，读书永远与某种具体用途联系在一起，纯粹为了娱乐而读书是不允许的。可以这么说：随着十六世纪小说的兴起，出现了一种主要可以用社会学观点来解释的、全新的阅读体验。阅读小说轻松愉快，读者只需有丰富的想像力即可，而几乎无需记忆。小说中的详细描写似乎正是为了让文化程度不高的读者易于理解。

可以得出这样的结论：明朝末期的文学观念出现了变化。异端文人圈内有意推行的“俗化”当然不止于研究文学，而是也表现在更加入世和享受生活上。传统教育中一向存在的雅俗之别开始模糊了。

现在我们来谈谈《歧路灯》这部小说。李绿园（1707—1790）1778 年完成的长篇小说《歧路灯》取材于中国传统戏剧小说爱用的“浪子回头”，漫长的写作时间对作品的基调产生了巨大影响。①

作者为官二十年的经历改变了他对小说素材的处理方式。他在起初写的第一部分中重点描写主人公谭绍闻遇到的种种麻烦，而后一部分则主要探讨为官之道。绍闻起先挫折不断，后来则一路升迁，处境明显改善：他和妇女、仆人和士人朋友和解，仕途顺利。连书中起先的一些负面角色都有了很大的、不过不太可信的变化：臭名昭著的酒鬼兼赌徒谭绍闻摇身变为慈父，亲自课子；盛希侨中进士后做了高官；连恶人夏逢若都当了官差，对谭毕恭毕敬。从文风上来看，最后部分远不如开头写得精彩。

完全可以将《歧路灯》理解为讲述青年男子改过自新事例的尝试，即一本严格遵循儒学观点的教育性读物，因此小说最有意思的是篇幅宏大、详细描述反角谭绍闻如何走上歧途的中间部分(第 13 章到第 82 章)。

在小说这一部分，谭绍闻消极被动、胸无大志、患得患失、漫不经心的形象凸显了他面对逆境的无助。李绿园认为虽然谭自身对此负有一定责任，但是也有部分原因在于其天生的弱点和家庭教育失当。②

① 作者李绿园多次应试仍未中进士，最终弃学，1748 年开始撰写《歧路灯》，其后八年写成八十二章。1756 年许，他突然中断写作，远道赴任江浙漕运，1772 年又任思南府印江县(今属贵州)知县，直到 1775 年才卸下所有职务，返回原籍宝丰，此后才有时间完成此书。

② 《歧路灯》第一回起头就写道：“话说人生在世，不过是成立覆败两端，而成立覆败之由，全在少年时候分路。大抵成立之人，姿禀必敦厚，气质必安详，自幼家教严谨，往来的亲戚，结伴的学徒，都是些正经人家，恂谨子弟。譬如树之根柢，本来深厚，再加些滋灌培植，后来自会发荣畅茂。若是覆败之人，聪明早是浮薄的，气质先是轻飘的，听得父兄之训，便似以水浇石，一毫儿也不入。”

显然，家庭教育和人际交往被认为是至关重要的。"歧路灯"一名就已表明，李绿园认为在人生关键时刻即"歧路"，必须遵循伦理道德即"灯"行事。

绍闻的失败首先被归咎于母亲，因为父亲谭孝移因工作原因不常在家，教子之责必需谭母王氏承担。小说开头就将她描写为一个只知宠溺儿子的慈母，连绍闻最后都认为是母亲的过度宠爱害了自己。除了一生坚持规劝丈夫改过的贤妻孔慧娘之外，书中包括王氏在内的女性大多是负面角色，不是过于宠爱孩子，不能严格教育他们，就是闹得阖家不宁的泼妇，更别提那几个将轻佻的绍闻拖入欲望深渊的荡妇了。王氏在丈夫出门后犯的第一个重大错误是在为儿子选塾师时看走了眼。尽管她不得不容忍后来多次拯救绍闻的忠仆王中的劝诫，但这无法改变她对不靠谱的书生候中有的仰慕。候因行为不端和欠下巨债而离开家乡，投靠祥符县的亲戚并经其介绍到谭家坐馆，他不重视传统经典，而是沉迷于占星术，推崇阴阳五行。而王氏非常欣赏此种"活学"。于是上课成了敷衍，早就被书本"闷"坏了的绍闻很快就开始参与新塾师的种种"乐"事，少年时期的心理成长历程决定了他日后的两个主要性格特征：怕"闷"和逐"乐"。被放任自流的他经不住诱惑，跟随先生参加各种寺庙庆典，东游西荡。一直担心儿子因读书而累病的王氏对儿子百依百顺。面对这些情况，当听到候先生对儿子的夸奖时，因担心家人和健康状况不佳提早离京返乡的谭孝移半信半疑。谭候二人探讨了阅读教诲伦理习俗的传统作品的意义。候说教材应主要选用包含大量具体人生哲理的诗词，谭听后深感惊讶。查看绍闻的书桌时，孝移看到一册《绣像西厢》。当被问及此书的好处时，候答道，该书包含寺庙生活和战事等众多不同领域的翔实描写，可供学习写作。谭点头暗道："杀吾子矣！"而候却误以为东翁"服了讲究"，开始介绍下一步教学计划，宣布学完《西厢》后就讲《金瓶梅》。谭不知《金瓶梅》为何书，候盛赞此书"热就热到极处，冷也冷到尽头，大开大合，俱是左丘明的《左传》、司马迁的《史记》脱化下来"。①

此后不久谭孝移丢下才十三岁的儿子一命归西。上文情节是文学界内部文学观念之争的生动范例，表明对小说的发展方向存在迥异的观点：依照儒学原则

① 见儿子"虽在案上强作哼唧，脸上一点书气也没有"，孝移很是担心。而当他终于看到那部声名狼藉的书时，大祸临头了："到了次日，盥洗更衣，想要回拜来客，忽而端福儿抱着一部书儿到跟前。孝移接过看时，乃是一部《金瓶梅》，问道："谁叫你拿的？"端福道："先生说，爹爹没见过这一部书，叫我拿到家里，叫爹爹看。"孝移接过一看，猛然一股火上心，胃间作楚，昏倒在地。王氏急急搀起。这胃脘疼痛病犯了，少不得覆被而寝，呻吟之声不绝。"（《歧路灯》第十一回）

撰写的《歧路灯》对色情小说《金瓶梅》持谴责态度。遗憾的是，绍闻没有遵循父亲“用心读书，亲近正人”的遗训。没了管束的他很快丢下书本，和后来为他产下一子的婢女冰梅交欢。尽管如此，尤其是在沉溺于赌博、狎昵和酗酒的初始阶段，父亲的遗训仍然一直在他耳边回响。刚开始在外鬼混时，他还心怀羞愧，顾虑重重。即使当他后来几乎把家败光时，他也还良心未泯。这个浪荡子荒唐过后噩梦缠身，体现了他对庭训的念念不忘。被往事纠缠的绍闻梦见的父亲角色象征着世代传承的礼教观念。①

最后我总结一下报告要点。

明末和清朝的小说仍然处于巨大压力之下，不得不为自己的存在辩护。其满足儒学传统要求的主要方法是：充当社会的“教材”。报告选用的长篇小说《歧路灯》是一个富有启示性的“教材”范例。如上所述，书中多处详细探讨青少年读书和“成人”过程的艰难，使得该书在很大程度上成为一部合格的教育小说。书中并未质疑四书五经等儒学经典，不过在多处详谈教学方法。作者借谭父之口谈论选对教师的重要性，认为成年人须为学生做榜样。因此，《歧路灯》不仅是一部娱乐作品，而且是一部中国早期“教育讨论”书籍，为小说开辟了被更多人接受的新道路。

---

① 举书中的一个精彩片断为例：“桌上残灯未熄，孤焰闪闪，谯楼更鼓频击，遥听冬冬，已交三更。方觉睡魔来袭，只听得有人拍门，谭绍闻被衣开拴，进来二人，一个不认的，一个却是王中。王中道：‘家中好生焦躁，急寻大相公，原来在此。快跟我回去。’谭绍闻只得相随同归。黑夜路上，高一步，低一步，就如驾云一般。到了大门，见有几个人在门首站立，谭绍闻也无暇问其所以。进了二门，望见厅上烛火辉煌，中间坐着一位六品冠服长官，纱帽圆领，甚是威严。绍闻只得近前跪下，叩了头。向上一看，却是自己父亲。骇得心惊胆颤。只见父亲双目圆睁，怒须如戟，开口便道：‘好畜牲！我当初怎的嘱咐你，叫你用心读书，亲近正人。畜牲，你还记得这八个字么？’谭绍闻战战兢兢答道：‘记得。’父亲道：‘你既然记得，怎的我这几年因赴南斗星位，不在家中，你便吃酒赌博，宿娼狎尼，无事不做，将祖宗门第玷辱呢？况你颇有聪明，实指望掇青拾紫，我问你，至今功名何如？你今日一发又撞出人命案。那缢死之人，冤气上腾，将你辈俱告在冥府，我受命勘此一段公案，可怜畜牲性命不久了。’因回顾道：‘判注官何在？’只见东侧闪出一个蓝面赤发鬼，手执册簿，躬身候命。父亲问道：‘子背父命，孙废祖业，依律当得何罪？’判注官张开血盆般大嘴，口角直到耳门边，朗声答道：‘律有三千，不孝为大，按律应该腰斩。’厅下早已跳出四个恶鬼，眼中齐冒火焰，口内直吐蓝烟，狰狞可畏。不由分说，把谭绍闻一脚踢翻，用绳捆起。腰中取出门扇大明晃晃的钢刀，单候上官法旨。”（《歧路灯》第五十二回）

# 参考书目

王昊:《从想象到趋实——中国域外题材小说研究》,人民出版社,2010 年版,第 97—99 页。

陈大康、郭豫适:《通俗小说的历史轨迹》,湖南出版社,1993 年版第 48 页。

Andrew H. Plaks:《The Four Masterworks of the Ming—Novel》,Princeton,N. J.:Princeton UP 1987,第 17 页.

Andrew H. Plaks in:《Full Length Hsiao—shuo and the Western Novel: A Generic Reappraisal》,in: New Asia Bulletin I (1978),第 176 页.

陈洪:《中国小说理论史》,安徽文艺出版社,1992 年版,第 131—133 页。

WolfgangKubin:《Der unstete Affe. Zum Problem des Selbst im Konfuzianismus》, in: Silke Krieger / Rolf Trauzettel (Hg.): Konfuzianismus und die Modernisierung Chinas, Mainz: Hase & Koehler 1990,第 99 页.

Wm. Theodore de Bary:《Individualism and Humanitarism in Late Ming Thought》, in: DERS. (Hg.): Self and Society in Ming Thought, New York u. a.: Columbia UP 1970,第 220—224 页.

Richard John Lynn:《Alternate Routes of Self—Realization in Ming Theories of Poetry》, in:Theories of the Art in China,第 317—340 页.

Siu-Kit Wong:《Ch'ing and Jing in the Critical Writings of Wang Fu-chi》, in: Chinese Approaches to Literature from Confucius to Liang Ch'i-ch'ao, hrsg. von Adele Austin Rickett, Princeton, N. J.: Princeton UP 1978,第 121—150 页.

EvelynSakakida Rawski: Education and Popular Literacy in Ch'ing China, Ann Arbor: The University of Michigan Press 1979,第 90 页..

夏咸淳:《晚明士风与文学》,中国社会科学出版社,1994 年版,第 36 页。

LucieBorotová: A Confucian Story of the Prodigal Son. Li Lüyuan's novel《Lantern at the crossroads》(Qiludeng,1777),Bochum: Brockmeyer 1991 年,第 2 页.

# 张溥集部子部著述考①

陆岩军

（上海交通大学人文学院，上海，200240）

[**内容摘要**]张溥为晚明复社领袖、著名学者、文学家。张溥著述颇丰，然殁后门绪式微，又值明清易代，清廷禁毁，故其著作散佚严重，世人罕见全貌。现据史志著录和国内现有馆藏，考得张溥集部著述十九种（其中别集六种，总集十三种），子部著述二种，并首次对张溥集部和子部著述的著录、内容、版本、存佚进行全面考述，藉以知人论世，或有裨张溥研究。

[**关 键 词**]晚明；张溥；集部；子部；著述

张溥（1602—1641），字天如，号西铭，明南直隶苏州太仓（今太仓市）人，为晚明复社领袖、著名学者、文学家，在晚明党社、学术及文学活动中颇具影响。张岱云张溥“才情藻发，为江南士林领袖”②，黄道周云张溥“一代文章百世师”③“天如之名满天下”④，朱彝尊云张溥“一言以为月旦，四海重其人伦”⑤，《明史》云张溥为“有明一代，文士卓卓表见者”⑥，其影响可见一斑。

张溥英年早逝（年止四十），然其读书治学，用力颇勤（《明史》本传云其读书皆抄录七遍，熟记后即焚之，故其书斋名“七录斋”），著述宏富。友人徐汧云其“著书百种”⑦。《明史·文苑传》云崇祯诏征其遗著，“有司先后录上三千余

---

① 基金项目：国家社科基金一般项目“张溥《七录斋集》四种校笺”（14BZW088），上海交通大学文理交叉专项基金项目（15JCZY03）。

② （明末清初）张岱：《石匮书后集》卷五八《张溥》，《明人传记丛刊》第104册，台湾：明文书局，1991年，第399页。

③ （明）黄道周：《哭张西铭二章其二》，《黄漳浦集》卷四十七，丛书集成三编本。

④ （明）黄道周：《张天如墓志》，《黄石斋先生文集》卷十一，续修四库全书本。

⑤ （清）朱彝尊：《静志居诗话》，北京：人民文学出版社，1990年，第574页。

⑥ 《明史·文苑传序》：至启、祯时，钱谦益、艾南英准北宋之矩矱，张溥、陈子龙撷东汉之芳华，又一变矣。有明一代，文士卓卓表见者，其源流大抵如此。

⑦ （明）徐汧：《春秋三书序》，见张溥《春秋三书》，四库全书存目丛书本。

卷”①。张溥著述博及四部，而功力主在经、史两部②，此其学问之根柢处。同时，作为复社领袖及选文大家，其自著和编选的文集亦较夥。然其殁后门绪式微，又加之明清易代，政治禁毁等原因，其著作散佚严重，世人罕见全貌。《明史·艺文志》仅著录九种，《四库全书》仅收录一种，《四库全书总目》仅存目三种。今人蒋逸雪《张溥年谱》著录二十三种，其中经部六种，史部九种，集部八种。③ 许培基等《江苏艺文志》著录为三十八种，其中经部八种，史部十三种，子部一种，集部十六种。④ 笔者在此基础上，对张溥著述（本文“著述”依张舜徽《中国古代史籍校读法》⑤所论古代书籍的写作体例，含著作、编述、钞纂三类）详加考查，据史志著录和国内馆藏，共考得其经部著述十六种，史部著述十二种，子部著述二种，集部著述十九种（其中别集六种，总集十三种），并对其基本内容、书目著录、刊刻整理、版本存佚进行全面考述，藉以知人论世。前已撰刊《张溥经部史部著述考》，⑥现撰写《张溥集部子部著述考》，藉以窥其全貌。

## 集部·别集类

### 1.《张太史七录斋初集》七卷

《张太史七录斋初集》七卷（又名《七录斋集》六卷《论略》一卷。以下简称《七录斋初集》），张溥撰。著录于《贩书偶记》、《清代禁书知见录》、《中国古籍善本书目》、《江苏艺文志》、《中国古籍总目》。

是书天头镌周锺、张采批语，卷首题“娄东张溥天如著，同盟周锺介生、张采受先阅”。凡七卷，首为《论略》一卷，有论二十篇，论及治夷狄、两直、灾异、备边、女直、治河、宗室、马政、任边将、备倭、赋役、征贷、诏狱、音乐、钱楮、左道、建学、山东、盐法、兵员等，皆关明季社会之大事。次为《七录斋集》六卷，卷一至三为书序，卷四为寿序，卷五为寿贺序，卷六为墓志记说制词祭文。是本既名“初集”，则

---

① （清）张廷玉等：《明史》，北京：中华书局，1974年，第7406页。

② 吴伟业《哭志衍》云：“煌煌张夫子，斯文绍濂洛。”张岱《石匮书后集·张溥》云：“《纪事本末》一书评骘允当；小论发前人所未发，追步龙门矣。”

③ 蒋逸雪：《张溥年谱》，山东：齐鲁书社，1982年，第55—57页。

④ 许培基等：《江苏艺文志》（苏州卷）第二分册，江苏：江苏人民出版社，1996年，第1587页。

⑤ 张舜徽：《中国古代史籍校读法》，北京：中华书局，1962年，第199页。

⑥ 陆岩军：《张溥经部史部著述考》，虞万里主编：《经学文献研究集刊》第14辑，上海：上海书店出版社，2015年，第221—233页。

应为张溥古文辞首次结集，于考察张溥早期之交游、思想、散文成就颇有帮助。卷首陈子龙序云："天如之文章，天下莫不知其能"、"天如之书，正不掩文，逸不逾道，彬彬乎释争午之论，取则当世，不其然乎？彼其命志良不虚者，要亦乘时鼓运之事也。"周立勋序云张溥为"弘亮博达"之君子，是书"网罗旧声，考其得失，连缀当世之务而整齐之，班班如矣"、"循循古学，形之简编，赞明大道，体达国政"，为"治世之言"。《续修四库全书总目提要(稿本)》云："盖溥以博洽见称，曾编刻《汉魏六朝一百三家集》行世，故其为文，无窒塞艰涩不可句读者。由于多见古书，熏蒸沈浸，吐属自无鄙语。譬若世禄之家，天然无寒俭之气也。昔桓谭见扬子云善为赋，欲从之学。子云曰：能读千首赋，则善为之矣。溥固不止读千篇文，宜其善为文也。是书首卷《论略》，如《治夷狄论》《备边论》《任边将论》《备倭论》《女直论》诸篇，皆论当时外患，有关治术，又不能仅以文士目之矣。"①其影响与成就可略窥一斑。

是书现存明崇祯吴门童润吾刻本(以下简称童刻本)和明末金陵傅少山刻本(以下简称傅刻本)。童刻本现藏于台湾"中央"图书馆、北京大学图书馆等馆。1977年，台湾《清代禁毁书丛刊》第一辑据台湾"中央"图书馆藏本影印出版，题名《七录斋论略》。1997年，大陆《四库禁毁书丛刊》据北京大学图书馆藏本影印出版，题名《七录斋集》六卷《论略》一卷(见集部第182册)。傅刻本现藏于中国人民大学图书馆、山西省图书馆等馆，《中国人民大学图书馆藏古籍善本书目》和《山西省图书馆藏古籍善本书目》均著录为"明天启傅少山梓"。查检中国人民大学图书馆藏本，有"金陵傅少山梓"牌记，然无刻书年月，其行款与内容与童刻本完全一致。目前可见的对傅刻本的最早著录当属孙殿起《贩书偶记》、《清代禁书知见录》，二书均载："七录斋初集文六卷论一卷，明娄东张溥撰，无刻书年月，约天启间金陵傅少山刊，内有周锺、张采批评。"②"约天启间"应为孙殿起推测，误。据卷首陈子龙序中"天如虽贤，得位而名益彰"和周立勋序中"天如张子者，今既贵……而又见用于圣明之世"等语，可知是本应刊于崇祯四年(1631)张溥中进士后不久，而非"约天启间"。

### 2.《七录斋文集论略》二卷《续刻》六卷《别集》二卷

《七录斋文集论略》二卷《续刻》六卷《别集》二卷(以下简称《七录斋续集》)，

---

① 中国科学院图书馆整理《续修四库全书总目提要(稿本)》第4册，山东：齐鲁书社，1996年，第438页。

② 孙殿起：《贩书偶记》，上海：上海古籍出版社，1982年，第327页。

张溥撰。现存明末刻本，凡一函六册十卷，天一阁博物馆藏。是本原为萧山朱别宥收藏，后转赠天一阁。是本国内其它图书馆无藏，国外仅日本内阁文库藏，颇为稀见，著录仅见于《中国古籍善本书目》[①]、《中国古籍善本总目》[②]、《尊经阁文库汉籍分类目录》[③]、《日藏汉籍善本书录》[④]、《中国古籍总目》[⑤]。

据卷首张采《论略题辞》"天如成进士，既读书石渠，归"及张采《知畏堂文集·论略题辞》"要此万世之业，非计日可躐，详其概，志天如归来著述如此"[⑥]，可知是本刊于崇祯五年(1632)冬张溥归乡之后，为《七录斋初集》后之续刻，其中有五十三篇不见于他集。

第一、二册为《七录斋论略》二卷，卷端题"娄东张溥天如著 同盟周锺介生张采受先阅"，卷一凡廿九篇，二篇新出，余则又见《七录斋初集》和《七录斋诗文合集》；卷二凡廿七篇，三篇新出，余则又见《七录斋诗文合集》。第三、四册为《张太史七录斋续刻》，未分卷，有序、记、启、题、引、墓志、祭文七体，正文据版心可厘为六卷。卷一凡十篇，九篇新出，一篇又见《七录斋诗文合集》；卷二凡十篇，九篇新出，一篇又见《七录斋诗文合集》；卷三凡十篇，均新出；卷四仅三篇，二篇新出，一篇又见《七录斋诗文合集》；卷五凡七篇，四篇新出，三篇又见《七录斋诗文合集》；卷六凡十五篇，七篇新出，八篇又见《七录斋诗文合集》。第五、六册为《七录斋别集》二卷，卷一卷端题"娄东张溥著 门人吕云孚挍"，凡廿六篇，又见《七录斋诗文合集》；卷二卷端题"娄东张溥天如著 门人陈许廷灵茂较"，凡三十二篇，七篇新出，余则又见《七录斋诗文合集》。

从《续刻》卷四仅三篇及卷六未标卷终来看，是本应为残本，然颇为珍稀，为学界所较少寓目，如蒋逸雪《张溥年谱》[⑦]、谢国桢《明清之际党社运动考》[⑧]、孙肃《明

---

① 中国古籍善本书目编委会《中国古籍善本书目》，上海：上海古籍出版社，1998年，第868页。

② 翁连溪编校：《中国古籍善本总目》，北京：线装书局，2005年，第1478页。

③ 福井保编纂：《尊经阁文库汉籍分类目录》，内阁文库，1956年，第484页。

④ 严绍璗：《日藏汉籍善本书录》，北京：中华书局，2007年，第1791页。

⑤ 中国古籍总目编委会《中国古籍总目·集部》第2册，北京：中华书局，2012年，第969页。

⑥ (明)张采：《知畏堂文存》十二卷《诗存》四卷，四库禁毁书丛刊本。

⑦ 蒋逸雪：《张溥年谱》，上海：商务印书馆，1946年。

⑧ 谢国桢：《明清之际党社运动考》，上海：商务印书馆，1934年。

诗话全编·张溥诗话》[①]、何宗美《明末清初文人结社研究》[②]、丁国祥《复社研究》[③]等论及张溥时均未见此书。仅见于是本的五十三篇文章，涉及张溥交游、社事、思想、创作等，具有一定的研究价值。如《吴骏公稿序》《吴骏公稿再序》二文有助于了解张溥与其高足吴伟业的交游及吴伟业家世。《娄东应社序》《席社序》《社籍序》《剑光社刻序》《杨伯祥稿序》等论及应社、席社、复社、剑光社、日社，是研究晚明文社的重要资料。又如《韩张甫稿序》云"夫古之善读书者，戒人无读唐以后书。排而远之，则曰：无读汉以后书；又其上者，并其汉而去之。著论弥高，则选书弥峻。……不鉴于古，无以知今，不察于今，必不勇于尊古，学者之恒势也"及《屠幼绳稿序》云"夫通达之士，取鉴前识，复资今用"云云，藉此可考察张溥鉴古知今、察今尊古、取鉴前识、复资今用的复古思想的实质，可体察其强烈的用世之意。又如《王与游诗稿序》云"诗则至人之言也，至人之言，其直不迫，其讽无隐，诗义备矣"、"文不逆性，况诗乎"、"夫惟学立于诗之上者，偶发为诗，无乎不神"等可反映张溥的诗学观，又藉"予初不作诗，至长安不免酬答，间亦有咏"，可知张溥自崇祯四年春入京会试后始作诗，此对其诗歌系年断限颇为重要。再如《徐位甫近稿再序》云"予近论文，每言古、雅、灵、确四字"，对研究其散文观颇有帮助。

### 3.《七录斋诗文合集》十六卷

《七录斋诗文合集》十六卷，张溥撰，明崇祯九年刻本。著录于《贩书偶记》、《中国古籍善本书目》、《江苏艺文志》、《中国古籍总目》。1997 年，大陆《续修四库全书》据北京大学图书馆藏本影印出版（见集部第 1387 册）。据卷首周镳《七录斋集序》、支益《七录斋诗文合集序》，可知此集收录张溥天启七年(1627)至崇祯九年(1636)间作品，反映了张溥此期诗文创作与思想。

是本凡十六卷，依次为《古文近稿》六卷、《古文存稿》五卷、《馆课》一卷、《论略》一卷、《诗稿》三卷。《古文近稿》卷一凡廿四篇，二十篇新出，四篇又见《七录斋续集》；卷二凡廿六篇，一篇新出，廿五篇又见《七录斋续集》；卷三凡廿六篇，八篇新出，十七篇又见《七录斋续集》，一篇又见《七录斋近集》；卷四凡廿四篇，十三篇新出，十一篇又见《七录斋续集》；卷五凡十八篇，九篇新出，四篇又见《七录斋续集》，五篇又见《七录斋近集》；卷六凡十八篇，十四篇新出，四篇又见《七录斋近集》。《古文存稿》五卷，除一篇又见《七录斋近集》外，余则又见《七录斋初集》。

---

① 孙肃：《张溥诗话》，见吴文治《明诗话全编》，江苏：凤凰出版社，1997 年。

② 何宗美：《明末清初文人结社研究》，天津：南开大学出版社，2003 年。

③ 丁国祥：《复社研究》，江苏：凤凰出版社，2011 年。

《馆课》一卷、《论略》一卷，均又见《七录斋续集》。《诗稿》三卷新出，计诗四百九十余首，诗体有古诗、律诗、绝句，以七律居多，内容涉及送别、唱和、记游、感怀、祝寿，以送别、唱和最多，颇有助于了解其诗歌创作成就。

《七录斋诗文合集》除十六卷本外，又有十三卷本、十四卷本、十五卷本。

《七录斋诗文合集》十三卷本，台湾"中央"图书馆藏，除卷首无周锺《七录斋集序》、集中无三卷诗稿外，内容、行款均与十六卷本前十三卷相同，二者应出同一版本，十三卷本盖为十六卷本去掉三卷诗稿后所剩。1977 年，台湾《明代论著丛刊》据十三卷本影印出版，题名《七录斋诗文合集》(从题名"诗文合集"亦可见应含诗稿)。

《七录斋诗文合集》十四卷本，著录于崔建英辑《明别集版本志》①。现有明崇祯九年刻清增修本，中国科学院文献情报中心藏。是本含《诗稿》二卷，《存稿》五卷，《近稿》六卷，《馆课》一卷，比十六卷本少一卷《论略》及一卷《诗》。

《七录斋诗文合集》十五卷本，题为《七录斋集》十二卷《诗》三卷。著录于《明史・艺文志》卷九十九、《千顷堂书目》卷二十七。是本今未见。

### 4.《七录斋近集》十六卷

《七录斋近集》十六卷，张溥撰，明崇祯十五年吴门正雅堂刻本，凡一函五册，复旦大学图书馆藏。据笔者查阅所及，《七录斋近集》尚未发现国内外其它图书馆有藏，亦不著录于《明史・艺文志》、《千顷堂书目》、《郑堂读书记》、《四库全书总目》、《续修四库全书》、《四库禁毁书丛刊》、《四库未收书辑刊》、《中国古籍善本书目》、《中国古籍善本总目》、《明别集版本志》、《江苏艺文志》、《日藏汉籍善本书录》等书，仅著录于孙殿起《贩书偶记续编》②、《清代禁书知见录》③、《中国古籍总目》，颇为稀见。

是集卷首依次列张采《西铭近集序》《凡例》、钱谦益《嗣说》、张采《祭天如兄文》。张采《西铭近集序》云："此我亡友张子遗集也。不名遗集者，先是张子裒其古文辞，比次连类，名曰《近集》，授诸书史矣。殁前二日，犹手执雠校，则后死者不忍有芟益，故仍其自名。"张采编制《凡例》又云："是集定于天如生前，缮写且毕，梓工亦举十之一，余不过为任雠较，不忍有所增损。而迟之匝岁者，殁后零落，难应匠事尔。"复据张采《祭天如兄文》末署时间"壬寅六月"，可知此书崇祯十

① 崔建英辑：《明别集版本志》，北京：中华书局，2006 年，第 170 页。

② 孙殿起：《贩书偶记续编》，上海：上海古籍出版社，1980 年，第 213 页。

③ 孙殿起：《清代禁书知见录》，北京：商务印书馆，1957 年，第 14 页。

四年(1641)五月张溥殁前开刻,至十五年六月后刊竣,为张溥生前最后一本诗文集。据张采《凡例》"天如前有史论,自为专集,鄙意谓合则全美,分即碎金,故取其诸史论,连缀集末,亦可称史论后集,仍不碍汇前成部",可知是集前九卷为张溥生前亲自校定,后七卷则由张采取其史论,连缀集末,这也体现了张采的编辑眼光。

是集主要收录其后期诗文,前二卷为诗,凡三百八十六首,后十四卷为文,凡四百零六篇。卷一为古诗、绝句及五律,凡一百八十二首,其中五言古诗十一首,七言古诗十三首,五绝二首,五律九十七首,七绝五十九首;卷二为七律,凡二百零四首;卷三为文序,凡三十三篇;卷四为文序、贺序,凡三十篇;卷五为寿序,凡十八篇;卷六为寿序、墓志铭,凡十七篇;卷七为传、记、赞、祭文、题词、跋,凡廿七篇;卷八、九为古名家集题词(即《汉魏六朝百三家集题辞》),凡一百零一篇;卷十为《宋史论赞》,凡四十二篇;卷十一至十五为《宋纪事论》,系为陈邦瞻《宋史纪事本末》所写的论正,凡一百零九篇;卷十六为《元史纪事论》,系为陈邦瞻《元史纪事本末》所写的论正,凡廿七篇。

是集除十一篇重出《七录斋诗文合集》外,其余诗文皆为新出,集中反映了张溥后期诗文风貌和成就,可谓研究张溥最重要、最珍稀之材料。然为学界较少寓目,如孙肃《明诗话全编·张溥诗话》、谢国桢《明清之际党社运动考》、何宗美《明末清初文人结社研究》、《文人结社与明代文学的演进》①、丁国祥《复社研究》、廖可斌《明代文学复古运动研究》②、李圣华《晚明诗歌研究》③等论及张溥时均未见此书。

### 5.《七录斋诗稿》三卷

《七录斋诗稿》三卷,张溥撰,约顺治间张溥之子张永锡刊本④。著录于《贩书偶记续编》、《江苏艺文志》。是书今未见。

### 6.《张天如诗》一卷

《张天如诗》一卷,张溥撰。著录于《启祯两朝遗诗》、《江苏艺文志》。

陈济生编《启祯两朝遗诗》卷七录《张天如诗》一卷,选录张溥诗三十七首,俱出自《七录斋诗文合集》。是书现有《启祯两朝遗诗》清初刻本,国家图书馆藏。

---

① 何宗美:《文人结社与明代文学的演进》,北京:人民出版社,2011年。

② 廖可斌:《明代文学复古运动研究》,上海:上海古籍出版社,1994年。

③ 李圣华:《晚明诗歌研究》,北京:人民文学出版社,2002年。

④ 孙殿起:《贩书偶记续编》,上海:上海古籍出版社,1980年,第213页。

中华书局 1958 年据此影印出版。

## 集部·总集类

### 7.《汉魏六朝一百三家集》一百一十八卷

《汉魏六朝一百三家集》一百一十八卷，张溥辑。著录于《明史·艺文志四》、《四库全书总目》、《钦定续通志》、《钦定续文献通考》、《好古堂书目》、《中国古籍总目》等。

是书为张溥集部中影响最大、流传最广者。张溥"少嗜秦汉文字"，有感于汉魏六朝"千余年间，文士辈出，彬彬极盛，而卷帙所存，不满三十余家"，于是"遍求义类，断自唐前，目成掌录，编次为集，可得百四五十种"(《汉魏六朝百名家集叙》)，又受张燮编《七十二家集》激发，在自己已有编集的基础上，主要根据明张燮《七十二家集》，又参考冯惟讷《古诗纪》、梅鼎祚《历代文纪》中作品较多者，选取汉贾谊至隋薛道衡共一百零三人，"有集则加订正，亡集则遍搜罗，人自成编，题词弁首"(张采《庶常天如张公行状》)，每集末附著者本传，将其诗文汇成一编。《四库全书·汉魏六朝百三家集》提要指出其得在于"州分部居，以文隶人，以人隶代，使唐以前作者遗篇，一一略见其梗概。……原原本本，足资检核，实远胜其它作"，其失在于"务得贪多，失于限断，编录亦往往无法，考证亦往往无明"。《四库全书总目·春秋三书》存目提要亦云："《汉魏六朝百三家集》搜罗放佚，采摭繁富，颇于艺苑有功。"按，四库馆臣对张溥编辑整理百三家集的评论，大致允当。但却忽略了重要的一点，就是张溥于每集前所写的题词。从这些题词可以看出，张溥"不是纯客观地介绍资料，而是有所'送疑取难'的"，"对百三家其人其文，都提出了他自己的看法，家家有题辞，人人有论述，分之为作家各论，合之则为文学简史。在十七世纪中叶，出现了这样一部具有文学史规模的作品，是值得我们注意和研讨的。"①故百三家集除保存一代著作，便于流传和阅读的文献价值外，其题词所表现出的文学史价值和文学理论价值亦不可忽略。

是书现主要有明崇祯刻本、《四库全书》本、《摛藻堂四库全书荟要》本、光绪三年滇南唐氏寿考堂刻本、光绪五年彭懋谦信述堂重刻本、光绪十八年善化章经济堂刻本、光绪十八年长沙谢氏翰墨山房刻本、清述古山庄刻本、1917 年上海扫叶山房石印本、1918 年四川官印局印本、1925 年上海扫叶山房石印本以及清钞

① 《后记》，见殷孟伦：《汉魏六朝百三家集题辞注》，北京：人民文学出版社，2002 年，第 324 页。

本(清王振声跋)等。

### 8.《汉魏六朝百三家集题辞》一卷

《汉魏六朝百三家集题辞》一卷,张溥撰。著录于《江苏艺文志》。

《汉魏六朝百三家集》刊出后,清代学者又将其中题辞抽出单列一集,题名《汉魏六朝百三家集题辞》刊行。现有嘉庆七年(1802)刻本(南京图书馆藏)、道光七年(1827)清芬阁张氏刻本(上海图书馆藏)、道光十四年(1834)海宁顾千校刻本(上海图书馆藏)。今人殷孟伦1935年开始为《汉魏六朝百三家集题辞》作注,后由人民文学出版社1960年出版,使其流传更为广泛。然需指出的是,殷氏《汉魏六朝百三家集题辞注》重在注释典故、文义,而于底本选择未佳,不是以最早的《汉魏六朝百三家集》明崇祯刻本和同时之《七录斋近集》为底本,而是以清光绪乙卯信述堂翻刻本为底本,故文字多有出入。上海师范大学曹旭教授有感于此,近期对《汉魏六朝百三家集题辞》重新校笺,拟由人民文学出版社出版,其研究成果值得期待。

### 9－13.《古文五删》五十二卷

《古文选删》五十二卷,张溥辑。著录于《千顷堂书目》卷三十一、《明史·艺文志四》。现有明末段君定刻本,复旦大学图书馆等藏。

是书含《文选删》十二卷、《广文选删》十四卷、《唐文粹删》十卷、《宋文鉴删》十二卷、《元文类删》四卷等五种,为张溥对自汉至元文选所做的系统删选。首《古文五删序》云:"余窃有志欲总括历代,为《文典》、《文乘》二书。……二书若成,识大识小,文或无憾。乃年来探览,功未及半,又代必搜人,人必搜集,十年聚书,犹惧不给,何容旁皇津梁、苟且问俗,则姑褒当代所通,点次流传,急资世用。若梁昭明《文选》、姚宝臣《唐文粹》、吕伯恭《宋文鉴》、苏伯修《元文类》四书,世代编次,号为楚楚。而两汉颇见阙略,则刘梅国《广文选》,庶附《文选》以行。遂并删正,名'五删'云。"此述其编辑由来。可知张溥有宏大的纂著计划,本拟"代必搜人,人必搜集",欲编历代文集,然一时难以竟功,故先"姑褒当代所通",作《古文五删》以"点次流传,急资世用"。张溥编《古文五删》时,对汉至元的著作总体持一种价值递降的文学史观,"推而上之,先汉,次魏,再次则晋,又次则六朝,即言六朝,陈隋逊梁,梁逊齐,齐逊宋",并认为这是时代不同所造成的,"风气使然,其权岂在文人哉"。张溥对汉代文章评价最高,认为"汉文光岳气完,不得节录"。

《文选》三十卷,梁昭明太子萧统编。张溥鉴于士人认为《文选》"难读","一苦赋多,一苦注繁",于是对赋和注做了删减,又认为"西汉以上,文辞寂寥,屈、宋、卜、李，何必附齐、梁以行”(《文选删序》)，于是将西汉以上文删去，编为《文选删》十二卷。《广文选》六十卷，明刘节编。张溥对其中“不中格”之文多加删减，如“文如宣王《石鼓》；碑如《刘熊》《景岩》《魏大飨碑》；赋如长卿《美人》、张敏《神女》、灵运《江妃》、张衡《骷髅》；对如吾丘《宝鼎》；问如《月令问答》；封事如刘向《星孛》、杨赐《青蛇》、翼奉《徙都》；疏如赵充国《西羌事宜》；赞如麋子仲等《八赞》；七如傅毅等《七激》；册如宋公、晋公《九锡文》；诔如《元后诔》；书如陈余《遗章邯》、阎忠《说皇甫嵩》；连珠如扬雄等二十首，谓不中格，皆从芟置”(《广文选删序》)，遂删编为《广文选删》十四卷。《唐文粹删》一百卷，宋姚铉编。张溥认为《唐文粹删》“厌心者少”，“其可置弗道者，又何多篇也”(《唐文粹删序》)，遂删编为《唐文粹删》十卷。《宋文鉴》一百五十卷，宋吕祖谦编。张溥删编为《宋文鉴删》十二卷。《元文类》七十卷，元苏天爵编。张溥对其评价较高，“今观《文类》所取，准诸史官。其殆先获我心乎”，间为论次调整，“杂著第一，题跋次之，序记又次之”，删编为《元文类删》十卷。

### 14.《程墨表经》

《程墨表经》，张溥编，为时文选编。著录于《复社纪事》、《复社纪略》。吴伟业《复社纪事》云：“先生归，尽发箧中书，视其传写之踳驳，笺解之纰缪，点定而钩贯之。于制举艺别芟订以行世，颜曰《表经》、曰《国表》，昭本志也。”①陆世仪《复社纪略》卷一云：“岁戊辰(1628)，诸家房选出，若马君常、宋羽皇、吴峦稚、项仲昭、荆石兄辈，各有选本，千子皆无讥焉，独取天如所选《表经》诋毁之。”②张溥《程墨表经序》云：“况会当隆平，不羞庸庸之实，而逐谰谰之声，即非上喆，所以自勉，兼失人臣报国之意，罚莫重焉。此予一编之尤慎也夫。”是书今未见。

### 15.《国表》

《国表》，张溥等编，为时文选编。著录于《复社纪略·复社总纲》：“(崇祯)五年：张溥给假葬亲，归。虎丘大会，张溥为盟主，合诸社为一，定名复社，刊《国表》社集行世。”③是书为社友时文选集，前后凡四集，由熊开元主持，张溥与周锺等

---

① (明末清初)吴伟业：《复社纪事》，见李学颖集评标校《吴梅村全集》，上海：上海古籍出版社，1990年，第603页。

② (明末清初)陆世仪：《复社纪略》，见《东林本末》(外七种)，北京：北京古籍出版社，2002年，第206页。

③ (明末清初)陆世仪：《复社纪略》，见《东林本末》(外七种)，北京：北京古籍出版社，2002年，第196页。

人具体负责选辑。张溥集中有《国表小品序》《国表序》《国表又序》《国表四集序》。是书今未见。

### 16.《增补举要录》

《增补举要录》，张溥纂辑。著录于雷梦辰《清代各省禁书汇考》①："《举要录》，明末娄东张溥纂辑。"

据张溥《增补举要录序》，是书为制义类选集。序云："二三场之不得其说也，皆由于人之易视之，其易视之者，非以为不足学也，以为学之而不及于用，则相与弃之也。……君子常伤其身之已荣，而言之无体，则智识浅寡，同于堙暖，安在有达人之名乎？予与介生诸子思所以救之，则将因人之读，而广为之数，然约之归指，则已竦矣。……由是踵旧文而增之益之，庶有当焉。然而本学不明，以末事为功者，极天下之智，亦及未而止，则予之选，犹其末者而已。"是书今未见。

### 17－18.《七录斋评选皇明易会》、《七录斋评选易会四编》

《七录斋评选皇明易会》、《七录斋评选易会四编》，张溥评选。著录于《正雅堂古今书目》②。二书今未见。

二书均为时文选集，张溥《易会序》云："《易会》之选，始于丙寅(1626)之秋，迄今日而始见成事。其为时不已过哉？且选文之说，其初之欲予从事于此者，将合乎乙丑(1625)之文。今又舍所谓乙丑者，而从事乎戊辰(1628)之文，三年之内所谓废兴者屡矣。""及受先之临汝，而大士(陈际泰)、文止(罗万藻)尽其存者以相与。不踰月而道吉(万应隆)、眉生(沈寿民)、伯宗(刘城)、俶子(徐贞一)各以其方之文至，予乃同云子(朱隗)、石香(吕云孚)讫其事而断然行之。"张溥《易会三编序》亦云："往余选《易会》，阅三年告成。……乃已冬归里，《易会》二选，已斑斑四方。逾年三选继出。……二集之选，半出于孟朴藏篦，石香处卿偕余弟无近佐成其政，今之执选者人犹是也，文则小变矣。"可知，《七录斋评选皇明易会》由张溥编选于1626—1629年间。后由孙淳、吕云孚等评选《易会二编》(1629)、《易会三编》(1630)。此后，张溥又评选《易会四编》(即《七录斋评选易会四编》)。

### 19.《张太史评选秦汉文范》十三卷

《张太史评选秦汉文范》十三卷，张溥辑。著录于《江苏艺文志》。现存明末

---

① 雷梦辰：《清代各省禁书汇考》，北京：书目文献出版社，1989年，第180页。

② 《正雅堂古今书目》，见(明)张溥：《历代史论一编》四卷《二编》十卷，四库全书存目丛书本，第142—143页。

正雅堂刊本，十六册二函，中国人民大学图书馆藏。卷首张溥《秦汉文范序》云："夫古者遭途不一，或悲愤沉唫，或立谈封侯，或托词舒愤，或露檄讨贼，或陈表明志，或得臣作颂，彼值其时其势，岂为后生学士设之范？但其言则依经本理，确乎其不可易，则范之名归焉耳。予以此广范之说。以贤智范者成贤智，以庸愚范者终庸愚，天之铸人，不可易也。"

## 子部

### 1.《七录斋类书》五百余卷

《七录斋类书》五百余卷，张溥辑。张采《七录斋近集・凡例》云："天如集类书大小百余种，分部割缀，每自呼曰《大类书》。今余同顾麟士修辑，删复刈繁，可五百余卷，题曰《七录斋类书》，而梓工不办，未能即出问世，如得同志共襄，亦嘉惠后学一助也。"据《正雅堂古今书目》著录《七录斋类书》（卷数未标），则应已刊出。是书今未见。

### 2.《新刻张天如太史评释孔圣家语》五卷

《新刻张天如太史评释孔圣家语》五卷，唐颜师古注题，明张溥订定，清刊一册，公文书馆木村蒹葭堂本，日本内阁文库藏。①

---

① http://kanji. zinbun. kyoto－u. ac. jp/kanseki? record＝data/FANAIKAKU/tagged/3163010. dat&back＝1。

# 西南丝绸之路在屈原作品中的映射
## ——兼论先秦中西交流对屈原文化视野的影响

杨宝珠
（上海交通大学人文学院，上海，200240）

**[内容摘要]**文章从西南丝绸之路入手，分析这条商路在屈原作品中的反映，推测屈原在楚国及中原地区政治生涯结束之后欲向域外探求的倾向。同时分析先秦时期中西之间沟通交流对屈原文化视野的影响。

**[关 键 词]**西南丝绸之路；中西交流；屈原；作品与视野

西南丝绸之路指中国西南巴蜀滇黔地区与缅甸、印度之间的贸易往来商路，方铁先生在《简论西南丝绸之路》一文中这样表述：

> “丝绸之路”是对古代中国与地中海地区之间国际交通线的俗称，因商品中有宝贵的中国丝绸而得名。其走向包括北方丝绸之路、南方丝绸之路与海上丝绸之路。南方丝绸之路又可细分为西南丝绸之路与岭南丝绸之路。①

可见，“丝绸”一词已不仅仅特指丝绸，而成为中国所有对外贸易出口商品的代称。西南这条通往缅、印、中亚、西亚的古商道虽最初未必输出丝绸，但我们也称之为“丝绸之路”。

西南丝绸之路肇形于先秦，公元前四世纪左右，印度孔雀王朝《政事论》和《摩奴法典》中就有关于中国和蜀地丝织品的记载。② 20世纪发掘的古蜀文明三星堆遗址发现了大量印度文明因素，如产于印度洋深海的环纹货贝（Monetri-aannulus）和带有印巴次大陆艺术风格特征的青铜立人雕像。这些都把中国西南与南亚地区的沟通交流提到商代之前。甚至旧石器时代与新石器时代的很多

---

① 方铁：《简论西南丝绸之路》，《长安大学学报（社会科学版）》，2015年9月。

② 陈茜：《川滇缅印古道初考》，《中国社会科学》，1981年第1期。

文物表明，早在一万多年前，中、印、缅之间就有着某种联系，不管细石器还是干栏式建筑都在形制上体现出鲜明的相似性。[①] 无疑，这些沟通交流都是在中国西南与缅、印之间古道开通的基础上实现的。

这条古通道经过历代完善大致形成东、西两条主干道。东干道即五尺道，由成都出发，经宜宾、昭通、夜郎、曲靖、昆明到达大理。西干道即灵官道或牦牛道，同样由成都出发，经邛崃、雅安、汉源、西昌到达大理。东、西两条主干道在大理汇合后，出境为永昌道，经保山、腾冲进入缅、印地区。[②] 西南丝绸之路境内段除东西两条主干道外，还有若干支线，如东驿道、丽江道等。本文所要论述与屈原有关之西南丝绸之路即支线东驿道。

东驿道起于先秦，是从湖南地区出发，经由四川、贵州进入云南的古商路，元代之后，这条古商路被经营为官方驿道。文献记载，早在战国时期，即屈原生活的公元前三百年左右，就已经有楚人使用并开发这条道路了。

司马迁《史记·西南夷列传》记：

始楚威王时，使将军庄蹻将兵循江上，略巴、黔中以西。庄蹻者，故楚庄王苗裔也。蹻至滇池，方三百里，旁平地肥饶数千里，以兵威定属楚。欲归报，会秦击夺楚巴、黔中郡，道塞不通，因还，以其众王滇。变服，从其俗，以长之。[③]

班固《汉书》记：

楚顷襄王遣将庄砾卒循沅水而上，经黔中代夜郎，军至且兰椓船于船而步战，灭且兰伐夜郎，夜郎迎降。[④]

常璩《华阳国志·南中志》记：

楚威王遣将军庄蹻，溯沅水，出且兰，以伐夜郎，植牂柯系船，于是且兰

① 段渝：《中国西南早期对外交通》，《历史研究》2009 年第 1 期。

② 张弘：《从西南丝绸之路的线路节点研析其功能及需求》，《学术探索》，2015 年 7 月。

③ （西汉）司马迁：《史记》，北京：中华书局，2013 年。

④ （东汉）班固：《汉书补注》，上海：上海古籍出版社，2012 年。

既克，夜郎又降。①

范晔《后汉书·西南夷传》记：

初顷襄王时，遣将军庄豪从沅水伐夜郎，军至且兰，椓船于岸而步战，既灭夜郎，因留王滇池。②

这四则材料记载的都是一个叫庄蹻的楚人入滇的事。关于庄蹻其人，有材料记载他是一位擅长用兵的将军，又有材料记载他是在郢都发动叛乱的“盗首”。庄蹻入滇的时间亦有分歧，一说在楚威王时期，一说在楚顷襄王时期。关于这些问题，姜亮夫、赵逵夫、谭介甫、方国瑜等先生都做过详细辨析，这里不多赘述，我们还把重点放在庄蹻入滇的线路上来。

《华阳国志》、《后汉书》记载庄蹻入滇的路线是“溯沅水，出且兰”，“灭夜郎”、“留滇池”。沅水即今沅水，流经贵州、湖南地区，且兰即今贵州黄平、都匀一带，夜郎在今湘西南、川南、贵西北、滇东北一带，是湖南进入滇黔地区的必经之路，被称为“西南走廊”，滇池即今昆明。庄蹻的路线是从沅水逆流而上，经过“西南走廊”夜郎，到达云南昆明。又有学者如侯绍庄先生据《史记》所记“循江上”一句认为庄蹻的路线是逆长江而上，然后沿乌江南下进入西南地区。③ 唐慕尧先生在《读〈屈赋新编·涉江〉谈庄蹻入滇路线》一文中说，庄蹻的“循江”是从郢都入长江下行，然后从洞庭湖入沅水，进而“溯沅水，出且兰”，两者并不矛盾。④

无论“溯沅水”还是“循江上”，我们可以确定的是，在楚威王至楚顷襄王时期，即公元前300年左右，楚人已经熟知并使用由湖湘入滇黔的路线了。这就为生活在同时代的屈原提供了知晓这条线路的可能性。

我们知道，屈原在政治际遇遭受打击后，曾广泛流亡于汉北、江南地区，根据其《九章》、《离骚》等作品，我们大致可以梳理出一条活动路线。笔者结合史实对屈原后半生的活动及线路作过分析，认为屈原在郢都见疏之后，曾回到食邑屈地，由屈地北上汉北向韩、赵、齐三国求仕，求仕失败后南下西南滇黔地区，在西

① （东晋）常璩：《华阳国志》，济南：齐鲁书社，2010年。

② （南朝）范晔：《后汉书》，上海：上海古籍出版社，2006年。

③ 侯绍庄：《关于庄蹻入滇的线路》，《贵州社会科学》，1990年第12期。

④ 唐慕尧：《读〈屈赋新探·涉江〉谈庄蹻入滇路线》，《贵州文史丛刊》，1996年1月。

南地区的活动亦受阻。白起拔郢后，屈原随大批难民东迁，流亡于长江中下游一带。其中，屈原向西南滇黔地区行进的路线即是上文提过的湖湘入滇黔的东驿道。

谭介甫先生亦认为屈原曾南下滇黔，其在《屈赋新探·涉江》篇概说中说：

> “（屈原）要往南走”，“就情势说是和庄蹻有关”，“屈原被放南行，或是自己前往探听庄部行迹，若能得到接应，辗转和庄部或庄蹻本人会晤，可能亲往滇池，制止秦敌侵略，那就如愿以偿了”。但屈原到溆，“庄部早已远去滇池，安家落户，音向无法可通，孤单寂寥，毫无希望。故他说‘哀吾生之无乐兮，幽独处乎山中。吾不能变心而从俗兮，固将愁苦而终穷。’”①

谭介甫先生认为屈原不仅南下滇黔地区，且这个南下还是与庄蹻有关，他是要投奔庄蹻而去，试图联合庄蹻抗秦。谭先生的推测虽然没有进一步的史料作为印证，但我们仍能从屈原作品中看到其南下的倾向与线路。

《抽思》篇云：“理弱而媒不通兮，尚不知余之从容···狂顾南行，聊以娱心兮。”②“理弱而媒不通”指屈原在汉北地区求仕失败，因为没有人引荐而见不到别国的君主，于是，屈原选择“狂顾南行”，南下寻找出路。汉北在滇黔地区正北偏东，在汉北称入滇黔为“南行”于方位上是合适的。《思美人》篇：“吾且儃徊以娱忧兮，观南夷之变态”③，《涉江》篇：“哀南夷之莫吾知兮，旦余济乎江湘。”④“变态”指不同的形态，“南夷之变态”指少数民族地区与楚国不同的风土人情。“哀南夷之莫吾知”即“哀南夷之吾莫知”，这是屈原在说自己不了解少数民族的具体状况。由这些材料可知，屈原一为“娱忧”、一为“观南夷之变态”，将要前往少数民族地区，这个少数民族很可能就是西南滇黔地区少数民族。

那么屈原走的是什么线路呢？《涉江》篇说：“乘舲船余上沅兮，齐吴榜以击汰。船容与而不进兮，淹回水而疑滞。朝发枉陼兮，夕宿辰阳。”⑤“上沅”即沿沅水逆流而上，“船容与而不进兮，淹回水而疑滞”，这是在逆流行驶过程中，船因为逆行而停滞不前的场景。关于接下的提到的“辰阳”何指，历来楚辞研究大家们

---

① 谭介甫：《屈赋新探》，北京：中华书局，1978年。

② 闻一多：《九章解诂》，上海：上海古籍出版社，1985年。

③ 闻一多：《九章解诂》，上海：上海古籍出版社，1985年。

④ 闻一多：《九章解诂》，上海：上海古籍出版社，1985年。

⑤ 闻一多：《九章解诂》，上海：上海古籍出版社，1985年。

都做过考证，戴震、蒋骥、姜亮夫、赵逵夫等均认为是今湖南怀化辰溪县，辰水和沅水在其境内交汇。谭其骧先生《中国历史地图集》战国时期地图明确标示出了辰阳的位置，在沅水中游北岸。于是我们基本可以确定，屈原是沿沅水逆流上行的。以上种种可能性都指向了一个结果，即屈原沿西南丝绸之路东部支线行进，欲进入西南滇黔地区。

这些就是西南丝绸之路线路在屈原作品中的反映。那么屈原为什么要到西南地区去呢？真如他自己所说是为了观赏少数民族风情聊以解忧吗？谭介甫先生在《屈赋新探》一书中说，屈原去往滇黔是为了和盘踞在那里的庄蹻取得联系，劝他起而抗秦，解决楚国于危难之中。然而笔者以为，屈原前往滇黔地区未必不是有更宏阔的预期。

我们先看庄蹻为何入滇。除其为盗首兵败而走的说法外，大部分文献均记载他是受楚王之命开滇。方国瑜先生在《从秦楚争霸看庄蹻开滇》一文中认为，庄蹻入滇不仅仅是扩大楚国疆域，更是出于秦楚争霸的战略需要。① 战国中后期，秦楚两个大国的力量此消彼长，楚国北有江汉天险，秦国要想从北部攻下楚国几乎是不可能的。于是，秦国将目光放在了楚国西部的巴郡与黔中郡。如果秦国攻取了这两郡，那么东入攻取楚国将势如破竹。滇地在巴郡与黔中郡后方，如果楚国控制了滇地，就可以加厚这一块的棋形，增大秦国进攻的难度，万一巴、黔中两郡失守，楚国可以从滇地北上对秦进行包抄。

可以说，控制西南滇黔地区，对秦、楚两国来说都是一步重要的生死棋。除战略格局意义之外，楚王派庄蹻开滇或许亦有经济意图。楚国自初创之时起，历代君主都励精图治、勇于开拓。楚威王时期，楚国疆域达到最大，几乎涵盖长江流域所有物产丰富的平原、盆地、水泽。楚威王多次伐鄂、吴越，就是为了控制长江中下游地区高品位铜矿，这使楚国成为战国时期唯一称得上“富甲天下”的大国。在外交上采取内守和亲政策的楚怀王也没有停止对经济地带的开拓，他收取了杭嘉湖平原与宁绍平原。即使在风雨飘摇的楚顷襄王时期，楚国在东部疆域的拓展也是一直进行着的。可以说，在楚国国君的意识中，始终贯穿着一条经济线，他们始终致力于发展经济。那么，无论是楚威王还是楚顷襄王派庄蹻开滇也不可避免带有经济意图了。楚人历来知道西南滇黔地区有通往印度、中亚、西亚的商道，也惯有楚人沿东驿道入滇黔进行贸易活动。如果楚国控制了这条西南对外贸易的交通命脉，无疑会产生巨大的经济效益。而且北方沟通中亚的丝

① 方国瑜：《从秦楚争霸看庄蹻开滇》，《思想战线》1975 年 10 月。

绸之路被强秦垄断，西南丝绸之路成为楚国对外贸易往来的唯一陆上通路。

作这些阐释是为了说明楚人对丝绸之路彼端情况的了解程度，他们知道在遥远的西方有和他们迥异的族群，这族群并不虚无飘渺于神话传说之中，而是通过商人开辟出来的线路就可以碰触到的真实的存在。商路的开辟不仅带来了域外各种各样的信息，也给国人走向域外提供了可能。所以笔者以为，屈原进入滇黔地区除抗秦之外，也或许是要向域外寻求出路。

前文提到，屈原在郢都见疏之后，曾北上汉北向韩、赵、齐三国求仕，这广泛的求仕遭到了巨大的失败。可以说，屈原在中国境内的政治生涯确乎终结了。然而，屈原是一个精神力量强大的人，推行美政、重现尧舜盛世的信念支撑着他的生命，他并没有被接连而来的挫折击垮，反而绝地重生，要进行更强烈、更宏阔的抗争与追求。

《离骚》中这样描写：

> 索藑茅以筳篿兮，命灵氛为余占之。曰两美其必合兮，孰信修而慕之？思九州之博大兮，岂唯是其有女？曰勉远逝而无狐疑兮，孰求美而释女？何所独无芳草兮，尔何怀乎故宇？①

屈原请灵氛为自己占卜，灵氛说“九州这么博大，你为什么偏偏要在这里求女呢？”通常认为，“九州”指当时战国诸国，“故宇”指屈原的故国楚国，灵氛这段话的意思是让屈原离开楚国、到别的国家寻找出路。然而笔者上文提到，在此之前屈原已经向北方韩、赵、齐三国求仕，这里如果再言向别国求仕则出现逻辑矛盾。且此节屈原反复请灵氛占卜、请神灵明示，直到确认结果为吉后才终于决定动身。下文“折琼枝以为羞兮，精琼爢以为粻”②，这是大张旗鼓准备粮草。可见屈原要去的是个极远极远且充满不确定性的地方。

先秦时期的时空观比我们今天想象的要广阔许多，我们总以为那个时候科技不发达，限制了人们的出行与沟通，褊狭的认为那时候人们的认知只局限于中原及周边蛮夷地区之内。而先秦文献记载与不断发现的考古实物证明，先秦时期亚、欧之间交流与人们对世界的认知超出了我们的想象。

如《史记・孟子荀卿列传》记载：

---

① （宋）洪兴祖：《楚辞补注》，北京：中华书局，1983年。

② （宋）洪兴祖：《楚辞补注》，北京：中华书局，1983年。

中国名曰赤县神州。赤县神州内自有九州，禹之序九州是也，不得为州数。中国外如赤县神州者九，乃所谓九州也。于是有裨海环之，人民禽兽莫能相通者，如一区中者，乃为一州。如此者九，乃有大瀛海环其外，天地之际焉。①

这是先秦时期齐国稷下学宫邹衍的言论，他认为我们所熟知的中国九州是小九州，而在中国之外还有广阔的大九州，每一州外都有大海环绕。这种认知与我们今天七大洲四大洋的分布极为相似。汤洪先生在《屈辞外来地名研究》一文中分析说，屈原作为外交官与齐国的联系十分紧密，他多次出使齐国，动辄居齐国数月，很有可能受邹衍学说影响接受“大九州”的概念。② 邹衍“大九州”的概念显然产生于中、西之间信息往来交换，而这交换最初是伴随着商人的脚步实现的。某种意义上说，离乡背井、担起货物勇敢地走向未知远方的商人是我们探索世界、将人类连为一体的最初的先驱。

所以，屈原要去的九州很可能是战国诸国之外的广大地区。

灵氛既告余以吉占兮，历吉日乎吾将行。折琼枝以为羞兮，精琼爢以为粻。为余驾飞龙兮，杂瑶象以为车。何离心之可同兮？吾将远逝以自疏。邅吾道夫昆仑兮，路修远以周流。扬云霓之晻蔼兮，鸣玉鸾之啾啾。朝发轫于天津兮，夕余至乎西极。凤皇翼其承旂兮，高翱翔之翼翼。忽吾行此流沙兮，遵赤水而容与。麾蛟龙使梁津兮，诏西皇使涉予。路修远以多艰兮，腾众车使径待。路不周以左转兮，指西海以为期。③

这是屈原设想自己接下来的路途，经过“昆仑”、“天津”、“流沙”、“赤水”、“不周”，最终到达心意所指的目的地——“西海”。

《史记·大宛列传》记：

于寘之西，则水则西流，注西海，其东，水东流，注盐泽。④

---

① (西汉)司马迁:《史记》,北京:中华书局,2013年。

② 汤洪:《屈辞外来地名研究》,成都:四川师范大学博士学位论文,2010年

③ (宋)洪兴祖:《楚辞补注》,北京:中华书局,1983年。

④ (西汉)司马迁:《史记》,北京:中华书局,2013年。

《汉书·西域传》记：

> 乌弋山离国，王去长安万二千二百里···东与罽宾、北与扑挑、西与犁靬、条支接。行可百余日，乃至条支。国临西海，暑湿，田稻。有大鸟，卵如瓮。①

《博物志》记：

> 汉张骞渡西海，至大秦，大秦之西乌迟国，乌迟国之西，复言有海。②

《史记》所载西海为今咸海，《汉书》所载西海为今里海，《博物志》所载西海为今地中海。西汉较先秦去之不远，且对事物的称谓往往不会在短期内发生巨大变化，因此以上三则文献中所称的西海大抵就是先秦时期所谓的西海。虽然咸海、里海、地中海具体所指不同，但都位于中亚、西亚、欧洲地区，远远超出了中国内陆的范围。屈原要去的"西海"就是域外中亚、西亚甚至地中海地区。

北方丝绸之路直接向西通往中亚、西亚，进而到达地中海沿岸。西南丝绸之路经印度华氏城中转，北上进入中亚、西亚，亦可达地中海。可以说，先秦时期丝绸之路的开拓扩展了人们的视野，把人们从跻身已久的中原解放出来，将目光投向更遥远更广阔的大陆西岸。屈原正是在这种日益频繁的中西交流中获得了开放的视野，从而其作品才会显得如此壮阔雄浑，上天入地、南行西指。

先人开放的视野和勇于探索未知领域的精神不得不令我们叹息，切身来说，这于我们做学术也有很多启发。汤洪《屈辞外来地名研究》一文大胆考证，释"昆仑"为大阿勒山、"流沙"为撒哈拉沙漠东北缘、"赤水"为红海、"不周"为东非大裂谷、"西海"为大西洋。结果正确与否暂且搁置，其宏阔的视野和磅礴的力量足以令人振奋。杨义先生在《重绘中国文学的历史地图》一文中也提到做学术的胆识与态度：

> 安徽省蚌埠市有一个涂山，传说是大禹娶涂山姑娘"，"过去都以为这是个传说，现在在安徽涂山下面的禹会村，发现了四千多年前部落活

① (东汉)班固:《汉书补注》,上海:上海古籍出版社,2012年。

② (晋)张华:《博物志新译》,上海:上海大学出版社,2010年。

> 动的遗迹。考古学家认为,禹会诸侯得到了证明。这表明,历史传说,口传的东西,虽然羼入想象和修饰,但它往往有一个由头,存在着某些历史碎片的底子,可以作为发生学的资源进行仔细的辨析。清人没有解决这些问题,许多问题有待于今人结合文献和考古发现,进行深入的富有创造性的考察。不要一味地向古人仰着脖子,一代有一代的学术,一代人要有一代人可以开拓的学问天地。①

兹摘录共勉。

① 杨义:《重绘中文的历史地图》,《文史哲》2015年第3期。

# 文类与情境:《粤剑编》中的岭南书写

安家琪

(上海交通大学人文学院,上海,200240)

**[内容摘要]**《粤剑编》对岭南地理文化的记述,以一位传统士大夫的眼光聚焦作为"边缘"的粤中,于"华夏"、"粤中"与"外夷"三者的相互观望之中,揭示"中心"、"边缘"以及"边缘"之"边缘"三者间关系的相互转化。粤中作为"中国"之"边缘",摇摆于"华夏"与"外夷"之间,其地域归属与文化认同呈现出明显的可变性。《粤剑编》所反映出的江南士人(中心)逐步进入岭南(边缘)、体验岭南、改造岭南并言说岭南的生命行迹,是帝制时代南北互动的主线。而一位太仓精英士人由江南到岭南的行走历程,也成为江南文化走向岭南、并形塑与改造岭南文明的过程。

**[关 键 词]**华夏;边缘;外夷;岭南

万历二十八年(1600年),太仓人王临亨于刑部主事任上奉命赴广东查案。① 次年正月四日,王氏在作别亲友之后,发舟南下。江南岭南相去逾千里,漫长的空间移动,对于时年五十有五的王氏而言,实有"间关劳瘁"之苦。② 但对于岭南的亲历,却为王临亨提供了印证"岭南想象"的机缘。王氏在路长人乏的旅途中,留下了数万字的行旅日记《粤剑编》。③ 虽然,在今日的文学史与思想史抑或历史地理研

① 王昶:《(嘉庆)直隶太仓州志》卷三十《人物》,清嘉庆七年刻本。

② "未逾月而走数千里道,间关劳瘁,不言可知,而况疾疢侵其内,风雨侵其外。"[明]王临亨:《粤剑编》卷四《纪行一》,北京:中华书局,1987年,第96页。

③ "是夕泊跨塘,……五日抵郡,……是夕次吴江。六日次黄岗泾。七日早抵嘉禾,……是夕次石门。八日次塘栖。九日次武林,……十日治装舟中。十一日偕微仲辈着葛巾从湖上游,……十二日赴张都阃席。……十三日得骑从抵富阳,入舟夜行。十四日辰抵桐庐。十五日辰抵建德,是夜遂抵兰溪。十六日陆行抵龙游。十七日停午抵三衢。……乘夜达常山,而痔疾作矣。十八日舆疾行至沙溪。十九次弋阳。二十次安仁。二十一次徐桥。二十二过进贤。……二十三日勉强就道,……二十五日始达临江。……是夕由临江从陆复走四十里而宿。二十六次峡江。二十七次吉安。二十八过泰和,访故司理龙君,……是夕宿腰站。二十九次乌兜驿。三十日过赣州,次九牛驿。二月朔次南安。二日早发南安,平旦度梅岭。……度岭后,更八十里,乃息肩于南雄府治。"[明]王临亨:《粤剑编》卷四《纪行一》,北京:中华书局,1987年,第94—95页。

究中,《粤剑编》并非不可忽视的文献;但其"平庸"却恰恰在为王氏的岭南之行提供印迹之外,为理解十七世纪前后士人如何观察与体验"异域",提供了"最为真实"的材料。游记作为特定类型的文本,总与特定的社会情境形成对应,写作者对于文类的特性越少反思,其对应的程度则越高,也越能见出一般的知识水准与文化心理。游记以显性的"看什么"与隐形的"如何看"作为构建文本的基本框架,"平庸"的《粤剑编》记录了王临亨对于岭南风土人物的观察,也隐含给定了王氏"如何看"的视角选择。北人逐步进入南方、体验南方、改造南方并言说南方是帝制时代南北互动的主线。《粤剑编》所记述的依然是一个精英士人进入岭南的故事,"华夏/蛮夷"以及"中心/边缘"双重结构的强大影响在文本中随处可见。故而,对于《粤剑编》的考察,其意义在个案研究而外,更在于为通性的考察提供文本依据。

## 一、"不用汉法"与"善盗嗜杀":风土之"怪"与人心之"恶"

王临亨初至岭南,以中原士大夫所秉持之"华夏文化中心论"为知识背景而对粤中加以观照,其首要关注点必然聚焦于最能体现粤中之独特风貌者——"异域"物产与风俗之殊怪:

> 余初入粤,问其乡岁事,云高、雷之间岁三熟,惠、潮之间岁二熟。余怪其获多税薄,且国家北边曾不得其升斗之用,何以不污邪满篝也?及行部,从田间走,始知粤农之不讲于农也殊甚。初以牛耕,下种后,悉听之于天,农夫祇问刈获已耳。如此,岁收安得不薄也?
>
> 慢带蛇,长五六尺,粤人取以供膳,云能辟瘴去疯,此犹可言也。田中有一种小虫名曰禾虫,树中之蠹大如指而色白者,皆以油炒食之。旧传粤人喜食蜜唧,此去蜜唧何远?
>
> 瑶民处深山之中,居无栋宇,以芒为命。芒似芋,遍山种之,食一山尽,复往一山,与北虏之逐水草驻牧者相类。其密迩正朔之地者,践更之役稍稍与汉人等。有力者从藩司纳银若干,给札为瑶官,诸瑶听其约束,然亦仅能羁縻其下而已,不能用汉法也。
>
> 端州深山中,妇人悉裸体浴溪中,见人仅掩其乳,了不为异。不知者见而哂之,则诟詈相随矣。大抵皆瑶民也。①

① 分别参见(明)王临亨:《粤剑编》卷二《志土风》,北京:中华书局,1987年,第75、78、76、77页。

粤中一年两到三熟,然所纳之税却比江南微薄,此诚为王氏所不解。亲历田间,始知粤农不知稼穑回护之法,牛耕下种之后,遂任其生长,故而粮食产量低下。粤人食蛇肉以避瘴疠在王临亨看来,虽已属蛮化行举,但尚可勉强接受;然取禾虫大如指者以油炒食,实令中原士人难以想象。而部分少数民族"裸体浴溪"、"居无栋宇,以芒为命"之风俗在源自象征华夏文化正朔所在的江南士大夫看来,则无异于化外蛮夷。地理空间的边缘化自然引发中土士人对其文明之神秘可怖的想象,传统男性中心论对女性的恐怖想象在"中心—边缘"的认知框架下被进一步放大:

粤人多染疯疾,而雷阳为甚。其始发也,指爪间即不知痛痒,以为病候。女子患此,即谬为私奔与迷失道状,用以挑男子,一交感后,其疾顿移之男子矣。俗呼为过疯。粤之患疯者,男子什七八,女子什二三,以此。[①]

在王氏的叙述中,"疯疾"为粤中一带之多发疾病,具有明显的地域性特征;而粤人之染"疯疾"者,多先发于女性,并伴随女性患者对男性的挑逗交感而在男性群体中传播。亦即,粤中女性是"疯疾"的携带与传播源。罹疯疾者,多语涉妖妄,行为癫狂;而女性在两性象征系统之中处于非理性的一端,因此被认为本质上与疯癫相通。明末清初陈士铎即认为思春女性会患"花癫"。[②]"边缘蛮夷"之地本多"怪异"疾病,而地理之"边缘"、疾病之恐怖与作为"他者"之女性的邪恶本性相叠加,使得粤中成为江南士大夫心中未尽开化的可怖异域。

伴随风土之"怪"而来的是对人心之"恶"的打量。自春秋始,"非我族类,其心必异"即华夏文化圈之汉人观看与理解"周边"之"他者"的重要准则。在"戎狄志态,不与华同"的意义框架之下,"粤人之心必险恶"遂成定论,"重利"、"善盗"与"嗜杀"乃其本性:

百粤之民,喜于为盗,见利如膻,杀人如饴,其天性也。余阅狱牒中,有仅以数镮而谋杀人者,有以斗粟而行劫者。至于掳人勒赎,尤是常事。或禁

① (明)王临亨:《粤剑编》卷二《志土风》,北京:中华书局,1987年,第76页。

② 参见胡晓真:《酗酒、疯癫与独身:清代女性弹词小说中的极端女性人物》,王媛玲、胡晓真主编:《经典转化与明清叙事文学》,台北:联经出版事业股份有限公司,2009年,第356—357页;[美]伊莱恩·肖瓦尔特著、陈晓兰等译:《妇女、疯狂、英国文化(1830—1980)》,兰州:兰州大学出版社,1998年。

之船中，或圉之地窖，或幽之密室，意其能识认者，则蒙其首而去，公然揭示于通衢而索之金钱。饱其意，则人可生还；稍不满意，多有财命俱丧者。或掳人家女子，则群盗聚而奸之，赎不满意，竟售之他乡去矣。又有劫人尸棺而勒索者，其事尤可怪。

高、雷之间，内地不通舟楫，米谷最贱。马豕之属，日食粥糜。鸡豚鱼虾，虽山谷间数家之聚，亦在在皆有。樵山牧野，随地可致衣食。然一见微利，刦杀随之，乃至甘心死法而不悔。故曰粤人之喜于为盗，其天性也。

蜑民以船为家，以渔为业，沿海一带皆有之。聚而为盗，则横劫海面。亦多为大盗所劫。自相婚配，与瑶民同。①

粤人“见利如膻”，故喜为盗贼，乃至有仅以斗粟而行劫、以数镪而杀人者。然而，粤中内地山岭众多，交通闭塞，与外界交换不多，本可实现自给自足的生活，但善盗之风仍炽，其至重物而轻生者亦不在少数，于是，王临亨得出结论——“粤人之喜于为盗，其天性也。”汉人对粤人性恶的理解源于地理位置之“荒蛮”所导致的文化传统之“蒙昧”。此种凝聚情感体验的“心理构图”背后，②是“华夏”对于“周边”深深的区隔意识。

## 二、苏轼、张(巡)许(远)与韩愈:“边缘”意义的发现与制定者

“非正统”的“边缘”既意味着对“中心”的疏离，同时，也意味着对“常规”的逸出与超越。因此，当王临亨车马劳顿终抵粤中，其留心者不啻为风土之“怪”与人心之“恶”，是地独有的风物亦成为开启王临亨文化记忆的契机。沿途行旅，每一处值得称道的自然与人文景观都是历史与文化在当下时空的绽开，望“和光洞”而想安昌期；见“峡山”而溯其本自“黄帝二庶子，长太禺，次仲阳，降居南海。……禺居峡南，阳居峡北，故山号曰二禺”。③ 随之而来的尚有种种谬悠但不失

① 分别参见(明)王临亨:《粤剑编》卷二《志土风》，北京：中华书局，1987年，第74、75—76、76页。

② “‘心理构图’是指过去经验与印象集结所形成的一种文化心理倾向。每个社会群体中的个人都有一些特别的心理倾向。这种心理倾向影响个人对外界情景的观察，以及他如何由过去记忆来印证或诠释从外在的世界所得的印象。这些个人经验与印象，又强化或修正个人的心理构图。”王明珂:《历史事实、历史记忆与历史心性》，《历史研究》2001年第5期，第136—147页。

③ (明)王临亨:《粤剑编》卷一《志古迹》，北京：中华书局，1987年，第53页。

妙趣的传说。王氏的游历是文本经验化的过程,而此间将“粤中”经验文本化并传诸后世的书写者无疑是勾连“他方”与“在地”、“中心”与“边缘”的重要传播者。对于王临亨而言,自己“粤中”经验的获得,苏轼功莫大焉:

云封寺,在梅岭之巅。其创建甚久,而逼于地窄,规模偏浅。苏长公有言:“岭南有佳山水,而无佳寺院。”诚哉是言也。

汤泉去电白二十里,水从地喷出,其热如汤,左方一泓更热,长公诗所谓“仅可燖狐兔”,非虚语也。水甚洁清,惜无好事者筑一浴室以惠游客耳。

罗浮道士邓守安,于惠州东门外合江渡口作浮桥,以铁锁石矴,连四十舟为之,随水涨落,榜曰东新桥。州西丰湖上有长桥,屡作屡坏。……东坡先生施犀带,颍滨先生、史夫人出内赐金钱以助厥工。东坡先生有两桥诗以纪之。今东新桥之制无改于旧,西新桥不过如常,一石梁,内筑石堤以捍湖水而已,似不若宋时之壮观也。

王氏与云封寺、汤泉初次照面,最直接而切近的联想便是苏轼关于二者的述说。正式东坡的记述,让他了解到远在一隅、未曾谋面的“他方”尚有此一物之存在;“诚哉是言”、“非虚语也”更于字里行间隐约传达出一种百年而后知音难觅、故此惺惺相惜的情怀。于是,苏轼的意义便不仅仅在于面对“虽曰安置,去囹圄不远”(《粤剑编》卷二《志时事》)的放逐生涯,以“超然自得,不改其乐”(《与元老侄孙书》)之生命姿态在粤中的山水之间实现了“反放逐”的自我开解;①更重要的是,其对于岭南的书写成为中原士人对粤中风貌认知与想象的重要来源,苏轼也因之成为粤中文化意义的发现、制定与传播者。作为“周边”之粤中亦因苏轼的曾在而与华夏核心文化圈相对接,并逐步进入中原士大夫的观看之中。

粤中在对华夏文化进行有选择地接受、并努力提升自身文化地位的过程,同样是放大其作为“周边”之文化特殊性、并强化后来者对于粤中独特风貌之记忆的过程:

苏长公题橄榄诗云:“待得微甘回齿颊,已输崖蜜十分甜。”吾乡诵此诗,皆笑长公不韵,第不知吾乡所食者闽产耳。此中橄榄五月已有之,坚韧酸

① 郑毓瑜:《归返的回音——地理论述与家国想像》,《性别与家国:汉晋辞赋的楚骚论述》,上海:上海三联书店,2006 年,第 108—109 页。

涩，绝不适口。长公此诗，犹为岭南橄榄增价也。

浴日亭，在扶胥口海神庙之西。孤峰突起，大海当其前，亦一大观也。坡翁有诗，石刻其上。

韩山，俗称为笔架山，在潮城之东。韩以人名，笔架以形名也。退之尝植木其上，潮人因号曰韩木。

鹧鸪，形如鸡，味亦如之。羽毛微有文彩，而尾短。其声亦颇类鸡，第音节殊促，不堪听。乃为骚人迁客吟咏不辍者，何幸也？①

岭南橄榄因苏公之诗而声名大噪；浴日亭亦因坡翁题诗其上而旋为文化胜迹；韩山、韩木之得名即源于韩愈之文化影响力；鹧鸪鸣声短促不堪听，只因迁客骚人之反复吟咏而身价倍增，诚乃其幸也。② 地景是特定共同体对于某种历史与文化的认同，尤其与日常真实的生活相关。浴日亭、韩山都是凝聚地方的记忆，使得地景除了原来的历史记忆、地方记忆，更因作者的书写，相招友人以文字为公共空间经营留下记忆。③ 源自核心文化圈的儒家士大夫以华夏文化为底色的观照视角，来记录粤人的生活空间与日常行为方式；粤中之山水人情亦因书写者政治文化上的影响力，而获得了进入历史记忆的可能。与此同时，“岭南橄榄”、“浴日亭”、“韩山”与“韩木”亦随之成为粤中独特的文化标签，而进入后来者的记忆之中。谪迁岭南的士大夫不啻为粤中“边缘”意义的发现与传播者，更是粤中意义再生产的促成者与粤中“边缘”意义“中心化”的制定者：

潮阳有唐张、许二公庙，文信公所题沁园春词，即此地也。余谓二公之死难，烈矣！顾睢阳去兹甚远，乃庙食于潮者何故？客言：“宋时潮人有赴汴京者，以归途辽远，感而长叹。已就枕，梦一神人谓曰：‘若苦路遥耶？吾挈汝归，旦日至矣。’因问神何为者，神曰：‘吾睢阳许太守也。上帝命我庙食尔土。尔为里中言，为吾立庙，吾有以福尔土也。’其人惊寝，不觉身已在家矣。即与邑父老立庙塑像，而并祀张公，邑中疾疠、水旱，祷靡不应。岁久，肸蠁稍息，而祠宇亦就颓。嘉靖戊午，海寇亟攻潮阳，潮阳令梦二公相劳苦，谓：

① （明）王临亨：《粤剑编》卷三《志名胜》，北京：中华书局，1987年，第87页。

② 宋人方信孺即有《浴日亭》诗云“亭倚蓬莱几许高，下临无地有惊涛。坡仙想得江山助，八语端为天下豪。”东坡题诗之文化影响于此可见一斑。

③ 张蜀蕙：《现实经验与文本经验的真实——由欧阳修、苏轼作品探究北宋地志书写与阅读》，《东华人文学报》2007年第11期，第85—119页。

'勉力谨守,吾两人在,保无虞也。'贼为云梯瞰城,见有二丈夫,甲胄而坐睥睨间者。四面瞰之,四面俱在,惧而解去。繇此庙貌复新。"

潮之东门,俯临鳄溪,一曰恶溪,疑误也。鳄形四足而修尾,似亦蛟龙之类。唐时韩公愈以文遣之,鳄患遂息。至宋,鳄复来噬人,陈公尧佐督渔者网得之,戮于市,鳄至今不复为患。然则文德之雍容,顾不胜斧钺哉?君子亦可以观世矣。或曰昌黎驱鳄实在潮阳,此傅会也,未知孰是。[1]

宋时潮人赴汴京,是从边缘向核心文化区的流动,此过程必然伴随有周边对华夏文化的理解与选择。许远托梦于客、请粤中百姓为其立庙、遂佑护其民以及张巡、许远在倭难中庇佑粤中的叙述显然系以华夏"中心"文化为稳定粤中"周边"意义的框架。此过程既伴有"中心"的主动介入("尔为里中言,为吾立庙,吾有以福尔土也"),同时又伴有"周边"的主动吸纳与接收("即与邑父老立庙塑像,而并祀张公")。昌黎以文遣鳄患,为王临亨所尚,"文德之雍容,顾不胜斧钺哉"明确道出"远人不服而不能来也,修文德以来之"的文化感召之于稳定"周边"与意义制造的巨大力量。粤中作为"周边",在与核心文化的碰撞中不断对"中心"文明进行模仿、并将其典范化,形成以华夏文化为主导的文化生产方式;同时,在核心文化区对粤中的观看与书写之中,彰显自身独特的地域文化价值,逐步实现文化意义的增殖。

## 三、"粤中"与"吾乡":"周边"与"华夏"的对望

地域的边界总是与社会、民族和文化之边界相对应,故而,对于"周边"、"异域"的想象与观望,即一个体或共同体通过对"他者"的区隔来定义"自我"的重要方式。在与"他者"的对望中,个体不断借由放大"他者"之殊异表征来确认塑造"自我"背后的文化坐标。对于来自华夏核心文化圈的传统士大夫——王临亨而言,"粤中"只是存活于文本与道听途说的"他者经验"之中陌生而又"熟悉"的地理空间,在想象的"粤中"之旅中,方志与前人关于岭南的诗文书写又是构成其"粤中"经验的重要文本[2]:

① (明)王临亨:《粤剑编》卷一《志名胜》,北京:中华书局,1987年,第63页。

② 参见刘顺:《个体记忆与文化生产:柳宗元的南方生活——以诗文为中心的考察》,《山东师范大学学报》2013年第3期,第53—63页。

志称粤俗尚鬼神，好淫祀，病不服药，惟巫是信。

藤菜，即吾乡紫草，粤人成畦种之以食。东坡诗“丰湖有藤菜，似可敌莼羹”是也。

慢带蛇，长五六尺，粤人取以供膳，云能辟瘴去疯，此犹可言也。田中有一种小虫名曰禾虫，树中之蠹大如指而色白者，皆以油炒食之。旧传粤人喜食蜜唧，此去蜜唧何远？

旧传粤人善蛊，今遍问诸郡，皆无之。云此风盛于粤西。然解之亦甚易，中蛊者捣生蚬汁饮之，即无患矣。未知果否。

凡树，枝头多有寄生，寄生托根树枝，不类吾乡丝萝之属，犹从地起引蔓而长也。寄生日滋月茂，蟠结树身，树为之敝，而寄生竟亦即真为树矣。……

（按：桂海虞衡志云：“榕，易生之木，禽鸟衔其子，寄生他木上，便蔚茂，根下至地，得土气，久，则过其所寄。”以余所见寄生，枝叶绝类榕树，始信虞衡志所载不谬。）

初涉粤中，几乎所有关于是地的认知皆源于经验的文本。东坡之诗、旧日之传闻以及诸方志对粤中的描画遂构成王氏重要的前理解。而有关“粤俗尚鬼神，好淫祀，惟巫是信”的叙述构成王临亨对粤中的基本想象。因此，当岭南所见与自己已有的知识结构发生碰撞时，“吾乡”便是王氏首选之参照：

岭东人生子，多过继与大树，名之曰木生。犹吾乡之过继与神佛也。

木棉花，二月中开。树高四五丈，花类山茶，而瓣尖大者如碗。其不及山茶者，着花时无叶耳。花落后，枝头另生一物，即攀枝花，吾乡所用为褥者也。

正月晦日，在南赣军门署中，见庭中桂花二株盛开，芳馥袭鼻。吾乡即有四季桂花，好事者植之，亦那得如此。吉水、庐陵之间，桃花多白。余以正月廿七过吉水，尔时桃正开。一村坞负山抱江，居民栽桃繁甚，不下千株，更无一红者。吾乡半醉玉贞，此则淡妆西子，不知谁胜。

白鹇，雌雄大异。吾乡所尽，皆雄像也。雌者，遍体灰黄色。

“吾乡”是自我身份的确证，同样是个体理解自我而外之世界的基点。王临亨之“吾乡”源于华夏核心文化区，因此，“吾乡”的频繁出现意味着王氏不自觉地在“自我”与“他者”、“核心”与“周边”的两相参看中理解粤中作为“周边”的存在。于是，王临亨笔下开始出现“周边”与“华夏”的对望以及对望之中的价值评定：

香圆，形与吾乡者相类。皮作佛手柑香，而味稍辛。附皮之肉寸许，味与佛手柑无异，而甜嫩更胜。连皮肉食之，殊觉甘香。粤人食必去皮，可谓无风韵矣。以槟榔之涩、苦瓜之苦、葛根之息恶，粤人甘之若饴，而独寘香圆皮不食，何也？（此种疑即草木状所称钩缘子。）①

同为香圆，江南人连皮肉食之，殊觉甘香；粤人则食必去皮，遂被江南人目之为“无风韵”。其甚者，“槟榔之涩”、“苦瓜之苦”、“葛根之息恶”，在江南人理解中难以下咽之物，粤人却甘之若饴。不仅如此，“大都茶酒二味，粤人全不解美恶。”②面对“华夏”与“周边”所展现出的不同饮食习惯，王临亨自然而然地持有一份来自核心文化区之传统士大夫的身份优越感，诸如“葛根味殊恶劣，与土瓜同食，若此中人别具一口者”、“始入口，味苦甚；下咽，则齿颊间觉微甘。然终非佳品也”、“吾所食，殊瘠薄无味”、“余闻是香气腥，殊不可近”（《粤剑编》卷三《志物产》）的评述背后，更多是居高临下而又为之惋惜不已的长者姿态。然而，随着交通的改善，岭南与中原交流日渐增多，③粤中之美俗亦不能为王氏所忽视：

志称粤俗尚鬼神，好淫祀，病不服药，惟巫是信。因询所奉何神，谓人有疾病，惟祷于大士及祀城隍以祈福；行旅乞安，则祷于汉寿亭侯。如此安得为淫？以上二事，贤于吾乡远甚。

真武，北方之神也，岭南甚尊事之。四月十五日，人自为党，各出金钱，市花币、果酒之属以献，至有进蟒衣而焚之者。先二三日，满城已鼓吹不绝矣。

粤中立社，多寘一石，以为神之所栖。或依巨木奉祀，亦必立石，不塑神像，宛然有古人风焉。不谓夷方见之。

---

① （明）王临亨：《粤剑编》卷三《志物产》，北京：中华书局，1987 年，第 85 页。

② （明）王临亨：《粤剑编》卷二《志土风》，北京：中华书局，1987 年，第 78 页。

③ 明代之前较为重要的有张九龄开梅关（参见张九龄：《开大庾岭路记》，董诰等：《全唐文》卷二九一，北京：中华书局，1983 年，第 2950 页）。至明代，岭南同外界联系的水利交通进一步得到改善，从广州出发，主要有北、东、西三路与外省联系。参见蒋祖缘：《明代广东水陆交通建设及对商贸发展的作用》，《广东史志》2001 年第 3 期，第 3—11 页。

凡树，枝头多有寄生，寄生托根树枝，不类吾乡丝萝之属，犹从地起引蔓而长也。寄生日滋月茂，蟠结树身，树为之敝，而寄生竟亦即真为树矣。吾乡蘧蒢施戚之徒，托富贵之交而居门下，已而，窃其势，盗其财，以自膏腴，遂从而欺压之，其富贵者，反俯首听命而不为怪也。噫！吾乡因有此辈，是以无寄生。①

"城隍"之名见于《周易》，乃华夏文化所崇祀之重要神祇，为儒教《周宫》八神之一；②赵宋以降，几乎所有的大型道教仪式中均会请城隍，或在法事中开列城隍的法位。③ 而"汉寿亭侯"关羽经由民间传说之厉鬼形象，④到释、道二教之改写传播，⑤逐步进入世人的信仰系统；并在明初正式获得中央认可，成为官方信仰体系中的重要成员。⑥ 真武者，"北方之玄武神也。宋避玄祖讳，改称之封号'佑圣真君'"。⑦ 宋元以来，真武神在官方与民间祭祀体系中的地位不断抬升，至朱明而极盛。⑧ 粤人对"城隍"乃至"汉寿亭侯"的祭祀与信仰表明，明中叶已

---

① （明）王临亨：《粤剑编》卷二《志土风》、卷三《志物产》，北京：中华书局，1987 年，第 78、85 页。

② 孙承泽著、王剑英点校：《春明梦余录》卷二十二《都城隍庙》，北京：北京古籍出版社，1992 年，第 317 页。

③ 高万桑著、曹新宇等译：《清代江南地区的城隍庙、张天师及道教官僚体系》，《清史研究》2010 年第 1 期，第 1—11 页。

④ 孙光宪撰、贾二强点校：《北梦琐言》卷十一《关三郎入关》，北京：中华书局，2002 年，第 244 页；陈渊，《默堂先生文集》卷十三《正月十七日上殿札子》，四部丛刊三编本。

⑤ 董侹《荆南节度使江陵尹裴公重修玉泉关庙记》，《全唐文》卷六八四，北京：中华书局，1983 年，第 7001—7002 页；《二教源流搜神大全》卷三，清宣统元年长沙叶氏刻本；《大宋宣和遗事》，北京：古典文学出版社，1954 年，第 15 页。

⑥ 洪武二十七年(1394)正月，"建汉寿亭侯关羽庙十鸡鸣山之阳……与历代帝土及功臣、城险诸庙并列，通称十庙。"(《明太祖实录》卷二三一)洪武二十七年春止月。(另有洪武二十八年说，见《太常续考》卷六《汉寿亭侯庙》；孙承泽《春明梦余录》卷二十二《汉寿亭侯庙》)嘉靖时期，关羽信仰迅速普及，庙宇大兴。嘉靖中后期，关羽祠祀"庙祀亦遍天下，与孔子等。"(徐阶《重修义勇武安土庙碑铭》，《汉前将军关公祠志》卷八《艺文中》)可参见洪淑苓：《关公民间造型之研究：以关公传说为重心的考察》，台北：台湾大学出版社，1995 年；卢晓衡：《关羽、关公和关圣》，北京：社会科学文献出版社，2002 年。

⑦ 何庆元：《重修六安洪山寨庙碑记》，《何长人集》(蘧来室近稿文类)，明万历刻本。

⑧ 参见朱元璋：《御制真武庙碑》，《道藏》第十九册，北京：文物出版社、上海：上海书店、天津：天津古籍出版社，1988 年，第 640 页；朱元璋：《御制大岳太和山道宫之碑》，陈垣：《道家金石略》，北京：文物出版社，1988 年，第 1251 页；《玄天卜帝百字圣号》，《道藏》第三十六册，北京：文物出版社、上海：上海书店、天津：天津古籍出版社，1988 年，第 337 页。

降,随着家族文化向岭南地方社会的渗透,百越文化进一步汉化与儒化。[1] 同时,城隍、关羽与真武明显的道教色彩,又彰显出粤人的文化选择策略。作为"化外之地"的岭南自古即以巫道结合为其思想文化主体,[2]"罗浮,粤东镇山也,道书以为十大洞天之一。昔者勾漏翁伏砂兹土,升为天官。是山固群真之玄官,而仙令之丹府也。顾越在南荒,兼非孔道,烟霞之侣,秖勤梦思,圭组之伦,更多掉臂,而兹山已为樵夫牧竖有矣。"[3]"越在南荒,兼非孔道",则道出"边缘地带"之于"边缘文明"的双向选择。在"中心"与"边缘"的碰撞中,华夏文化圈的影响力已逐步渗透至"边缘地带","边缘地带"亦不断自我调整,以部分选择并适应核心文化,从而实现自我身份地位的"近中心化"。汉文化从前对于岭南"炎蒸连晓夕,瘴疠满冬秋。西水何时贷,南方讵可留"[4]的排斥转化为"葵树,绝类椶榈。广人取其叶以为扇,今天下通用之"[5]的文化认同。粤中作为"周边"的影响力逐步提升。

## 四、"边缘"之外的"边缘":"外夷"的介入与转化

粤中近海,海上交通便利,西汉武帝时期即有黄门译长作为汉使携黄金、丝绸沿海岸线南下,与周边诸国进行货物交换:"自日南障塞、徐闻、合浦船行可五月,有都元国;又船行可四月,有邑卢没国;又船行可二十余日,有谌离国;步行可十余日,有夫甘都卢国。自夫甘都卢国船行可二月余,有黄支国,民俗略与珠崖相类。其州广大,户口多,多异物,自武帝以来皆献见。有译长,属黄门,与应募者俱入海市明珠、璧琉璃、奇石异物,赍黄金杂缯而往。所至国皆廪食为耦,蛮夷贾船,转送致之。"[6]至明中后期,随着海上航路的拓展与中外商贸的频多,外国来粤者日增。这些人与王临亨先前记忆中的经验完全不同:

---

① 叶汉明:《明代中后期岭南的地方社会与家族文化》,《历史研究》2000 年第 3 期,第 15—30 页。

② 参见王丽英《道教南传与岭南文化》(华中师范大学出版社 2006 年版)第一章《道教南传的历史文化条件》之相关论述。

③ (明)王临亨:《粤剑编》卷四《游罗浮山记》,北京:中华书局,1987 年,第 101 页。

④ 沈佺期:《三日独坐驩州思忆旧游》,彭定求等:《全唐诗》卷九七,北京:中华书局,1990 年,第 1050 页。

⑤ (明)王临亨:《粤剑编》卷三《志物产》,北京:中华书局,1987 年,第 80 页。

⑥ (汉)班固:《汉书》卷二八《地理志》,北京:中华书局,1983 年,第 1671 页。

番人有一种，名曰黑鬼，遍身如墨，或云死而验其骨亦然。能经旬宿水中，取鱼虾，生啖之以为命。番舶渡海，多以一二黑鬼相从，缓急可用也。有一丽汉法者，谳于余，状貌奇丑可骇。侍者为余言：此鬼犴狴有年，多食火食，视番舶中初至者皙白多矣。然余后谳狱香山，复见一黑鬼，禁已数年，其黑光可鉴，似又不系火食云。

辛丑九月间，有二夷舟至香山澳，通事者亦不知何国人，人呼之为红毛鬼。其人须发皆赤，目睛圆，长丈许。其舟甚巨，外以铜叶裹之，入水二丈。香山澳夷虑其以互市争澳，以兵逐之。其舟移入大洋后，为飓风飘去，不知所适。①

"番人"、"黑鬼"、"红毛鬼"本身即意味着"华夏"典范的语境选择与其对"周边"族群的文化想象。因此，外国人迥异于华夏汉民的生理特征成为王临亨观看的首要焦点："黑鬼"遍身如墨，其骨亦然，黑光可鉴；状貌奇丑可骇；番人尚有初至多皙白者；更有"红毛鬼"须发皆赤，目睛圆，长丈许。随之而来的是对"番人"生活习惯的打量——"黑鬼"取鱼虾而生啖之。王氏对外国人的观看以汉人特征之"常态"为参照，因此，周身如漆、状貌丑骇而不似汉人之貌以及生食鱼虾而不取火食者，王氏皆以之为"非常态"之异类。② 汉人对西洋人的打量中充满好奇与迷惑，如此"另类"让汉人既觉神秘，而又倍感恐慌，乃至以"鬼"称之。"番人"外表之怪异可怖自然而然会引发汉人对其"非我族类，其心必异"的文化想象，粤中西洋人的激增，遂成华夏之痈患：

西洋之人往来中国者，向以香山澳中为舣舟之所，入市毕，则驱之以去。日久法弛，其人渐蚁聚蜂结，巢穴澳中矣。当事者利其入市，不能尽法绳之，姑从其便，而严通澳之令，俾中国不得输之米谷种种，盖欲坐而困之，令自不能久居耳。然夷人金钱甚伙，一往而利数十倍，法虽严，不能禁也。今聚澳中者，闻可万家，已十余万众矣。此亦南方一痈也，未审溃时何如耳！

初涉粤中的西洋人，只是华夏人出于好奇而在口耳相传之间加以观赏甚至

① （明）王临亨：《粤剑编》卷三《志外夷》，北京：中华书局，1987年，第92页。

② 有关"常"与"非常"的论述，参见李丰楙：《神化与变异：一个"常与非常"的文化思维》，中华书局，2010年。

把玩的对象:“西洋之人,深目隆准,秃顶虬髯。身着花布衣,精工夺目。语作撑犁孤涂,了不可解。……其饼饵以方尺帨覆之,以为敬。税使悉以馈余。饼饵有十余种,各一其味,而皆甘香芳洁,形亦精巧。吾乡巨室毕闺秀之技以从事,恐不能称优孟也。帨似白布,而作水纹,精甚,亦吾乡所不能效。今与瓶酒俱拟持归,以贻好事者”;因而,西洋文明的力量也仅仅是作为具象化了的玩物器具而在场:“澳中夷人,饮食器用无不精凿。有自然乐、自然漏。制一木柜,中寘笙簧数百管,或琴弦数百条,设一机以运之。一人扇其窍,则数百簧皆鸣;一人拨其机,则数百弦皆鼓,且疾徐中律,铿然可听。自然漏,以铜为之,于正午时下一筹,后每更一时,筹从中一响,十二时乃已。其它传神及画花木鸟兽,无不逼真,塑像与生人无异。刘天虞为余言:‘向往澳中,见塑像几欲与之言,熟视而止。’”[①]然而,当“番人”基于“共同祖源记忆”而逐步形成血缘与情感的共同体时,[②]汉人再也无法忽视其作为“异类”存在的潜在威胁。洋人趋利,“渐蚁聚蜂结,巢穴澳中”,作为“边缘”之地的粤中摇摆于“华夏”与“外夷”之间,其地方归属与文化认同变得敏感而脆弱:

> 天鹅绒、琐袱,皆产自西洋,会城人効之,天鹅绒赝者亦足乱真,琐袱真伪不啻霄壤。[③]

粤中远离核心文化区,对于“华夏”而外之异质文明的模仿与吸纳有着地缘与受众心理上的双重优势。会城人仿制天鹅绒足以乱真,即表明在不自觉中对文化渗透。王临亨认为,既然洋人图利,则解决夷人聚结为“南方一痈”之方法要在于别开一澳以互市:

> 大中丞戴公,再宴余于衙舍。尔时海夷有号红毛鬼者二百余,挟二巨舰,猝至香山澳,道路传戴公且发兵捕之矣。酒半,余问戴公:“近闻海上报警,有之乎?”公曰:“然。”“闻明公发兵往剿,有之乎?”公曰:“此参佐意也。吾令舟师伏二十里外,以观其变。”……余曰:“明公策之良善,第不佞窃有请

① (明)王临亨:《粤剑编》卷三《志外夷》,北京:中华书局,1987年,第92页。

② 王明珂:《华夏边缘——历史记忆与族群认同》,杭州:浙江人民出版社,2013年,第4页。

③ (明)王临亨:《粤剑编》卷三《志外夷》,北京:中华书局,1987年,第93页。

也。香山之夷，盘据澳中，闻可数万。以数万众而与二百人敌，此烈风之振鸿毛耳。顾此二百人者，既以互市至，非有罪也，明公乃发纵指示而歼之，于心安乎？倘未尽歼，而一二跳梁者扬飘逸去，彼将纠党而图报复。如其再举，而祸中于我矣。……窃谓海中之澳不止一香山可以互市，明公诚发译者好词问之，果以入市至，令一干吏，别择一澳，以宜置之。传檄香山夷人，谓彼此皆来宾，各市其国中之所有，风马牛不相及也，慎毋相残，先举兵者，中国立诛之。且夫主上方宝视金玉，多一澳则多一利孔，明公之大忠也。两夷各释兵而脱之锋镝，明公之大仁也。明公以天覆覆之，两夷各慑服而不敢动，明公之大威也。孰与挑衅构怨，坐令中国为池鱼林木乎哉！”①

王氏以为，对于荷兰二百余人（“红毛鬼”）挟巨舰登陆香山澳，发兵剿之乃下策，不若静观其变，任其与葡萄牙人（“香山澳夷”）相争，以夷攻夷而坐收渔利；然而，以夷攻夷，又不若为荷兰人于香山而外别开一澳，令其与国人互市有无，诸夷既各有其市而从中获利，则各安其所，粤中亦自然太平。而中国在此中则扮演海纳百川又刚直不阿的评判者。在以王临亨为首的中原士大夫眼中，“外夷”之于粤中，犹如粤中之于“华夏”，“边缘”之于“中心”。因此，以华夏中心论为底色的“外夷”观看遂成为对“边缘”之外的“他者”的理解：

己亥春，有一倭船飘入潮境而船坏，倭六十余鼓噪登陆。千兵许旭中谒总戎请曰：“事急矣！旭中愿以三寸舌说之；不济，愿以六尺殉。”即免胄而见倭曰：“若属非有入寇形，此来者岂见厄于风伯耶？”众曰：“然。”旭中曰：“若属室剑，吾为请于主者，当具舟相送，慎勿惊吾土，自取诛灭为也。”众皆顿首谢。旭中请于总戎而许之。遂往报倭，倭留旭中为质而索舟。总戎与监司议，以舟送倭不可上闻，不若以一旅歼之。遂发兵往。倭闻之，以旭中为卖己，磔旭中而来鬭，卒皆就擒。②

尽管倭船飘入潮境而船坏之事件缘起本系偶然，倭人登陆亦或并无劫掠为寇之动因；然而，“华夏”对于自我而外的“外夷”之想象，总是以“其心必异”之论

① （明）王临亨：《粤剑编》卷四《九月十四夜话记附》，北京：中华书局，1987 年，第 103 页。

② （明）王临亨：《粤剑编》卷二《志时事》，北京：中华书局，1987 年，第 71 页。

调为主流。故而总戎与监司主张对登岸倭者一举歼之。虽然,在“华夏”民众的想象之中,“倭人”与“粤人”皆乃作为“他者”的族群而存在;然而,二者差异不啻表现为“边缘”之层级有别,其更要者在于文化结构之殊异。粤中之于“华夏”,是为“边缘”的存在,但其为广义之华夏文明圈所覆盖,是中原士大夫以“斯文”教而化之的对象;但倭寇作为“外夷”,处于大(广义)华夏地理边界与文化边界之外,其空间位置之“偏远”与族群特征之“殊异”使得汉民族对其认同度远远低于临近“华夏”的粤中。许旭中对倭人以“具舟相送,慎勿惊吾土”相许——“吾土”即明确昭示了粤中作为“华夏”疆域的存在意义,“外夷”的介入,使“粤中”与“华夏”的关系由二元框架下的“彼—我”对望转化为归属与联合;而“华夏(粤中)”与“外夷”之间又形成“内—外”、“中心—边缘”的对峙关系。较之倭人与华夏地理和文化边界的疏离,粤中虽为“周边”,但尚处大华夏文明圈内部,故而天然地享有在华夏属地建立族群权利的合法性;但此“边缘”领域却不容心理与文化结构迥异我族的“外夷”进犯。于是,随着作为“边缘”之“边缘”的“外夷”对华夏边界的介入,在“华夏”、“粤中”与“外夷”的相互对看中,粤中的地理与文化地位在“中心—周边”的意义框架之下逐步发生了转变:由“不用汉法”的“化外之地”转化为“名正言顺”之华夏区域,由“华夏”之“边缘”转化为“外夷”之“中心”,由从前被华夏核心文化圈隔离与拒斥逐步转向被涵括与接纳。“外夷”则成为“华夏”与“粤中”共同的“周边”。

## 五、结语

《粤剑编》对岭南地理文化的记述,以一位传统士大夫的眼光聚焦作为“边缘”的粤中,于“华夏”、“粤中”与“外夷”三者的相互观望之中,揭示“中心”、“边缘”以及“边缘”之“边缘”三者间关系的相互转化。粤中作为“中国”之“边缘”,摇摆于“华夏”与“外夷”之间,其地域归属与文化认同呈现出明显的可变性。在“华夏文化中心论”的框架之下,“外夷”的介入,使“粤中”与“华夏”的关系由二元框架下的“彼—我”对望转化为归属与联合;而“华夏(包括粤中)”与“外夷”之间又形成“内—外”、“中心—边缘”的对峙关系。《粤剑编》所反映出的江南士人(中心)逐步进入岭南(边缘)、体验岭南、改造岭南并言说岭南的生命行迹,是帝制时代南北互动的主线。而一位太仓精英士人由江南到岭南的行走历程,也成为江南文化走向岭南、并形塑与改造岭南文明的过程。伴随外夷的介入,江南与岭南、中心与边缘、民族内部之间的文化对望,转化为国际之间的文明交锋;在此过程中,岭南之为“边缘”的存在意义与价值逐步得以彰显,成为江南(中心)文化命脉的重要助援。

**图书在版编目(CIP)数据**

王世贞与明清文化国际学术交流会论文集/姚大勇、张玉梅编.-上海:上海三联书店,2016.6
ISBN 978-7-5426-5611-7

Ⅰ.①王… Ⅱ.①姚…②张… Ⅲ.①王世贞(1526-1590)-人物研究-国际学术会议-文集 ②文化史-中国-明清时代-国际学术会议-文集
Ⅳ.①K825.6-53 ②K248.03-53

中国版本图书馆CIP数据核字(2016)第128733号

**王世贞与明清文化国际学术交流会论文集**

编　　者:姚大勇　张玉梅
责任编辑:黄　韬
装帧设计:梁业礼
出版发行:上海三联书店
(201199)中国上海市都市路4855号2座10楼
http://www.sjpc1932.com
印　　刷:虎彩印艺股份有限公司
版　　次:2016年6月第一版
印　　次:2016年6月第一次印刷
开　　本:1/16开
字　　数:700千字
印　　张:42.875
书　　号:ISBN 978-7-5426-5611-7/K·382
定　　价:88元